W0200435

DUMONT
Reiseverlag

DIE unterschätzten REGIONEN IN EUROPA

Inhalt

DIE UNTERSCHÄTZTEN 15 REGIONEN ZUM ENTDECKEN

Der Regionenkompass

Fischland Es ist ein magischer Moment, wenn die Sonne am Horizont verschwindet und die windstille Boddenlandschaft in mildes Abendlicht taucht.

Friaul-Julisch Venetien Friaul-Julisch Venetien schlägt Brücken zwischen den Kulturen und vereint das Beste aus der alten Republik der Serenissima mit dem Habsburger Erbe.

Extremadura Schon der erste Blick begeistert, wenn sich der weite Himmel über die scheinbar endlose Landschaft und die dünn besiedelte, nahezu unberührte Natur wölbt.

Dordogne Dichte Wälder, märchenhafte Schlösser über Flusskehren, hervorragendes Essen und mit den prähistorischen Malereien von Lascaux ein Kulturgut aus einer unvorstellbar frühen Ära.

WOHIN MÖCHTE ICH?

1 Dordogne – DIE »GRÜNE HÖLLE« ;-)

2 Extremadura – Unter Geiern

3 Fischland-Darß-Zingst – Wenn Inseln zusammenwachsen

Friaul-Julisch Venetien – ANDIAMO!

15 Steiermark – TRADITION + AVANTGARDE

14 Slowenien – wild

Schwäbische Alb – KANTIG

Steiermark Morgens mit der Gondel auf den Gletscher, abends in der steirischen Toskana Wein trinken oder aufgemascherlt in die Grazer Oper. Und zu guter Letzt in der Therme relaxen.

Slowenien Wandern zwischen Granitgreisen und Baden an der Adria, Höhlentrips im Karst, Wellness in Wald-Thermen – und mittendrin die elegante Hauptstadt Ljubljana.

Schwäbische Alb Urige Fachwerkstädtchen, romantische Burgruinen, spannende Schauhöhlen, Gasthäuser, die deftige Hausmannskost servieren – und dazu fantastische Aussichten über das Hochplateau.

Kanalinseln Jersey hat wilde Klippenpfade, weite Sandstrände und Burgen, Guernsey außerdem eine anmutige Hauptstadt. Alderney und Sark begeistern vor allem Naturfans.

Korfu In zahllosen Kurven winden sich Straßen durch sattgrüne Landschaft. Immer wieder erklimmen sie Panorama-Pässe und senken sich anschließend wieder hinab in Täler oder bis zum Meer.

Kanalinseln → BRITANNIEN EN MINIATURE

6 Korfu → Griechisch für Einsteiger

7 Luxemburg → Mitten in Europa

8 Malta → Einfach abtauchen

9 Menorca → DIREKT PROBIERT

10 Nordportugal → SO VIEL PLATZ HIER!

11 Normandie → FRANKREICHS WILDER NORDEN

Saarland → m Westen viel Neues

Luxemburg Vom verträumten kleinen Dorf bis zur Weltstadt Luxembourg-Ville ist alles drin in dem kompakten Staat im Herzen Europas.

Malta Ja, die Insel ist klein, aber doch eine der Superlative, ein Hot-Spot der Geschichte! Mit großen Häfen und quirligen Touristenorten – und Gozo ist sowieso eine Welt für sich.

Menorca Bislang ist der Massentourismus nicht hinübergeschwappt auf die kleine Nachbarinsel Mallorcas, auf der sich noch die unverbaute Schönheit der Balearen entdecken lässt.

Nordportugal Das Reiseabenteuer Nordportugal beginnt am wilden Atlantik, zieht sich entlang verträumter Flüsse, überwindet raue Gebirge, romantisiert in lieblichen Weinbergen, verliert sich in stillen Dörfern und feiert lebendige Städte.

Saarland Wer es eilig hat, ist in gut einer Stunde durch. Wäre schade, denn ins Saarland kommt man nicht zum Rasen, sondern zum Entschleunigen: zum Wandern, Radeln, Bummeln und Genießen.

Normandie Glückliche Kühe auf saftig grünen Wiesen neben schwindelerregend hohen Kalkklippen über brandendem Meer, endlose Strände für Badefreuden und im Hinterland zauberhafte Fachwerkdörfer.

Warum Dordogne?

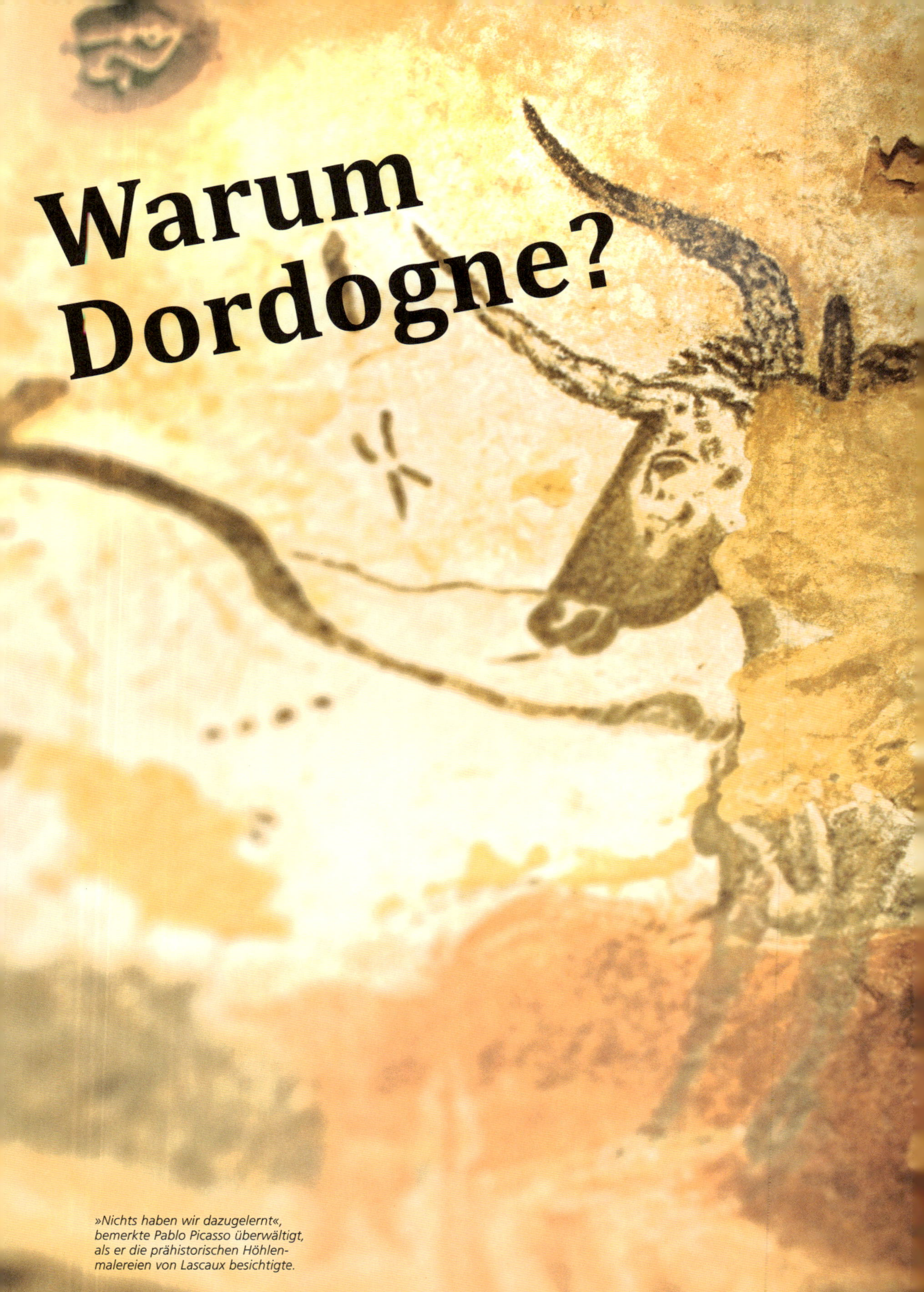

»Nichts haben wir dazugelernt«, bemerkte Pablo Picasso überwältigt, als er die prähistorischen Höhlenmalereien von Lascaux besichtigte.

Die Erfindung der Langsamkeit

Dichte Wälder, märchenhafte Schlösser über Flusskehren, hervorragendes Essen und mit den prähistorischen Malereien von Lascaux ein Kulturgut aus einer unvorstellbar frühen Ära. Als alte Lebensader vereint die Dordogne im Südwesten Frankreichs das Erbe vieler Jahrhunderte, blieb zugleich aber von manchen Eingriffen der Neuzeit verschont. Genießen Sie dazu den Wein, die Trüffeln – und die einmalige Ruhe.

Gar schaurig ist's: Kulissen wie hier in der Rue de la Liberté in Sarlat-la-Canéda sind wie geschaffen für Historienfilme.

Meister der Form: die Gärten von Marqueyssac

Das ist die Dordogne ...

Die »grüne Hölle« beginnt im Périgord Vert, der nördlichen Ecke der historischen Provinz Périgord, heute das Département Dordogne. Gäbe es dort nur etwas weniger Landwirtschaft, würden ein paar Straßen zurückgebaut, hätte das Recht des Stärkeren mehr Tierarten verschont – in der Dordogne blieben dem Menschen noch gute Gründe, sich zwischen Fluss und Flora bedeutungslos zu fühlen. Schon ein Spaziergang durch den Bananenhain von La Roque-Gageac setzt Dschungelgefühle frei, sofern über den saftstrotzenden Stauden eine sengende Sonne feuchte Luft ausbrütet. Dabei ist dies nur eine von Gärtnern geschaffene Trugwelt. Was dagegen die Natur bis dicht ans Flussufer schiebt, könnte bequem dem Orinoko die Stirn bieten. Wer einmal in aller Frühe dort gestanden, einen Milan über Nebelschwaden schwingen gesehen und gehört hat, dass man außer Vogelstimmen eben nichts hört, der weiß, dass diese Landschaft rechtmäßige Heimat europäischer Prähistorie ist. Hier gehört er hin, der Cro-Magnon, vor dem sich auch Picasso verneigte, da ihn die Höhlenmalereien schwer erschütterten. Nur dass die Heimat des Cro-Magnon-Menschen viel zu kalt für Bananen war.

Versuch's mal mit Gemütlichkeit

Qu'est-ce qui manque? Was fehlt, damit all das perfekt wäre? Eigentlich nur das Meer. Allerdings erwächst aus diesem kleinen Mangel ein großer Vorteil. Da die Küsten fern sind, schlagen die sommerlichen Blechlawinen einen ausladenden Bogen um das Périgord. Nur wer sich den Urlaub an der Dordogne gezielt vorgenommen hat, trudelt dort ein und verweilt – oft in Seelenruhe. Entschleunigung? Es gibt noch Winkel in Europa, in denen der Modebegriff absurd erscheint, weil dort die Hektik noch gar nicht begonnen hat. Der Fluss Dordogne ist wie geschaffen dafür, beharrlich gelassen zu sein. Auf seinen 500 Kilometern vom Zentralmassiv bis zur Gironde nimmt er sich alle Zeit der Welt.

Durchlöcherte Welt der Wunder

Das Sahnestück der Dordogne ist die goldene Mitte, die deutlich mehr als ein Rinnsal und noch nicht schiffbarer Strom ist. Gesäumt wird der Fluss von einem mächtigen Kalksockel, verlässlicher Zeuge eines längst verschwundenen Korallen-

Farbzauber wie aus einer anderen Welt: Ein Lichtstrahler wirft einen künstlichen Mond auf die Wand des Museums von Les Eyzies im Périgord Noir, die untergehende Sonne liefert dazu das Kontrastprogramm.

China an der Dordogne: Der exotische Blauregen klammert sich an ein altes Gemäuer.

meers. Dem Cro-Magnon war die tropische Pracht nicht mehr bekannt, er lebte in einer klimatisch gerade noch erträglichen Natur am Rande eines Eispanzers. Flüsse und Regen hatten dem »Höhlenmenschen« vor allem im Périgord Noir, dem Südwesten der Dordogne, Überhänge in den Felsen gewaschen, die Schutz und ganz nebenbei einen Malgrund boten. Darunter gurgelt noch heute Wasser durch ein verzweigtes Höhlensystem. Unter- und oberirdisch sind nur zwei Seiten der einen faszinierenden Medaille. Sie glänzt dort in aller Pracht, wo sich die »Big Four« der Touristik befinden, nämlich im Renaissancestädtchen Sarlat, bei den Felsmalereien von Lascaux, unter dem Kalkschlund von Padirac und im Pilgerstrom von Rocamadour, der Einsiedelei auf einem Steilfelsen.

Burgen und Bastiden

Zwischen Kalknasen bleibt einem Fluss kaum eine andere Wahl, als seine Schleifen zu ziehen. Und oben auf dem Fels blieb den Rittern, die rauften wie die Kesselflicker, kaum eine andere Wahl, als über den Mäandern ihre Burgen zu bauen: Castelnaud, Beynac, Milandes und noch viele mehr. Als Ergebnis finden wir ein real existierendes Schaustück mittelalterlichen Wettrüstens entlang eines völlig unaufgeregten Flusses. *Cingles* nennt man an der Dordogne jene Schleifen. Mit den Burgen an Schleifen ist das Dordogne-Tal bis weit nach Westen erst einmal Meisterwerk einer Kooperation zwischen Mensch und Natur, jeweils im Kleinen kopiert an abzweigenden Flüssen wie Lot, Dronne oder Vézère. Hinter den besonders weit ausgreifenden *cingles* von Limeuil und Trémolat scheinen sich Fluss und Mensch dann verausgabt zu haben. Die Welt weitet sich, in den Ebenen des Périgord Pourpre im Südwesten der Dordogne faulenzen Bastiden wie Beaumont und Monpazier, gezirkelte Siedlungen aus der Zeit des Hundertjährigen Krieges, als Franzosen und Engländer einander immer neue Kolonien vor die Nase setzten. Und dann, schon dicht am Bordelais, grünen um Bergerac die ersten Weinreben.

Rechnet man zum ehemaligen Flusshafen Bergerac noch die Dordogne-Hauptstadt Périgueux im Périgord Blanc hinzu, so leben in der Region gerade mal 60 000 Städter. Muss man mehr sagen, um Tempo und Lebensstil zu verdeutlichen?

... und das sind ihre Städte

Die Hauptstadt Périgueux, ein wundervolles Fleckchen am Fluss Isle

PERIGUEUX

Périgueux, Hauptstadt des Périgord mit rund 30 000 Einwohnern, ist das seltene Beispiel einer Stadt mit zwei separaten Wehrmauern, wenn auch beide nicht mehr stehen. Die Doppelausstattung schützte zwei zeitlich versetzte Siedlungen, das antike Vesunna einerseits und den mittelalterlichen Pilgerort Puy St-Front andererseits. Von St-Fronts Mauern blieb die Tour Mataguerre als letzter von 28 Rundtürmen – ein Glücksfall für alle, die von den Zinnen aus die Dächer der Stadt fotografieren wollen. Andere bestaunen einfach nur die imposante Renaissance- und Barockarchitektur. Schönste Schauobjekte sind das Hôtel de Saltgourde mit seinem wuchtigen Eckturm und das ebenfalls aus dem 15. Jh. stammende Hôtel de Ladouze. Verteidigungselemente, wie sie dort zu sehen sind, etwa die Pechnasen, bestimmen auch die Fassade des Palais Gilles Lagrange an der Place de l'Ancien Hôtel de Ville. Wurzeln im 12. Jh. hat möglicherweise die Maison du Pâtissier (rue St-Louis), die um 1518 umgebaut und bei der Gelegenheit mit einem sehr schönen Eckportal versehen wurde. Überaus stattlich ist die Fassade der Maison Estignard (rue Limogeanne), ab 1886 Sitz der Messerschleiferei Favie. Als »Maisons des Quais« bekannt sind Maison des Consuls und Maison Lambert, die ab dem späten 15. Jh. in malerischer Lage am Fluss errichtet und erweitert wurden.
Der erste Bischof in Périgueux soll zur Römerzeit Fronto gewesen sein. Es traf sich bestens, dass um 900 Reliquien dieses mysteriösen Mannes auftauchten, denn darüber ließ sich eine Kirche am gerade aufblühenden Jakobsweg errichten. Dank der Pilgergaben konnte die Grabkapelle später als byzantinisch-romanische Cathédrale St-Front zum größten Gotteshaus Südwestfrankreichs ausgebaut werden. Die Türme und hohen Kuppeln deckte Architekt Paul Abadie im 19. Jh. mit orientalisierenden Schuppendächern. Damit hatte er sich selbst das Vorbild für Sacré-Cœur in Paris geschaffen.
Über den Resten einer römischen Stadtvilla wurde das Musée gallo-romain errichtet, eine Glas-Metall-Konstruktion des Architekten Jean Nouvel, der damit ein »Fenster zur Vergangenheit« schaffen wollte.

BERGERAC

130 Höhenmeter liegen zwischen höchstem und tiefstem Punkt der Kleinstadt. Das wohl schönste optische Spiel mit dem Gefälle bietet die Place Pélissière, wo man von der Kirche St-Jacques, vorbei an der Statue des Cyrano, hinunter zu Restaurants steigt. Der dortigen Weite steht die intime Place de la Mirpe mit einem zweiten Cyrano gegenüber. »Temple Protestant« ist über dem Portal des Eckhauses zu lesen, auf das dieser Cyrano schaut. Aber der mächtige

Auf ein spätes Glas im Weinviertel von Bergerac. Und auf der Tafel gibt's die leckeren Begleiter dazu. »Bon appétit!«

Der Cyrano von Mauro Corda führt seine Gäste an der Nase herum.

Gebäudekomplex aus der Ära Ludwigs XIII. war entstanden, um nach den Religionskriegen den Katholizismus in die Stadt zurückzuholen. Die entsprechende Aufgabe hatte ein Rekollekten-Orden mit strenger Observanz, der hier im Cloître des Récollets weilte. Die Bruderschaft, die lange nach Ausbruch der Revolution dort ihr Domizil namens Maison des Vins de Bergerac fand, hat sich hingegen dem Wein verschrieben (www.vins-bergeracduras.fr).

SARLAT-LA-CANÉDA

Über eine »Servitude volontaire«, eine freiwillige Knechtschaft, schrieb Mitte des 16. Jh. ein junger Mann. Étienne de la Boétie (1530–63) war Richter, Autor und Freund Michel de Montaignes und konfrontierte seine Zeitgenossen mit der These, dass Unterdrückung die Bereitwilligkeit der Unterdrückten voraussetze. Étiennes Geburtshaus, die Maison de La Boétie, steht an der Place du Peyrou. Dass er gleich gegenüber der sehenswerten Cathédrale St-Sacerdos zur Welt kam, besitzt Brisanz, denn neben dem Adel war es gerade auch der Klerus, der *servitude* gefordert hatte. Nun, im Zeitalter der Renaissance, mahnten die Vordenker, sich nicht länger gängeln zu lassen. Die Bürgerhäuser der kleinen Gemeinde atmen diesen Geist, bekennen sich zum verdienten Wohlstand und der Abkehr von Bevormundung. Während die Lanterne des Morts (12. Jh.) hinter der Kathedrale, wo bei Seuchen ein Warnfeuer entzündet wurde, noch das Mittelalter symbolisiert, steht das Rathaus Hôtel de Ville an der Place de la Liberté (17. Jh.) für die Selbstbestimmung. Jahrhunderte später verwandelte Architekt Jean Nouvel die überflüssig gewordene Kirche Ste-Marie in eine Markthalle.

BRANTÔME

Bevor aus König Karl ein Großer wurde, hatte er sich mit Aufständen zu plagen, so auch 769 in Aquitanien. Dort fand er Gefallen an den felsigen Ufern der Dronne und gründete über den Reliquien der Heiligen Pierre und Sicaire eine Benediktinerabtei. Nun ja, die Heiligen könnten pures Hirngespinst sein, aber Karl lockte Pilger ins Tal. Die Mönche schufen früh einen künstlichen Abzweig der Dronne und verwandelten so die Siedlung zu ihren Füßen in eine Insel. Von Osten blickt man auf die Abtei St-Pierre und ihr Spiegelbild im Wasser. Der Campanile aus dem 11. Jh. ist einer der ältesten frei stehenden Glockentürme Frankreichs. Ins 8. Jh. reicht der Monastère troglodytique zurück, das Gründungskloster in der Felswand. In den Fossilkalk haben die Mönche zwei hervorragende Reliefs geschlagen. Über zauberhafte Brücken erreicht man das Zentrum des kleinen Ortes, wo sich rings um die Place de la Liberté Architekturschätze der Renaissance erhalten haben. Der Pont Coudé, eine rechtwinklig geknickte Brücke, führt derweil von der Abtei in den Jardin des Moines, den Lustgarten der Mönche.

DOMME

Domme zählt zu den Bastiden, die man gesehen haben muss, weil sie anders sind. Hoch auf einem schützenden Fels gelegen, das Schachbrett teils über Anhöhen gezogen, teils gegen Gestein abgewinkelt, die Plätze von der Natur unterhöhlt. Von allen Belagerern waren erst 1588 die Hugenotten erfolgreich. Die Markthalle, um die Wende zum 17. Jh. aus Holz und Stein gebaut, birgt den Eingang zu einer Grotte mit Tropfsteinen und ein paar prähistorischen Gravuren. Im Rücken der Markthalle befindet sich das Hôtel du Gouverneur (16. Jh.), schräg hinten die bescheidene Kirche (17./19. Jh.) des Dorfes. Ein paar Schritte weiter gibt es den Blick: von der Aussichtsterrasse La Barre

2. Tour 1. Tour 3. Tour

Die Dordogne erleben

Bastide im Meditationsmodus: Von der Terrasse La Barre in Domme könnte man stundenlang auf die Dordogne schauen.

1. TOUR

Besuch im Trüffelmuseum von Sorges – **Auf der Spur der schwarzen Diamanten**

Kaum hatte Carlo Vittadini 1831 das Wesen der Schwarzen Trüffel beschrieben, wurde Sorges Pionier einer gezielten Kultivierung. Kein Wunder, dass Gäste hier ein Trüffelmuseum und einen Sentier des Truffières finden.

2. TOUR

Die Flussschleifen von Limeuil und Trémolat – **Wo die Dordogne eine Biege macht**

Südwestlich von Sarlat holt der Fluss gleich zweimal besonders weit aus und bildet malerische Windungen, die sogenannten *cingles* von Limeuil und Trémolat.

3. TOUR

Flussfahrten bei La Roque-Gageac – **Kanu oder Gabarre?**

Auf dem wildromantischen Fluss an imposanten Wächtern über die Dordogne vorübergleiten, ganz ohne lästige Warteschlangen – womöglich sind die Festungen und Schlösser von außen ohnehin schöner!

Besuch im Trüffelmuseum von Sorges

Auf der Spur der schwarzen Diamanten

Trüffelmärkte, Trüffelfeste, Trüffelmuseen – der Périgord ist ein Trüffelparadies und Sorges ein guter Ort, in die Welt der Trüffeln einzutauchen. Hier erfährt man auch, dass der abgerichtete Hund das bessere Trüffelschwein ist. Denn im Unterschied zu Schweinen haben Hunde kein angeborenes Verlangen nach dem unterirdischen Pilz. Womit wir mitten im Thema wären.

»Et voici ...«, sagt Yves Nottelet und klappt die Fensterläden auf: »... la campagne!« Für den Chef der Auberge de la Truffe ist dieses Land schon deshalb belebend, weil es Trüffeln für seine Restaurantgäste liefert. Was nicht jeden erfreut, denn Trüffelduft ist eigen, erdig, für manche unangenehm moderig. Genießer balgen zudem um die Qualität der rund 40 Arten, wobei *Tuber melanosporum,* die Schwarze Périgord-Trüffel, nicht zwingend die Höchstnote erhält. Gleichwohl ist sie mit einem Kilopreis bis 2000 € nach der weißen Alba die zweitteuerste.

Der Hund, das bessere Trüffelschwein

Zwar ist dies Grund genug, Trüffeln nicht den Schweinen zum Fraß zu lassen. Dennoch haftet das Klischee im Kopf: Mann und Sau im dichten Eichenwald. Das begeistert Fotografen, mehr nicht. Denn aus Ferkeln werden mit den Jahren so gewitzte, gefräßige und gewichtige Tiere, dass man sie nur mit viel Erfahrung noch bändigen kann. Ein Hund hingegen ist ausdauernder und begnügt sich mit einem leckeren Happen als Belohnung. Um es vorwegzunehmen: gerne auch mit Wurst vom Schwein.

Der Zusammenhang mit »tuber« (lat.: Höcker) erschließt sich nicht jedem auf Anhieb, doch das Innenleben einer Trüffel kommt der tuberkulösen Lunge schon recht nah. Eklig? Nun ja, für manche beginnt das Trüffel-Trauma schon mit dem grottigen Duft. Wer deshalb jedoch einen Bogen um den Pilz macht, verpasst ein leckeres Stück Périgord.

Wer glaubt, in Sorges liegt der Hund begraben, weiß nichts über das Leben von Trüffelsammler Édouard Aynaud.

Seit 1982 lädt ein Anbau des Office de Tourisme als Écomusée de la Truffe zu Einblicken ins Trüffelgewerbe ein. Man lernt, dass es auch Trüffelfliegen gibt, dass kalkhaltige Böden und mediterranes Klima den Wuchs fördern, dass der Pilz eine Symbiose mit Pflanzen wie Haselnuss und Eiche führt, indem er ihr Wurzelwachstum und ihre Photosynthese begünstigt.

Nur mit Nasenklammer?

Kaum hatte Carlo Vittadini 1831 das Wesen der Schwarzen Trüffel beschrieben, wurde Sorges Pionier einer gezielten Kultivierung. Kein Wunder, dass Gäste hier einen Sentier des Truffières finden (Plan im Museum). Folgen Sie der D 68 Richtung Savignac, dann dem ersten Sträßchen rechts zu einem Parkplatz kurz hinter Puycousin. Schilder begleiten den 3 km langen Lehrpfad. Bei einer alten Eichenpflanzung erfährt man, dass der Trüffel in so dichtem Wald Licht und Wärme fehlen und vielmehr junge Bäume für den Wuchs erforderlich sind. Da bei Ihrem Besuch wahrscheinlich Sommer ist und die Erntezeit im Winter liegt, sind keinerlei Aktivitäten zu sehen. Allenfalls sehen Sie kahle Stellen rings um die Wirtspflanzen, als sei dort Unkrautvernichter am Werk. Tatsächlich haben Trüffel genau diese Wirkung auf andere Pflanzen, teils durch Zellzerstörung und teils – tja, durch den Gestank, den die übrige Flora nicht erträgt. Sollten Sie robuster sein, besuchen Sie in Sorges den Trüffelmarkt.

Ü ÜBRIGENS

Eine Pilgerherberge bei der Dorfkirche verrät, dass Sorges an der Strecke Vézelay–Périgueux des Jakobswegs liegt (Karte und Beschreibungen auf Französisch unter www.compostelle-limousin-perigord.fr).

2. TOUR

Die Flussschleifen von Trémolat und Limeuil

Wo die Dordogne eine Biege macht

Die Dordogne ist ein Fluss mit vielen Schleifen, »cingles« nennt man sie in Frankreich. Physiker erklären das Phänomen des Mäanderns leider so, dass Laien nur noch Bahnhof verstehen. Begnügen wir uns damit, dass fließendes Wasser durch Hindernisse am Flussboden zu einem Pingpong animiert wird, das am Unterlauf immer weiter ausschwingt – bis es zum Durchbruch kommt und die Schleife stirbt.

Die erste Flussschleife von nennenswertem Ausmaß ist der Cingle de Montfort südlich von Sarlat. Weiter flussabwärts folgen zwei echte Prachtkerle, die ab Einmündung der Vézère so richtig kräftig ausholen.

Garten der Lüste

Was nutzt es, wenn man die Vézère, aber nicht die Dordogne queren kann? Oder umgekehrt? Ende des 19. Jh. erhielt Limeuil endlich freie Fahrt zu anderen Ufern durch zwei rechtwinklig zueinander stehende Brücken über die beiden Flüsse. Der kleine Fähranleger Port de Limeuil hatte damit ausgedient, dafür war mit den *ponts* ein neues Postkartenmotiv entstanden, das sich von der Terrasse des À l'Ancre de Salut bestaunen lässt. In dieser heutigen Brasserie hielten sich früher die Bootsleute auf. Gleich neben dem Haus steigt eine von Kunstgewerbeläden gesäumte Gasse den Hang hinauf. Darüber thront ein verfallenes Schloss mit umliegenden Gärten, die seit ihrer Restaurierung Jardins panoramiques heißen. Der Gang hinauf, der in der Sommerhitze beschwerlich sein kann, lohnt nur zu den Öffnungszeiten. Denn den unverbauten Blick auf einen Teil des 9 km langen Cingle de Limeuil hat man wirklich nur von der Aussichtsterrasse des 1 ha großen Gartens, in dem Färber-, Kräuter- und Wasserpflanzen auf jeweils eigenen Parzellen gedeihen. Für die Sicht über den gesamten Cingle ist aber nur ein himmlischer Standort hoch genug.

»ES MAG DER TAG KOMMEN, AN DEM FRANKREICH UNTERGEHT, ABER DIE DORDOGNE WIRD WEITERLEBEN WIE ALLE TRÄUME, DIE DIE SEELE DER MENSCHEN NÄHREN.«

Henry Miller
(1891–1980)

Zum Bersten gekringelt

In Trémolat scheint die Suche zunächst ähnlich erfolglos zu verlaufen, aber es existiert die D 30 E Richtung Mauzac und dort nach 2 km eine wuchtige *ferme-auberge*, die schon bessere Zeiten gesehen hat. Damals, zu diesen besseren Zeiten, waren auch Bäume und Büsche noch nicht ins Panorama gewachsen, sonst wäre kein Aussichtspunkt auf den spektakulären Cingle de Trémolat vermerkt. Anwohner aber wissen, dass der Pfad, der rechts durchs Wäldchen führt, nach fünf Minuten in eine Kletterstelle mündet, die Schwindelfreiheit und ein wenig Gelenkigkeit erfordert. Und dann ist der Blick frei auf »l'une des merveilles du monde«, eines der Weltwunder, wie der Schriftsteller André Maurois schrieb. Wenn Sie sich auf der Rückfahrt noch an einem zweiten Fernblick erfreuen möchten, dann wäre das die Sicht auf die beiden Dordogne-Brücken von Trémolat.

Setzen starke Akzente in die Landschaft, die »cingles« – Flussschleifen, die blieben, weil die Wasserläufe in der Dordogne nie begradigt wurden.

Flussfahrten bei La Roque-Gageac

Kanu oder Gabarre?

Unzählige Burgen wachen über die Dordogne, an deren Ufern sich einst Franzosen und Engländer feindselig gegenüberstanden. Wie wäre es, einige dieser Prachtbauten mal nur als Kulisse vom Fluss aus zu betrachten? Sie müssen gar nicht hinein, keine Ahnengalerien in Öl und keine Sitzmöbel des Allongeperücken-Adels anschauen. Sie gleiten einfach auf dem Fluss an den Burgen vorbei.

La Roque-Gageac ist, vom Wasser aus betrachtet, besonders pittoresk.

Das österreichische Hallstatt haben die Chinesen kopiert, hätten mit gleicher Berechtigung aber auch La Roque-Gageac nachbauen können. In gerader Zeile entlang der Dordogne sind die Häuser der nur knapp 500 Einwohner pittoresk aufgereiht, von oben drückt machtvoll der steile Fels. Bestimmt fehlt nicht viel, dann ist dieses Panorama samt Palmen und Bananenstauden einfach weggeknipst von den Millionen Handykameras. Gerne möchte man den Bildern bedeutende Worte über den Ort beifügen. Aber was da in seiner Gesamtheit so eindrucksvoll auftrumpft, bleibt in der Lupenansicht eher mager. Hinter dem Manoir de Tarde, einst das Wohnhaus des Klerikers und Wissenschaftlers Jean Tarde (1561–1636), gibt es eine Leiter zum Fort Troglodytique, einer Höhlenfestung, die im Mittelalter als letzte Zuflucht diente. Das war's.

Wehe, wehe, der Wels kommt!

Der alte Hafen von La Roque-Gageac ist das reinste Filetstück in diesem Gewerbe, stets umdrängt von Touristen. Die Fahrt in den *gabarres* ist deutlich bequemer geworden, seitdem diese Boote mit Motoren ausgestattet sind und nicht mehr wie einst flussaufwärts vom Treidelpfad aus gezogen werden. Stromschnellen und andere Tücken, wie sie etwa bei Lalinde warten, sind hier nicht zu befürchten. Da stürzt man schon eher von Bord und wird von einem Wels gefressen. So erzählen es sich jedenfalls die *gabarriers*.

Schlösser per Paddel

Falls Sie überleben, nehmen Sie die herrlichsten Bilder mit nach Hause. Es beginnt mit dem Château de la Malartrie, einem historisierenden Gebäude aus dem 19. Jh., das für Hochzeiten vermietet wird. Die Gärten von Marqueyssac gestatten von unten keine Einblicke – schade, denn die »hängenden Gärten« sind wie von einer anderen Welt. Weiter flussabwärts stehen sich das Château de Castelnaud und Beynac als alte Streithähne gegenüber.

An Bord der *gabarre* treten Sie dann wieder die Rückfahrt an. Mittlerweile sind Ihnen aber sicher längst die Paddler aufgefallen, die auf Kanus allesamt flussabwärts fahren. Mietstationen gibt es reichlich, auch in La Roque-Gageac. Man kann von dort erst einmal ein Probestück bis Les Milandes wählen (zwei Stunden), wo das Kanu abgeholt wird. Meistens hat einen danach aber das Fieber gepackt und man will immer neue Abschnitte der Dordogne und ihrer Nebenflüsse erkunden.

Kanu, Pferdewagen und viel heiße Luft

Angeln

Eine Flussbegradigung hat es nie gegeben, industrielle Verschmutzung kaum, die Welt im Wasser ist also noch in Ordnung und für Angler interessant.

Fesselballon

Montgolfieren starten ganzjährig zu ein- bis zweistündigen Ausflügen durch die Lüfte, beliebt sind Fahrten ab La Roque-Gageac (www.montgolfiere-du-perigord.com), Hautefort (www.montgolfiere.fr) oder Rocamadour (www.rocamadouraerostat.fr).

Kanu und Kajak

Im Périgord ist es die Freizeitaktivität schlechthin und erfordert angesichts der harmlosen Gewässer auch keine sonderlichen Kenntnisse: das Kanufahren. Man paddelt nur die Strecke flussabwärts und wird von der Station zum Start gefahren bzw. am Ziel abgeholt. Infos: www.canoe-france.com. Verleihfirmen mit besonders großem Angebot: www.copeyre.com, www.canoe-kayak-dordogne.com.

Klettern

Das Kalkgestein des Périgord bietet Steilwände ebenso wie unterirdische Gänge, sodass sich Klettern *(escalade)* und Höhlendurchsteigen *(spéléologie)* zur sportlichen Einheit verbinden. Anregungen finden Sie auf www.perigorddecouverte.com.

Radfahren

Die nur schwach genutzten Straßen verleiten Autofahrer zu zügigem Tempo und geringer Vorsicht in den Kurven – ein Nachteil für Radfahrer, die zudem mit enormen Steigungen zu kämpfen haben. Schöne und leichte Strecken sind die alte Bahntrasse bei Thiviers und der Pfad entlang des Canal de Lalinde.

Reiten

Etwa 900 km Reitwege im Département Dordogne sind in Karten des CDT verzeichnet, darin auch die Lage von Unterkünften, die die Verpflegung der Tiere gewährleisten. Über Reiterferien informiert www.terre-equestre.com.

»Roulottes«/Pferdewagen

Ausgestattet mit Betten, Kochnische und einem genügsamen Pferd, ist die Roulotte ein familientaugliches, beschauliches und vollkommen ausreichendes Fortbewegungsmittel. Einer der Anbieter: www.perigord-roulottes-vacances.net.

Wandern

Zu den Fernwanderwegen (GR, weiß-rot markiert) gehört der 89 km lange GR 64 von Rocamadour nach Les Eyzies. Hinzu kommen Mittelstrecken (GRP, gelb-rot), Kurzwanderwege (PR, gelb-weiß) und alte Treidelpfade. Infos: www.ffrandonnee.fr.

Kanus zur Miete sind der geläufige Anblick an den Ufern der Flüsse und geben knallige Farbtupfer in bizarren Landschaften.

Solche besonderen Momente einer Landpartie möchte man für immer festhalten.

So schmeckt die Dordogne

Die Kirche als Marktplatz: Ste-Marie widmet sich heute ganz der frischen Kost.

Es matscht die Mühle – und presst köstliches Öl aus dem Mus von Walnüssen.

In den 1970ern wurde Nouvelle Cuisine Kult und alles weggefegt, was von Fetten und Schwitzen belastet war, lange schmorte und gar noch eingemacht wurde. Inzwischen sind Bocuse und Guérard überlebt, auch neue Hypes sterben bereits – doch die Küche des Périgord lebt immer noch. Vielleicht liegt's daran, dass sie beides schätzt: Eigengeschmack und Frische einerseits, deftige Schwere andererseits.

Ein Leben mit Weichkäse …

Cabécou heißt der verteufelt leckere Rundling, dem man nicht nachsagen kann, ein kleiner Stinker zu sein. Hergestellt wird dieser Périgord-Käse aus der Milch von Ziegen – nicht aus der von Kühen und auch nicht aus der von Schafen. Das hat seinen nachvollziehbaren Grund, denn Ziegen haben sich auf kargen Kalkböden mit ihren Lebens- und Fressgewohnheiten gut bewährt. Weil die Natur immer noch der beste Ratgeber ist, passt *Cabécou* dann auch prächtig zu anderen genügsamen Dingen, etwa Brombeeren, Kartoffeln oder Zucchini. So ergeben sich typisch bodenständige Gerichte, die den Eigengeschmack zu betonen suchen und oft schnell zuzubereiten sind wie *Cabécou* im Hut eines großen Champignons, auf einer Quiche oder in einem Blattwickel, der in Armagnac getränkt wurde.

… und mit schwerer Leber

Godard – ausnahmsweise mal nicht der Regisseur – prangt seit Jahrzehnten in jedem Dorfzentrum als »Spécialiste du Foie gras«. Als Superproduzent der Stopfleber stünde Godard in Deutschland sicher unter Beschuss, während ihn das Périgord gerade als solchen ehrt. Auch am Geschmack scheiden sich die Geister. Die gemästete Leber ist ein fetter Brocken und fügt sich in ein Gesamtbild fleischiger Deftigkeit. Eingemachtes *(confit)* von Gans *(oie)* oder Ente *(canard)*, darunter nicht nur Brust *(margret)* und Keule *(cuisse)*, sondern auch Magen *(gésier)* und Hals *(cou)*, ist ebenso beliebt wie schmalztriefend. Wer Stopfleber im doppelten Sinne schwer verdaut, findet Alternativen – von Ziegenkäse bis »faux gras«.

Wo noch der Frischpilz regiert …

Obst und Walnüsse, Maronen, Steinpilze und Trüffeln – die Mischung ist köstlich und bleibt zum Löwenanteil in der Region, wo die Ware von Kleinbauern auf Wochenmärkten unters Volk gebracht wird. Klingt nach Urgroßvaters Zeiten? Umso schöner, dass es in Europa mitunter noch so funktionieren kann. Und dass sich auch die Köche vieler Restaurants noch auf den Märkten eindecken. Doch es irritieren inzwischen Discounter mit ihrem Allerweltsbrei zu Spottpreisen das Gefüge und locken den Nachwuchs von den Speisetraditionen weg. Ein geläufiges Phänomen und doch frappierender, als es bei uns der Fall war, weil es nicht schleichend, sondern rasant um sich greift.

… und Chicken eher selten Nuggets bedeutet

Wer nämlich am ersten Morgen in der Dordogne ein Frühstück mit hausgemachten Produkten in der *ferme-auberge*, dem Bauernhof, zu sich genommen hat, versteht am zweiten Morgen nicht mehr, warum er noch irgendein Mac-Dings aufsuchen sollte. Schnellimbiss, Pizza auf die Hand, Dönerspieß und selbst die allfranzösisch grassierende Crêpe sind vorerst noch Phänomene der Städte und großen Touristenzentren. Etabliert hat sich derweil der nordafrikanische Import Couscous, auch über den Niedrigpreis.

Warum Extremadura?

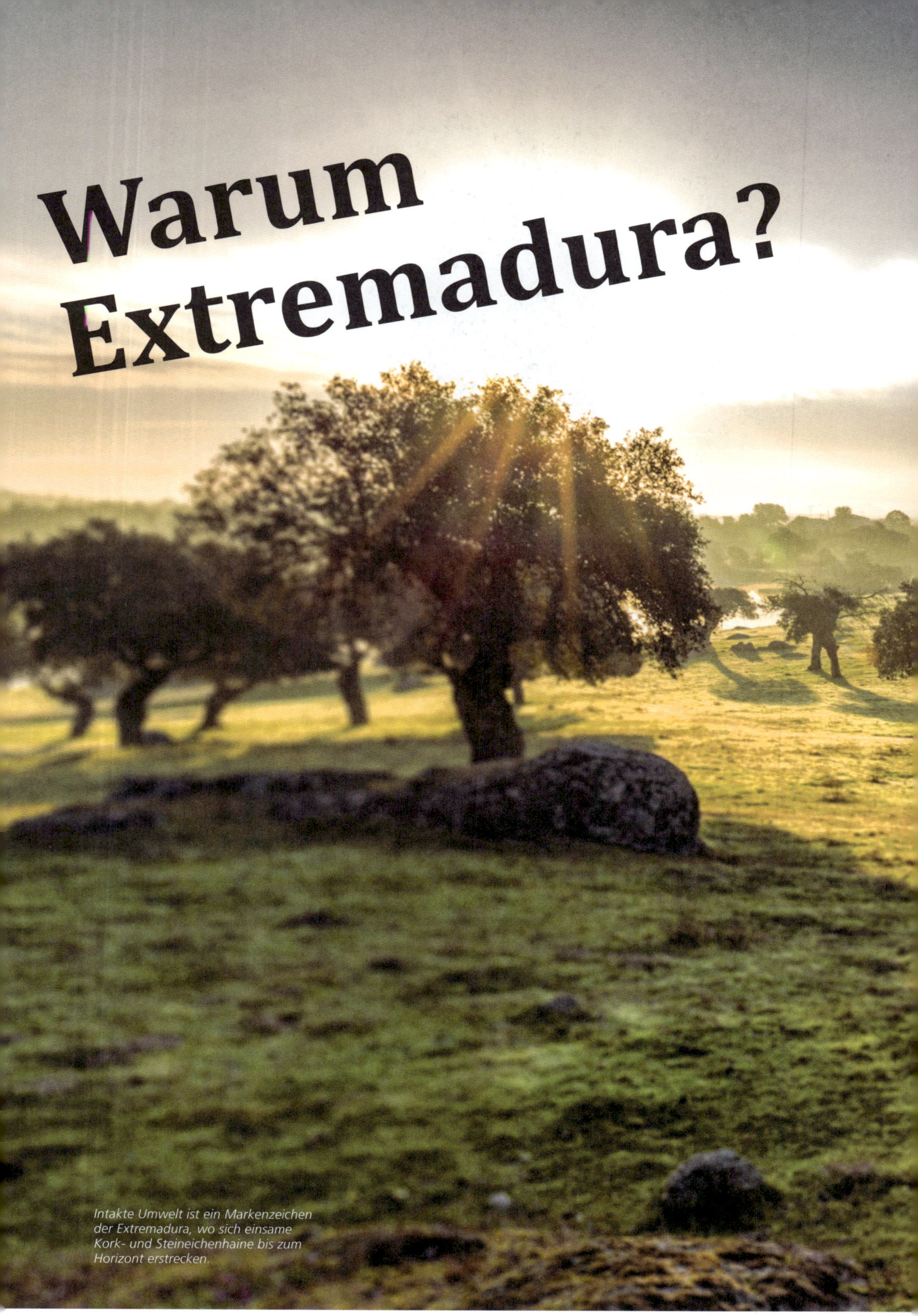

Intakte Umwelt ist ein Markenzeichen der Extremadura, wo sich einsame Kork- und Steineichenhaine bis zum Horizont erstrecken.

Ein stilles Paradies

Schon der erste Blick begeistert, wenn sich der weite Himmel über die scheinbar endlose Landschaft wölbt. In der dünn besiedelten, nahezu unberührten Natur sind mehr als 300 Vogelarten heimisch oder überwintern, darunter 130 000 Kraniche. Wer wäre nicht angetan von den grünen Wiesen, knorrigen Olivenbäumen, blauen Seen, sanften Bergen, wilden Gebirgen? Und von den verschlafenen Dörfern und historischen Städten, die wie dazwischengeworfen wirken, gezeichnet von den Palästen der spanischen Eroberer des 15. und 16. Jahrhunderts.

Lampenlicht und Sonnenschein lassen die weißen Gassen in Zafra strahlen.

Warum bis Japan schweifen? Sieh, die Kirschblüte in Jerte liegt so nah.

Das ist die Extremadura …

Spanien en miniature, nur die Küste fehlt – das ist die Extremadura. Sie mag auf den ersten Blick etwas provinziell erscheinen. Und wirklich, auf Ihrer Reise sollten Sie ein paar Gänge herunterschalten und Neugier für versteckte Schönheiten mitbringen. Dann werden Sie eine Facette Spaniens entdecken, in der Tradition noch nicht gänzlich zum Tourismusmarketing verkommen ist. Wenige Menschen, kaum Industrie, extensive Landwirtschaft. Die Umwelt ist weitgehend intakt. Vielleicht finden Sie fast vergessene Freuden der Kindheit wieder. Planschen in einem Naturschwimmbad. Oder Sonnenbaden am Strand; zwar ohne Meer, doch entlang großer Seen. Wandern auf Blumenwiesen und durch geheimnisvolle Bergwälder. Das Auge schweift über schier endlose Steineichenhaine. Frei laufende Iberische Schweine laben sich an den Eicheln. Urlauber stoßen auf Zeugnisse unterschiedlicher Kulturen, die das ewige Durchgangsland geprägt haben: Im Norden lassen die mächtigen Wehranlagen der christlichen Rückeroberer an Kastilien denken, der Süden erinnert mit seiner Lebensfreude an Andalusien und im westlichen Grenzland wähnen Sie sich mancherorts in Portugal. Und auch das Auftreten vieler Extremeños offenbart eine sympathische Verbindung von kastilischem Stolz und portugiesischer Seele.

Alle Vögel sind schon da

Fernglas scharf gestellt und Kamera ausgepackt! Unter dem endlosen Himmel schweben majestätische Raubvögel. 69 Vogelschutzgebiete sind ausgewiesen. 344 Arten nisten oder überwintern in diesem Paradies. 800 Mönchsgeierpaare werden gezählt – Europarekord! 6500 Großtrappen – 13 % der Weltpopulation. 130 000 Kraniche zieht's jeden Winter in die Eichenwälder – Weltrekord! Und mit ihnen Tausende Birdwatcher, verstreut über das ganze Land. Mit einem gemeinsamen Treffpunkt: Regionalstraße EX-208, Km 28. Warum? Gegenüber erhebt sich der »Geierfels« Salto del Gitano. Über diesem legendenumwobenen Felsvorsprung kreisen Dutzende von Geiern in majestätischem Flug, bei über 2,50 m Flügelspannweite. In den Steilhang haben sie ihre Horste gebaut. Manchmal mischt sich sogar ein Schwarzstorch unter sie. Der im Tal fließende Río Tajo trennt die Vogelbeobach-

Fünf von 130 000 Kranichen, die in der Extremadura ihr Winterquartier aufschlagen. Nahrung finden die edlen Vögel mit über zwei Metern Flügelspannweite in Eichenwäldern und Kornfeldern.

Der 189 m weit gespannte Brückenbogen schwebt geradezu über dem Río Guadiana und bildet einen futuristischen Kontrapunkt zu viel Antikem in der römischen Hauptstadt Mérida.

tungsstelle an der Parkstraße von den Vögeln. Das gibt ihnen Sicherheit, auch wenn die Fotoapparate im Akkord klicken.

Eine Reise in ferne Zeiten

Stolz zeigt die Extremadura die Zeugnisse ihrer langen Geschichte. Das beginnt bei steinzeitlichen Dolmen und Goldschmuck aus dem legendären Königreich Tartessos. Eine Art römische Autobahn, die Vía de la Plata, förderte Handel und weiteren Wohlstand, der in imposanten Theatern und Tempeln seinen architektonischen Ausdruck fand. Westgotische Kirchen, arabische Befestigungen und mittelalterliche Burgen prägten die folgenden Epochen. Als jedoch im 16. Jh. das alte Europa zum großen Sprung über die Weltmeere ansetzte und der Horizont sich plötzlich über die neue Welt ausdehnte, geriet die Binnenregion aufs Abstellgleis. Denn ohne eigenen Hafen war die Extremadura abgeschnitten von den Reichtümern, die die spanische Silberflotte ins Land brachte.

Auf Eroberung

Dieses Problem wurde auf abenteuerliche Weise gelöst. Junge Adlige und Kriegsherren, aber auch die einfache Landbevölkerung ohne Lebensperspektive, wurden zu Protagonisten der Unterwerfung von Mittel- und Südamerika. Die Konquistadoren Pizarro, Cortés, Ovando, Orellana, Balboa und wie sie noch alle hießen, sorgten für die Fortsetzung der extremenischen Geschichte jenseits des großen Teichs. Die alte Heimat fiel unterdessen in einen Dornröschenschlaf, aus dem sie erst langsam wiedererwacht. So blieben die Silhouetten vieler mittelalterlicher Orte bis in unsere Zeit nahezu unverändert. Cáceres, Trujillo, Plasencia und Zafra sind die größten. Spanische Stararchitekten allerdings verpassen den Innenstädten ein sanftes Facelifting und öffnen sie behutsam der Zukunft. So scheint die Extremadura wie erfunden für kulturinteressierte und naturbegeisterte Urlauber mit etwas Abenteuerlust und Forschergeist. Und mit gutem Geschmack, um eine ureigene Küche zu entdecken, in deren Mittelpunkt schwarze Schweine, Paprikaschoten, Kirschen und ganz viele Eier stehen.

... und das sind ihre Städte

Über dreistöckige, bis zu 25 m hohe Bogengänge führten die Römer einst ihr Wasser nach Mérida, teils in Thermen, die mit zirkulierender Heißluft erwärmt wurden.

MÉRIDA

Es gab Streit! Was sollte Hauptstadt der 1983 neu geschaffenen autonomen Region Extremadura werden? Die beiden großen Städte Badajoz und Cáceres neideten sich gegenseitig diesen Titel. Da kam ein geschichtsträchtiges Städtchen als Alternative gerade recht, zumal es ziemlich in der Mitte liegt. Für die neue Verwaltung entstanden avantgardistische Glaskästen am Ufer des Río Guadiana. Derweil blieb die große Vergangenheit allgegenwärtig, ist Mérida doch der Inbegriff des Römischen. Mit Superlativen wie »das spanische Rom« wird die 60 000 Einwohner zählende Stadt überschüttet. 1993 erfuhr sie mit der Anerkennung als Welterbe der Menschheit die allerhöchste Würdigung. Und es ist wirklich so: Auf Schritt und Tritt stoßen Besucher auf Geschichte. Das Römische Theater und das Nationalmuseum für Römische Kunst bilden ohne Zweifel kulturelle Highlights einer jeden Reise in die Extremadura.
Eine solche Aufmerksamkeit fand Mérida nach dem Abzug der Römer allerdings nicht immer. Die antiken Schätze waren im frühen 20. Jh. unter Kichererbsenfeldern und Müllhalden verborgen. Doch so ganz in Vergessenheit geraten war die einstige Größe nun auch wieder nicht, und 1910 begannen weitläufig angelegte Ausgrabungsarbeiten. Seitdem wird das wertvolle archäologische Ensemble neu zusammengesetzt. Stück für Stück.

CÁCERES

Die 95 000 Einwohner standen Kopf, als die Filmcrew von »Game of Thrones« in der Altstadt auftauchte. Gezeigt wird in Folge 3 der 7. Staffel, wie der verrufene Euron Graufreud in Königsmund einreitet. Das passt, gleicht die historische Silhouette von Cáceres doch einem Traum vom Mittelalter.
Die Zukunft verkörpern junge Familien und Hochschüler der regionalen Universität. Sie tragen das Selbstbewusstsein einer sich neu erfindenden Stadt zur Schau. Futuristische Museen sind ebenso entstanden wie durchgestylte Bars außerhalb der Festungsmauern. Schmale Einkaufsstraßen mit Traditionsgeschäften laufen auf den verkehrsumtosten Paseo de España zu, der von Filialen der großen Modeketten und Telefongesellschaften gesäumt ist. Hier spult die Neuzeit ihren immer gleichen Film ab.
Schnitt! Von der Plaza Mayor fängt der Blick die arabische Wehrmauer mit ihren Festungstürmen ein. Sie schützt die von der Unesco als Welterbe anerkannte Ritterstadt. Es bereitet immenses Vergnügen, sich in den autofreien Gassen zu verlieren und schmale Treppen auf und ab zu steigen. Nachts lässt gezieltes Scheinwerferlicht die Gebäude magisch aus der Dunkelheit treten.

Als Schatten reitet König Alfonso VIII., der im 13. Jh. die Vertreibung der Mauren einleitete, auf dem Karussell mit.

Der Hauptplatz Plaza Alta in Badajoz kleidet sich in einen bunten Stilmix aus arabischen und barocken Einflüssen.

TRUJILLO

Weltweit verbreitet ist der Name der kleinen Stadt: Trujillo gibt es in Peru, in Honduras, der Dominikanischen Republik und in Venezuela. Selbst eine Bar in Gelsenkirchen heißt so. Der Grund: Hier, mitten in der Extremadura, lag einst der Ausgangspunkt für die spanischen Eroberungen in Amerika. Die *conquistadores* nahmen die Ortsbezeichnung mit in die fernen Welten und schenkten ihrer Heimat nach der Rückkehr mittelalterliche Wehrburgen und festliche Adelspaläste.
Die ebenfalls als Welterbe ausgezeichnete Altstadt wirkt nicht ganz so atemberaubend wie in Cáceres, dafür erscheint sie anmutiger. Und vielfältiger. Denn drei Geschichtsetappen prägen ihr Bild. Die arabische Festung thront oben. Darunter wird die romanisch-gotische Oberstadt, die *villa medieval*, von einer mächtigen Mauer geschützt. Für die Eroberer blieb die Unterstadt. Sie bauten ihre Paläste im Geist der Renaissance rund um die Plaza Mayor. Kurz gesagt: oben arabisch, unten Aufbruch und dazwischen Mittelalter.
Seitdem ruht der Ort mit heute rund 9000 Einwohnern eingefroren im Zustand seiner höchsten Blüte. Der Blick vom Burghügel zeigt einen recht kleinen historischen Stadtkern, unmittelbar dahinter beginnen die Felder, am Horizont zeichnet sich das Vogelparadies Monfragüe ab. Die Nähe zur Natur hat aus der Hauptstadt der brandschatzenden Eroberer ein Zentrum klappernder Störche gemacht. Sie nisten auf Dächern und Türmen. Sie scheinen zu wissen, wo es schön ist.

BADAJOZ

Zur Liebe auf den ersten Blick wird Badajoz wohl kaum. Zu viele Belagerungen, Schlachten und Zerstörungen musste die mit 150 000 Einwohnern größte Gemeinde der Extremadura bis in die jüngste Vergangenheit erleiden. Zu viele Narben weist die Häuserkulisse auf. Vordergründig zeigt sich das Bild einer geschundenen Stadt, in der architektonischer Wildwuchs regiert. Doch hinter den mehrspurigen Zufahrtsstraßen stoßen Besucher früher oder später auf das ursprüngliche Badajoz. In den schmalen Gassen der Altstadt offenbart es den Reiz des alltäglichen Lebens, das sich in Spanien gerne in Kneipen und Restaurants austobt. Und davon gibt es hier wahrlich genug. Auf den zweiten Blick dann zeigen sich auch die wenigen geschichtsträchtigen Bauwerke und kulturellen Schätze in zahlreichen Museen. Überregionalen Ruf erlangten das Archäologische Museum und das Museum für Zeitgenössische Kunst.

ZAFRA

Die Nähe zum Mittelmeer ist spürbar. Die Sonne scheint intensiver, das Thermometer steigt höher. Palmen zieren die von Bars gesäumten Plätze Plaza Grande und Plaza Chica. Ein wenig Andalusien liegt in der Luft. Manche Fassade zeigt einen ungewöhnlichen Baustil: Mudéjar. Nach der christlichen Rückeroberung nutzten die neuen Machthaber das handwerkliche Geschick der verbliebenen Mauren und ließen ihre Prachtbauten mit arabischen Stuckdekoren, Hufeisenbögen und Blendarkaden aus braunem Ziegel anreichern. Auch den wuchtigen Alcázar de los Duques de Feria an der Einfahrtsstraße. Diese Burg steht für die beste Zeit Zafras, die 1395 mit der Einrichtung eines Marktes von überregionaler Bedeutung begann und bis ins späte 15. Jh. andauerte. Erhalten hat sich der Charme dieser Epoche. Die Straßen sind eng, die Häuser weiß gekalkt, die wenigen Kirchen und Klosterbauten passen sich ins hübsche Stadtbild ein. Und bis heute veranstaltet das gut 16 000 Einwohner zählende Provinzzentrum eine der wichtigsten Viehmessen Spaniens.

Die Extremadura erleben

Grandioser Ausblick über archaische Hügellandschaften. Im Tal schlängelt sich der Fluss Alagón in engsten Kurven.

1. TOUR

Im Vogelparadies Monfragüe – **Vom Räuberversteck zum Nationalpark**

Der Ausflug führt in den weltweit größten Mittelmeerwald, umgeben von Weide- und Wiesenlandschaften, und in eines der letzten Rückzugsgebiete für bedrohte Vogelarten. Kurzum: in die typische Extremadura.

2. TOUR

Pilgern am Kloster Guadalupe – **Stille Wallfahrt zur schwarzen Jungfrau**

Bei der Einsiedelei vor den Toren von Guadalupe dürfte den mittelalterlichen Pilgern der Atem gestockt haben, konnten sie doch zum ersten Mal die riesige Klosteranlage sehen. Heute ist es ein wunderbarer Platz zum Picknicken.

3. TOUR

Radeln bei Mérida – **Unter Korkeichen zum römischen Stausee**

Sanft hügelige Wiesen, bewachsen mit Stein- und Korkeichen, fast menschenleer. Dazwischen ein See mit römischer Staumauer. Worauf also warten? Mit Schwung in den Sattel und kräftig in die Pedale getreten!

Im Vogelparadies Monfragüe

Vom Räuberversteck zum Nationalpark

Drei in eins! Der Rundweg Umbría del Castillo im Nationalpark Monfragüe verläuft durch die vielfältige extremenische Pflanzenwelt, führt auf spektakuläre Aussichtspunkte und lässt die Herzen von Vogelbeobachtern um einiges höherschlagen. Die etwa 90-minütige Wanderung ist nicht sonderlich schwierig, doch sollten Sie eine einigermaßen gute Kondition und festes Schuhwerk mitbringen.

Einige Superlative vorweg: Monfragüe ist der einzige Nationalpark in der Extremadura und einer von 14 Spaniens. Er umfasst den größten, fast unberührten Mittelmeerwald der Welt und ist umgeben von Weide- und Wiesenlandschaften. Zahlreiche vom Aussterben bedrohte Vogelarten finden hier eines der letzten Rückzugsgebiete.

Die Räuberzuflucht

Versperrt von zwei steilen Felsgraten, waren die tiefen Täler der Flüsse Tajo und Tiétar lange Zeit nahezu unzugänglich. Kaum überrascht da, dass Monfragüe noch im 18. Jh. als Räuberversteck gefürchtet war. Erst 1966 wurden die Flüsse durch Staumauern gezähmt. Bis 1979 planten die verantwortlichen Politiker, die unberührte Natur zugunsten hochprofitabler Eukalyptuspflanzungen zu zerstören. Charakteristisch für die Zeit: Proteste von Umweltschützern zeigten in der jungen spanischen Demokratie rasch Erfolg. Zunächst wurde auf 18396 ha ein Naturpark ausgewiesen, 2007 schließlich der Nationalpark gebildet und der Zugang zu weiten Gebieten zum Schutz von Flora und Fauna untersagt.

Mehr als 300 Vogelarten beherrschen die Lüfte über dem Nationalpark, 500 Paare des majestätischen Gänsegeiers gehören dazu.

In 465 m Höhe schweift der Blick über den Río Tajo, der in weiter Ferne bei Lissabon in den Atlantik mündet.

Flatternde Vielfalt

Ausgangspunkt der 5 km langen Wanderung ist der Parkplatz an der Fuente del Francés, nahe Km 28 der Straße EX-208. In den Lüften sind Gänse- und Mönchsgeier leicht zu entdecken. Auch Schlangen- und Zwergadler sind keine Seltenheit oder Uhus und Eulen. Wiedehopfe, Bienenfresser, Alpensegler, Pirole, Blauelstern, Blaumerlen, Nachtigallen, verschiedene Arten von Grasmücken und Lerchen sind mit ausreichender Geduld und etwas Glück zu sehen oder zu hören.

Im exotischen Wald

Der teilweise rot markierte Weg führt zunächst über Schotter am Fluss entlang zur Casa de los Camineros (Hinweisschild). Eschen und Erdbeerbäume, aus deren Früchten der scharfe Obstler »Aguardiente de Madroños« gewonnen wird, säumen den Weg – typisch für die extremenische Bergwelt. Nach einigen Minuten weist ein Schild nach rechts bergan. Ein nun schmaler Pfad schlängelt sich zwischen Stein- und Kermeseichen, Thymian, Schopflavendel und weiß blühendem Heidekraut, ebenfalls typisch Extremadura, bergauf und passiert nach etwa 30 Minuten die saubere Quelle Fuente de la Parra. Schnell ist nun die Höhe erreicht, kurze An- und Abstiege am Hang entlang folgen. Romantisch, fast urtümlich wirken dunkle Wälder aus teils abgestorbenen Bäumen.

Der ferne Blick

Schließlich weitet der Aussichtspunkt Mirador La Umbría das Panorama. Unten fließt der Río Tajo. Der Ausgangspunkt der Wanderung ist dort ebenso zu sehen wie die weiten Hügelketten im Westen und Norden. Im Anschluss wird zwar, hinter einer Kehre, noch eine letzte, ziemlich deftige Steigung erklommen, doch nach weiteren fünf Minuten stürzt sich der Weg endgültig ins Tal, selten durch im Boden eingelassene Holzbohlen treppenartig abgemildert.

2. TOUR

Pilgern am Kloster Guadalupe

Stille Wallfahrt zur schwarzen Jungfrau

Pilgern ist en vogue, was den berühmten französischen Jakobsweg im Norden fast zu einer Pilgerautobahn werden ließ. Wer Einsamkeit sucht, findet auf dem südlichen Camino Mozárabe über die Vía de la Plata die kontemplative Alternative. Jährlich nur rund 3 % aller Pilger, kaum mehr als 9000, gelangen auf dieser Strecke nach Santiago de Compostela.

An einigen Stellen verläuft die Extremadura-Route noch auf römischem Originalpflaster. Wie Perlen aufgefädelt liegen antike Torbögen, Heilbäder, Amphitheater und Tempel am Wegesrand. Ein Abstecher vom Hauptweg führt zum Königlichen Kloster Santa María de Guadalupe, das die Extremadura in der katholischen Welt berühmt gemacht hat. Genauer: Es war eine schwarze Jungfrau.

Alles begann mit Mutter Maria persönlich, die dem Hirten Gil Cordero im 13. Jh. an den Ufern des Río Guadalupe erschien. Gemäß himmlischer Anweisung errichtete er eine Einsiedlerkapelle, in der eine dunkle Marienfigur angebetet wurde. Sogar der König suchte den Weg in die lieblichen Berge, empfand das Bethaus allerdings als zu schäbig für die großartige Maria und ordnete die erste Erweiterung an. Es folgte ein Anbau nach dem anderen, bis das reichste Kloster Spaniens entstanden war.

Ein Kloster der Superlative: labyrinthisch verschachtelt und von Spitztürmchen bekrönt, als wäre der Stein mit einer Laubsäge bearbeitet worden.

Gleich über zwei Kreuzgänge verfügt das Kloster. Der ältere der beiden Innenhöfe wurde von arabischen Bauleuten im Auftrag der Christen gebaut, der jüngere aus dem Jahr 1533 mit seinen Spitzbögen ist gotisch. Im begrünten Hof wuchsen einst Heilkräuter, schließlich lag im Nachbargebäude die Krankenstation.

Pilger für drei Stunden

Der mittelschwere Weg der frühen Wallfahrer beginnt in der Calle Cruz gegenüber dem Kloster von Guadalupe. 10 km lang und mittlerweile rudimentär rot-weiß beschildert ist er. Durch das Stadttor Arco Chorro Gordo wird das historische Viertel verlassen. Über die Calle de la Ventilla passieren Sie nach einer Viertelstunde die »Quelle der Laus« – Fuente del Piojo! Der kuriose Name stammt aus Zeiten, da die Wasserstelle als Waschplatz und Entlausungsstation vor dem Besuch der heiligen Stätte diente. Der bald kreuzenden Autostraße folgen Sie 200 m nach rechts, um dann links auf einen Bach abwärts zuzusteuern. Der folgende Weg geradeaus führt nun 45 Minuten aufwärts.

Himmlischer Blick

Korkeichen, Pinien, schließlich weißes und rosa Heidekraut, weiß blühender Ginster, Erdbeerbäume, Lackzistrosen schießen in die Höhe. Sogar Wein wächst in diesem Paradies. In einem dichten Kiefernwald, es ist nun etwa eine Stunde vergangen, wendet sich der Weg nach Süden. Bei der Einsiedelei Ermita de Santa Catalina aus dem 15. Jh. dürfte den einstigen Pilgern der Atem gestockt haben, konnten sie doch zum ersten Mal die riesige Klosteranlage sehen. Heute ist es ein wunderbarer Platz zum Picknicken mit Blick auf den Pico Villuercas im Nordwesten, mit 1595 m der höchste Punkt der Sierra.

»BRÜNETTES MÄDCHEN, DICH LIEBE ICH, SEIT ICH WEISS, DASS DIE JUNGFRAU VON GUADALUPE SCHWARZ IST.«

Liedtext zu einem Tanz aus dem 19. Jh.

Heilung von Halsweh

Hundert Schritte später geht es an einer Gabelung zunächst leicht, nach weiteren 100 m scharf links auf den Camino de Vallehermoso – »Weg des schönen Tals«. Knapp 30 Minuten danach beginnt der Abstieg, vorbei an der Ermita de San Blas. Der hl. Blasius praktizierte im 3. Jh. erfolgreich als Arzt und schützt bis heute vor Halskrankheiten. Dafür hat er sich am 3. Februar auch eine Prozession verdient. In der Extremadura vermischt sich Religion gerne mit Aberglauben.

200 m unterhalb wird der Hauptweg nach rechts verlassen, um kurz hinter dem Steinbogen Puente de Palono eine Hochbrücke zu überqueren. Geplant war sie für die Eisenbahn, die jedoch nie hier ankam. Dann sind Sie auch schon auf der Zufahrtsstraße nach Guadalupe, die nach links zum Ausgangspunkt führt.

Radeln bei Mérida

Unter Korkeichen zum römischen Stausee

Bis zum Horizont ziehen sich knorrige Eichen über die weite Ebene und die sanften Hügel. Weit auseinander stehen sie, nur zehn bis sechzig Bäume pro Hektar. Darunter ist Platz für Weidewirtschaft. Und für naturbegeisterte Radfahrer.

Der Schatten unter den ausladenden Baumkronen schützt Gras und Kräuter vor zu schnellem Austrocknen sowie Schafe, Ziegen, Rinder, Stiere, Schweine vor den Unbilden des Wetters. Die Eicheln sind Futter für Weidevieh und viele Vögel, allen voran Kraniche. Der Dung der Tiere nährt die fruchtbare Erde. Getreide wird angebaut, extensiv, um die Böden nicht auszulaugen. Nebenbei wird Imkerei betrieben. Die Frühlingswiesen tragen ein farbenfrohes Kleid aus bunten Blumen. Die Bäume in dieser sogenannten *dehesa*, wie es sie nur in der Extremadura und der portugiesischen Nachbarregion gibt, sind zudem Weltmeister im Absorbieren des klimaschädlichen Kohlendioxids. Landwirtschaft im Einklang mit der Natur – typisch Extremadura.

Schwarzstörche sind sehr menschenscheu.

Wappentier Schwarzstorch

Der Auftakt der Radtour am Informationszentrum des Parque Natural de Cornalvo, 10 km östlich von Mérida, lässt Raum zum Betrachten dieser Landschaft – dank der meist flachen Teerstraße. Mit sehr viel Glück ist sogar ein Schwarzstorch in den Lüften zu entdecken, das inoffizielle Wappentier des 10 570 ha großen Naturparks. Meister Adebar nistet in den dichteren Korkeichenhainen, die sich die Hügel am Horizont hinaufziehen Nach 6 km weist das Schild »Presa de Cornalvo« nach rechts. Hier – oder auch 1,1 km vorher beim Landgut Cortijo de Campomanes – liegen gute Ausgangspunkte für die 7 km lange Umrundung des Sees. Alternativ können Sie per Auto auch direkt zum Ufer fahren. Lackzistrosen blühen weiß im Frühjahr. Im Spätherbst und Winter zeigt der eine oder andere Erdbeerbaum seine roten Früchte.

Über die römische Staumauer

Nur noch ein paar kurze, aber steile Anstiege trennen vom See Embalse de Cornalvo. Bereits die Römer stauten an dieser Stelle das Wasser. Sie waren es, die den 220 m langen und 18 m hohen Damm bauten, um Mérida über einen Kanal und Aquädukte mit Wasser zu versorgen. Nun beginnt der schönste Teil der Tour: In 7 km geht es auf einem befestigten Erdweg um den See herum, am besten entgegen dem Uhrzeigersinn, steht so doch die Überquerung der Staumauer als Höhepunkt am Schluss. Bei niedrigem Wasserstand ragt auf der entgegengesetzten Seeseite der Bogen eines frühen Brunnens aus den Fluten. Korkeichen, Eschen und sogar rot blühender Oleander begleiten die Ausflügler. Am Ufer finden sich zahlreiche Plätze fürs Picknick oder zum Baden; fast zu schade zur Rückkehr, die vom Ende des Damms über denselben Weg führt.

Geiergucken und fürs Seelenheil wandern

Angeln
Spanische Petrijünger entwickeln besonderen Ehrgeiz darin, einen Schwarzbarsch an Land zu ziehen, einen listigen Gegner. Einen Angelschein gibt's bei den Gemeinden (www.extremafishingspain.com).

Baden und Tauchen
Überrascht? Sogar Tauchen ist möglich – in den tiefen Naturbecken der Bergbäche und in den Stauseen, in denen sich auch die Badejünger tummeln.

Gleitschirmfliegen
In den Bergen und über den Seen gibt es hervorragende Flugmöglichkeiten. Sehr hilfsbereit zeigt sich der Club Parapente Extremadura (www.parapente extremadura.webnode.com).

Pilgern
Der südliche Santiagoweg Vía de la Plata führt etwa 300 km durch die Extremadura. Bevorzugt wird diese Route von Ruhe suchenden Pilgern, die dem Andrang auf dem französischen Weg entgehen wollen (www.rutadelaplata.com).

Radfahren
Attraktiv für Langstreckenradler ist der 1000 km lange Camino Natural del Tajo (www.viasverdes.com). Kurze Routen bieten die Naturparks. Ein schönes Angebot für Mountainbiker hält www.extremadura btt.com bereit. Konditionsstarke Radsportler dürfen sich auf gut ausgebaute, verkehrsarme Landstraßen in den nördlichen Bergen freuen.

Vögelgucken
Ein Wort reicht: Vogelparadies. Nirgendwo in Europa existiert eine solche Artenvielfalt. Zentrum der Vogelbeobachtung ist der Nationalpark Monfragüe. Doch auch überall sonst werden geübte Birdwatcher oder beiläufige Beobachter durch die Pracht der Vogelwelt zum Staunen gebracht (www.birdinginextremadura.com).

Wandern
Gelb-weiß oder grün-weiß gekennzeichnete Wege gibt es allerorten (Karten in den Tourismusämtern). Bergwanderer bevorzugen die nördlichen Regionen Las Hurdes und La Gata. Leichter sind die Wanderungen im Vogelparadies Monfragüe. Für Hartgesottene: Von West nach Ost quert der rot-weiß markierte GR 10 die Extremadura.

Wellness
Schon die Römer genossen die heilenden Wasser der Extremadura. In den Baños de Montemayor werden die entspannenden Bäder mit römischen Aromen angereichert (www.balneariomontemayor.com).

Ein sommerliches Vergnügen bildet das Planschen in den zahlreichen Naturschwimmbädern der wasserreichen Bergregionen.

Der Pilgerpfad durch die stille Extremadura verspricht ein kontemplatives Abenteuer, ob auf Schusters Rappen oder per Rad.

Kolumbus brachte die ersten Paprikapflanzen in die Extremadura, heute gehört das Gewürz in zahlreiche regionale Gerichte.

So schmeckt die Extremadura

500 eher kleine extremenische Bauernhöfe sind auf die Zucht der halbwilden iberischen Schweine spezialisiert. Sie ernähren sich von Eicheln, die sie selbst suchen müssen.

José Polo, Mitbesitzer des Spitzenrestaurants Atrio in Cáceres, verrät das Geheimnis der extremenischen Küche: »Sie hat eine Eigenständigkeit entfaltet, ganz wie die Region. Das Iberische Schwein besitzt eine starke Persönlichkeit. Das kann ich gleichfalls über unser Land, unsere Bevölkerung, unsere Küche sagen. Eine Küche mit viel Persönlichkeit.«

Ein Schwein regiert die Welt

Das schwarzhäutige Iberische Schwein stammt aus Nordafrika, wurde aber wohl schon in vorrömischen Zeiten in der Extremadura und in Andalusien heimisch. 500 eher kleine extremenische Bauernhöfe sind auf die Zucht der halbwilden Rasse spezialisiert, die über den kulinarischen Kosmos der Extremadura herrscht. Die Tiere fressen 10 kg Eicheln pro Tag, auf deren Suche sie bis zu 12 km durch Eichenhaine rennen und dadurch kräftige Muskeln ausbilden. Das Ergebnis findet sich an prominenter Stelle auf jeder Speisekarte: zart-kräftiges Fleisch *(cerdo ibérico)* und ein milder Schinken *(jamón ibérico)*, dessen Geschmack im Munde regelrecht explodiert. Qualitätsmerkmal ist eine feine Fettmaserung.

Scharf, bitter, süß

Schon der Name zergeht auf der Zunge: Zorongollo. Die beliebte Vorspeise sowie Beilage zu Fleisch und Fisch besteht aus roten Paprikaschoten, die in Olivenöl eingelegt sind. Überraschend ist der Anbau dieser Pimentón de la Vera – Paprika aus der Extremadura! Die ersten Pflanzen hatte Kolumbus aus Amerika mitgebracht. Seitdem werden sie im Tal der Vera im Norden gezogen. Und wenn im Frühjahr die Bäume rund um das benachbarte Städtchen Jerte ausschlagen, kleidet sich die dortige Landschaft weiß. Nicht nur in Japan wird die Kirschblüte fröhlich gefeiert. Auch das fruchtbare Jerte-Tal ist für seine süßen Früchte berühmt. Aus ihnen wird sogar Obstler destilliert. Olivenbäume wachsen allerorten, dort sogar zu viel, wo sie Monokulturen in Reih und Glied bilden. Fast golden ist die Farbe des Öls, intensiv das Aroma, leicht bitter.

Kreative Tapas

In der landwirtschaftlich geprägten Extremadura wird niemand Hunger leiden müssen. Davor schützen schon die Bars mit ihren vielfältigen Tapas, den Appetithappen. Manchmal triefen sie noch wie anno dazumal von Fett, doch viele sogenannte Gastrobars haben sie zu kulinarischen Kunstwerken weiterentwickelt. Da wird Verführerisches gereicht, wie im Wok geschmorter Thunfisch auf Braunalgen oder auf Humus oder mit Kirschen und Kürbis. Und es gibt viele vegetarische Alternativen. Ansonsten haben die Extremeños gesundes Essen eher wenig für sich entdeckt.

Nonnen haben gut lachen

Lust auf einen himmlischen Keks? Dann ab in ein Nonnenkloster. Ziemlich eitel waren die Ordensschwestern und verwendeten Eiweiß zum Festigen ihrer Frisur und der Kragen ihrer Tracht. Mit dem Dotter kreierten sie göttliche Kekse und Süßspeisen. Und im Land der schwarzen Schweine ersetzten sie die Butter gerne durch Schmalz! Für die Roscos de Yema de Santa Clara fehlen nun nur noch Zucker, Mehl und Anisgewürz. Frisch aus dem Ofen gibt's in vielen Klöstern eine köstliche Auswahl an traditionellem Gebäck zu kaufen. Und in weltlichen Restaurants als Nachtisch, wenn auch nicht ganz so original

Warum Fischland-Darß-Zingst?

Der Weststrand am Darßer Wald bei Prerow

Idylle am Bodden

Es ist ein magischer Moment, wenn die Sonne am Horizont verschwindet und die windstille Boddenlandschaft in mildes Abendlicht taucht. Leise laufen die Wellen über das Windwatt und quer zum Strand. Im Gegensatz zur Nordsee ist die Ostsee immer da. Man muss nicht auf das Wasser warten, weil gerade Ebbe ist. Das ist das Schöne: Ganz egal wann man kommt, es ist immer richtig.

Stolzer Gang, sechs Kilo Gewicht. Der Graue Kranich ist ein berühmter Übernachtungsgast auf dem Weg nach Süden.

Born hat das Land,
Wieck hat den Sand,
Prerow den Strand.

Das ist Fischland-Darß-Zingst ...

In einem sanften Bogen erstreckt sich die 50 km lange, stellenweise nur 500 m schmale Halbinselkette zwischen Ostsee und Bodden. Ursprünglich waren sowohl der Kern des Fischlands als auch der Darß und der Zingst einzelne Inseln. Erst durch die Schließung der schmalen Flutrinnen im 14. Jh. (Fischland und Darß) und im 19. Jh. (Zingst) wuchsen sie dauerhaft zusammen. Über einen Damm beziehungsweise eine schmale Landenge sind sie mit dem Festland verbunden.

Jede der drei ehemaligen Inseln hat ihren eigenen Charakter und auch ihren eigenen Namen bewahrt, nur durch einen Bindestrich zusammengefügt. Was sie noch vereint, ist die atemberaubende Lage zwischen schilfgesäumtem Ufer und stillen Buchten am Bodden und dem Ostseestrand. Feinsandig, weiß und kilometerlang.

Geschaffen von Wind und Meer

Fischland, Darß und Zingst entstanden nach der letzten Eiszeit. Ihre endgültige Form erhielten sie nach der großen Sturmflut von 1872, in deren Folge die letzten Flutrinnen durch Versandung, Deich- und Dammbau zwischen den Inseln geschlossen wurden. Das Land ist nach wie vor im Wandel.

An stürmischen Tagen, wenn die Wellen an das Hohe Ufer des Fischlands oder den Darßer Weststrand schlagen, kann man regelrecht dabei zusehen, wie das Meer am Land frisst. Unterhöhlte Steilufer, abgestürzte Baumriesen auf dem Strand – blank und bleich geschliffen von Seewasser und Sonne – künden von den Naturgewalten. Wellen und Strömungen tragen den »erbeuteten« Sand gen Norden, wo er sich vor allem am Darßer Ort wieder ablagert und das Land nach Norden in die Ostsee wachsen lässt: über 3 km in den letzten 300 Jahren. Vom über 100 Jahre alten Leuchtturm am Darßer Ort bietet sich ein grandioser Blick auf das Land im Wandel.

Das Fischland

Der westliche Teil der Halbinselkette ist recht klein: nur 5 km lang und zwischen 500 m und 2 km breit. In den ehemaligen Fischerdörfern Wustrow, Althagen und Niehagen lebten Fischer und Seefahrer in rohrgedeckten Katen und Büdnereien.

Voll das Klischee? Ja schon. Tut dem Glück, hier zu sein, aber keinen Abbruch.

Life is better at the beach. In Prerow auf alle Fälle. Wo sonst kann man direkt in den Dünen zelten?

Die durch Seefahrt und Handel wohlhabend gewordenen Schiffer bauten charmante steinerne Häuser mit Ziegeldächern. Nach protzigen Bauten stand ihnen nicht der Sinn, das ist bis heute so geblieben. Das bitterarme Fischerdorf Ahrenshoop wurde Ende des 19. Jh. von Künstlern für sich entdeckt. Bis heute ist das Ostseebad ein Ort geblieben, der Künstler und Kunstliebhaber anzieht.

Trubel am Meer, Stille am Bodden, die Schriftstellerin Käthe Miethe sinnierte 1949 über das Leben auf dem Fischland: »Der Bodden ist uns näher als die See. So kann man manchen Tag seines Lebens damit verbringen, am Osthang seines Gartens zu sitzen und auf den Bodden und seine Boote zu schauen … Man hat einen Tag des stillen Schauens niemals vergebens, niemals sinnlos verbracht. Es kehrt dabei ein Frieden in die Seele ein, der sich in jeglichem Tun segensreich auswirkt.«

Der Darß

Sehr viel dünner besiedelt ist der Darß mit dem urwaldähnlichen Darßwald, einer Kernzone des Nationalparks Vorpommersche Boddenlandschaft. An dessen östlichem Rand erstreckt sich das hübsche Seebad Prerow, berühmt für seine atemberaubenden Strände, den Nordstrand und den (wilden!) Weststrand. Vom Touristenstrom vergleichsweise wenig berührt sind die stillen Boddendörfer Wieck und Born. Eingebettet in Wiesen und Wald bezaubern sie mit charmanten Häfen, rohrgedeckten Fischerhäusern und farbenfrohen »Sonnentüren«.

Der Zingst

Das östlichste und mit einem Alter von etwa 4000 Jahren jüngste Glied der Halbinselkette zieht Naturfotografen von weither an. Das Ostseeheilbad Zingst erstreckt sich zwischen weißem Ostseestrand und dem Hafen am Bodden mit der Vogelinsel Kirr in Sichtweite. Im Osten schließen sich die Sundischen Wiesen an. Pramort, der östlichste Zipfel der Halbinsel, ist der größte Kranichrastplatz Mitteleuropas und das Herzstück des Naturschutzgebiets Vorpommersche Boddenlandschaft. Der größte Nationalpark an der deutschen Ostseeküste reicht von den Halbinseln Darß und Zingst über Hiddensee bis zur Westküste Rügens.

... und das sind seine Seebäder

Das Markenzeichen der Kirche zu Wustrow: bodenständiger Backstein, hoher Turm

WUSTROW

Zwischen Boddenhafen und Ostseeküste erstreckt sich der größte Ort auf dem Fischland. Fischfang und Seefahrt haben die Geschichte des charmanten Ostseebads geprägt, in der Blütezeit waren hier rund 240 Schiffe beheimatet. Die Lage der für die Region typischen Backsteinkirche von 1873 auf einem künstlich aufgeworfenen Hügel oberhalb des Hafens ist großartig. Ein Highlight im wahrsten Sinne des Wortes ist die Aussicht vom Kirchturm. Von der Kirche führt die Neue Straße direkt zum Fischländer Friedhof. Prunkvolle Steine fehlen, und doch lohnt ein Besuch allein schon wegen der Aussicht hinaus über den Bodden und in die Neue Straße mit bildschönen rohrgedeckten Architekturdenkmälern, darunter das Fischlandhaus, ein mehr als 200 Jahre altes, aufwendig saniertes Hochdielenhaus. Von der Bäderstraße zweigt die Strandstraße zur Anfang der 1990er-Jahre erbauten, 240 m langen Seebrücke ab. In diesem Viertel ließen sich die durch die Segelschifffahrt zu Wohlstand gekommenen Schiffer und Steuerleute nieder. In den Seitenstraßen entdeckt man viele schön erhaltene Schifferhäuser. Kurz vor der Seebrücke passiert man den historischen Rettungsschuppen der DGzRS von 1812.
Eine zauberhafte, etwa 20-minütige Wanderung führt vom Hafen in den auf einer Halbinsel im Bodden gelegenen Ortsteil Barnstorf. Hier stehen die schönsten Bauerngehöfte des Fischlands. Die vier Hufen (Hofstellen) mit rohrgedeckten Fachwerkhäusern aus der ersten Hälfte des 18. Jh. haben von ihrem Charme nichts eingebüßt.

AHRENSHOOP

Ein beeindruckendes Hochufer über einem traumhaften Sandstrand und eine schilfgesäumte Boddenküste bilden den Rahmen für die ehemalige Künstlerkolonie. Rohrgedeckte Katen und bildhübsche Villen beherbergen heute Kunstgalerien. Die ersten Maler ließen sich gegen Ende des 19. Jh. in dem idyllischen Dünendorf nieder.
Auf dem Kunstpfad gewähren an zehn Stationen ausgewählte Gemälde dem kunstinteressierten Spaziergänger einen Blick zurück in die Zeit, als Ahrenshoop noch ein weltfernes Fischerdorf war.
Als »gelungene Ode an die Künstlerkolonie« wird das architektonisch bemerkenswerte Ahrenshooper Kunstmuseum gelobt. Der ganze Ort ist mit Künstlergeschichte gespickt. Als der Landschaftsmaler Paul Müller-Kaempff kurz vor der Wende vom 19. zum 20. Jh. auf einer Wanderung in das abgelegene Fischerdorf kam, war er hingerissen von der Unberührtheit und Schönheit zwischen Meer und Bodden. Er blieb und gründete eine Malschule. Seit 1994 steht sie als Künstlerhaus

Seiltänzer als Kunstfigur in einem der schönen Ausstellungsräume des Kunstmuseums Ahrenshoop

Benannt nach einem Weltenbummler, Maler und Fotografen – das Max Hünten Haus in Zingst. Großartig für Fotofreunde!

Lukas Stipendiaten zur Verfügung, die regelmäßig zu einem Tag der offenen Tür einladen (www.kuenstlerhaus-lukas.de). Von großer Bedeutung für die Künstlerkolonie war auch der Bau des Kunstkatens (1909) im Strandweg. Hier konnten die Künstler erstmals ihre Arbeiten ausstellen und auch zum Verkauf anbieten. Ein markantes Wahrzeichen des Ortes ist die Bunte Stube am Abzweig zum Strandweg. 1922 als Laden gegründet, entwickelte sie sich rasch zum kulturellen Treffpunkt – und ist es bis heute. Architektonisch bemerkenswert ist auch die 1951 aus einheimischen Baustoffen (Holz und Rohr) gebaute Schifferkirche. Sie hat die Form eines kieloben liegenden Bootes.

PREROW

Die weißen steinfreien Sandstrände sind das Kapital des Ostseebads. Mitte des 19. Jh. verdienten noch etwa 90 % der Männer von Prerow den Lebensunterhalt auf See. Der Wohlstand zeigt sich bis heute in den bildhübschen Wohnhäusern, die vom Hafengebiet ausgehend entlang alter Dünenzüge in Ost-West-Richtung zum Meer hin gebaut wurden. Die zentrale Straße ist heute die Waldstraße. Bei einem Spaziergang entdeckt man Büdnereien, Fischer- und Seefahrerhäuser. Ihr besonderes Kennzeichen sind die reich verzierten Darßer Haustüren, zu sehen auch im vielseitigen Darßer Museum.
Der Prerowstrom, der das Dorf vom Meer trennt, ist heute nur noch ein stilles, schilfumstandenes Binnengewässer. Man überquert es auf dem Weg zum Strand. Der Hafen mit Ausflugsdampfern liegt auf der Boddenseite. Eine Schiffstour ist ein wunderbar vogelreiches Vergnügen. Nördlich des Hafens im Ortsteil Kirchenort liegt das älteste Gotteshaus der Halbinsel Fischland-Darß-Zingst, die 1726 bis 1728 errichtete Seemannskirche. In der Orkannacht 1872 war sie zusammen mit der hoch gelegenen Alten Apotheke aus der Mitte des 19. Jh. einer der wenigen Zufluchtsorte für die Prerower. Viele prachtvolle Sommerresidenzen entstanden in der strandnahen Villenstraße, darunter auch Vogels Warte, ein burgähnliches Haus, das sich ein Berliner Gerichtsadministrator namens Vogel 1910 erbauen ließ, und die Blockhaus-Villa von Prinz Eitel Friedrich, einem Sohn Kaiser Wilhelms II.

ZINGST

Das mit Abstand größte Ostseebad der Region ist ein klassischer Urlaubsort mit Seebrücke, feinsandigem Strand, netter Flaniermeile und Hafen, wo die Ausflugsfahrten in den Nationalpark Vorpommersche Boddenlandschaft starten.
Zu sehen und zu fotografieren gibt es immer etwas. Der Blick schweift über den Zingster Strom zur Insel Kirr, einem Vogelparadies, das nur im Rahmen geführter Exkursionen betreten werden darf. Bilder vom Hafenleben aus lang vergangenen Tagen findet man im Heimatmuseum. Es dokumentiert Darßer Geschichte vom Mittelalter bis zur großen Seefahrtsepoche. Heute steht der Tourismus in Zingst an erster Stelle. Zwei verkehrsberuhigte Flaniermeilen – die Strandstraße und die Klosterstraße – führen in Richtung Strand und Seebrücke.
An der Seestraße, wo Strand- und Klosterstraße wieder aufeinandertreffen, liegt der 1873 erbaute Rettungsschuppen mit einer Ausstellung zur Geschichte der Seenotrettung. Die Tauchgondel am hinteren Ende der 270 m langen Seebrücke lädt zu einer Tour in die Unterwasserwelt ein (www.tauchgondel.de).
Die Peter-Pauls-Kirche bekam der Ort erst im 19. Jh. Der neogotische, mit einem aufwendigen Staffelgiebel versehene Bau wurde nach Plänen des Schinkel-Schülers Friedrich August Stüler 1862 vollendet und besitzt noch weitgehend seine originale Ausstattung.

Fischland-Darß-Zingst erleben

Beim Surfen auf der Ostsee ist größeres Können gefragt als auf dem ruhigen Bodden.

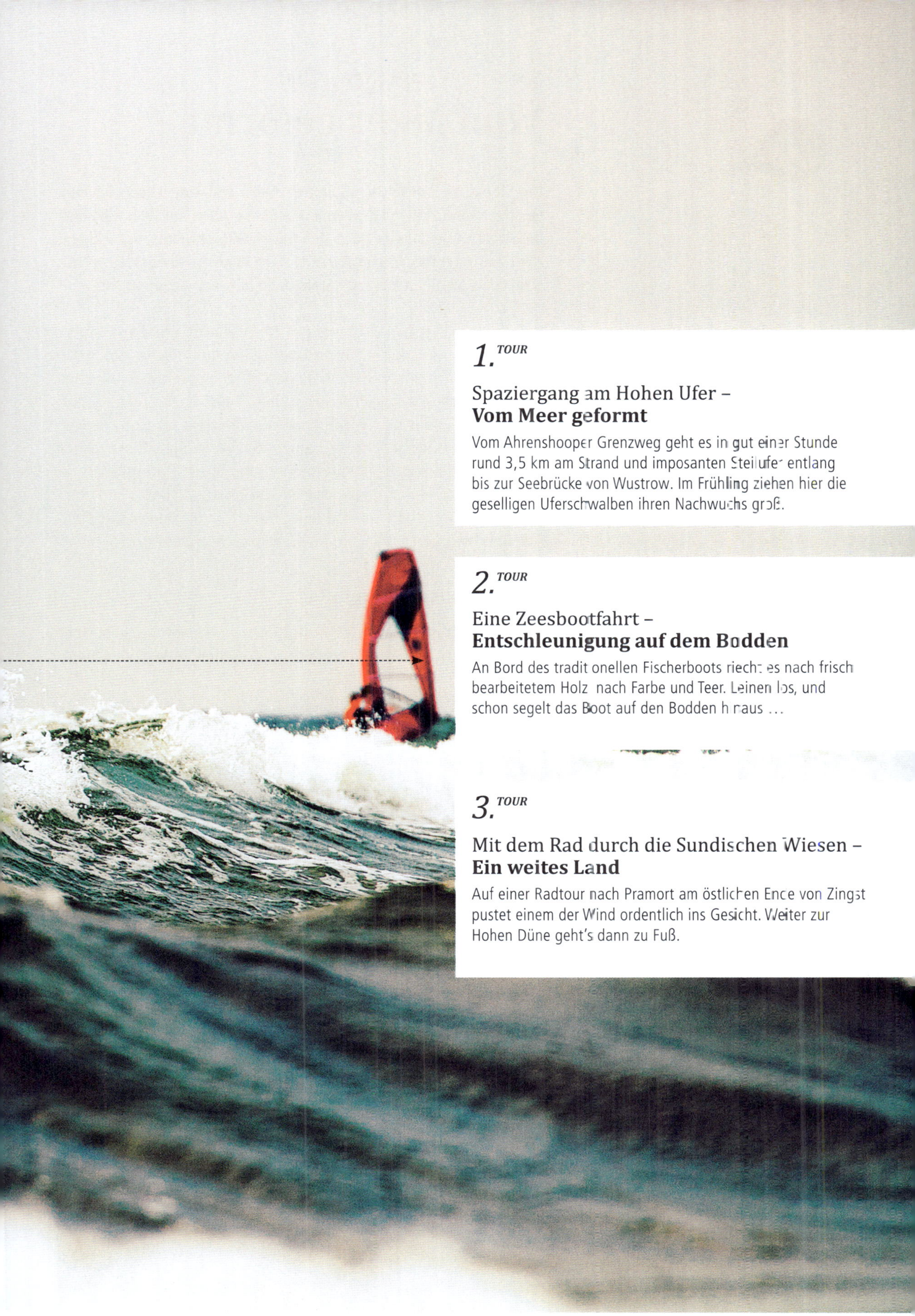

1. TOUR

Spaziergang am Hohen Ufer – **Vom Meer geformt**

Vom Ahrenshooper Grenzweg geht es in gut einer Stunde rund 3,5 km am Strand und imposanten Steilufer entlang bis zur Seebrücke von Wustrow. Im Frühling ziehen hier die geselligen Uferschwalben ihren Nachwuchs groß.

2. TOUR

Eine Zeesbootfahrt – **Entschleunigung auf dem Bodden**

An Bord des traditionellen Fischerboots riecht es nach frisch bearbeitetem Holz, nach Farbe und Teer. Leinen los, und schon segelt das Boot auf den Bodden hinaus …

3. TOUR

Mit dem Rad durch die Sundischen Wiesen – **Ein weites Land**

Auf einer Radtour nach Pramort am östlichen Ende von Zingst pustet einem der Wind ordentlich ins Gesicht. Weiter zur Hohen Düne geht's dann zu Fuß.

Spaziergang am Hohen Ufer

Vom Meer geformt

Die Steilküste von Fischland erstreckt sich von Ahrenshoop bis kurz vor die Seebrücke von Wustrow. Man kann oben auf dem Kliff entlanglaufen oder besser noch den Strandweg am Flutsaum wählen. Aber Achtung: Das Wasser reicht je nach Wind an einem kleinen Abschnitt bis an die Steilwand heran. Dann hilft nur Wellenhüpfen.

Ausgangspunkt ist der Grenzweg in Ahrenshoop: Zunächst ist der Strand noch breit, sanfte Wellen überspülen eine flache, ein Stück ins Meer hinausragende Sandbank, geschützt hinter einem Wall aus steinernen Wellenbrechern. Ist das eine übertriebene Schutzmaßnahme? Nein, denn die Ostsee kann auch anders. Es sind die (vor allem im Winterhalbjahr) heranbrandenden Wellen, die diese beeindruckende Steilküste geschaffen haben. Bei Sturm untergraben sie den Fuß der Steilwand, sodass ganze Partien abbrechen. Die Folge: Entwurzelte Bäume stürzen auf den Strand. Ein bis drei Meter Steilküste verschwinden jährlich im Meer, in manchen Jahren auch mehr.

Uferschwalben im Steilufer

Das Steilufer ist ein ideales Terrain für die als gesellige Koloniebrüter bekannten Uferschwalben *(Riparia riparia)*. Gegen Ende April/Anfang

Romantisch und gefährdet, uralt und doch vergänglich …

Mai kehren sie aus ihren afrikanischen Winterquartieren an die Ostseeküste zurück. Wenn sie keine bereits vorhandene Brutröhre in Beschlag nehmen können, graben sie sich mit Schnabel und Krallen armtief in die steile Wand, polstern das hintere, etwas erweiterte Ende mit Halmen und Federn aus, und das Brutgeschäft kann beginnen.

Die Elternvögel sind ein Team. Beide brüten (nach 14 bis 16 Tagen schlüpfen die Jungen), beide füttern (nach 18 bis 23 Tage verlassen die Jungen die Bruthöhle). Ein Teil der Uferschwalben brütet noch ein zweites Mal, doch spätestens Ende September kehrt wieder Ruhe ein.

Ungeliebt und faszinierend: Die Bunkerruinen zwischen Wustrow und Ahrenshoop wandern langsam ins Meer.

Bunker und Seebrücke

Die Seebrücke von Wustrow rückt näher. Der Strand wird schmaler. Wie groß die Abtragung an diesem Küstenabschnitt ist, machen die abgestürzten, mit bunten Graffitis bemalten Bunker deutlich – einer noch in Ufernähe, der andere schon ein ganzes Stück draußen im Meer. Sie gehören zu einem unterirdischen Bunkersystem, das in DDR-Zeiten von der Nationalen Volksarmee (NVA) als technische Beobachtungsstation genutzt wurde.

Nicht gerade schön, aber was tun? Über die Eigentums- und Zuständigkeitsfrage wie auch über die Entsorgung der tonnenschweren Betonklötze ist hinreichend diskutiert worden. Da aber von ihnen keine Gefahr ausgeht, hat man sie als »Sehenswürdigkeit« akzeptiert. Das Hohe Ufer verliert an Höhe und verläuft schließlich im Sande. Direkt an der Seebrücke liegen zwei Lokale, hier kann man sich mit Blick über das Meer für den Rückweg stärken. Am schönsten ist natürlich eine Rundwanderung. Am Strand hin und oben auf der Steilküste zurück.

»HIER IST ES WUNDERVOLL, KEIN TELEPHON, KEINE VERPFLICHTUNG, ABSOLUTE RUHE. ICH LIEGE AM GESTADE WIE EIN KROKODIL, LASSE MICH IN DER SONNE BRATEN, SEHE NIE EINE ZEITUNG UND PFEIFE AUF DIE SOGENANNTE WELT.«

Albert Einstein, 1918, tiefentspannt in Ahrenshoop

Eine Zeesbootfahrt

Entschleunigung auf dem Bodden

In dem kleinen Hafen von Born liegt das Zeesenboot »Bernstein« vor Anker, voll aufgetakelt, ein schönes Boot – 1921 in Stralsund gebaut und bis 1968 als Fischerboot genutzt. Skipper ist heute Martin Rurik, gelernter Bootsbauer. Er hat das Zeesboot 2006 gekauft und restauriert, seit 2009 nimmt er Gäste an Bord (www.zeesbootfahrten.de).

Jeder Gast wird persönlich begrüßt – vom Skipper oder von seinem zweiten Mann an Bord wird ihm die Hand ins Boot gereicht. Ein herzliches, handfestes Willkommen. Um auf den Bodden zu kommen, wirft der Skipper den Motor nur an, wenn die Zeit drängt … Sie drängt nicht, die Segel sind aufgezogen, Leinen los, wie von Zauberhand bewegt sich das Boot, und schon bald blähen sich die Segel im leichten Sommerwind. Die Zeesenfischerei gehört der Vergangenheit an, aber noch immer prägen die robust gebauten Segelschiffe das Erscheinungsbild der Boddenküste. Rotbraun sind ihre Segel: In früheren Zeiten wurden sie mit Holzteer, Lebertran, Gerblauge aus Eichenrinde und Rindtalg imprägniert, um sie haltbarer zu machen. Jeder Schiffer hatte sein eigenes Rezept.

De Zeese ist dat Nett …

Die Wellen schlagen an die Bordwand, einen Moment wird es ganz still. Nichts als Wind und Wellen. Zeit, innezuhalten und den Gedanken nachzuhängen, dann wird eine Frage gestellt, eine weitere folgt, der Schiffer hat viel zu erzählen: von alten Zeiten, als die Zeesenfischer zum Fang ausfuhren. Je nach Jahreszeit, Fanggebiet und Netzart fing man Aal, Hecht, Plötz, Barsch oder Stint. Saison war vom Ende des Eises bis zum Frosteintritt. Heute geht es nur noch einmal im Jahr auf Zeesenfang nach traditioneller Art, auch die »Bernstein« ist dabei.

AB INS NETZ

Beim Fischen trieben die relativ breiten Boote quer vor dem Wind und zogen die Zeese, ein sackförmiges Schleppnetz, seitlich hinter sich her. Damit die Öffnung des Netzes trotz der geringen Bootslänge weit genug war, wurde es vorn und achtern an »Bäumen« befestigt, die über die Länge des Bootsrumpfes hinausragten.

Wettfahrten vor dem Wind

Dass die Zeesboote nicht vom Bodden verschwunden sind, ist einem Bodstedter Fischer zu verdanken, der 1965 zur ersten Regatta aufrief. Eine verrückte Idee? Die Zeesboote sind für Wettfahrten ungeeignet? Ein Irrtum. Martin Rurik klopft auf das hölzerne Deck, sie sind tüchtige Am-Wind-Segler. Der Wind hat aufgefrischt. Gischt spritzt über das Deck. Der Bootsbauer steht an der Pinne und weist auf den dichten Schilfgürtel und die Reihe dem Bodden zugewandten Häuser. Viele haben einen eigenen Steg am Wasser, nach der politischen Wende haben die Eigentümer aufgepasst: Die Bootsstege, die damals registriert wurden, dürfen erhalten bleiben. Diese kleinen Anleger im Schilf sind auch so ein kleines zauberhaftes Stück Darß.

Segeltörn auf dem Bodden: leichte Wellen, eine sanfte Brise und einfach mal die Seele baumeln lassen

Mit dem Rad durch die Sundischen Wiesen

Ein weites Land

Manchmal gibt es perfekte Tage für Radler – dann sausen die Räder über den schnurgeraden Deich in Richtung Osten. Zum Pramort, wo die Halbinsel Zingst ihre Nase in die Ostsee steckt. Der Blick schweift über den Großen Werder. Die Kleinen Werder zum sandbeigen Windwatt erscheinen wie das Ende der Welt.

Vom Parkplatz am Hotel Schlösschen Sundische Wiese geht es los, am besten mit dem Fahrrad. Nach ein paar Hundert Metern ist man am Nationalpark-Informationszentrum. Zwei über den Köpfen der Besucher fliegende Vogelmodelle – die Graugans Akka und Kranich Nils – führen durch die Ausstellung. Kraniche und Graugänse sind wichtige Themen, ebenso die Geschichte der hiesigen Landwirte.

Pächter am Ende der Welt

Jahrhundertelang gehörte die Insel Zingst der Hansestadt Stralsund, die die (stral)sundische Wiese als Sommerweidefläche für die stadteigenen Rinder nutzte. Das Vieh wurde im Frühjahr und Herbst in einem boddentauglichen, flachen Schiff (Prahm) übergesetzt. In der Umgebung der Anlegestelle (Pramort) ließen sich im 17. Jh. einige Bauern nieder. Das Leben war nicht leicht, der Boden karg, neue Besitzer erhöhten jeweils den Pachtzins. 1937 wurde der Zingster Ostzipfel Militärstandort. Die Bewohner mussten gehen, die verlassenen Bauernhöfe dienten fortan als Bomben-Abwurfziel. Erst Ende 1991 gab das Militär den Standort endgültig auf.

Die Hohe Düne – was Sie hier nicht sehen: zu Füßen weißer Sand, dahinter die grünblaue Ostsee

So nah und doch so fern

Seit Gründung des Nationalparks kehrt die Natur zurück. Die einzige Straße ist für den Autoverkehr gesperrt, Fußgänger und Radfahrer teilen sich den Landesschutzdeich. Röhricht und Birkenwäldchen zur Linken, dahinter ahnt man das Meer. Zur Rechten: ein schmaler Baumstreifen, dahinter (Prärie)Wiesen bis zum Bodden. Ein Schild weist zur Hohen Düne. Das Rad bleibt stehen, zunächst folgt man der Deichkrone, dann geht es weiter über federnde Bohlenwege durch unberührte Landschaft. Kleine Sümpfe, Heidehügel und Kiefernwäldchen – nach gut 1,5 km ist die Hohe Düne erreicht, mit 13 m Höhe das höchste Weißdünenmassiv der deutschen Ostseeküste. Traumhaft ist der Blick von der Aussichtsplattform unmittelbar oberhalb des Strands. Trotz verlockender Strandnähe ist Baden nicht möglich, die Natur geschützt, die Vogelspuren im Sand werden nur vom Wind verweht.

Sehen, aber nicht gesehen werden

Zurück am Hauptweg ist es nicht mehr weit nach Pramort. Von den zwei Aussichtshütten schweift der Blick in die Ferne. In dieser Region verbringen Tausende Kraniche stehend im flachen Gewässer die herbstlichen Nächte. Der Seeadler zieht ganzjährig seine Kreise, mitunter spazieren Hirsche über das flache Meer.

Am, im und auf dem Wasser

Angeln

Wer in den Küstengewässern angeln möchte, benötigt neben dem Fischereischein eine Angelerlaubnis. Genaue Auskünfte erhält man im Internet unter www.lallf.de und beim Landesanglerverband, www.lav-mv.de, oder www.auf-nach-mv.de/touristenfischereischein. Was man fängt? In der Ostsee vor allem Dorsch, Hering, Flunder, Meerforelle und Hornhecht. (Übrigens: Von den Seebrücken ist das Angeln von 22 Uhr bis 6 Uhr erlaubt!) Im Bodden fischt man hauptsächlich Zander, Hecht, Barsch, Weißfische und manchmal Aal.

Baden

Am Bodden liegen verschwiegene Badebuchten, an den offiziellen Badeplätzen hängt ein Rettungsring, Rettungsschwimmer sind nicht vor Ort. Von der DLRG bewacht sind dagegen die Badestrände am Ostseestrand – vom Strandkorb bis zum Imbiss ist hier alles vorhanden. Eine rot-gelbe Flagge am Mast der Wachstation bedeutet, dass die Station besetzt ist. Eine zusätzliche gelbe Flagge signalisiert ein Badeverbot für ungeübte Schwimmer und Kinder, eine rote Flagge generelles Badeverbot.

Kranichbeobachtung

Im Herbst (September bis Anfang November) sind die »Vögel des Glücks« vor allem entlang der südlichen Boddenküste anzutreffen. Tagsüber fressen sie sich auf abgeernteten Getreide- und Maisfeldern die für den Weiterflug notwendigen Energiereserven an. Informationen bieten das Kranichzentrum in Groß Mohrdorf, das Kranorama am Günzer See sowie viele Kranichsafaris, auch per Schiff (www.fischland-darss-zingst.de).

Radfahren und Wandern

Die Schönheiten der Halbinsel entdeckt man am besten mit dem Rad oder zu Fuß jenseits der befahrenen Autostraßen. Besonders empfehlenswert: der Fischland-Darß-Zingst-Streckenabschnitt des Ostseeküsten-Radwegs, der auf einer Länge von 400 km zwischen Lübeck/Travemünde und Ahlbeck auf Usedom dem Küstenverlauf folgt. Weiß-blau-weiß markiert ist der Ostseeküstenwanderweg E9. Stille Winkel und Buchten genießen Radfahrer und Wanderer entlang des Boddenufers.

Wassersport

Baden, Surfen, Kiten, Stand-up-Paddling, Segeln und Paddeln: Für Wassersport ist die Halbinsel eine großartige Adresse, denn Ostsee und Bodden sind zwei ganz unterschiedliche Gewässer. Die geschützten Boddengewässer bieten ideale Bedingungen für Anfänger. Das Wasser ist relativ flach, der Wellengang sanfter als in der Ostsee.

Die See sorgt für die Köstlichkeiten. Auch wenn mal keiner so schnell anbeißt.

Das Leben ist kein Ponyhof? Ein Reiturlaub auf dem Fischland und Darß bedeutet genau das Gegenteil.

So schmeckt Fischland-Darß-Zingst

Ein altes Kapitänshaus, frischer Kaffee und ofenwarmer Kuchen. Herzlich willkommen!

Heringssalat, ein Klassiker der norddeutschen Küche, köstlich an heißen Sommertagen

Erstklassig, regional und bio, so kann es sein: Zander aus dem Bodden, Wild aus dem Darßer Wald, Bio-Rinder- und Büffelfleisch vom Gut Darß sowie fruchtiges Sanddornsorbet. In den Genuss feiner regionaler Küche kommen Feinschmecker nicht nur während der Kulinarischen Wochen von Mitte Oktober bis November. Denn das ganze Jahr über sind die Köche in Aktion. Und lieben dabei die Kombination süß und sauer.

Ein Klassiker auf die Hand

Aus den Räucheröfen der Fischer zieht der Rauch und duftet wunderbar nach Wacholderstrauch- und Buchenholzspänen. An fast jedem Boddenhafen bekommt man geräucherten Fisch und Fischbrötchen, in Althagen ebenso wie in Dierhagen, Wustrow und Zingst. Eine perfekte Mahlzeit für zwischendurch.

Ostseeluft macht hungrig

In den Gaststätten galten lange große Portionen mit schön viel Soße und ordentlich Speck als Inbegriff für gutes Essen. Mittlerweile geht es leichter und kreativer zu, aber man muss schon satt werden, finden die Inselbewohner.

De Mäkelbörger un sine Tüffeln

Die Kartoffel alias *Tüffel* oder *Tüften* spielt in der mecklenburgischen Küche eine zentrale Rolle. Die Zusammenstellung ist bisweilen eigenwillig: Mecklenburger Rippenbraten, gefüllt mit Trockenobst und Rosinen, Eintopf mit Birnen, Bohnen, Kartoffeln und Speck. Armeleuteessen waren Himmel und Erde (Kartoffeln mit Äpfeln) sowie *Tüften un Plum*, eine Kartoffelsuppe mit Pflaumen und Speck.

Fisch in allen Variationen

An der Küste dominiert natürlich Fisch die Speisekarte. Von Aal bis Zander kommt alles auf den Tisch, was Ostsee und Boddengewässer hergeben: gebraten, gegrillt, gebacken, frittiert, gedünstet, gekocht oder traditionell geräuchert. Nur wenige Wirte werden noch von einem Fischer vor Ort beliefert oder fahren im eigenen Kutter raus. Fragen Sie die Einheimischen, wer (wirklich) frisch gefangenen Fisch serviert! Eine regionale Spezialität ist der pfeilförmige Hornfisch, der Anfang Mai zum Laichen an die Ostseeküste kommt. Man isst ihn mitsamt den feinen grünen Gräten. Weil er massenhaft vorkommt, kann er auch leicht selber geangelt werden.

Vergessen Sie den Kaviar

Der wichtigste Ostseefisch ist der Hering. Das »Silber des Meeres« wird im Frühjahr gefangen, in Salzlake reift er zum Matjes. Eingelegt kommt er als Brathering oder als Rollmops auf den Tisch. Unwiderstehlich ist er als Tatar, mit Birnen, Bohnen und Speck oder auch an Mango-Chili-Salat.

Barther Küstenbier

Die einheimischen Biersorten waren schon zu Zeiten der Hanse berühmt. Das Barther Bier wurde bis in die russische Stadt Nowgorod und ins französische Marseille exportiert. Der Feldherr Wallenstein soll bei der Belagerung Anklams im Jahr 1628 eine Ladung Barther Bier angefordert haben. Seit 2007 wird in Barth wieder nach alter Tradition das »Barther Küstenbier« gebraut.

Die Zitrone des Nordens

Mit seinen ab Ende August lockend orangefarbigen Beeren ist das saure Powerfrüchtchen Sanddorn nicht nur eine Augenweide, sondern auch reich an Vitamin C. In der Darßer Manufructur in Wieck werden die Beeren zu Konfitüren, Gelees und Likören verarbeitet (www.darsser-manufructur-neu.de).

Warum Friaul-Julisch Venetien?

Vom antiken Seehafen zum ehemaligen k.u.k. Seebad – das pittoreske Fischerdorf Grado hat einiges erlebt.

Zwischen Alpen und Adria

Bunt, aufregend und vielfältig wird ein Aufenthalt in der nordöstlichsten Region Italiens: Friaul-Julisch Venetien schlägt Brücken zwischen den Kulturen und vereint mit seinen Sehenswürdigkeiten und seiner Küche das Beste aus der alten Republik der Serenissima mit dem Habsburger Erbe.

Die Kirche Santa Maria Assunta in Cividale del Friuli vereint venezianische Gotik und Renaissance.

Cividale del Friuli – auf den Spuren der Langobarden

Das ist Friaul-Julisch Venetien ...

Im Nordosten Italiens liegt eine kleine Region, die an Österreich und Slowenien grenzt: *Benvenuti* in Friuli Venezia Giulia (Friaul-Julisch Venetien)! Das autonome Gebiet, dessen Name sich kaum aussprechen lässt, reicht von den Alpen bis zur Adria. Bei einer Entdeckungsreise von Norden nach Süden offenbart sich hier ein erstaunlich vielfältiger Mikrokosmos. Tatsächlich ist Friaul-Julisch Venetien ein kleines Land mit einer großen Vielfalt. Hier werden Ihre Erwartungen übertroffen – versprochen! Ob Berge, Hügel, Seen oder Meer: Jeder kann sich hier im Freien und inmitten der Natur austoben. Außer an den im Sommer gut besuchten Adria-Stränden Grado und Lignano drängen sich hier noch keine Urlauberscharen wie im benachbarten Venetien. Der Massentourismus hat selbst Triest, einen Schmelztiegel verschiedener Völker, Sprachen und Kulturen mit ausgeprägtem mitteleuropäischem Flair, nicht erreicht.

Die geografische Lage des Landes, das über Jahrzehnte abgeschieden am östlichen Rand der italienischen Halbinsel lag, hat dazu beigetragen, seine mannigfaltige Natur und seine alten Traditionen zu bewahren. Nach Friaul-Julisch Venetien kommt man nicht per Zufall, dorthin muss man wollen. Für diese Reise können Sie all Ihre Sprachkenntnisse nutzen, denn hier werden mehrere Idiome und Mundarten gesprochen.

Majestätische Berge

Bereits an den Alpenpässen beginnt die Faszination dieses Landes. Etwas ist gleich klar: Friaul-Julisch Venetien gilt es zu erobern. Den Blick nach oben gerichtet, entdeckt der Reisende abwechselnd felsige Gipfel, sanfte Hügel und grüne Almen. Im Norden der Region ragen die Friauler Dolomiten in den Himmel empor, die seit 2009 zum Unesco-Weltnaturerbe gehören. Wasserfälle, Schluchten und Bergseen begeistern die Bergwanderer durch ihre Ursprünglichkeit. Wie die Natur sind auch die Menschen hier manchmal sperrig, jedoch immer bodenständig und sehr hilfsbereit. Wenn sie aber untereinander sprechen, hat kaum jemand eine Chance, sie zu verstehen. Der Satzbau der altdeutschen Mundarten kommt einem irgendwie vertraut vor, aber bei der furlanischen Sprache werden selbst die Sprachbegabtesten kapitulieren müssen.

Lignano Sabbiadoro – Sonne satt, endlose Sandstrände und das Meer als Badewanne verspricht der Badeort an der nördlichen Adria.

Aus der Vogelperspektive ist die geometrische Struktur der Festungsstadt Palmanova zu erkennen.

Im Winter verwandeln sich die schneebedeckten Ortschaften in schöne Skigebiete, aber die weiße Pracht genießt man auch auf Schneeschuhen bei einer Winterwanderung. Wer die Region auf dem Rad erkunden möchte, dem bieten sich zahlreiche Touren an – und es muss nicht gleich die anspruchsvolle Alpen-Adria-Ciclovia sein, denn dafür braucht man viel Kondition!

Das Meer ruft!

Zwischen den Bergen schlängelt sich der Fluss Tagliamento Richtung Süden und durchquert die Mitte der Region, wo die Berge zu sanften Hügeln werden. Hier trifft man entlang der »Straße der Burgen und des Schinkens« auf malerische Dörfer und romantische Burgen. Verwöhnt wird der Besucher in dieser Gegend von typischen Produkten und deftigen Spezialitäten. Einen Streifzug durch die Geschichte und die unterschiedlichen Kulturen, die das Land über Jahrhunderte prägten, macht man in Udine, Gorizia oder Cividale del Friuli. Bevor der Reisende die einladende Küste an der Adria erreicht, entdeckt er eine fruchtbare grüne Ebene. Je mehr er sich dann der Küste nähert, desto intensiver spürt er das typisch italienische Flair des Dolce Vita. Die lange Strandzunge von Lignano Sabbiadoro und der Strand von Grado stillen die Urlaubsgefühle von Wasserratten und Sonnenhungrigen: Die Sehnsucht nach dem Dolcefarniente wächst!

Lebendiges Erbe der Vergangenheit

Für Abwechslung sorgen in Küstennähe auch die »venezianische« Altstadt von Grado, die erstaunlichen Mosaiken von Aquileia und die sternförmig angelegte Festungsstadt der Renaissance, Palmanova. Die Königin der Adria bleibt aber Triest. Bis zur Hauptstadt der Region an der östlichen Grenze Italiens fährt man auf der Strada Costiera, einer der schönsten Küstenstraßen weltweit. Die Triestiner Alltagssprache mutet venezianisch an. Doch die Nähe zum Balkan und die k. u. k. Vergangenheit verleihen der Hafenstadt einen unverkennbar internationalen Charme – und eine äußerst vielseitige Küche. Dem Zauber des Castello di Miramare und der Weitsicht von den karstigen Höhen darüber kann kaum jemand widerstehen. *Andiamo*!

... und das sind seine Städte

Am Molo Audace, dem Kai im alten Hafen der Hauptstadt Triest, treffen sich die Flaneure.

TRIEST

In der Hafenstadt an der Adria ist Europa schon immer zu Hause, denn die Hauptstadt der Region Friaul-Julisch Venetien ist ein Schmelztiegel der Kulturen. In der Grenzstadt haben sich über Jahrhunderte die italienische, österreichische und slawische Kultur gegenseitig bereichert. Daraus ist eine Vielvölkerstadt entstanden, die es zu entdecken lohnt. Wer die Wasserstraße Canal Grande entlangschlendert, den versetzen die Kuppeln der serbisch-orthodoxen Kirche San Spiridione mit ihren byzantinischen Mosaiken in den Osten. Über den alten Resten eines römischen Forums erheben sich die Wahrzeichen der Stadt: das Castello und die romanische Kathedrale San Giusto. Das alte jüdische Getto mit seinen Antiquitätenläden hinter dem mächtigen Rathauspalast erinnert dagegen ein bisschen an Venedig. Auch das alte Viertel Cavana – die eigentliche Città Vecchia – mutet wegen seiner Architektur venezianisch an. Dagegen haben die historischen Kaffeehäuser, wie das Caffè degli Specchi, in der Altstadt ihr Habsburger Flair beibehalten. Hier setzten sich Künstler und Patrioten auseinander und träumten von einer besseren Zukunft. Der ehemalige Freihafen der k. u. k. Monarchie inspirierte um 1900 große Persönlichkeiten der internationalen Literatur – verewigt in Bronzestatuen sind die Schriftsteller Italo Svevo, James Joyce und Umberto Saba. Den europäischen Charme Triests erleben Sie am besten auf der Piazza dell'Unità d'Italia, dem größten zum Meer hin offenen Platz Europas, bei einem aromatischen *nero*. So nennen die Triestiner den Espresso! Flanieren Sie bei Sonnenuntergang auf der Mole Audace und genießen Sie den Ausblick auf die Hafenstadt. Hier erinnert eine bronzene Windrose daran, dass dies auch die Stadt der Winde ist, also aufgepasst!

UDINE

In der Hauptstadt Friauls erlebt man einen Hauch von Venedig. Auf der Piazza della Libertà strahlen ein geflügelter Markuslöwe und zwei »Mori« auf dem Uhrturm. Hier befindet sich auch die Loggia del Lionello, ein Meisterwerk der venezianischen Spätgotik und heute Kommunalpalast. Kein Wunder, dass der Platz einst als »der schönste venezianische Platz auf dem Festland« galt. Hinter dem Uhrturm führt ein Weg hinauf auf den Burghügel, wo man einen herrlichen Blick auf die roten Dächer bis hin zu den Bergen hat. Die Einheimischen treffen sich aber im »Salotto« der Stadt, dem alten Marktplatz Piazza Matteotti: Das malerische Ensemble aus historischen Häusern mit bemalten Fassaden und Laubengängen, zusammen mit dem schönen Brunnen in der Mitte, zieht alle Blicke auf sich. Pittoreske grüne Ecken mit kleinen Wasserläufen prägen die Altstadt und erinnern erneut an die Lagunenstadt.

Die Loggia del Lionello auf dem Hauptplatz von Udine verbreitet venezianischen Charme.

Eines der gut erhaltenen spätantiken Mosaike von Aquileia zeigt eine wohlhabende Frau.

Liebhaber der Malerei freuen sich auf die Fresken des großen Venezianers Giambattista Tiepolo im Palazzo Patriarcale, im Dom und im Oratorio della Purità. Plötzlich ist es Zeit für einen Aperitif: Genießen Sie in einer typischen Osteria ein *tajut*, ein Glas Wein in geselliger Runde. Statt »ciao!« sagen Sie dort aber »mandi!«

GORIZIA

Eine Metallplatte mit den Namen Italiens und Sloweniens und den Jahren 1947 und 2004 markiert auf dem Piazzale della Transalpina die ehemalige Grenze zwischen den Nachbarstaaten. Wo bis 2004 eine Mauer durch die Stadt lief, kann heute jeder frei flanieren, mit einem Fuß in Italien und dem anderen in Slowenien. Die bewegte Geschichte der Grenzstadt am Fluss Isonzo spricht nicht nur Italienisch, denn Gorizia hieß auch Nova Gorica (slowenisch) und Görz (deutsch). Nach dem Tod des letzten Grafen von Görz fiel die Stadt um 1500 an die Habsburger – bis zum Untergang der Donaumonarchie im Jahre 1918. Das k. u. k. Erbe ist in der Stadtarchitektur sofort erkennbar, wie bei der Barockkirche San Ignazio mit ihren zwei Zwiebeltürmen auf der Piazza Vittoria, in den kleinen Gassen in der Unterstadt und den vielen Parks – Gorizia wurde auch das »habsburgische Nizza« genannt! Steigen Sie über einen Fußweg zur mittelalterlichen Burg, dem Highlight der Stadt, hinauf. Von hier aus genießen Sie einen schönen Blick auf die ganze Stadt und die umliegenden Hügel.

CIVIDALE DEL FRIULI

Ob der Teufel beim Bau der sagenumwobenen 22 m hohen »Teufelsbrücke« (Ponte del Diavolo) über der Natisone-Schlucht wirklich persönlich mithalf? So erzählt es zumindest die mittelalterliche Legende über das Wahrzeichen der geschichtsträchtigen Kleinstadt. Von Julius Cäsar als Forum Iulii gegründet – woraus sich später der Name Friuli (Friaul) ableitete –, wurde die Ortschaft 568 n. Chr. zur Hauptstadt des ersten Herzogtums der Langobarden in Italien. Ihnen verdankt Cividale den Eintrag in die Unesco-Liste des Weltkulturerbes. Hierher verlegten 773 die Patriarchen des zerstörten Aquileia ihren Sitz. Von der Piazza del Duomo führt ein kurzer Spaziergang zum Tempietto Longobardo, einem geheimnisvollen Gebäude, das allein schon eine Reise wert ist (www.tempiettolongobardo.it). Stuckdekorationen, Freskenmalereien und Figuren schmücken das Kleinod, vermutlich aus dem Jahr 760. Bevor man die weiteren Schätze aus der Langobardenzeit besucht, stärkt man sich mit einem Stück Gubana Cividalese, einem traditionellen Gebäck.

AQUILEIA

Himmlische Unterstützung braucht man immer, scheint die Botschaft des prächtigen Bodenmosaiks in der Basilika Santa Maria Assunta zu sein. Auf dem über 600 m² großen bunten Mosaikfußboden aus dem 4. Jh. erkennt man neben allerlei Tieren, geometrischen Ornamenten und allegorischen Gestalten auch Engel mit Fischern gemeinsam im Boot beim Fischfang. Ob hier auch reisende Engel abgebildet wurden? Die detailreiche Bildersprache, mit der sich das wahrscheinlich größte Mosaik der christlichen Spätantike schmückt, hinterlässt den Besucher sprachlos. Zum Wow-Effekt beim Besuch des Städtchens, das in der Antike eine der wichtigsten Handelsmetropolen des Römischen Reichs und später auch Bischofssitz war, tragen ein Spaziergang durch das ehemalige Forum Romanum und die großartige Domus (Villa) von Titus Macro bei. Weitere Schätze aus der Ausgrabungsstätte, die zum Unesco-Weltkulturerbe gehört, sind im Frühchristlichen und im Archäologischen Museum zu bewundern.

Friaul-Julisch Venetien erleben

Die Karnischen Alpen locken mit lichten Wäldern, klaren Seen, historischen Almwegen und urigen Bergbauerndörfern.

1. TOUR

Entdeckungen in Karnien – **Unterwegs im deutschsprachigen Friaul**

Spektakuläre Straßen durch eine faszinierende Bergwelt führen nach Timau, Sauris und Sappada: In allen drei Bergdörfern spricht man Deutsch.

2. TOUR

Rilke-Weg von Duino nach Sistiana – **Auf poetischen Pfaden**

Hoch über der Adria auf dem nördlichsten Felssporn des Triestiner Karsts thront das Castello di Duino. Auf Einladung von Marie von Thurn und Taxis war hier auch Rainer Maria Rilke zu Gast und ließ sich von der Steilküste inspirieren.

3. TOUR

Castello di Miramare – **Märchenschloss am Meer**

Vor den Toren von Triest lockt das schneeweiße Habsburgerschloss am blauen Meer. Schon von außen eine Augenweide und innen voller wertvoller Möbel, Bücher und Bilder …

1. TOUR · 2. TOUR · 3. TOUR

Entdeckungen in Karnien

Unterwegs im deutschsprachigen Friaul

Im Herzen Friauls liegen drei Bergdörfer, in denen heute noch eine alte deutsche Mundart zu hören ist. Auf der Tour von Timau über Sauris nach Sappada erleben Sie deutsche Sprachinseln und genießen die Berglandschaft der Karnischen Alpen und Voralpen.

Eine serpentinenreiche Bergstraße mit ständig wechselndem Blick auf die Berge führt vom grenzüberschreitenden Plöckenpass nach Timau im Friaul. Von einer bezaubernden Natur umgeben, die vor allem im Herbst ein echtes Feuerwerk der Farben entfacht, liegt Timau (Tischlbong in der Ortssprache) im Tal des Flusses Bût auf 820 m Höhe in Karnien (Carnia). Über dieses Dorf mit knapp 500 Einwohnern ragen majestätisch die Felswände der Creta di Timau hoch. Neben der hohen modernen Kirche beherbergt das historische Museo della Grande Guerra eine Sammlung von Erinnerungsstücken, die vom Ersten Weltkrieg erzählen (www.museograndeguerra timau.com). Am Kirchplatz befinden sich Infotafeln auch in einem alten deutschen Dialekt, der mit dem Südbayerischen und dem Kärntnerischen verwandt ist: Etwa um das Jahr 1000 und gegen Ende des 13. Jh. wurde Timau von Kärnten aus besiedelt.

»TUEST REIDN TAIČ?« HEISST IN DER ZAHRER SPRACHE: »SPRICHST DU DEUTSCH?«

Atemberaubende Natur im abgeschiedenen Sauris

Die Straße SS 52 schlängelt sich nach Süden durch das von den Karnischen Alpen flankierte Tal des Flusses Bût weiter in Richtung Tolmezzo. Weiter geht es über Villa Santina nach Ampezzo, wo man auf die SP 73 abbiegt: Ab jetzt fahren Sie auf einer schmalen, kurven- und tunnelreichen Bergstraße knapp 15 km durch die enge Lumiei-Schlucht nach Sauris. Der smaragdgrüne See am Ausgang des letzten Felsentunnels vor dem Bergdorf verstärkt den Eindruck, dass man eine märchenhafte Welt betritt. Sauris (von den Einheimischen Zahre genannt) liegt inmitten von Almen und Weiden auf 1000 bis 1400 m Höhe. Im Sommer ist die Gegend ein Wanderparadies, im Winter verwandelt sie sich in ein beliebtes Skigebiet. Die Abgeschiedenheit der Ortschaft

Traditionelle Holzhäuser prägen das idyllische Bergdorf Sauris.

Die Gegend rund um die Bergstadt Sappada ist reich an Wasserfällen, die auf Wanderwegen einfach zu entdecken sind.

und die karge Landschaft haben dazu beigetragen, Kultur und Traditionen zu erhalten. Im Bergdorf wird heute noch Sauranisch (»de Zahrar Sproche«) – ein dem Kärntnerischen ähnlicher, südbayerischer Dialekt – gesprochen. Sauris ist auch wegen seines köstlichen rohen Schinkens bekannt, der seinen rauchigen Geschmack dem Buchenholz aus den umliegenden Wäldern verdankt. Dazu genießen Sie am besten ein Stück Käse von der Alm mit dem lokalen, handwerklich hergestellten *Zahrebeer* (www.sauris.org).

Streifzug durch Sappada und seine alten Weiler

Um Sappada zu erreichen, fahren Sie den gleichen Weg von Sauris zurück Richtung Villa Santina, wo Sie die Straße SR 355 nehmen. Sie werden bald merken, dass Sappada (Plodn in der heimischen Sprache) kein Bergdorf wie Timau oder Sauris ist. Die Ortschaft in der Nähe der Quelle des Flusses Piave erstreckt sich über 5 km auf einem langen Hochplateau, verteilt auf 15 schmucke alte Weiler (»heivilan«). In Cima Sappada glaubt man, dass die Zeit stehen geblieben ist. Der kleine Ortsteil besticht durch seine alten, im Blockbau errichteten, mit Geranien geschmückten Holzhäuser. Die Sprache, die Sie auf einigen Schildern lesen, ist Plodarisch. Wahrscheinlich brachten Flüchtlinge aus Osttirol vor über 1000 Jahren ihren bayerisch-tirolerischen Dialekt hierher mit. Die Straße führt weiter nach Alt-Sappada, wo malerische Ortsteile wie Mühlbach, Cottern oder Kratten mit ihren alten Holzhäusern den Besucher willkommen heißen. Diese Viertel haben dank der 1922 neu gebauten Straße, die abseits dieser Ortschaften verläuft, ihren alten Kern bewahrt. Kein Wunder, dass Alt-Sappada zu den schönsten Dörfern Italiens zählt. Auch die Tradition des Rollats, der Hauptmaske der Plodner Fasnacht (»Vosenòcht«), geht auf diese alten Zeiten zurück. Rund um die Hauptstraße liegt das touristische Alpindorf Sappada, das wegen seiner landschaftlichen Schönheiten und der vielen Outdoor-Aktivitäten ein beliebter Urlaubsort ist (www.sappadadolomiti.com).

Ü
ÜBRIGENS

Bordano, das sogenannte »Dorf der Schmetterlinge«, liegt am Fuß der Berge San Simeone und Festa. In ihrer geografisch isolierten Lage bieten die beiden Berge ein optimales Mikroklima für Schmetterlinge, die auch im größten Schmetterlingshaus Italiens zu bewundern sind (www.bordanofarfalle.it).

2. TOUR

1. TOUR

3. TOUR

Rilke-Weg von Duino nach Sistiana

Auf poetischen Pfaden

Rainer Maria Rilke kamen beim Gang über Italiens höchste Steilküstenkante seine verzweifelt-fatalistischen »Duineser Elegien« in den Sinn. Dabei animiert der auf den berühmten Dichter getaufte Wanderweg von Duino in die Bucht von Sistiana weniger zum Klagen denn Frohlocken über die tolle Aussicht auf die Adria.

Rainer Maria Rilke reiste viel und weilte von Oktober 1911 bis Mai 1912 auf Schloss Duino, von wo er gern Spaziergänge in die benachbarte Bucht von Sistiana unternahm. Der 1875 im damals österreichisch-ungarischen Prag geborene und 1926 in der Schweiz gestorbene Dichter gilt als bedeutender Vertreter der literarischen Moderne, lebte u. a. in Paris, München, Wien und Berlin. Als Gast von Marie von Thurn und Taxis, die ihm 17 Jahre in reger (Brief-)Freundschaft verbunden blieb, schrieb er auf Schloss Duino zwei von insgesamt zwölf Klageliedern, die 1922 unter dem Titel »Duineser Elegien« publiziert wurden.

Farbenfrohe Wanderstrecke

Der knapp 2 km lange Sentiero di Rilke beginnt am Parkplatz vor dem Schloss Duino und endet vor der Tür des Touristenbüros oberhalb der Baia di Sistiana. Er führt durch einen Pinienwald an die Küstenkante, deren weiße Klippen hier dramatische 80 m tief ins Meer stürzen. Damit krönt der Dichterpfad den höchsten Steilküstenstreifen des Belpaese, der wegen seiner bizarren Felsformationen und artenreichen mediterranen Flora und Fauna als Riserva Naturale Regionale Falesie di Duino deklariert ist. In dem Naturschutzgebiet gedeihen Steineichen, Oliven, Wolfsmilch und Ginster, kreuchen und fleuchen u. a. die seltene Pracht-Kieleidechse mit tiefblauer Kehle und leuchtend rotem Bauch, die leicht giftige Katzenschlange und der Schwarzspecht. Unterwegs eröffnen vier zu »Panoramaterrassen« (Belvedere) befriedete ehemalige Gefechtsstellungen der deutschen Wehrmacht wunderbare Aussichten aufs Meer, das Castello di Duino und die Baia di Sistiana, die mit Hafen, Bars und Restaurants erschlossen und von mehreren feinkieseligen Badestränden gesäumt ist.

Schöne neue Urlaubswelt

Gleich nebenan begeistert und befremdet Portopiccolo, das als adriatisches Klein-Monaco gehypt wird. Der edeltouristische Retortenort wurde in einen ausgedienten Steinbruch direkt ans Meeresufer gesetzt und wird wegen seiner nachhaltigen Bauweise und klugen Energietechnik als ökologisch zukunftsweisendes Vorzeigeprojekt gefeiert. Portopiccolo integriert mehrere Hundert Luxuswohnungen und ein Fünf-Sterne-Hotel, lockt mit exklusiv möblierten Strandbädern, einer hochgelobten Wellnessoase und schicken Läden und Lokalen. Kurzum: Es besticht mit stilvollem Luxus und toller Lage, wirkt aber zugleich etwas seelenlos und artifiziell.

N NACKIG

Nudisten und Alt-Hippies treffen sich an der naturbelassenen Costa dei Barbari gleich neben Portopiccolo. Ihre grobsteinigen Gestade sind Kult, nur über einen steilen Pfad von der Küstenpiste SS 14 zu erreichen (Km 137) und neben einem Küstenstreifen namens Liburnia (Km 140) einer von zwei FKK-Stränden bei Triest.

Schloss der Dichter und Komponisten: Neben Rilke waren im Castello di Duino u. a. auch Mark Twain, Franz Liszt und Victor Hugo geladen.

Castello di Miramare

Märchenschloss am Meer

Das Castello Miramare ragt auf einem Felsvorsprung schneeweiß ins blaue Meer und gibt eine gefällige Kulisse fürs Spazierengehen und Sonnenbaden ab. Es ist von einem herrlichen Park umgeben und eines der meistbesuchten Museen an der Oberen Adria.

Das Schloss von Grignano wurde zwischen 1856 und 1860 im Auftrag von Ferdinand Maximilian von Österreich (1832–67), Bruder von Kaiser Franz Joseph I. und seinerzeit in Triest stationierter Oberbefehlshaber der österreichischen Kriegsmarine, vom Wiener Architekten Carl Junker in einem architektonischen Stilmix aus Gotik, Neorenaissance und Barock erbaut. Seine Salons und Säle verteilen sich auf zwei Etagen, die um ein Mezzanin (Halbgeschoss) unter dem zinnengekrönten Flachdach ergänzt sind. Im Erdgeschoss liegen die Privat- und Schlafgemächer des Bauherrn und seiner Ehefrau Charlotte von Belgien sowie eine opulent möblierte und mit botanischer und archäologischer Fachliteratur bestückte Bibliothek.

Was für ein Blick! Da darf man schon mal neidisch werden auf die einstigen Schlossbesitzer. Die hatten beim Bau von Schloss Miramare keine Kosten und Mühen gescheut.

Schöner wohnen am Meer

Im Stockwerk darüber glänzen die mit künstlerisch hochkarätigen Gemälden dekorierten Repräsentationssäle. Diese Juwelen des Hauses, ganz besonders prächtig die Sala del Trono, bekamen erst nach Maximilians Tod den letzten Schliff. Die meisten der großen »Ölschinken« im Schloss huldigen Mitgliedern des illustren Habsburger-Clans. Sie zeigen z. B. ein zu Ehren von Maximilian und seiner Gemahlin ausgerichtetes nächtliches Fest in Venedig, auf Leinwand gebannt von Ippollito Caffi (1809–66), oder die von Cesare dell'Acqua (1821–1905), abgelichtete bzw. -gemalte Ankunft der legendären Sisi in Miramare im Jahre 1861.

Das Schloss schmückt sich außen mit einem entzückenden kleinen Hafen und grandiosen Grünanlagen, in denen sowohl Wald- und Wiesenflächen als auch akkurat bepflanzte Blumenbeete grünen und blühen und mehrere Skulpturen künstlerische Akzente setzen.

Sein Gartenschlösschen (Castelletto) war jahrelang Sitz der Riserva Naturale di Miramare (www.riservamarinamiramare.it). Die Meeresschützer zeigen inzwischen in einem Flügel der ansonsten für Wechselausstellungen genutzten Stallungen (Scuderie) unter dem Namen BIODiversitario MArino (BioMa) eine Dauerschau zur Meeresfauna im seit 1986 naturgeschützten Meer vor den Toren des Schlosses.

Im Schloss Miramare übernachtete einst auch Kaiserin Elisabeth von Österreich, besser bekannt als Sisi.

Schlossgeschichte(n)

Maximilian, der zwischenzeitlich als Generalgouverneur von Lombardisch-Venetien in Mailand gewohnt hatte, bezog Weihnachten 1860 sein Traumhaus am Meer, genoss den gehobenen Wohnkomfort freilich nur bis 1863, als ihn Napoleon III. zum Kaiser von Mexiko ernannte. Charlotte begleitete ihn, kehrte aber schon 1865 – inzwischen psychisch erkrankt – nach Miramare und 1866 in ihre belgische Heimat zurück. Nachdem ihr Gatte 1867 in Mexiko von Revolutionären hingerichtet worden war, diente das Schloss als Sommerfrische seiner habsburgischen Verwandschaft, darunter auch der schönen Sisi, die hier besonders oft und gern zu Gast war.

Nach dem Ersten Weltkrieg gelangte das Schloss in den Besitz des Staates, war zeitweise Museum und von 1931 bis 1937 das neue Zuhause von Fliegergeneral und Kriegsheld Herzog Amedeo von Savoyen-Aosta (1898–1942) nebst Familie, die Mobiliar und Haustechnik auf den allerneuesten Stand brachten. Weil auch der neue Schlossherr fern der Heimat ums Leben kam – er erlag in einem alliierten Gefangenenlager in Nairobi der Tuberkulose und Malaria –, heißt es, dass ein Fluch auf dem märchenhaften Anwesen liege und seinen Bewohnern ein früher Tod in der Fremde beschieden sei.

Ein ganz anderer Fluch ereilte Miramare 1943, als hochrangige Nazis im Schloss einzogen, um dort ein Ausbildungszentrum für ihren Nachwuchs zu etablieren. Bei Kriegsende nahmen alliierte Truppen in dem prachtvollen Gemäuer Quartier. Schloss und Park gehören seit 1955 wieder Italien, sind ein bevorzugtes Ziel für den Sonntagsausflug der Triestiner und Ziel von Touristen aus aller Welt.

K
KOPIEN

Bei den Skulpturen im Park handelt es sich übrigens mehrheitlich um Kopien antiker Kunstwerke, die der Hausherr bei der Berliner Zinkgießerei Moritz Geiß in Auftrag gegeben hat. Deren gleichnamiger Gründer (1805–75) hatte sich mit täuschend echt anmutenden Plastiken aus Zinkguss einen Künstler- und Industriellennamen gemacht.

So schmeckt Friaul-Julisch Venetien

Triest ist zwar für seine Kaffeekultur berühmt, aber natürlich darf es auch ein Aperitivo sein!

Die bunte Hefe-Nuss-Rolle, »Gubana«, ist einfach unwiderstehlich.

Die kleine norditalienische Region bittet mit einer vielfältigen Speisekarte zu Tisch und zeigt sich dabei als ein Schlaraffenland, denn Auswanderer aus aller Herren Länder prägten sie mit ihren Rezepten. Ob in Karnien (Carnia), an der Küste oder in der Vielvölkerstadt Triest: Der Feinschmecker kann in den vielen typischen Spezialitäten Einflüsse aus Venetien, dem Balkan und der Habsburger Gastronomie wiedererkennen. Um die lokale Küche sowie die Kultur und das Territorium der Region zu entdecken, besucht man eine traditionelle Osteria rund um Udine oder eine Osmiza, eine typische Buschenschänke, im pittoresken Karst.

Zum Aperitivo

Kurz vor dem Mittag- und Abendessen ist Zeit für einen Aperitif. Der berühmte rohe San-Daniele-Schinken gehört dazu immer hauchdünn aufgeschnitten, egal ob auf Brot, um Grissini gerollt oder pur. Er zergeht auf der Zunge, und sein Geschmack ist einmalig. Konkurrenz bekommt die Schinkenstadt San Daniele del Friuli aber vom Bergdorf Sauris mit seinem würzig geräucherten Schinken. Für Genießer stehen weitere Leckerbissen zur Auswahl, etwa der *Frico*, ein in Schmalz und Öl gebratener Käse aus den Karnischen Alpen. Käseliebhaber schwören aber auf den ausgebackenen *Montasio*, der hier zusammen mit dem »Multitalent« Polenta aufgetischt wird.

Brücke zwischen den Kulturen

Bei der großen Vielfalt an typischen Gerichten hat man die Qual der Wahl. Wer Bohnen mag, ist bei der gehaltvollen Gemüsesuppe *Jota* genau richtig, aber aufgepasst: Rund um Triest wird sie mit Sauerkraut und Schweinerippchen zubereitet. Im Badeort Grado ist *Boreto* einfach ein Muss: Die köstliche Fischsuppe, die einst aus zu kleinen, unverkauft gebliebenen Fischen bestand, gehört heute zur gehobenen Küche. Experimentierfreudige bestellen *Cjarsons:* Diese Art Ravioli mit einer Füllung aus Kartoffeln, Zimt, Trockenfrüchten und Kräutern schmeckt herzhaft-süß. Tintenfisch in den verschiedensten Varianten ist Bestandteil der Menüs an der Küste, mit frisch zubereiteter Polenta serviert. Dazu passt ein Weißwein aus dem Weingebiet Collio, wie der strohgelbe, würzige Tocai Friulano. Wer dagegen Fleisch bevorzugt, der bestellt am besten ein *Spezzatino:* Diese deftige Gulaschart steht dem Klassiker aus Ungarn in nichts nach. Ein guter passender Begleiter dafür wäre der granatfarbene Rotwein Refosco dal Peduncolo Rosso.
Möchten Sie etwas Authentisches in urigem Ambiente probieren? Dann verkosten Sie einen typischen gemischten Triestiner »Büfettteller« und entdecken Sie dabei die gutbürgerliche altösterreichische Küche.
Zu den bekanntesten Nachtischen zählen der *Strucolo* (Strudel), die *Gubana* (Hefeteig in der Form einer Schnecke und der Farbe des Steinpilzes) und die Triestiner Spezialität *Presnitz* (Blätterteig, gefüllt mit Nüssen, Mandeln und verschiedenen getrockneten Früchten).

Un caffè, per favore!

Zur Krönung der Mahlzeit bestellt man selbstverständlich einen *caffè*. In der Hafenstadt hat man sogar einen eigenen Wortschatz in Sachen Kaffee entwickelt: Den Espresso nennt man dort *nero*; ein Caffè Macchiato heißt *capo*. Wer einen Cappuccino möchte, bestellt einen *caffellatte* – aber niemals nach einer Mahlzeit!

Warum die Kanalinseln?

Am Corbière Lighthouse auf Jersey wird der Gezeitenwechsel nahezu im Minutentakt sichtbar.

Inselhüpfen im Ärmelkanal

Welche Insel ist die schönste? Jersey hat wilde Klippenpfade, weite Sandstrände, stille Heckenwege, Burgen und Museen, Guernsey außerdem eine anmutige Hauptstadt. Alderney und Sark begeistern vor allem Naturfans. Überall locken kulinarische Genüsse, grandiose Natur und herzliche Freundlichkeit.

Nach dem Tag am Strand besonders beliebt: ein Pint süffiges Ale mit Blick aufs Wasser.

So ruhig ist das Meer an der St Ouen's Bay auf Jersey nicht oft, immer aber ist das Gefühl der Weite überwältigend.

Das sind die Kanalinseln …

»Stücke Frankreichs, die ins Meer gefallen sind und von England aufgelesen wurden …«, so hatte der Dichter Victor Hugo die Kanalinseln genannt und dabei die historischen Wurzeln des Archipels im Sinn. Die Rechtsordnung, nach der die Inseln sich bis heute selbst verwalten, stammt noch aus dem Mittelalter – der normannische Gesetzeskodex »Le Grand Coutumier« gilt seit Ende des 13. Jh. Traditionsverbunden und stolz auf ihre Eigenständigkeit sind die Insulaner bis heute. Die normannischen Dialekte (Patois) Jèrriais und Gernesiais werden gepflegt, doch spricht jeder Englisch.

Traditionell

Was das britische Parlament in Westminster beschließt, ist für Jersey and Guernsey unwichtig – sie sind als Kronland dem englischen Monarchen verpflichtet, nicht dem Vereinigten Königreich. Die Queen ist als Duke of Normandy Staatsoberhaupt. Vier Inseln besitzen je ein eigenes Parlament, darunter das bis ins 21. Jh. feudal regierte Sark. EU-Mitglied sind die Inseln nicht, vom Brexit werden sie daher höchstens indirekt berührt.

Invasoren und Besatzer

Jahrhundertelang waren die Inseln Zankapfel zwischen Frankreich und England – davon zeugen Burgen und Türme überall an den Küsten. Die Invasion gelang den Franzosen nie ganz, dafür den Deutschen: Die Wehrmacht besetzte im Sommer 1940 die Inseln und machte sie zur »Inselfestung«. Die Besatzer ließen keine Felsnase unbefestigt, keinen Strand unvermint. Die Insel Alderney wurde zum Arbeits- und Konzentrationslager, Tausende Gefangene, oft aus Osteuropa, mussten Zwangsarbeit leisten, und viele von ihnen starben. Bei der Invasion der Normandie 1944 ließen die Alliierten die strategisch unwichtigen Inseln links liegen. Besatzer und Besetzte waren gleichermaßen vom Nachschub abgeschnitten und hungerten dem Kriegsende entgegen. Erst am 9. Mai 1945 kapitulierte der deutsche Kommandant.

Touristen, Banker, Künstler, Millionäre

Schon zu Queen Victorias Zeiten im 19. Jh. kamen Touristen per Dampfschiff aus England. Heute ist

Der einzige gangbare Weg nach Little Sark – jeder, der die entrückte Süd-Halbinsel erreichen will, muss über La Coupée, bei Sturm zur Not auf allen Vieren.

Guernseys Wahrzeichen ist eine exotische Schönheit: Die Guernsey Lily treibt im Herbst aus unscheinbaren Knollen erstaunliche Blüten.

noch vor dem Tourismus die Finanzwirtschaft Haupteinnahmequelle. Fischerei und Austernzucht, Kartoffel- und Tomatenanbau sowie Blumenzucht spielen für die Inselwirtschaft kaum noch eine Rolle. Der Einkommensteuersatz (20 % auf alles) treibt so manchen Millionär ins Steuer-Exil. Anders der französische Dichter Victor Hugo. Er flüchtete 1865 vor der Repression im französischen Kaiserreich. Mitte des 19. Jh. konnte er sich mit den Bewohnern noch auf Französisch verständigen.

Ebbe und Flut bestimmen die Agenda

Auf den Kanalinseln herrscht mit 12 m – bei Springfluten bis zu 15 m – Tidenhub einer der höchsten Gezeitenunterschiede der Welt. Bei Flut schrumpft so mancher goldene Sandstrand zu einem schmalen Streifen oder verschwindet komplett. Rasante und äußerst gefährliche Meeresströmungen wie *The Race (Raz)* zwischen Alderney und Cherbourg sowie bei Flut unter der Wasseroberfläche verborgene Riffe und Untiefen haben viele Schiffe in Wracks verwandelt.

Naturparadiese im Golfstrom

Auf den Kanalinseln findet man zahlreiche in Südeuropa beheimatete Pflanzen. Ein Blickfang ist der auf den Kanarischen Inseln und Madeira heimische Riesen-Natternkopf mit winzigen himmelblauen Rachenblüten. Immergrüne Steineichen, Meerkiefern und Tamarisken gehören zu den mediterranen Bäumen und Sträuchern, die sich auf den Kanalinseln wohlfühlen. Die Stars unter den Wildblumen sind aber die Hasenglöckchen *(bluebells)*, die im April/Mai den Küstenpfad in zartes Blau tauchen. Exoten wie die Guernsey Lily, die im 17. Jh. mit einem Schiff aus Südafrika auf die Inseln gelangt sein soll, prunken rosa in Vorgärten. Kaum etwas wächst dagegen auf den unzähligen unbewohnten Felsen rund um die Inseln – sie gehören den Vögeln, darunter auch Hochseebewohner wie die Basstölpel *(gannets)*. Selten findet man eine Kolonie so nah vor der Küste wie auf den Vogelinseln nahe Alderney. Papageitaucher *(puffins)* brüten im Sommer auf flachen Sandinseln, während an den Steilküsten Seeschwalben, Kormorane und Austernfischer leben.

… und das sind ihre Städte

Die historischen Markthallen in St. Helier aus den Tagen Queen Victorias verführen die Sinne: Leckereien aus aller Welt betören Nase und Augen.

ST HELIER, JERSEY

Kosmopolitisch, urban, hektisch wirkt die Hauptstadt von Jersey – und das auf einer abgelegenen Insel im Golf von Saint-Malo. Menschen im Büro-Outfit hasten durch die Straßen. Die meisten arbeiten in der Finanzbranche, die fast 80 % der Inselwirtschaft ausmacht. Zwischen der Stadt und Elizabeth Harbour, wo die Fähren anlegen, ist durch Landgewinnung ein neues Viertel mit moderner, ansprechender Architektur entstanden: die Waterfront.

Vom Fähranleger läuft man rund zehn Minuten (vorbei am Busbahnhof) zum Jersey Museum, das Ausstellungen über Geologie, Flora, Fauna, Politik, Kultur und Geschichte von Jersey, eine Kunstgalerie und ein denkmalgeschütztes Kaufmannshaus vereint: Das 1820 gebaute Haus Pier Road No. 9 ist eine repräsentative großbürgerliche Residenz aus viktorianischer Zeit. Nicht nur an Regentagen lohnt ein Abstecher zum Maritime Museum. Der ehemalige Hafenspeicher ist vollgestopft mit Maschinen, Kunst und Kuriositäten rund ums Meer und die Seefahrt. Vom Hafenviertel geht es in die Stadt: Die aus rötlichem Granit errichtete Parish Church St Helier wurde schon im 11. Jh. erwähnt. An eine wichtige Begebenheit in der Geschichte Jerseys erinnert im Innern ein schlichter Stein mit der Aufschrift »Peirson: The Battle of Jersey«. Der Major dieses Namens verteidigte die Insel 1781 erfolgreich gegen die Franzosen. Mit alten Kastanienbäumen und Bänken bildet der ehemalige Marktplatz Royal Square abseits des Getümmels der Fußgängerzone eine ruhige Oase. Auf einer Seite erstreckt sich das majestätische, 1866 errichtete Gebäude des Royal Court, in dem das Parlament der States of Jersey tagt. Das authentisch restaurierte kleine Stadthaus Georgian House im quirligen Zentrum von St Helier entführt ins Jahr 1760, als im Stil des Regency bunter Wohnkomfort die großbürgerlichen Häuser eroberte. Gut 100 Jahre älter ist die viktorianische Eisen-Glas-Architektur des Central Market. Hauptattraktion des Fischmarkts schräg gegenüber im Beresford Market sind die Hummer, Garnelen, Muscheln und Fische aus Inselgewässern.

So weit die Stadt – fehlt noch ein Spaziergang die Strandpromenade (Esplanade) entlang. Draußen in der Bucht von St Helier sieht man Elizabeth Castle liegen. Trockenen Fuß ist die Festung nur bei Ebbe erreichbar über das dann frei liegende Pflaster oder per Amphibienfahrzeug auf den Wellen schaukelnd. Selten dokumentiert eine Festungsanlage Militärgeschichte im Lauf der Zeiten so anschaulich. Die königliche Burg in der Bucht von St Helier hat gut fünf Jahrhunderte Belagerung und Kanonendonner auf dem Buckel. Doch begann alles ganz friedlich: Der erste namentlich bekannte Bewohner des Felsens war der Heilige St Helier,

Das Panorama von St Peter Port

Residenz eines berühmten Exilanten: Im Hauteville House lebte der Dichter Victor Hugo, bis er 1870 nach Frankreich zurückkehren konnte.

dessen in den Fels gehauene Kapelle an der windumtosten Spitze des Eilands den Elementen trotzt.

GOREY, JERSEY

Das Burgstädtchen Gorey ist einen Bummel wert, mit den Jachten und Fischerbooten, den pastellfarbenen Häusern am Hafen und der über allem thronenden Burgruine Mont Orgueil Castle. Sie ist nicht irgendeine mittelalterliche Burg – das spannende Labyrinth ist das Ergebnis von 800 Jahren Baugeschichte. Das ausgeklügelte Verteidigungssystem hinter den meterdicken Mauerringen erstaunt selbst Festungskenner. Auch wenn Mont Orgueil aussieht wie eine typische mittelalterliche Burg, über die Jahrhunderte hat jede Epoche ihre Spuren hinterlassen. Es wurde abgerissen und angebaut, renoviert und restauriert. Das schwierige Terrain – auf der Ostseite fällt der Granitsporn steile 45 m tief ab – war kein zu hoher Preis für die strategische Lage mit Aussicht bis zur französischen Küste. So hatte man den Feind im Hundertjährigen Krieg ab Mitte des 14. Jh. gut im Blick. Damals war Mont Orgueil uneinnehmbar. Es war der Wandel in der Kriegstechnik, von der Armbrust zur Kanone, der Mont Orgueil zu Fall brachte. Mit dem Bau von Elizabeth Castle auf Jerseys Südseite Ende des 16. Jh. hatte Mont Orgeuil als wichtigste Festung der Insel ausgedient. Fortan diente die Burg nur noch als Gefängnis.

ST PETER PORT, GUERNSEY

Die Inselhauptstadt breitet sich stufenförmig am steilen Klippenhang aus. Treppen und enge Gassen erschließen die verschiedenen Niveaus der ansteigenden Hafenstadt. An einem Verkehrskreisel markieren der Uhrturm im viktorianischen Stil und das Liberation Monument die Zufahrt zum Hafen. Es erinnert an die Befreiung von der deutschen Besatzung 1945.
Die Südseite des Hafens begrenzt die Festung Castle Cornet. 600 Jahre lang war sie eine Insel, bis sie 1859 in die Hafenanlage einbezogen wurde. In einem ehemaligen Kasernengebäude wird im Story of Castle Cornet Museum die Geschichte der Burg nachgezeichnet.
Die trutzige Town Church aus grauem Granit ist die am prächtigsten ausgestattete Kirche der Insel. Eine etwas ungewöhnliche Visualisierung der wechselvollen Geschichte von Guernsey ist in einem Anbau der 1818 errichteten, einstigen St James Church untergebracht: »The Guernsey Tapestry«, ein um das Jahr 2000 entstandener Bilderzyklus, der in einzelnen Szenen die wichtigsten Stationen der Inselgeschichte in buntem Stickgarn festhält – der Teppich von Bayeux lässt grüßen.
In den exotischen Candie Gardens gedeihen botanische Raritäten wie Ginkgobaum und Palmfarn.
Das Guernsey Museum at Candie vermittelt Inselgeschichte kompakt: von der Jungsteinzeit bis heute.

Victor Hugo war nicht nur ein erfolgreicher Romancier, sondern auch ein politisch Verfolgter. Aus Frankreich vertrieben, ließ sich der Exilant in Guernsey nieder. Zum Domizil wählte er ein Haus auf den Klippen mit Blick Richtung Heimat und höchst individueller Einrichtung: Hauteville House, das sich heute im Besitz der Stadt Paris befindet.

ST ANNE, ALDERNEY

Die kleine Inselhauptstadt von Alderney hat Charme: Die High Street und die umliegenden Kopfsteinpflastergassen mit ihren Pubs und kleinen Läden sind nett zum Bummeln. Im Alderney Museum wird die Geschichte Alderneys von der Steinzeit bis zur deutschen Besatzung nachgezeichnet. Die hübsche St Anne's Church von 1850 aus lokalem grauen Granit, abgesetzt mit hellem Kalkstein, strahlt eine friedliche Atmosphäre aus.

Die Kanalinseln erleben

Grosnez Point an der Küste im Nordwesten der Kanalinsel Jersey

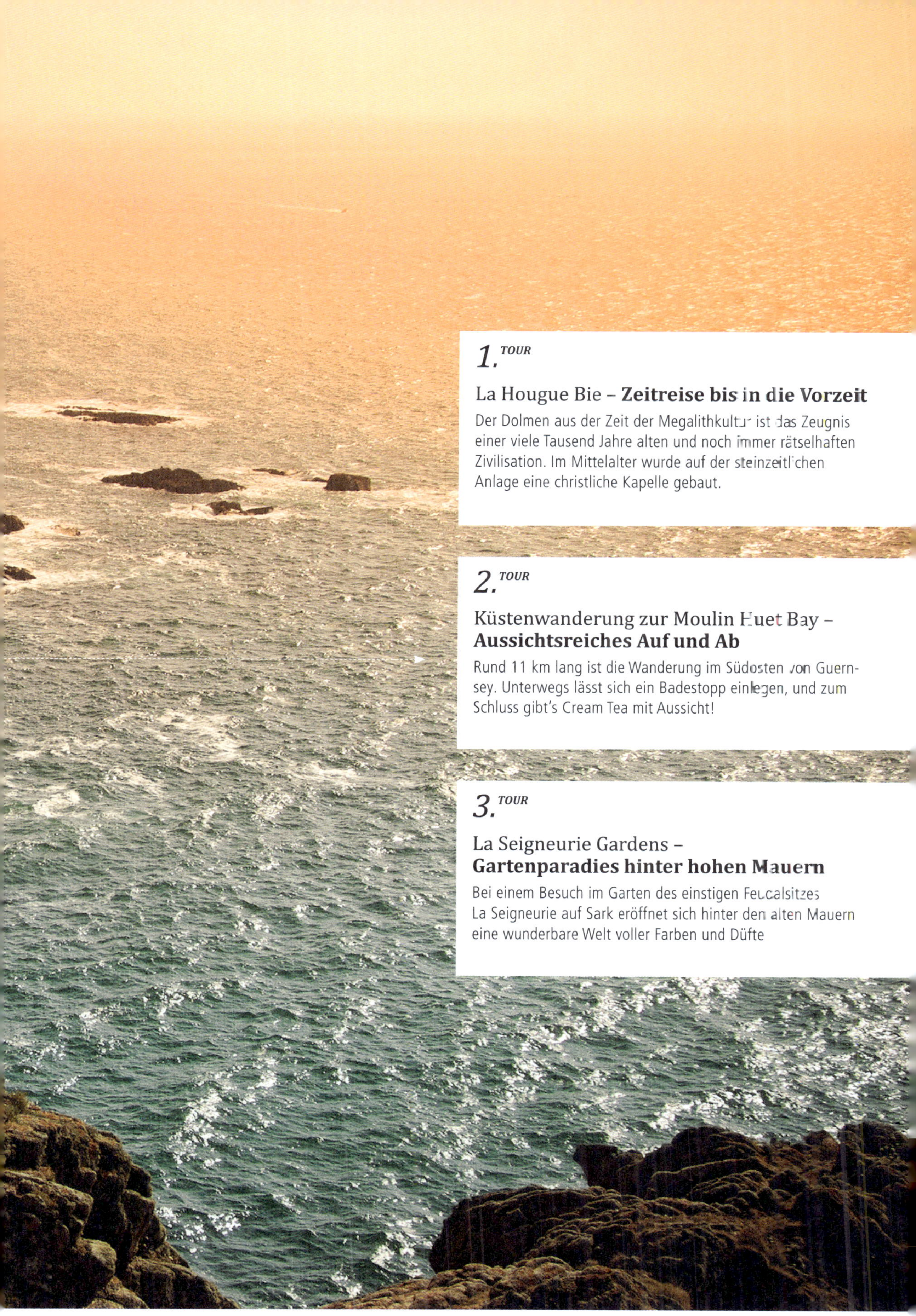

1. TOUR

La Hougue Bie – **Zeitreise bis in die Vorzeit**

Der Dolmen aus der Zeit der Megalithkultur ist das Zeugnis einer viele Tausend Jahre alten und noch immer rätselhaften Zivilisation. Im Mittelalter wurde auf der steinzeitlichen Anlage eine christliche Kapelle gebaut.

2. TOUR

Küstenwanderung zur Moulin Huet Bay – **Aussichtsreiches Auf und Ab**

Rund 11 km lang ist die Wanderung im Südosten von Guernsey. Unterwegs lässt sich ein Badestopp einlegen, und zum Schluss gibt's Cream Tea mit Aussicht!

3. TOUR

La Seigneurie Gardens – **Gartenparadies hinter hohen Mauern**

Bei einem Besuch im Garten des einstigen Feudalsitzes La Seigneurie auf Sark eröffnet sich hinter den alten Mauern eine wunderbare Welt voller Farben und Düfte

La Hougue Bie

Zeitreise bis in die Vorzeit

La Hougue Bie ist die größte Steinzeitstätte der Kanalinseln. Damit nicht genug: eine mittelalterliche Kapelle oben auf dem Hügel, in der Tiefe ein Kommandobunker der deutschen Besatzer und im Museum nebenan Mammutknochen aus der Altsteinzeit – kurz: La Hougue Bie ist ein Querschnitt durch 5000 Jahre Inselgeschichte vom Wollnashorn bis ins 20. Jh.

Nur gebückt kommt man ins Innere der Grabkammer.

Die Großsteinbauten der Megalithkultur (altgr. *mega* = groß, *lith* = Stein) geben auch heute noch viele Rätsel auf. Im 19. Jh. sah man in den Dolmen noch Druidentempel, der Aberglaube machte sie zu Feentanzplätzen. Heute versteht man sie als steinerne Relikte einer Zivilisation, deren Zentrum vor über 5000 Jahren im Westen Europas lag, zur gleichen Zeit wie die antiken Kulturen am Mittelmeer.

Jersey ein Zentrum des Sonnenkults?

Zwar fand man bei der Untersuchung des Erdhügels von La Hougue Bie auch Knochenreste; die Anlage diente also auch als Grab. Aber man ist sich sicher, dass der Bau vor 5000 Jahren vor allem bei Ritualen eine Rolle spielte. Nachdem der bis in die 1990er-Jahre verschüttete ursprüngliche Eingang des Monuments freigelegt worden war, stellte sich heraus, dass bei Tag- und Nachtgleiche das Licht genau bis ans Ende der Galerie reicht. Nur gebückt gelangen Besucher heute durch den Eingang ins Innere der Anlage, ein faszinierendes Erlebnis. Von der Hauptkammer zweigen mehrere Nebenkammern ab – etwa 70 Megalithe wurden in dem mit über 20 m längsten Steinzeitbau der Insel verbaut.

Christlicher »Überbau«

Vom Hügel über dem heidnischen Kultort reicht der Blick weit über die Insel – *la houge bie* bedeutet im Normannischen »der hohe Ort«. Ein guter Platz, fand man im 12. Jh., um die Kapelle Notre Dame de la Clarté zu errichten. 1520 wurde auf ihrer Ostseite die Jerusalem Chapel samt Krypta hinzugefügt, die den älteren Bau so »umkapselt«, dass man den Eindruck hat, es handele sich um ein Gebäude. Kaum erkennbar sind die Wandgemälde aus dem 16. Jh., Erzengel mit Schriftbändern in den Händen. In der Krypta soll ein Geistlicher im 16. Jh. Wunder vollführt haben. Ein nachgebautes Steinzeithaus am Fuß des Hügels dokumentiert, wie man im Neolithikum wohnte.

Noch mehr Steine

Ein Museum zur Geologie und zur Vorzeit von Jersey zeigt archäologische Funde, darunter den 250 000 Jahre alten Schädel eines Wollnashorns und Mammutknochen aus der Höhle La Cotte de St Brelade. Ein Film informiert über die wechselhafte Geschichte von La Hougue Bie.

Die deutschen Besatzer hinterließen einen unterirdischen Kommandobunker. Dort unten ist heute die unmenschliche Behandlung der Zwangsarbeiter auf den Inseln dokumentiert. Menschen aus Osteuropa, Spanien und Frankreich schufteten, litten und starben hier 1940–45.

Ü ÜBRIGENS

Unzählige Megalithbauten wurden im Lauf der Zeit zerstört, von Bauern, die die großen Steine von ihren Feldern räumten, von unwissenden Bauherren, die sie als Baumaterial verwendeten, und von christlichen Eiferern wider die heidnischen »Druidentempel«. In so mancher Kirche ist ein Hinkelstein verbaut. Auf Jersey sind von den ursprünglich über 60 noch 15 Großsteingräber erhalten.

Küstenwanderung zur Moulin Huet Bay

Aussichtsreiches Auf und Ab

2. TOUR

Auf dem Küstenpfad können Sie einen der schönsten Abschnitte der Küste von Guernsey erleben: Er führt rund um die Südostspitze der Insel durch blumenreiche Waldtäler und bietet Aussichten auf einladende Badebuchten wie die Moulin Huet Bay.

Von der im Süden aus St Peter Port bergauf führenden Fort Road zweigt links ein Pfad ab: »Cliff Path & South Coast«. Bald ist Fort George erreicht. Die 1780–1812 als Vorzeigeobjekt gegen die befürchtete französische Invasion angelegte Festung diente den Besatzern im Zweiten Weltkrieg als Radarstation. Durchquert man das Tor, kann man von der Clarence Battery (frühes 20. Jh.) mit Originalkanonen aus dem 18. und 19. Jh. die wunderbare Aussicht auf die Nachbarinseln Sark, Herm und manchmal Alderney (ganz links) genießen.

Militärgeschichte am Wege

Hinter den Ruinen wendet man sich an der Weggabelung links, weiter den Pfad entlang, Richtung Südküste. Ein Abzweig nach links führt auf Treppenstufen hinunter zur Soldier's Bay, deren Name »Soldatenbucht« sich von der nahe gelegenen Garnison Fort George ableitet. In der Soldier's Bay kommt bei Ebbe ein Kies- und winziger Sandstrand zum Vorschein. Danach steigt der Weg langsam an. Ein Stück weiter gelangt man auf die von rechts kommende Teerstraße La Corniche, eine Sackgasse. An ihrem Ende angelangt, nimmt man den Pfad geradeaus. Er folgt dem eckigen Grundriss einer Bastionsmauer.

Als Urlaubsgast mit Skizzenblock verbrachte Auguste Renoir im Sommer 1883 viel Zeit in der Moulin Huet Bay.

Bluebells, wilde blaue Hyazinthen in voller Pracht, sind zum Malen schön – aber ein Foto tut's auch.

Blumenreiche Waldwege

Hält man sich auf dem Klippenpfad Richtung Fermain Bay, gelangt man bald in einen Wald aus knorrigen, dunklen Steineichen. Im milden Klima der Inseln gedeihen diese immergrünen Bäume der mediterranen Zone sehr gut. Der Wald – auch Laubbäume stehen hier – ist bekannt als Bluebell Wood. Im April/Mai breitet sich ein blauer Teppich von Hasenglöckchen *(bluebells)* und anderen Frühjahrsblumen aus. Es geht treppauf und treppab durch hügeliges Gelände und streckenweise, wo es offener wird, zwischen hohen Fuchsienhecken hindurch, bis man über Stufen den (geteerten) Fußweg und dann die Teerstraße nach Fermain Bay erreicht. Die Bucht ist mit ihrem flachen Wasser gut für Kinder geeignet, und bei Ebbe kommt ein schöner Sandstrand zum Vorschein. Man kann Liegestühle mieten und ein Sonnenbad nehmen. In der Fermain Bay steht ein besonders schönes Exemplar eines inseltypischen, zierlichen runden Martello-Turms.

Eine wildromantische Etappe

Weiter auf dem Küstenpfad hinter der Fermain Bay wird es wildromantisch. Nach Überqueren des gleichnamigen Baches steigt der Weg an den Klippen über Stufen aufwärts. Nun weist der Wegstein Richtung St Martin's Point oder auf einen küstennäheren Weg nach Bec du Nez/Marble Bay. Dieser Weg durch offenes, von Farnkraut, Geißblatt und Stechginster überwuchertes Gelände erlaubt einen Abstecher zur Felsnase Bec du Nez mit einem kleinen Fischerhafen. Nachdem sich die beiden Wege – Inland- und Küstenpfad – wieder vereint haben, ist bald der Abzweig zur Marble Bay (Le Pied du Mur) erreicht. Die »Marmorbucht« erhielt ihren Namen nach dem hier zutage tretenden, von Quarzadern durchzogenen Gestein. Oberhalb der Marble Bay beginnt der Pine Forest aus mächtigen Seekiefern. Hinter den Bäumen schimmert das Meer im Sonnenlicht türkisgrün.

Umbrandete Südostspitze

Folgt man beim steinernen Wegweiser »National Trust of Guernsey« den Stufen hinauf, erreicht man die Jerbourg Road (Bushaltestelle) nahe der weithin sichtbaren Säule Doyle Column. Wer mag, kann auf der Jerbourg-Halbinsel aber auch noch ein paar hundert Meter weiter bis zum äußersten südöstlichen Punkt von Guernsey, St Martin's Point, gehen. Zurück bei der Doyle Column, führt der *cliff path* weiter nach Westen und verläuft nun oberhalb der Moulin Huet Bay. Unterhalb liegt die bei Ebbe sandige Bucht Petit Port, steile Treppen führen hinab. Am Westende der Bucht kommen die Dog and Lion Rocks ins Blickfeld, deren bizarre Form an Hund und Löwe erinnert.

»WAS FÜR EIN HÜBSCHES KLEINES LAND! WAS FÜR HÜBSCHE PFADE! HERRLICHE FELSEN, STRÄNDE, WIE SIE ROBINSON AUF SEINER INSEL GEHABT HABEN MUSS, AUSSERDEM RUMPSTEAK UND ALE ZU ERSCHWINGLICHEN PREISEN.«

Auguste Renoir, 1883

Wo Auguste Renoir malte

Der Weg stößt auf eine kleine Asphaltstraße, die Zufahrt zur Vier Port Bay auf der Westseite der Moulin Huet Bay. Der schmale Teerweg führt abwärts zu jener Stelle, wo Auguste Renoir 1883 eines seiner berühmten Gemälde der Bucht gemalt haben soll. Im alten Mühltal der Wassermühle Moulin Huet, die hier früher stand und der gesamten Bucht den Namen gab, führt die Straße hoch zum Parkplatz.

La Seigneurie Gardens

Gartenparadies hinter hohen Mauern

Sark ist zwar die ›jüngste Demokratie Westeuropas‹, doch am Sitz des Seigneur of Sark scheint die Zeit stillzustehen. In dem von hohen Mauern geschützten Garten gedeihen Blumen und Gemüse, im Turm gurren die Tauben.

Turm und Mittelteil der Anlage von La Seigneurie, die auf das Jahr 1675 zurückgeht, wurden erst im 19. Jh. errichtet. 2016 hat Christopher Beaumont als 23. Seigneur sein Erbe angetreten, der Urenkel der Dame of Sark, Sibyl Hathaway.

Feudalprivilegien bis 1957

Vom Eingangstor gelangt man, vorbei an Wirtschaftsgebäuden, zum hübschen Taubenturm mit Spitzdach, Colombier – der Seigneur durfte als einziger Tauben und Hündinnen halten. Ein noch bis 1957 benutzter Holzkarren (*dîme cart* oder *tithe cart*) in der Mitte des Karrees bei der Battery erinnert an die Feudalzeiten, als die Bauern ein Zehntel *(dime)* der Ernte beim Seigneur abliefern mussten. Ein Museumsstück ist auch die grüne Telefonzelle mit dem letzten handkurbelbetriebenen, magnetgesteuerten Fernsprecher der Britischen Inseln.

Wer möchte hier nicht gerne gärtnern?

La Seigneurie war bis 2008 Regierungssitz und Domizil des Feudalherrn (Seigneur) von Sark. Umgeben wird das trutzige Herrenhaus von einem wunderschönen Garten.

Ü
ÜBRIGENS

Im Garten der Seigneurie steht eine Bronzekanone, die Königin Elizabeth I. 1572 dem ersten Seigneur Hélier de Carteret schenkte. Dieser und seine 39 Getreuen sollen in dem Piratennest Sark für Ordnung gesorgt haben – der eigentliche Hintergrund für die Kolonisierungsaktion durch die Krone war der Wunsch, die von Piraten heimgesuchten Wasserstraßen unter Kontrolle zu bekommen.

Karpfenteich für die Mönche

Hinter der Batterie, vorbei an der Rückseite des Herrenhauses hügelab, gelangt man zu den Ponds, den Karpfenteichen, und zum Brunnen Monks' Well – Relikte des Klosters, das sich im Mittelalter auf dem Gelände der Seigneurie befand. Der bretonisch-walisische Heilige Magloire soll es im 6. Jh. gegründet haben, nachdem ihm auf Sark Land geschenkt worden war.

Spalierobst und Kletterrosen

Der Garten, den man durch ein Rundbogenportal betritt, ist das eigentliche Schmuckstück des Anwesens. Entlang der meterhohen Granitsteinmauern wächst Spalierobst, Feigen gedeihen hier und zwei Sorten Tafeltrauben im Victorian Glasshouse, dem an die Mauer angebauten Gewächshaus. In dem windgeschützten Viereck hat man im 19. Jh. nach viktorianischer Manier einen Zier- und Kräutergarten angelegt, den Wege und niedrige Buchsbaumhecken in ein symmetrisches Muster unterteilen. Die Komposition aus Stauden, Sträuchern und einjährigen Blumen ergibt einen Farbzusammenklang, der zu jeder Jahreszeit eine Augenweide ist.

Bohnenstangen und Rhabarbertöpfe

In dem altmodischen Küchengarten (Vegetable Garden) wird Rhabarber unter Tontöpfen vorgetrieben, Stangenbohnen ranken in Reih und Glied. Gleich neben dem Obstgarten (Orchard) befindet sich ein Bienenstock für den Inselhonig. Die dekorativ aufgestellten Kübelpflanzen im Pot Garden und leise plätschernde Brunnen sorgen vollends für eine idyllische Atmosphäre. Zu den ältesten Elementen der Seigneurie Gardens gehören die mit Buchsbaumhecken unterteilten formalen Rosenbeete aus viktorianischer Zeit, während der kreisförmige Millennium Rose Garden mit den üppigen Kletterrosen zur letzten Jahrtausendwende gepflanzt wurde.

Leibesübungen zu Wasser und Land

Baden

Von Ende Juni bis Mitte September sind Wassertemperaturen von max. 17 bis 19 °C zu erwarten. Wegen des hohen Gezeitenunterschieds sind viele Buchten nicht zu jeder Zeit zum Schwimmen geeignet, also Tidenplan beachten (www.gov.je/weather, Stichwort »tides«).

Golf

Preiswert und unkompliziert golft man auf dem Sportgelände Jersey Recreation Ground. Guernsey bietet 18-Loch-Plätze in den Dünen von Ancresse (Royal Guernsey Golf Club und L'Ancresse Golf Club) und einen weiteren beim Hotel La Grande Mare. Am niedrigsten sind die Green Fees auf dem 9-Loch-Golfplatz von Alderney.

Radfahren

Die Kanalinseln sind sehr fahrradfreundlich: Dem oft dichten Autoverkehr auf Jersey und Guernsey entgeht, wer sich an die ausgewiesenen Cycle Routes hält. Fahrräder leihen kann man auf allen Inseln (außer Herm).

Wandern

Zum Wandern sind die Kanalinseln wie geschaffen. Küstenpfade erschließen die schönsten Naturlandschaften von Jersey und Guernsey. Daneben bieten sich im Landesinnern von Jersey die verkehrsberuhigten Straßen, *Green Lanes* bzw. auf Guernsey *Ruettes Tranquilles,* für Spaziergänge an. Sehr vielgestaltige Wanderwege bilden auf Guernsey die *Water Lanes:* Die grünen Wege verlaufen entlang des historischen Entwässerungssystems der Insel als schmale Pfade oder idyllische Steinplattenwege. Auch die kleineren Inseln kann man hervorragend erwandern. Allerdings sind nicht alle Wanderwege auf den Inseln bequeme Spazierwege – besonders entlang der Klippen. Der Abstieg in die schönsten Buchten ist meistens mit rund 100 m Treppensteigen verbunden. Deswegen sollte man sich vorher davon überzeugen, ob der Gezeitenstand den Weg überhaupt lohnt.

Wassersport

Auf Jersey sind besonders die St Ouen's Bay und St Brelade's Bay Treffpunkte für Brett- und Windsurfer. Gute Surfbedingungen herrschen je nach Windverhältnissen auch in Plémont und Grève de Lecq. Auf Guernsey rollen die schönsten Wellen im Westen an, in der Vazon Bay und der Cobo Bay, sowie an der Pembroke Bay im Norden. Angeboten werden auch Coasteering (Klettern an Brandungsfelsen) und Stand-up-Paddling (SUP) sowie Seekajaktouren. Die Kanalinseln sind außerdem ein Eldorado für Segler.

Ganz neue Perspektiven ergeben sich bei einer Kajaktour entlang der Südküste von Jersey.

Der beste Ausgangspunkt für eine Bootsfahrt zu den kleineren Inseln Herm, Sark und Alderney ist der Hafen von St Peter Port.

Ein besonderer Genuss zum Nachmittagstee nach einem kräftezehrenden Spaziergang auf den Klippen: »Scones« (Rosinenbrötchen) mit Sahne und Zitronencreme.

So schmecken die Kanalinseln

Direkt aus der Fritteuse schmecken Fish'n'Chips am besten. Die Pommes zum Fisch sind ungesalzen und werden meist mit ein paar Spritzern Malzessig genossen – enjoy!

Frischer Fisch von Lachs bis Wolfsbarsch und Meeresfrüchte aus küstennahen Gewässern wie Hummer, Langusten, Austern und Jakobsmuscheln, gehören zu den größten kulinarischen Genüssen auf den Inseln – alles garantiert fangfrisch. Höchstpreise auf dem britischen Markt erzielen die »Jersey Royals«, eine sehr frühe Kartoffelsorte. Die kleinen Kartoffeln werden als Pellkartoffeln serviert und schmecken einfach köstlich.

Eine Foodie-Destination

Es hat sich herumgesprochen: Die englische Küche ist besser als ihr Ruf, vorausgesetzt man kennt die richtigen Adressen. Und die findet man besonders häufig auf den Kanalinseln. Bei der Vielfalt frischer Zutaten aus dem Meer ist das Essengehen hier ein wahrer Genuss. Zudem sorgt die junge finanzstarke Klientel aus den Büros in St Helier und St Peter Port dafür, dass die neusten Trends der Fusion-Küche, die ihre Inspiration aus den Küchen rund um den Globus bezieht, den Weg in die Inselrestaurants findet. Ein steter Einfluss ist der französischen Küche zu verdanken, aber auch Köche aus Portugal (Madeira), Italien und Spanien verderben keineswegs den Brei.

Deftig-normannisch und würzig-süß

Auch die deftige normannische Tradition hat viele Spuren in der Inselküche hinterlassen: Zu den typischen Gerichten der bäuerlichen Küche gehört *bean jar,* Bohneneintopf mit Schweinefleisch.
Ein beliebter Brotaufstrich ist *black butter*, ein mit Gewürzen dick eingekochtes Apfelmus.
Wer auf Kuchen und Gebäck steht, genehmige sich einen *Jersey cream tea* am Nachmittag. Dazu kann man außer den klassisch-britischen *scones,* Rosinenbrötchen, mit Erdbeermarmelade die inseltypischen *Jersey wonders* (ein Fettgebäck) bzw. auf der Nachbarinsel *Guernsey gâche*, Kuchen aus Trockenfrüchten, probieren. Beim Afternoon Tea kommen zusätzlich Sandwiches auf den Tisch – eine sättigende Mahlzeit, nach der man kaum noch Appetit aufs Abendessen verspürt.
Sonntagabends sind viele Pubs und Restaurants geschlossen, als Ausgleich für den üppigen traditionellen *Sunday roast*, ein Mittagsbüfett mit Bratenfleisch.

Und was gibt's zu trinken?

Nach Feierabend erst mal ins Pub. Hier erholt man sich nach getaner Arbeit und am Wochenende. Brauereien auf Guernsey und Jersey produzieren u. a. handwerklich nach alter Art gebrautes, im Fass nachgegorenes und per Handpumpe gezapftes Real Ale. Bier wird im *pint* (0,57 l) oder *half pint* ausgeschenkt.
Cider (Apfelwein) hat eine lange Tradition auf den Inseln. Bei alten Farmhäusern kann man oft noch die steinerne Apfelpresse sehen. *Cider* auf althergebrachte Methode wird bis heute hergestellt.
Zu einem guten Essen wird meist ein guter Wein serviert, in der Regel aus Frankreich, Italien oder Übersee. Aber auch auf Jersey wächst ein guter Wein in La Mare Wine Estate im Norden der Insel, und auch auf Sark wurden einige Hektar Weinreben gepflanzt.

Lokal einkaufen ist Trumpf

»Genuine Jersey« zeichnet inseleigene Produkte in Jersey aus, auf Guernsey gibt es einen Farmers Market in Sausmarez Manor, und auf allen Inseln kann man sich am Straßenrand mit Eiern, Gemüse und Obst bedienen – das Kleingeld dafür kommt in die *honesty box*.

Warum Korfu?

Der kleine Konvent auf der Klosterinsel Vlachérna südlich von Kérkira wurde um 1700 erbaut. Das Kirchlein wird bis heute als Gotteshaus genutzt.

Berg- und Talfahrt

Unverfälschtes griechisches Leben können Sie auf Korfu entdecken. Zahlreiche schmale und nur wenige breite Straßen winden sich in unendlich vielen Kurven durch die sattgrüne Landschaft. Immer wieder erklimmen sie Panorama-Pässe und senken sich wieder hinab in Täler oder bis zum Meer. Wie enge Röhren wirken etliche Dorfdurchfahrten, bei denen man sich in vergangene Jahrhunderte zurückversetzt fühlt. Cafés und Tavernen sind an dieser Dauerachterbahn dicht gesät.

Kérkira, Stadt und Hafen in einer historischen Aufnahme aus den 1930er-Jahren

Die Sonnenuntergänge von Pélekas haben schon Kaiser Wilhelm II. fasziniert.

Das ist Korfu ...

Schon beim Landeanflug wird eins ganz deutlich: Korfu ist schön! Die Insel wirkt aus der Luft wie ein dichter grüner Teppich, in den immer wieder kleine, alte Dörfer eingewoben sind. Die Bordüre der Insel bilden helle Sandsteinklippen und steil abfallende Felswände, kilometerlange Sandstrände und versteckte Buchten. Oft reichen Olivenhaine bis unmittelbar ans Wasser heran, zwischen deren silbriggrün in der Sonne schimmernden Blättern zahllose schlanke Zypressen dunkelgrün und nadelgleich in den meist blauen Himmel ragen.

Insel voller Lebenskraft

Anders als die meisten griechischen Inseln fiel Korfu nie in osmanische Hände, wurde nie wie fast das gesamte übrige Hellas von Konstantinopel aus regiert. Architektur, Kultur und Natur der Insel können die starke Prägung Venedigs nicht verleugnen, das die Insel ein halbes Jahrtausend lang beherrschte.

Und im Unterschied zu vielen griechischen Inseln in der Ägäis lebt Korfu nicht fast ausschließlich vom Fremdenverkehr. Die Insel ist wasserreich und fruchtbar. Zwar erwecken die vielen Millionen Olivenbäume den Eindruck einer Monokultur. Später entdeckt man aber auch kleine Gemüsebeete und Obstgärten, Hartweizenfelder und Rebgärten. Landwirtschaft und Tourismus ergänzen sich gut. Zwischen Mai und September locken die zahlreichen guten Strände und Wassersportmöglichkeiten alljährlich viele Urlauber auf die Insel. Die Arbeit in den Olivenhainen beginnt dann im Oktober, wenn die letzten Touristen abgereist sind. Der Boden unter den Bäumen muss gesäubert, die schwarzen und knallroten Kunststoffnetze müssen ausgelegt werden. Wenn Äste über Straßen ragen, werden sogar Asphaltbänder mit Netzen überspannt. Da hinein fallen zwischen November und Februar die zunächst grünen, dann schwarz werdenden Oliven. Man sammelt sie auf und bringt sie in eine der zahlreichen privaten oder genossenschaftlichen Olivenölpressen.

Attraktive Stadt

Die Stadt Kérkira ist mit ihrem kulturellen Leben und erstaunlich großen Unterhaltungsangebot auch für die einheimische Jugend attraktiv. Es gibt

Leinen los! In Paleokastritsa stechen Freizeitkapitäne in See, auf Expeditionstour zur ultimativen Strandbucht.

Das Hotel Cavalieri bietet die bisher einzige Dachgarten-Bar in der Inselhauptstadt. Erst taucht der Feuerball alles in Gold, dann legt sich sanftes Blau über Berge und Meer – und die Stadt funkelt zu Ihren Füßen.

seit 1984 sogar eine Universität. Daher bleiben die meisten jungen Korfioten auf ihrer Insel, wandern nicht aufs Festland oder gar ins Ausland ab. Korfus Einwohnerzahl kletterte in den letzten 25 Jahren sogar noch um 5 % nach oben, während sie auf vielen anderen griechischen Inseln rapide abnimmt. So haben Sie hier als Reisende viel mehr als auf manch weitaus berühmterer Insel in der Ägäis die Möglichkeit, unverfälschtes junges griechisches Leben kennenzulernen, das nicht am Saisonende wie eine große Seifenblase zerplatzt.

Dörfer in Pastell

Deutliche Spuren hat die venezianische Zeit (1386–1797) mit ihren Burgen und Campanili hinterlassen. In der Dorfarchitektur fallen die alten Landhäuser mit weit heruntergezogenen, ziegelgedeckten Vordächern sowie außen vorgebauten Treppenpodesten ins Auge. Typisch für die alten Dörfer sind auch die überwölbten Passagen und vor allem die zarten Pastellfarben vieler Häuser. Die weißen Kuben der Ägäis sucht man auf Korfu vergeblich.

Wann und wohin genau?

Die Inselmetropole Kérkira ist ein Reiseziel fürs ganze Jahr. Auf der übrigen Insel schließen fast alle Hotels und viele Tavernen den Winter über. Ein besonderes Bonbon für regenfreie Winterstunden sind die klare Luft und die grandiose Fernsicht hinüber aufs Festland, wo die Hochgebirge meist von November bis April mit Schnee bedeckt sind. Schon ab Februar wird's bunt. Dann sind die Felder und Wiesen mit Kyklamen übersät. Klatschmohn, Asfodelien, Glyzinien, Oleander und Bougainvilleen folgen auf dem Fuße. Selbst der Herbst bringt noch Farbe ins Spiel: Im September blühen die Yucca-Palmen, kurz darauf windet sich an verdörrten Hängen die Meerzwiebel himmelwärts. Im November trägt der Erdbeerbaum seine gelben und roten Früchte und Blüten zugleich.

Zwischen Mai und Anfang Oktober sind die Badehotels rund um die Insel geöffnet. Der Norden ist sicherlich die landschaftlich abwechslungsreichere und spannendere Inselhälfte, doch auch der Süden geizt nicht mit Reizen: sanftes Hügelland, sogar ein See und auch hier grün-silbrige Olivenwälder.

... und das sind seine Städte

Korfus Metropole Kérkira ist eine wahre Schönheit. Kleine und große Plätze laden immer wieder zum Bleiben ein, viele Läden unter schattigen Arkaden zum Schauen und Stöbern.

KÉRKIRA (KORFU-STADT)

Kérkiras Häuserfront am Ionischen Meer folgt jeder Krümmung der Uferlinie. Der Blick des Flanierenden verliert sich hier nie in der Weite des Meeres, sondern findet immer wieder Halt in den Hochgebirgen des gegenüberliegenden Festlands. Dazwischen kreuzen Jachten, Fähren, Fischerboote und Ozeanriesen, ziehen an den Beach Bars so dicht vorüber, dass das Wasser die Füße der Gäste kitzelt. Zwei venezianische Burgen wachen über die vielgeschossigen Häuser der Altstadt, in deren Gassen die Wäsche zwischen den Fenstern flattert. Innnerhalb der Mauern der Alten Festung (www.corfuoldfortress.com) drängten sich bis zum 16. Jh. die Häuser der mittelalterlichen Stadt. Der dann angelegte Wassergraben Contrafossa macht das vorgelagerte Stück Land mit zwei Felsgipfeln zur Insel. Im Wasser sind heute die Boote von Freizeitfischern vertäut, die wie Kleingärtner schöne Stunden als Kulturflüchtlinge in ihren Schuppen am Ufer verbringen.

Vor der Alten Festung erstreckt sich die Esplanade, der größte Platz der Stadt, dessen nördliches Ende der Alte Palast dominiert. Von der Mitte des Platzes verläuft die marmorgepflasterte, von Arkaden gesäumte Haupteinkaufsgasse Odós N. Theotóki durch die Altstadt zum Neuen Fort im Westen. Manchmal finden in der Festung aus dem 16. Jh. Kunstaustellungen statt, immer ist der Rundumblick gut. Und mit dem kleinen Café ganz oben beweisen die Korfioten wieder einmal, wovon sie besonders viel verstehen: von moderner Kaffeehauskultur!

Der ursprünglichste Teil der Altstadt ist das Cambiéllo-Viertel im Norden. In den alten venezianischen Häusern stapeln sich meist fünf oder sechs Stockwerke übereinander, bewohnt sind sie nur noch zu kleinen Teilen. Am Rand des Viertels steht nahe der Uferstraße die ehemalige Kirche Panagía Antivouniótissa mit ihrem Ikonenmuseum – einem der schönsten ganz Griechenlands (www.antivouniotissamuseum.gr).

Nach Süden erstreckt sich die Halbinsel Análipsi. Ihr vorgelagert ist die berühmte Mäuseinsel Pontikoníssi. Dort saß die unglückliche österreichische Kaiserin Sisi und schrieb zarte Zeilen. Eine Plakette erinnert an ihre Besuche. Vom ehemaligen klösterlichen Leben auf der Insel zeugt eine kleine Kreuzkuppelkirche aus dem 11. Jh., in der noch bis vor 100 Jahren Mönche beteten. Boote zur Insel fahren vom kurzen, steinernen Damm ab, der hinüberführt zu einer weiteren Klosterinsel, Vlachérna, deren kleiner Konvent um 1700 erbaut wurde.

PALEOKASTRÍTSA

Vielen Korfioten gilt Paleokastrítsa als schönster Ort der Insel, auch wenn er als solcher nicht unbedingt

Romantisch wirkt oft, was aus Armut entsteht. Auch der abblätternde Verputz an Dorfhäusern wie hier in Pélekas ist kein Shabby-Chic.

»Neujahrswünsche« korfiotischer Anarchos

gleich zu erkennen ist. Die meisten seiner Häuser verstecken sich zwischen uralten Olivenbäumen, nur einige wenige große Hotels ragen aus den Hainen heraus. Der Ort, das ist eine 3 km lange Straße, an der in lockerer Bebauung Restaurants, Hotels, Pensionen und Geschäfte liegen. Anders als die meisten korfiotischen Küstensiedlungen besitzt Paleokastrítsa keinen langen, sich als helles Band vor dem Ort entlangziehenden Strand. Stattdessen zeigt sich die felsige Küste stark zerlappt, dazwischen sind kleine, teilweise nur von See aus erreichbare Buchten mit Stränden eingestreut. Sie machen den Reiz dieses Geotops aus, das sich herrlich per Boot entdecken lässt.
Wo die Häuser von Paleokastrítsa und die Hauptstraße Meeresniveau erreichen, verbindet eine schmale Landenge den »Körper« Korfus mit einer kleinen, felsigen Halbinsel, die das Männerkloster Panagía Theotókos krönt. Es wurde schon 1228 gegründet, seine heutigen Gebäude jedoch stammen aus dem 18. Jh. Stützbögen überspannen einen Laubengang, Blumentöpfe und Katzen sind überall, der kleine Innenhof wäre ohne Besucher ein ideales Refugium für Meditationen.

PÉLEKAS

Wer hier Ferien macht, tut gerne nichts. Die abendliche Atmosphäre am zentralen Platz und die kleinen, ländlich-urig gebliebenen Gassen machen den besonderen Reiz von Pélekas aus – und die Vielfalt der Strände in der näheren Umgebung. Wer sich den Ort nur auf einer Rundreise einmal anschauen will, fährt zunächst zu seinem höchsten Punkt hinauf, dem Sunset Point. Man nennt die Kuppe des Hügels, an dem der Ort erbaut ist, häufig auch »Kaizer's Throne«, denn niemand Geringeres als Wilhelm II. ließ sich dem Vernehmen nach gern in einem roten Mercedes-Benz hierher chauffieren, um von einem kleinen Fels auf der Kuppe aus die Sonne untergehen zu sehen. Nach der Stippvisite auf dem »Thron« lässt man sich heute meist auf den bequemeren Stühlen der Veranda des Gipfelhotels Levant nieder und genießt den Blick in die üppig-grüne Hügellandschaft. Zum *Iliovassilema*, dem Sonnenuntergang, wiederzukommen, lohnt vor allem im Juni. Da setzt der rote Sonnenball fast direkt auf einer der Hügelkuppen gegenüber auf und rollt dann den Hang hinunter.

LEFKÍMI

Korfus zweitgrößte Stadt ist völlig untouristisch. Nur entlang des 1,5 km landeinwärts liegenden Flusshafens warten ein paar Tavernen auf Fremde, ansonsten geht das Leben in der weitläufigen Siedlung seinen einheimischen, gemächlichen Gang. Eine viel zu breite, laternenbestückte Umgehungsstraße hält den Durchgangsverkehr zum Hafen fern, sodass Lefkími noch einsamer wirkt als ohnehin schon. Der Fluss Pótamos (was einfach nur »Fluss« heißt) bildete bis in die 1960er-Jahre hinein die Hauptverkehrsader des Städtchens. Dort, wo ihn im Ortskern heute die Straßenbrücke überquert, sind noch die Spuren alter Lagerhäuser zu entdecken: Früher wurden die landwirtschaftlichen Produkte und das Salz der Region von hier aus direkt hinüber aufs Festland verschickt, auch der Waren- und Personenverkehr in die Stadt spielte sich angesichts schlechter Straßen und mangelnder Fahrzeuge überwiegend übers Wasser ab. Alte Schwarz-Weiß-Fotos in Tavernen und Cafés nahe der Brücke illustrieren die frühere Bedeutung des Hafens. Am rechten Flussufer führt eine Straße entlang bis zur Mündung, an der weitere Boote am Schilfufer liegen – auch sie ein romantischer Anblick. Die Straße endet am guten Sandstrand Boúka Beach mit Snackbar, Sonnenschirmvermietung und Süßwasserduschen.

Korfu erleben

Sonnenstrahlen bringen Feenzauber in jeden alten Olivenwald

1. ***TOUR***

Auszeit in Paléo Períthia – **Wie auf der Alm**

Die Menschen aus der Epoche der venezianischen Herrschaft werden beim fantasievollen Schlendern durch dieses Geisterdorf in einem Hochtal unterm Pantokrátoras wieder lebendig, auch wenn man nicht über Nacht bleibt.

2. ***TOUR***

Afiónas – **Ein Dorf für alle Fälle**

Im wohl schönstgelegenen Inseldorf hat fast jeder Bewohner eine traumhafte Aussicht. In jeder Taverne würde man gern Stunden verweilen – wäre da nicht auch noch ein einzigartiger Doppelstrand, der jede Mühe des Ab- und Aufstiegs lohnt.

3. ***TOUR***

Abgeschiedenheit tanken in Alikés – **Salz und Flamingos**

Sie wollen die Natur ganz für sich allein und scheuen auch keine nassen Füße? Dann sind die aufgelassenen Salinen bei Lefkími im Inselsüden das perfekte Ziel für ein paar ruhige Stunden, in denen Sie wahrscheinlich weit mehr Vögel als Menschen sehen werden.

Auszeit in Paléo Períthia

Wie auf der Alm

Wie anders Leben früher war, können Sie in Paléo Períthia gut erspüren. Heute hat in dem Hochtal unterhalb des höchsten Inselgipfels Pantokrátoras kein Mensch mehr seinen ständigen Wohnsitz. Die meisten der 130 Häuser vergangener Generationen haben aber dem Zahn der Zeit getrotzt. Manche von ihnen werden als Tavernen, eins sogar als B&B genutzt.

Das Meer ist von Paléo Períthia aus nicht zu sehen. Heute ist das ein ökonomischer Nachteil, einst war diese Tatsache lebensrettend: Piraten konnten das Dorf nicht erspähen, plünderten es also auch nicht aus. Die Lage in 420–480 m Höhe fernab von Seen und Bächen hatte einen weiteren Vorteil: Hier gab es keine Moskitos; Malaria und Cholera waren kein Thema.

So zählte das alte Períthia in seiner Glanzzeit im 18. Jh. wohl über 1200 Bewohner. Man lebte überwiegend von der Viehzucht und vom Traubenanbau. Zudem besaßen fast alle Familien auch noch Olivenbäume in tieferen Lagen. Der Nordhang des Pantokrátoras war zu jener Zeit teilweise bewaldet und lieferte Holz für den Haus- und Schiffsbau, Gemüse zog jeder im eigenen Garten.

Immer noch ein verwunscher Ort, auch wenn Paleó Períthia inzwischen aus dem Dornröschenschlaf erwacht ist.

Ein Glücksfall

Der Niedergang begann nach dem Zweiten Weltkrieg. Seeräuber gab es auf Korfu nicht mehr, Malaria und Seuchengefahren waren gebannt. Man zog näher ans Meer, an die Straße und den Hafen von Kassiópi. Im Rückblick ein wahrer Glücksfall! Keiner der ehemaligen Bewohner investierte mehr ins alte Dorf, verschandelte es, von hirnlosem Zeitgeist getrieben, mit An- und Neubauten.

Erst in den 1990er-Jahren wurde Alt-Períthia dann von Ausflüglern entdeckt. Das letzte Stück der Straße blieb aber lange unasphaltiert, sodass keine Busse heraufkommen konnten. Ein erster Mann war so mutig, eine Taverne zu eröffnen, die sogar viele Korfioten ins verlassene Dorf lockte. Er hatte Erfolg, vier weitere Wirte machen ihm heute Konkurrenz. Dann kamen 2006 Mark und Saskia aus London erstmals nach Paléo Períthia, verliebten sich in den Ort, kauften und restaurierten drei alte Häuser und verwandelten sie in eine auf Korfu einzigartige Frühstückspension. Busse aber kommen immer noch nicht herauf.

Bis zum Meer reicht das weite Panorama über die Bergrücken vom Pantokrátoras.

Eine Wiederbelebung

Mit etwas Glück finden Sie einen Parkplatz am Ende der Zufahrtsstraße vor der Kirche Agia Paraskeví. Gehen Sie links an der Pension Merchant's House vorbei und dann rechts, stehen Sie auf dem Dorfplatz mit der Taverne Fóros. Wieder nach links geht es an der Taverne Old Períthia vorbei zur schönstgelegenen Kirche im Dorf, Iakóvos Pérsis. Ein Rundweg führt von dort in etwa 45 Minuten in die Außenbereiche der Siedlung. Schlendern Sie ein wenig herum, entdecken Sie die Sonnenuhr an der Hausruine neben dem ehemaligen Rathaus, die Olivenpresse und das Archontikó Skordílis, den Wohnsitz der Familie Skordílis von 1699.

TAVERNE FÓROS

Wirt Thomás Siriótis war der Tavernenpionier. Noch immer wird hier täglich frisch gekocht, der Walnuss- und der Apfelkuchen sind ein Traum, nicht nur Vegetarier schwärmen vom *briám*, einer Art Ratatouille. Bitten Sie Thomás um eine Visitenkarte, zeichnet er Ihnen eine – jede einzelne ein Unikat.

Afiónas

Ein Dorf für alle Fälle

Kennen Sie die Korfu-Krimis? Deren Autor, Roberto Bardéz, war in Afiónas zu Hause. Aber das ist nicht der Grund, es ein »Dorf für alle Fälle« zu nennen. Als solches profiliert sich der 290-Seelen-Weiler auf einem Bergrücken vielmehr, weil er eigentlich jedem Besucher gefällt – auf alle Fälle.

Kein Museum, keine geöffnete Kirche und keine archäologische Stätte, und doch können Sie in Afiónas gut einen ganzen Tag verbringen, vorausgesetzt, Sie haben Ihr Badezeug nicht vergessen. Am besten kommen Sie am späten Vormittag, fahren zunächst die Dorfstraße aufwärts, bis es nicht mehr weiter geht, wenden und suchen sich eine Parkmöglichkeit. Dann kehren Sie zu Fuß wieder zum Straßenende zurück, wo an einer Art Dorfplatz die Dorfkirche und der kleine Laden »Oliven und mehr« liegen. Deren Inhaber, Heidi und Rainer Kalkmann, stammen aus Baden, leben aber schon lange auf Korfu. Sie füllen das Olivenöl von Bauern aus der Nachbarschaft in schön gestaltete Dosen und Kanister, verpacken die Olivenseife attraktiver als andere, bieten auch ausgewählte kunstgewerbliche Artikel aus Olivenholz an.

Sattsehen und Sattessen

Die Straße rechts am Laden vorbei windet sich hinauf in den ältesten Teil des Dorfes mit blumenreichen Winkeln und der modernen Taverne Ánemos ganz oben. Fürs Mittagessen ist es vielleicht noch zu früh, doch ein Dessert können Sie ja auch ohne Vorgeplänkel bestellen. Damit auf der Zunge wird Ihnen der ohnehin unvergessliche Ausblick übers Meer bis zu den Diapontischen Inseln noch weiter versüßt.

Anschließend geht es wieder zum Dorfplatz zurück und nun sogleich nach dem Laden rechts zu den Tavernen Pórto Timióni und Dionysios. Bis 2006 stand hier nur eine Taverne mit Gästezimmern. Der Komplex gehörte zwei Brüdern. Einer war fürs Lokal, der andere für die Pension zuständig. Doch diese Zeiten sind vorbei, sie waren zu oft verschiedener Meinung und trennten sich; der eine Bruder macht jetzt dem anderen Konkurrenz.

»DIE GEWÖHNLICHEN PREISE DER WAGEN SIND NACHFOLGEND (...) ANGEGEBEN, DOCH KÖNNEN HERREN, DIE MIT DEN KUTSCHERN DIRECT ZU UNTERHANDELN VERSTEHEN, AUCH BILLIGER FAHREN.«

Aus dem Baedeker Griechenland von 1898

Zu schön, um einsam zu sein

Von den Tavernen führt ein ausgeschilderter Trampelpfad in 30–40 Minuten bergab nach Pórto Timióni. Dort können Sie wechselweise in den Buchten von Ágios Geórgios und Aríllas baden. Zwei Strände säumen hier nämlich zu beiden Seiten einen schmalen Isthmus hinüber zu einem niedrigen Kap. Die Schönheit von Pórto Timióni hat sich herumgesprochen, im Hochsommer wird es sehr voll. Bequeme kommen dann nicht zu Fuß, sondern mit Booten von Aríllas und Ágios Geórgios.

Sie freilich müssen wieder zum Auto hinauf. Doch bitte noch nicht weiterfahren! Sechs Tavernen lohnen den Besuch. Sie werden sich für eine entscheiden müssen. Mein Tipp: die unprätentiöse Taverne Panórama oder das Efdémon mit kreativer Spitzenküche. Der Sonnenuntergang ist von beiden aus ein Erlebnis.

Links oder lieber doch rechts? Wer sich nicht entscheiden kann, wechselt am herrlichen Doppelstrand von Pórto Timióni einfach hin und her.

Abgeschiedenheit tanken in Alikés

Salz und Flamingos

Steht Ihnen der Sinn nach Natur und Ruhe, dann fahren Sie nach Alikés, einem abgelegenen Ortsteil von Lefkími. Mit etwas Glück erblicken Sie zwischen Oktober und Juni Hunderte Rosaflamingos. Anspruchslose Romantiker bleiben sogar über Nacht – denn weltabgeschiedener kann man auf Korfu kaum wohnen.

Fast 200 Vogelarten haben Ornithologen in den ehemaligen Salinen von Alikés gezählt. Am spektakulärsten sind die Flamingos. An einem Tag im Mai 2011 wurden hier über 3000 der rosa Vögel gezählt. Doch bleiben wir bescheiden: Wenn Sie 100 bis 300 sehen, können Sie zufrieden sein. Manche bleiben neuerdings auch im Sommer, doch darauf ist kein Verlass. Vogelkundler notierten außerdem noch anderes Vogelvieh wie Stelzenläufer, Steinwälzer, Seidenreiher, Sichelstrandläufer, Stieglitze, Sand- und Seeregenpfeifer.

Wie lange steht ein Flamingo auf einem Bein? Suchen Sie die Antwort in Alikés!

Gold des Meeres

Die aufgelassenen Salinen legten die Venezianer schon im 15. Jh. an. Erst 1988 stellte man die Salzgewinnung ein – billige Importe machten sie unrentabel. Mit EU-Fördermitteln wurden zu Beginn dieses Jahrtausends zwei venezianische Salzlagerhäuser aufwendig restauriert, ein Besucherzentrum samt exzellenter Toiletten eingerichtet. Leider ist es meist geschlossen. Vom Zentrum aus können Sie auf eigene Faust durch das 4 ha große Areal wandern. Ausgewiesene Wege fehlen, doch auf Dämmen, Pfaden oder auch am Ufer entlang geht's vorbei an flachen Wasserbecken, kleinen Wasserläufen, salzigem Schlick und Salzwiesen. Kaum jemand wird Ihnen begegnen.

Ein Heer von Glühwürmchen

Der Weiler Alikés in unmittelbarer Nachbarschaft zu den alten Salinen ist auch nicht sehr viel belebter. Ein paar Korfioten haben dort ihre Sommerhäuser, ein unendlich scheinender, etwas baufälliger Holzsteg führt weit hinaus in die seichte Bucht. An seinem Ansatz ist die Taverne Petrakis Beach samt Zimmervermietung das ganze Jahr über geöffnet – ideal für Hobby-Ornithologen und alle, die sich an der eigenwilligen Atmosphäre und Möblierung nicht stören, weil sie ein Korfu abseits aller Touristenstandards erleben möchten. Zur Taverne gehören auch Sonnenliegen, die die Gäste ebenso nach Lust und Laune umstellen dürfen wie Tische und Stühle.

Das unmittelbare Hinterland bedecken Ölbäume, hier stehen auch vereinzelt Häuser – und etwa 1 km westlich vom Steg ein Großhotel mit 170 Zimmern und zwei Pools: das Attika Beach. Für alle, die die Atmosphäre dieses ungewöhnlichen Landstrichs mit mehr Komfort genießen wollen.

Abende an der Bucht sind unvergleichlich. Das Wasser ist meist spiegelglatt, reflektiert das Sternen- und Mondlicht. Im April und Mai schweben Hunderte von Glühwürmchen über dem Meer – und in der Ferne leuchtet Korfu-Stadt.

Auf Wellen und Bergen auf und ab

Baden

Alle korfiotischen Strände sind öffentlich zugänglich. Eine »Baywatch« gibt es nur an besonders gut besuchten Stränden. Sonnenliegen und -schirme werden vor vielen Hotels, Tavernen und Beach Bars vermietet. Quallen sind selten, mit Seeigeln muss auf steinigem Untergrund gerechnet werden.

Motor- und Segelboote

Motorboote können Sie in nahezu jedem Ort an Korfus Küsten mieten. Zum Führen von Motorbooten bis zu 30 PS genügt ein Pkw-Führerschein, Vorerfahrung ist nicht notwendig. Nach kurzer Einweisung ist man Kapitän.

Möglichkeiten zum Jollen- und Katamaransegeln bieten vor allem Wassersportstationen in Ágios Geórgios Págon und in Dassía. Gouviá besitzt einen der größten Jachthäfen Griechenlands. Hier haben auch mehrere Jachtvermieter ihre Basis, bei denen Sie Segeljachten mit und ohne Skipper wochenweise chartern können. Einzelne Jachtbesitzer bieten auch Tagestörns für Nichtsegler an.

Radfahren

Das Radfahren auf Korfu erfordert gute Kondition, denn es geht fast ständig auf und ab. Zahlreiche schmale, kaum befahrene Landstraßen und gute Feldwege sind ein ideales Terrain für anspruchsvolle Mountainbiker. Auch geführte Touren werden angeboten. Die besten MTB-Stationen finden Sie in Dassía und Acharávi.

Surfen und Kiten

Surfstationen gibt es in allen größeren Badeorten. Für Anfänger sind die Buchten an der Ostküste bestens geeignet. Könner haben eher an der Nord- und Westküste Spaß. Kite-Surfing wird bisher nur in Ágios Geórgios Argirádon angeboten.

Tauchen

Anders als in der Ägäis gibt es im Ionischen Meer nur wenige Sperrgebiete, in denen aus Gründen des Antikenschutzes das Gerätetauchen untersagt ist. Als beste Tauchreviere gelten ein etwa 10 km langer Küstenstreifen an der Westküste zwischen Liapádes und Érmones sowie ein etwa 5 km langes Gebiet im Nordosten zwischen Barbáti und Agní.

Wandern

Gut organisiert und gepflegt ist der etwa 250 km lange Corfu Trail, der die Insel der Länge nach durchquert. Start- bzw. Endpunkte liegen in Arkoudíla an der Südspitze der Insel und am Kap Agía Ekateríni zwischen Kassiópi und Acharávi ganz im Norden. Einzeln buchbare, geführte Halbtageswanderungen finden Sie auf www.servos-korfu.de.

Die alten Olivenhaine auf Korfu bekommen heute vermutlich mehr Drahtesel als deren langohrige Namensvetter zu sehen.

Spätestens nach geglückter Landung freut sich jeder Parasailer über seinen Rundflug im Schlepp eines Motorboots.

So schmeckt Korfu

Jeder nimmt, wovon er mag.

Am besten schmeckt der griechische Kaffee, wenn er frisch aufgebrüht aus der »brika« eingeschenkt wird. Und dann noch Schaumbläschen – perfekt!

Ein Urlaub auf Korfu kann zur kulinarischen Entdeckungsreise werden, wenn Sie sich von der Vorstellung lösen, dass die griechische Küche nur aus Moussaká, Souvláki, Gyros und Bauernsalat besteht. Gerade die ungewöhnlichen Gerichte, deren Übersetzung Wirten oft schwerfällt, sind meist die eigentlichen Spezialitäten. Ordern Sie »chórta« statt Tomaten, Gurken und Oliven als Salat und lassen Sie sich einmal ein Schweinekotelett kommen. Das ist nicht spießig deutsch, sondern ein korfiotischer Hochgenuss, wenn man den Fettrand zu schätzen weiß!

Zweierlei Frühstück

Den meisten Korfioten genügen ein Tässchen Mokka, einige Zwiebacke, ein Glas Wasser und eine Zigarette als erstes Morgenmahl. Im Laufe des Vormittags holt man sich dann noch eine mit Spinat, Käse oder Wiener Würstchen gefüllte Blätterteigtasche. In allen Hotels freilich wird ein Frühstücksbuffet aufgebaut. Wo viele Briten Urlaub machen – und das ist auf Korfu fast überall –, wird in Cafés und Bars auch ein ordentliches englisches Frühstück serviert.

Die Paréa zählt

Für Korfioten ist das Essengehen vor allem ein soziales Ereignis. Traute Zweisamkeit wird selten gesucht, man verabredet sich mit Freunden und Bekannten. Diese *paréa* wird dann zur echten Tischgemeinschaft. Keiner bestellt für sich allein. Aus der Gruppe kommen Vorschläge, die Bedienung stellt alles Gewünschte in die Mitte des Tisches. Eine bestimmte Reihenfolge wird dabei nicht eingehalten. Was in der Küche fertig ist, wird gebracht. Jeder nimmt, wovon und wie viel er mag. Traditionell bezahlte immer einer für alle, denn man sieht sich ja bald schon wieder. In diesen Krisenzeiten wird die Rechnung aber auch häufig geteilt. Wollen Sie getrennt bezahlen, geben Sie das bitte schon bei der Bestellung an.

Mezedákia bestellen

Mezedákia nennt der Korfiote die Vielzahl von verschiedenen Gerichten, die in der Tischmitte stehen. Meist sind die Portionen relativ klein. Gut so, dann kann man viel Verschiedenes probieren. Typische *mezedákia* sind z. B. Tzazíki, Dolmádes, gebratene Landwurst, kleine gebratene Fische, frittierte Zucchini- und Auberginenscheiben und ein paar Lammkoteletts oder Schnecken. Einige Teller Pommes frites und ein Salat gehören auf jeden Fall auf den Tisch

Gegen den Durst

Tzizimbíra ist eine nur auf Korfu produzierte Limonade mit Zitronensaft, einem Hauch Ingwer und garantiert keinen Konservierungsstoffen. Traditionell ist dieses »Ginger Beer« alkoholfrei; neuerdings wird es in der Brauerei Korfus aber auch mit 2 % Alkoholgehalt hergestellt. Die Brauerei braut insgesamt sechs verschiedene Biersorten, darunter auch ein Weizen. Für seine Weine wird Korfu noch nicht gerühmt. Außer für Tischwein stimmt auch das Preis-Leistungs-Verhältnis nicht. Besser trinkt man einen Robola von der großen Schwesterinsel Kefalloniá oder einen der vielen guten Flaschenweine vom griechischen Festland oder von der Kykladeninsel Santorin. Wer ihn nicht kennt, sollte auch einmal den berühmt-berüchtigten Retsína bestellen, einen mit dem Harz der Aleppokiefer versetzter Weißwein. Den tranken schon große alte griechische Philosopher wie Platon und Aristoteles gern.

Warum Luxemburg?

Die Mosel macht's möglich: Auch in Luxemburg wird Wein angebaut.

Kompakt, aber alles drin!

So ziemlich jedenfalls. Vom verträumten 390-Seelen-Nest »im Loch« bis zur Weltstadt »D'Stad«, wie man Luxembourg-Ville hier schlicht nennt. Prächtig grün ist es im Norden, wo man beim Wandern gerne mal vom Weg abkommt, um sich genüsslich Gaumenfreuden hinzugeben. Überflüssige Kalorien kann man dann auf dem Bike abstrampeln, etwa an der Mosel, wo die Römer ihre Sandalenabdrücke hinterlassen haben, oder im Tal der Eisch, wo hinter jeder Kurve eine Burg lauert.

Es darf gestaunt werden im MUDAM, dem Musée d'Art Moderne Grand-Duc Jean in Luxembourg-Ville.

Beim Bummel über die Montée de Clausen liegt Ihnen Luxemburgs Altstadt zu Füßen.

Das ist Luxemburg ...

Stellen Sie sich vor, Sie schlagen die Speisekarte auf und entdecken das Menü »Luxemburg«. Als Aperitif und Entree gibt es das hügelige Ösling mit seinen gewundenen Tälern in Luxemburgs Norden und die Kleine Luxemburger Schweiz mit Gesteinsformen und Grotten, die so bizarr sind wie ihre Namen Piteschkummer, Geyerslay oder Hohllay. Hier lässt es sich prima wandern. Das Hauptgericht: Luxemburg-Stadt, Herz des Landes, weltstädtisch und doch auch einen Hauch provinziell. Zum Dessert dann die Mosel mit ihren gemütlichen Winzerdörfern. Und zum Abschluss, als Espresso, das Gutland und die Minett, das herbe Land der roten Erde. Bei diesem Menü brauchen Sie nicht lange zu überlegen, damit treffen Sie eine gute Wahl – *voilà, bon appétit!*

Das Letzte seiner Art

Luxemburg ist das letzte von einst zwölf europäischen Großherzogtümern. Die Großherzogs, wie die Luxemburger liebevoll ihre Herrscherfamilie nennen, sind Großherzog Henri, Großherzogin Maria Teresa und ihre fünf Kinder, Prinzessin Alexandra, Prinz Louis, Prinz Félix, Erbgroßherzog Guillaume und Prinz Sébastien. Großherzog Henri ist der neunte im Amt, wobei die ersten drei, die Könige der Niederlande, Wilhelm I.–III., gewissermaßen nur nebenher Großherzöge waren. Ihre Residenz ist das Palais Grand-Ducal, dessen Lage im Herzen der Stadt Luxemburg die Nähe zur Bevölkerung ausdrückt. Ist dort die Flagge gehisst, ist der Großherzog zugegen.

Goldrausch in Luxemburg

Einst eines der ärmsten Länder, setzte im 20. Jh. ein Wirtschaftswunder ein, das den Zwergstaat zu einem der reichsten Länder der Welt machte. Der Reichtum beruhte auf der Entdeckung eisenhaltiger Erzvorkommen im Süden des Landes. Das »rote Gold« zog Tausende Gastarbeiter aus ganz Europa an. Viele blieben, auch als in den 1970er-Jahren die Schwerindustrie zum Erliegen kam. Angesichts des drohenden Ausbleibens von Steuereinnahmen hatte der luxemburgische Staat jedoch schon frühzeitig auf ein anderes Zugpferd gesetzt und besonders günstige Bedingungen für Banken geschaffen. Worauf sich in kurzer Zeit über 200 Banken und Tausende Holdings in der Kapitale niederließen.

Warum nicht erst die Kunst im Musée d'Art Moderne Grand-Duc Jean (MUDAM) genießen und dann an Ort und Stelle ein leckeres Gericht?

Die hiesigen Anbieter von Fleisch, Gemüse und Zutaten haben die Qualitätsmesslatte hoch

Lëtzebuergesch

Wenn Sie gar nichts mehr verstehen, dann spricht Ihr Gegenüber Lëtzebuergesch, erst seit 1984 offizielle Landessprache. Man ist stolz, über eine eigene Sprache zu verfügen, und sieht sich gegenüber den Belgiern im Vorteil, die so was ja nicht haben. Heißt nicht, sie könnten nichts anderes. Denn dem Luxemburger wird eine beneidenswerte Mehrsprachigkeit gleichsam in die Wiege gelegt. Bereits in der Grundschule lernen die Dreikäsehochs Deutsch und Französisch, später kommen Englisch und oft eine weitere Fremdsprache hinzu.

À la française, ja, aber à la portugaise?

Mittags geht in Luxemburg ähnlich wie in Frankreich bei Banken, Post, Behörden und in Büros gar nichts mehr. Dann wird es in den Cafés, Bistros und Restaurants ganz eng, und nur wer den Mittagspäuslern ein paar Minuten zuvorkommt oder reserviert hat, kriegt dort noch einen Platz. Wundern Sie sich nicht, wenn die Speisekarte auf Französisch ist und der Ober nur Französisch spricht. Denn viele, die in Restaurants bedienen, kommen aus dem südlichen Nachbarland. Oder sie sprechen eine noch südländischere Sprache, etwa in den portugiesischen Restaurants in Bonneweg, einem Stadtteil von Luxemburg-Stadt, und in Larochette, wo fast die Hälfte der Einwohner aus Portugiesen besteht

Von Grün bis Rot

Klar doch, die gibt es hier auch, die politischen Schattierungen. Doch spannender sind die Farben, wenn es ums Land geht. Grün – das ist der Norden. Mit großen Wäldern, Flüssen, Seen, Schluchten, Felsen. Das ist Natur pur, wie in den Naturparks Öewersauer und Our und im Müllerthal. Paradiese für naturnahe Freizeit. Rot – das ist der Südwesten des Landes, ist die Minett. Rot von Eisenerz, das hier lange abgebaut wurde. Hochöfen und alte Erzbahnen sind längst als industrielles Erbe zu Besucherattraktionen geworden. Und schon vermischen sich Rot und Grün, die Natur greift mit langen Fingern in das einst nackte, entblößte Land der roten Erde und überzieht die alte Industriebrache mit grünem Samt.

... und das sind seine Städte

Luxemburgs Altstadt und die Unterstadt Grund spiegeln sich im Wasser der Pétrusse fast schon märchenhaft.

LUXEMBOURG-VILLE

»D'Stad«, wie Luxemburger ihre Hauptstadt nennen, ist das Herz des Landes. Tiefe Schluchten, von den Flüssen Alzette und Pétrusse in das Felsenplateau gekerbt, durchziehen die Stadt und bieten Besuchern packende Aussichten. Als Graf Siegfried 963 auf dem Bockfels seine Lützelburg baute, wird er gewiss kaum gedacht haben, dass drum herum einmal eine stattliche Stadt entstehen würde. Strategisch äußerst begehrt, streckten immer wieder Herrscher Europas ihre Hand nach der Festung aus. Unzählige Male verwüstet, neu erbaut und erweitert, war sie einst die größte Europas – bis sie endgültig geschleift wurde. Heute laden alte Wehrgänge ein zum Promenieren, einstige Exerzierplätze zum Müßiggang. Die Altstadt mit ihren verwinkelten Gassen gehört zum Unesco-Welterbe. Spitztürmig prägt die Cathédrale Notre-Dame die Silhouette der Stadt. Ihr Ursprung liegt in einer Jesuitenkirche aus dem 17. Jh. Das lichte Kircheninnere ist, abgesehen von der Empore mit ihrem überreichen Renaissancedekor, weitgehend spätgotisch. Auf dem früheren Paradeplatz Place d'Armes, dem »Plëssdarem«, pulsiert das urbane Leben. Cafés und Restaurants mit Terrassen unter grünen Linden verlocken zu einem Päuschen. Vor dem Cercle Municipal (Stadtpalais) finden sich häufig Straßenkünstler ein, und im Musikpavillon, auf der anderen Seite des Platzes, ertönt sommertags Jazz, Kammer- oder Blasmusik.
Ein paar Schritte weiter steht das Palais Grand-Ducal, der Großherzogliche Palast, 1575 als Rathaus erbaut. Rechts davon schließt sich mit großem Tor die einstige Stadtwaage an, in der Fuhrwerke gewogen wurden, um Zölle zu ermitteln. Jetzt paradiert hier die Palastwache auf und ab. Ganz außen befindet sich das neugotische Parlamentsgebäude.
Auf dem Kirchberg außerhalb der Altstadt sind neben nationalen und internationalen Banken europäische Behörden und Organisationen angesiedelt, außerdem die Philharmonie, ein Museum und zahlreiche Skulpturen – open air.

ESCH-SUR-ALZETTE

Früher qualmten hier die Schlote der Hochöfen, jetzt präsentiert sich die einstige Eisenhütten-Metropole und zweitgrößte Stadt Luxemburgs in ihrem Zentrum hell, farbig, vor Vitalität sprühend und kosmopolitisch.
Wer in der Stadt nach der Alzette sucht, tut das vergeblich: In Betonröhren versteckt fließt sie unter der Rue de l'Alzette entlang. In der Fußgängerzone dieser Einkaufsstraße lässt es sich herrlich flanieren. Jugendstil- und Art-déco-Fassaden an den Häusern erzeugen einen interessanten Mix von Alt und Neu.

In die Mitte genommen: der Dënzelt auf dem Echternacher Marktplatz

Hütte war gestern: Belval in Esch-sur-Alzette ist schon heute gut aufgestellt für morgen.

Rund um zwei ausgediente Hochöfen aus dem Boden gewachsen ist das faszinierende neue Stadtviertel Belval mit der Cité des Sciences: Wohnhäuser, Bürobauten, der Uni-Campus sowie das Einkaufs- und Freizeitcenter Belval Plaza – alles präsentiert sich in architektonischer Frische. Auf den Hochofen A führen 180 Stufen hinauf auf 40 m Höhe bis zur Einfüllöffnung des Hochofens – der Gicht –, wo eine fesselnde Aussicht belohnt.

ECHTERNACH

Malerisches Zentrum der Stadt an der Grenze zu Deutschland ist die kopfsteingepflasterte Place du Marché, der Marktplatz, eingerahmt vom gotischen Rathaus, stattlichen Bürger- und Adelshäusern, einladenden Straßencafés und kleinen Geschäften. Das Rathaus (14./15. Jh.) war früher das Dënzelt oder Dingstuhl genannte Gerichtshaus. In der offenen Bogenhalle im Erdgeschoss fanden die »Jahrgedinge« (öffentliche Urteilsberatungen) statt, zu denen alle Bürger der Stadt erscheinen mussten. Urteile wurden sodann am Urtsel, dem mittelalterlichen Gerichtskreuz – eine Nachbildung steht mitten auf dem Platz –, verkündet und mitunter direkt vollstreckt. Hinter dem Marktplatz ragt die markante Willibrord-Basilika empor, in der die Gebeine des hl. Willibrord, eines angelsächsischen Missionars des 7./8. Jh., aufbewahrt werden. Die ehemalige, im Jahr 698 von Willibrord gegründete Benediktinerabtei neben der Basilika spiegelt den einstigen Wohlstand des Klosters wider. Berühmt ist auch ihre Schreibschule. Einen guten Eindruck von der Schreib- und Druckkunst der Mönche vermittelt das Abteimuseum (www.museedelabbaye.lu).

VIANDEN

Das Burgstädtchen mit seinen schönen sandfarbenen Häusern, schmalen Gassen, Resten der alten Ringmauer mit ihren Türmen und der stolzen mittelalterlichen Hofburg liegt wie ein Schmuckstück im dicht bewaldeten Tal der Our. Victor Hugo lebte 1871 eine Zeit lang in einem Haus an der Our-Brücke. Hier schrieb er Gedichte und fertigte Zeichnungen von Luxemburger Burgen und Landschaften an, die jetzt neben dem Tagebuch und Briefen des Dichters im Musée littéraire Victor Hugo (37, rue de la Gare) zu sehen sind. Jenseits der Our-Brücke führt die von Bürger- und Adelshäusern gesäumte Grand-Rue in weitem Bogen zur Burg hinauf, vorbei am Renaissance-Stadhous (Rathaus) und an der frühgotischen Kirche des einstigen Trinitarierklosters. Burg und Stadt wurden früher von mehr als zwei Dutzend Türmen gesichert: dem weißen und dem schwarzen Rundturm in der Burg, dem viereckigen Hockelsturm auf einem Felsen vor der Burg und 24 weiteren Türmen, die Teil einer gewaltigen Ringmauer waren.

SCHENGEN

Mit dem Namen Schengen verbindet man die Schengener Verträge von 1985 zur Abschaffung der Grenzkontrollen an den europäischen Binnengrenzen und natürlich die Europäische Union. Kein Wunder daher, dass im Ort auf vielerlei Weise daran erinnert wird, unten am Fluss, wenige Meter von den Grenzen Luxemburgs, Frankreichs und Deutschlands, die in der Mosel aufeinandertreffen. Das Musée Européen im Centre Européen (Rue Robert Goebbels) zeigt eine Dauerausstellung über das Schengener Abkommen und Europa und unterhält eine Informationsstelle über die EU. Und im Uferbereich stehen Stücke der Berliner Mauer, die drei Sternensäulen Colonnes des Nations und das Monument de l'Accord. Hübsch sind die Pavillons an der Uferpromenade, monumental der alte Schlossturm aus dem 13. Jh.

Luxemburg erleben

Mildes Klima, idyllische Winzerdörfer und schöne Uferpromenaden laden ein ins Moseltal.

1. TOUR

Das »Tal der sieben Schlösser« – **Hinter jeder Biegung eine Burg**

»Vallée mystérieuse« nannte Victor Hugo das Tal. Vielleicht war er ja in der Burgruine von Koerich dem Geist der Frau begegnet, die sich in eine Katze verwandeln konnte, oder hat nachts das legendäre Irrlicht am Ufer der Eisch gesehen.

2. TOUR

Spaziergang durch Esch-sur-Sûre – **Das »Dorf im Loch«**

In den luxemburgischen Ardennen, im Ösling, erwartet Sie dieses edle Präsent: oben die stattlichen Reste einer einst wuchtigen Burg, unten das gemütliche Dorf, mit einer Schleife aus Flusswasser verpackt.

3. TOUR

Radtour »Velo Romanum« – **Auf dem Stahlross in die Antike**

Radeln konnten die Römer damals nicht, aber süffigen Wein herstellen, das hatten sie drauf. Sie jedoch können per Rad ihre antiken Hinterbleibsel erkunden und exzellenten Wein genießen, denn den gibt es hier überall – dank der Römer.

Das »Tal der sieben Schlösser«

Hinter jeder Biegung eine Burg

Im schönen Tal der Eisch, nur einen Steinwurf von der Landeshauptstadt entfernt, erheben sich sieben Burgen und Schlösser zwischen Wiesen und Wäldern – auch Graf Siegfried, der Erbauer der Lützelburg und Begründer Luxemburgs, soll hier einst residiert haben.

Die erste Station im Westen, die Grevenburg in Koerich, ist zwar nur noch eine Ruine, aber ihre Reste lassen erkennen: Sie war einst eine mächtige Festung, deren Gräben, bei Gefahr geflutet, dem Feind nasse Füße besorgten. Wirich I. baute die Wasserburg im 13. Jh. vermutlich auf der Ruine des Schlosses, in dem Graf Siegfried gewohnt haben soll.

Steinköpfe zeigen Asylrecht an

Sieben Quellen speisen den Dorfbrunnen von Septfontaines. Die Burg oben auf dem Fels ist nicht zugänglich, wohl aber die mittelalterliche Dorfkirche: Steinköpfe im Außengemäuer deuten das seinerzeit bestehende Asylrecht der Kirche an. Im Innern sind die Schlusssteine der Gewölbe mit farbigen Wappen geschmückt. Eine mit lebensgroßen Figuren gestaltete Grablegung Christi bildet den Abschluss einer Reihe

Warum sollte Wandern nur etwas für Ältere sein?

Auf einer Fläche von 17 x 13 m ragt der einstige Wehr- und Wohnturm der Burg Schoenfels 21 m in die Höhe.

von sieben verwitterten Fußfallstationen, die sich einst bei einer Einsiedlerkapelle befanden und jetzt die Kirche umstehen. Ein Streifzug durch den Ort führt zur Gessebréck, einer malerischen, 1760 errichteten Steinbogenbrücke über die Eisch.

Die Burg, die zu klein war

Über Ansembourg thront die gleichnamige Burg (12. Jh.). Sie war dem Burgherrn im 17. Jh., dem Eisenschmelzer Thomas Bidart II., schlichtweg zu eng. Also ließ er unten im Tal ein geräumiges Schloss bauen. Später verfiel die Burg, doch selbst ihre Ruine war so beeindruckend, dass Victor Hugo eine Zeichnung von ihr anfertigte. Die restaurierte Burg und das Schloss sind nicht zugänglich, wohl aber der Ehrenhof und der prächtige Barockgarten mit Labyrinth.

Pechnasen und Pfefferbüchsen

Mit ihrem wuchtigen Burgfried wachte die mittelalterliche Burg Hollenfels einst über das Tal. Der Donjon von 1380 und ein Rundturm sind alles, was von ihr blieb. Oben umgibt ein steinerner Wehrgang den Turm, mit Pechnasen, aus denen heißes Pech auf Angreifer gegossen werden konnte. Ein weiterer imposanter Burgfried ein wenig abseits des Eischtals in Mamer, mit vier runden Eckwachtürmchen, auch Pfefferbüchsen genannt, und markanten Treppengiebeln, ist der einzig verbliebene Rest der Burg Schoenfels.

Kirchturm mit Zwiebel

Schloss Mersch (12. Jh.), umgeben von einem breiten Burggraben, mehrfach zerstört und wieder erbaut, beherbergt jetzt die Stadtverwaltung. Gegenüber mit auffälligem Zwiebelturm der Kirchturm der abgetragenen St. Michaelskirche. Es heißt, er existiere nur noch, weil die Zwiebelkuppe in Anna Pawlowna, russische Gemahlin von König Wilhelm II., bei der Durchfahrt durch den Ort heftige Erinnerungen an die Kirchen ihrer Heimat wachgerufen und sie um den Erhalt dieses Kirchturms gebeten habe.

»DER MOND, VERDUNKELT. DIE TÄLER, MELANCHOLISCH VON EINER NEBELSCHLANGE UMSCHLUNGEN. INMITTEN DIESES SCHATTENS RAGT DAS GESPENST DER RUINE EMPOR. WALDKÄUZE SCHREIEN HU! HU! HU!«

Victor Hugo,
Tagebucheintrag 25.9.1863

Spaziergang durch Esch-sur-Sûre

Das »Dorf im Loch«

Eingeschnürt in einer engen Schleife der Sûre drängen sich weiß getünchte Häuser um ein Pfarrkirchlein, das dem Schatten der Burg trotzend sein Türmchen in die Höhe streckt. Das 390-Seelen-Nest »im Loch« hat sich seit Langem kaum verändert, es ist denkmalgeschützt.

Den Ort entdecken Sie mühelos zu Fuß. Etwas Puste braucht es jedoch, wenn Sie das »Loch« auch von oben betrachten wollen, und das sollten Sie unbedingt tun. Ein schmaler Pfad führt von der Rue de Kaundorf den steilen Hang jenseits der Sûre hinauf. Umwerfende Ausblicke von dort oben!

Dann aber über die alte Brücke ins Dorf. Sie wurde erst 1787 erbaut, nachdem ortsansässige Wollweber so lange gequengelt hatten, bis es ein Einsehen gab. Damals lebten hier, mangels Ackerland, die meisten vom Wollweben. Der Verkauf der Ware war mühsam, mangels Brücke waren riesige Umwege zu den Märkten zu machen. In einer ehemaligen Tuchfabrik (am Naturparkzentrum) können Sie beim Weben mit den alten Webmaschinen zuschauen und dort hergestellte Decken kaufen.

Erinnerung an schreckliche Zeiten

Jenseits der Brücke erinnert das Pestkreuz an die 1636 durch den Schwarzen Tod umgekommenen Escher Menschen. Damals hatten

Die Burgruinen in Esch-sur-Sûre: Die ersten Bauten gehen auf romanische Zeit zurück, in der Gotik wurde die Burg erweitert.

nur fünf Familien des Dorfs überlebt. Im Restaurant Comte Godefroy zu Füßen der Burgruine können Sie einheimische Speisen wie Maultaschen genießen. Die Speisen aus hochwertigen regionalen Zutaten bereitet ein früheres Mitglied der Luxemburger Koch-Nationalmannschaft. Nach wenigen Schritten kommen Sie zur Pfarrkirche. Schauen Sie sich mal den Altar aus dem 17. Jh. an: erstaunlich, wie kämpferisch Maria und das Jesuskind sich hier zeigen.

Am Loch (Im Loch) – so nennt der Volksmund Esch-sur-Sûre. Weil es von Berghängen umringt wie in einem Loch in einer engen Flussschleife der Sauer liegt.

Heimstatt tapferer Recken

Neben der Kirche führt eine Felsentreppe hinauf zur Burgruine. Hinter dem Eingangstor (17. Jh.) liegt der Burghof mit der romanischen Burgkapelle und dem wuchtigen Burgfried, dem Wohnturm, der ab 927 zum Schutz gegen einfallende Ungarn erbauten Burg. Später hausten die Brüder Heinrich I. und Godfried I. in der Burg, tapfere Recken, die sich schließlich auf den Kreuzzug begaben. Im 16. Jh. verfiel die Burg, blieb aber bewohnt. Als Victor Hugo 1871 den Ort besuchte, notierte er, dass noch mehrere Familien in ihr lebten.

Im 14. Jh. erhielt das komplette Dorf eine Ringmauer mit zwei Wachtürmen, die heute noch stehen. Als dann im 17. Jh. die Truppen Ludwigs XIV. Luxemburg einnahmen und das Land unter französischer Herrschaft stand, wurde die Mauer geschleift. Einige Reste blieben jedoch verschont, weil diese, wie in der Rue des Remparts zu sehen ist, bis heute als Rückwand von Häusern dienen.

Eine 3 m hohe Nachbildung der Marienstatue von Lourdes finden Sie oben auf dem Fels beim Lochturm, wenn Sie eine ziemlich steile Felsentreppe hinaufsteigen. Wer sie einst gestiftet hat, bleibt ein Rätsel. Es heißt, es sei eine ortsfremde Frau gewesen, die in Lourdes durch ein Wunder von ihrem Krebsleiden geheilt wurde.

Radtour »Velo Romanum«

Auf dem Stahlross in die Antike

Römer in Luxemburg? Ja, richtig! Die waren hier, 500 Jahre lang, und haben Grabtempel, Villen, Thermen und Theater erbaut. Sogar den Weinbau eingeführt und ordentlich Wein fabriziert. Auf der »Velo Romanum« fahren wir dorthin, wo die Sandalenträger waren – mit dem Fahrrad.

Zweieinhalb Tonnen wiegt der Steinbrocken. Man hat ihn in Bech-Kleinmacher gefunden, in 2 m Tiefe. Kein gewöhnlicher Brocken, dieser Stein, denn Experten erkannten sogleich: Es handelt sich um den Kelterstein einer römischen Traubenpresse, und zwar einer recht großen. Das dazugehörige Kelterhaus gehörte zu einer römischen Villa, die offenbar Mitte des 4. Jh. abgebrannt war. Sie finden diesen Stein in der Parkanlage neben dem Gemeindehaus, erreichbar über den Parkplatz, wo die Fahrradtour begonnen werden kann.

In den Weinbergen über dem Winzerdorf entdeckte man eine um 300 n. Chr. errichtete Grabkammer, über der ein römischer Grabtempel vermutet wurde – als Ausdruck des Prestiges des Toten. Den römischen Grabtempel hat man rekonstruiert (von der Kirche aus entlang der Route du vin, an der Kreuzung Rue du Caves rechts ab hangaufwärts).

Radeln Sie nun auf dem Radweg »Velo Romanum« entlang der Mosel zum Friedhof von Schwebsange, an dessen Eingang ein massiver spätrömischer Steinsarg steht. In der Leichenhalle finden Sie ein Relief des zu dem Grab gehörenden Grabsteins.

Im Haff Réimech bei Remerschen taucht ein monumentales römisches Grabmal auf. Nur römische Großwinzer oder vermögende Weinhändler konnten sich damals ein imposantes Grabmonument wie das des römischen Weingutes »op Mecheren« errichten lassen, dessen Reste man hier entdeckt hat.

Im Naturschutzgebiet Haff Réimech bei Remerschen. Im Hintergrund das futuristisch gestaltete Naturschutzzentrum »Biodiversum«

Den Kräizbierg hinauf

Sowie Sie durch Remerschen hindurch sind, wird es ziemlich anstrengend: Einen halben Kilometer geht es teuflisch bergauf! Dafür werden Sie oben mit einem wunderbaren Fernblick belohnt.

Nun aber weiter nach Dalheim. Am Südrand des Orts liegt an der N13 das über 30 ha große Ruinenfeld des römischen Vicus Ricciacus. Im 2./3. Jh. hatte die Siedlung Ähnlichkeit mit einer römischen Stadt des Mittelmeerraums: im Schachbrettmuster angelegte Straßenzüge, Theater, Thermen, Läden, Werkstätten und ein Tempelbezirk mit Kultbauten. Bei Ausgrabungen fand man hier 24 000 römische Münzen und Statuen der Götter Jupiter und Minerva. Heute befinden sich diese »Dalheimer Götter« im Pariser Louvre. Von der einst bedeutenden römischen Anlage sind noch die Reste einiger Häuser zu sehen. Imposant ist das mit steinernen Sitzreihen ausgestattete gallorömische Theater im Ort, zu dem man über den Neie Wee (Neuen Weg) gelangt.

Auf einem Radwanderweg mit einigen schönen Ausblicken geht es über die Trasse der ehemaligen »Jangelis Bunn« über Elangen (Ellange) und den Scheierbierg nach Bech-Kleinmacher zurück.

Paradies für Wanderer und Radler

Ballonfahren

Fahrten mit Heißluftballons finden das ganze Jahr über morgens und abends statt, im Herbst und Winter sogar den ganzen Tag. Infos unter www.cla.lu und www.ballooning-50-nord.lu.

Klettern und Bouldern

Die schroffen Felswände der Wanterbaach bei Berdorf (Müllerthal) kann man prima erklettern – sofern man Mitglied einer Klettervereinigung ist (www.mullerthal.lu). Klettern in Hallen und Bouldern (Klettern in geringer Höhe) wird an zahlreichen Orten angeboten (www.iclimb.lu).

Mountainbiken und Radfahren

In den Ardennen, im Müllerthal, in den Weinbergen an der Mosel – im ganzen Land finden Sie ausgewiesene MTB-Routen verschiedener Längen und Schwierigkeitsgrade.

Auf rund 600 km abseits des Straßenverkehrs angelegten Radwegen und verkehrsarmen Landstraßen lässt sich das Großherzogtum vortrefflich »erfahren«. Manche Radwanderwege, wie der von Aachen nach Troisvierges führende Vennbahnradweg (130 km), verlaufen auf einstigen Bahntrassen (www.guide.naturpark.lu, www.visitluxembourg.com, www.ardennes-lux.lu, www.mullerthal.lu, www.visitmoselle.lu, www.naturpark-our.lu).

Skaten

Luxemburg ist ein Eldorado für Skater: Wo wann was abgeht, erfahren Sie hier: www.skatepark.lu.

Wandern

Luxemburg ist ein Wanderparadies: Die wild-romantische Kleine Luxemburger Schweiz, das Müllerthal, die Ardennen mit ihren tief eingekerbten Flussläufen und welligen Hügeln, aber auch das Moseltal und der Süden des Landes laden zu ausgedehnten Touren ein. Eine Vielzahl von ausgeschilderten Wegen erleichtert die Orientierung (allgemeine Infos: www.visitluxembourg.com).

Gelb markiert sind die 24 Nationalwanderwege *(sentiers nationaux)* – 15–68 km lange nationale Wanderpfade, die nach Themen oder Landschaften benannt sind. Die Wanderpfade sind keine Rundwege, sondern eignen sich für Etappenwandertouren von mehreren Tagen.

Viele Fremdenverkehrsvereine haben lokale Wander- und Spazierwege angelegt und geben hierzu Wanderkarten und Infos heraus.

Wellness

Der luxemburgische Hotspot für Entspannungssuchende und Fitnessbewusste befindet sich im Kurort Mondorf-les-Bains mit dem Thermalzentrum Domaine Thermal de Mondorf (www.mondorf.lu).

Wände hoch im Müllerthal! Die Felswände in der Kleinen Luxemburger Schweiz bieten reichlich Gelegenheit.

Man könnte sich fast verlieren in diesem Wander- und Kletterparadies …

Szenetreff: das ehemalige Gelände der Brauerei Mousel & Clausen

So schmeckt Luxemburg

An der Obersauer fühlt man sich der Natur verpflichtet. So werden im Naturpark Obersauer Getreide, Kräuter und Tee umweltschonend angebaut.

Zahlreiche kreative Spitzenköche sorgen dafür, dass sich die luxemburgische Grande Cuisine nicht zu verstecken braucht. Deutschland, Frankreich und die Wallonie liegen direkt vor der Tür – kein Wunder also, dass es zum Segen der luxemburgischen Küche zu einer Symbiose aus preußisch handfesten Portionen und französischem Raffinement kommt.

Dabei besinnt man sich auch auf die ursprünglichen, einheimischen Gerichte, die kulinarisch verfeinert heute selbst in Gourmetrestaurants auftauchen. Das verdanken die Feinschmecker wesentlich der luxemburgischen Kochikone Léa Linster. Nehmen wir nur ein deftiges Leibgericht der Luxemburger: *Judd mat Gaardebounen*, gepökelter und geräucherter Schweinenacken, Saubohnen und Kartoffeln. »Da haben Sie eine erste Ahnung, wie Luxemburg schmeckt«, so die Starköchin.

Zusammen stark
Bohnen, Kartoffeln, Porree, Sellerie, Zwiebeln, Gemüse- und Hühnerbrühe – kommt alles rein in die *Bouneschlupp.* »Das wird gut gekocht, erst mal ohne Speck und Fleisch, damit später auch Vegetarier diese Suppe essen können. Und dann kommt das Fleisch da zusätzlich dazu, Mettwurst und Speck«, so Léa Linster. Und dann ist da noch ihr begeisterter Kommentar zu Tom Hillenbrands kulinarischem Krimi »Teufelsfrucht«: Er lese sich, »wie man eine gute Bouneschlupp isst – am liebsten alles auf einmal!«

Hier gibt's Prozente
Luxemburgs Moselwinzer keltern vorzügliche Weine. Der Elbling, leicht und erfrischend, passt zu *Friture* und Muscheln, der Auxerrois, zart und fruchtig, zu Wild und Geflügel. Der trockene, milde Rivaner ist ein viel getrunkener Tafelwein. Der Pinot Blanc, ein trockener, frischer Weißburgunder, wird gerne zu Fischgerichten serviert, der Pinot Gris mit seinem dezent-aromatischen Bukett zu Lamm oder Wild. Der fein-rassige Riesling, »König der Moselweine«, passt zu Fisch und Ardennerschinken. Gewürztraminer wird als Dessertwein geschätzt, der Chardonnay gerne zu Meeresfrüchten getrunken. Rot und fruchtig ist der Pinot Noir. Luxemburgische Schaumweine ergänzen mit dem Crémant de Luxembourg an der Spitze das Angebot.

Luxemburgische Biere? Gibt es nur wenige. Neben den großen Brauereien in Diekirch (Diekirch, Mousel) und Bascharage (Bofferding, Beierhaarscht) behaupten sich kleine lokale Brauereien, wie Simon in Wiltz und Ourdaller in Heinerscheid. Die luxemburgischen Obstwasser Kirsch, Mirabelle, Quetsch (Pflaume), Prunelle (Schlehe) und der aus Äpfeln destillierte Pommes sind von ausgezeichnet fruchtigem Geschmack. Der *Nëssdrëpp*, ein aus unreifen Walnüssen destillierter Schnaps, wird auf dem jährlich am zweiten Sonntag im Oktober stattfindenden Veiner Nëssmoort (Viandener Nussmarkt) verkauft.

Kulinarisch durch den Tag
Der Tag beginnt mit *Kaffidrénken*, wie frühstücken hier heißt, in einem Café, Bistro, *salon de consommation* oder *salon de thé* mit Croissant, Kaffee und einem Klecks Marmelade. Viele Einheimische lieben es morgens noch süßer und greifen zu croissantartigen *Schoklasrullen* (mit Schokolade in der Mitte) oder einem *Aachtchen.* Mittags reicht vielen ein *Kachkéis* (Kochkäse auf Brot, warm, mit Senf) oder *Croque Monsieur* im Café. Abends speist man dann schon mal mehrgängig im Restaurant

Warum Malta?

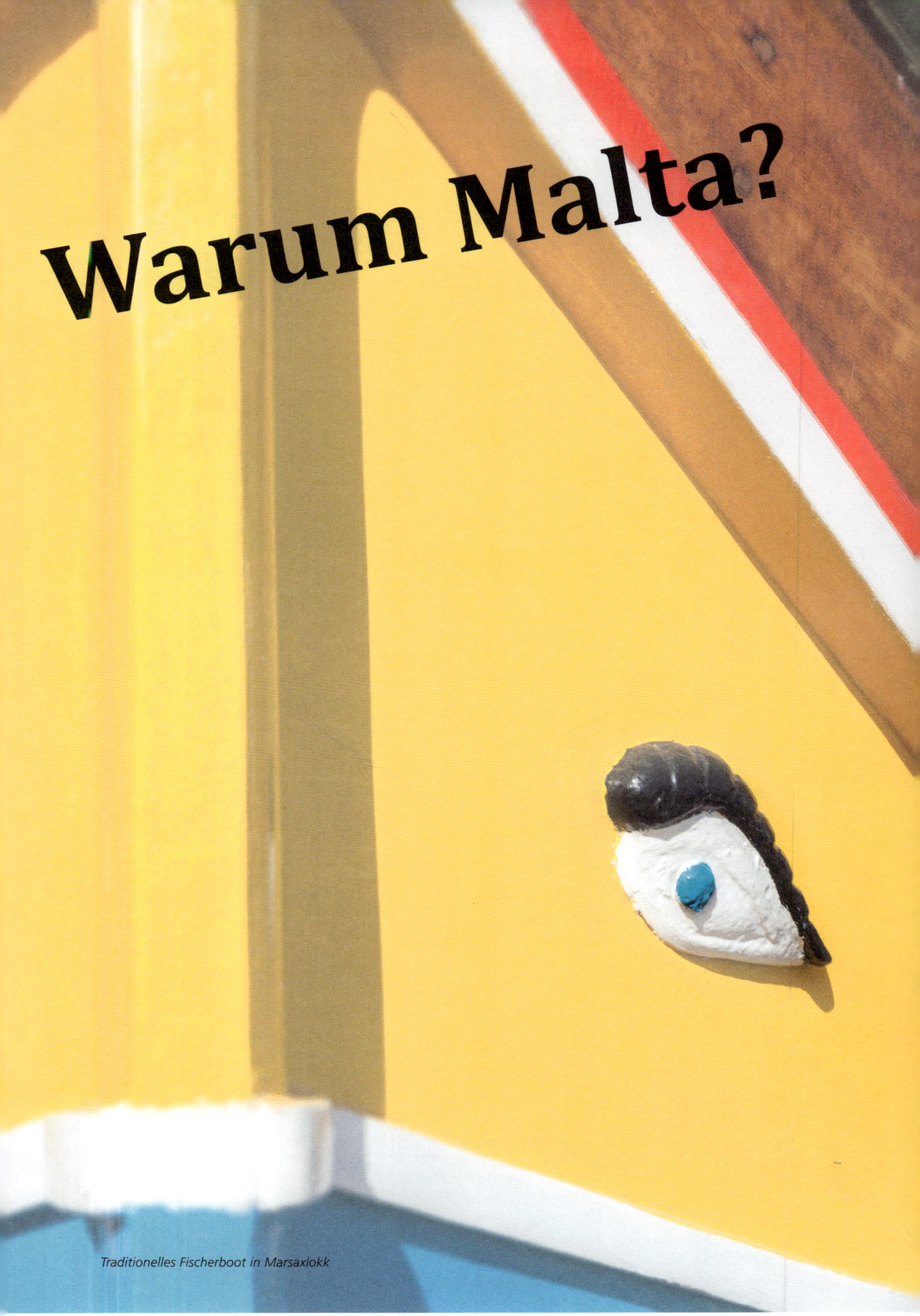

Traditionelles Fischerboot in Marsaxlokk

Festungsinsel im Mittelmeer

Auf Karten ist die Mini-Insel kaum zu finden, mit ihren 470 000 Menschen zählt sie zu den kleinsten Staaten der Welt. Aber vor 250 Jahren schrieb Voltaire noch: »Jeder kennt die Große Belagerung von Malta!« Der Zwergstaat ist ein Hotspot der Geschichte, und die Hauptstadt Valletta bietet entsprechend großartige historische Bauten. Im Süden erlebt man das volkstümliche Malta, im Norden quirlige Badeorte und zwei schöne Sandstrände, und Gozo ist sowieso eine ländliche Welt für sich.

Zwei Priester beobachten die Ankunft eines Passagierdampfers in Valletta, um 1950.

Sonnenuntergang von Sliemas Küste aus

Das ist Malta …

Beim ersten Mal wundern sich alle: So habe ich mir das nicht vorgestellt! So außergewöhnlich, so anders. Denn Malta ist keine hübsche kleine Insel im Mittelmeer, auf der nie wirklich etwas passiert ist. Malta galt schon bei den alten Griechen als »Nabel des Meeres«, im 16./17. Jh. wurde es unter dem Ritterorden der Johanniter zur stärksten Festung Europas ausgebaut, bis 1979 war es das Headquarter der britischen Mittelmeerflotte, von dem aus drei große seemilitärische Operationen gesteuert wurden, und jetzt ist Malta ein eigener Staat in der EU. Und dieser Mini-Staat steht wirtschaftlich sogar enorm gut da, mit rasanten Wachstumsraten und der niedrigsten Jugendarbeitslosigkeit ganz Europas. All das hinterließ natürlich Spuren: von den Tempeln der Megalithkultur vor 5000 Jahren über Festungen allerorten bis hin zu den Schnellstraßen, Fabrikhallen und Hochhäusern von heute.

Busy bis ländlich

Das alles verteilt sich auf kleinster Fläche, denn alles in allem sind die beiden Hauptinseln Malta und das kleinere Gozo nur so groß wie Bremen. Glücklicherweise verteilt es sich nicht gleichmäßig. In der Region rund um Valletta mit seinen beiden riesigen Häfen, Harbour Region sagen die Malteser, konzentriert sich das meiste, inklusive der beiden großen Ferienorte Sliema und San Giljan (St. Julians). Danach wird es schnell ruhiger, schließlich sogar geradezu ländlich. An der Nordwestküste liegen auch die Ferienorte Bugibba und Qawra sowie Mellieha, den Südosten prägt Steilküste ohne jede Ansiedlung. In der Mitte thront Mdina, die mittelalterliche Hauptstadt – »Silent City« wird sie genannt, weil sich dort seit 250 Jahren so gut wie nichts verändert hat. Und Gozo lag sowieso immer im Abseits und konnte sich seinen ländlichen Charme bewahren. Mag aber sein, dass sich das bald ändern wird, denn die Insel soll durch einen Tunnel unter dem Meer mit der Hauptinsel verbunden werden. EU-Gelder machen auch das jetzt möglich, das Projekt ist aber noch in der Planungsphase.

Schmelztiegel der Völker

Ziemlich klar, dass die vielen Heere und Herren auch Menschen mitbrachten. Von allen blieb etwas da.

Langsam gehen die Lichter an. Love fordert die Skulptur, auch sie auf dem Kopf stehend, wie alle hier ein bisschen upside down zu sein scheinen.

Es gibt einen fast geheimen Badeplatz an der Südküste, Ghar Lapsi: »Höhle der Himmelfahrt«. Ein toller Felspool, wohin es so gut wie keine Touristen verschlägt.

Von den Megalithikern, den Puniern, den Römern, von den Arabern seit dem Jahr 870, von den Franzosen im 14. Jh., von den Spaniern seit dem 15. Jh., von den Griechen, die der Ritterorden im 16. Jh. mitbrachte, und auch von den Briten, die Malta seit dem 19. Jh. als Kolonie regierten. Sie alle verschmolzen zu einem Volk, geeint durch eine Religion und eine Sprache. Noch heute ist Malta das Land Europas, in dem die katholische Kirche den größten Einfluss hat … Man sieht es an den riesigen Barockkirchen in jedem Dorf, erlebt es auf den grandiosen Heiligenfesten. Ebenso einzigartig und nicht minder grandios ist die Sprache: arabisch in der Struktur, geschrieben aber in lateinischen Buchstaben und gespickt mit Lehnwörtern aus dem Spanischen, Französischen und Englischen. Aber keine Sorge: alle Malteser sprechen auch fließend Englisch, was in den Sommerferien Tausende Sprachschüler aus ganz Europa dorthin zieht.

Für Badeferien zu schade

Nein … ich will nicht sagen, dass man auf Malta nicht baden kann oder nicht baden sollte. Es gibt schöne Sandstrände wie die Golden Bay oder die Ramla Bay auf Gozo. Es gibt noch mehr großartige Felsküste, wo man wunderbar schnorcheln kann. Von dem kleinen Comino mit seiner zauberhaften Blue Lagoon ganz zu schweigen. Aber … nur Baden, dazu ist Malta zu interessant. Selbst wer sich gar nicht für Barockkunst interessiert, sollte die St. John's Cathedral in Valletta nicht verpassen – die ist einfach unglaublich! Wer mit Archäologie nichts am Hut hat, braucht auch nicht alle Megalith-Tempel abzuklappern, auch wenn die weltweit einzigartig sind und Hagar Qim eine Art Stonehenge des Südens darstellt. Was man aber unbedingt erleben sollte, sind die Shows in historischen Kostümen wie die In-Guardia in Valletta aus der Ritterzeit oder die Kanonenschüsse auf der Saluting Battery mit Soldaten in viktorianischen Uniformen. Überhaupt ist das Kulturangebot Spitzenklasse: vom Baroque Festival im Januar bis zum Arts Festival im Juli, die Stadtfeste in Birgu und Mdina nicht zu vergessen. Und seit Valletta 2018 Kulturhauptstadt Europas war, bilden das City Gate und das neue Parlament ein großartiges Ensemble, die Festungsmauern, viele Paläste und Museen sind so schön wie nie zuvor.

... und das sind seine Städte

Grell strahlt die Sonne durch die Arkaden der Upper Barracca Gardens in Valletta, bringt alles ans Licht. Die Überdachung wurde abgerissen, so sagt man, weil sich hier die Priester trafen, die einen Aufstand gegen den Großmeister Ximenes planten.

VALLETTA

Valletta ist mit seinen 5500 Einwohnern die kleinste europäische Hauptstadt. Eigentlich ist es eine Festung, nach der Großen Belagerung 1565 durch die Türken am Reißbrett geplant und innerhalb weniger Jahre erbaut. Als Hauptstadt des Ordens der Ritter des hl. Johannes (des heutigen Malteserordens) entwickelte sich Valletta zu einem einzigartigen Gesamtkunstwerk des Barock.
Durch das von Renzo Piano umgestaltete City Gate geht man am neuen Parliament Building vorbei: alles modern, glatt und stolz. Und dann ... dieser Blick: Lang streckt sich die Republic Street über den Höhenrücken der Halbinsel. Paläste, Boutiquen, Lokale, Kirchen säumen den Weg, auch das National Museum of Archaeology mit den bedeutendsten Funden aus den Tempeln der maltesischen Megalithkultur, die frühbarocke St. John's Co-Cathedral mit Caravaggios Meisterwerk »Die Enthauptung Johannes des Täufers«, der Großmeisterpalast und die Casa Rocca Piccola, die einen Einblick in die Wohnkultur des maltesischen Adels bietet. Und dann die Upper Barracca Gardens: der schönste Blick! Eine Kaskade aus Häusern und Festungsmauern, Schiffen und Werften umschließt den Grand Harbour. Etwas unterhalb der Aussichtsterrasse wird von der Saluting Battery zweimal täglich eine Kanone abgefeuert (www.salutingbattery.com). In der Nähe verstecken sich in tiefen Felsstollen die Lascaris War Rooms, im Zweiten Weltkrieg der Befehlsstand des britischen Oberkommandos für das Mittelmeer.
Am Ende der Halbinsel stehen die 1566 errichtete Sacra Infermeria, ein für die damalige Zeit ungemein fortschrittliches Krankenhaus, das moderne National War Museum und das Fort St. Elmo, quasi die Speerspitze der Festung Valletta. Während der Großen Belagerung von 1565 hielt das Fort über einen Monat lang den türkischen Angriffen stand.
Von St. Elmo geht es am schönsten an der Meerseite beim Marsamxetto zurück: in der Ferne das Häusermeer von Sliema, landseitig die anglikanische St. Paul's Cathedral.

BIRGU (VITTORIOSA)

Überall Mauern und Geschichte! An der östlichen Seite des Grand Harbour, rund um die Festung St. Angelo, hatte der Ritterorden seine erste Residenzstadt; hier verteidigte er Malta gegen den osmanischen Angriff 1565. Birgu erhielt danach den Ehrennamen Vittoriosa, »die Siegreiche«.
Innerhalb der später gebauten Festungswerke der Cottonera Lines, der gewaltigsten Maltas, entstanden die Orte L-Isla (Senglea) und Bormla (Cospicua), zusammen bilden sie die historischen »Three Cities« aus der Johanniterzeit. Seit britischer Zeit lebten hier vor allem Hafenarbeiter.

Die Malteser feiern gern und das oft – dafür gibt es die Kirchweihfeste, allein 36 im August. Großartig!

Was für ein Blick … über den gesamten Grand Harbour!

Der einzigartige Inquisitor's Palace von 1574, der letzte erhaltene Inquisitorenpalast Europas, und die Kirche San Lawrenz, gegründet im 11. Jh., sind die bedeutendsten historischen Bauten. Am Kai zum Dockyard Creek, Xatt il-Forn oder Birgu Waterfront genannt, reihen sich rechts die Paläste aus der Zeit der Johanniter, links liegen die Pontons der Marina im Wasser. Die alte Bäckerei der britischen Marine aus den 1840er-Jahren zeigt als Maritime Museum eine absolut interessante Ausstellung zur Seefahrtsgeschichte Maltas, von den Römern bis zum Zweiten Weltkrieg.
Das mächtige Fort St. Angelo ließ der Johanniterorden seit dem 16. Jh. anstelle einer römisch-mittelalterlichen Burg errichten. Von hier aus verteidigten sich die Ritter 1565 gegen den Angriff der Osmanen.

MDINA UND RABAT

Hoch über der Insel am Rande des Dingli-Plateaus thront die stolze alte Hauptstadt Mdina. Die Römer begannen mit dem Bau einer ersten Stadtmauer. Als die Araber im 9. Jh. die Insel eroberten, teilten sie die antike Stadt in Mdina, »von Mauern umgeben«, und Rabat, »vor den Toren der Stadt«.
Das Wappen am Haupttor Vilhena Gate erinnert an Großmeister Vilhena, der im 18. Jh. einen Stadtumbau stiftete. Im prachtvollen Palazzo Vilhena residierte der Großmeister ab 1693. Gegenüber steht der Torre dello Standardo, früher ein Wach- und Signalturm. Die Triq Villegaignon, die Hauptstraße Mdinas, säumen Kirchen und Paläste, darunter die Casa Inguanez, Stammsitz der ältesten Adelsfamilie, und die prächtige St. Paul's Cathedral, entworfen von Maltas führendem Architekt des 17. Jh., Lorenzo Gafà. Vorbei am Palazzo Falson geht es zur Bastion, von der aus man einen wunderbaren Ausblick genießt.
Die Domus Romana vor den Toren Mdinas ist die Rekonstruktion eines römischen Stadthauses, dessen Fundamente im 19. Jh. freigelegt wurden. Hinter der unscheinbaren Fassade der Casa Bernard in Rabat verbirgt sich ein liebevoll restaurierter Palazzo aus dem 16. Jh. Der Hausherr selbst führt Besucher durch den Palast. Die St. Paul's Church verwahrt eine Reliquie des Apostels Paulus, im Untergeschoss ist die Grotte zu sehen, in der einst Paulus eingekerkert gewesen sein soll.

MELLIEHA

Der nördlichste Ort der Insel Malta thront imposant über einem der schönsten Strände, der Ghadira Bay. Die Pfarrkirche Santa Marija sieht barock aus, wurde aber erst vor rund 50 Jahren fertiggestellt. Sie entstand über dem bedeutendsten Wallfahrtsziel Maltas: einer kleinen Höhlenkirche, in der ein auf den Fels gemaltes Madonnenbild aus dem Mittelalter verehrt wird – das die Malteser aber dem Apostel Lukas zuschreiben.

VICTORIA (RABAT)

Unangefochtenes Zentrum Gozos ist Victoria. Hoch über den Dächern der Stadt ragt stolz die Zitadelle auf, deren mächtige Mauern rund um die Kathedrale Santa Marija einst Schutz vor Piratenüberfällen boten. Beliebter Treffpunkt ist der It-Tokk-Platz (Independence Square) im Zentrum, wo man zwischen Marktständen in Cafés sitzt. Aber nicht verpassen: die bezaubernden stillen Gassen der Altstadt rund um die prachtvoll ausgestattete Kirche San Gorg.
Das Gozo Museum in der Casa Bondi, dem Haus einer wohlhabenden Familie aus dem 17. Jh., zeigt Funde aus der unterirdischen Grabanlage des Xaghra Circle aus der Megalithepoche. Links neben dem Gerichtsgebäude am Kathedralplatz war vom 16. Jh. bis zum Ersten Weltkrieg das Inselgefängnis Old Prison eingerichtet, wo die Insassen zahlreiche Graffiti hinterließen.

Dwejra Bay ist die große Attraktion der kleinen Insel Gozo.

Malta erleben

1. TOUR

Eine Hafenrundfahrt – **Maltas Mauern**

Eine 90-minütige Rundfahrt durch Marsamxett und Grand Harbour beginnt an der Uferstraße in Sliema. Besonders reizvoll ist die Harbour Cruise mit einem Luzzu, einem der traditionellen bunten Fischerboote.

2. TOUR

Steinzeittempel Hagar Qim und Mnajdra – **Immer der Sonne nach**

Die großartigsten Megalith-Tempel der Insel, die Sonnentempel von Hagar Qim und Mnajdra aus der maltesischen Tempelbauerkultur, muss man einfach gesehen haben.

3. TOUR

Die Felsenbucht von Dwejra – **Hinein ins tiefe Blau**

Bei Wind sucht man hier auf der Steilküste automatisch das Geländer zum Festhalten – Dwejra Bay ist die große Attraktion der kleinen Insel Gozo. Maltas Schwesterinsel ist leicht erreichbar, aber doch (fast) eine andere Welt

Eine Hafenrundfahrt

Maltas Mauern

So macht Besichtigung auch bei Hitze Spaß: Auf dem Schiff in der Sonne sitzen und den Fahrtwind genießen. Die Fahrt durch die zwei Naturhäfen von Valletta, die zu den größten weltweit zählen, erschließen ihre gewaltigen Ausmaße. Den besten Blick auf die mächtigen Befestigungen genießt man ohnehin vom Wasser aus.

Nördlich von Valletta, Richtung Sliema, liegt der Marsamxett-Hafen, südlich, Richtung Birgu der Grand Harbour. Von beiden Häfen zweigen insgesamt zehn *creeks* ab, enge fjordähnliche Seitenbuchten. Früher waren sie vollgepackt mit Werften, den Docks, heute mit Jacht-Marinas.

Der Pesthafen – Marsamxetto

Die Fahrt beginnt im Sliema Creek, der größten Bucht des Marsamxett-Hafens. Erst wird Fort Manoel umrundet, das Großmeister Manoel de Vilhena 1726 finanzierte. Die Festung wurde bis zum Zweiten Weltkrieg genutzt, zuletzt um die im Lazzaretto Creek versteckten U-Boote der Briten zu schützen. Das leer stehende Fort wird nun restauriert, dort sollen auch Luxusapartments und Hotels entstehen. Links neben dem Fort erkennt man die verfallene Ruine des Lazzaretto, des alten Quarantänehospitals aus dem 18. Jh. Wegen dieser ge-

Leinen los zur Rundfahrt durch einen der größten Naturhäfen der Welt. Aber nicht alle Schiffe sind so schön wie dieses Segelboot.

fährlichen Nachbarschaft begann die Besiedlung am Marsamxett auch erst im 19. Jh. – vollzog sich dann aber sehr rasant, wie das Häusermeer rings um die Bucht ziemlich klar beweist.

Dann geht es in den Msida Creek, vorbei am stolzen Dreimastschoner »Black Pearl« (heute an Land »geparkt« und als romantisches Restaurant und Pub genutzt) und dem Villenviertel Ta' Xbiex. Am Ende, hinter dem Jachthafen, grüßt die große Pfarrkirche von Msida mit ihrer schönen Barockfassade, erbaut aber erst Ende des 19. Jh. Nun rücken die mächtigen Mauern Vallettas immer mehr in den Blickpunkt, überragt von der hohen Kuppel der Karmeliterkirche und dem Spitzturm der anglikanischen St. Paul's Cathedral.

Die äußerste Spitze der Halbinsel dominiert das Fort St. Elmo in Form eines fünfzackigen Sterns, benannt nach dem Schutzheiligen der Seefahrer. Die Festung spielte noch im Zweiten Weltkrieg eine große Rolle bei der Abwehr italienischer Angriffe.

Im Grand Harbour überragen die Werftkräne die Kirchtürme – manchmal wird sogar eine Bohrplattform überholt.

Werften und Engel – Grand Harbour

Vorbei an Sacra Infermeria, dem großen Krankenhaus des Ritterordens, erreicht man das Siege Bell Memorial auf einem Felsvorsprung, das der Opfer Maltas im Zweiten Weltkrieg gedenkt. Unmittelbar dahinter erinnern die Lower Barracca Gardens mit einem Denkmal an Sir Alexander Ball, den ersten britischen Gouverneur der Insel.

Etwas weiter ragen die steilen Mauern der Lascaris Bastion auf. Hier war während des Zweiten Weltkriegs der Befehlsstand der Alliierten für die Invasion Italiens untergebracht. Bekrönt wird das Bollwerk von den Arkaden der Upper Barracca Gardens.

Renoviert präsentiert sich der Pinto Wharf als Vallettas neue Waterfront mit dem Terminal der Kreuzfahrtschiffe. In den historischen Lagerhäusern sind heute schicke Restaurants einquartiert. Malteser und Urlauber haben hier eine beliebte Ausgehmeile gefunden.

Ein mächtiges Trockendock, das in den 1970er-Jahren mit Unterstützung aus China erbaut wurde, markiert den Eingang zum French Creek. Der Name der Bucht geht zurück auf Napoleon, der dort 1798 seine Schiffe vor Anker gehen ließ. Hinter dem Ort L'Isla (Senglea), über dessen Mauern der Aussichtsposten der Vedette thront, öffnet sich der Dockyard Creek zwischen L'Isla und Birgu (Vittoriosa). Diese schönste Bucht des Hafens wird beherrscht durch die größte Festung der beiden Häfen, das Fort St. Angelo. Die grandiose Festung war bis zum Bau von Valletta der Hauptsitz der Johanniter und bis 1979 der Sitz des Admirals der britischen Mittelmeerflotte.

Die letzte Bucht des Hafens ist der Kalkara Creek. Überragt wird sie vom Bighi Hospital, dem einstigen Militärkrankenhaus der britischen Marine, das Malta im Krimkrieg, vor allem aber im Ersten Weltkrieg während der Dardanellenschlacht, den Beinamen »Nurse of the Mediterranean« eingebracht hat. Zu sehen ist noch der Aufzug, mit dem die Verwundeten ins Hospital gebracht wurden.

Den Abschluss der Fahrt markiert die Festung auf der äußersten östlichen Landzunge des Grand Harbour. Das Fort Ricazoli aus dem 17. Jh. steht am Gallows Point, wo einst der Galgen für die Hinrichtung von Piraten stand, und wird heute gern als Drehort für Hollywoodfilme genutzt; auch Szenen für »Game of Thrones« entstanden dort. Von hier geht es zurück in den Marsamxett-Hafen, wo man von den modernen Apartmenthäusern am Tigné Point begrüßt wird.

Ü ÜBRIGENS

Große Containerschiffe machen im Grand Harbour nicht mehr fest, seit zu Beginn der 1980er-Jahre der Malta Free Port bei Kalafrana gebaut wurde. Dennoch ist die Fahrt durch den Industriehafen interessant: Lagerhallen, Getreidesilos, Industriegebäude und alte Werften prägen das Bild. All das bildete einst das Rückgrat der maltesischen Wirtschaft. Auch wenn heute noch Schiffe und Jachten auf den Werften überholt werden, geht es hier im Vergleich zu früher deutlich ruhiger zu – die meisten Docks stehen leer.

2. TOUR

Steinzeittempel Hagar Qim und Mnajdra

Immer der Sonne nach

Die spektakulärsten Tempel Maltas! Hagar Qim und Mnajdra liegen inmitten karger Felslandschaft, in der es im Frühjahr herrlich blüht, einsam hoch über dem Meer, windumfächelt. Und: Die Tempel sind, wie Stonehenge, ein Sonnenkalendarium – Tempel der Sonne.

Mit dem großen Tempel von Hagar Qim (sprich *adschar-'im)* erreichte die Megalithkultur Maltas zwischen 3000 und 2500 v. Chr. ihren kulturellen Höhepunkt. Die Mnajdra-Tempel sind etwas älter, entsprechen von der Bauform her auch dem üblichen Schema aus zwei hintereinander gesetzten ovalen Steinkreisen. Doch sind beide Anlagen erstaunlich perfekt zur Sonne ausgerichtet.

Geniale Baumeister

Beide Tempelanlagen blieben durch ihre abgelegene Position ungestört durch Steinraub und Überbauung, beide zeigen die typischen Formen: Wände und Tore aus riesigen Steinen (Megalithen); ein Mittelgang, an dem beidseitig halbrunde Kulträume liegen; sogenannte Fenstersteine als Eingänge, die einst mit Tierfellen verhängt werden konnten; Altäre mit einem sehr aufwendigen Dekor aus zahllosen Bohrlöchern. Oft ist auch noch ein Gewölbeansatz aus Steinen erkennbar, sodass die Innen-

Das passt exakt. Die Mauern von Hagar Qim sind die eindrucksvollsten aller maltesischen Tempel, lückenlos aus Globigerinen-Kalkstein zusammengefügt. Vieles davon ist allerdings rekonstruiert. Die verwitterten Riesenblöcke rechts vom Tor sind aber original, sie gaben der Anlage den heutigen Namen. Er bedeutet: Stehende Steine.

»MALTA WOULD HAVE BEEN A DELIGHTFUL PLACE IF EVERY PRIEST WERE A TREE.«

John Wignacourt, »The Odd Man in Malta«, 1914

Die Tempel der Sonne, tagsüber grell, gleißend und in brutaler Hitze, werden bei Sonnenuntergang am schönsten. Dann umweht sie ein geheimnisvolles Flair steinzeitlicher Mythen.

räume wohl überdacht waren, vermutlich mit Holzplanken.In beiden Tempeln sind auch die Orakelnischen gut erhalten – dort konnten die Steinzeitmenschen der im Tempel vermuteten Gottheit ihre Wünsche und Bitten vortragen, die Priester antworteten mit verzerrter Stimme: Religiösen Zirkuszauber gab es also damals schon!

Feste der Sonne

Zur Interpretation der Tempel gab es seit den 1980er-Jahren viele Spekulationen. Erstaunlicherweise bestätigte sich die esoterische Interpretation der Tempel als Kalendarium des Sonnenstandes. Beim (linken) Südtempel von Mnajdra erleuchten die ersten Sonnenstrahlen zur Tag- und Nachtgleiche im Frühling und Herbst das Allerheiligste, während zur Sommer- und Wintersonnenwende die mit Bohrpunkten verzierten Seitenaltäre angestrahlt werden. Vermutlich wurden diese Tage mit großen Festen begangen. Zwar wurden ähnliche Effekte inzwischen auch bei anderen Tempeln entdeckt, doch Mnajdra, frei stehend über der Sonnenseite der Südostküste, war wohl am besten geeignet. Betrachtet man den Tempel von Hagar Qim mit seinen vier linken Erweiterungskapellen sowie dem Nordtempel und den beiden Priesterhäusern, könnte es sich um eine Kultstätte der verschiedenen »Stämme« Maltas gehandelt haben, die dort zu den großen Sonnenfesten zusammenkamen.

AUF ANDEREN WEGEN

Nach Hagar Qim/Mnajdra kann man auch wandern: von Siggiewi über eine Landstraße (ca. 1 Std.), von Ghar Lapsi über einen etwas abenteuerlichen Küstenpfad (ca. 45 Min.) und von Blue Grotto/Wied iz-Zurrieq über eine Straße (ca. 30 Min.).

3. TOUR

Die Felsenbucht von Dwejra

Hinein ins tiefe Blau

Hier wollen sie alle hin: Die bizarre Felsenbucht von Dwejra mit der Inland Sea, dem Pilz-Felsen und dem Azure Window. Aber halt: Der berühmte Felsbogen fehlt. Ein Sturm fegte ihn 2017 ins Meer. Aber schön ist es in Dwejra immer noch.

Die Taucher sind mutig. Gleich geht's durch den Tunnel Richtung Meer. Und dann hinunter ins tiefe Blau.

Hinter dem Dorf San Lawrenz öffnet sich ein Wied, ein tief in die Karstlandschaft eingegrabenes Tal hinunter zu den Felsklippen von Dwejra: Eine Szenerie wie aus einem Filmsetting. Als das Felstor noch stand, wurde hier eine Folge von »Game of Thrones« gedreht.

Gozos tiefster Punkt

Inland Sea nennen die Malteser den kleinen Tümpel, mit dem das Meer durch eine Felsspalte ins Land einbricht. Gerahmt von alten Fischerhütten und steil aufragenden Felsen, wird er heute gern von Tauchern und von den zahlreichen Badegästen genutzt. Fischerboote fahren an windstillen Tagen durch die Spalte zu Erlebnistouren entlang der Felsküste hinaus aufs offene Meer, etliche Lokale servieren Snacks.

Fenster ins Blaue

Auf der anderen Seite vom Parkplatz kommt man auf ein Felsplateau, in dessen Korallenkalkstein viele Muschel- und Sepiareste stecken. Vor Jahrmillionen lagerten sich hier die Meerestiere ab, aus denen das Gestein entstand. Und dann steht man dort, wo nun das Azure Window fehlt. Aber die Felsküste ist immer noch großartig, sogar grandios an stürmischen Tagen, wenn das Meer an die Felsen peitscht.

Links der kleinen Kapelle steigen Sie auf die Felsbarriere vor dem Inland Sea. Auch hier stecken im Globigerinenkalk Muscheln und Seesterne, dazu gibt's eine tolle Aussicht auf die Inland Sea, die aus einer eingestürzten Höhle im Kalkstein entstand. Wer sucht, entdeckt sogar Schleifkarrenspuren aus der Bronzezeit.

Der Malteser Schwamm

Südlich liegt die Dwejra Bay bewacht von einem mächtigen, 65 m hohen Felsen, dem Fungus Rock. Dort gedeiht der Malteser Schwamm, eine pilzartige Pflanze *(Cynomorium coccineum),* die als Heilextrakt gegen Blutungen und als Aphrodisiakum begehrt war. Das Wundermittel kam im Hospital des Ordens zum Einsatz und wurde für immense Summen an die von der Bluterkrankheit geplagten Fürstenhöfe in ganz Europa verkauft. Klar, dass die Ritter strikt über ihr Monopol wachten. Nur mit einer Seilgondel war der Felsen zu erreichen, und die wurde gut bewacht. Der Dwejra Tower, 1651 zum Schutz gegen Piraten errichtet, sollte zudem unliebsame Konkurrenz von dem Felsen abhalten. Auf den Diebstahl des Malteser Schwamms stand immerhin eine langjährige, oftmals tödliche Strafe als Galeerenruderer. In den 1980er-Jahren wurde die Pflanze wissenschaftlich untersucht – doch eine Heilwirkung konnte nicht nachgewiesen werden.

Ü ÜBRIGENS

Unter Wasser … setzt sich die Felsenlandschaft von Dwejra fort, sie gehört zu den eindrucksvollsten Tauchrevieren Maltas. Anfänger starten an der Inland Sea, Pros am Blue Hole. Das »Blaue Loch« ist ein wellengeschützter Kamin, der tief hinunter in die aufregende Unterwasserwelt der Dwejra-Bucht führt.

Wandern und Meer

Baden, Strände, Wassersport

Die wenigen Sandstrände Maltas – Golden Bay, Ghajn Tuffieha Bay, Gnejna Bay, Armier Bay, Paradise Bay und Ghadira Bay sowie die Ramla Bay auf Gozo – sind im Sommer brechend voll. Für die Felsküsten Wasserschuhe nicht vergessen!

In San Giljan (St. Julians), Bugibba sowie an der Golden Bay und Ghadira Bay werden Parasailing (Fallschirmsegeln über dem Meer mit einem Motorboot), Banana Riding (Motorboot zieht ein bananenfömiges Schlauchboot), Jet-Skis und auch Pedalos (Tretboote) angeboten.

Reiten

Ausritte durch ländliche Regionen veranstaltet Golden Bay Horse Riding (www.goldenbayhorseriding.com) und Gozo Stables bei Qala auf Gozo (www.gozostables.com).

Tauchen

Unter Tauchern ist Malta eine beliebte Destination wegen seiner steil abfallenden Unterwasserklippen und vielen Wracks – mehr als 30 Tauchschulen gibt es auf den Inseln, einige auch deutschsprachig.

Anfänger beginnen mit einem Schnupperkurs, können dann mit dem Padi Open Water auch ihren international anerkannten Tauchschein machen. Tipps findet man unter www.taucher.net.

Wandern

Zu Frühlingsanfang, wenn es noch nicht allzu heiß ist und die Inseln mit Blumen übersät sind, ist Malta auch ein schönes Wanderziel – wenn auch ohne allzu spektakuläre Wege. Stets an ausreichend Trinkwasser und eine Kopfbedeckung denken!

In den Buchläden werden Wanderführer (in Englisch) angeboten, das Infobüro in Valletta hält Wanderbroschüren bereit (auch in Deutsch). Die Beschreibungen kann man auch auf www.visitmalta.com herunterladen; diese Wanderungen sind markiert. Geführte Wanderungen in deutscher Sprache bietet »Wandern auf Malta« (www.wandernaufmalta.com) an.

Weder auf Malta noch auf auf Gozo kann man wirklich verloren gehen. Die zahlreichen Steinhäuschen in der Landschaft dienen den Vogeljägern als Unterschlupf, also Vorsicht dort – die Vogeljagd ist auf Malta inzwischen größtenteils illegal. Generell sind die Jäger, sofern man sie nicht behindert oder beschimpft, nur misstrauisch gegenüber störenden Wanderern.

Bei den Bauernhäusern ist mit Wachhunden zu rechnen. Die Buchstaben RTO *(Reserved to Owner)* weisen auf Privatbesitz hin, den man nicht betreten sollte. Gleiches gilt auch für bestellte Felder. Unerlaubtes Passieren *(trespassing)* steht in Malta unter Strafe.

Die Sonne brezelt, der Life Guard passt auf, und der Sand schimmert golden. Golden Bay ist der beste Strand Maltas.

Des Tauchers größtes Glück: Schwimmen im Thunfischschwarm. So etwas geht heute aber nur in einer Zuchtanlage.

So schmeckt Malta

Das beste Malta-Gebäck: Die Imqaret, mit Dattel-Anis-Mus gefüllte Teigtaschen, werden in heißem Öl ausgebacken und gern mit Vanilleeis serviert. Sehr populär sind auch die mit Feigenmus gefüllten Teigkringel »Ghaqaq ta'l-Ghasel«.

Was soll ich bloß nehmen? Bei Parruccan am Kirchplatz von Rabat ist die Auswahl groß … und alles echt Malta. Authentischer geht es kaum.

Die Fusion-Küche mit ihren Kombinationen von Elementen aus aller Welt könnte auf Malta erfunden worden sein. Schon die traditionelle Küche mit dem »Fenek stuffat« (Schmorkaninchen) als Standardgericht lässt europäische Einflüsse erkennen: Das ist nichts anderes als eine Variante des französischen Coq au vin. Heute ist die »internationale Küche« bei der Jugend beliebt. Und klar: Italien ist nah – Pizza und Pasta stehen überall auf der Karte und in hochpreisigen Restaurants speist man meist italienisch.

Die maltesische Küche ist bodenständig-deftig, man musste immer davon leben, was Land und Meer gerade hergaben. Schnecken im Februar, Zugvögel im März/April, im Sommer kam der Thunfisch, im Frühherbst die Lampuki-Schwärme. Im Herbst jagte man Kaninchen, im Winter gab es nur noch den getrockneten Käse der Ziegen, die als einzige Nutztiere auf den Inseln für die Milch sorgten. In der Zubereitung fühlt man sich oft an Gerichte aus dem nahen Italien, Griechenland oder Frankreich erinnert, während aus Spanien die Sitte der maltesischen Tapas kam. Bei den Nachspeisen machen sich auch Einflüsse aus dem arabischen Raum bemerkbar.

Sparsam am Morgen

Das maltesische Frühstück fällt eher bescheiden aus. Auf dem Weg zur Schule oder Arbeit kauft man sich Snacks wie *pastizzi,* Blätterteigtaschen, gefüllt mit Frischkäse oder Erbsenpüree.

Vor der Siesta

Mittags trifft man sich gern zu einem Glas Wein oder auf ein Cisk-Bier, dazu gibt es ein *ftira,* ein belegtes Brötchen, oder einige meist kalte Häppchen. In Spanien heißen sie Tapas, hier *mizet malti.* Dazu zählen geschmortes Gemüse, Oliven, Pürees wie das *bigelli* aus Bohnen und Knoblauch, *gbejniet,* gepfefferter Ziegenkäse, heute auch gern ein paar Scheiben Salami oder Schinken aus Italien. Beliebt ist das *tuna ftira,* knuspriges Bauernbrot, bestrichen mit Tomatenpüree und Olivenöl und belegt mit Thunfisch, Tomate und Salat.

Abends wird es üppig

Abends isst der Malteser spät, nach Sonnenuntergang, dafür aber lang und üppig. Dann werden auch die Tische hübsch eingedeckt. Auf den Speisekarten stehen neben einigen maltesischen Traditionsgerichten zumeist italienische Speisen und Steaks, häufig auch einige asiatisch inspirierte Gerichte. Pasta ist fast immer dabei, häufig mit Meeresfrüchten wie Muscheln, Oktopus oder Seeigel-Sauce. Seltener bekommt man auch *ravjul,* maltesische Ravioli, oder *timpana,* einen Makkaroni-Auflauf wie das griechische Pastizio. Gern wird Fisch gegessen, doch da die maltesischen Gewässer nicht mehr sehr fischreich sind, handelt es sich oft um tiefgekühlte Importware. Thunfisch wird inzwischen sogar in Fischfarmen gezüchtet. Ansonsten sind Schwertfisch *(pixxispad),* Seebarsch *(cerna)* oder Zahnbrasse *(dentici)* auf der Speisekarte zu finden. Oktopus gibt es als Spaghetti-Sauce, gegrillt oder geschmort. Eine seltene Spezialität ist die Goldmakrele *(lampuki)* – nur im Spätsommer.

Süße Verführer

Als Dessert lieben die Malteser das süße *helwa tat-tork,* das aus fein gemahlenem Sesam, Mandeln und Honig gekocht wird. Auf den Speisekarten findet man aber eher die sizilianische Cassata oder das italienische Tiramisu.

Warum Menorca?

Der Leuchtturm am Cap de Cavalleria

Garantiert kein Ballermann

Es sind zwar nur 40 km bis nach Mallorca, dennoch ist der Massentourismus bisher nicht hinübergeschwappt auf die kleine Nachbarinsel, auf der sich noch die unverbaute Schönheit der Balearen entdecken lässt. Ob Sie nun zu einer der türkis schimmernden Badebuchten wandern, mit dem Boot durch den Hafen von Maó schippern, durch die Altstadt Ciutadellas schlendern oder eine der urzeitlichen Ruinenlandschaften erkunden – Sie werden staunen, was diese kleine Insel alles zu bieten hat!

Unterwegs auf dem Küstenwanderweg Camí de Cavalls

S'Algar offenbart seine Reize erst auf den zweiten Blick, so etwa die versteckt gelegene Cala Rafalet.

Das ist Menorca …

Es ist alles eine Nummer kleiner auf Menorca, ruhiger, langsamer und entspannter. Das merkt sofort, wer auf der Hauptverkehrsstraße unterwegs ist, die sich von Ost nach West quer über die Insel erstreckt und die beiden wichtigsten Städte, Maó und Ciutadella, verbindet. Die meist bloß zweispurige Straße, gegen deren Ausbau zur Autobahn sich die Inselbewohner seit vielen Jahren wehren, schlängelt sich kurvig durch die mediterrane Landschaft. Es geht hier zwar oft nur in gemächlichem Tempo voran, das aber scheint kaum jemanden zu stören. »A poc a poc« – »Stück für Stück«, nur keinen Stress! – sagt der Menorquiner, wenn er sich nicht hetzen lassen will. Es ist so etwas wie das Lebensmotto eines jeden echten Inselbewohners.

Grasende Kühe und offene Haustüren

Sobald man die Me-1, wie die nur etwas mehr als 40 km lange Landstraße offiziell heißt, nach rechts oder links verlässt, beginnt sogleich das Hinterland. Schlagartig. Zwischen Trockensteinmauern geht es dann durch liebliche Hügellandschaft – Kühe grasen, Schmetterlinge tanzen über Blumenwiesen, hin und wieder schimmert in der Ferne ein geweißtes Landhaus in der strahlenden Sonne. In den Dörfern werden Sie Menschen begegnen, die stolz darauf sind, dass man hier die Haustüren auch heute noch offen stehen lassen kann; Großmütter, die abends ihre Stühle auf den Bürgersteig stellen, um einen Schwatz mit der Nachbarin zu halten; Menschen, die Durchreisende fast so freundlich grüßen, als wären es alte Bekannte. Wenn Sie sich dann der Küste nähern, stellen Sie am besten das Auto ab und spazieren die letzten Meter zu Fuß bis ans Meer. Nicht nur Menorquiner sagen, die schönsten Strände auf den Baleareninseln gebe es nicht auf Ibiza oder Mallorca, sondern hier.

Unesco-Titel statt Bettenburgen

Menorca ist anders. Weder gibt es hier den hippen Partytrubel wie auf Ibiza und Formentera noch den hektischen Massenandrang wie auf Mallorca. Erst viel später als auf den Nachbarinseln wurde hier die Urlaubsindustrie zum Wirtschaftsfaktor. Manche Fehlentwicklung konnte so vermieden werden. Strenge Gesetze etwa verhinderten die ganz gro-

Wenn diese Steine sprechen könnten, sie hätten so einiges zu erzählen. Wer durch Maó schlendert, bewegt sich auf geschichtsträchtigem Pflaster. Jahrhundertelang stritten Europas Seemächte um diese Hafenstadt, schier uneinnehmbare Festungsanlagen zeugen davon.

Die felsige Kulisse der Cala Pregonda beeindruckte den Musiker Mike Oldfield so sehr, dass sie sein Album »Incantations« aus dem Jahr 1978 ziert.

ßen Bausünden und bewahrten ein gutes Stück weit die Ursprünglichkeit der Insel. Zwar gibt es auch auf Menorca mit Bettenburgen zugebaute Küstenorte, aber selbst diese nehmen sich im Vergleich zu Mallorca und Ibiza geradezu harmlos aus. Nicht ohne Grund darf sich Menorca seit 1993 mit dem Titel »Unesco-Biosphärenreservat« schmücken. Die Natur ist zweifellos einer der großen Reize dieser Insel: Ob Sie sich auf die umtosten Steilklippen am Cap de Cavalleria wagen, vom Castell de Santa Àgueda in die Ferne blicken oder auf dem Küstenwanderweg Camí de Cavalls zu den schönsten Buchten spazieren – Möglichkeiten, Menorcas vielfältige Landschaft zu erleben, gibt es reichlich.

Eine historische Entdeckungsreise

Spannend ist die Insel auch wegen ihres kulturhistorischen Erbes. Noch auf dem Gelände des Flughafens werden Sie das erste Hinweisschild sehen, das den Abzweig zu einem Talayot markiert – einer Ruine eines prähistorischen Bauwerks, von denen es auf Menorca mehr als 1000 gibt. Römer, Araber, Katalanen, Franzosen, Briten, Spanier – wegen ihrer strategisch günstigen Lage im westlichen Mittelmeer war die Insel seit jeher heftig umkämpft. Die einen Eroberer blieben mehrere Jahrhunderte – die Römer (etwa von ca. 123 v. Chr. bis zum Jahr 454) oder die Araber (von 902 bis 1287) –, die anderen bloß ein paar Jahrzehnte (wie die Briten im 18. Jh.). Sie alle aber hinterließen Spuren. Und so ist ein Menorca-Urlaub auch eine historische Entdeckungsreise voller Überraschungen: Sei es der stillgelegte Steinbruch bei Ciutadella, der heute als riesengroße begehbare Skulptur dient, das Labyrinth aus prähistorischen Begräbnishöhlen in Cala Morell, seien es die Überreste einer frühchristlichen Basilika mitten im Wald, alte Festungsanlagen mit schauriger Vergangenheit bei Maó oder in den Fels gehauene Bunker aus dem Spanischen Bürgerkrieg. Dazu kommen Museen, die mehr sind als nur eine Alternative für Schlechtwettertage. Aber nicht nur deshalb lohnt sich ein Abstecher in die Dörfer und Städte, allen voran Maó und Ciutadella. Für ein paar Stunden sollten Sie sich in den engen Gassen dieser Orte verlieren, nur vergessen Sie dabei eines nicht: »A poc a poc« lautet Menorcas Rhythmus. Keinen Stress!

... und das sind seine Städte

Dicht an dicht klammern sich die Häuser in Maó an die Steilklippe. Unten am Hafen reihen sich derweil zwei Dutzend Restaurants auf gerade einmal einem Kilometer aneinander.

MAÓ (MAHÓN)

Eine Stadt und das Meer – enger als in Maó kann diese Verbindung kaum sein. Wo auch immer man abbiegt, früher oder später blickt man auf den Hafen, von einem der Aussichtspunkte weit oben oder nach dem Abstieg über eine der vielen Treppen von der Meerespromenade, wo die Fischer ihre Netze flicken. Nicht nur die ungewöhnliche Architektur der 28 000-Einwohner-Stadt mit ihren Erkerfenstern, Jugendstilbauten und Altstadtpalästen zeugt von den verschiedenen Einflüssen, die im Laufe der Jahrhunderte über das Meer die Insel erreichten: Weltoffenheit beweist auch die längste Gastronomiemeile der Insel, die sich einen Kilometer weit am Hafen erstreckt. Die Altstadtpaläste, in denen die einst durch den Seehandel reich gewordenen Bürger der Inselhauptstadt lebten, sind meist nur von außen zu bewundern, einen Blick hineinzuwerfen ist in der Regel nicht möglich. Eine Ausnahme ist Ca n'Oliver (canoliver.menorca.es), heute ein wichtiges Museum der Stadt mit einer Ausstellung zur Geschichte Menorcas. Nur eine Straßenecke weiter verbirgt sich hinter unscheinbarer Fassade das innen imposante Teatre Principal (www.teatremao.com). Maós Opernhaus von 1829 ist das älteste seiner Art in ganz Spanien und bietet bei einer Führung einen Blick hinter die Kulissen. Ein weiteres sinnliches Erlebnis ist der Besuch in der Markthalle im Claustre del Carme (www.mercatdesclaustre.com). Hier, im Kreuzgang des ehemaligen Karmeliterklosters aus dem 18. Jh., herrscht nicht nur geschäftiges Gedränge, es gibt auch viel zu sehen, zu riechen und zu schmecken. Abends wird es dann auch noch musikalisch: Im Innenhof finden regelmäßig Konzerte statt.

ALAIOR

Alaior hat den Ruf, die am wenigsten touristische Stadt Menorcas zu sein. Und tatsächlich gibt es hier nicht ein einziges Hotel. Wer sich aber ein wenig Zeit nimmt, entdeckt eine durchaus charmante kleine Stadt, am besten bei einem der angebotenen Rundgänge (www.rutaturisticaalaior.com). Zentraler Blickfang ist die wuchtige Kirche Santa Eulàlia (Carrer des Retxats 4) auf einer Anhöhe. Durch die Altstadtgassen geht es zum Rathaus (Carrer Major 11), wo ein Blick in die Eingangshalle mit ihrem imposanten Treppenaufgang lohnt. Nur zwei Querstraßen weiter befindet sich die Zweigstelle der Balearenuniversität (Carrer de Santa Rita 11). Hier, verteilt über zwei alte Stadthäuser, können junge Menorquiner Jura, Tourismus und Sozialwissenschaften studieren. Der zweite bedeutende Sakralbau der Stadt ist das ehemalige Franziskanerkloster Convent de Sant Diego (Carrer des Banyer), das heute als Kulturzentrum dient.

Wer es eilig hat auf Menorca, der hat etwas falsch gemacht. »Immer mit der Ruhe«, lautet das Lebensmotto eines jeden echten Inselbewohners.

Nicht nur zum Fischkaufen geeignet: Maós Fischhalle Mercat des Peix.

ES MERCADAL

Es Mercadal ist berühmt für Märkte, Messen und Handwerkskunst und gilt als die heimliche kulinarische Hauptstadt Menorcas. Das trifft vor allem donnerstags zu, wenn sich beim Nachtmarkt im hell erleuchteten Zentrum ein Stand an den anderen reiht und die Bars und Restaurants voll besetzt sind.
Das ungewöhnlichste Bauwerk in Es Mercadal ist die öffentliche Zisterne mit einem Fassungsvermögen von unglaublichen 273 500 Litern. Gouverneur Richard Kane ließ den Aljub 1735 bauen, um die Wasserversorgung der britischen Truppen auf halbem Wege zwischen Maó und Ciutadella sicherzustellen.

FERRERIES

Besonders schön ist es in Ferreries im alten Ortskern rund um das Rathaus. Da Ferreries in einer Talmulde liegt, schlängeln sich die schmalen Gassen am Hang entlang und immer wieder geht es über viele Treppenstufen. Vor allem im Carrer de Sant Bartomeu stehen die weißen Häuser dicht an dicht. Hier befindet sich auch die Hauptkirche Parròquia Sant Bartomeu aus dem 17. Jh. Ein paar Schritte weiter befindet sich an der kopfsteingepflasterten Plaça de sa Peixateria die alte Fischhalle.
Mit dem Centre de Geologia de Menorca (www.geologiamenorca.org) besitzt Ferreries eines der spannendsten Museen der Insel. Anschaulich wird hier die erdgeschichtliche Entwicklung Menorcas vorgestellt. Neben zahllosen Gesteinsproben gibt es u. a. in einem Schaukasten 110 verschiedene Arten Sand zu sehen, die allesamt an den Stränden der Insel vorkommen.

CIUTADELLA

Eine Altstadt, die auch nur annähernd so gut erhalten ist wie in Ciutadella, findet sich weit und breit nicht. Stundenlang kann man sich in dem kopfsteingepflasterten Labyrinth verlieren. Die ehemalige Hauptstadt Menorcas ist zwar nicht mehr das administrative, wohl aber bis heute das religiöse Zentrum der Insel. Nirgendwo anders gibt es eine solche Vielzahl sehenswerter Kirchen und Klöster auf so engem Raum, allen voran das wichtigste Gotteshaus der Insel, die Kathedrale aus dem 14. Jh. Eines der meistfotografierten Motive Ciutadellas wiederum ist die Barockfassade der Església del Roser mit ihren kunstvollen Verzierungen. Nur ein paar Ecken weiter befindet sich die kleine Església de Sant Crist, ein weiteres Beispiel für den katalanischen Barock des 17. Jh. Direkt am Rathausplatz, der Plaça des Born, steht die Església de Sant Francesc de Assís, das nach der Kathedrale zweitgrößte Gotteshaus der Stadt.
Ciutadella war jahrhundertelang die Stadt der menorquinischen Oberschicht. Von hier aus lenkten die Mächtigen die Geschicke der Insel. Wie es hinter den kunstvoll ausgestalteten Fassaden zuging, kann man bei einem Besuch des Palau Olivar (Plaça de la Catedral 8) erfahren, dessen Geschichte bis ins 17. Jh. zurückreicht. Auch der Palau Salort (Carrer Major d'es Born 9) ist in der Saison zugänglich. Hier kann man u. a. eine der angeblich größten Küchen der Insel sehen.
Das Diözesanmuseum Museu Diocesà de Menorca (Carrer del Seminari 9) legt seinen Schwerpunkt auf die Kirchengeschichte, zeigt daneben aber auch einige kuriose Exponate. Es befindet sich im ehemaligen Augustinerkloster, dessen Bau vom 17. bis ins 18. Jh. mehrere Jahrzehnte dauerte. Der Innenhof des Klosters mit seinem wohlgestalteten Garten gehört zu den meistfotografierten Motiven der Stadt. Gleich nebenan liegt die Kirche Església del Socors, deren Türme neben dem der Kathedrale Ciutadellas Silhouette dominieren.

Mehr als 700 Schiffe sollen seit dem 14. Jh. an den Klippen Menorcas zerschellt sein.

Menorca erleben

1. TOUR

Cova d’en Xoroi – **Wo alle chillen wollen**

Dass auch Partypeople auf Menorca nicht zu kurz kommen, liegt vor allem an der Höhlendisco Cova d’en Xoroi. Einen cooleren Platz, um den Sonnenuntergang zu betrachten und anschließend bis spät in die Nacht zu feiern, gibt es weit und breit nicht.

2. TOUR

Wanderung zu Traumstränden – **Dann eben zu Fuß**

Wer zum ersten Mal die Badebuchten im Inselsüden erblickt, kommt kaum noch heraus aus dem Staunen, so unwirklich türkis schimmert dort das Wasser. Man muss ihn sich aber mit einer klitzekleinen Anstrengung verdienen, diesen Anblick.

3. TOUR

Pedreres de S’Hostal – **Bizarre Formen aus Stein**

Jahrhundertelang holten hier die Menorquiner die Quader zum Bau ihrer Häuser aus dem Boden. Heute ist der alte Steinbruch eines der kuriosesten Ausflugsziele der Insel – eine riesengroße, begehbare Skulptur.

Cova d'en Xoroi

Wo alle chillen wollen

Wo gibt es das schon? Einen Ort, an dem sich Senioren, Familien und Partyleute gleichermaßen wohlfühlen? Ein Besuch in Menorcas Höhlendisco Cova d'en Xoroi gilt als absolutes Muss für jeden Inselurlauber. Zu Recht. Denn der Sonnenuntergang lässt sich kaum irgendwo entspannter genießen als bei einem kühlen Getränk hoch über dem rauschenden Meer.

Schon der Zugang zur Cova d'en Xoroi ist spektakulär: Eine schmale Treppe windet sich an der Steilwand in die Tiefe – links der Fels und rechts der Abgrund. Der atemberaubende Blick hinab lässt die Knie weich werden. Schon vor mehr als 50 Jahren erkannten einige findige Geschäftsleute das Potenzial der enormen Naturhöhle am Rande des Urlaubsortes Cala en Porter. 100 000 Besucher kommen heute Jahr für Jahr hierher, heißt es.

Wunderschön und ein klitzekleines bisschen kitschig, dieser Sonnenuntergang

Wer romantische Zweisamkeit sucht, der ist hier dann auch fehl am Platz. Denn wenn die Sonne im Mittelmeer zu versinken scheint und die 30 m hohe Steilklippe ins samtig-goldene Abendlicht taucht, dann wird es ziemlich eng auf den in den Fels gehauenen Terrassen. Wer aber einen der Sitzplätze ergattert hat, einen Cocktail in der Hand, die laue Brise im Gesicht, der kann sich sicher sein: Noch cooler als hier, auf halber Höhe zwischen Meer und Himmel, kann man den Tag auf Menorca wohl nirgendwo ausklingen lassen. In der Hauptsaison treten obendrein täglich wechselnde Bands auf und sorgen für die passende musikalische Untermalung. Hungrig sollten Sie allerdings nicht herkommen, denn ein Speisenangebot gibt es in der Cova d'en Xoroi nicht.

Flimmernde Lichter, dröhnende Bässe

So richtig beginnt die Party in der Cova d'en Xoroi aber erst weit nach Sonnenuntergang, wenn Familien und Feiermuffel schon längst friedlich in den Betten schlummern. In der Disco, die sich verwinkelt in den Fels hineinzieht, flimmern dann die Lichter und die Bässe dröhnen bis in die frühen Morgenstunden.

Ihren Namen verdankt die Höhle übrigens einer Legende, die auf Tafeln an den Wänden nachzulesen ist. Demnach hauste einst ein Schiffbrüchiger in der Höhle, der nachts Raubzüge in die nahe gelegenen Dörfer unternahm. Sogar eine junge Frau soll er entführt haben. Lange Zeit wollte es nicht gelingen, dem Übeltäter auf die Schliche zu kommen. Bis eines Tages Schnee fiel – was auf Menorca praktisch nie vorkommt – und sich der Dieb durch seine Fußspuren verriet, die geradewegs zu der damals noch unbekannten Höhle führten. Einige Dorfbewohner folgten ihm und stellten ihn zur Rede. Xoroi, so hieß der Mann, umging seine gerechte Strafe, indem er sich in die Tiefe stürzte.

JUST ON TIME

Gut zu wissen vor einem Besuch in der Cova d'en Xoroi: Ende März geht die Sonne auf Menorca um kurz nach 20 Uhr unter, Ende Juni dann um 21.20 Uhr.

Auf halbem Weg zwischen Meer und Himmel, mitten in der Steilwand, liegt die Cova d'en Xoroi.

2. TOUR

Wanderung zu Traumstränden

Dann eben zu Fuß

Seit die Zufahrt zur Cala Macarella, Cala Macarelleta und Cala en Turqueta im Hochsommer reglementiert ist, sind diese Buchten mit dem Auto kaum noch zu erreichen. Umso besser für alle, die dem Trubel gerne aus dem Weg gehen wollen: Wandern Sie doch einfach von der benachbarten Cala Galdana aus über den Camí de Cavalls ans Ziel.

Wundert sich bei diesem Anblick noch jemand, dass die Cala Macarella zu den beliebtesten Buchten der Insel zählt?

Je schwieriger der Weg, desto schöner der Strand: Das gilt auch auf Menorca. Die Cala Macarella, die Platja Macarelleta und die Cala en Turqueta gehören zu den schönsten Badebuchten der Insel. Dorthin zu gelangen aber ist zumindest im Sommer nicht ganz einfach. Denn seit einigen Jahren beschränkt die Inselregierung die Besucherzahl.

Nun kann man an der Umgehungsstraße von Ciutadella einer Anzeigetafel entnehmen, ob auf den Küstenparkplätzen noch etwas frei ist. Wenn nicht, sparen Sie sich den Weg! Beim Kontrollposten an der Einsiedelei Sant Joan de Missa ist dann ohnehin Schluss. Zur Cala Macarella kommen Sie zwischen Mitte Mai und Mitte Oktober überhaupt nicht mit dem Auto, sondern nur mit dem Bus von Ciutadella aus.

Nur Mut!

Das alles schreckt viele Inselbesucher ab. Hoffentlich nicht Sie! Denn es gibt noch eine weitere Möglichkeit, um ans Ziel zu gelangen: zu Fuß über den Camí de Cavalls von der benachbarten Cala Galdana aus. In etwa einer halben Stunde ist der Weg zur Cala Macarella zu schaffen. Dort gibt es auch eine Strandbar. Nicht weit dahinter geht es an einem Abzweig direkt an der Küste entlang in etwa zehn Minuten bis zur benachbarten Platja Macarelleta. Dies ist der einzige Abschnitt, wo der Weg nicht über den Camí de Cavalls führt. Bis zur Cala en Turqueta sind es dann noch einmal ungefähr 30 Minuten.

Der Weg ist ausgeschildert und nicht besonders schwierig, aber nehmen Sie Sonnencreme und Wasser mit. Es geht leicht bergauf und bergab durch Kiefernwald und unberührte Küstenlandschaft, hin und wieder auch nah entlang der Steilklippe: ein aufregendes Erlebnis!

Pedreres de S'Hostal

Bizarre Formen aus Stein

Gut, dass sich die riesigen, längst verrosteten Sägeblätter nicht mehr durch das Gestein arbeiten, sondern nur noch als Ausstellungsstücke dienen. So nämlich ist das Industriedenkmal Pedreres de S'Hostal heute ein geradezu idyllischer Ort mit atemberaubenden Felsformationen und schwindelerregenden Steilwänden.

Der alte Steinbruch vor den Toren Ciutadellas drohte als Müllkippe zu enden. Die ersten Lkws hatten bereits tonnenweise Bauschutt in die 40 m tiefe Grube gekippt, das 7 ha große Areal verkam zusehends. Zum Glück erkannte die auf der Insel ansässige französische Bildhauerin Laetitia Lara 1994 das Potenzial des Industriedenkmals und gründete die Stiftung Lithica, die den Steinbruch als Freilichtmuseum der Öffentlichkeit zugänglich machte.

Treppen ins Nirgendwo

Das ist gut so. Denn gleich hinterm Eingang, im alten Teil der Steinbrüche, haben, wenn man so will, viele, viele Bildhauer über Jahrhunderte hinweg eine riesige, begehbare Skulptur und damit einen wirklich einzigartigen Ort geschaffen. Stufe um Stufe klebt eine Treppe fast senkrecht am Fels und endet dann im Nirgendwo. Scharfe Fels-

Die Pedreres de S'Hostal sind heute eine riesige, begehbare Skulptur. Es gibt auch ein steinernes Labyrinth, in dem man sich ein bisschen wie Alice im Wunderland vorkommt und gut verlaufen kann.

kanten ragen bizarr in den blauen Sommerhimmel. In schattigen Ecken flattern Tauben, im verwinkelten Felsenhof wachsen Feigen- und Erdbeerbäume. Im mittelalterlichen Garten plätschert ein Brunnen. In einem steinernen Labyrinth spielen Kinder Verstecken. Mehrere ausgeschilderte Rundwege führen über das Gelände, das man aber auch gut auf eigene Faust erkunden kann. An einigen Stellen allerdings ist es ziemlich gefährlich: Achten Sie lieber auf die Warnschilder und klettern Sie nicht herum, wo es nicht erlaubt ist.

Im mittelalterlichen Garten plätschert sogar noch ein Brunnen – es gibt viel zu entdecken in dem alten Steinbruch.

Der Stoff, aus dem die Gebäude sind

Noch per Hand wurde hier im 19. und frühen 20. Jh. der Kalksandstein in mühsamer Schweißarbeit aus dem Boden gebrochen. Später dann, im modernen Teil der Anlage, fraßen sich die Sägen durch den brüchigen Stein. Marés wurde hier abgebaut, den die Balearen-Bewohner jahrhundertelang als Baustoff nutzten. Viele der emblematischen Gebäude der Insel, wie etwa die Kathedrale in Ciutadella, sind aus diesem Kalksandstein gefertigt, der den menorquinischen Städten und Dörfern ihre so charakteristische Farbe gibt. Auch zum Festland wurde Marés exportiert. Um die Verschiffung zu erleichtern, baute man ihn direkt an der Küste ab – daher die vielen Steinbrüche an den Klippen. Auch heute noch ist Kalksandstein auf der Insel ein gefragtes Baumaterial. Es gibt weiterhin aktive Steinbrüche. Gleich neben den Pedreres de S'Hostal liegt einer. So sehenswert wie diese aber ist kein anderer.

Ein Weg nicht nur für Pferde und nasser Kletterspaß

Küstenklettern

Eine noch recht junge Disziplin ist das sogenannte »Deep Water Soloing« oder »Psicobloc«, das ungesicherte Klettern an der Küste. Der Vorteil dabei: Wer an den senkrechten Felsen abstürzt, verletzt sich nicht, sondern wird nur nass. Die Balearen gehören zu den besten Kletterspots weltweit, was diese Variante anbetrifft. Auf Menorca sind besonders Cala en Porter und Cales Coves gut geeignet. Dort gibt es jeweils mehrere Dutzend Kletterrouten mit unterschiedlichem Schwierigkeitsgrad.

Tierwelt

Wegen seiner ausgedehnten Schutzgebiete ist Menorca ein beliebtes Ziel vieler Zugvögel – und zieht damit auch ornithologisch interessierte Touristen an. Es soll möglich sein – das richtige Equipment vorausgesetzt –, auf der Insel mehr als 200 Vogelarten zu beobachten. Besonders gut geeignet dafür ist der Naturpark S'Albufera des Grau, in dem es genau für diesen Zweck Aussichtsstellen gibt.

Wandern, Radfahren, Reiten

Der Camí de Cavalls, der 185 km weit an der Küste einmal rund um die Insel führt, bietet sowohl Freizeitsportlern als auch denjenigen, die größere Herausforderungen suchen, viele Möglichkeiten. Ob Wandern, Radfahren oder Reiten, ob Tagestour oder mehrtägige Unternehmung – alles geht, bedarf aber der Planung. Die wichtigsten Informationen rund um den »Pferdeweg« gibt es auf der offiziellen Internetseite des Inselrats: www.camidecavalls.com.

Verschiedene Anbieter haben sich auf Touren auf dieser Königsroute der Insel spezialisiert und kümmern sich zum Beispiel um den Transport vom und zum Hotel. Langjährige Erfahrung hat der von zwei Deutschen geführte Anbieter Rutas Menorca (www.rutasmenorca.com). Auch im Inselinneren gibt es zahlreiche lohnenswerte Strecken – vor allem für Wanderer und Radfahrer. Allerdings steht man hier immer wieder mal vor verschlossenen Toren, weil Grundstücksbesitzer keine Ausflügler dulden.

Wassersport

Am besten geeignet für sämtliche sportliche Aktivitäten sind die kühleren Monate Oktober bis März. Die Sommermonate sind dagegen wie geschaffen dafür, das breite Angebot an Wassersportarten auszuprobieren. Ob motorisiert oder mit Muskelkraft betrieben – in den touristischen Küstenorten verleihen unzählige Firmen die entsprechenden Gefährte und Gerätschaften. Auch das Kursangebot ist breit. Wer also Tauchen lernen, eine Jacht chartern oder einfach mit dem Kajak die Küste erkunden will, der wird schnell fündig.

Ab ins Kajak und los geht's: Die Küste erkunden geht am besten vom Wasser aus.

Abtauchen: Die felsige Küste von Cala Morell ist ein herrliches Schnorchelrevier.

So schmeckt Menorca

Wie der Insel-Käse zu sein hat, ist genau vorgeschrieben. Denn »Queso Mahón-Menorca« ist seit 1985 eine geschützte Herkunftsbezeichnung, auf die die Inselbewohner mächtig stolz sind.

Mahonesa oder Mayonnaise? Auch wenn sich die französische Bezeichnung durchgesetzt hat: Der menorquinische Ursprung der weltberühmten weißen Soße ist unstrittig.

Von der deftigen Schweinswurst über bodenständige Hausmannskost bis hin zum sündhaft teuren Langusteneintopf reicht die kulinarische Bandbreite Menorcas. Schnecken gehören ebenso zu den Inselspezialitäten wie Miesmuscheln, Kaninchen ebenso wie Fisch, Auberginen ebenso wie wilder grüner Spargel. Und dann ist Menorca auch noch berühmt für seinen Käse, seine Spirituosen, seine Süßwaren!

Von Bar zu Bar

Essen gehen gehört für Menorquiner – wie eigentlich für alle Spanier – zum Alltag. Das zeigt schon allein die schiere Zahl der Lokale: In Städten wie Maó und Ciutadella muss man kaum einmal mehr als zwei Häuserblocks laufen, bis man zumindest eine Bar findet, in der es eine Erfrischung, dazu ein Schälchen Oliven und einen Plausch mit dem Kellner gibt. Die Kneipe an der Ecke, sie ist immer auch soziale Institution, Kontaktbörse und Gerüchteküche.

Zeit fürs zweite Frühstück

Gerade am Morgen gibt es keinen besseren Platz, um den Tag mit einem *cortado* (katalan. *tallat*, Espresso mit einem Schuss Milch), einer *ensaïmada* (Hefeteigschnecke) oder einer *tostada* (getoastetes Weißbrot) wahlweise mit Butter *(mantequilla)* oder Tomate *(tomate)*, zu beginnen. Ein üppiges Frühstück, wie es Nordeuropäer kennen, ist auf Menorca unüblich und meist nur im auf Urlauberwünsche eingestellten Hotel zu bekommen. Stattdessen nehmen sich viele Inselbewohner am späten Vormittag die Zeit für ein zweites Frühstück *(merienda)* mit Kaffee und vielleicht einem belegten Brötchen *(bocata)* – vermutlich mit menorquinischem Käse *(queso mahonés)*, luftgetrocknetem Schweineschinken *(jamón)*, der typischen Paprikastreichwurst *(sobrasada)*, Blutwurst *(botifarró* und *camot)* oder der salamiähnlichen *carn i xulla*.

Gute Wahl: Menü des Tages

Kein Wunder, dass es Mittagessen dann meist erst gegen 14 Uhr gibt. Wer nicht zu Hause isst, geht ins nächstgelegene Restaurant und fragt nach dem Menü des Tages *(menú del día)* – auch für Urlauber durchaus eine praktische und meist auch recht günstige Möglichkeit, die Inselküche kennenzulernen. Meist kann man zwischen zwei oder drei Vorspeisen und ebenso vielen Hauptgerichten wählen. In gehobeneren Restaurants zieht sich das Mittagessen gut und gerne zwei Stunden hin, mit Vorspeise, Hauptgericht, Dessert, Absacker, Kaffee – und natürlich reichlich Palaver, Späßen und Gelächter.

Nur mit den guten Klamotten!

Etwas gediegener geht es am Abend zu. Vor allem an den Ausgehmeilen in Maó und Es Castell sowie in der Altstadt von Ciutadella wimmelt es dann nur so von schick gekleideten Menschen, die es ganz offenbar genießen, sich zu zeigen. Vor allem an Freitagen und Samstagen sind die meisten Restaurants abends besonders gut besucht. Am besten, Sie reservieren vorher einen Tisch.

Ein Gedicht von Gericht

Für viele Inselbesucher steht ein Programmpunkt fest: ein *caldereta*-Essen. Der Langusteneintopf ist der Klassiker unter Menorcas Gerichten – und mit mindestens 60 Euro pro Person kein billiges Vergnügen. Etwas günstiger wird es, wenn man die Sparvariante mit Fisch oder Meeresfrüchten bestellt – das ist aber nur die zweitbeste Wahl. Es geht nichts über das Original.

Warum Nordportugal?

Ein Hauch von Magie mag über der Szenerie liegen, wenn die Wellen gegen die Kapelle Senhor da Pedra nahe Porto branden.

Freundliche Vielfalt

Was halten Sie von einem Liegestuhl am Ufer des Douro, bei einem Gläschen Portwein und dem Blick auf die bunten Häuser von Porto? Eine Alternative wäre der feinsandige Strand am blauen Atlantik. Im Norden Portugals haben Sie die Qual der Wahl, könnten Sie doch auch in spektakuläre Bergwelten aufbrechen, wo das Heulen der Wölfe die Stille durchbricht. Oder in abgelegene Dörfer, in denen uralte Bräuche gepflegt werden. Das Schönste? Wo auch immer Sie sind, werden Sie von einer Gastfreundschaft empfangen, auf die die Nordportugiesen stolz sein können.

Die gewagte Eisenkonstruktion der Brücke Dom Luís I. zeigt unverkennbar Anleihen an Gustave Eiffel, der selbst in Porto lebte.

Blau-weiße Kacheln, die Azulejos, begleiten Besucher auf Schritt und Tritt.

Das ist Nordportugal …

Ganz klar, Porto ist weltberühmt, ebenso der süße Portwein. Beide sind immer eine Reise wert. Aber die restliche Region? Sie beginnt am wilden Atlantik, zieht sich entlang verträumter Flüsse, überwindet raue Gebirge, romantisiert in lieblichen Weinbergen, verliert sich in stillen Dörfern und feiert lebendige Städte. Kurzum: Ein unentdecktes Portugal hält Reiseabenteuer bereit, die im restlichen Europa kaum noch zu finden sind.

Die perfekten Wellen

Der raue Atlantik macht die nordportugiesische Küste zu einem Paradies für Surfer. Zum Schwimmen, Sonnen und Spazieren laden saubere Sandstrände ein, die immer wieder von felsigen Badebuchten unterbrochen werden. Aber Achtung! Das Wasser ist kühl. So bleibt die Badesaison auf den Hochsommer beschränkt. Gerade aus diesem Grund ist die Küste weniger überlaufen, weniger verbaut als etwa an der Algarve im Süden. Und wer's noch besinnlicher mag: Ausflugsschiffe zwängen sich zwischen den Weinhängen den Douro hinauf und hinab, während die Passagiere bei einem Portwein chillen. Das ist ebenso romantisch wie die historischen Städte und weißen Dörfer über dem Fluss. Portugal zeigt im Douro-Tal seine lieblich-anmutige Seite. Und seine süffige. Die Trauben im weltweit ältesten ausgewiesenen Weinanbaugebiet liefern kraftvolle Qualitätsweine und den erstklassigen Port.

Geschützte Natur

Portugals einziger Nationalpark Peneda-Gerês bildet einen Dreiklang aus seenreichen Tälern, bewaldeten Hügeln und kargen Bergzügen. Atlantische, mediterrane und kontinentale Klimaeinflüsse arrangieren eine Pflanzen- und Tierwelt, die einzigartig ist in Europa. Über 1500 m Höhe erreichen die Berge. Majestätische Granitfelsen und eine niedrige Baumgrenze erinnern an die französischen Pyrenäen. Die jährlich 3000 mm Niederschlag bedeuten fast europäischen Rekord, immerhin mehr als in Hamburg. Saftig grün sind die Weidewiesen, fruchtbar die Felder, bewässert aus tiefblauen Seen, klaren Bergbächen, reinen Quellen. Zahlreiche Wanderwege durchziehen die abgelegene Gegend bis zur spanischen Grenze.

Laut der Legende wurde die mittelalterliche Brücke von Mizarela im Nationalpark Peneda-Gerês vom Teufel gebaut. So half er einem Verbrecher vor seinen Verfolgern über den Fluss, aber erst, als dieser ihm seine Seele verschrieben hatte.

Dank oft starker Winde vor den Bergen finden sich viele Kitesurfer an den weiträumigen Sandstränden rund um Viana do Castelo ein, die sich von einem Drachensegel (Kite) tragen lassen.

Im fernen Osten

Trás-os-Montes, zu Deutsch »Hinter den Bergen« – der Name für den abgelegenen Nordosten passt. Zwischen unberührten Bergwelten verstecken sich Dörfer, in denen Tradition liebevoll gelebt wird. In den Wäldern werden Maronen gesammelt, das Olivenöl zählt zum Besten, was Portugal hervorbringt. Und doch handelt es sich um die ärmste Gegend des Landes. Einwohnerschwund belastet das Leben in den Dörfern. Zum Arbeiten geht es in die touristischen Zentren an der Küste oder ins Ausland. Im August tragen die Autos französische und Schweizer Kennzeichen. Dann bringen die Emigranten auf Urlaub einen Hauch von Kosmopolitismus und Lebensfreude mit, wie auch die Studenten aus aller Welt, die es in die Regionalhauptstadt Bragança verschlagen hat.

Neu passt zu Alt

Der Norden Portugals gewinnt dank eines behutsamen Faceliftings zusätzliche Attraktivität. Beispiele: In Porto zieht die angesagte Bar in eine alte Kapelle. Mit modernen Architekturelementen werden Klosterruinen im Nationalpark Peneda-Gerês in Schuss gebracht. Gegenüber mittelalterlichen Stadtpalästen erhebt sich in Viana do Castelo ein »kleines Centre Pompidou« aus 1200 t Stahl und Beton. Staudämme wandeln sich in Kunstwerke, und hippe Street-Art verschönert, zusammen mit den traditionellen Kachelbildern, selbst die Provinz.

Ausgelassene Feierlaune

Die Nordportugiesen sind ein geselliges und gläubiges Völkchen. Sie halten den Landesrekord an religiösen Festen, Wallfahrten und Heiligenkulten. Mit teils wunderlichen Bräuchen. Beliebtes Opfer ist der Bürgermeister, wenn sich in der Johannisnacht fröhliche Festgänger mit Gummihämmerchen oder Lauchstängeln gegenseitig eins auf die Rübe geben. Andernorts bestehen die Opfergaben für den Heiligen aus geklauten Dachziegeln und Salz für die Weidetiere. Hier werden Drachen bekämpft, dort Kinder ins Meer getaucht oder Pappköpfe durch die Straßen geführt. Dazu fließen Bier und Wein in Strömen.

... und das sind seine Städte

Wenn die Sonne langsam in den Wellen versinkt, sind die Bars am Flussufer von Porto perfekter Treff zum Chillen.

PORTO

Am Ufer des Flusses Douro schmiegen sich die bunt zusammengewürfelten Häuser des Fischerviertels Ribeira eng aneinander und strahlen anmutig mediterrane Stimmung aus. Entlang verwinkelter Gassen ziehen sie sich zum gewaltigen Bischofspalast und zur Kathedrale hinauf. Hier, auf dem 78 m hohen Stadthügel, hüllt sich Porto in strenges Grau, die Farbe des Granits der Oberstadt. Geschäftig geben sich die Einkaufsviertel mit ihren Restaurants, Bars, Theatern, Ladenketten, Boutiquen. Dazu passt, dass sich Kirchen ein blaues Kleid aus Kacheln angelegt haben. Ihr Inneres erstrahlt in glänzendem Gold. Das verlangte die Mode vor drei Jahrhunderten. Doch das ist nur die historische Facette, denn Porto (214 000 Einw.) vibriert, scheint in einen Jungbrunnen gefallen. Da entstehen stylische Hotels und Ferienwohnungen, Zentren für Co-Working, für Alternativläden, für soziale Projekte. Konzertevents locken Zehntausende Fans. Und erst die zeitgenössische Architektur! Sein Konzerthaus charakterisiert Architekt Rem Koolhaas selbstironisch als verrückten Bau. Vodafone wählte für sein Headquarter einen weißen Betonmonolith, den spitz zulaufende Wellen auflösen. Weiß, das ist aktuell die bestimmende Farbe, auch auf den großflächigen kubischen Baukörpern des Museums für Gegenwartskunst. Kunst gehört in Porto einfach dazu, Street-Art blüht an fast jeder Ecke, eine zeitgenössische Antwort auf die historischen Kachelbilder.

BRAGA

Braga sieht sich als jüngste Stadt – ganz Europas! Grund sind die vielen Studenten und jungen Lehrkräfte, die die Universität zur Softwareschmiede entwickelt haben, was sogar internationale Technologiefirmen anlockt. Aber damit nicht genug: Braga mit 112 000 Einwohnern will zudem die katholischste Stadt Portugals sein. Und tatsächlich, der Bischof hat mächtig Einfluss. Doch Jugendkultur und Kirche kommen gut miteinander klar, selbst beim Crossover aus dem Glockenspiel der Kathedrale und dem Rap aus der benachbarten Bar.
Den Durchgangsverkehr haben die Stadtplaner in einen langen Tunnel verlegt und somit viel Platz für lebendige Fußgängerzonen und begrünte Plätze gewonnen. Wer die vielen Kirchen und römischen Ausgrabungen drumherum besichtigt hat, geht zum Sehen und Gesehenwerden ins 1907 gegründete Kaffeehaus Brasileira. Zum 100. Geburtstag wurde restauriert, das Gold an den Wänden spiegelblank poliert, das historische Mobiliar aufgehübscht. Die Studentin sitzt hier neben dem alten Herrn, der Student Seite an Seite mit der Marktfrau. Ebenso wie im aufsehenerregenden Stadion des FC Braga in einem Steinbruch! 1,7 Mio. m³ Steinbrocken wurden aus dem Felsmassiv gebro-

Meisterhaft gestaltete Kacheln sind das i-Tüpfelchen urbaner Garderobe. Sie schmücken Geschäftseingänge, Treppenhäuser und ganze Hausfassaden.

Hinter den Mauern der Burg von Bragança verschanzten sich mittelalterliche Häuschen mit Erkern aus Kastanienholz.

chen, um die Fußballer wie in einem Amphitheater kicken zu lassen.

GUIMARÃES

Große Lettern an der Stadtmauer verkünden: »Aqui nasceu Portugal« – Hier wurde Portugal geboren. Guimarães, ca. 60 000 Einwohner, ist der stolze Gründungsort des Landes. 1139 war das. Doch die Stadt lebt in der Gegenwart und entwickelt sich zu einem der schönsten Kleinode Portugals. Hübsch verträumtes Beispiel: Der zentrale Platz Praça São Tiago. Vor die Fassaden der umliegenden dreigeschossigen Fachwerkhäuser schieben sich braun, grün oder rot bemalte Holzbalkone. Schief sind sie geworden unter der Last der Jahrhunderte. Ungerührt schauen sie hinab auf junge Terrassencafés und Bars.
Eine »Plattform der Kreativität« schuf der vielleicht wichtigste zeitgenössische portugiesische Künstler, José de Guimarães. Sie füllt das Centro Internacional das Artes, ein in Gold getauchtes Gebäude, den futuristischen Gegenpol zur Burg, zur Taufkapelle des ersten portugiesischen Königs und zum Herzogspalast aus dem 15. Jh. Aus dessen Spitzdächern ragen kurios 39 rot geziegelte Kamine, die Fabrikschloten gleichen. Die Erzählung dahinter, die so ähnlich in allen Zeiten spielen könnte: Der Bauherr, ein unehelicher Königssohn, war ein schlimmer Aufschneider. Die Schornsteine sollten adeligen Besuchern und dem Volk vor Augen führen, dass er in all seinen Gemächern heizen konnte.

BRAGANÇA

Oben residierte der König, unten herrschte der Klerus. Den 640 m hohen Stadthügel bekrönt die Burg, über die Unterstadt erhebt sich die Kathedrale, zu Stein gewordener Konservativismus. Ihre Majestät gibt es noch, in Gestalt von Dom Duarte Pio, der zu eigenem Missfallen allerdings offiziell nur den Titel »Herzog von Bragança« tragen darf. Immerhin ist Portugal seit 1910 eine Republik.
Mittlerweile erneuert auch die größte, wichtigste und wohl schönste Stadt des Nordostens ihr Erscheinungsbild. Studenten aus 69 Ländern, von Deutschland bis Nepal, beleben das historische Zentrum. Die Stadtverwaltung hat Bragança (33 000 Einw.) zu einer attraktiven Museumsstadt entwickelt. Moderne Kunst, sakrale Kostbarkeiten, jüdische Traditionen und furchterregende Masken werden ausgestellt, vor denen einst die bösen Geister des Winters Reißaus nahmen. Eine traditionelle, zeitgemäß interpretierte Küche zaubert wunderbare Gerichte auf den Tisch. Viele der Zutaten stammen aus dem umliegenden waldreichen Naturpark von Montesinho: Pilze, Kastanien, Wild.

LAMEGO

Das freundliche Städtchen im Dourotal mit knapp 10 000 Einwohnern wird geprägt von Weinbergen und großer Geschichte. Ein paar Kilometer abseits vom Fluss, und somit weniger überlaufen, gibt es begrünte Plätze mit plätschernden Springbrunnen und eine von Gassen durchzogene Altstadt, die sanft den Burghügel hinanführt. Da sind die 700 Stufen, die einer der wichtigsten Wallfahrtskirchen Portugals zustreben, schon um einiges steiler. Die kunsthistorischen Highlights bilden die Kathedrale und das Stadtmuseum. Einige Eckdaten aus der Geschichte: Im 6. Jh. machten die Sueben und Westgoten den Ort zum Bischofssitz. 1143 traf sich die erste portugiesische Ständeversammlung in der Gemeinde und bestätigte Afonso Henriques als ersten portugiesischen König. So wird es zumindest behauptet, doch auch andere Städte reklamieren das Ereignis für sich. Daraufhin entwickelte sich Lamego zum Handelszentrum, auch dank einer aktiven jüdischen Gemeinde. Und kelterte *vinho cheirante de Lamego*, »wohlriechenden Wein aus Lamego«, heute weltweit bekannt als Portwein!

Nordportugal erleben

Die ältesten menschlichen Spuren im Geopark von Arouca sind 120 000 Jahre alt, die jüngsten dienen der körperlichen Ertüchtigung.

1. TOUR

Flussfahrt auf dem Douro – **Auf Genusstour ins Portweinland**

Die Schiffsglocke läutet zur Abfahrt. Los geht die Fahrt auf dem Douro. Durius, der Gott des Meeres, gab ihm seinen Namen. Paradiesisch präsentiert sich das tief eingeschnittene Tal des Weines.

2. TOUR

Wandern im Geopark von Arouca – **Auf Holzstegen über dem Rio Paiva**

Ist das die aufregendste Wanderung in Portugal? Den Atem raubt sie allemal, dank des Auf und Abs auf 1100 (!) Treppen über dem Fluss Paiva. Zugabe ist die längste transparente Hängebrücke Europas.

3. TOUR

Ausritt bei Miranda do Douro – **Auf Esels Rücken durch Wald und Flur**

Die Aufregung der jüngsten Eselsfreunde steigt, wenn sie auf den Rücken der Langohren aus der einheimischen Rasse Miranda gesetzt werden. Diese zählen zu den ungewöhnlichen endemischen Tierarten.

Flussfahrt auf dem Douro

Auf Genusstour ins Portweinland

Es ist Punkt 8 Uhr. Schon läutet die Schiffsglocke am Cais do Gaia in Vila Nova de Gaia zur Abfahrt. Das Boot nimmt Kurs auf Pinhão am oberen Douro. Zurück wird's im Bummelzug gehen, immer am Fluss entlang. Durius war es, der Gott des Meeres, der ihm seinen Namen verlieh. Anfangs ist der Strom breit, plätschert sanft vorbei am bunten Fischerviertel von Porto.

Erstaunte Blicke fallen auf die Ponte Maria Pia I. Heute wie einst, denn eine solche Brücke hatte die Welt des Jahres 1877 noch nicht gesehen. Ganz aus Walzstahl. Getragen von einem einzigen, 640 t schweren Bogen, der eine 353 m lange Bahn hält. Derart beispiellos war das Ungetüm, dass es vor Eröffnung in einem Experiment satte 1500 t Gewicht aushalten musste. Erbauer Gustave Eiffel war mit einem Schlag berühmt und durfte zehn Jahre später seinen Pariser Turm bauen.

Erfolgsrezept Wein. Reichtum zeigen die Weingüter am sanft fließenden Douro.

Politik in der Krise

An Bord kommt nun das Frühstück auf den Tisch. Dann, nach etwa einer Stunde, wird bei Crestuma eine erste Schleuse durchfahren, 14 m an Fallhöhe. Vor Castelo de Paiva erinnert ein Denkmal an einen folgenreichen Brückeneinsturz. 2001 wurde ein voll besetzter Ausflugsbus in die Tiefe gerissen, 59 Menschen ertranken, und die Regierung musste zurücktreten. Wenn etwas später die Schleuse von Carrapatelo folgt, mit 35 m Höhenunterschied eine der größten Europas, steht auch schon das Mittagessen bereit.

Der Bahnhof ist die Hauptattraktion von Pinhão mit 24 Kachelbildern zum Weinanbau. Der gewann an Bedeutung, als vor gut 100 Jahren die besondere Qualität der Trauben erkannt wurde. Die Weinhäuser kauften sich Grund, pflanzten Reben, errichteten Kellereien und Lagerhallen.

Liebliche Landschaft

Das Flusstal verengt sich. Steile Weinberge links, steile Weinberge rechts, eine der spektakulärsten Regionen Portugals, Unesco-Welterbe. Weltbekannte Portweinfirmen weisen auf ihren Besitz hin: Niepoort, Sandeman, Taylor's und wie sie alle heißen. Schließlich öffnet sich ein Postkartenblick auf eine weiße Häuseransammlung hügelaufwärts, das Ziel der Fahrt heißt Pinhão. 1880 war es, als die Eisenbahn ankam und aus dem Ort mit heute kaum 700 Einwohnern einen Verkehrsknotenpunkt machte. Eines der Highlights: Am Bahnhofsgebäude zeigen 24 großformatige Kachelbilder lebendige Szenen des Weinanbaus.

»Es ist kein Panorama, das die Augen bestaunen: Es ist ein Übermaß an Natur«, sang Dichter Miguel Torga am Rio Douro.

Kleine Portweinkunde

Bevor hier der Zug für die Rückfahrt bereitsteht, bleibt vielleicht noch Muße für einen 45-minütigen Rundgang durch das Weingut Quinta do Bonfim am Ortsrand, das seit 1906 Portwein produziert. Der Gärungsprozess wird durch Beimischung von hochprozentigem Branntwein nach zwei oder drei Tagen gestoppt, wodurch der Alkoholgehalt auf etwa 20 % steigt. Der Restzucker im Most erzeugt die Süße. Grundsätzlich gibt es zwei Arten, den süßeren Ruby und den klassischen Tawny. Ruby reift durchschnittlich drei Jahre in riesigen Fässern, deren Größe den Wein kaum oxidieren lässt. Folglich bewahrt er seine rubinrote (engl. *ruby*) Farbe. Tawny lagert in kleinen Holzfässern und nimmt deren braunrote (engl. *tawny*) Färbung an. Eine Altersangabe wie »10 Years Old« auf dem Etikett gibt die durchschnittliche Lagerzeit an. Der Jahrgangsport »Vintage« ist durch eine Jahreszahl auf der Flasche gekennzeichnet. Nur ein Spitzenjahrgang wird verwendet. Er reift 24 bis 35 Monate im Fass, entwickelt sich anschließend in der Flasche weiter und kann frühestens nach 15 Jahren getrunken werden.

LATE BOTTLED VINTAGE

»Late Bottled Vintage« (L.B.V.) ist ebenfalls ein Spitzenjahrgang, der vier bis sechs Jahre im Fass lagert. Er reift nicht nach und kann sofort konsumiert werden.

2. TOUR

Wandern im Geopark von Arouca

Auf Holzstegen über dem Rio Paiva

Hoch und runter geht's über 1100 Stufen aus rutschfestem Pinienholz und auf Stegen, die oberhalb des Tals des Rio Paiva inmitten waldreicher Bergwelten verlaufen. Und als wäre das noch nicht genug an Abenteuerlichem, schwebt auch noch die längste transparente Hängebrücke Europas über den Fluss und erwartet die wagemutigsten Wanderer zu einem Abstecher.

Steile Felsen aus Granit und Schiefer, bewaldete Hügelketten, wilde Bergbäche bieten Heimat für Biber, Wölfe, Raubvögel. Die Landschaft war schon vor 120 000 Jahren von unseren Urahnen besiedelt. Beachtliche archäologische Funde und die wilde Natur schützt der von der Unesco anerkannte Geopark rund um Arouca.

Die 8,7 km lange Wanderung beginnt am Flussstrand Aréinho unterhalb der Straße R326-1, 3 km hinter Vilarinho. Holzpflöcke dienen zunächst als Wegzeichen. Korkeichen sind mit Ziffern bemalt, sie zeigen das letzte Schäljahr an. Die nächste Bearbeitung ist zum Schutz des Baumes frühestens nach neun Jahren erlaubt. Übrigens ist Portugal der weltweit führende Produzent mit einem Anteil von 54 % an allen Naturkorken, 14 Mrd. Stück sind es pro Jahr.

Ob das gut gehen kann? Einen Versuch wär's wert, zumindest für tollkühne Urlauber. Auf der längsten transparenten Hängebrücke Europas, vor Ort wird sogar gemutmaßt: der ganzen Welt. Noch, denn etwas entfernt ist eine noch längere geplant.

Ruhiger zeigen sich die Blicke von zahlreichen Aussichtspunkten entlang der Wanderung – vielleicht gerade deswegen ein tieferer Genuss als von der Hängebrücke?

Rauf auf den Steg

Das lieben die Portugiesen – Wandern über Holzstege, *passadiços*. Im Geopark läuft's so gut, dass die mehrfache Verleihung des »World Travel Award« für Abenteuertourismus wirklich verdient ist. Der erste Steg beginnt nach gut zehn Minuten. Bald erklärt eine Tafel das Leben der Libellen in Flussnähe, im Weiteren folgen noch sieben Schilder: zu Schmetterlingen, Käfern, Farnen, Bäumen. Schwer und für sehr Schwindelanfällige ungeeignet wird's nach der Querung einer Straße. Über Dutzende Holzstufen wird schnell an Höhe gewonnen.

Nach etwa 40 Minuten sind bei Plakette Km 1 drei Viertel dieses ersten Aufstiegs geschafft. Der Blick voraus fällt auf eine schier endlose durchsichtige Hängebrücke hoch über dem Tal. Dort steht das Tickethäuschen auch für den Wanderweg, der nun kostenpflichtig wird (www.passadicosdopaiva.pt).

Brücke für Waghalsige

Als Zusatzangebot für furchtlose Ausflügler führt die transparente Brücke in 175 m Höhe über das Flusstal. 480 m misst die Entfernung zwischen den beiden Pfeilern. Da schwingt der schmale Übergang selbst bei Windstille. Und der Sinn des Ganzen? Ein wenig Kirmes für Tollkühne. Ob noch mehr Andrang der Natur guttut, ist eine sehr berechtigte Frage (www.ponte516arouca.com). Die Wanderung führt derweilen links vorbei und nach fünf Minuten erstmals abwärts. Am gegenüberliegenden Ufer stürzt ein Wasserfall ins Tal. Ab Km 2 dann wechseln sich Stufen und flache Abschnitte ab.

Füße waschen?

Langsam senkt sich der Pfad dem Fluss entgegen. Eine kurze Hängebrücke wird rechts liegen gelassen, es geht geradeaus weiter zu einer Bar, WCs und dem schmalen Strand Praia do Vau mit der durch ein Schild erteilten Erlaubnis zum Fußewaschen. Nach weiteren rund 25 Minuten zweigen Treppen bei schwarzen Quarzfelsen zum Ausgangspunkt für Raftingtouren ab. Erst bei Km 7 folgen die letzten genau 17 Stufen hinauf und nochmals 16 hinab, bevor unmittelbar nach dem Zeichen für den achten Kilometer das Ende erreicht ist. Taxis warten für die Rückfahrt zum Ausgangspunkt.

»WENN ICH VOM NORDEN REDE, REDE ICH VON EINEM GRÜNEN LAND, DAS VON BÄCHEN UND FLÜSSEN DURCHZOGEN WIRD, DIE DIE BERGE HINABSTÜRZEN UND SICH IHREN WEG ZUM MEER BAHNEN.«

Manuel Brito, Arouca

Ausritt bei Miranda do Douro

Auf Esels Rücken durch Wald und Flur

Süß sind die Eselchen der endemischen Rasse Miranda. Nur noch rund 600 werden gezählt. Und vielleicht wäre das dicht behaarte, dunkelbraune Tier mit hellen Flecken an Maul und Unterseite schon ausgestorben, wenn nicht die Tierfreunde der Aufzuchtstation in Atenor nahe Miranda do Douro in Trás-os-Montes den Fortbestand zu ihrer Lebensaufgabe gemacht hätten. Und sie bieten Ausritte an.

Die jüngsten Eselsfreunde nähern sich den gutmütigen Langohren. Einige in schüchterner Ehrfurcht, andere tapfer und mutig. Die Aufregung steigt, sobald sie auf den Rücken gesetzt werden. Die Schulterhöhe erreicht immerhin 135 cm. Einst wurden die Esel auf Pferdemessen feilgeboten, waren sie doch dank ihrer Trittfestigkeit wichtige Arbeitstiere. Inzwischen freuen sich die Kinder auf den Start. Schritt für Schritt geht es hinab ins Tal des Ribeiro do Palheiros. Ginster, Zistrosen, Steineichen, Olivenbäume säumen den Weg.

Gut aufgepasst

In den feuchten Auen legte die Dorfbevölkerung einst Gärten an. Einige werden noch immer gepflegt, etwa hinter einer Wegbiegung nach rechts, eingefasst von niedrigen Steinmauern, die zugleich als Eingrenzung und Schutz vor Winden dienen.

Doch plötzlich – Vorurteil hin, Vorurteil her – bleibt eines der bisher so braven Tiere stehen. Wie angewurzelt. Nicht aus Sturheit, sondern aus Vorsicht. Gutes Zureden hilft da nicht weiter. Auch kein freund-

Herbstliche Flussauen bei Miranda do Douro an der Grenze zu Spanien, wo eine eigene Sprache gesprochen wird: Mirandês. Sogar ein Asterixband ist übersetzt.

Der Esel von Miranda hat sich wohl für den Ausritt das Fell gestylt. Besonders den jungen Tierfreunden macht's Spaß.

licher Klaps. Erst nach genauer Prüfung des Bodens scheint alles in Ordnung, und das geduldige Geschöpf setzt sich auf einem schmalen, von Eschen beschatteten Waldweg erneut in Bewegung. Eine von Felsbrocken eingefasste Quelle war einst dörflicher Waschplatz, schließlich friert sie auch im Winter nicht ein. Danach folgt noch ein kleiner Hang, es wird das Dorf Atenor durchquert, und nun ist wirklich Schluss. Wer möchte, kann für jährlich 30 Euro die Patenschaft für ein Tier übernehmen (www.aepga.pt).

Hungriger Braunbär

Neben Eseln sind viele ungewöhnliche Tiere in den einsamen Landschaften heimisch. Dazu zählen Iberische Wölfe, Garrano-Pferde, Barrosã-Rinder. Genüsslich klaute 2019 sogar ein Braunbär den Honig aus Bienenstöcken. Aus Spanien kam er. Nachdem er sich gesättigt hatte, verschwand er dorthin zurück. Versetzt in einen Gruselthriller fühlt sich so mancher Urlauber, wenn des Nachts furchterregendes Heulen bis in die Hotelzimmer dringt. Rund 300 Iberische Wölfe durchstreifen die Berge. Mit einer Schulterhöhe von 60 bis 70 cm und maximal 120 cm Länge sind sie kleiner als ihre nördlichen Nachbarn, das Fell changiert ins Gelbbraune.

Welche Hörner die Cachena-Rinder doch vorweisen: ausladend, lyraförmig geschwungen, beeindruckende 75 cm lang! Trotzdem werden sie Opfer der Raubtiere, da ihre Kreuzbeinhöhe kaum mehr als 1 m misst. Aus der Milch wird würziger Käse hergestellt. Die verwandte, aber deutlich größere Rasse Barrosã liefert schmackhaftes Fleisch.

K
KLEINES PFERD

Wenn es im Unterholz kracht, nähern sich meist Garranos dem Wanderweg. Der Ahnenstamm dieser bis zu 1,35 m hohen, halbwilden Pferde reicht ebenso wie der Gattungsname (übersetzt: »kleines Pferd«) in keltische Zeiten zurück. Kräftig sind sie, wurden früh domestiziert und als Lastpferde eingesetzt. Derzeit leben etwa 1500 Tiere frei in Wäldern und auf Weiden.

So schmeckt Nordportugal

Vielfalt siegt! Zu einheimischen Traditionskneipen haben sich mittlerweile modern designte Restaurants gesellt.

Exportschlager: Portugal führt mehr als 54 000 t Dosenfisch pro Jahr aus. Sardinen und Thunfisch liegen mit je rund 25 % an der Spitze. Spitze ist auch die Qualität.

Ein Klischee trifft voll zu – glücklicherweise: Nordportugiesen lieben frischen Fisch, zumindest an der Küste. Meist im Ganzen auf Holzkohle gegrillt, oft auch in Eintöpfen mit Reis oder Kartoffeln. Im Landesinneren wird Deftiges bevorzugt, wie Fleisch von einheimischen Rinder- und Schweinerassen. Und überall gibt's Stockfisch und deftige Kuttelgerichte.

Grüne Brühe

Suppenkasper sind sie in Nordportugal beileibe nicht. Eine ihrer Suppen hat es gar bis nach Brasilien geschafft. Sie heißt *caldo verde*, wörtlich: »grüne Brühe«, und wurde 2011 von Hunderttausenden portugiesischen Fernsehzuschauern zum »gastronomischen Wunder« gewählt. Grundlage bildet eine mit Olivenöl verfeinerte Kartoffelsuppe, in der dünne Streifen des grünblättrigen galicischen Kohls mitgekocht werden. Das Gemüse erinnert im Aussehen an aufgeschossenen Kopfsalat und wächst in Vorgärten oder auf kleinen Äckern. Meist wird zum Ende eine geräucherte Wurstscheibe für einen kräftigeren Geschmack in den Teller gegeben. Knoblauch gehört sowieso dazu.

Trockener Fisch

Keine Angst vor Stockfisch, dem *bacalhau!* All die Nordportugiesen können sich nicht täuschen: Rund 6 kg des gepökelten Kabeljaus genießen sie durchschnittlich im Jahr. 365 Rezepte soll es geben. Einige der wichtigsten wurden in der Region erfunden. In Porto war es *bacalhau à Gomes de Sá:* in Stücke geschnittener Stockfisch mit Kartoffeln, Zwiebeln, Oliven und gekochten Eiern. Aus Viana do Castelo stammt *bacalhau à Margarida da Praça:* im Ofen gebackenes Filetstück mit Salzkartoffeln, Zwiebeln und ordentlich Olivenöl.

Kräftige Kutteln

Im Norden Portugals sind Kutteln *(tripas)* Kult. Bei *tripas à moda do Porto* handelt es sich um eine Art Eintopf aus Kalbskutteln, verschiedenen Fleischsorten, Bohnen und allerlei Gewürzen. Befremdlich? Sogar Tourismusverantwortliche fragten sich, ob ihr Lieblingsessen die Urlauber vertreiben könnte. Die Vereinigung der Kuttelköche fand die lakonische Antwort: Die Spanier mögen *tripas,* Brasilianer lieben sie, aber klar, wenn wir Engländern oder Deutschen jene großen Portionen vorsetzen würden, wäre das ihr Ende auf Erden. Und wer hat den Einwohnern die Suppe eingebrockt? Heinrich der Seefahrer war es. 1415 brach er von Porto zur Eroberung Nordafrikas auf. Zur Versorgung der 20 000 Mann Schiffsbesatzung benötigte er Proviant. Den forderte er den Einwohnern ab, nur die verderblichen Innereien ließ er ihnen. Und so waren sie gezwungen, neue Gerichte zu erfinden. Und machten aus der Not ihre Leibspeise. Apropos neu erfinden: Vegan funktioniert das Gericht mit Seitlingen, Tofu und Soja.

Süßer Wein

Schuld war der französische König Ludwig XIV. Er hatte Schutzzölle auf englische Waren erhoben, die britische Krone reagierte mit einem Einfuhrstopp für französischen Wein. Neue alkoholische Quellen mussten her und wurden von englischen Handelsreisenden aufgespürt, und zwar in den Klöstern von Lamego im Tal des Flusses Douro. Doch bei der Verschiffung nach England verlor der gute portugiesische Tropfen an Qualität. Der Ausweg lag in der Beimischung von hochprozentigem Branntwein, um den Gärungsprozess zu stoppen. Der Alkoholgehalt stieg dadurch auf etwa 20 %, und der Restzucker im Most ergab den süßen Geschmack. Geboren war der Portwein.

Warum Normandie?

Küstenblick vom Zöllnerweg bei Étretat auf der Falaise d'Amont

Wild und romantisch

Im saftig grünen Gras liegen glückliche Kühe der Rasse Pie Normande, nur einen Steinwurf weiter brechen Kalkklippen dramatisch zum Ärmelkanal ab. Kieselsteine klickern im Rhythmus der Gezeiten. Am Cap de la Hague läuft der Atlantik Amok. An endlosen Stränden nehmen die Badefreuden kein Ende. An der Seine-Mündung wetteifern Belle-Epoque-Pracht und kühner Beton um die Aufmerksamkeit. Dazu im Hinterland die trägen Wonnen der »campagne«. Museal? Ist trotz zauberhafter Fachwerkdörfer und trutziger Herrenhäuser woanders! Das zeigt nicht zuletzt die mit viel Hightech gelungene Rettung des Weltwunders Mont St-Michel.

Herbstspaziergang im Regen an der Côte d'Albâtre

In Giverny malte Claude Monet in seinem Garten die Seerosen.

Das ist die Normandie ...

Über der Küste bauscht sich der Himmel auf. Mal ist er bleigrau und schwer, mal babyblau und zart, und dies in rascher Folge. Dem Himmel entsprechend färbt sich das Meer mal tintenblau, mal graugrün, mal tahititürkis. Die Normannen nehmen es mit Humor: Hier sei täglich gutes Wetter – wenigstens für ein paar Minuten.

Und wurde nicht in der Normandie das Baden im Meer erfunden, und zwar 1824? So schlimm kann es also mit dem Wetter nicht sein. Was am Golfstrom liegt. Die warme Meeresströmung schützt vor hartem Frost und bringt ganzjährig reichlich Regen mit. So kommt die Normandie zum satten Grün von Feld und Wiesen, zu Parks und üppig blühenden Gärten.

Belle Époque statt Beton

Am Strand sieht es noch immer so aus, wie von den Impressionisten im 19. Jh. auf der Leinwand verewigt. In den Badeorten verzaubert die Bäderarchitektur der Belle Époque. Eindeutig glückliche Kühe der Rasse Pie Normande liegen auf fetten Wiesen. Rassige Rennpferde und klobige Percheron-Kaltblüter trollen sich auf mit weißen Gattern eingefassten Koppeln. Apfelbäume betupfen im Frühjahr das sattgrüne Land mit rosa Blüten. Eine bucklige Kirche hier, ein stolzes Herrenhaus dort – Betonexzesse bleiben der normannischen Küste erspart. Von museal jedoch keine Spur. In Trouville oder Étretat brummt's in angesagten Bars und coolen Bistros. In Deauville ist alles très chic und die Wahrscheinlichkeit, einen Promi zu erspähen, nicht nur zum Filmfestival groß.

Mittendurch: Die Seine

Die Seine teilt die Normandie in die Haute-Normandie im Osten und die Basse-Normandie im Westen. Rouen ist dank der Lage am Fluss sogar einer der größten Häfen Frankreichs. Die Hauptstadt der Normandie überrascht als mittelalterliches Fachwerkjuwel, umtriebige Universitätsstadt und flotte Shoppingmeile zugleich. An der Mündung folgt Le Havre mit monumentalen Achsen und dem Schwung der Fifties. Das Wiederaufbauensemble der im Zweiten Weltkrieg zerstörten Hafenstadt gehört zum Weltkulturerbe der Unesco.

Abends, wenn die Sonnenschirme zugeklappt sind, geht's vorm Horizont weiter. Zu Fuß und per Rad.

Vorsicht an der Hafenkante, bitte zurücktreten! Das Meer kann lieb und nett sein in St-Valéry-en-Caux, aber manchmal tobt es auch.

Schwindelerregende Klippen, endlose Sandstrände

Im Osten beginnt die Côte d'Albâtre. Auf 120 km trotzen die alabasterbleichen Kreideklippen dem Ärmelkanal. Ein Fernwanderweg lockt an die Felskante. Unten brandet die See. Im Hinterland rollen sanft gewellte Äcker bis zum Horizont davon.

Die Côte Fleurie und Côte de Nacre setzen im Westen einen Gegenpunkt. Von Honfleur bis Grandcamp-Maisy folgt ein hübscher Badeort auf den nächsten. Hinter den flachen Sandstränden beginnt das Pays d'Auge, ein normannisches Bilderbuchland mit Calvadosbrennereien und herausgeputztem Fachwerk.

Kultur und Outdoor

Caen, die zweitgrößte Stadt der Normandie, steht im Zeichen seiner Burg. Hinzu kommen mittelalterliche Abteien und eine lebendige Kulturszene. Folgt man der Orne von Caen nach Süden, gräbt sich der Fluss bald tief in den Fels der Suisse Normande ein. Kanus tänzeln auf dem Wasser. Die Uferfelsen sind ein Paradies für Freeclimber und Paraglider. Die »Normannische Schweiz« ist zudem ein Tipp für Wanderer und Mountainbiker. Im Cotentin macht sich die Nähe zur Bretagne bemerkbar. Hecken und Heidekraut überziehen die menschenleere Halbinsel. Im Nordwesten ragt das Cap de la Hague dramatisch über dem tosenden Wasser auf. Am Mont St-Michel ändert sich das Bild. Zum Klosterberg wollen alle.

Normannische Identität

Drei Schlüsseldaten prägen die Identität der Normannen. Alles beginnt mit den Wikingern. Die Männer aus dem Norden, genannt Normannen, tauchten im 9. Jh. vor der Küste auf. Sie brandschatzten, plünderten und blieben schließlich im Land am Ärmelkanal, das nach ihnen benannt wurde: die Normandie. Weiter geht es mit Wilhelm dem Eroberer. Der Herzog der Normandie zog 1066 über den Ärmelkanal, eroberte England und ließ sich zum König krönen. Bliebe der D-Day. Die Landung der Alliierten im Juni 1944, die zur Vertreibung der deutschen Besatzer führte, ist Thema von Besichtigungsrouten, Museen, Events.

... und das sind ihre Städte

Das haben wir ja schon immer gewusst: Das Leben ist am schönsten, wenn es als Caféterrasse daherkommt. Etwas Fachwerk kann dabei nicht schaden.

ROUEN

Alle Gassen in der Hauptstadt der Normandie führen irgendwann vor das imposante Westwerk der Kathedrale Notre-Dame. Links springt die frühgotische Tour St-Romain ins Auge. Die Mitte markieren drei Portale, darüber ein kostbarer Tympanon, eine Fensterrosette und Statuen. Rechts findet sich die Tour de Beurre – angeblich aus Geldern bezahlt, die die Bürger für das Privileg des Butterkonsums während der Fastenzeit zahlten. Im Chorumgang verblüffen die lebensechten Liegefiguren von Richard Löwenherz und Rollo, erster Herzog der Normandie, sowie die mittelalterlichen Glasfenster und die romanische Krypta. Einen schönen Blick auf den Turm mit seiner 151 m hohen Spitze von 1884 hat man von der Cour d'Albane auf der Nordseite. Ein weiteres Wahrzeichen ist St-Maclou an der Place Barthélemy. Die gotische Pfarrkirche zeigt Portale mit reichem Renaissance-Schnitzwerk. An der Place du Général de Gaulle folgt eine dritte Kirche, die Abbatiale St-Ouen. In der 750 gegründeten Benediktinerabtei mit Kirche aus dem 14.–16. Jh. und Resten des barocken Klosters ist heute das Rathaus untergebracht.
Auf der von Fachwerkhäusern gesäumten Place du Vieux-Marché, wo Jeanne d'Arc am 30. Mai 1431 den Feuertod starb, markiert ein Monument, Le Bûcher de Jeanne d'Arc, ihren Scheiterhaufen. Leben und Werk der Nationalheiligen präsentiert das Historial Jeanne d'Arc (www.historial-jeannedarc.fr) in der Rue St-Romain mit modernster Multimedia-Technologie.
Weit über die Grenzen der Normandie hinaus reicht die Strahlkraft des Musée des Beaux-Arts (www.mbarouen.fr) mit Gemälden u. a. von Caravaggio, Velázquez, Monet und Renoir. Die Top-Sehenswürdigkeit aber, zumindest was Postkartenverkäufe betrifft, ist der Uhrturm Le Gros Horloge. Auf seiner Ostseite zeigt er ein Renaissance-Uhrwerk mit von Figuren und Symbolen besetztem Schaublatt, auf der Westseite das Haus des Verwalters samt Rokokobrunnen. Die Schafe im Bogen symbolisieren den Reichtum der einstigen Wollweberstadt Rouen.

LE HAVRE

Für die einen ist die Hafenstadt an der Seine-Mündung ein Amoklauf in Beton, für die Unesco zählt die nach dem Zweiten Weltkrieg modern wiederaufgebaute Stadt seit 2005 zum Welterbe. Wie Fremdkörper in der modernen Stadtlandschaft wirken heute die Kathedrale Notre-Dame (Rue de Paris) aus der Zeit von Spätgotik und Renaissance und die Maison-Musée de l'Armateur (Quai de l'Île), ein imposantes Reederpalais des 18. Jh.
Die Avenue Foch ist die Magistrale des Wiederaufbaus. Die 80 m breite Straße öffnet sich nach Westen mit

»Schwerter zu Pflugscharen« modern variiert. Das Mémorial in Caen hat ein Thema: Nie wieder Krieg!

Das passt zu Le Havre: Die Bains des Docks folgen dem Muster »Gerade & Glatt«.

einem monumentalen Platz. Zwei Turmbauten von Auguste Perret (1874–1954), dem federführenden Architekten des Wiederaufbaus, bilden an den Ecken die Porte Océane, das Tor zum Ozean. Ein Wahrzeichen von Le Havre ist das Hôtel de Ville mit dem 74 m hohen Rathausturm von Jacques Tournant, der an stalinistische Zuckerbäckerbauten erinnert. Von der Aussichtsplattform im 17. Stock überschaut man das gesamte Weltkulturerbe. Im alten Hafen wächst derweil ein neues Le Havre: Nach dem Ende der Werften entstehen in den Docks neue Ausgehmeilen und Einkaufsviertel.

DIEPPE

Das Herz der Altstadt schlägt um die Kirche St-Jacques, ein gewaltiges Gotteshaus (12.–16. Jh.) mit reichem Interieur aus der Hochgotik (Chorgewölbe) und Renaissance, darunter ein Fries, der die Abenteuer der Seefahrer aus Dieppe erzählt. Die barocken, aus gelben Ziegeln gebauten Reederpaläste am Hafen zeugen vom einstigen Reichtum der Stadt als Metropole des Elfenbeinhandels. Le Pollet, das alte Fischerviertel, ist an drei Seiten von Wasser umgeben. Über die Drehbrücke Pont Colbert aus dem 19. Jh. geht es zum Quai de la Marne und von dort weiter auf die östlichen Klippen. Oben bewacht die gotische Fischerkapelle Notre-Dame-de-Bon-Secours die Hafeneinfahrt. Auf den westlichen Klippen wiederum thront Dieppes mittelalterliche Zwingburg, das imposante Château aus dem 15. und 16. Jh., das heute ein Museum ist.

CAEN

Caen war die Lieblingsresidenz von Wilhelm dem Eroberer. 1060 ließ er sich am höchsten Punkt der Stadt eine Burg bauen. Ein netter Fußweg führt von der Rue Montoir Poissonnerie hinauf. Auf dem Gelände befindet sich im ehemaligen Sitz des Stadtgouverneurs das Musée de Normandie (www.musee-de-normandie.caen.fr) zur Geschichte der Normandie. Ein moderner Bau auf dem Burgberg ist das Musée des Beaux-Arts (www.mba.caen.fr), eins der bedeutendsten Kunstmuseen Frankreichs mit Gemälden und Stichen vom 15. bis ins 20. Jh. Quirliges Herz der östlichen Altstadt ist das Quartier Vaugueux mit malerischen Gassen, Stiegen und Fachwerkfassaden des 16.–18. Jh., während die Kirche St-Pierre, ein Meisterwerk im Übergang von Spätgotik zu Renaissance, das Zentrum des gleichnamigen Viertels im Südwesten der Burg ist. Dieser Teil der Altstadt blieb von den Bomben des Zweiten Weltkriegs halbwegs verschont. Caens bedeutendstes Baudenkmal, die Abbaye aux Hommes, wurde 1066 von Wilhelm dem Eroberer als Männerabtei gegründet. Die romanisch-gotische Kirche St-Étienne hütet Wilhelms Grab, die im 18. Jh. errichteten Klostergebäude dienen als Rathaus. Etwas außerhalb liegt Le Mémorial, das wichtigste Museum der Normandie über den Zweiten Weltkrieg.

CHERBOURG

Auf den ersten Blick wirkt die Stadt hoch im Norden etwas ruppig. In den Einkaufs- und Ausgehstraßen Rue au Blé und Grande Rue sowie deren Nebenstraßen ändert sich das Bild. Mittelalterliche und barocke Fassaden sind hübsch herausgeputzt. In der Rue de la Marine folgen noble Reederpalais.
Im alten Terminal des Überseehafens (1924) bietet die Cité de la Mer (www.citedelamer.com) eine multimediale Ausstellung über das Abenteuer Tiefsee, einen interaktiven Parcours zum legendären Ozeanriesen »Titanic« sowie – vor dem Eingang im Wasserbecken – Gelegenheit für einen Besuch des größten zu besichtigenden U-Boots der Welt, »Le Redoutable«.

Die Normandie erleben

Majestätisch erhebt sich der vom Atlantik umspülte Klosterberg Mont St-Michel über Polder und Salzwiesen.

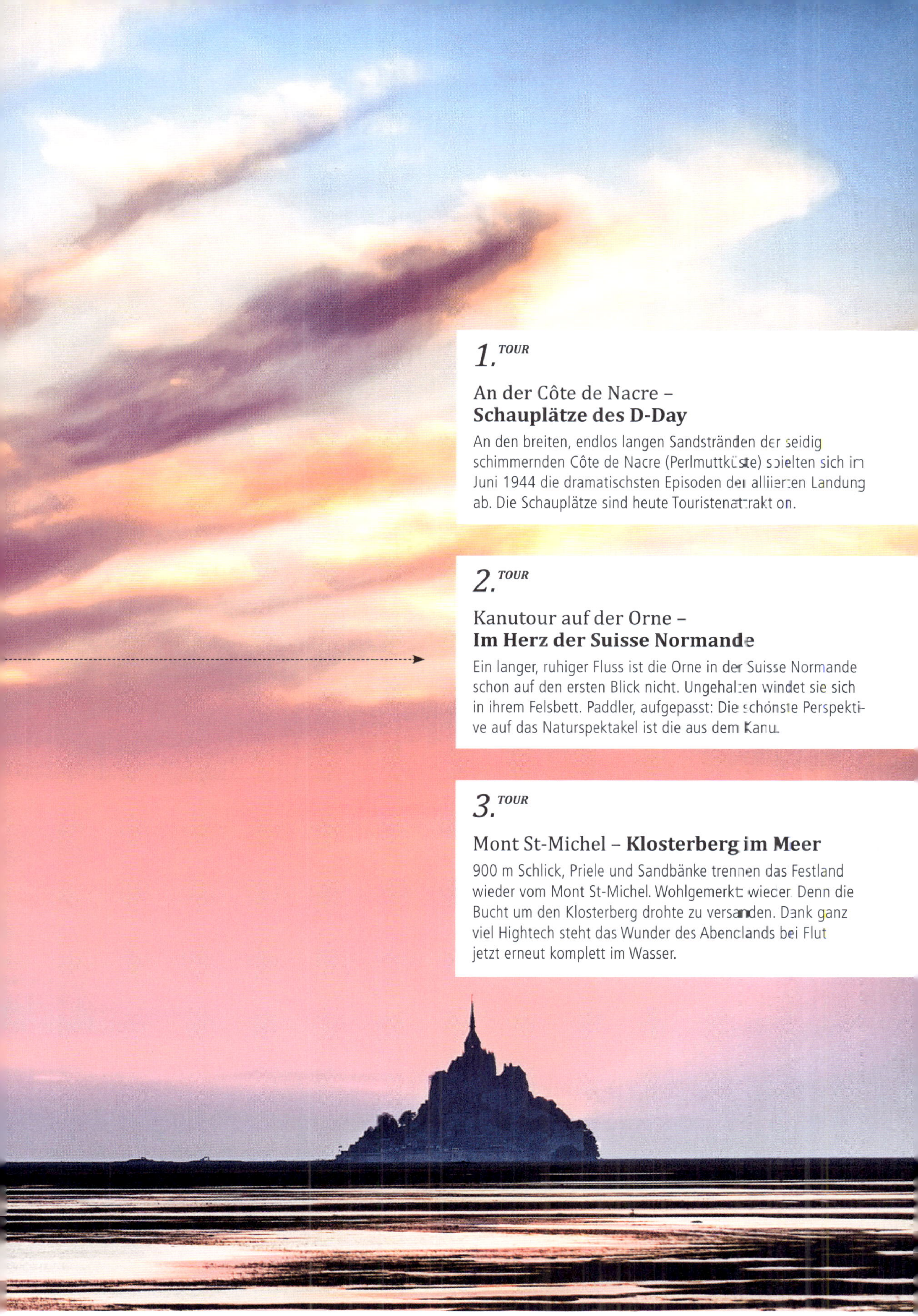

1. TOUR

An der Côte de Nacre – **Schauplätze des D-Day**

An den breiten, endlos langen Sandstränden der seidig schimmernden Côte de Nacre (Perlmuttküste) spielten sich im Juni 1944 die dramatischsten Episoden der alliierten Landung ab. Die Schauplätze sind heute Touristenattraktion.

2. TOUR

Kanutour auf der Orne – **Im Herz der Suisse Normande**

Ein langer, ruhiger Fluss ist die Orne in der Suisse Normande schon auf den ersten Blick nicht. Ungehalten windet sie sich in ihrem Felsbett. Paddler, aufgepasst: Die schönste Perspektive auf das Naturspektakel ist die aus dem Kanu.

3. TOUR

Mont St-Michel – **Klosterberg im Meer**

900 m Schlick, Priele und Sandbänke trennen das Festland wieder vom Mont St-Michel. Wohlgemerkt: wieder. Denn die Bucht um den Klosterberg drohte zu versanden. Dank ganz viel Hightech steht das Wunder des Abendlands bei Flut jetzt erneut komplett im Wasser.

An der Côte de Nacre

Schauplätze des D-Day

6. Juni 1944, 0:05 Uhr, D-Day: Im Schutz der stockdunklen Nacht landen britische Fallschirmspringer zwischen der Orne-Mündung und Arromanches. An der Côte de Nacre hat »Overlord«, eine der größten Militäroperationen der Menschheitsgeschichte, begonnen.

Nachts springen amerikanische Soldaten bei Ste-Marie-du-Mont auf dem Utah Beach ab. Bei Tageseinbruch bombardieren 6000 Flugzeuge und eine Armada von ebenso vielen Schiffen die deutschen Küstenstellungen des Atlantikwalls. Kurz darauf rollen amerikanische Fahrzeuge und Mannschaften von ihren Schiffen auf die flachen Sandstrände zwischen Port-en-Bessin-Huppain und St-Martin-de-Varreville. Westlich von Arromanches nehmen Kanadier und Briten Gold Beach, Juno Beach und Sword Beach ein.

Am Ende des D-Day stehen 154 000 alliierte Soldaten in der Normandie. Um 20 Uhr ist die Straße von Bayeux nach Caen in ihrer Hand – anders gesagt, der Weg der Alliierten von Westen nach Paris ist frei. Am 21. August endet die blutige Schlacht um die Normandie in Tournai-sur-Dives.

Vor Arromanches versenkten die Alliierten 115 bis zu 6000 t schwere Stahlbetonteile im Meer. Nach zwölf Tagen war der Hafen fertig, rund 400 000 Fahrzeuge und 3 Mio. t Material konnten angelandet werden. Heute nutzt manch ein Badegast die Pontons als Schattenspender.

Die Routes du Débarquement

Knapp 80 Jahre später sind die Schauplätze des D-Day touristische Magnete. Allein die 30 Museen ziehen jährlich rund 3 Mio. Besucher an. Bei den Ausstellungen, Filmen, Tafeln überwiegt ein sachlicher Ton und der Wunsch nach historisch korrekter Darstellung. Die Befreiung von faschistischer Gewaltherrschaft und deutscher Besetzung sowie der Wunsch nach Frieden für Europa stehen im Vordergrund. Acht »Routes du Débarquement« folgen den Orten der Landungsoffensive. Von Arromanches bis Quinéville vereinen sich die Routen »Overlord-l'Assaut«, »D-Day Le Choc« und »Objectif Un Port« zu einer Tour längs der Plages du Débarquement – der für die Landung günstigen, weil breiten Sandstrände der Départements Calvados und Manche.

Jetzt lachen sie noch, dann sterben sie. Niemand hat das Grauen am Omaha Beach so in Szene gesetzt wie Steven Spielberg in »Saving Private Ryan«. Muss man sehen, um zu verstehen. Ausschnitte zeigt das 2013 eröffnete Overlord Museum in Le Bray (www.overlordmuseum.com).

Ein Hafen im Meer

In Arromanches tauchen bei Ebbe die Reste des von den Alliierten unter schwerem Beschuss angelegten künstlichen Hafens aus dem Meer auf. Im 360-Grad-Kino über dem Ort vermittelt der Film »Le Prix de la liberté« eine Einführung in das Thema – ohne falsches Pathos, ohne blutrünstige Untertöne (www.arromanches360.com). Das Musée du Débarquement erklärt mit Modellen den Bau des künstlichen Hafens (www.musee-arromanches.fr).

Etwas weiter westlich, bei Port-en-Bessin, überragt das Omaha Beach Memorial den breiten Sandstrand. Bei Longues-sur-Mer blieb ein deutscher Bunker erhalten, dessen Scharfschützen über 2000 US-Soldaten in den Tod rissen.

Kreuze in Reih und Glied

In Colleville-sur-Mer erinnert der Cimetière Américain mit endlosen Reihen weißer Kreuze daran, wie hoch die Verluste waren: 9387 Soldaten liegen am Meer begraben. An der nahen Pointe du Hoc (10 km westlich) kämpften die Ranger erbittert um eine deutsche Geschützstation. Zu Füßen der Klippen schrumpft und weitet sich der Strand im Rhythmus der Gezeiten – am 6. Juni hatte sich der Atlantik besonders weit zurückgezogen. Ein idealer Tag für die Landung. Bombenkrater und zerborstener Beton zeugen von der Heftigkeit der Kämpfe um die Felsspitze. Aus der Vogelperspektive betrachtet wirkt das Gelände heute fast wie ein Land-Art-Projekt.

Landeinwärts liegen 21 222 deutsche Soldaten auf dem Cimetière Allemand von La Cambe begraben, an dessen höchster Stelle ein Basaltkreuz steht (9 km südlich von Grandcamp-Maisy via D 514). Den Friedhof beschirmen die 1200 Ahornbäume des Jardin de la Paix.

Ü ÜBRIGENS

Der D-Day ist bis heute erstaunlich präsent, nicht nur durch alte Bunker oder neue Monumente. Entlang der Küste bewahren etliche Scheunenmuseen große und kleine Dinge, die die US Army zurückließ, als sie auf Paris vorrückte.

Tod im Fallschirm

Für einen amerikanischen Fallschirmspringer wurde der Kirchturm von Ste-Mère-Église zum Verhängnis: John Steels Fallschirm verfing sich in der Nacht des 6. Juni 1944 am Turm – die Episode ist durch den Hollywoodklassiker »The longest Day« berühmt geworden. Im Musée Airborne (www.airborne-museum.org) wird der gewaltige Kraftakt deutlich, den die alliierte Luftwaffe zum Transport von Fallschirmspringern, Bodentruppen und Material aufbringen musste.

Kanutour auf der Orne

Im Herz der Suisse Normande

»Zwei Handbewegungen müsst ihr beherrschen«, erklärt Frédéric Olivier bei Übergabe der Kanus. Dann sticht der Leiter des Kajakclubs von Thury-Harcourt mit dem Paddel von rechts oben nach links unten durch die Luft: Paddeln. Er legt die Handinnenflächen zusammen, macht einen Zug vor der Brust: Schwimmen.

Der Kleinbus von Frédérics Basis im 27 km die Orne abwärts gelegenen Thury-Harcourt setzt uns in Pont d'Ouilly ab. Trotz 40 kg Eigengewicht und zwei Paddlern an Bord gleitet das Kanu fast wie von allein den Fluss hinab. Mit dem Steuern klappt es nicht auf Anhieb. Frédéric erklärt, wie es geht: Paddel rechts ins Wasser und gegen die Strömung drücken: das Kanu schwenkt nach rechts. Für links das Ganze umgekehrt.

Stille im Tal

Das Paddeln wird schnell zur Routine, umso mehr kann man sich den Steilfelsen widmen. Der Ausflugstrubel in Pont d'Ouilly liegt auf der verschwiegenen Orne bald Lichtjahre entfernt, und die Normannische

So macht Kanufahren Spaß: Verlierst du das Paddel, kann es der Nächste wieder auffischen. Merci bien!

Bei Thury-Harcourt windet sich die Orne vor dramatischer Felskulisse ungehalten in ihrem Bett. Wildromantischer ist die Normandie nirgends.

Schweiz erweist sich als das Land, in dem sich Fuchs und Hase gute Nacht sagen. Ungehalten windet sich die Orne in ihrem von steilen Felsufern überragten Bett. Le Bô taucht am rechten Ufer auf. In diesem Minidorf besticht der Friedhof um die kleine Kirche St-Pierre aus dem 14. Jh. – ein friedvoller Ort.

Vorbei an der Croix de la Favière, einem Aussichtspunkt über dem Ufer, paddeln Sie auf die himmelstürmenden Bögen der Eisenbahnbrücke Viaduc de Clécy zu. Die Zahl der Kanus auf dem Wasser nimmt beträchtlich zu. Bald tauchen die ersten Uferlokale auf: Clécy, der größte Besuchermagnet der Suisse Normande, thront auf einer 80 m hohen Hügelkuppe über der Orne. In den von Granithäusern gesäumten Gassen ist es beim Landgang überraschend ruhig, denn die Massen drängt es ans Wasser. Was man als Kanute gut verstehen kann: Die Orne fließt ab Clécy durch ein bukolisches Tal, vorbei am Pain de Sucre (»Zuckerhut«), dem markanten Uferfels.

Auf einem Blütenteppich

Das Kanu gleitet über einen weißen Blütenteppich – meterlange Wasserpflanzen strecken ihre Blüten an die Oberfläche. Enten schnattern, Libellen tänzeln über der Orne. Beim Uferdorf St-Rémy erinnert die imposante Ruine eines Förderturms daran, dass hier bis 1968 Eisenerz abgebaut wurde. *Fini,* die Ufervegetation, überwuchert die Mine allmählich. Pont de la Mousse ist ein weiterer verbummelter Weiler, dessen lauschige Ufer zu einem Picknick einladen.

Das Ziel der Paddeltour ist das 2000-Einwohner-Städtchen Thury-Harcourt. Unterhalb der Schlossruine hat der örtliche Kajakclub samt eigenem Ponton seinen Sitz. Wer noch Puste hat: La Boucle du Hom heißt eine Flussschleife der Orne im Norden von Thury-Harcourt, die fast einen Kreis schließt – ein malerischer Platz am Fluss.

»QUAND JE VIENS ICI,
C'EST COMME SI JE PRENAIS UNE
DOUCHE DE MES ENNUIS.
J'ADORE CE CLIMAT
QUI FAIT FUIR LES IMBÉCILES,
CE QUI FAIT QUE CEUX
QUI SONT LÀ L'APPRÉCIENT.«

Wenn ich hierher komme, ist es so,
als würde ich meine Sorgen abduschen.
Ich liebe dieses Klima, weil es die Dumm-
köpfe in die Flucht jagt,
was bedeutet, dass die, die da sind,
es wirklich schätzen.

Claude Lelouch
(Regisseur)

Mont St-Michel

Klosterberg im Meer

1879 wurde der Mont St-Michel durch eine Deichstraße mit dem Festland verbunden, und die Massen strömten zum Klosterberg. Ebbe und Flut strömten hingegen nicht mehr ungehindert, so drohte die Bucht zu versanden. Bis eine gigantische Renaturierungskampagne begann.

Im hypermodernen Centre d'Information am Parkplatz wird das 200 Mio. Euro teure Großprojekt in Fotos und Modellen vorgestellt. 2015 wurde die Deichstraße abgerissen. Bis 2020 sollen 80 % der Sedimente weggespült, bis 2025 die Bucht wieder in ihren Urzustand versetzt sein. Dafür wurde 2010 die elegante Brückenschleuse gebaut, mit der das Wasser des Couesnant so reguliert werden kann, dass es wieder die Bucht freispült.

Aussicht von der Festungsmauer: viel Sand, wenig Meer. Den Sand soll das Meer nun aber wieder fortspülen.

Am besten zu Fuß!

Vom Parkplatz verkehrt ein Pendelbus (kostenlos) über die auf filigranen Pfeilern ruhende Brücke zum Mont St-Michel. Ich gehe lieber zu Fuß (ca. 30 Min.). Der Blick schweift dann über die weite Bucht, die sich bei Ebbe in eine Landschaft aus Sandbänken, Schlick und Prielen verwandelt.

Zauberberg des Abendlands

Wie durch ein Nadelöhr muss man zunächst durch die Porte de l'Avancée. Dahinter öffnet sich die Cour de l'Avancée: Die beiden Kanonen haben Engländer auf der Flucht 1434 zurückgelassen. Es folgen die Porte du Boulevard, der zweite Mauerring und die Porte du Roi. Am Portal von St-Pierre, der Pfarrkirche aus dem 11. Jh., befindet man sich bereits 50 m über dem Meer. Aber ein Ende der Kraxelei ist noch lange nicht in Sicht. Eine steile Treppe, Le Gouffre, führt weiter nach oben: zunächst zum Châtelet, einem Verteidigungsbau des 14. Jh. in grau-rosa-farbenem Granit. Und dann zur Salle des Gardes mit den Ticketschaltern für das Kloster.

Die Besichtigung des Klosters erfordert etwas Puste: Das mittelalterliche Labyrinth zieht sich über mehrere Etagen. Es geht kräftig treppauf (300 Stufen!) und treppab. Kühn stauchen sich Rittersäle, Kirchengewölbe und Türme auf engstem Raum bis zu 157 m über dem Meer. Noch warten mit den Logis abbatiaux die Wohntrakte der Äbte im Süden und La Merveille, ein 1211 errichteter gotischer Bau mit Refektorium, Kreuzgang und sechs Sälen auf drei Etagen im Nordosten.

Die Abteikirche, auf deren Turm seit 1897 die Statue des hl. Michael mit dem Drachen prunkt, bildet den krönenden Abschluss. Erst nach dem Teilabriss des 1080 errichteten Gotteshauses 1780 erhielt der Bau die spätbarocke Fassade. Die im Kern romanische Kirche thront auf archaisch schlichten Krypten. Hinter dem Ausgang liegt der Jardin de l'Abbaye, der Klostergarten. Von hier sieht man zu den Chausey-Inseln hinüber, von denen der beim Bau verwendete rosafarbene Granit stammt. Der Besuch endet mit dem Gang über die Stadtmauer. Immer im Blick dabei die Bucht – ein Bild von surrealer Schönheit.

Vorfahrt für langsame Entdeckungen

Baden und Strände

Gut 600 km Küste bedeuten Badefreuden im Großformat. Viele Strände werden in der Saison überwacht. Vorsicht bei Strömungen nahe Flussmündungen! Unbedingt auf die Gezeiten achten.

Fahrrad und Mountainbike

Immer öfter haben Radfahrer auf der Landstraße Vorfahrt, etwa auf der schönen Küstenstrecke von Fécamp nach Étretat. Fürs Mountainbike wurden vor allem in der Suisse Normande zahlreiche Pisten eröffnet. Infos erhalten Sie über das Comité Régional Normandie de Cyclotourisme (www.normandie-cyclotourisme.com).

Reiten

Die Normandie ist Frankreichs wichtigste Pferdezuchtregion. Entsprechend groß ist das Angebot an Reitschulen, Übernachtungen für Reiter und Pferd, Reitwanderrouten. Viele Gestüte und Reiterhöfe bieten Tagestouren oder Wochenwanderungen an. Informationen unter www.chevalnormandie.com.

Segeln, Surfen, Strandsegeln

Strandorte, die sich besonders auf Segelsportler eingerichtet haben, tragen das Label »Station Voile«. Einen Überblick zu Segelschulen vermittelt das Portal der Fédération Française de Voile (www.ffvoile.fr).

Infos über Surfschulen findet man im Portal der Fédération Française de Surf, dazu Aktuelles aus der Surferszene (www.surfingfrance.com).

Das Mekka für Strandsegler bleibt dank endloser flacher Sandstrände die Côte des Isles mit Basen in Les Pieux, Tourville-sur-Sienne, Bretteville-sur-Ay oder Granville. Weitere Infos über die Fédération Française de Char à Voile (www.ffcv.org).

Wandern

Bei den Fernwanderwegen Grande Randonnée (GR, rot-weiße Markierung) sind die entlang der Küste am beliebtesten. Dramatische Aussichten von hohen Klippen und lange Strände garantieren der GR 21 an der Côte d'Albâtre und der GR 223 um die Spitze der Cotentin-Halbinsel (Barfleur-Cap Lévy, Urville-Vauville). Die Fernwanderwege GR 36 und GR 221 durch die Suisse Normande können dank tiefer Flusstäler und romantischer Felsufer durchaus mithalten. Infos unter www.gr-infos.com.

Das Netz der GR komplettieren die Sentiers de Grande Randonnée de pays (GRP, gelb-rot markiert), Rundwanderungen am Verlauf der Fernwanderwege. Hinzu kommen Petites Randonnées (PR, gelb markiert), die als kürzere Rundwege angelegt sind.

Organisierte Wanderungen inkl. Übernachtung oder Gepäcktransport kann man über France Randonnée buchen (www.france-randonnee.fr).

Auch an windigen Tagen mit Sonne findet man im Schutz der Strandhütten in Le Havre ein schönes, warmes Plätzchen.

Blick von der Falaise d'Amont – tief unten läuft die See Amok. Der Zöllnerweg ist etwas für Schwindelfreie.

So schmeckt die Normandie

Die Ausrüstung macht den Unterschied. Das weiß auch der Grillmeister bei der Fête du Hareng in Fécamp.

Weißes Gold am Fließband: der echte Camembert fermier schmeckt nicht nach Plastik.

Die Normannen lieben eine ehrliche, dem Meer und dem bäuerlichen Hinterland verpflichtete Küche. Eine kulinarische Wüste ist die Normandie deswegen aber noch lange nicht. Das Zauberwort heißt »cuisine du terroir«. Was man darunter versteht? Rezepte der regionalen Tradition mit Zutaten aus der Region – präsentiert jedoch in durchaus moderner Form. Etwas für Entdeckungs-Schmecker!

Wo gibt es was und wann?

Für den Hunger zwischendurch gibt es im *café* oder in einer *bar* Sandwich, Pizza, Salat. Für Petits fours und Kuchen geht man in einen *salon de thé*. Abends werden im *restaurant* ab etwa 19.30 Uhr die ersten Bestellungen aufgenommen. In einer *brasserie* hält man sich weniger streng an Mittags- und Abendzeiten: Das Konzept heißt »durchgehend warme Küche«.
Das *bistro* wiederum hat einen Bedeutungswandel durchlaufen – mitunter schmücken diese sich sogar mit einem Michelin-Stern.
Auch feinere Adressen locken unter der Woche mittags mit einer *formule* (Vorspeise plus Hauptgang oder Hauptgang plus Dessert, eventuell mit Getränk) oder einem günstigen Menü. Abends sind die Preise höher. Wachsender Beliebtheit erfreut sich die *bar à vin*. Dort werden die Weine auch glasweise angeboten, woanders bestellt man ganze Flaschen.

Restaurant-Kodex

Französische Restaurantriten wollen gelernt sein. Man überlässt es dem Kellner, einen Tisch vorzuschlagen – den man natürlich ablehnen kann, um einen anderen Platz zu erbitten. Nachdem die Speisekarten verteilt sind, fragt der Kellner, ob man einen Aperitif wünscht. Hat man gewählt, gibt man der Bedienung, die mit »Madame!« oder »Monsieur!« angeredet wird, ein Zeichen. Die Rechnung wird nur auf Aufforderung gebracht. Sie umfasst den Gesamtbetrag – getrennt zu zahlen, käme keinem Franzosen in den Sinn. Der Service wird in der Rechnung ausgewiesen, Trinkgeld zu geben ist jedoch üblich.

Satt und glücklich

Die traditionsreiche Küche der Normandie liebt Butter und Crème fraîche. Gebackener Camembert, *pâte* vom Schwein oder von der Ente, eine *assiette de charcuterie* (Wurstplatte), Cotentin-Schinken, wahlweise eine *assiette de crudité* (Rohkostplatte), Austern, *langoustines* (Kaisergranat bzw. Scampi) oder Muscheln zählen zu den typischen Vorspeisen. Weiter geht's mit einer *blanquette* von Jakobsmuscheln in einer Butter-Calvados-Sauce, Seezunge oder Scholle aus dem Backofen, Rochen mit Kapern, Hummer von den Chausey-Inseln oder Salzlamm. Nicht zu vergessen: ein *plateau de fruits de mer* mit auf einem Bett aus Algen und Eis arrangierten Taschenkrebsen, Austern, Mies- und Herzmuscheln, Krabben, Seeschnecken und Kaisergranat wird frischer nirgends serviert. Die *andouille* mag nicht jedermanns Sache sein. So wie die Innereienwurst aber gehören *tripes*, Kutteln, zu der Spezialitäten. Das typische Dessert heißt *tarte aux pommes*, ein Apfelkuchen mit einem Schlag Crème fraîche, dazu eine Kugel Vanilleeis.

Was wollen wir trinken?

Cidre passt zu allem, denn man kann zwischen *doux* (lieblich), *brut* (trocken) und *mousseux* (schäumend) wählen. Weißweine von der Loire wie ein Cheverny oder ein Ménetou-Salon passen zu Fisch, ein Roter aus Chinon oder Bourgueil zu Fleisch.

Warum das Saarland?

Wahrzeichen und grandioses Naturschauspiel: die Saarschleife bei Mettlach-Orscholz

Schönste Provinz mitten in Europa

60 km sind es nur von Nord nach Süd, 90 km von West nach Ost. Wer es eilig hat, ist in gut einer Stunde durch. Wäre schade, denn ins Saarland kommt man nicht zum Rasen, sondern zum Entschleunigen: zum Wandern und Radeln durch tiefe Wälder und sanft gewelltes Hügelland – mit Blick nach Frankreich und Luxemburg. Ein Bummel durch den Saarbrücker Barock, eine kühne Klettertour auf die erkalteten Hochöfen des Weltkulturerbes Völklinger Hütte. Und zur Feier des Tages dann ein feines Dinner bei einem unserer sieben (!) Sterneköche. Oder in einer Dorfgaststätte. »Mir wisse, was gudd is.«

Man is(s)t gerne draußen, nicht nur in der Altstadt von Saarbrücken.

Der Bliesgau, eine alte Kulturlandschaft an der Grenze zu Frankreich

Das ist das Saarland …

Was fällt Ihnen spontan zum Saarland ein? Nichts? Nicht viel? Macht nichts, da geht es Ihnen wie den meisten, die noch nicht hier waren. Aber Moment mal, kommt nicht »AKK« von hier? Genau! Unsere Ex-Ministerpräsidentin bestimmt seit geraumer Zeit die Schlagzeilen der Bundespolitik mit. Mal so, mal so. Wir nehmen die zunehmende »Saarlandisierung Deutschlands« (»DIE ZEIT«) eher gelassen zur Kenntnis – und zum Anlass, die geweckte Neugier beim Publikum lieber gleich mal in einen Besuch unseres Ländchens umzumünzen.

Oh, wie schön grün

Von wegen Kohlenstaub und rauchende Schlote! Die erste Überraschung, wenn Sie hier ankommen: Wie schön das hier ist und wie grün! Sanft gewellte Hügel, viel, viel Wald. Glitzernde Flusstäler und Seen, Felder und Wiesen mit knorrigen Obstbäumen, satte Weiden mit Rindern und Schafen, Weinberge. Dazwischen immer mal wieder Fördertürme und Kohlehalden, die Landmarken der Vergangenheit. Ein schönes Panorama, klein, kompakt, übersichtlich. Viel Abwechslung auf kleinstem Raum.

Arm, aber weise

Zu viel Idylle gleich am Anfang? Keine Sorge, die weniger schmeichelhaften Seiten werden schon noch nachgereicht. Lieber aber etwas später. Was durchaus dem Charakter des Saarländers entspricht. Er sei ein bisschen konfliktscheu, sagt man, dafür aber sehr offen und gesellig. Hat auch damit zu tun, dass viele ihr Leben lang zusammen malocht haben, unter Tage und am Hochofen, wo man fest aufeinander angewiesen ist. Gewachsen ist dies im »Montanzeitalter« des 19. Jh. Da entsteht so etwas wie eine saarländische Identität: kaum eine Familie, in der nicht mindestens einer Bergmann oder Hüttenarbeiter ist. Die Herren der Gruben und Hütten sind strenge Patrone, doch die Arbeiter wissen sich mit gegenseitiger Unterstützung und schlitzohriger Kumpelei das Leben zu erleichtern, auch in der Freizeit. Fast jeder ist Mitglied in einem Verein, bei den Turnern, Brieftaubenzüchtern oder in der Bergmannskapelle. Und auch nach der Schicht wird die »Schaffbux« anbehalten, um die Ziege hinterm Haus zu füttern oder dem Nachbarn beim Hausbau zu helfen. Und sonn-

In der Biosphärenregion Bliesgau begegnen Ihnen Schäfer mit ihren Herden.

Der hölzerne Steg des Baumwipfelpfads schlängelt sich vom Cloef-Atrium aus in über 20 m Höhe 1250 m weit durch die Baumwipfel und mündet in einen 42 m hohen Aussichtsturm über der Saarschleife.

tags nach dem Hochamt gehen sie alle zusammen einen trinken. Dieser leise Stolz aufs Geschaffte, diese freundliche, unkomplizierte Solidarität untereinander, diese Lust am Anpacken, am Schwätzen und Feiern – das ist bis heute geblieben, das sind »die wahren postindustriellen Ressourcen in einem armen, aber weisen Land«, wie es eine angesehene deutsche Sonntagszeitung mal beschrieb. Und für so ein dickes Kompliment schämen wir uns fast schon wieder, auch das ist typisch saarländisch!

Zwischen Barock und Hightech

Wo waren wir stehen geblieben? Ach ja, beim Ankommen. Mit sanftem Schwung gleiten Sie also irgendwann ins Tal der Saar, der Lebensader in der Landesmitte, mit der Landeshauptstadt Saarbrücken. Da sitzen die Landesregierung, das Staatstheater, die großen Museen, da strömen sie aus allen Richtungen, auch aus Frankreich, zum Einkaufen in die City, da lässt man es sich gut gehen zwischen prächtigem Barock in der Altstadt und lockerem Laissez-faire am grünen Saarufer. Apropos Barock: Außer von seiner Industrie wurde das Land von drei kleinen Fürstentümern geprägt, die ihm im 18. Jh. nach verheerenden Kriegszeiten einen ersten wirtschaftlichen Aufschwung und einen architektonischen Bauboom bescherten, von dem wir immer noch profitieren. In Saarbrücken, aber auch im wiesenduftenden Bliesgau rings um Blieskastel, wo eine frühe Frau von der Leyen damals für Furore sorgte.

Offener Blick über die Grenzen

Äußerst frankophil waren diese barocken Herrschaften. Auch die Saarländer von heute genießen durchaus die Nähe zum Nachbarn, aber sie sprechen nicht so viel, sie essen lieber französisch. Oder Bodenständiges wie »Dibbelabbes« oder »Hoorische«. Im buckligen Saargau und an der sonnendurchfluteten, weinseligen Mosel an der Grenze zu Frankreich und Luxemburg. Oder im knorriger Norden zwischen Schaumberg und Hochwald, mit seinen warmen Badeseen und den tiefen, zackigen Sandsteinfelsenwäldern, wo man endlos vor sich hinwandern kann. Dazwischen immer mal wieder magische Stätten aus keltisch-römischer Zeit und die rostigen Riesen des Industriezeitalters.

… und das sind seine Städte

Baumstümpfe mit Vergangenheit – ein mutiges Mahnmal am Rabbiner-Rülf-Platz mitten in der City von Saarbrücken

SAARBRÜCKEN

Saarbrücken hat Charme und eine ansteckende Lebensfreude. Und die Stadt lebt vom Reiz ihrer Kontraste: Am einen Ende ist sie Dorf mit Kirche geblieben, am anderen wandelt sie sich vom Schwerindustrie- zum Hightech-Standort. Im Süden grenzt sie direkt an Frankreich, im Osten versteckt sich ihre Uni im Wald. Und in der Mitte ist sie quirlige Stadt am Fluss – mit schönen Uferpromenaden und Stadtquartieren von Barock über Gründerzeit bis zur Moderne. Der St. Johanner Markt ist die gemütlichste Ecke der Altstadt und eine Bühne für Flaneure und Voyeure. Die Kulisse bilden der Marktbrunnen und ein Ensemble barocker Bürgerhäuser mit kleinen Läden, Kneipen und Restaurants. Angelegt hat sie der Barockbaumeister Friedrich Joachim Stengel. Auch die Basilika St. Johann ist ein Werk Stengels, seine einzige katholische Kirche in Saarbrücken. In ihrem Inneren etwas mehr barocker Prunk als in Stengels Ludwigskirche auf der anderen Seite der Saar, die zusammen mit der Dresdener Frauenkirche und dem Hamburger »Michel« zu den bedeutendsten protestantischen Barockkirchen in Deutschland gehört. Das Ensemble Ludwigsplatz und Ludwigskirche war Stengels letztes Werk, die Krönung seines Schaffens, vollendet 1775. Als Baumeister Stengel 1735 zum ersten Mal in Saarbrücken weilte, fand er ein ramponiertes Renaissanceschloss vor. Fürst Wilhelm Heinrich spendierte sich und seinem Architekten erst mal eine Dienstreise nach Paris. Danach war klar: Auch das neue Schloss in Saarbrücken sollte was vom Glanz des königlichen Versailles haben. Die heutige (nicht unumstrittene) Form erhielt es 1989 von Gottfried Böhm. Von der Schlossgartenterrasse bietet sich ein weiter Rundblick über die Saar. Am anderen Ufer kann man direkt am Fluss durch diverse Grünanlagen spazieren und radeln. Zur Kulturmeile zwischen Staatstheater, Musikhochschule und Moderner Galerie des Saarlandmuseums. Weiter bis zum Staden, Saarbrückens populärster Sommerliegewiese vor der Kulisse vornehmer Gründerzeitvillen. Beliebter Treffpunkt ist auch die Freitreppe am Rabbiner-Rülf-Platz, der gleichzeitig Gedenkort ist für die von den Nazis ermordeten Saarbrücker Juden.

Umtriebig und lebhaft geht es im Nauwieser Viertel zu, wo sich Alt-68er, Studis, Punks, Jung-Dynamiker und Ureinwohnen über den Weg laufen – zwischen Kneipen, Bars, Bio-, Friseur-, Klamotten-, Trödel- und Tattooläden. Flankiert von Musikschule, Künstlerateliers und einer Prise Rotlicht am Rande. Mittelpunkt des bunten Treibens ist der Max-Ophüls-Platz, benannt nach dem 1902 hier im Viertel geborenen Filmregisseur, Namensgeber auch für das renommierte Filmfestival Max Ophüls Preis im Januar.

Die Saarlouiser tun grad so, als wären sie die (heimlichen) Hauptstädter des Landes!

Kennen Sie das »Blaue Pferdchen« von Franz Marc? Das Gemälde ist nur einer der vielen Kunstschätze der Modernen Galerie in Saarbrücken.

ST. INGBERT

Um die Klause des Einsiedlermönchs Ingobertus entstand ein kleines Waldbauerndorf, das im 18/19. Jh. zu einem dieser typischen saarländischen Industriestädtchen zwischen Forst, Wiesen, Hüttenwerken und Fördertürmen anwuchs. Das kann man heute alles noch hautnah in der Alten Schmelz erleben, einem ehemaligen Eisenwerk. Es ist angelegt wie ein kleines Dorf.

In der Fußgängerzone und im Handwerkerviertel am Maxplatz haben sich einige schöne Wohnhäuser aus der »Fürstenzeit« erhalten. Das Prunkstück aber ist die lichtdurchflutete Engelbertskirche von 1755. Die Wälder um St. Ingbert sind voller Sandsteinfelsen, denen Wind, Wetter und der Zahn der Zeit eigenwillige Formen verpasst haben. Auf der Kuppe eines kleinen steilen Bergrückens im Süden der Stadt ragt ein Fels in Form eines Stiefels auf, der, so geht die Sage, dem Riesen Kreuzmann gehört haben soll. Für St. Ingberter ist es Brauch, immer mal wieder zum Stiefel hochzusteigen.

ST. WENDEL

Der Ortspatron, der Sage nach im 7. Jh. aus Schottland angereist, liegt seit über 1000 Jahren in der Wendelinus-Basilika in der Stadtmitte begraben, dem Wahrzeichen der Stadt. Herzogin Luise kam 1824 nach St. Wendel, das nach dem Wiener Kongress ihrem Hause Sachsen-Coburg-Gotha zugeschlagen worden war. So manches Gebäude auf dem Fruchtmarkt rings um die Basilika trägt noch die Handschrift ihrer Regentschaft und verträgt sich gut mit den noch älteren Häusern der Altstadt.

THOLEY

Kein Wunder, dass sich hier der heilige Wendelin vor 1300 Jahren schon wohlgefühlt hat! Die Gemeinde am Fuße des 569 m hohen Schaumbergs liegt eingebettet in eine traumhaft schöne Landschaft mit Gehöften, Mühlen und Resten römischer Siedlungen. Mitten im Ort steht das älteste Kloster Deutschlands. Der iro-schottische Missionar Wendelin soll der Gründer gewesen sein – eine schöne Legende! Derzeit halten zwölf Mönche die Abtei am Laufen, zugewandt und weltoffen: Abt Mauritius ist ein ehemaliger Gourmetkoch und bewirtet Besucher gerne im Gästehaus St. Lioba.

Und kein Geringerer als Malerstar Gerhard Richter hat der frisch renovierten Abtei drei beeindruckende neue Kirchenfenster nach seinen Entwürfen geschenkt. Ein weiterer kostbarer Schatz in dieser uralten Klosterkirche.

SAARLOUIS

Die heitere, lebenslustige Stadt mit einer erstaunlichen französisch-deutschen Militärkarriere wurde 1680 von König Ludwig XIV. gegründet – unter der Regie seines Baumeisters Vauban – als Festungsstadt an der Saar zur Sicherung der Nordostgrenze Frankreichs. Ab 1815 hatten die Preußen das Sagen und bauten die Festung weiter aus. Der Große Markt mitten in der Stadt wird gesäumt von der einstigen Garnisonskirche und der Alten Kommandantur. Dahinter erstreckt sich die gemütliche Altstadt mit ihren Häusern aus der Barock- und Preußenzeit. Das Deutsche Tor führt hinaus an den Saar-Altarm, der die Vauban-Insel umschließt, von der noch Wallgräben und Bastionen erhalten sind. Heute haben Spaziergänger, Jogger und Radler die Festung in ihrer Hand.

In der ehemaligen Soldatenherberge aus der Preußenzeit zeigt das Städtische Museum ein mehrere Meter großes Modell der Festungsstadt, wie Vauban und sein Stab sie einst binnen weniger Jahre aus dem Sumpf gestampft haben.

Das Saarland erleben

Der Kohlebergbau ist seit 2012 Geschichte. Daran erinnert das mächtige »Saarpolygon« auf der Halde der Grube Ensdorf. Sieht irgendwie aus wie ein umgeknickter Förderturm, der im Fallen zum futuristischen Kunstwerk geworden ist.

1. TOUR

Weltkulturerbe Völklinger Hütte – **Beim rostigen Riesen**

Hier rauchte, quietschte und rumpelte es jahrzehntelang. Viele Völklinger arbeiteten »uff de Hidd« – im heimischen Stahlwerk, das lange eines der größten in Deutschland war.

2. TOUR

Eine Radtour im Tal der Blies – **Magie der Geschichte**

Von der Industrie in die Natur ist es oft nur ein Katzensprung. Ganz deutlich wird das auf einer 25 km langen Radtour im Tal der Blies, der kleinen Schwester der Saar.

3. TOUR

Genuss im Dreiländereck – **Das Geheimnis des Moselweins**

Schon die alten Römer fühlten sich hier wohl. Sie vermischten sich mit den einheimischen Stämmen, setzten die ersten Rebstöcke, trieben lebhaften Handel und ließen es sich gut gehen

Weltkulturerbe Völklinger Hütte

Beim rostigen Riesen

Einst wuselten Tausende Arbeiter durch das riesige Stahlwerk, glühendes Eisen schoss aus den Hochöfen, es ächzte, ratterte, stank in der ganzen Stadt. Seit 1986 ruht der Koloss, staunende Besucherscharen ziehen nun durch die Gebläsehalle mit ihren majestätischen Windmaschinen, klettern auf die Hochofen-Bühne, beobachten, wie sich ein grüner Dschungel in der alten Eisenhütte breitmacht.

Viel hätte nicht gefehlt und das Werk wäre nach seiner Schließung kurzerhand plattgemacht worden. Wären da nicht die Leute von der Initiative Völklinger Hütte gewesen, die rechtzeitig erkannten, dass dieser erkaltete Koloss ein einmaliges Industriedenkmal ist, kulturhistorisch so bedeutend wie der Kölner Dom oder die Akropolis! Die Fachleute von der Unesco schlossen sich 1994 dieser Ansicht an und nahmen die Völklinger Hütte – als erstes Denkmal der Schwerindustrie – in das Welterbe auf. Machen Sie sich also auf den abenteuerlichen Weg durch das nach Meinung vieler Experten am besten inszenierte Industriedenkmal der Welt.

Große Bühne am Hochofen – einst für die Arbeiter, heute für die Touristen. Man kann nur staunen, wie monumental und trotzdem feingliedrig so ein Hüttenkoloss ist.

Fantastische Ausblicke

Auch nachts eine Show, dann aber nur noch von außen zu betrachten.

Über die Gasgebläsehalle dringen Sie ein in die »Eingeweide« des rostigen Riesen – in die Sinteranlage, wo die spezielle Erz-Koks-Mischung für den Hochofen hergestellt wurde. Danach geht es erst mal hoch auf das Dach der Erzhalle, mit Ausblick auf Völklingen und das noch aktive Stahlwerk der Saarstahl AG ganz in der Nähe. Weitere verschlungene Stege und Wege gewähren atemberaubende Einblicke in das Innenleben des Stahlwerks. Sie führen in die Möllerhalle, den »Bauch« der Hütte, in dem einst die Rohstoffe gelagert und mit Hängebahnwägelchen zum Hochofen transportiert wurden. Aus dem »Bauch« treten Sie wieder kurz hinaus ins Freie und kommen zum »Herz« der Hütte, den Hochöfen. Sechs stehen in einer Reihe, bei Nummer fünf führt eine Treppe hoch auf die Gichtbühne in 27 m Höhe, ein riesiges 240 m langes Plateau, das die Hochöfen miteinander verbindet. Über einen Schrägaufzug ratterten früher die Erz-Wägelchen auf die Bühne, wo sie die einzelnen Hochöfen befüllten. Diese Passage, eine der eindrucksvollsten des Rundweges, wird noch getoppt von der darüberliegenden Aussichtsplattform. Aus 45 m Höhe können Sie gut erkennen, wie zwischen dem Rostrot der Anlage überall ungezügelt frisches Grün hervorsprießt: Die Natur holt sich ihr Revier zurück, aus dem sie vor über 100 Jahren vertrieben wurde.

Grünes Hüttenparadies

Auch in der Kokerei, wo einst bei 1300 °C Kohle in Koks verwandelt wurde, breitet sich rings um die 100 Koksöfen frisches Grün aus. Hier wächst das neue »Paradies« der alten Hütte heran, ein neu angelegter Garten inmitten der Relikte des Industrie-Molochs. Strecken Sie auf einer der bequemen Sinnenbänke mal alle Viere von sich: So ein Panorama haben Sie vermutlich noch nirgendwo genossen.

Im ScienceCenter Ferrodrom wird noch einmal virtuell Hütte gespielt: Es rattert, quietscht und jault (aus Lautsprechern), Feuer- und Wasserkaskaden ergießen sich (über Monitore) auf die Besucher. Längs der Kohlegleise bewegen Sie sich wieder auf den Ausgang zu, begleitet von überlebensgroßen Porträts der Männer, die hier früher gearbeitet haben. Nachdem Sie durch Bauch, Herz und Haut der Hütte gestreift sind, wartet am Ende des Rundgangs noch die »Lunge« des Riesen. In der Gebläsehalle stehen die mächtigen Schwungräder, die einst den Wind für die Hochöfen entfacht haben. Ihre geballte stählerne Wucht verleiht der Riesenhalle eine Dynamik, von der auch die hier stattfindenden Konzerte und die großen Jahresausstellungen profitieren.

SPEKTAKULÄRE KULISSE

Klar, dass eine Location wie diese auch kräftig »bespielt« wird. Zentrales Event ist die große, jährlich wechselnde Themenausstellung in der Gebläsehalle (»Maschine Mensch«, »Mon Trésor – Europas Schatz im Saarland«). Spektakulär auch die UrbanArt Biennale (in ungeraden Jahren), bei der Künstler aus aller Welt die Hütte als Kulisse für ihre Street-Art nutzen (April–Nov.). Feste musikalische Highlights sind der Hütten-Jazz (www.voelklingenjazz.de, Ende Juni–Mitte Aug. freitags, kostenlos und open air) sowie das Electro-Magnetic-Festival im Sommer: Mehrere Bands und DJs performen eine Nacht lang in der fantastisch illuminierten Hüttenkulisse (www.voelklinger-huette.org).

Eine Radtour im Tal der Blies

Magie der Geschichte

Radeln Sie durch eine der schönsten Landschaften des Saarlands und machen Sie eine kleine Zeitreise durch zwei Jahrtausende. Nach der »Sprechstunde« bei einem römischen Augenarzt »reiten« Sie durchs barocke Reich der Gräfin von der Leyen, um am Ende in einem halben Bahnhof aus Kaiser Wilhelms Zeiten einzukehren.

Zwei Reiterfiguren bewachen die Relikte und nachgebauten Häuser einer versunkenen Römerstadt im Römermuseum Homburg-Schwarzenacker inmitten einer barocken Parkanlage. Sie betreten eine Taverne und das prächtig ausgeschmückte Haus eines Augenarztes. Im barocken Edelhaus am Museumseingang sind Ausgrabungspreziosen ausgestellt: grazile Götterstatuetten, Münzen, ein Rezeptstempel für Augensalbe, und Originalgemälde aus dem untergegangenen Schloss Karlsberg.

Magische Orte und barocke Pracht

Über die Bliesbrücke geht's nach Wörschweiler. Machen Sie sich die Mühe und laufen Sie hoch zu den verwunschenen Ruinen einer Zisterzienserabtei (12. Jh.) – ein Ort voller Magie und beschaulicher Ruhe. Am Ortsende biegen Sie von der Hauptstraße rechts ab zum Schloss Guten-

Äpfel und Birnen von »glücklichen« Bäumen. Die Streuobstwiesen im Bliesgau sind altes Kulturgut.

Verfahren verboten: Die alte Bahntrasse ist (wie alle Radwege) optimal ausgeschildert.

brunnen. Das barocke Herrenhaus war einst Liebesnest der Zweibrücker Herzöge (heute Privatbesitz) und ist von der alten Schlosskapelle aus einzusehen – noch so eine ländliche Idylle. Dann biegen Sie bei Ingweiler auf den markierten Saarland-Radweg und gondeln durch Felder und Flussauen nach Blieskastel. Drehen Sie eine Runde über den Paradeplatz und durch die barocken Gassen der Altstadt. Reichsgräfin Marianne von der Leyen machte aus Blieskastel und Umgebung in knapp 20 Jahren eine Perle des ländlichen Barock. Unter den drei Saar-Regenten ihrer Zeit sei sie »der einzige Mann« gewesen, hat ein Lokalhistoriker behauptet. 1793 musste sie jedoch vor den anrückenden französischen Revolutionstruppen fliehen. Ihr schönes Schloss wurde geplündert und verfiel. Das barocke Stadtbild blieb aber zum guten Teil erhalten.

Wieder zurück auf dem Radweg, geht es auf einer ehemaligen Bahntrasse durch Auenwälder längs der Blies, die sich hier kurz in verträumte Nebenarme verliert, bevor sie danach schnell wieder ordentlich die Gärten der Dörfer Blickweiler und Breitfurt säumt.

»IST ER IM LAND, WILL ER MÖGLICHST SCHNELL RAUS, AM BESTEN NACH BERLIN, LEBT ER AUSSERHALB, SUCHT ER SICH BALD EINEN SAARLÄNDER-STAMMTISCH. DORT SITZT ER DANN, BEI MITGEBRACHTEM LYONER, HAT HEIMWEH NACH SÄTZEN, DIE MIT ›EI‹ BEGINNEN, NACH STREUOBSTWIESEN, NACH FRISCHEM BAGUETTE AM SONNTAGMORGEN UND LIEST DABEI ›NEMMEH DEHEMM‹, DIE ZEITUNG FÜR EXIL-SAARLÄNDER.«

Peter Winterhoff-Spurk

Der geteilte Bahnhof

Auch zwei alte Bahnhöfe träumen noch vor sich hin an der Trasse. Der Bahnhof Breitfurt (heute Wohnhaus) ist eigentlich nur ein halber, seine andere Hälfte steht im nahen Gersheim. Und das kam so: Ende des 19. Jh. wurde der zu klein gewordene Kaiserslauterer Bahnhof an der Bahnlinie Zweibrücken–Saargemünd wieder aufgebaut – an zwei verschiedenen Orten, in Breitfurt und in Gersheim! Der einstige Wartesaal des Bahnhofs Gersheim ist heute ein schönes Bistro-Restaurant, an den Wänden schmucke alte Fotos der Bliestalbahn. Sie wurde 1879 unter Kaiser Wilhelm in Betrieb genommen. In Friedenszeiten beförderte sie Arbeiter aus der Saarpfalz in die Steingutmanufaktur von Saargemünd, in den Weltkriegen Menschen und Material an die französische Front.

A
ANDERS

Wenn Sie lieber auf die etwas hügelige Tour zurückradeln möchten, nehmen Sie den Velo-Visavis-Weg, der Sie über Seyweiler nach Blieskastel führt – mit wunderschönen Ausblicken in den stillen östlichen Bliesgau. Vom halben Bahnhof von Gersheim gelangen Sie auch ganz bequem mit dem Biosphärenbus (Linie 501) zurück.

www.velovisavis.eu

Genuss im Dreiländereck

Das Geheimnis des Moselweins

Wein wächst an der Saar leider nur außerhalb des Saarlands – in Rheinland-Pfalz. Der einzige saarländische Wein kommt von der Mosel. Und dort wächst auch noch luxemburgischer und französischer Moselwein. Und das alles im Dreiländereck um Perl und das berühmte Europadorf Schengen.

Das Leben genießen – hierzulande sagt man dazu auch gerne »Saar-voir vivre«! Im Rahmen des Saarländischen Weinsommers (April–Ende Okt.) präsentiert sich an jedem Wochenende ein anderes Weingut bei stimmungsvollen Weinproben mit Musik und kleinen Speisen. Ende Oktober wird zum Abschluss gemeinsam das große Wein- und Kellerfest gefeiert. www.saarlaendischer-weinsommer.de

Alle elf saarländischen Winzer sind in der Gemeinde Perl zu Hause, die meisten im kleinen Ortsteil Sehndorf, der noch den Charakter eines richtigen Weindorfes hat. Rund um den historischen Waschbrunnen reihen sich mehrere reben- und blumenumrankte Weingüter. Bei schönem Wetter sitzen die Winzer mit ihren Kunden in den Vorgärten oder Höfen zum Fachsimpeln und Pröbeln. Nein, noch ist es zu früh, sich zu ihnen zu gesellen. Jetzt steht erst mal Mosel-Sightseeing auf dem Programm.

Mit dem Auto (oder Fahrrad) fahren Sie nach Perl, über die Apacherstraße zum Hammelsberg. Hier haben Sie einen grandiosen Ausblick über die Weinberge auf die Mosel, die sich mit elegantem Schwung ins Dreiländereck schmiegt. Auf der anderen Seite grenzen, ebenfalls gesäumt von Wald und Rebstöcken, Frankreich und Luxemburg aneinander. Von Weitem erkennen Sie die Weinberge von Schengen. In dieser Idylle hat sich 1985 große Geschichte ereignet. Auf dem Ausflugsschiff »Princesse Marie-Astrid« wurde das erste Schengener Abkommen unterzeichnet, das den Wegfall der Personenkontrollen an den EU-Grenzen auf den Weg brachte und zum (inzwischen leider nicht mehr unumstrittenen) Symbol eines neuen »Europas ohne Grenzen« wurde.

Fahren Sie über die Moselbrücke rüber nach Schengen und schnuppern das Flair dieses Ortes, das sich besonders am neu gestalteten Moselufer entfaltet. Der Architekt François Valentiny aus dem benachbarten Remerschen hat ihm elegante, aber auch humorvolle Akzente verpasst wie die Europa-Stelen am Ufer, in denen er die EU-Mitgliedsstaaten als eigenwillige Mini-Bronzereliefs verewigt hat. Fahren Sie nun ein Stück auf der Luxemburger Weinstraße nach Remerschen, dort hat Valentiny das Dorfbistro, die Schule und eine Jugendherberge mit seinen typischen, kühn-verspielten Formen versehen. Und im angrenzenden Naturschutzgebiet Haff Réimech liegt wie ein gestrandeter Wal sein neues »Biodiversum«, in dem Flora und Fauna dieses Reviers erläutert werden. Und von den Hängen dahinter grüßt auch hier wieder der Wein – auf Luxemburger Terroir.

WEINWANDERPICKNICK

Beim Wirt der Perler Maimühle bekommen Sie als Erstes ein Weinglas umgehängt, das Ihr ständiger Begleiter sein wird bei der anschließenden Weinwanderung von Perl nach Schengen – zusammen mit Sommelier Frederik Theis, der Sie mit launigen Erzählungen durch die Weinberge führt und immer mal wieder ein Gläschen einschenkt, begleitet von feinem Fingerfood – alles frisch aus seiner Wander-Kühlbox! (April–Okt., www.maimuehle.de). Sie können das Dreiländereck aber auch ganz individuell auf der Traumschleife »Schengen grenzenlos« (8 km) erkunden.

Traumschleifen und Gourmettäler

Baden, Wassersport und Wellness

Sommer-Badespaß versprechen die Strandbäder der beiden Stauseen in Losheim am See und Nohfelden-Bosen. Hier kann man auch segeln, surfen, tauchen und Tretboot fahren. Kanufahren ist möglich auf der Saar in Saarbrücken und auf der Blies bei Blieskastel-Breitfurt. Freibäder gibt's im ganzen Land, das größte ist das schön gelegene Totobad in der Landeshauptstadt. Die schönsten Indoor-Bäder sind das Blau in St. Ingbert, das Spaßbad Calypso in Saarbrücken, das Erlebnisbad Schaumberg in Tholey. »DAS BAD« in Merzig ist ein kombiniertes Spaß- und Gesundheitsbad mit Heilwasser-Therme. Auch in der großen Saarland-Therme in Kleinblittersdorf sprudelt es aus den heimischen Rilchinger Mineralquellen, ergänzt von einer üppigen Wellness-Landschaft.

Radfahren

Egal ob Rennradler, E-Biker, Tourenfahrer oder Genuss-Radler, das Saarland hat Pisten und Wege für alle Temperamente. Längs der Flusstäler geht es stundenlang ohne nennenswerte Steigungen über glatte Asphaltpisten, auch die Stauseen kann man auf eigenen Radwegen umrunden. Jenseits der Gewässer klettert man auf bewaldete Höhen und gleitet danach wieder hinunter in grüne Täler. Richtig anspruchsvoll wird es auf den Höhen des Hochwalds. Ganz Ehrgeizige muten sich sogar Teile der Profi-Trainingsstrecke der Mountainbiker rings um die Radhochburg St. Wendel zu. In Ottweiler können Mountainbiker auf dem Flowtrail am Steinberg locker ins Tal schwingen (www.radfahren.saarland).

Wandern

In den Charts der schönsten deutschen Wanderziele steht das Saarland ganz weit vorne. Das unabhängige Deutsche Wanderinstitut in Marburg hat um die 70 Touren im Saarland mit dem Prädikat Premiumwanderweg ausgezeichnet. Die Wege führen durch besondere Landschaften, bieten herrliche Ausblicke und schöne Ruheplätze, wobei jeder Weg seine eigene Dramaturgie hat. Zu diesen Rundwegen, die gut für eine (Halb-)Tagestour geeignet sind, gesellen sich drei Fernwanderwege: der Saar-Hunsrück-Steig (www.saar-hunsrueck-steig.de) zwischen Mosel, Saar, Hochwald, Hunsrück und Rhein (ca. 400 km). An diesen Steig knüpfen sich noch spezielle »Traumschleifen« – für Wanderer, die es schön, aber etwas gemütlicher haben wollen. Der Moselsteig verläuft von Perl nach Koblenz (ca. 305 km). Auch der legendäre Jakobsweg streift die Region: Vom Kloster Hornbach bei Zweibrücken geht's durch den Bliesgau, dann über Saarbrücken oder Saargemünd in die Lothringer Metropole Metz (ca. 130 km).

In flottem Tempo durchs Tal der Nied. Mit diversen Einkehrmöglichkeiten für Gourmets

Großer Fernwanderweg oder kleine Traumschleife: Alle haben ihre ganz eigene Dramaturgie.

So schmeckt das Saarland

»Dibbelabbes« oder Sterne-Menü: Sie haben die Wahl – nicht nur im Nauwieser Viertel in Saarbrücken.

Zu den hervorragenden Weißweinen (und Sekten) der saarländischen Winzer aus Perl an der Mosel gehören der fruchtige Auxerrois und der spritzige Riesling oder Elbling.

Hauptsach gudd gess: Das Essen (und Trinken) spielte schon immer eine große Rolle im Leben der Saarländer. Wenn man einen sagen hörte, er habe »gudd gess«, hieß das, es habe »dehemm« (zu Hause), auf Besuch oder in der Wirtschaft reichlich zu essen gegeben. Quantität stand also für Qualität bei den nicht gerade wohlhabenden Bauern und Industriearbeitern an der Saar. Sie hatten meist auch ein eigenes »Gäadsche« (Gärtchen), in dem die vielfältig verwertbare »Grumbier« (Kartoffel) die Hauptrolle spielte. Kein Wunder also, dass mit dem »Dibbelabbes« ein deftiges Kartoffelgericht in den Rang eines saarländischen Nationalgerichts erhoben wurde.

Eine Ziege im Stall (»Berschmannskuh«) sorgte dafür, dass auch mal Milch und Käse auf den Tisch kamen. In den prosperierenden 1950er-Jahren verhalf das nahe Frankreich mit seiner Haute Cuisine der bodenständigen saarländischen Küche zu neuen Höhenflügen. Vor über 20 Jahren schon stellte Gourmet-Papst Wolfram Siebeck erstaunt fest, dass Saarbrücken gastronomisch durchaus mit Quartiers in Paris konkurrieren könne. Dem Urteil schlossen sich auch die Inspekteure des »Guide Michelin« an, die das kleine Saarland inzwischen gleich zweimal mit drei Sternen und fünfmal mit einem Stern ausgezeichnet haben.

Gutes aus dem eigenen Land

Aber was viel wichtiger ist: Die Sterne der Großen strahlen aus ins ganze Land, wecken den Ehrgeiz anderer Köche, die zum Teil bei den Grands Chefs gelernt haben und nun in ihrem eigenen Lokal ihre ganz persönliche Nische suchen zwischen mediterran, französisch, saarländisch und exotisch. Oft auch im lockeren Ambiente eines Bistros, Cafés oder einer alten Dorfwirtschaft, in die auch der Trend eingekehrt ist, Gutes aus dem eigenen Land auf den Tisch zu bringen: feine Öle, Fleisch, Fisch, Käse, Salat und Gemüse aus der Biosphäre Bliesgau etwa, Wein von der saarländischen Mosel, Bio-Bier aus der Abtei-Brauerei Mettlach, *Viez* (Apfelwein) von den zahllosen Streuobstwiesen im Lande. Doch an der Saar macht man daraus keinen Kult wie in so manchen hippen Großstadtquartieren. Man bietet es einfach an und freut sich, wenn's den Leuten schmeckt, fertig.

Auch das rustikal-proletarische Erbe lebt noch fort. In der urigen Land-Wirtschaft mit Biergarten, wo Bratwurst, Schnitzel oder *Gefillde* auf großen Tabletts über die Häupter der Gäste schweben. Oder in der Bierkneipe, wo es *Hacksschnittchen* (Mettbrötchen) und Frikadellen am Tresen gibt. Nicht zu vergessen die unvermeidliche *Roschdworschdbud'*, in der die saarländische Bratwurst »to go« in einen aufgeschnittenen halben *Doppelweck* (Brötchen) geklemmt wird. »Maaahlzeit!«

Feste essen und trinken

Tradition und Bodenständigkeit spürt man noch bei den Bettsäächertagen im Frühjahr. Da wird im Garten der Löwenzahn gestochen und zubereitet, beim Walnuss- oder Leinblütenfest im Frühsommer sitzen alle an langen Tafeln unter freiem Himmel. Beim Biosphärenfest im Spätsommer tischen die Bauern auf, was ihre Felder und Ställe hergeben. Bei den Bliesgau-Lammwochen im Oktober wird Essen als eigene Kunstform zelebriert. Bei den Hochwälder Kartoffeltagen und Wildwochen im Spätherbst schließlich wird das aufgeboten, was die Menschen hier seit Jahrhunderten durch den Winter bringt.

Warum Schwäbische Alb?

Vom Knopfmacherfelsen im Naturpark Obere Donau reicht der Blick weit über das Donautal.

An der Kante

Nach einer steilen Kraxelei ist die Überraschung perfekt: Statt eines Gipfels tut sich eine weite Hochebene mit weidenden Schafen auf. Allein das ist eine Reise auf die Schwäbische Alb, dem Radel- und Wanderparadies zwischen Neckar und Donau, wert. Doch es gibt noch mehr: urige Fachwerkstädtchen, Burgruinen, spannende Schauhöhlen und Gasthäuser, die deftige Hausmannskost servieren.

Schwäbischer Barock vom Feinsten: in der Klosterkirche Ave Maria in Deggingen

Sonnenaufgang über der Schwäbischen Alb, direkt an der Nebelgrenze

Das ist die Schwäbische Alb …

Die Schwäbische Alb ein Mittelgebirge? Passt irgendwie nicht, denn das Wort »Gebirge« lässt ja im Kopf das Bild von aneinandergereihten Bergen entstehen. In diesem Fall aber handelt es sich um eine fast 5900 km² große Hochebene, die auf der nordwestlichen Seite beeindruckend abrupt abfällt. Ein bis zu 40 km breiter Klotz also, der auf etwa 200 km Länge schräg durch Baden-Württemberg verläuft. Ein bisschen zwar auch durch Bayern und die Schweiz, aber das wird hierzulande gern unterschlagen.

Der Blick vom Balkon

Die Grenze ist klar erkennbar: Der Albtrauf bildet eine Kante, die wie ein Balkon wunderbare Ausblicke bietet. An der südöstlichen Grenze – nicht ganz so eindeutig zu erkennen – verläuft die Donau. Im Norden setzt sich das Mittelgebirge als Fränkische Alb fort. Dort, wo sich die beiden treffen, ist auf der Karte eine Delle zu bemerken: das durch den Einschlag eines Meteoriten entstandene, kreisrunde Nördlinger Ries. Im Südwesten stößt die Alb wiederum mit dem Schwarzwald zusammen.

Schichttorte in Bewegung

Die Hauptsache aber ist das Hochplateau. Einst Teil eines riesigen Ozeans, entstand die Schwäbische Alb vor 150 bis 200 Millionen Jahren – in der sogenannten Jura-Zeit – aus Ablagerungen von Ton-, Kalk- und Mergelschichten. Im Zuge der Entstehung des Oberrheingrabens hoben sich dessen Ränder, und das Ganze geriet in Schräglage. Herausgehobene Schichten verwitterten und wurden – bzw. werden – im Lauf der Jahrmillionen abgetragen. Widerstandsfähige Gesteinsformationen wurden zu Stufen, der Albtrauf ist dabei nur die markanteste. »Südwestdeutsches Schichtstufenland« sagen dazu die Geologen. Das Hochplateau neben dieser Kante ist aber keinesfalls topfeben, es besteht aus leicht gewellten, in Richtung Trauf auch steileren Tälern. Ein ideales Gelände für Wanderer und Radfahrer. Wer sich zudem für Geologie interessiert, findet hier viel Spannendes. Nach wie vor ist die gesamte Region durch Erosion in Bewegung. Wer sich mehr für die Historie interessiert, freut sich über die vielen Burgen und Burgruinen, die von der Vergangenheit erzählen.

Hohenrechberg bei Schwäbisch Gmünd ist nur eine von zahlreichen malerischen Burgruinen auf der Alb.

Schroffe Felsen, wildes Leben: Der Albdurchbruch der Donau ist als Naturpark geschützt.

Immer einen Kittel kälter

So lieblich das Plateau im Vergleich zu den felsigen Abgründen am Albtrauf scheint: Es ist eine raue, fast unwirtliche Gegend. Es sei hier, sagen die Schwaben, »immer einen Kittel kälter«. Nur bei Inversionswetterlage im Herbst oder Winter ist es gelegentlich oben sonnig, während in der Ebene der Nebel wabert. Dann ist die Fernsicht besonders faszinierend.

Durchlöchert – und manchmal sogar geschüttelt

Die Alb war immer eine Armeleutegegend, der Boden nur mühsam zu beackern. Vielleicht eine Erklärung dafür, warum die sprichwörtliche Sparsamkeit der Schwaben hier gelegentlich noch gesteigert wird. Vor allem aber fehlt es an Wasser. Der Kalkstein bildet nämlich eine Karstlandschaft, die vom Regenwasser geradezu durchlöchert wird. Das Wasser versickert, sucht sich seinen Weg und tritt zuweilen als Karstquelle wieder hervor. Berühmtestes Beispiel ist der Blautopf: Die blau leuchtende Quelle lockt ebenso wie etliche der etwa 2500 Höhlen auf der Alb die Touristen an.

Als sei der karge Boden nicht schlimm genug, gehört die Region auch noch zu den Erdbebengebieten in Deutschland. So mancher erinnert sich noch an den 3. September 1978, als die Erde in den frühen Morgenstunden zwei Sekunden lang in große Aufruhr geriet. Gemessen wurde die Stärke 5,7 auf der Richterskala. Die Erschütterungen waren im Umkreis von 400 km zu spüren, die Schäden enorm. Zuletzt gab es ein leichtes Wackeln in der Nacht zum 1. Dezember 2020, Stärke 3,9. Da war die Region noch einmal mit dem Schrecken davongekommen.

Hartgesotten, bodenständig – und nicht leicht zu verstehen

Kein einfaches Leben also. So ist es nicht verwunderlich, dass die Bewohner dieser dürren bes edelten Region als besonders hartgesotten bewundert werden. Es lebt ein ganz eigener Menschenschlag hier oben, eher bodenständig als weltläufig. Das zeigt sich auch in der Sprache: Selbst wer des Schwäbischen mächtig ist, tut sich »uff d'r Alb« manchmal schwer, den örtlichen Dialekt zu verstehen.

... und das sind ihre Städte

Rund um den Marktplatz strahlt Reutlingen noch ein wenig mittelalterliches Flair aus.

Urban ist die Schwäbische Alb nicht wirklich: die größeren und meist auch interessanteren Städte sind vielmehr um sie herum angeordnet. Zwar wurde die Gegend vergleichsweise früh besiedelt, doch nur dort, wo das Land flacher und die Verkehrsanbindung günstiger waren als auf der unwirtlichen Hochebene, haben sich auch Städte entwickelt. Gleichwohl werden Ulm, Schwäbisch Gmünd und Tübingen dieser Region zugeschlagen. Mit mehr als 125 000 Einwohnern ist Ulm die größte von ihnen. Links der Donau schwäbisch, rechts der Donau als Neu-Ulm bayerisch, ist die Universitätsstadt in erster Linie bekannt für das Münster – größte evangelische Kirche Deutschlands, höchster Kirchturm der Welt (161,53 m genau gesagt). Die Ulmer sind schon recht stolz auf ihre gotische Schönheit. Schwäbisch Gmünd, an der Rems gelegen, ist deutlich kleiner, hat aber ebenfalls schöne alte Kirchen und viel Fachwerk zu bieten. In die Schlagzeilen schafften es die Gmünder, als sich eine Stadträtin anlässlich der Landesgartenschau 2019 von einem Bodypainter als das Wappentier, ein Einhorn, bemalen ließ. In der Universitätsstadt Tübingen am Neckar können sich Besucher wie der akademische Nachwuchs von Cambridge oder Oxford fühlen, wenn sie auf dem Neckar mit dem Stocherkahn unterwegs sind. An Fronleichnam wird alljährlich um die Wette gestochert.

Aalen

Am nordöstlichen Rand der Alb, in der gleichnamigen Bucht am Oberlauf des Kochers, liegt Aalen. Die Stadt wirkt von außen eher nachkriegsmodern, weist aber im Innern überraschend viel historisches Flair auf. Tief in die Vergangenheit dringt zudem, wer sich im Limesmuseum mit der Geschichte des Römischen Reichs (1.–6. Jh. n. Chr.) befassen möchte. Auf den Resten des größten Reiterkastells nördlich der Alpen wird die Geschichte rund um das militärische und zivile Leben an diesem Grenzwall gezeigt.
Im Übrigen hat die Sage vom Aalener Spion Bekanntheit erlangt, der im Heer des gegnerischen Kaisers freimütig zugab, ein Kundschafter zu sein. Eine Stadt, in der solche Schlaumeier lebten, habe Schonung verdient, meinte daraufhin der Herr über Leben und Tod.

Reutlingen

Unterhalb des Bergkegels Achalm liegt Reutlingen. Die jüngste und kleinste Großstadt Baden-Württembergs steht manchmal im Schatten der eigentlich kleineren Unistadt Tübingen. Besonders hübsch ist sie nicht, doch sie besticht durch ein überraschend üppiges Kulturangebot. Das liegt einerseits an dem im 19. Jh. entstandenen Wohlstand des Bürgertums (Textilindustrie, gefolgt von Maschinenbau), andererseits an

Im großen Stadtschloss in Sigmaringen residieren bis heute die Fürsten von Hohenzollern.

Das Stadtmuseum von Bad Urach in der alten Klostermühle zeigt auch Uracher Handwerkskunst.

einer starken Arbeiterbewegung. Die erste Schauspieltruppe, das 1928 entstandene Naturtheater, ist aus einem Arbeiter- und Bildungsverein hervorgegangen. Auch das heute bedeutendste Theater der Stadt, liebevoll »Die Tonne« genannt und in einem modernen, im Sonnenlicht geradezu strahlenden Kubus untergebracht, geht auf eine private Initiative zurück. Bezeichnend ist ebenso, wie die Stadt gleich nach dem Zweiten Weltkrieg das Musikleben aufblühen ließ. Namhafte Solisten gastieren gern in der großen Stadthalle mit ihrer herausragenden Akustik, und die Konzerte der Württembergischen Philharmonie Reutlingen oder der Jungen Sinfonie sind regelmäßig ausverkauft. Kulinarisch bietet Reutlingen eine Besonderheit, die *Mutschel*. Das sternförmige Hefegebäck mit acht Zacken und einer Erhebung in der Mitte verweist, so die Legende, auf den Stern der Weisen aus dem Morgenland. Alljährlich am Donnerstag nach dem Dreikönigsfest wurde und wird in den Cafés und Gaststätten der Stadt um die *Mutscheln* gewürfelt.

BAD URACH

Urach ist seit 1983 als Luftkurort und Heilbad Bad Urach anerkannt. Das kleine Fachwerkstädtchen, in dem einer Legende nach die schwäbische Brezel erfunden wurde, besticht durch seinen historischen Marktplatz und sein Residenzschloss. Bekannt ist es vor allem wegen eines der schönsten Naturschauspiele der Alb, dem Uracher Wasserfall. Aus 37 m stürzt das Wasser über eine Tuffsteinkante in die Tiefe. Alle zwei Jahre findet in Bad Urach der Schäferlauf statt, bei dem junge Schäferinnen und Schäfer barfuß über die Wiese rennen.

TUTTLINGEN

Das Stadtbild der Großen Kreisstadt Tuttlingen ist im Großen und Ganzen durch das Wörtchen »schnurgerade« charakterisiert. Wo nämlich die zwei Hauptstraßen aufeinandertreffen, liegt ein geräumiger Marktplatz mit einem quadratischen Grundriss. Da die Innenstadt im Jahr 1803 vollständig abbrannte, gibt es so gut wie keine historischen Gebäude – wenn man die Zeit danach nicht als historisch betrachten möchte. Die Front der evangelischen Stadtkirche gilt nämlich als eine der schönsten Jugendstilfassaden in Süddeutschland. Und auch der typische »Tuttlinger Hut« ist eine Folge dieses Brandes: Die Walmdach-Variante sollte vor Feuer schützen und wurde als Standard für die Neugestaltung der Innenstadt festgelegt. Für Verwunderung aber sorgt bei Besuchern das Verschwinden der Donau: An etwa 155 Tagen im Jahr versickert der Fluss bei Tuttlingen-Möhringen vollständig im Karstgestein und hinterlässt ein ausgetrocknetes Flussbett. Etwa 12 km Luftlinie entfernt, tritt das Wasser im Aachtopf dann wieder zutage. Jüngere Leser werden Tuttlingen wohl eher mit der Festungsruine Honberg in Verbindung bringen, dem Wahrzeichen der Stadt mit seinen zwei charakteristischen Türmen. Dort findet regelmäßig im Sommer ein Zeltmusikfestival statt.

SIGMARINGEN

Der bei Touristen beliebte Ausgangsort für Wander- und Radtouren liegt mitten auf der Alb. Hoch über der Altstadt thront ein beeindruckendes Renaissanceschloss. Es ist das Hohenzollernschloss – nicht zu verwechseln mit der eigentlichen Stammburg der Hohenzollern bei Hechingen, auch wenn die Geschicke seiner Bewohner eng miteinander zusammenhängen. Wer sich der Stadt nähert, dessen Blick bleibt natürlich zuerst an dieser imposanten Schönheit oberhalb der noch jungen Donau hängen, doch auch die Straßen der Altstadt zeigen zahlreiche historische Gebäude.

Die Schwäbische Alb erleben

Ob zu Fuß oder per Rad – die Landschaften der Schwäbischen Alb sind zu jeder Jahreszeit eine echte Augenweide.

1. ***TOUR***

Auf der Zollernalb – **Die Jagd nach dem Burgblick**

Von den vielen herrlichen Aussichten auf dieser perfekten Albwanderung ist der Ausblick auf die Märchenburg der Hohenzollern die Krönung – wenn der Himmel es zulässt …

2. ***TOUR***

Erkundungen auf der Ostalb – **Nach Schwäbisch-Sibirien**

Früher war hier viel los – Meteoriteneinschläge, steinzeitliche Bildhauer, römische Reiter, mittelalterliche Burgherren Heute locken ihre Hinterlassenschaften und die karge Schönheit der Kalk- und Karstlandschaft.

3. ***TOUR***

Tagestour ins Tal der Großen Lauter – **Alb für Anfänger**

Der Ausflug ins Große Lautertal bietet vor allem, was die Schwäbische Alb ausmacht, ein bisschen rauschende Wasserfälle, romantische Burgruinen und Fachwerkhäuser, eine imposante Schauhöhle und barocke Kirchenkunst.

1. TOUR 2. TOUR 3. TOUR

Auf der Zollernalb

Die Jagd nach dem Burgblick

Diese Tour hat alle Zutaten für die perfekte Albwanderung: einen markanten Albtrauf mit vielen Aussichten, den Blick auf die Märchenburg der Hohenzollern, die Wacholderheide – im Idealfall noch mit Schafen – und solide schwäbische Küche. Bei gutem Wetter ist die Runde auch für Familien attraktiv, denn sie geht überwiegend sanft bergauf, bergab, doch auch schlechtes Wetter hat hier seinen Reiz.

Von Bisingen am Fuß der Alb immer bergan fahrend, erreichen wir den Startpunkt der Rundtour am Parkplatz Stich kurz vor Albstadt-Onstmettingen. Zu Fuß geht es jetzt stetig bergauf, die Abbruchkante wird immer deutlicher, und mit Heiligenkopf und Blasenberg sind die ersten Höhe- und Aussichtspunkte bald erreicht. Auf der einen Seite geht es von nun an beeindruckend in die Tiefe, auf der anderen gefällt sich eine Hochebene geradezu im Understatement: Wacholderheiden, Buchenwäldchen, dunkelgrüne Nadelwald-Tupfer, Wiesen, Ackerflächen, weidende Schafe.

Wie ist dieser Kontrast eigentlich zustandegekommen? Weiche Kalk-, Ton- und Mergelschichten – Ablagerungen aus der Zeit, als die Gegend noch ein riesiger Ozean war – sind Wind und Wetter aus-

Burg Hohenzollern, eine Burg wie aus dem Bilderbuch – und diese Aussicht ist jede Anstrengung wert!

gesetzt und werden nordwestlich des Albtraufs abgetragen. Widerstandsfähige Gesteine formten die heute so beliebten Aussichtsplattformen. Nach Südosten breitet sich die Albhochfläche aus.

Von Fernblick kann heute allerdings keine Rede sein. Dauerregen sorgt für nasse Klamotten und beschlagene Brillen. Selbst die Vögel scheinen sich in den Bäumen zu verstecken, und nur neugierige Eichhörnchen beobachten, wie sich diese sonderbaren Touristen die Regentropfen aus dem Gesicht wischen. Wir lassen uns aber nicht bange machen und laufen unverdrossen über den breiten Pfad, links neben uns immer den Abgrund. Es ist morgendlich still, der Nebel, der aus dem Tal hochwabert, dämpft alle Geräusche.

Hier sind es ausnahmsweise Ziegen, die unter den herbstleuchtenden Bäumen auf der Albhochfläche ihr Futter suchen.

Panorama mit Hindernissen

Leider nimmt er auch die Sicht, und so können wir den Blick vom Zeller Horn, immerhin 913 m hoch, zunächst nicht so recht genießen. Irgendwo da vorne im Nebel liegt die Burg Hohenzollern, doch noch ist keine Zinne, kein Türmchen zu entdecken. Ein, zwei Becher Kaffee aus der Thermoskanne später schöpfen wir Hoffnung und beschließen zu warten. Denn immer wieder reißt der Himmel auf und zeigt ein wenig Blau. Die Nebelschwaden wabern schneller und schneller an uns vorbei, und da: Plötzlich kann man den Berg ahnen, auf dem die Burg einsam vor dem Albtrauf liegt.

Inmitten der weißen Nebelwatte ist die Burg Hohenzollern noch beeindruckender als gewöhnlich, geradezu romantisch. Für Geschichtsinteressierte symbolisiert sie den Ursprung preußischer Könige und deutscher Kaiser. Preußisch? Hier im Schwabenländle? Ja, durchaus, und wer wissen möchte, wie das zusammenhängt, erfährt das bei einer Führung durch die Burg. Sie ist nach wie vor im Privatbesitz der Hohenzollern. Ihre Vorfahren ließen den Stammsitz der Familie um 1850 zu Repräsentationszwecken neu errichten.

Hält er oder fällt er?

Dass die Alb geologisch nach Millionen von Jahren noch immer in Bewegung ist, zeigt unser nächstes Ziel, der Hangende Stein. Wobei der Begriff »Stein« irreführend ist, denn die mächtige Felswand aus Kalkstein hat sich auf etwa 200 m durch Erosion vom Plateau getrennt. Noch können Wagemutige die etwa 2 m breite Kluft überspringen, doch eines Tages wird der Hangende Stein vollends ins Tal hinabstürzen.

So langsam werden wir hungrig, lassen den weiteren Albtrauf links liegen und kürzen ab, direkt zum Nägelehaus. Nach dem Essen sparen wir uns die Aussicht vom Raichbergturm – bei klarem Wetter könnte man hier bis ins Berner Oberland sehen. Zurück zum Startpunkt geht es dann auf der sanft eingeschnittenen Hochfläche. Der wilde Albtrauf scheint hier vollständig vergessen.

GANZ NACH BEDARF

Die ganze Runde (15,5 km, 6 Stunden) steht als »Traufgang Zollernburg-Panorama« auf www.traufgaenge.de. Man kann an verschiedenen Stellen starten und die Strecke nach Bedarf abkürzen.

2. TOUR

Erkundungen auf der Ostalb

Nach Schwäbisch-Sibirien

»Cholera, Malaria und von d'r Alb ra« sind die drei Geißeln der Menschheit, wie sie von jenen Schwaben gesehen werden, die nicht auf der Ostalb leben. Das Leben im kargen, eher dünn besiedelten Osten mag hart gewesen sein, aber die Natur- und Kuturschätze der Region – vom besterhaltenen Asteroidenkrater der Welt bis zu den ältesten Kunstwerken der Menschheit – sind jede Reise wert.

Vor 15 Millionen Jahren war in der Gegend von Nördlingen nicht gut sein. Denn ein kilometergroßer Asteroid schlug just da mit tödlicher Urgewalt ein, wo heute eine der schönsten Altstädte Deutschlands liegt. Vom 90 m hohen »Daniel« aus, dem Turm der St.-Georgs-Kirche, der die komplett erhaltene Wehrmauer überragt, ist das Ergebnis der kosmischen Katastrophe gut zu sehen: Das ziegelrote Dächermeer der ehemals freien Reichsstadt liegt in einem kreisrunden, rund 20 km großen Krater, der umgeben ist von den Hügeln der Fränkischen und Schwäbischen Alb. Heute ist dies der Geopark Ries, in dem man auf Wander- und Radwegen und dank Infotafeln und Lehrpfaden in die geologische Vergangenheit reist.

Zurück in der Gegenwart geht es weiter nach Bopfingen, ebenfalls eine ehemalige Reichsstadt mit langer Geschichte und geprägt von einem Naturphänomen: dem Ipf. Nein, ein Vulkan, wie viele meinen, ist er nicht, der scheinbar kreisrunde, 668 m hohe, allein stehende Hügel. Die markante Erhebung mit dem Gipfelplateau ist ein Zeugenberg, ein Überbleibsel der Schwäbischen Alb, die sich im Lauf der Jahrmillionen zurückgezogen hat. Wer den Ipf über die flachere östliche Seite besteigt, wird mit demselben fantastischen Rundblick belohnt, den wohl schon die Kelten in ihrer Festung vor fast 2000 Jahren hatten: auf das Ries, den Aufstieg auf die Alb und die Alb selbst.

An den Limes und ins All

»VIEL STEINE GAB'S UND WENIG BROT« heißt es über das Leben auf dem Härstfeld, dem östlichsten Teil der Ostalb.

Über Lauchheim und vorbei an der stolzen Kapfenburg, deren Burghof im Sommer atmosphärische Open-Air-Kulturevents beherbergt, hinauf auf den östlichsten Teil der Alb. »Schwäbisch-Sibirien« wird das Härtsfeld mit seinen harten Wintern auch genannt. Bei der Fahrt über diese einsame, dünn besiedelte Kalkhochfläche voll karger Schönheit kann man sich vorstellen, wie hart das Leben früher für die Bauern hier war.

Angekommen in Aalen geht es wieder weit zurück in der Zeit, denn das Limesmuseum mit seiner fantastischen Ausstellung liegt genau an jenem Ort, an dem sich im 2. Jh. n. Chr. das größte römische Reiterkastell nördlich der Alpen befand. Einen Blick ins Universum kann man dann in Oberkochen werfen: Das hochmoderne Zeiss Museum der Optik erzählt vom Fernrohr Napoleons, zeigt die Brille des Dichters Eduard Mörike, Mikroskope aus allen Zeiten – und erlaubt mit dem kleinsten Planetarium der Welt eine Reise zu den Sternen. Nur wenige Kilometer weiter, im Schatten des hübschen barocken Rathauses, wird der Himmel dann auf die Erde geholt. Er spiegelt sich im klaren, glatten Wasser des Brenzurspungs, das je nach Lichteinfall in den schöns-

ten Blau- und Grüntönen leuchtet. Die Karstquelle mit ihrem unterirdischen Zufluss ist ein typisches Phänomen im Kalkgestein.

Das liebliche Eselsburger Tal der Brenz ist nicht nur für Wanderer anziehend, sondern kann auch radelnd oder kletternd erkundet werden

Ein Paradies aus Wacholderheiden und Felsen

Im Nachbarort Steinheim am Albuch schließt sich ein Kreis. Das kleine Städtchen liegt in einem Krater – der nur wenige Sekunden nach dem Nördlinger Ries entstanden ist. Der Meteorit, der hier einschlug, raste zusammen mit dem Ries-Asteroiden durchs All. Die Entstehung und die Geschichte des Steinheimer Beckens kann man im kleinen, aber feinen Meteorkrater-Museum nacherleben.

Wer nicht schon rund um Steinheim per pedes die Wälder und die für die Alb typischen, offenen Wacholderheiden erkundet hat, sollte spätestens im Naturschutzgebiet Eselsburger Tal bei Herbrechtingen in die Wanderschuhe schlüpfen. Auf der sonst so wasserarmen Alb findet sich hier, in einer Flussschlinge der Brenz, ein Paradies aus Heide, (Kletter-)Felsen und Feuchtgebieten. Wie die Kalk- und Karstwelt unter der Erde aussieht, offenbart die nahe Charlottenhöhle, die längste begehbare Tropfsteinhöhle der Alb. Und noch einmal einige Kilometer weiter geht es ein letztes Mal weit zurück in der Zeit. Der Archäopark Vogelherd beherbergt ein Unesco-Welterbe: kleine, 40 000 Jahre alte Skulpturen eines Mammuts und eines Höhlenlöwen. Die ältesten Kunstwerke der Menschheit faszinieren ebenso wie das Wissen, dass hier in der Steinzeit tatsächlich Menschen lebten. Mit einem Höhepunkt anderer Art, der ebenfalls die Kunstfertigkeit des Menschen zeigt, endet die Tour am südlichen Rand der Ostalb: mit dem Blick zurück vom Ulmer Münster, dem höchsten Kirchturm der Welt.

Zu den Fossilienfunden aus dem Steinheimer Becken gehört auch dieser Überrest eines Gabelhirschs im Meteorkrater-Museum.

Tagestour ins Tal der Großen Lauter

Alb für Anfänger

Manche Ausflüge machen es einem wirklich schwer. Warum? Weil sie so vieles bieten, dass man sie eigentlich mehrmals machen muss. Die Fahrt von Stuttgart ins Lautertal ist ein solcher Ausflug. Ihr großes Plus: Da sie von allem, was die Alb ausmacht, ein bisschen hat, ist sie ideal für Alb-Neulinge.

Der Weg auf die Alb führt über die Schnellstraße Richtung Metzingen. An Werktagen kann man den Ausflug mit einer Einkaufstour in der Outlet-Stadt verbinden, doch realistischerweise spart man sich diesen Progammpunkt lieber für Schlechtwettertage auf. Hinter Metzingen rücken die Albhänge näher, und schon bald ragt rechts der Straße ein kegelförmiger Hügel in den Himmel, auf dem die imposante Ruine der Burg von Bad Urach thront. Wer möchte, kann hier schon das erste Mal die Wanderschuhe schnüren, denn zur Hauptattraktion des Kurstädtchens, den berühmten Wasserfällen, kommt man nur zu Fuß. Der Weg zum unteren Rand der Wasserfälle ist noch kinderwagentauglich, für die etwa dreistündige Rundwanderung, die von herrlichen Aussichten begleitet ist, braucht man Trittsicherheit und festes Schuhwerk. Im Herbst, wenn die bewaldeten Höhen sich bunt färben, ist diese Wanderung ein Traum!

Bad Urach selbst wird heute vor allem vom Kurbetrieb dominiert. Mittelpunkt der überschaubaren Altstadt ist der großzügige, von herrlichen Fachwerkhäusern umgebene Marktplatz, den man am besten bei Kaffee und Kuchen auf sich wirken lässt.

Der 37 m hohe Uracher Wasserfall ist ein zauberhaftes Naturschauspiel – im Winter kann er sogar zufrieren.

Ein Fluss windet sich

Hinter Urach wird das Tal enger und enger, bis sich die Straße in steilen Kehren zur Hochfläche der Alb hinaufschlängelt. Endlich wieder weite Landschaft und weite Sicht! Schon nach wenigen Kilometern ist Münsingen erreicht, wo man die B 465 verlässt und auf kleinen Straßen Kurs auf das Große Lautertal nimmt. In Buttenhausen stößt die Landstraße auf den Fluss, nach dem das Tal benannt ist. So gemächlich sucht er sich im flachen, mal breiter, mal schmaler werdenden Tal seinen Weg, dass man ihn an manchen Stellen für ein stehendes Gewässer halten möchte. Die Hänge links und rechts bedecken dichte Buchenwälder, aus denen immer wieder steile Felsen herausragen. Am Wochenende sind die vielen Parkplätze an der Straße meist gut belegt, unter der Woche hat man die breiten Wander- und Radwege, die rechts der Großen Lauter (und auch oberhalb des Tals) verlaufen, meistens für sich allein.

Im Tal der Burgen

In kurzen Abständen folgen hübsche kleine Ortschaften – Hundersingen, Bichishausen, Gundelfingen, Indelhausen –, die im Schatten von trutzigen Burgruinen liegen. Gundelfingen wird sogar von zwei Burgen bewacht, Niedergundelfingen auf der einen und Hohengundelfingen auf der anderen Talseite. Der kurze Aufstieg zur Ruine

Ein trügerischer Name – die Große Lauter, ein Donauzufluss, ist eher ein schmales, geruhsames Flüsschen.

Hohengundelfingen ist ein absolutes Muss: Von der majestätisch auf bewaldeten Felsen thronenden Anlage, einst Sitz des mittelalterlichen Adelsgeschlechts der Gundelfinger, bietet sich ein fantastischer Ausblick auf das Große Lautertal.

Steinzeithöhlen und barocke Sommerresidenz

Indelhausen ist das letzte Dorf im Großen Lautertal, dann geht es erst in großen Kurven bergauf nach Hayingen und kurz hinter dem Straßendorf durch ein bewaldetes Tal wieder bergab. Die erste Abfahrt von der Straße führt vor die Tore von Schloss Ehrenfels, das idyllisch im Wiesenbett liegt. Die Anlage, im 18. Jh. als Sommerresidenz für das nahe gelegene, ehemalige Kloster Zwiefalten erbaut, ist ein beliebtes Spaziergängerziel an Wochenenden und kann nur von außen besichtigt werden. Wenige Hundert Meter weiter folgt der Parkplatz, von dem aus es zur Wimsener Höhle geht – die einzige der vielen Alb-Höhlen, in die man sogar mit einem Kahn hineinfahren kann. Höchst beliebt an Sommerwochenenden ist auch der Gasthof Friederichshöhle direkt daneben.

Die Bierbraukunst des Benediktinerklosters Zwiefalten geht auf das 16. Jh. zurück.

Ein Bier zum Schluss

Wie wäre es zum Abschluss des Ausflugs mit einem zünftigen Essen und einem frisch gezapften Bier? Dann auf nach Zwiefalten in den dortigen Brauereigasthof! Auch für Zwiefalten gilt: Am besten unter der Woche kommen, dann hat man auch die schöne barocke Klosterkiche, der man unbedingt einen Besuch abstatten sollte, weitgehend für sich.

Die Maultaschen-Rezepte mögen von Familie zu Familie variieren, aber es beginnt immer mit dem Teig …

So schmeckt die Schwäbische Alb

Typisch schwäbische Küche: Maultaschen in der Brühe

Nudelteig, Kartoffeln, Hülsenfrüchte: Wer hart arbeitet, muss Nahrhaftes auf den Tisch bekommen. Die traditionelle Küche der kargen Schwäbischen Alb wirkt deshalb eher bodenständig als fein. Dabei gibt es besonders leckere Entdeckungen zu machen, die weit über Spätzle hinausgehen. So manches Gericht wird von der Slow-Food-Bewegung als Wiederentdeckung gefeiert.

Vom Lieblingsessen der Schwaben künden mittlerweile T-Shirts und Postkarten: »Mit Spätzle ond Soß wirsch groß!« Nicht nötig, zu betonen, dass die wahren Spätzle handgeschabt oder zumindest handgepresst sind. Ähnlich nahrhaft ist der Schwäbische Kartoffelsalat, dessen Geheimnis unter anderem in Brühe, Senf, Essig und Öl besteht. »Schlonzig« muss er sein, also so saftig, dass er »schwätzt«. Und dann gibt es noch die berühmten Maultaschen. Mit ihrer Hilfe umgingen die findigen Schwaben das Fastengebot »vegetarisch«, indem sie dem Hackfleisch Kräuter und Spinat beimischten und es diskret mit Nudelteig verhüllten. Noch heute werden diese Teigtaschen *Herrgottsbscheißerle* genannt.

Vom Armeleuteessen …

Von der Alb sind vor allem die Linsen. Diese Hülsenfrüchte mögen nämlich kargen Boden und vertragen Frost. Bis in die 1950er-Jahre wurden auf der Hochfläche Linsen angebaut, zusammen mit Getreide, das als Rankhilfe diente. Allerdings war die Trennung nach der Ernte aufwendig, der Anbau wurde nahezu aufgegeben. Wenn die schwäbischen Linsen nicht zufällig in einer St. Petersburger Genbank gefunden und 2006 wieder auf die Alb zurückgeholt worden wären, sähe so manche Speisekarte hierzulande anders aus. Vom Armeleuteessen haben es die »Alb-Leisa«, zubereitet mit Mehlschwitze, Wein und Essig, mittlerweile in die »Arche des Geschmacks« der Slow-Food-Bewegung geschafft.

… zur Slow-Food-Bewegung

Angeblich wurde sogar die Laugenbrezel in dieser Region erfunden. Einer Legende nach war es ein Hofbäcker aus Bad Urach, der den Auftrag bekam, ein Brot zu backen, durch das »dreimal die Sonne scheint«. Nicht ohne Grund ist man hier überzeugt, dass die schwäbischen Brezeln den bayerischen weit überlegen sind – von den amerikanischen *Pretzels* ganz zu schweigen. Bis Übersee haben sich deren Kollegen, die sogenannten *Seelen*, nicht verbreitet. Dabei handelt es sich um eine Art Mini-Baguette aus Dinkelmehl: außen knusprig, innen weich, mit Kümmel und Salz bestreut.

Allerlei mit Obst

Zum Kaffeetrinken am Nachmittag gibt es süße *Stückle* oder einen *Träubleskuchen*. *Träuble* sind übrigens keine Trauben, sondern Johannisbeeren, und das Geheimnis des *Träubleskuchens* liegt in der leckeren Haube aus Eischnee. Zahlreiche Streuobstwiesen auf dem Hochplateau liefern zudem das Material für die Kelter. Neben Bier und Wein trinkt man in dieser Gegend gern aus Äpfeln und Birnen gewonnenen Most. Vorsicht: Im Gegensatz zu anderen Regionen handelt es sich dabei nicht um Fruchtsaft, und der Most steigt schnell zu Kopf. Auch zum Schnapsbrennen eignet sich das hiesige Obst, und so haben sich auf und am Fuß der Alb zahlreiche Brennereien etabliert. Zur Berühmtheit hat es sogar der schwäbische Whisky gebracht. Wer auf Alkohol verzichten und dennoch etwas Besonderes trinken möchte, für den ist der PriSecco aus Schlat das Richtige. Er kombiniert den Geschmack von Streuobst mit dem von Wiesenkräutern.

Warum Slowenien?

Ljubljana, Drachenbrücke und Dom St. Nikolai

Auf der Sonnenseite der Alpen

Wandern zwischen Granitgreisen und Baden an der Adria, Höhlentrips im Karst, Wellness in Wald-Thermen – und kaum eine Autostunde dazwischen! Mittendrin liegt die Hauptstadt Ljubljana, deren Name übersetzt »die Geliebte« heißt. Meist ist es Liebe auf den ersten Blick, denn die elegante Architektur der Altstadt verzaubert auf Anhieb. Lieben lernen werden Sie auch Sloweniens Küche, die Mediterranes mit Bodenständigem mischt. Und dazu der Wein! Dass er nicht bekannter ist, liegt einzig daran, dass ihn die Slowenen selbst so gerne trinken …

Der Leuchtturm von Piran

Das Logar-Tal: 9 km saftige Weiden, umschlossen von hohen Bergen

Das ist Slowenien ...

»So klein ist das Land«, witzeln die Slowenen, »dass ein gut genährtes Huhn mit Leichtigkeit darüber hinwegfliegen könnte.« Tatsächlich ist Slowenien nur halb so groß wie die Schweiz und wird von nicht mal zwei Millionen Menschen bewohnt. Mit seinen riesigen Wäldern und sauberen Gewässern zählt es zu den grünsten Gebieten in Europa. Die Vielfalt der Landschaften erstaunt: Gebirgsketten und verkarstete Plateaus, Höhlenlabyrinthe und glitzernde Seen, Weinstraßen und ein nicht gerade langes, aber doch bemerkenswertes Stück Küste.

Zwischen Bergen und Meer

Die meisten Touristen reisen über die Alpen ein: Sie fahren via Kranjska Gora durchs Soča-Tal zur Küste oder via Bled in die Hauptstadt Ljubljana. Die Landschaft im Alpenraum wirkt vertraut, sieht gar nicht so viel anders aus als die in Oberbayern, Kärnten oder der Steiermark: Man schaut auf schneebedeckte Gipfel und saftig-grüne Wiesen, picobello saubere Bilderbuchdörfer und kleine Kapellen am Wegesrand. Zentrum der Julischen Alpen ist der Triglav-Nationalpark: ein Ensemble von mächtigen Gipfeln, rauschenden Wasserfällen und kristallklaren Flüssen. Höchster Berg ist mit 2863 m der legendäre Triglav (der »Dreigesichtige«), der aus allen Himmelsrichtungen bestiegen werden kann.

Mit dem Auto braucht man drei Stunden, um von den Alpen zur Adria hinabzufahren. Alle Orte rund um den Golf von Triest sind venezianisch geprägt, über 500 Jahre lang gehörten sie zur Lagunenstadt. An der 47 km langen Küste liegen die historischen Städte Piran, Izola und Koper – mit berühmten Kulturdenkmälern, Zeugnissen einer dynamischen Geschichte. In ihrem Umkreis gibt es attraktive Badebuchten, bei Strunjan fallen Klippen senkrecht zur Küste ab. Wer weitem Sandstrand den Vorzug geben möchte, wählt den Ort Portorož: Bereits im 19. Jh. kamen Gäste hierher und verbanden den Urlaub mit einem Kuraufenthalt.

Herber Karst

Ein paar Kilometer landeinwärts bietet sich ein vollkommen anderes Bild: Eine 100 m hohe, weißgraue Kalksteinwand markiert die geologische und klimatische Grenze zum Karst (*kras* = steinerner

Eine Postkartenschönheit: der See von Bled mit Kircheninsel und Klippenburg, im Hintergrund die Karawanken

Die letzten Meter zur Wasserfallgrotte sind etwas rutschig, da kommt das Drahtseil wie gerufen.

Boden). Diesseits überwiegen die sanft gerundeten Formen des Flysch-Gesteins, und die Winde sind angenehm mild. Jenseits öffnet sich das Hochplateau einer Gebirgslandschaft, deren Oberfläche von Graten und Rinnen zerfurcht ist. Im Sommer sind die Hänge von der sengenden Sonne ausgeglüht, im Winter hingegen vom kalten Wind der Bora nahezu leergefegt. Auf den Bergkuppen kauern mittelalterliche, aus Bruchstein errichtete Wehrdörfer – Oasen der Stille, in denen heute nur noch wenige Menschen leben.

Der Karst birgt viele Geheimnisse: Dunkle Seen verschwinden über Nacht von der Erdoberfläche, es gibt märchenhafte Höhlen und unterirdische Flüsse. Die tiefste Grotte liegt 1000 m unter der Erde, eine ist gar mehr als 20 km lang. Spektakulär sind vor allem die Höhlen von Škocjan (Škocjanske Jame) und die Adelsberger Grotte (Postojnska Jama).

Ljubljana und der Osten

Unbestrittenes Herz des Landes ist die kosmopolitische Hauptstadt Sloweniens, Ljubljana, eine »Perle des Barock«, wo sich alles, was schön ist, zu Fuß erreichen lässt. Die beschwingte Architektur sorgt zusammen mit dem jugendlichen Lebensstil für ein ungewöhnliches Stadterlebnis. Südlich und östlich von Ljubljana geht der Karst in bewaldetes Mittelgebirge über.

An Flüssen wie Krka und Sava liegen kleine Städte, aber auch mächtige Burgen und befestigte Klöster. Sie erinnern daran, dass die Gegend einst Grenzland war, ein Bollwerk des christlichen Abendlands gegen das auf dem Balkan vorrückende Osmanische Reich. Vielerorts sieht man steile Weinhänge, die sich bis Prekmurje, dem »Land jenseits der Mur«, ausdehnen.

Der älteste Rebstock der Welt ist über 400 Jahre alt und wächst in Maribor, der Hauptstadt von Štajerska (Steiermark). Unter ihrem historischen Zentrum liegen die größten Weinkeller Mitteleuropas – düstere, labyrinthartige Gewölbe, in denen die edlen Tropfen in großen Eichenfässern ruhen. Und fährt man aus der Stadt heraus, kommt man in eine wunderbar liebliche, hügelige Landschaft: Jeder noch so kleine Ort produziert seinen eigenen Tropfen, und manch einer davon erreicht sogar Spitzenqualität.

... und das sind seine Städte

Früher Kasernen, heute Kunst- und Kulturquartier – die Metelkova Mesto nördlich der Altstadt von Ljubljana

LJUBLJANA

Die Hauptstadt Sloweniens ist eine architektonische Perle: Die Straßenzüge zu Füßen der Burg sind von den Formen des Barock und Jugendstils geprägt, verkehrsberuhigte Plätze und Promenaden schaffen eine entspannte Atmosphäre. Sympathischer Mittelpunkt der Stadt ist der Prešernov trg, der weiträumige Platz an der Flussbiegung. Aus allen Himmelsrichtungen münden Straßen ein, in seiner Mitte steht die Statue des France Prešeren, dessen »Trinklied« zu Sloweniens Nationalhymne wurde. Am Fuße des Dichterdenkmals trifft sich die Jugend, für eine anmutige Kulisse sorgen die Bauten im Jugendstil ringsum. Nachhaltig geprägt wurde die Stadt von dem Architekten Jože Plečnik. Sein originellstes Werk ist Tromostovje, die Dreierbrücke: Eine Autospur wird von zwei Fußwegen flankiert, die strahlend weiße Balustraden und elegante Leuchten säumen. Sie queren den Fluss Ljubljanica und laufen trichterförmig auf die Altstadt zu. Links schwingen sich Plečniks Kolonnaden zur Drachenbrücke und bilden einen prächtigen Rahmen für den Markt (Glavna tržnica). Südlich davon beginnt am verkehrsberuhigten Stadtplatz (Mestni trg) die einstige Altstadt. Wo er sich weitet, steht das Rathaus (1718). Auf dem Platz, der sich südwärts in den Stari trg verlängert, gibt es viele schöne Geschäfte. Holzgeschnitzte Schaufenster, schmiedeeiserne Schilder und Laternen bilden den Rahmen für eine lebendige Café- und Künstlerszene, die bis zur parallel verlaufenden Uferpromenade und zum Oberen Platz (Gornji trg) reicht. Vom Krekov trg, zwei Gehminuten vom Markt entfernt, fährt eine Panorama-Bergbahn hinauf zur mittelalterlichen Burg von Ljubljana (www.ljubljanskigrad.si). Bis heute ist sie das Wahrzeichen der Stadt, ihr Innenhof ist von Gebäuden der Romanik bis Gotik umschlossen. Eine Wendeltreppe führt auf den Aussichtsturm und zu einem 360°-Panorama von Stadt und Land. Von der Altstadt führt die Čevljarski most (Schusterbrücke) zum universitären Zentrum am Neuen Platz (Novi trg) und dem ehemaligen Kreuzritter-Kloster Križanke, heute ein Kulturzentrum, in dem im Sommer herrliche Konzerte stattfinden.
Am und im Tivoli-Park im Westen findet sich mit einem Opernhaus, dem Nationalmuseum sowie weiteren großen Museen und Galerien eine der dichtesten Konzentrationen von Kunst in Mitteleuropa, darunter auch die Nationalgalerie.

MARIBOR

Die 112 000 Einwohner zählende Universitätsstadt ist das Zentrum der slowenischen Steiermark, nur 18 km liegt die zweitgrößte Stadt Sloweniens von der österreichischen Grenze entfernt. Auf einem Spaziergang

Maribors Marionettentheater ist das beste im Land – untergebracht in einem ehemaligen Kloster am Fluss.

An der Uferpromenade von Piran können Sie ein Sonnenbad nehmen oder über Treppen ins Wasser steigen.

durch die weitgehend verkehrsberuhigte Alt- und Innenstadt kommen Sie immer wieder an hübschen Plätzen vorbei: so am Hauptplatz (Glavni trg) mit seinem Rathaus, der barocken Aloisiuskirche und der Pestsäule oder dem noch schöneren Slomšek-Platz (Slomškov trg) mit klassizistischer Post und Universitätsbibliothek, dem Slowenischen Nationaltheater und der ursprünglich romanischen Kathedrale. Unterhalb der Stadt liegt das ehemalige Hafenviertel Lent mit zahlreichen Galerien, Bars und Cafés. Die schmalen Gassen sind bis heute nach den Handwerkern benannt, die hier im Mittelalter ihre Werkstätten hatten. Am Flussufer steht das Haus der alten Rebe (Hiša Stara trta), hier wächst der guinnessamtlich älteste Rebstock der Welt. Geht man am Ufer ein Stück Richtung Osten, kommt man zum mächtigen Wasserturm (Vodni stolp) aus der Mitte des 16. Jh. 100 Jahre älter und bedeutend kleiner ist der Judenturm (Židovski stolp), der das einstige jüdische Viertel vom Flussufer abgrenzt. Die ehemalige Synagoge nebenan ist heute Kulturzentrum mit Konzerten und Ausstellungen (www.sinagogamaribor.si).
Die Stadtburg (Mestni grad) ließ Kaiser Friedrich III. 1478 errichten, um sich vor den Türken zu schützen. Ab dem 16. Jh. stieg sie zur Residenz auf, bekam einen herrlichen Treppenaufgang und einen Festsaal mit reicher Stuckatur und Deckenbemalung. Heute beherbergt sie ein landeskundliches Museum (www.museum-mb.si) das in Geschichte, Kunsthandwerk, Handel und Kunstproduktion einführt.

CELJE

»Stadt der Grafen und Fürsten«: Hoch über der Savinja thront die Burg der Grafen von Cilli, die hier im 14./15. Jh. residierten. Ihr zu Füßen kauert am gegenüberliegenden Ufer die verkehrsberuhigte Altstadt. Bürgerpaläste aus dem 19. Jh. verströmen gründerzeitlichen Charme, im Sommer öffnen Straßencafés.
Zu den schönsten Flecken der Stadt zählt Celjes Hauptplatz (Glavni trg), mit barocken Bürgerhäusern und einer Mariensäule aus dem Jahr 1776. Früher wurde hier der Stadtmarkt abgehalten, heute bildet der Platz die Kulisse für Konzerte und Theateraufführungen im Freien. Südwärts schließt sich der Slomšek-Platz (Slomškov trg) mit der gotischen Danielskirche (Sv. Daniel) an. Oberhalb der Stadt liegt die im 12. Jh. erbaute Burg. Unter der Regentschaft der Cillis war sie das mächtigste slowenische Bauwerk. Gut erhalten ist der Friedrichsturm (Friderikov stolp), von dem man einen prachtvollen Blick bis zu den Steiner Alpen genießt.

PIRAN

Piran ist die romantischste und am besten erhaltene Stadt an der slowenischen Küste und steht unter Denkmalschutz. Malerisch liegt sie auf einer weit ins Meer ausgreifenden Halbinsel, auf drei Seiten wird sie vom Meer umspült. Im historischen Ortskern begegnet man auf Schritt und Tritt Zeugnissen der venezianischen Vergangenheit. An den Fassaden von Palästen und Kirchen, an Brunnen und Plätzen entdeckt man das Symbol der Lagunenstadt, den geflügelten Löwen. Von 1283 bis 1797, also fast 500 Jahre, gehörte Piran zur Venezianischen Stadtrepublik. Ein Muss für alle Besucher ist der Tartini-Platz und der Aufstieg zur Georgskathedrale. Muße ist an der malerischen Uferpromenade angesagt. Dort reihen sich Cafés und Terrassenlokale aneinander, auf Felsplatten können Sie ein Sonnenbad nehmen oder über eine Eisenleiter ins Meer steigen. Den besten Blick auf Küste und Stadt hat man von den Stadtmauern, die Piran im Südwesten vom Hinterland abschirmen. Im 15. Jh. aus Furcht vor Türkenangriffen errichtet, blieben sie auf einer Länge von 300 m erhalten.

Slowenien erleben

1. TOUR

Passstraße durchs Soča-Tal – **Dramatik pur in einer wilden Schlucht**

Weißer Fels im Flussbett, darüber türkisfarbenes Wasser, mal munter dahinrauschend, mal teuflisch wild. Und darüber fast senkrecht aufschießende Felswände. Erst im Golf von Triest, wo die Soča ins Meer mündet, wird die Szenerie milder.

2. TOUR

Die Höhlen von Škocjan – **Unterirdisches Spektakel**

Warm anziehen und hinab in die Eingeweide der Erde! Donnernd rauscht ein Fluss durch eine uns fremde Welt, die das Wasser in Jahrmillionen gestaltet hat. Vielleicht wird er Sie bis in Ihre Träume begleiten …

3. TOUR

Zwischen Drau und Mur – **Reben und verträumte Dörfer**

Hier schlägt Slowenien seine anmutigen Seiten auf. Nicht umsonst heißt der Hauptort Jeruzalem: eine »heilige« Stätte des Weins und so schön zwischen Rebgärten gelegen, dass man gern länger bleibt.

Eine besonders schöne Badestelle ist die Soča, die türkis und kristallklar leuchtet. Sie bildet herrliche Gumpen aus, so in der Großen Trogschlucht (Velika korita) oberhalb von Bovec.

1. TOUR 2. TOUR 3. TOUR

Passstraße durchs Soča-Tal

Dramatik pur in einer wilden Schlucht

Eine spektakuläre Passstraße führt durch eines der schönsten, von Bergriesen flankierten Alpentäler. Benannt ist es nach der Soča, einem Fluss, der einer Felsspalte unterhalb des Vršič-Passes entspringt. An mehreren Stellen können Sie halten und von schmalen Hängebrücken auf den türkisblauen Fluss hinabschauen.

Zum Vršič-Pass

Schon die Auffahrt zum 1611 m hohen Vršič-Pass ist ein Erlebnis! Von Kranjska Gora schraubt sich die ab 1916 erbaute Hochalpenstraße in 25 Spitzkehren (14 % Steigung!) zum Pass hinauf, danach geht es über ebenso viele Kehren abwärts.

Unterwegs lohnen mehrere Stopps, ein erstes Mal schon nach 2 km: Am Eingang des Pivnica-Tals breitet sich zwischen Gneis und Granit der Jasna-See (Jezero Jasna) aus: blau leuchtend und kristallklar. An seinem Ufer steht die Bronzeskulptur von Zlatorog, dem mythenumrankten Ziegenbock mit markanten Goldhörnern. Die Geschichte dazu geht so: Eine junge Frau gibt ihrem Geliebten den Laufpass und zieht mit einem

Eine Welt aus Gneis und Granit – Wanderweg nahe dem Vršič-Pass

reichen Venezianer davon. Der Verschmähte macht sich umgehend auf die Suche nach Goldhorn, dem er seinen Schatz rauben will – mit noch mehr Geld will er die Frau zurückgewinnen. Er findet den Bock und schießt – doch mit letzter Kraft gelingt es dem Tier, den Jäger in den Abgrund zu stoßen. Als die Frau schließlich zu ihrem Ex zurückkehren will, findet sie nur noch seine Leiche im Tal. Und die Bergwiesen wurden öd und leer … In einem Ausflugslokal können Sie die alpine Szenerie (und die Geschichte) auf sich wirken lassen.

Nach weiteren etwa 4 km versteckt sich im Wald rechts der Straße die Russische Kapelle (Ruska Kapelica). Vor der kleinen Holzkirche mit dem Kreuz der Orthodoxen steht das »Grab des unbekannten Soldaten« und erinnert an die über 1000 russischen Kriegsgefangenen, die 1916/17 beim Bau der Straße für das kaiserliche Österreich starben – viele von ihnen durch Lawinen.

In der Folge steigt die Straße kräftig an und erreicht nach 12 km den Vršič-Pass, die Wasserscheide zwischen Sava und Soča. Genießen Sie den tollen Weitblick! Im Westen ragt der 2366 m hohe Mojstrovka auf, im Osten der Triglav, mit 2864 m Sloveniens höchster Berg. Im Tičarjev Dom, einer Berghütte zur Linken, kann man sich stärken, für Wanderer und Kletterer stehen Schutzhütten bereit.

Anschauliche Präsentation der Flora und Fauna der Alpen im Besucherzentrum von Trenta

Hinab ins Soča-Tal

Über 9 km geht es nun in engen Serpentinen talabwärts. An der 48. Kurve (so auch ausgeschildert) kann man an dem auf einem Vorsprung postierten Julius-Kugy-Denkmal eine Pause machen.

Hat man Lust auf ein kleines Abenteuer, biegt man schon in der nächsten, der 49. Kurve rechts ab und folgt einer Stichstraße 1,3 km zu einer Hütte (Koča pri izviru Soče), wo der Wagen abgestellt werden muss. Auf einem markierten Waldweg gelangt man steil aufwärts zu einem Plateau, dann weiter auf einem ausgesetzten, durch Stahlseile gesicherten Felsband. Nach 15 Minuten steht man unvermittelt vor der Soča-Quelle (Izvir Soče): Kraftvoll zwängt sich der Fluss aus einer engen Felsspalte und stürzt mit ohrenbetäubendem Getöse kaskadenartig in ein mit kristallklarem Wasser gefülltes Becken!

Alpengärten und Trogschluchten

Zurück auf der vom Tourismusamt so getauften »Smaragdstraße« erreicht man wenig später den Weiler Trenta. Dort befindet sich das Alpinum Juliana, ein 1928 auf Anregung eines Triestiner Kaufmanns entstandener Botanischer Garten mit über 1000 Pflanzen aus den Julischen und Kamniker Alpen, den Karawanken und Friauler Bergen. Darunter befinden sich auch einige Endemiten, d. h. Pflanzen, die nur hier und nirgends sonst auf der Welt vorkommen. Zu den schönsten zählen die Triglav-Rose, der Julische Mohn und die Zois-Glockenblume. Im Frühsommer ist der Garten in ein Meer blühender Farben getaucht.

Er wächst nur hier, nirgends sonst auf der Welt: der Julische Mohn.

Mehr über die Alpen erfährt man im Dom Trenta, dem modernen Besucherzentrum des Triglav-Nationalparks, einem Museum für Naturkunde und Ethnografie. Multimedia-Stationen, Schautafeln und Filme beleuchten Geologie, Flora und Fauna, die Anfänge des Alpinismus und die Lebensbedingungen von Bauern und Hirten. Daneben erhält man Unterkunftstipps sowie Faltblätter zu Lehrpfaden und Wandertouren, z. B. dem Soča- und dem Pokljuka-Weg sowie dem Radweg Radovna.

Nächste Station ist das lang gestreckte Dorf Soča. Die Kirche der nach dem Fluss benannten Streusiedlung überrascht mit einem interessanten kulturhistorischen Detail: Auf dem 1944 entstandenen Deckenfresko kämpft Erzengel Michael nicht allein mit dem Teufel, sondern auch mit Hitler und Mussolini. Im unteren Teil des Dorfes Soča achte man auf eine erste Ausschilderung »Velika korita«, wo man von einer Hängebrücke in die Tiefe schaut (Parkausbuchtung).

Noch spektakulärer ist das Schauspiel ein Stück weiter südlich, wo eine Asphaltpiste nach Lepena abzweigt. Nur ein kurzes Stück dahinter queren Sie eine Brücke, von der Sie in die 750 m lange, 15 m tiefe und nur 2 m breite Trogschlucht (Velika Korita) blicken. An weniger steilen Stellen können Sie zu türkisfarbenen Gumpen hinabsteigen, die im Sommer herrliche Erfrischung bieten. Von der Asphaltpiste führt zudem ein ausgeschilderter Abstecher links hinauf zur Pristava Lepena: ein komplett aus Holz erbautes Feriendorf mit einem idyllischen Gasthaus – sehr gut für eine Stärkung!

KLEINER TIPP FÜR WANDERER

Nahe der Soča-Quelle startet der markierte, attraktive Soča-Weg (Soča pot). Mal führt er links, mal rechts des Flusses, der hin und wieder über Hängebrücken gequert wird. 20 km schlängelt er sich bis Bovec hinab, wobei Sie sich an jeder beliebigen Stelle einklinken können. Besonders schön ist der Abschnitt von der Trogschlucht Velika Korita bis Bovec.

Wieder zurück auf der Soča-Straße, müssen Sie an der nächsten Gabelung entscheiden, ob Sie noch Lust auf einen Abstecher rechts hinauf zur majestätisch über der Koritnica-Schlucht thronenden Festung Kluže haben. Sind Sie bereits zu erschöpft, folgen Sie dem Lauf der Soča und fahren direkt nach Bovec.

Zlatorog – das »Goldhorn« am Jasna-See

Die Höhlen von Škocjan

Unterirdisches Spektakel

Was sich in der Unterwelt des Karsts verbirgt, gehört zum Aufregendsten, das die Natur zu bieten hat: von wildem Wasser durchrauschte Canyons und Tropfsteine in kühnsten Formen. Die Unesco hat die Škocjanske Jame zum Weltnaturerbe erklärt.

6000 Höhlen verbergen sich im adrianahen Gebirgsstock – und erst etwa 100 von ihnen wurden bislang erforscht. Was sich im Karst abspielt, nennen Geologen »Kalkkorrosion«: Durch die stete Einwirkung von Wasser wird das poröse Gestein zersetzt, wobei Schluchten, Grotten und Tropfsteine entstehen. Freilich braucht die Natur dafür unendlich viel Zeit – für einen Millimeter Tropfstein 30 Jahre!

Unterirdischer Canyon

Weniger überlaufen als die Höhlen von Postojna, dafür eine Spur wilder sind die 35 km westlich gelegenen, von Plinius d. Ä. und Vergil besungenen Höhlen von Škocjan (Škocjanske Jame). Es handelt sich um einen 3,5 km langen, bis zu 60 m breiten und über 140 m tiefen Canyon, der sich stellenweise zu riesigen Hallen erweitert. Durchflossen wird er von der Reka, die nach einem 55 km langen Lauf über der Erde just hier abtaucht, um 34 km weiter nahe der Küste wieder zum Vorschein zu kommen.

Vom Besucherzentrum läuft man mit Führer 500 m bis zum Höhleneingang, passiert einen künstlichen Tunnel und betritt die »Stille Grotte« voll schöner Tropfsteine. Anschließend kommt man zum »Großen Saal« mit bis zu 15 m hohen Steinriesen. Hier beginnt ein seltsames Rauschen, das sich zu einem furiosen Finale steigert: Entlang hoher Steilwände stürzt der Fluss Reka in schwindelerregende Tiefen, an Stromschnellen sprüht die Gischt – unbestreitbarer Höhepunkt dieser Tour!

Über einen gesicherten Felssteg wandert man längs der Schlucht, um sie schließlich auf einer 45 m hohen, schmalen Brücke zu queren. Hinab geht es zu einer Halle voll terrassenförmig gestapelter Sinterpfannen – so werden die durch Wasserstrudel entstandenen schüsselähnlichen Gebilde genannt. In der »Schmidhalle« erwartet Besucher ein letzter Kick: Vom Grund eines 165 m tiefen Einsturztrichters schaut man nach oben zum Licht und zurück auf die Reka, die sich in einem 10 m hohen Wasserfall ergießt. Danach bringt ein Schrägaufzug Besucher in die Oberwelt zurück.

Wer mehr sehen will, folgt vom Besucherzentrum dem 2 km langen Rundlehrpfad rings um den Großen und Kleinen Einsturztrichter. Man erlebt, wie die Reka dramatisch »abtaucht«, und passiert das Dorf Škocjan mit dem Höhlenmuseum. Darin sind Hunderte von Funden ab dem 12. Jh. v. Chr. ausgestellt, u. a. ein Gefäß mit einer venezianischen Inschrift aus dem 5. Jh. v. Chr., dem ältesten erhaltenen Schriftzug auf slowenischem Boden. Anhand von Modellen wird nachgezeichnet, wie sich das Wissen um die Höhle im Lauf der Zeit erweitert hat; in historischen Speichern sind Ethno-Exponate zu sehen. Über das Dorf Matavun geht es zum Besucherzentrum zurück.

Wie ein Augenschlitz – durch Einsturztrichter schauen Sie aus der Unterwelt in die Helligkeit des Tages hinauf.

Zwischen Drau und Mur

Reben und verträumte Dörfer

Lieblich ist die »steirische Toskana« und exquisit sind ihre Weißweine. Probieren kann man sie in Gaststätten und kleinen Kellereien, während der herbstlichen Weinlese auch in improvisierten Buschenschänken.

Die schönste der slowenischen Weinstraßen verläuft etwa 50 km östlich von Maribor und verbindet Ljutomer mit Jeruzalem und Ormož. Sie führt durch eine anmutige Landschaft mit Weinhügeln und terrassierten Hängen, Winzerdörfer thronen auf Bergkuppen und bieten ein herrliches Panorama. Aufgrund besonderer Böden reifen in dieser Region die unterschiedlichsten Reben. Die Palette reicht vom fruchtigen Chardonnay über diverse Riesling- und Burgundersorten bis zum halbsüßen Traminer und dem rassigen Furmint, hier Šipon genannt.

Weinlese in den Hügeln von Jeruzalem

Nach Jeruzalem!

Südlich der Kleinstadt Ljutomer liegt das Filetstück der Region, der Jeruzalemer Landschaftspark mit sanft geschwungenen Hügeln. Zwischen den Rebstöcken klappert das Klapotetz, ein Windrad mit buntem Schlagwerk, das Vögel davon abhalten soll, Trauben zu naschen. Über schmale, teilweise kurvige Straßen erreicht man das 7 km entfernte Jeruzalem, ein Dorf im Herzen der Weinberge, das seinen Namen dem Deutschen Orden verdankt: 1222 hatte der Salzburger Erzbischof Eberhard II. Ritter des Deutschen Ordens in diese Region geholt, damit sie gegen die Ungarn kämpften. Die Kreuzritter erfüllten den Auftrag und waren von der Landschaft so begeistert, dass sie sich hier niederließen; dem von ihnen auserwählten Ort gaben sie den Namen der Heiligen Stadt. Die Ritter stifteten die Marienkirche samt Bildnis der aus Jerusalem mitgebrachten »Traurigen Madonna« und legten jene großen Weingärten an, die die Landschaft bis zum heutigen Tag prägen. Zu den Winzern, die das Erbe der deutschen Kreuzritter antraten, gehören die Betreiber des Dvorec Jeruzalem, eines wunderschön gelegenen »Weinschlösschens« aus dem 17. Jh. Stilvoll ist auch die Gostišče Brenholc Jeruzalem, in der Spezialitäten à la Buchweizen-Sterz und Steinpilz-Steak, am Martinstag auch Gänse- und Entenbraten angeboten werden. Und wer nach zu viel Wein nicht weiterfahren will, kann in gemütlichen Gästezimmern übernachten.

Ü ÜBRIGENS

Im Frühherbst, zur Zeit der Weinlese, öffnen allerorts Buschenschänken. Am Martinstag (11. November) wird der frische Most feierlich getauft. Dann fließt der Wein in Strömen, dazu gibt es geröstete Esskastanien und pikante, kegelförmige Käsestücke.

Ormož

Das historische Städtchen Ormož, 1273 erstmals urkundlich erwähnt, rühmt sich seiner erlesenen Weine. Wichtigster Produzent ist Jeruzalem-Ormož, dessen Weinkeller sich über fünf unterirdische Stockwerke erstreckt. In mächtigen Eichenfässern im dritten Stock reifen Welsch- und Rheinriesling, Weißer und Grauer Burgunder und Grüner Silvaner. Auch der legendäre Sauvignon aus dem Jahr 1956 wird im Keller aufbewahrt. Es heißt, er sei der beste Wein des 20. Jh. Zur Weinprobe im Vinska klet gibt es Käse und andere Appetithäppchen.

Von den Alpen bis zur Adria

Baden

In Portorož, dem schönsten Sandstrand an der 47 km langen Küste, kann man segeln, surfen, tauchen und Wasserski fahren. Vielerorts gibt es nur Kiesstrand, in Piran begnügt man sich mit künstlichen Liegeflächen aus Fels und Beton.

Wer nicht aufs Meer angewiesen ist, macht einen Sprung in den slowenischen Norden: Wunderbar baden kann man in den Alpenseen von Bled und Bohinj sowie in den Gebirgsflüssen.

Radfahren

Für den 232 km langen Radrundweg von Kranjska Gora über Bled, Bohinj, Tolmin, Kobarid und Bovec zurück nach Kranjska Gora sind fünf Tage einzuplanen. Weitere schöne Touren führen durch die Täler der Savinja und Krka, den herben Karst, die Wälder bei Kočevje und die Weinhügel im Osten (www.slovenia.info/de/aktivitaten/aktivurlaub/radfahren).

Wandern

Slowenien verfügt über ein 8000 km langes Netz markierter und gesicherter Wege. Die meisten Wanderer trifft man in den Julischen Alpen. Die Landkarten, die man in den Touristenbüros vor Ort erwerben kann, zeichnen sich durch sehr gute Qualität aus (www.slovenia.info/de/aktivitaten/aktivurlaub/wandern-und-rucksacktouren).

Wellness

Es gibt in Slowenien 18 staatlich anerkannte Heilbäder und 25 Kurzentren – die meisten im Osten und Südosten des Landes. Das wohltuende Thermalwasser hat eine Temperatur von 27–38 °C, sodass man schon im Winter Lust auf Badeurlaub bekommt.

Neben klassisch-medizinischen Behandlungsmethoden wird Wellness großgeschrieben. Traditionsreich sind die Kurbäder Bled, Radenci und Rogaška Slatina, einst Treffpunkte des habsburgischen Adels.

An sämtliche Kuranlagen sind Hotels und Campingplätze angeschlossen. Kombiniert wird das Wellnessprogramm mit Wandern und Radfahren, vier Kurorte (Bled, Čatež, Terme Ptuj und Moravske Toplice) verfügen zudem über 18-Loch-Golfplätze (www.slovenia-terme.si).

Wildwassersport

An der Küste vergnügt man sich mit Tretbooten und Wasserski, auf den Alpenflüssen sucht man das Abenteuer beim Kajak- und Kanufahren sowie beim Rafting. Dabei steht die Soča an oberster Stelle der Beliebtheitsskala. Aktivsportler kommen im Spätfrühling nach der Schneeschmelze oder im Herbst, wenn es ausgiebig geregnet hat. Anfänger ziehen den Sommer vor – dann fließen die Flüsse ruhiger. Kurse und organisierte Touren bieten Agenturen in Bled, Bohinj, Tolmin und Bovec.

Auf einigen Abschnitten der Soča braucht man Erfahrung, um die Kurve zu kriegen.

Schmale, gesicherte Wege führen durch die faszinierende Tolmin-Klamm im Nordwesten Sloweniens.

So schmeckt Slowenien

Begeben Sie sich an den Fluss, um in Sloweniens Hauptstadt bei schönem Ausblick zu genießen.

Für reichlich Platz auf saftigen Weiden sorgen Sloweniens Bio-Bauern für ihr Vieh.

Slowenien ist das EU-Land mit den meisten Bio-Bauern. Sie versorgen die Märkte mit Regionalprodukten, aus denen herzhafte Hausmannskost entsteht. Doch auch feines Slow Food ist auf dem Vormarsch: Kreative Köpfe schaffen aus erstklassigen Zutaten fantasievolle Kreationen. Die kulturelle Vielfalt Sloweniens spiegelt sich in der Esskultur – die Palette reicht von österreichisch über ungarisch und italienisch bis zu balkanisch.

Regionale Vielfalt

Vielleicht wollen Sie Ihre Urlaubsplanung ein bisschen davon abhängig machen, was die einzelnen Regionen zu bieten haben? Bodenständige Gerichte liebt man vor allem in den Alpen und der südlichen Steiermark. Da gibt es Eintopf mit Schweine- und Hammelfleisch, saure Rahmsuppe oder Rindfleisch mit Kren (Meerrettich), Käse, Speck und viel Wurst. Fleisch wird gern »aus dem Kübel« serviert: erst angebraten, dann in einem Fass mit Schweineschmalz übergossen. Und zur Krönung des Mahls isst man Cremeschnitten, Pfannkuchen und köstlichen Strudel.

In der Karst-Region sollte man sich *pršut,* den leckeren Schinken, nicht entgehen lassen: Nur Fleisch vom Jungschwein, das weniger als 125 kg wiegt, darf zu seiner Herstellung verwendet werden. Einen Monat lang wird es in eine Lake mit Meersalz, Knoblauch und Kräutern eingelegt, anschließend in Räumen aufgehängt, durch die der scharfe Bora-Wind pfeift. Nach etwa einem Jahr ist es so weit: Das ausgedörrte Fleisch wird in hauchdünne Scheiben geschnitten und mit pikant eingelegten Oliven und Steinofenbrot serviert.
An der Küste regiert mediterrane Kost. Auf der Speisekarte wird Fisch in vielen Varianten angeboten, häufig auch gratinierte Cannelloni, Risotti und Minestre – typische Beispiele für eine Gastronomie venezianisch-friaulischen Ursprungs. Zum Abschluss ist Süßes angesagt: mürbe Strauben *(flancati)* oder Krapfen *(fritule).*
Letzte Station ist der Osten, wo sich mediterrane und pannonische Einflüsse mischen. Vegetarier haben es dort schwer, Fleischgerichte sind Trumpf. Jenseits der Mur, im ungarischen Grenzland Prekmurje, bevorzugt man scharf gewürzte Paprikagerichte und Gulasch.

Wen es bei derlei Kalorienbomben nach Leichterem gelüstet, der greift zu frischem Salat, der mit Obstessig und nussigem Kürbiskernöl abgerundet wird.

Wasser und Wein

Erstklassig sind Sloweniens natürliche Mineralwasser, von denen das nach den »Drei Herzen« benannte Radenska am bekanntesten ist. Doch das Lieblingsgetränk der Slowenen war schon immer der Wein: keine Speisetafel ohne gefüllten Krug, kein festliches Zusammensein, bei dem die edlen Tropfen nicht in Strömen fließen. Seit der Unabhängigkeit hat slowenischer Wein enorm an Qualität gewonnen, mittlerweile kann er es mit den besten der Welt aufnehmen. Die Spitzenprodukte kommen aus dem Karst und dem Landesosten – die Weinstraßen zwischen Drau und Mur halten wahre Schätze bereit!
Eine besondere Gaumenfreude sind auch die in den Gaststätten aufgetischten Schnäpse und Liköre. Zur Verdauung geeignet sind würziger Wacholder- und Kräuterschnaps *(brinovec/lušterk),* milder süßer Birnenschnaps *(viljemovka)* und süßer Traubenlikör *(radgonska ranina).*

Warum die Steiermark?

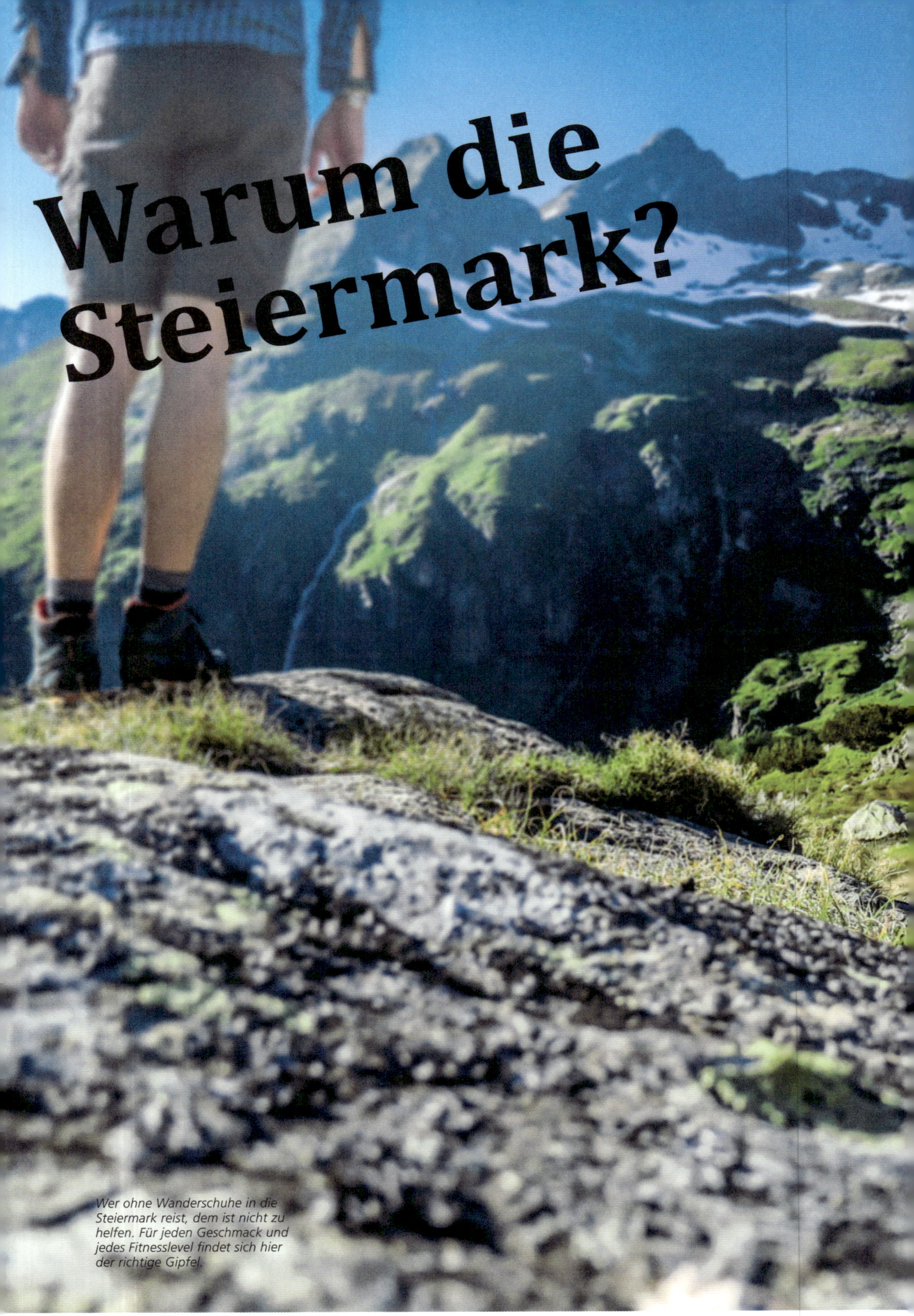

Wer ohne Wanderschuhe in die Steiermark reist, dem ist nicht zu helfen. Für jeden Geschmack und jedes Fitnesslevel findet sich hier der richtige Gipfel.

Vielfalt hoch fünf

Morgens mit der Gondel auf den Gletscher, am Abend in der steirischen Toskana Wein trinken. Tagsüber eine Radtour, abends aufgemascherlt in die Grazer Oper. Am Vormittag auf einem Berggipfel das Panorama bewundern, am Nachmittag eine Vernissage an der Schlösserstraße. Und zum Schluss in der Therme relaxen. Dazwischen köstliches Backhendl, fangfrischen Saibling oder Weinstrauben speisen. Ein Wunderwuzzi der Sinne und Erlebnisse. Wie hat man die Steiermark nicht auf dem Radar haben können?

Nur ein schwerreicher Exzentriker konnte die barocke Schlossanlage der Steiermark, das Schloss Eggenberg in Graz, ersinnen.

Der Wintersportort Schladming macht auch im Sommer eine gute Figur.

Das ist die Steiermark …

Grün hinter den Ohren ist die Steiermark längst nicht mehr, höchstens nachweislich das grünste Bundesland Österreichs mit den größten Waldflächen. Natürlich ist das »Grüne Herz Österreichs« ein klebrig-markanter Marketing-Slogan, aber möglicherweise auch schon das Einzige, was das Bundesland eint. Denn in Wahrheit schillert die Steiermark in den buntesten Farben des Regenbogens.

Die richtige Balance

Dass den Österreichern nicht unbedingt unschlagbare Effizienz nachgesagt wird, ist kein Geheimnis. Und obwohl im Industrieland Steiermark Spitzenkonzerne in der Metallverarbeitung- und -erzeugung, im Maschinenbau, im Fahrzeugbau oder der Elektrotechnik sitzen, wissen die Steirer um die unerlässliche Balance zwischen Arbeit und Genuss.

Ablenkungen zur Arbeit existieren zuhauf. Da wären die Berge und Hügel, der Steirer liebste Spielplätze. Kein Hügel ist zu flach, um nicht mindestens einen ausgeschilderten Wanderweg zu haben. Die südlichen Landesteile eignen sich eher zum Genusswandern, mit dem Almenland nördlich von Graz, dem Schöckl vor den Toren von Graz, den reizvollen Wanderungen am Reinischkogel oder den Panorama-Spaziergängen in der südlichen Steiermark. Je weiter nördlich, desto anspruchsvoller präsentiert sich das Terrain. Bei Speikkogel, Hochschwab, Gesäuse, Schladminger Tauern, Bösenstein oder Dachstein-Massiv glänzen die Augen von Bergfexen. Wer nicht wandert, fährt Rad.

Und im Winter? Da spielt in den gebirgigen Landesteilen der Wintersport die erste Geige.

Zackzack ist anderswo

Scheinbar geht es in der Steiermark nicht ohne Schwitzen. Wenn schon nicht vor Anstrengung, dann wenigstens vor Wonne. Schon im 19. Jh. gaben sich der Kaiser und die Aristokraten wegen der heilenden Thermalwasser in Bad Gleichenberg die Klinke in die Hand. Vom verstaubten Kurbad-Image hat sich die Branche mittlerweile befreit. Modernste Spa- und Wellness-Zentren, die auf 100 °C heißes Wasser aus 3000 m Tiefe zurückgreifen, locken in der südöstlichen Steiermark.

Fesche Dirndln im Dirndl flanieren beim Volkskulturfestival Aufsteirern durch die Grazer Altstadt.

Mit der anlässlich des Kulturhauptstadtjahres 2003 errichteten Murinsel freundeten sich die Grazer erst nach und nach an.

Traditionsbewusst mit Avantgarde

Menschenmassen strömen Jahr für Jahr nach Graz, nämlich zum Bauernbundball im Februar und zum Aufsteirern im September – beides angeblich österreichweit die größten Volkskulturveranstaltungen. Selbst die Jugend findet nichts dabei, volkstümliche Schlager zu grölen oder im Dirndl anzutanzen.

Ja, die Volkskultur schmeckt nicht jedem, aber sie wird in der ganzen Steiermark gelebt, und zwar sichtbar. Ein echtes, steirisches Dirndl hat mit gewagten Farbkombinationen oder unsittlichen Längen nichts am Hut. Ganz im Gegenteil. Es existieren an die 290 regionale, dokumentierte Frauentrachten, die sich in Farb-, Stoff- und Musterkombinationen, Schnittformen, Füschen, Borten oder Verschlüssen unterscheiden. Dabei haben sogar die Farben eine Bedeutung. Der Klassiker unter den Dirndln, das Ausseer Dirndl, kombiniert einen grünen Leib (steht für Wald und Wiesen), einen rosa Rock mit weißen Streublumen (als Symbol für die Almröschen) und eine lila Schürze, die den Enzian symbolisiert.

Um den Frauen das Funkeln zu überlassen, hüllen sich die Männer in dezente Farben. Entstanden ist der Steireranzug zwar aus der Tracht der Jäger aus den nördlichen Landesteilen, aber heute existieren Varianten von olivgrün bis dunkelbraun. Allen Steireranzügen gemein ist aber der typisch dunkelgrüne Besatz.

Wer glaubt, dass die Tracht im »Kasten« (Schrank) vergammelt, der irrt. In Tracht aufzutreten, ist keine Schande. Von Erstkommunion über Buschenschank-Besuche bis zu Bällen und Hochzeiten gelten Frau und Mann in Tracht immer als passend gekleidet. Pikant wird es nur dann, wenn sich Tradition und Avantgarde kreuzen. Wenn Besucherinnen im Dirndl den Klängen des sommerlichen Musikfestivals Styriarte lauschen oder Performances des steirischen herbst sehen. Oder wenn g'standene Männer in Lederhosen beim Summertimeblues in Gamlitz jammen. Aber genau das macht die Steiermark aus. Vieles findet hier zusammen, was lange als unvereinbar galt: Ost und West, Stadt und Land, Wein und Bier, Dirndl und Gucci, Gabalier und Harnoncourt. Und die Steirer? Auf Unbekanntes offen zuzugehen und Traditionelles zu bewahren, darin haben sie jahrhundertelange Routine.

... und das sind ihre Städte

Mit der Schloßbergbahn ist man ruckzuck oben auf dem Schloßberg, der höchsten Erhebung in der Grazer Innenstadt.

GRAZ

Ein Hauch von Italien weht über die markanten roten Dachschindeln der Altstadt, die von der Unesco für schützenswert befunden wurde. Die Cappuccinos werden oft schon im März im Gastgarten geschlürft, kein Wunder bei durchschnittlich 2200 Sonnenstunden im Jahr. Weil die Alpen wie ein Schutzschild gegen Norden wirken, genießt Graz südliche Wetterlagen, die sich im Gemüt niederschlagen. Besucher schwärmen vom mediterranen Lebensgefühl, von gastfreundlichen Menschen, von sympathischem Schlendrian. Selbst die Architektur, etwa das Grazer Landhaus, wird maßgeblich von italienischen Baumeistern aus der Renaissance wie Domenico dell'Allio bestimmt.

In Graz locken vor allem die prachtvolle, lebendige Altstadt mit einem mittelalterlichen Stadtkern, der idyllische Schloßberg mit viel Grün und Fernsicht bis nach Slowenien, liebenswerte Stadtviertel und interessante Architekturhighlights aus jüngerer Zeit. Ein Spaziergang im Schloss Eggenberg, dem bedeutendsten Barockbau der Steiermark, erfrischt. Für Kunst- und Kulturfestivals wie auch Shopping und Konzerte reisen Gäste von fern an. Die lebendige Beisl- und Café-Szene ist nicht nur den 60 000 Studierenden zu verdanken, sondern auch der südländischen Genussfreudigkeit.

Alt und neu reiben sich wunderbar aneinander: der Landhaushof aus der Renaissance, der spätgotische Dom sowie die kaiserliche Grazer Burg, beide aus dem 15. Jh., und das Unesco-Welterbe Schloss Eggenberg einerseits, die futuristischen Wahrzeichen Kunsthaus und Murinsel, beide 2003 eröffnet, andererseits. Alles im Blick hat von oben das Wahrzeichen und beliebteste Fotomotiv: der Uhrturm.

ALTAUSSEE

Wie ein lebendiges Freilichtmuseum kommt das idyllische Dörfchen Altaussee daher. Bei weniger als 2000 Einwohnern ist fast jedes Haus entlang der Fischerdorfstraße entweder denkmalgeschützt oder einfach nur zu schön, um nicht fotografiert zu werden. Ganz nebenbei sind die Aussichten betörend, zum einen auf den See, zum anderen auf die grandiose Bergwelt drum herum. Dem Salz verdankt Altaussee seine Entstehung, vermutlich schon gegen Ende der Römerzeit. Heute ist das Salzbergwerk Altaussee die größte Salzabbaustätte Österreichs. Nicht das Salz, sondern die frische, kühle Bergluft klang für die Städter aus Wien in stickigen Sommern verlockend. Das nahe Bad Ischl diente dem Hofadel seit 1849 als kaiserliche Sommerresidenz. Die Entourage und Hofnarren schlugen in der Nähe ihr Lager auf.

An der Promidichte hat sich bis heute nicht viel geändert, angeblich sollen

Altaussee hat vielleicht das Flair einer Hollywoodkulisse, ist aber ein lebendiger Ort mit Historie und Charakter.

Laufen Sie in Bruck an der Mur den Koloman-Wallisch-Platz in Richtung Norden und Sie landen unversehens im Süden – beim Kornmesserhaus.

im Ausseerland österreichweit die meisten Millionäre leben. Was lockt die Schönen und Reichen heute? Sicher die Landschaftsjuwele und das Klima. Wahrscheinlich auch der herbe Charme seiner Bewohner, denn niemand quatscht einen von der Seite blöd an. Man muss ja überhaupt froh sein, wenn die Einheimischen ein Wort mit einem wechseln. Aber sei's drum, die unvergleichliche Naturkulisse genießt sich ohnehin am besten in Ruhe, beim Wandern, Radfahren oder Skifahren. Beinahe das gesamte steirische Salzkammergut steht unter Naturschutz.
Und wenn Sie schon in der Gegend sind: Statten Sie dem knapp 30 km entfernt gelegenen, malerischen Pürgg am Fuße des Grimming einen Besuch ab. Ein Spaziergang lohnt das ganze Jahr über, aber besonders im Advent, wenn sich Pürgg in den größten Adventskalender der Steiermark verwandelt.

BAD RADKERSBURG

Rein zufällig verirrt sich niemand nach Bad Radkersburg im äußersten südöstlichen Zipfel der Steiermark, quasi in Dead-End-Position. Dennoch überraschen die Gästezahlen. Im hiesigen Kurbad, auf neuhochdeutsch Therme, hoffen Besucher auf Rundumerneuerung. Einmal dort, verlieben sie sich Hals über Kopf in das kleine Städtchen direkt an der Mur, dem längsten und wichtigsten Fluss der Steiermark, der Österreich von Slowenien trennt.

Hätten die Osmanen aus dem Osten nicht beständig an seine Tore geklopft, wäre Bad Radkersburg wohl keine Erwähnung wert. Weil sie aber ihre Stadt noch effektiver sichern wollten, holten sich die Stadtväter Mitte des 16. Jh. die besten Festungsbauer aus Italien. Weite Teile der Renaissance-Befestigungsanlage blieben bis heute erhalten, einzelne Bastionen sind gut erkennbar und selbst einige Kurtinen, also die Schutzwälle zwischen den Bastionen, bestehen noch.
Und das Schöne daran? In den historischen Gassen pulsiert das Leben. Etwa 350 Häuser innerhalb der Anlage, viele davon mit großzügigen Innengärten und grünem Hinterhof, sind bewohnt. Die Anrainer teilen ihren Schatz gerne mit Gästen, Cafés und Restaurants flankieren die Plätze, Open-Air-Veranstaltungen im Sommer bringen noch mehr Leben in die Mauern. Ach ja, hier im äußersten Süden haben Sie mehr laue Sommernächte als weiter nördlich. Allein das ist schon einen Aufenthalt wert.

BRUCK AN DER MUR

Tja, das Schicksal einer Verkehrsdrehscheibe ist, dass alle daran vorbeifahren. Oder bestenfalls umsteigen. So wie viele Bahnfahrer, die mit dem Zug nach Wien oder Linz wollen. Dabei hat Bruck an der Mur ja Übung mit Zugvögeln. An den beiden größten Flüssen der Steiermark, der Mur und der Mürz, gelegen, kristallisierte sich der Ort schon früh als Verkehrsknotenpunkt und Handelsstadt heraus.
Erstmals wird Bruck an der Mur im 9. Jh. erwähnt und 1263 die erste, wehrhafte Stadtmauer angelegt die in Teilen noch existiert. Dort, wo Waren, allen voran Salz und Eisen, und Menschen zusammenkamen, füllten sich die Säckel, erkennbar am kunstvollen Eisernen Brunnen, dem Rathaus mit Arkadenhof und zahlreichen Stadtpalais. Wobei das wichtigste Baujuwel zweifelsohne das Kornmesserhaus am Hauptplatz darstellt. Historiker attestieren ihm, einer der schönsten gotischen Profanbauten Österreichs zu sein. Sie brauchen aber niemanden in Bruck danach zu fragen, die venezianischen Arkaden verraten sich von selbst.
Und wenn so viel altes Geld Sie ermüden, haben Sie es nicht weit in prächtige Natur. Der Grüne See, einer der ungewöhnlichsten und schönsten Seen Österreichs, liegt eine halbe Stunde entfernt auf dem Weg zum pyramidenförmigen Erzberg.

Die Steiermark erleben

Lust auf ein paar Takte Vogelperspektive? Auf der Hängebrücke schwebt man oberhalb des schroffen Dachsteins und blickt weit ins Land.

1. TOUR

Der Dachstein – **Auf dem Dach der Steiermark**

Wer hätte gedacht, dass der höchste Berg der Steiermark zugleich am einfachsten zugänglich ist? Bei so einer bestechenden Aussicht kann man nur sagen: Glück gehabt!

2. TOUR

Eine Radtour im Rebenland – **Grenzerfahrungen zwischen Weinbergen**

Im hügeligen Rebenland der Südsteiermark kommen Sie vielleicht schneller als gedacht an Ihre Grenzen. Aber wo Grenzen verschwimmen, erfahren Weinselige bleibende Eindrücke.

3. TOUR

Am Erzberg – **Aussichtsreiche Eisenpyramide**

Glauben Sie nicht, dass nur wegen der Besucher der Erzabbau eingestellt wird. Alle Sinne sind gefordert, allein schon weil die wunderbaren Landschaften magnetisch die Blicke anziehen.

Der Dachstein

Auf dem Dach der Steiermark

Stellen Sie sich darauf ein, dass Sie bei gutem Wetter und brillanter Fernsicht nicht die einzige Feder im Adlerhorst sind. Der höchste Punkt der Steiermark kann einfach nicht anders, als ein Touristenmagnet erster Güte zu sein. Besonders, weil es mit der Panoramagondel nur sechs Minuten dauert, um auf 2700 m Seehöhe mit grandiosem Rundum-Panorama transportiert zu werden.

W WETTER

Selbst im Sommer muss man im hochalpinen Raum immer auf alles gefasst sein, von 20 °C und unschuldigem Sonnenschein bis zu eisigen Windböen oder gar Schnee. Knöchelhohe, stabile Wanderschuhe und warme Wanderbekleidung sind stets unerlässlich.

Auffi gondeln

Da muss ich rauf? In der gelben, vollflächig verglasten Panoramagondel fliege ich adlergleich nach oben. Via Südwand schweben wir über Wiesen, Nadelbaum-Fleckchen und Geröllfelder, vorbei an der Südwandhütte. Der Blick wandert übers Ennstal bis hinein in den Salzburger Pongau. Was kann man schon sagen, wenn einem der Mund offen bleibt? Nach der Halbzeit wird es deutlich karger und schroffer. Das typische grau-weiße, in Schichten angeordnete Kalkgestein, der Dachsteinkalk, ist leicht erkennbar. An der Spitze des Hunerkogels landet der Adler schließlich in seinem Horst.

Himmlisch schön

Ich gehe mit dem Flow, dem Windflow, und lande rechts auf dem Skywalk, einer Aussichtsplattform an der Bergstation. Vorbei an einladenden Strandkörben hangle ich mich nach vorn. An guten Tagen soll der Ausblick bis zum slowenischen Triglav und dem Großglockner reichen. Ich muss mich aufs Hörensagen verlassen, denn wo genau Slowenien beginnt, ist mir ein Rätsel. Aber immerhin: Ich sehe Trilliarden kleiner und großer Berggipfel. Mittels Panoramatafel habe ich rechter Hand wenigstens den Hohen Dachstein mit seinen 2995 m ausgemacht.

Hängen geblieben im Nichts

Vor mir blanker Fels, unter mir ein Blick ins Bodenlose, das Herz pocht, die Finger krallen sich am Stahlseil fest. Ein paar Schritte durch Glet-

Wer den Dachstein vor der Abreise nicht auf der Liste hatte, revidiert dies spätestens bei so einem Anblick.

Erste Belastungsprobe für den Magen an der Bergstation: der Skywalk

scherschnee vom Skywalk entfernt, teste ich die frei schwebende Hängebrücke auf ihre Tauglichkeit. Sie soll pro Quadratmeter 450 kg Gewicht aushalten, aber darauf ankommen lassen möchte ich es lieber nicht. Wie ein Blinddarmfortsatz baumelt die vollverglaste Treppe ins Nichts in der Landschaft. Ich denke nicht so sehr ans Fliegen, sondern eher ans Fallen. Wie muss es den Arbeitern beim Bau ergangen sein? Schwindelfrei trifft die Anforderungen ans Personal nur unzureichend.

Geteilter Gletscher

Hinter Bergstation, Skywalk, Hängebrücke und Eispalast erstreckt sich der Dachsteingletscher, der im Sommer trostlos wirkt. Jedenfalls sichtbar sind die Liftsteher und -trassen. Auf den beiden Langlaufloipen und den Skipisten trainieren gerne Profisportler. Genau genommen liegt dieser Teil bereits in Oberösterreich, was die Trennlinie im Gletscherrestaurant verdeutlicht. Aber wer will schon so kleinlich sein?

Schneestapfen im Sommer

In vielen Karten als »Dachsteinwarte« eingezeichnet, befindet sich ebenda die eher stromlinienförmige als im Stile alpiner Hütten designte Seethalerhütte. Wegen der extremen Wetterbedingungen wurde beim Neubau 2018 die Hütte auf 2740 m Seehöhe mit großflächigen Aluschindeln verkleidet.

Auf einem frühmorgens von einem Pistenbully gespurten Weg durch das ewige Eis stapfe ich ca. 45 Minuten zur Hütte. Je später man unterwegs ist, desto kräfteraubender ist der Weg durch den erweichten Schnee. Bei einer hausgemachten, heißen Suppe taue ich in der Hütte auf. Ich könnte ewig bleiben, das Panorama wird niemals langweilig. Ich muss mich aber sputen, damit ich zeitgerecht für die letzte Talfahrt des Tages an der Bergstation bin.

Ü
ÜBRIGENS

Am Ende der Hängebrücke, gleich hinter der Treppe ins Nichts, führt eine Tür in den Eispalast. Wechselnde, fluoreszierende Farben des Regenbogens umhüllen die einzelnen Exponate aus blankem Eis. Ca. 60 Tonnen Eis werden pro Ausstellung verarbeitet. Bei ca. -2 °C Innentemperatur bleiben die einzelnen Ausstellungen etwa zwei Jahre frisch, nur der Dachstein-Thronsaal (mit dem Selfie-Thron) hat kein Ablaufdatum.

Eine Radtour im Rebenland

Grenzerfahrungen zwischen Weinbergen

Trunken sein vor Glück. Oder waren es die Panoramen? Wohl eher der Wein. Egal. Eine Runde mit Fahrrad (alternativ mit dem E-Bike) kann alle möglichen Sehnsüchte kurieren. Die Sehnsucht nach der Toskana. Oder nach am Horizont zerfließenden Landschaften. Oder nach Leckerbissen. Eine Grenzerfahrung der anderen Art.

Echt jetzt? Eine Brauerei an der Weinstraße, nach nur drei Minuten Fahrt? Schweren Herzens radeln wir vorbei, aber aufgeschoben ist nicht aufgehoben. Falls wir nach knapp 50 km auf dem Panorama-Radweg R54 (teilweise als R25 oder Weinstraßen-Tour ausgeschildert) noch Kraft dazu haben.

So glasig die Augen (und die Trauben)

Von Leutschach strampeln wir die stetig ansteigende Landstraße entlang. Kurz vor dem Gut Pössnitzberg verheißt die mit fünf Metern Höhe größte Weintraube der Welt aus Edelstahl und Glas eine aussichtsreiche Verschnaufpause auf 483 m Seehöhe. Gleich hinter dem Hotel zweigt die Südsteirische Panoramastraße rechts ab. Allein der ausgeschilderte Panoramablick in Richtung Norden über das Hügelland rechtfertigt diesen Abstecher. Auf Hängen mit bis zu 70 % Gefälle ist der Weinbau wahrlich kein Honigschlecken. Wir bleiben der R54 treu und folgen der Beschilderung nach Langegg.

Ein Tisch, der Hände schüttelt

Gegenüber vom Weingut Eibenhof an der Glanzer Kellerstraße eine Grenzerfahrung: Die Staatsgrenze zwischen Österreich und Slowenien verläuft mitten durch einen Picknicktisch, den »Grenztisch«. Seit dem Mittelalter gehörte die Untersteiermark, zwischen Mur und Save, zu Österreich. 1919, im Friedensvertrag von Saint-Germain, wurde aber getrennt, was jahrhundertelang mühselig zusammengewachsen war. An den beiden Grenzsteinen ist gut abzulesen, wie die Grenzziehung erfolgte, nämlich auf Zuruf. Die Weinbauern entschieden selbst, wo sie hingehören wollten.

»STEIRERBLUAT IS KOA HIMBEERSOFT.«

Redensart

Straße in den Tourismusboom

An der nächsten T-Kreuzung halten wir uns rechts und zweigen weiter vorne nach Sulztal und Ratsch (erkennbar am Schilderwald) ab. Die Autokorsos lassen es erahnen: Hier beginnt der beliebteste Abschnitt der Weinstraße, wohl wegen der beständigen Panoramen entlang des Hügelgrats. Rechts oben thront die Kästenburg von 1638, das älteste Bauwerk an der Weinstraße. Damals war an Fremdenverkehr nicht zu denken. Vielmehr zählte die Südsteiermark bis in die zweite Hälfte des 20. Jh. zu den ärmsten Regionen Österreichs. Erst 1955 wurde das vergessene Grenzland mittels Teerstraße an den Rest der Welt angebunden.

Erkennen Sie die weißen Grenzsteine am Straßenrand? Die erste Hälfte des 20. Jh. hinterließ grausige Spuren im Grenzland. Nur so viel: Weder die ethnischen Säuberungen unter Hitler in Jugoslawien noch jene unter dem Kommunismus taten den Beziehungen sonderlich gut. Selbst ohne Wachtürme oder Stacheldrahtzäune überwachte man die Grenze rigide. Zwischen den Weingütern Silly und Gallunder ist einer der Grenzübergänge teilweise erhalten (erkennbar an der dunkelbraunen Hütte). Gegenüber führt die Straße nach Slowenien.

Aber bitte mit Aussicht!

Vorbei an den Leitbetrieben Tement und Erich & Walter Polz geht es den Grassnitzberg bergab, überwiegend zumindest. Wer noch Kraft in den Beinen hat, kann den Abstecher bergauf zur Aussichtswarte Plac (Placki Vrh) wagen, die direkt an der Staatsgrenze liegt. Die Zufahrt erfolgt vorbei am Hotel Hochgrassnitzberg. Beim Buschenschank

Der Schatz der Südsteiermark: die Weinberge zwischen Ehrenhausen, Spielfeld und Leutschach

Trummer (Abzweig links vor der Eisenbahnunterführung) ist die Hälfte der (Tor)Tour absolviert. Nun ist es wirklich Zeit für eine Stärkung mit berauschendem Ausblick!

Hach, es wird flach! Entlang der Eisenbahntrasse und der Mur radeln wir nach Ehrenhausen, dem Tor zur Südsteirischen Weinstraße. Unverkennbar thront das Schloss Ehrenhausen auf dem Hügel. Die stark befahrene B 69 windet sich durch den Ort und schlängelt sich weiter entlang der Hügelwelt nach Gamlitz. Das Hochzeits- und Event-Schloss Gamlitz leuchtet in royalem Schönbrunner Gelb über der ausladenden Blumenpracht des schmucken Ortes.

Hinter dem Ortsende von Gamlitz folgen wir den Schildern des Radwegs R 25 nach Sernau und passieren einen weiteren Leitbetrieb, den Sattlerhof. Links und rechts der Straße geht der Blick tief in das Rebenland, mir bleibt die Luft weg. Oder ist es doch die Puste?

Hinter dem Winzerhotel Wurzenberg geht es an der T-Kreuzung rechts und dann 300 m weiter vorne links in die Fötschacher Straße bergab, bis ich an der Hauptstraße rechts nach Leutschach abzweige. Der Kirchturm weist den Weg. Beim Anblick der Hopfenplantagen rechts und links fällt's mir wieder ein. Ach ja, zur Brauerei wollte ich doch auch noch. Prost!

Am Erzberg

Aussichtsreiche Eisenpyramide

Der Erzberg zieht magnetisch an. Läge es nicht am Eisen im Inneren, dann daran, dass es sich um den einzigen aktiven Bergabbaubetrieb Europas handelt, der Besucher live bei der Arbeit zuschauen lässt. Dabei weiß man eigentlich gar nicht so genau, was mehr beeindruckt: die größte Eisenpyramide der Welt, die ungekünstelte Betriebsamkeit oder die dramatischen Bergformationen rundum.

Unter welchen Mühen einst Erze abgebaut wurden, ist heute schwer vorstellbar. Immerhin wird nachweislich seit 712 am Erzberg geschuftet, möglicherweise sogar viel länger. Händisch mit Schlägel und Eisen rackerten anfangs gestählte Männer in oberflächlichen Senken, die jederzeit einstürzen konnten. Erst ab dem 16. Jh. verordnete der Kaiser den Stollenbau, was zwar den Fördermengen dienlich war, nicht aber den Arbeitsbedingungen. Es staubte, stank, es war dunkel und stickig, und die blanke Angst, lebendig begraben zu werden, blieb ein täglicher Begleiter. Seit 1720 übernehmen Pulver und später Dynamit die Sprengungen, die ab 1890 an die Oberfläche wanderten und somit die charakteristische Pyramidenform einläuteten. Die tiefste der 42 Etagen liegt auf 707 m, die höchste auf 1465 m Seehöhe.

Big is prrretty beautiful!

Schwerfällig kommen die 55 gelben Tonnen trotz der 860 PS in Fahrt. Gut festhalten! Es rumpelt, poltert und knattert. Früher waren die *Haulys* (abgeleitet vom Markennamen Haulpak-Wabco) im Einsatz, sie konnten aber »nur« 77 Tonnen laden. Zwei dieser alten Muldenkipper kutschieren heute Besucher über den Erzberg (www.abenteuer-erzberg.at).

Ein aktiver Bergbaubetrieb als Ausflugsziel? Die beeindruckenden Landschaften sprechen jedenfalls dafür.

Tatsächlich im Abbau rattern Schwerlastwagen von Komatsu, die bis zu 120 Tonnen Erz transportieren, über die Etagen. Mit dem Eigengewicht sind die Muldenkipper mit gut und gerne 200 Tonnen Gewicht unterwegs. Allein ein Reifen wiegt 1,6 Tonnen! Zukünftig werden Schwerlaster von Liebherr eingesetzt, die mit Strom fahren – eine Pionierleistung im Bergbau europaweit. Ähnlich wie bei O-Bussen hängen die Fahrzeuge an einer Oberleitung.

In liebevoll »Hauly« genannten Schwerlastern brettern die Besucher über die Stufen der Eisenpyramide.

Schau, schau

Mit den Schaufahrten verhält es sich wie mit einem Überraschungsei. Man weiß nie genau, was man kriegt. Weil der Tagebau den Erzberg laufend verändert, werden die Routen permanent angepasst. Zwar ist die Tour so konzipiert, dass jeweils zwei Stopps eingelegt werden, aber wo genau, variiert. Ein Stopp findet beispielsweise an der Aussichtsplattform beim Erzlager statt, wo die Gäste die Verladung auf mehrere Züge täglich beobachten. Das an Bord gespielte Video macht ergänzend die komplette Produktion begreifbar.

Drei, zwei, eins

Tröööööt! Nein, das ist kein in den Hafen einlaufendes Kreuzfahrtschiff, sondern das Kommando zur Sprengung. Dann eine Explosion, fliegendes Geröll, eine Staubwolke. Dreimal am Tag, zu fixen Schusszeiten, wird gesprengt, um Spateisenstein (Siderit) mit einem durchschnittlichen Eisengehalt von 33,5 % zu gewinnen. Ihn erkennt man an der grauen Färbung. An der Oberfläche oxidiert er zu rostig braunem Gestein. Nur jeweils am Donnerstagmorgen haben Besucher die Gelegenheit, eine Sprengung live zu erleben.

Alles kein Verhau

An die zwölf Millionen Tonnen Gestein, der sogenannte Verhau, werden pro Jahr aus dem Berg gesprengt, aber längst nicht alles ist verwertbar. Unterm Strich bleiben 3,2 Millionen Tonnen reinstes Eisenerz übrig, das die Werke in Linz und Donawitz zu Eisen weiterverarbeiten. Im Unterschied zu Erzen aus anderen Ländern kann es ohne jede weitere Aufbereitung genutzt werden.

Bei der Weiterverarbeitung des Gesteins kommt einfache Physik zum Einsatz. Entweder wird das Erz mit Flüssigkeiten vermengt, wobei das schwerere, erzhaltige Material auf den Boden sinkt, oder Magnete angeln das Eisen aus bereits fein zerriebenem Abbaumaterial. Unvorstellbar: Früher trennten Frauen das Gestein händisch. Die letzten »Klaubanlagen« schlossen 1967.

Ü ÜBRIGENS

Lust und Zeit auf mehr Industriegeschichte und traumhafte Landschaften an der Steirischen Eisenstraße? In Vordernberg verkehrt die steilste Normalspurbahn Europas, die Erzbergbahn (www.erzbergbahn.at). Der smaragdgrüne Leopoldsteiner See nördlich von Eisenerz lässt sich in 1,5 Std. per pedes umrunden (www.leopoldsteinersee.at).

Spektakulär sucht Spektakel

Wenn g'standene Mannsbilder mit ihren Motocross-Maschinen wie Schoko-Nikoläuse bis zu den Ohren in Matsch getaucht sind, dann läuft das Erzberg-Rodeo (immer am Fronleichnam-Wochenende). Ähnlich dreckig geht es beim 4x4 Erzberg-Rodeo zu Pfingsten zu. Nichts für Saubermänner sind auch die meisten Laufveranstaltungen, wie der Dirtrun oder die Adventure-Days an zwei Wochenenden im Juli.

Aus leuchtend grün-gelben Kürbissen sprudelt das grüne Gold der Südsteiermark.

Die Steiermark besuchen ohne eine Brettljause zu verkosten? Unmöglich!

Säßen ein Bad Radkersburger und ein Altausseer an einem Tisch, wären sie sich genauso fremd wie ein Italiener und ein Russe. Typisch steirische Gerichte auf eine kurze Liste zu reduzieren, gelingt daher nicht. Nichtsdestotrotz: Wenn von der »steirischen Küche« gesprochen wird, meint man meist die Spezialitäten des südlichen Raums. Wahrscheinlich, weil die flache Landschaft mehr Vielfalt zuließ. Oder die günstige Verkehrslage für eine nachhaltigere Verbreitung im Reich sorgte.

Das grüne Gold

Dickflüssig wie Motoröl, dunkelgrün wie ein im Saft stehender Nadelwald. Und der Geschmack? Etwas nussig und leicht süßlich. Erst nach einer Spontanmutation entwickelten sich Samen mit einer dünnen Schale, die das Rösten und Pressen des Inhalts erlaubten. Traditionell wird das Kürbisöl für Salate verwendet, aber selbst aufs Vanilleeis träufeln es Experimentierfreudige. Für einen Liter werden fast 35 Kürbisse verarbeitet.

Kalt erwischt

Nein, Tränen in einem Buschenschank sind keine Schande. Der frische Kren (Meerrettich) auf der Brettljause brennt zwar höllisch in den Augen und in der Nase, ist aber unverzichtbarer Bestandteil derselben. Außerdem gehören dazu (in Abwandlungen) fein aufgeschnittene Schweinefleischspezialitäten (Schinken, Selchwürstel, Geselchtes, Schweinsbraten), Aufstriche, Gemüse oder sauer Eingelegtes. Gemeinsam mit ein paar Scheiben Schwarzbrot werden die Zutaten auf einem Holzbrett serviert. Falls Sie's sauer mögen, gönnen Sie sich dazu einen Käferbohnen-Salat mit viel Kernöl. Die zart nussigen Käferbohnen (Feuer- oder Prunkbohnen), deren braun gesprenkelte Haut ihnen den Vergleich mit Käfern eingebracht hat, gedeihen in den Lehmböden der südlichen Steiermark prächtig. Maßgeblich »Schuld« an Ihrer Brettljause hat Erzherzog Johann, Herzog der Steiermark von 1807 bis 1859. Im damaligen Armenhaus Steiermark reformierte er die Landwirtschaft und führte zahllose damals unbekannte Feldgemüsesorten ein, wie Käferbohnen, Kren oder Radieschen.
In einem echten Buschenschank bleibt übrigens der Herd kalt. Seit 1784 dürfen Weinbauern gemäß kaiserlichem Dekret ihre eigenen Erzeugnisse verkaufen, an wen sie wollen. Sobald ein *Buschen*, also ein Bund von Zweigen, an der Tür steckte, standen Hoferzeugnisse zum Verkauf. Selbst heute werden die verarbeiteten Lebensmittel entweder selbst produziert oder von anderen Höfen zugekauft.

Knusprig goldgelb

Auch wenn die Wiener es gerne für sich reklamieren möchten, ist das Steirische Backhendl durch und durch grün-weiß. Knusprig sollte die Panier aus Mehl, verquirltem Ei und Semmelbrösel sein. Heiß begehrt unter Genießern sind die Sulmtaler Hendln aus der südwestlichen Steiermark. Das Besondere an ihnen? Sie werden mit Mais gefüttert, wodurch Fleisch und Haut appetitlich gelb schimmern und besonders gut schmecken.

Vom Skandal zum Shootingstar

Wer hätte 1985 gedacht, dass die südsteirischen Weine den Glykol-Skandal zu einer Umkehr nutzten? Heute werden die steirischen Weine in einem Atemzug mit französischen und spanischen Weinen genannt. Schon im 8. Jh. soll in der Steiermark Wein gekeltert worden sein. Zu den wichtigsten Sorten zählen der spritzig-frische Welschriesling, der aromatische Sauvignon Blanc und der herbere Schilcher.

Entspannen in der Normandie

EINE SCHÖNE ZEIT,
WO IMMER DIE REISE
HINGEHT

Impressum

1. Auflage 2021
© 2021 DuMont Reiseverlag GmbH & Co. KG, Ostfildern
Alle Rechte vorbehalten.

Autoren und Verlag haben alle Informationen mit größtmöglicher Sorgfalt geprüft. Gleichwohl sind Fehler nicht vollständig auszuschließen. Alle Angaben erfolgen ohne Gewähr.

Autoren:
Dordogne: Manfred Görgens
Extremadura: Jürgen Strohmaier
Fischland: Claudia Banck
Friaul-Julisch Venetien: Nicoletta De Rossi (S. 65–63 u. 68–69), Annette Krus-Bonazza (S. 64–67)
Kanalinseln: Petra Juling
Korfu: Klaus Bötig
Luxemburg: Reinhard Tiburzy
Malta: Hans E. Latzke
Menorca: Jonas Martiny
Nordportugal: Jürgen Strohmaier
Normandie: Klaus Simon
Saarland: Wolfgang Felk
Schwäbische Alb: Jens Bey (S. 208–209), Sabine Schwieder (S. 198–207 u. 212–213), Andrea Wurth (S. 210–211)
Slowenien: Dieter Schulze
Steiermark: Daniela Eiletz-Kaube

Gestaltung und Satz: Birgit Eggers, Potsdam
Redaktion: Thomas Rach, Jessika Zollickhofer
© DuMont Reiseverlag, Ostfildern

Printed in Italy
ISBN 978-3-7701-8241-1
www.dumontreise.de

FSC
www.fsc.org
MIX
Papier aus verantwortungsvollen Quellen
FSC® C015829

Abbildungsnachweis

Alle Zeichnungen: Gerald Konopik, Fürstenfeldbruck
Alexander Gross, Saarbrücken: S. 185 u., 188/189, UK hinten/4
Andrea Wurth, Stuttgart: S. 203 re., 211 o., 211 u.
AWL Images, Whitchurch (GB): S. 102/103 (imagebroker)
Dieter Schulze, Bremen: S. 216, 219 li., 223 o., 228
DuMont Bildarchiv, Ostfildern: S. 192(Arthur F. Selbach); 14 (Frank Heuer); 191, 193 (Georg Knoll); 198/199, 199, 201 o., 206, 209 u., 212, 213 (Reinhard Schmid)
Fotolia, New York (USA): S. 110 (Image Source); 53 (kitchenkiss.de); 108/109, UK vorn/7 (Parente); 167 (shocky); 113 (Weller)
Getty Images, München: S. 123 li. (Avelino); 120 (Avino); 172/173 (Chanson); 176 (Cumming); 177 (hemis.fr/Cormon); 87 (Hulton Archive); 215 (Joel Rogers); 119 (Time Life Pictures/Birns)
Hans E. Latzke, Bielefeld: S. 121 o., 130, UK vorn/8
Huber Images, Garmisch-Partenkirchen: S. 65 (Cattaruzzi); 182/183 (Hans-Peter Merten); Titelbild (Luca Da Ros); 66 (Pavan); 217 o. (Pearson); 38/39, 41 o., 183 (Reinhard Schmid); 180 (Ripani); 74, 81, 89 u. (Schmid)
iStock.com, Calgary (CA): S. 71 (13460889); 238 (4FR); 163 (Angelina Borowska); 202 (aprott); 124/125 (arkanto/Dal Canto); 114 (art4stock); 55, 68 (Bepsimage); 235 li., 235 re. (Borisb17); 232 (Christopher Moswitzer); 54/55 (egon69); 22/23 (Estellez); 234 (GoodLifeStudio); 99 re. (Gosiek-B); 225 (gremlin); 239, UK hinten/7 (josefkubes); 236/237 (kruwt); 160 (Martín Burguillo); 129 (Memitina); 10 (MI-MOHE); 231 (pavlemarjanovic); 138 (rosn123); 146 (Rudi_Lange); 137 u., 147 re. (Simona Balconi); 112 (Stanislava Karagyozova); 34, UK vorn/2 (tahir abbas); 149 (tashka2000); 59 re. (thewizzthatwoz); 203 li. (tichr); 101 (titoandrade); 134/135 (Tono Balaguer); 166/167 (Vetta); 76/77 (VFKA); 200 (Wetterfotografie); 60/61 (zakaz86)
laif, Köln: S. 83 re., 85 (Amme); 194 (Bernd Jonkmanns); 107 li., 214/215 (Boening/Zenit); 107 re. (Bourget/Reporters); 229 (Büssemeier); 11 li., 12/13, 40, UK vorn/1, UK vorn/3 (Christian Kerber); 51. re. (Clemens Zahn); 49 (Dagmar Schwelle); 197 (Dorothea Schmid); 58 (Fechner); 41 u. (Frank Siemers); 185 o., 187 li., 196 (Georg Knoll); 137 o., 143 (Gonzalo Azumendi); 52 (Gregor Lengler); 118/119 (Harding/Neale Clark); 20 (hemis.fr/Bertrand Rieger); 171 li. (hemis.fr/Cormon); 178 (hemis.fr/Guiziou); 171 re. (hemis.fr/Maisant); 73 o. (hemis.fr/Sudres); 219 re. (Heuer); 17 (HOA-QUI/REPERANT); 100 (IML/Kouri); 131 re. (Invision/Migeon); 139 re. (Knechtel); 19 re., 181 (Le Figaro Magazine/Martin); 15, 21 (Le Figaro Magazine/Robin); 82 (Michael Runkel/robertharding); 51 li. (Paul Langrock/Zenit); 91 re. (Polaris/Kouri); 147 li. (REA/Francois PERRI); 169 o. (Rigaud); 86/87 (robertharding/Farrin); 90 (robertharding/Tomlinson); 80 (robertharding/Treadway); 103, 105 u., 116, 218 (Schwelle); 115 re. (Specht); 78 (Steinhilber); 140/141 (Thomas Linkel); 46 (Toma Babovic); 179 li. (Top/Tripelon/Jarry)
Lookphotos, München: S. 246 (SagaPhoto)
Manfred Görgens, Wuppertal: S. 8, 9 o., 19 li.
MATO, Hamburg: S. 217 u. (Aldo Pavan/Schapowalow); 11 re. (Douglas Pearson); 222 (Günter Gräfenhain/Schapowalow); 70/71 (Justin Foulkes/Schapowalow); 122 (Richard Taylor/Schapowalow
Mauritius Images, Mittenwald: S. 174 (age fotostock); 7 (age fotostock/Langley); 148, UK hinten/1 (age fotostock/Tolo Balaguer); 175 (AGF/Guichaoua); 94, 98, UK vorn/6 (Alamy); 135 (Alamy/ACORN); 115 li., 169 u., UK hinten/3 (Alamy/Arterra Picture Library); 88 (Alamy/Davis Photography); 139 li. (Alamy/Findlay); 220/221, UK hinten/6 (Alamy/Hare); 9 u. (Alamy/Julian Elliott Photography); 127 (Alamy/Kase); 142 (Alamy/MIKEL BILBAO GOROSTIAGA-TRAVELS); 72 (Alamy/Miyake); 168 (Alamy/nobleIMAGES); 128 (Alamy/Patrick); 133 (Alamy/Ramirez); 226 (Alamy/Robertson); 136 (Alamy/STOCKCHILDREN); 121 u. (Alamy/Stockimo/mrkrabs); 170 (Alamy/Whitefoot); 132, 227 re. (Alamy/Wild Places Photography/Howes); 123 re. (Alamy/Wyatt); 223 u. (Alamy/Zoonar GmbH); 179 re. (Alamy/Zooner); 84, UK vorn/5 (foodcollection); 44/45 (Jean Schwarz); 145 (Jose Fuste Raga); 224, 227 li. (nature picture library/Munoz); 6/7 (Photononstop/Patrick Somelet); 144 (robertharding/Marco Simoni); 91 li. (SuperStock/Sawyer PCL); 156/157 (ZUMA Press, Inc./Alamy)
Oliver Dietze, Saarbrücken: S. 187 re.
Petra Huber, Avliotes (GR): S. 89 o., 92/93
Petra Juling, Lissendorf: S. 73 u., 75 re.
picture-alliance, Frankfurt a. M: S. 39 (blickwinkel/D. u. M. Sheldon); 43 re. (Hagen Hellwig); 79 (Heritage Images/Fine Art Images/Fine Arts Collection)
Reinhard Tiburzy, Aachen: S. 106
Sabine Schwieder, Ostfildern: S. 207
Shutterstock.com, Amsterdam (NL): S. 24 (agsaz); 50 (aldorado); 42 (Alexander Weickart); 154 (AlexelA); 97 (Andrew Mayovskyy); 69 (barbajones); 153 u., 159 re. (Bruno Ismael Silva Alves); 25 o. (Carl Allen); 33 (Carlos Sanchez Benayas); 230/231 (Christopher Moswitzer); 111 (ciwoa); 209 o. (Daniel Huebner); 233 o. (Elena N Ivanova); 26 (Francisco Cidoncha); 25 u. (Francisco Javier Gil); 18 (Gareth Kirkland); 37 (Gelpi); 83 li. (haraldmuc); 27 re. (Helissa Grundemann); 31 (imageBROKER.com); 159 li. (inacio pires); 155 li. (Ivan Micoluchin); 153 o. (Jan Jerman); 57 o. (Jenny Sturm); 210, UK hinten/5 (jopelka); 28/29 (Juan Aunion); 233 u. (K3S); 30 (Karel Bartik); 75 li. (Kiev.Victor); 105 o. (Kit Leong); 47 (LaMiaFotografia); 161 (Luis Pedro Fonseca); 35 re. (lunamarina); 59 li. (Marco Lissoni); 95 (Martien van Gaalen); 151 (MAV_malaga); 23 (Megapixeles.es); 155 re. (mehdi33300); 36 (Miguel G. Saavedra); 56 (milosk50); 35 li. (Obatala-photography); 162 (Philippe 1 bo); 241, 244 (Przemek Iciak); 165 (Radiokafka); 150/151 (Renato Martinho); 245 (Rene Walter); 32 (Richard Semik); 104 (RossHelen); 158, UK hinten/2 (rui vale sousa); 201 u. (Schlesier52); 57 u., UK vorn/4 (Sebastiano Calanzone); 63 (Taljat David); 62 (tommaso lizzul); 204/205 (Umomos); 117 (Vicuschka); 152 (vouvraysan); 27 li., 164 (Wirestock Images)
Stock.adobe.com, Dublin (IE): S. 184 (Petair)
Tom Schulze, Leipzig: S. 126
Tourismus Zentrale Saarland GmbH, Saarbrücken: S. 195 li., 195 re. (Eike S. Dubois)
VA Erzberg: S. 242, 243 (August Zöbl)
viewingmalta.com, Malta: S. 131 li. (Scicluna)
Visum, Hannover: S. 99 li. (DeBeeldunie/Meyst)
Wolfgang Felk, Saarbrücken: S. 186, 190
© VG Bild-Kunst, Bonn 2019: S. 43 li. Installation von Hubertus von der Goltz

Programme 2015

W0201330

Une année de jeu pour apprendre

Cycle 1

Anne Popet
Conseillère pédagogique
Eve Leleu-Galland
Inspectrice, Mission École Maternelle
Christelle Cresp
Professeur des écoles en maternelle

Lea.fr Nathan

Des jeux testés en classe

Les activités autour des coins de jeux ont été conçues par Anne Popet et Christelle Cresp. Ces activités ont été testées en classe par 11 enseignants et sur une année.
Inscrits sur le portail pédagogique ***Lea.fr***, ils ont mis en œuvre dans leur classe les séquences proposées et suggéré des modifications. Ce **travail collaboratif** a donné lieu à de nombreux échanges entre pairs au sujet de l'aménagement des coins jeux dans la classe et des difficultés rencontrées.

L'auteure et l'éditeur tiennent à remercier :
Agrosjean, Cdruart, Celinemag, Cocorose, Fanchon, flominiju, Mattro, Pipioli, Segogindre, Sirprise et, tout particulièrement, Christelle Cresp, qui a participé activement au groupe collaboratif et, pour cette raison, a ensuite été associée en tant qu'auteure à la rédaction de cet ouvrage.
Ils remercient aussi Nathan Matériel éducatif qui a offert aux classes participantes le matériel à tester.

Présentation des auteurs de cet ouvrage :
Anne Popet, auteur d'ouvrages et d'outils pédagogiques, a, en tant que conseillère pédagogique, initié de nombreux projets dans les classes maternelles et élémentaires et aidé à leur réalisation.
Ève Leleu-Galland, Docteur en Sciences Humaines, est inspectrice, conseillère du Recteur de Paris pour l'école maternelle.
Chistelle Cresp est enseignante en maternelle depuis plusieurs années. Elle a collaboré depuis 2014-2015 au projet sur le jeu en maternelle en faisant de nombreux dépôts de documents en lien avec les activités menées en classe sur le site Lea.fr.

Lea.fr

Avec cet ouvrage, vous bénéficiez d'une offre découverte : un mois d'accès illimité offert au portail pédagogique.
L'École Aujourd'hui est un portail pédagogique à destination des enseignants de l'école primaire. Il propose des ressources pédagogiques, des conseils métiers, des espaces d'échanges entre pairs et avec les auteurs, des actualités sur le monde éducatif.

Comment activer votre accès d'un mois offert ? Connectez-vous à l'adresse suivante :
http://activation.nathan.fr/offre-lea/

@bonnez-vous et retrouvez des documents de l'ouvrage à télécharger sur le portail Lea.fr

Rendez-vous sur le portail Lea.nathan.fr dans la rubrique « Espace collaboratif ».
Vous pourrez **intégrer le groupe** de travail collaboratif de l'ouvrage et y découvrir toutes les **ressources supplémentaires** mises à votre disposition.
Vous pourrez également dialoguer avec les auteures et les interroger.

Direction éditoriale : Pascaline Citron
Coordination éditoriale : Anne Martinetti / Camille Zecchinati
Conception graphique : Sophie Auvin
Couverture : Élodie Breda
Photos : couverture : jeu de construction en bois © shake_pl - stock.adobe.com ; p. 65, © BIS/Archives Larbor ; p. 65, La tarte aux cerises, Pierre Bonnard, 1908 : photo : Bridgeman Images © ADAGP, Paris 2017- ; p. 65 Still Life # 30, Tom Wesselmann, 1963 : photo : Rue des Archives / Bridgeman Images © ADAGP, Paris 2017 ; p. 66 Restaurant de la City-Galerie (tableau piège), Daniel Spoerri 1965 : photo : BIS /ph.Luc Joubert – Archives LARBOR © ADAGP, Paris 2017 ; p. 66, Foodscape, Erro Gudmundur Gudmundsson, 1964 : photo : akg-images © AGAGP, Paris 2017 ; p.101 © The Metropolitan Museum of Art / The Berggruen Klee Collection/ DR ; p. 181, ©Robert Doisneau/ Gamma-Rapho.

MIXTE
Papier issu de sources responsables
FSC® C022030
FSC www.fsc.org

© Éditions Nathan 2017 • 25 avenue Pierre de Coubertin - 75013 Paris • ISBN : 978-209-124553-9

Sommaire

Guide pédagogique

Jouer pour apprendre

Fiches séquences

Guide pédagogique

Le jeu c'est le travail de l'enfant, c'est son métier, c'est sa vie.
L'enfant qui joue à l'école maternelle s'initie à la vie scolaire,
et l'on oserait dire qu'il n'apprend rien en jouant ?

Pauline Kergomard, 1882.

Introduction

Le jeu est un droit fondamental inscrit dans la Convention relative aux droits de l'enfant. L'article 31 reconnaît à tout enfant le droit « **au repos et aux loisirs, de se livrer au jeu et à des activités récréatives propres à son âge [...]** ». Élément essentiel à sa croissance, il est sa fenêtre sur le monde. Les milieux et univers où grandissent les jeunes enfants d'aujourd'hui se transforment. Les occasions qu'on laisse aux enfants de développer des jeux, y compris de manière instinctive et créative, ainsi que les lieux où ces constructions sont possibles sont de plus en plus rares. Dans les zones urbaines, les enfants ont de moins en moins accès à des jeux en plein air. Certains d'entre eux fréquentent des espaces de loisirs aménagés qui, au nom de la sécurité, limitent souvent la découverte. Les activités à connotation éducative laissent peu de place au jeu libre, ouvert et autodéterminé. Parce que la recherche a montré que le jeu constitue le fondement des compétences intellectuelles, sociales, physiques et affectives, il fallait lui redonner une place centrale à l'école.

La maternelle est une école spécifique qui s'adresse à un moment capital de la vie des jeunes enfants. Son projet répond à une double exigence, mettre en place de réels apprentissages, qu'il faut adapter à l'âge des enfants dans leur forme et leur contenu, et permettre à ces enfants de vivre le passage vers le statut d'élève. Le jeu à l'école n'est pas le jeu à la maison, même si on peut retrouver des jouets ou des jeux qui se ressemblent. À la maison, on joue par plaisir et par envie de partager, il s'agit d'affectivité et de convivialité sans visée d'apprentissage. À l'école, le jeu est proposé pour apprendre et pour cela, il est utilisé par les enseignants pour que les enfants deviennent des élèves par les apprentissages qu'il permet de faire. La distinction du sens et des visées du jeu est nécessaire mais n'est possible qu'avec une continuité avec le monde familier, pour que soit assurée à l'enfant une « **mêmeté d'être** [1] ». La création d'une aire transitionnelle, telle qu'elle est ménagée par les coins de jeux, est une condition nécessaire pour permettre à l'enfant d'avoir confiance dans sa propre continuité, dans sa capacité d'établir des liens entre lui-même, le monde, les autres, dans sa faculté de jouer, de symboliser, de penser et de créer. Les coins de jeux ont toute leur place à l'école maternelle parce qu'ils font partie du dispositif pédagogique de cette école.

1. Françoise Dolto, *L'image inconsciente du corps*, Le Seuil, 1984.

La place du jeu dans le programme

Dans le programme 2015, le jeu occupe une place tout à fait officielle. Il alimente tous les domaines d'apprentissages. Le paragraphe 3.1. du texte publié au BO s'intitule ***Apprendre en jouant*** et expose les arguments en faveur du jeu : il favorise la richesse des expériences, il permet l'exercice de l'autonomie, l'action sur le réel, l'élaboration de fictions, le développement de l'imaginaire, la communication avec les autres. Il alimente tous les domaines d'apprentissages. Il permet aux enfants de se construire au sein d'une communauté et d'y tisser des liens. Diverses formes de jeux sont proposées : les jeux symboliques, les jeux d'exploration, les jeux de construction et de manipulation, les jeux collectifs et les jeux de société, les jeux fabriqués et inventés... Le rôle de l'enseignant est de donner du temps suffisant pour que s'installent des activités de jeu. Il peut observer les enfants dans leur jeu libre et autonome pour mieux les connaitre, participer à un jeu initié par des enfants pour l'encourager, le complexifier par ses interventions verbales. Il peut recourir au jeu pour faire apprendre selon ses objectifs. L'enseignant doit être capable de s'ouvrir à l'imprévu introduit par la situation de jeu.

La modalité du « **jouer et faire jouer** » est pensée et intégrée dans sa préparation, elle se lit dans l'organisation matérielle de la classe qui induit des apprentissages. Sans une volonté explicite d'installer et de faire évoluer des ateliers, des coins de jeux, de proposer des activités, guidées ou non, de donner du temps aux enfants, il n'y a pas d'apprentissages par le jeu. Sans formalisation de ce qui est découvert et s'apprend en jouant, l'école risque un appauvrissement des conduites d'action, sociales et langagières, un désintérêt pour ce qui se vit à l'école, qui pourrait entrainer un désinvestissement des activités scolaires. Les enseignants ont donc un travail de réflexion, de valorisation des coins de jeux et de clarification des divers enjeux pédagogiques et didactiques à mener, pour enrichir l'expérience des élèves et leur permettre d'apprendre.

La structure de l'ouvrage

Cet ouvrage prolonge, en le structurant, le travail mené, pendant deux ans, en collaboration avec des enseignants de classes maternelles sur le site Léa.fr. Il s'appuie sur des démarches qui ont été testées avec des groupes d'élèves, notamment sur le jeu symbolique et les jeux de construction. Les auteurs ont opéré ce choix pour aider les enseignants à développer plus particulièrement ces deux types de jeux parce qu'ils accompagnent de manière adaptée le développement des jeunes enfants.

Cet ouvrage, propose une véritable pédagogie du jeu, en prenant comme points de repère l'année scolaire et deux niveaux « **balise** » du parcours en maternelle, la PS/MS, et la MS/GS, sachant que les rythmes de développement et de progrès sont individuels. Le guide pédagogique pose les cadres de références théoriques pour expliciter les apports essentiels et uniques du jeu. Sur le développement de l'enfant, elle précise les connaissances à maitriser par les enseignants pour concevoir des démarches ajustées et orientées vers des apprentissages qui vont se formaliser. Elle s'appuie sur les éclairages scientifiques, ainsi que sur les préconisations contenues dans les instructions officielles qui accompagnent la mise en œuvre du programme. Ces appuis théoriques sont nécessaires pour le travail de conception et d'analyse de l'action pédagogique. Il précise aussi les démarches de mise en œuvre et les options pédagogiques. C'est un guide pour concevoir et organiser le travail de la classe. Il met en évidence le rôle spécifique de metteur en scène et de « **meneur de jeu** » de la classe que l'enseignant adopte pour conjuguer jeu et apprentissages. La deuxième partie est une mise en pratique autour de séquences et séances décrites dans le détail et menées sur l'année. Elles exploitent les démarches testées dans les classes en donnant des repères pratiques sur les manières de procéder, sur les activités associées et les compétences construites. Cet ouvrage, unique en son genre, met à la disposition des enseignants des exemples pour enseigner avec le jeu, il est un guide pour les équipes d'école, il leur indique comment sortir des apprentissages incidents ou informels que porte toute situation de jeu. Il objective et professionnalise les apports pédagogiques du jeu à l'école.

1 / Jouer pour grandir, apprendre

1. Enjeux théoriques et institutionnels

1.1 Jouer, un acte essentiel

Cet ouvrage entend s'appuyer sur l'univers et la culture de la petite enfance, avec toutes ses caractéristiques, et sur les éclairages issus des recherches en neurosciences et psychologie cognitive, pour remettre le jeu au cœur des pratiques pédagogiques. Le sérieux du jeu est porteur de bienfaits pour le bien-être et l'harmonie globale de l'enfant. Jouer, c'est s'abstraire de la réalité pour mieux y revenir, le jeu ne s'oppose pas au travail, c'est le travail de l'enfant, c'est sa vie.

Les jeux symboliques en particulier ont un rôle central dans les processus d'élaboration de la pensée, et la mise en jeu des fonctions mentales. Tout cela soutient à la fois la construction de la personnalité en milieu scolaire, et la mise en place des aptitudes cognitives. Si les enseignants de maternelle intègrent ces dimensions dans leurs démarches, ils mettront leurs actions au service de la réussite des élèves.

Le philosophe **Johan Huizinga**[2] donne du jeu une définition assez complète : « **Le jeu est une action volontaire accomplie dans certaines limites fixées de temps et de lieu, suivant une règle librement consentie mais complètement impérieuse, pourvue d'une fin en soi, accompagnée d'un sentiment de tension ou de joie et d'une conscience d'être « autrement » que dans la vie courante.** » L'enfant reste libre de s'investir selon son plaisir et ses intérêts. Il peut ainsi se décentrer (être autre), vivre des émotions et des positions diverses, d'observation, d'intervention, de guidage… multiplier les contacts et apprendre avec d'autres. Il découvre un monde à sa portée à travers de nouvelles relations, prend conscience de ce qu'il peut faire, perfectionne ses habiletés. Il s'exprime, corps et voix, communique, s'exerce dans des domaines d actions mimétiques, qui miment le réel. En exerçant son imagination, il approche la dimension symbolique du monde et ses représentations.

Quand on observe l'enfant en train de jouer, on peut capter des indices de ce qui se passe dans son esprit. Le jeu est son langage secret qui dévoile une part de ses émotions, de ses préoccupations, de ses questions. Jouer est une expérience d'interaction sensorielle et motrice qui engage tout le corps et toute la personne. Le jeu de l'enfant prépare à la vie des grands. Il a une portée biologique, sa valeur comme facteur d'évolution n'est plus à démontrer. **Il est un agent de croissance** car il stimule l'action du système nerveux. Il permet une approche de la réalité grâce aux activités et aux rituels qu'il favorise, en marge des occupations et des préoccupations du monde. **Sa fonction est à la fois libératrice et formatrice.** Jouer est une activité gratuite et pourtant sérieuse car elle participe au développement des manifestations de la culture qui « donne forme à l'esprit », comme l'a écrit **Jerome Seymour Bruner**[3]. Expérience d'investigation, elle amène l'enfant à se confronter concrètement à la réalité, des objets, des autres, de l'environnement. « **Est jeu toute activité qui n'a d'autre finalité qu'elle-même** » précise **Henri Wallon**[4]. Le jeu **a une fonction psychologique indéniable.** C'est dire qu'un enfant qui ne joue pas, est un enfant qui ne va pas bien.

2. Johan Huizinga, *Homo ludens*, Gallimard, 1951.

3. J. S. Bruner, *Car la culture donne forme à l'esprit. De la révolution cognitive à la psychologie culturelle*, Georg Éditeur, 1998.

4. H. Wallon, *L'évolution psychologique de l'enfant*, Armand Colin, 2012.

L'ensemble des aspects de la personnalité de l'enfant peut être modalisé et rassemblé dans le schéma ci-dessous :

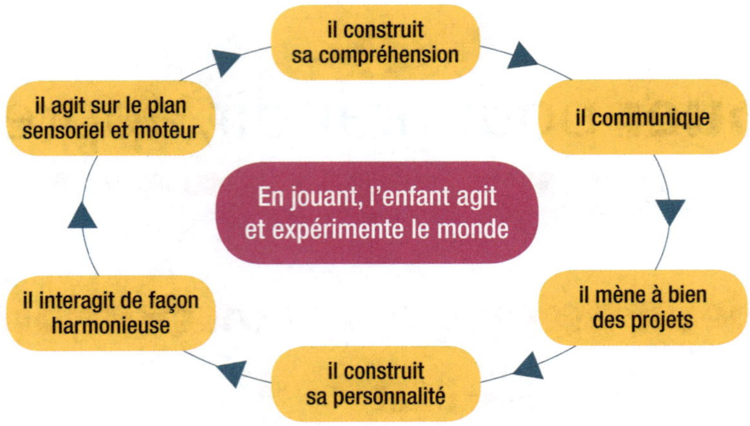

1.2 Étayages théoriques

Dans le groupe des pairs de l'école, le jeu est une modalité naturelle pour grandir et apprendre. Pour l'enseignant, il est un moyen de soutenir les apprentissages. Différentes théories mettent en avant ses diverses fonctions. **Sigmund Freud**[5] (1856-1939) décrit un enfant de 18 mois qui joue avec une bobine[6], en la lançant loin de lui. Freud montre que l'enfant accompagne son geste du mot « Fort ». Quand il tire la bobine pour la ramener vers lui, il dit « Da », le deuxième temps semble lui procurer plus de plaisir. Il reproduit cela à chaque absence de sa mère, le véritable objet du jeu est le retour joyeux, il supporte mieux l'absence de la mère. Il se rend maître de l'intensité de la situation par un artifice de symbolisation, passant d'une position subie à un imaginaire actif. **Le jeu symbolique est une activité spontanée et libératrice qui renvoie à autre chose qu'elle-même,** l'enfant découvre les possibilités de projection et d'identification, il s'approprie le réel. Il apprend en douceur la frustration.

5. S. Freud, *Au-delà du principe de plaisir, Essais de psychanalyse*, Payot, 1951.

6. 1920.

Donald Woods Winnicott[7] (1896-1971) montre comment, dans le jeu, l'enfant construit sa capacité à être seul. Le jeu créatif (playing) est le prélude à toute l'expérience du monde. L'espace potentiel du jeu réalise le passage entre la réalité psychique interne de l'enfant, ses pensées, et la réalité psychique extérieure à laquelle il se « frotte ». Quand l'enfant joue, il prend un échantillon du monde extérieur et le met au service de son monde imaginaire et de pensées. Un fragment de son monde intérieur passe dans ses jeux. **Le jeu n'est pas qu'un contenu, c'est aussi un contenant.**

7. Pédiatre et psychiatre D. W. Winnicott, *Jeu et réalité*, Gallimard, 1975.

Jean Piaget[8] (1896-1980) définit le jeu comme un moyen de s'informer sur les objets, sur les événements. Le jeu symbolique « **colle au modèle** » et structure l'imagination. Les étapes de Piaget vont de l'exercice, à la règle, en passant par le symbole et suivent le développement de l'intelligence. La première période est sensori-motrice (0-2 ans), l'enfant joue si l'objet est présent. À la période représentative (symbolique 2-6 ans), l'objet est permanent, l'enfant peut faire semblant et jouer avec son esprit. Jouer permet d'anticiper, d'exprimer, de verbaliser et de représenter.

8. Psychologue et épistémologue, J. Piaget, *La Naissance de l'intelligence chez l'enfant* Delachaux et Niestlé, 1992.

Lev Semionovitch Vygotski[9] (1896-1934) explique que l'apprentissage devance et stimule le développement intellectuel. Dans une activité collective et avec de l'aide, l'enfant peut réaliser beaucoup plus que ce qu'il réussit tout seul. La différence entre le niveau de résolution avec de l'aide et celui qu'il atteint seul définit la zone proximale du développement. Le jeu crée la zone de développement qui se situe toujours au-delà de son âge moyen, au-delà de son comportement habituel, comme s'il était au-dessus de lui-même. **« Le jeu comporte, de façon condensée, tel un verre grossissant, toutes les tendances du développement ».**

9. Psychologue biélorusse, L. S. Vygotski, *Pensée et langage*, Éditions sociales, 1985.

Jerome Seymour Bruner[10] (1915-2016) fournit un modèle d'acquisition des connaissances « en spirale ». L'enfant qui apprend est un chercheur qui organise son expérience. L'adulte

10. J. S. Bruner, *Le Développement de l'enfant, savoir-faire, savoir-dire*, PUF, 2011.

l'accompagne au cours d'interactions de tutelle. Les formes codifiées de communication, les modes de représentations sont « **la boite à outils** » culturelle nécessaire aux apprentissages. L'activité continue d'ajustement réciproque entre l'enfant et l'adulte se nomme action conjointe. Au moment de la reprise des jeux, libres ou structurés, à travers l'étayage de l'action, les reformulations et la prise de distance l'enseignant ménage l'accès aux apprentissages.

« **Le jeu c'est le travail de l'enfant, c'est son métier, c'est sa vie** » écrit **Pauline Kergomard** [11] (1838-1925). En militant pour le respect de la liberté de l'enfant, elle fait émerger l'école maternelle d'un rôle essentiel de protection à une institution dédiée aux apprentissages. Elle reste une des grandes figures de l'action spécifique des professionnelles de la maternelle.

11. P. Kergomard, inspectrice générale des écoles maternelles nommée par Jules Ferry.

Gilles Brougère [12] parle de « **cultures ludiques** ». Il valide des critères qui font du jeu une expérience de construction : le « **faire semblant** », rien n'est gratuit mais rien n'est grave, la prise d'initiatives qui mobilise même les enfants les plus timides, la possibilité d'accéder à une palette de choix, l'instauration de règles préalables, en cours, négociables ou non. Le jeu est une activité frivole protégée du risque. Son approche fait appel à la notion d'« **éducation informelle** », d'apprentissages incidents reprise dans les documents Éduscol du programme 2015 : « **Si le jeu est éducatif, ce serait donc d'un point de vue informel, c'est-à-dire comme un effet qui accompagnerait cette expérience sans qu'il soit visé.** »

12. G. Brougère, professeur à l'université Paris 13, directeur d'un laboratoire de recherche nommé EXPERICE, *Jouer, apprendre* Économica, 2005.

Une palette des situations de jeux contribue à renforcer le sentiment de compétence nécessaire pour devenir un élève. **Le jeu soutient la construction identitaire et sociale des enfants, il fortifie les liens sociaux, la qualité des relations et permet d'apprendre ensemble.** Les propositions de démarches pour le jeu symbolique dans la partie « guide de mise en œuvre » le démontrent.

1.3 À l'école, jouer pour avoir confiance en soi

Différentes études [13] montrent qu'une bonne estime de soi permet aux enfants de mieux construire leurs compétences cognitives, sociales et affectives. Quand il arrive à l'école, l'enfant recherche naturellement des continuités entre le lieu de ses premières expériences et l'école. Il construit des relations nouvelles dans un environnement codé qui est pensé pour favoriser le désir de découvrir et le « **plaisir à penser** ». **Alain Lieury** [14] définit l'environnement comme un ensemble de facteurs biologiques (alimentation, sommeil, exercice physique), de facteurs psychologiques et de stimulations qui conditionnent l'équilibre de l'enfant. Dans l'environnement scolaire, il construit un nouveau réseau de relations, avec des enfants et des adultes. Souvent, il privilégie un partenaire « **de jeu** », il passe du temps avec lui, la fréquence et la réciprocité des échanges construisent du lien. L'accès libre à des aires et des moments de jeux est indispensable pour développer ce réseau de liens. Quand les enfants jouent, l'angoisse de la séparation est mise à distance, **le jeu a un rôle d'agent protecteur.** Il favorise l'installation du sentiment de confiance en soi qui permet d'être à l'aise avec les autres. On sait que l'insatisfaction du besoin de sécurité engendre une certaine angoisse. Le jeu répond aux besoins de sécurisation et satisfait le besoin d'autonomie, cette base sécure indispensable pour aller vers les connaissances. Le besoin d'autonomie est avant tout une affirmation de soi, de sa valeur personnelle. Devenir autonome est un processus qui se construit au fil des expériences. L'école maternelle permet à l'enfant d'évoluer librement, de faire ses propres découvertes, tout en étant soutenu de façon discrète et sécurisante par les adultes. Il peut essayer, se tromper, recommencer, s'exercer à faire, défaire pour refaire… et trouver des solutions temporairement stabilisées. Dans le jeu, il s'autorise à ne dépendre que de lui-même sans trop de risques, il perçoit la vigilance et la présence de l'adulte.

13. L'OCDE a publié en mars 2015 une synthèse d'études qui convergent pour affirmer la nécessité d'enseigner aussi les compétences sociales et émotionnelles à l'école. http://www.oecd-ilibrary.org/education/les-competences-au-service-du-progres-social_9789264256491-fr

14. A. Lieury, *Manuel visuel de psychologie cognitive*, Dunod, 2015.

Paul Virilio [15] (1996) attire l'attention des éducateurs sur les conséquences de l'accélération du temps, l'enfant est souvent pris dans le rythme des adultes. Les familles vivent de plus en plus dans la succession d'instants, au risque de distendre les liens avec le passé, de passer à côté du présent. Prendre le temps de jouer, avoir le temps de jouer pour le jeune enfant est d'autant plus vital. Comme l'activité de la promenade, le temps du jeu introduit un équilibre salutaire entre vacance et nécessité, offre des repères dans une activité dont la lente et progressive exploration est la découverte de l'action. Selon **Huizinga** [16], mais aussi **Roger Caillois** [17], **savoir jouer consiste à retrouver les principes fondamentaux du jeu humain.** Cette activité apporte d'elle-même un savoir sur la vie, sur la mort, sur le sens de la destinée humaine. En jouant,

15. P. Virilio, pédiatre et psychiatre. *Jeu et réalité*, Gallimard, 1975.

16. Op. cité.

17. R. Caillois, *Les jeux et les hommes*, Gallimard, 1958.

l'enfant ne s'amuse pas à « **passer son temps** ». Il libère ses potentialités, le jeu est investi comme point de résistance aux sollicitations parasites. De ce point de vue-là, l'école maternelle est un espace résistant et résilient parce qu'elle donne de la place, pour chaque enfant, au cheminement, au voyage, au travail d'élaboration et d'anticipation, que l'accélération de la réalité escamote. Par sa temporalité progressive, sa construction scénarisée, **le jeu est enjeu d'une mise en récit où l'enfant parle et raconte,** apprend à « **tirer son épingle du jeu** ». Il montre d'autres facettes de lui-même (perdre, gagner, changer de rôle, changer de discours...). En endossant des rôles, il peut se révéler tout autre. Les parents changent leur regard, ils découvrent leur fils ou leur fille qui joue comme ils ne l'avaient jamais vu auparavant. Lorsqu'un adulte joue devant un enfant, c'est la part d'enfance, « d'infantile » qui s'exprime en lui. L'enfant comprend que l'adulte vient le rencontrer sur son territoire.

1.4 Les compétences relationnelles et sociales

Parmi le groupe de pairs, l'enfant cherche à se faire reconnaître et accepter. Dans les coins de jeux se joue une grande partie des règles de compréhension et d'affiliation au jeu social. Il est tenu non seulement de démontrer qu'il connaît les situations auxquelles il est confronté, mais aussi qu'il sait y adapter son comportement en réagissant de façon pertinente. Plus il montre ce qu'il sait faire, plus il est sollicité par les pairs, plus il acquiert de compétences sociales, et plus il a la chance d'occuper une place importante dans la structure du jeu. Dans les coins de jeu on peut voir les enfants s'observer les uns les autres, s'imiter ou quelques fois montrer d'autres gestes et postures. Ainsi une petite fille prend le poupon et montre à une autre comment lui passer le body par la tête et l'accrocher entre ses jambes.

Le jeu amène à produire des conventions sociales, qui prennent le statut de conventions collectives, toute dérogation à leur égard peut compromettre le jeu. Le transfert de signification d'un objet à l'autre se produit, la nouvelle signification devient la même pour tous les joueurs, par exemple quand un engin construit en cubes devient pour tous un engin spatial. Dans le jeu des enfants, on perçoit le montage de ces conventions, régulées au cours des actions, des échanges, des discussions. Un enfant qui s'est approprié le transfert dans le jeu symbolique comprendra plus facilement que les lettres mises dans des séquences graphiques précises sont des signes. Pour apprendre les 26 lettres de l'alphabet et les combinaisons qui créent le sens, l'enfant doit savoir jouer avec le mécanisme sous-jacent à l'écrit, et utiliser un système de signes.

1.5 Jeu et réussite scolaire

Un enfant apprend s'il parvient à canaliser son attention. Les recherches en neurosciences ont mis en évidence le rôle du contrôle exécutif, levier de l'attention primordial pour inhiber un comportement indésirable, qui ferait « **double tâche** ». Les fonctions exécutives « **chaudes** » concernent la capacité à réguler ses émotions, à ne pas les laisser prendre une place envahissante (par exemple être capable de contrôler sa colère quand un autre enfant prend le jouet convoité). La flexibilité mentale, la capacité à s'adapter à la nouveauté et aux changements, à envisager la meilleure alternative face à un problème en fonction des buts à atteindre, sont des facteurs déterminants pour prendre les décisions appropriées. Un enfant qui fait un retour sur ses actions, par exemple quand il constate qu'il a construit un véhicule dont les portes s'ouvrent, évalue ses capacités, devient conscient de ses forces. Si elles sont exercées et stabilisées pendant l'enfance, ces capacités prédisent un développement intellectuel et social positif. Pendant les jeux de simulation, les enfants tiennent leur rôle tout en ayant en tête ceux des autres, la mémoire de travail se construit. Ils se servent du contrôle inhibiteur pour s'ajuster aux rebondissements et à l'évolution de l'histoire (flexibilité mentale). Ces aspects ont été mis en avant par des programmes dans des écoles du Québec, comme le programme ***Tools of the Mind*** [18]. Les enfants du programme passent plus de temps à jouer et obtiennent de meilleurs indicateurs de rendement scolaire que les enfants qui reçoivent davantage d'enseignements scolaires directs. Mais tous les jeux n'ont pas des effets intéressants, notamment les jeux dont les règles strictes sont établies et imposées par des adultes. Les jeux qui développement la créativité de l'enfant sont à privilégier.

18. www.excellence-jeunesenfants.ca/documents/Diamond_2009-11FR...

Les études sur le développement de la mémoire [19] ont mis en évidence le rôle des neurones « **miroirs** ». Ils s'activent aussi bien quand on exécute un geste que lorsqu'on observe cette même action chez un autre. Ils interviennent dans les processus d'imitation, d'expérimentation. Ils favorisent la compréhension et la participation aux activités dans le groupe-classe. Les interactions sociales participent à l'élaboration de la mémoire. L'adulte fournit un axe chronologique pour structurer la mémoire lorsqu'on raconte un événement. Si le stress et l'anxiété fragilisent les processus de mémorisation, les émotions positives, l'humour et le jeu facilitent les apprentissages.

Le jeu est une activité profondément humaine et relationnelle. **Serge Tisseron** attire l'attention des pédagogues sur un nouveau jouet proposé à Noël 2016 [20]. « **Hatchimal** » est le nom d'un animal en peluche qui sort de l'œuf dans lequel il est livré si l'enfant lui témoigne une attention suffisante à travers la coquille, notamment en lui parlant. La peluche est dotée de deux grands yeux à la pupille dilatée, ce qui est perçu comme le signe d'un désir de rapprochement. Le robot génère l'illusion qu'il a besoin de l'enfant pour évoluer ; de la dépendance réciproque s'installe dans cette relation enfant/machine [21]. Le Hatchimal est là pour convaincre l'enfant de parler, de se confier, de lui faire confiance en toutes circonstances. Ces robots sont programmés par des humains dont le souci principal est de contrôler les comportements de les orienter pour une consommation toujours plus guidée. Face à cette présence de plus en plus grande de robots dans l'environnement des enfants souvent solitaires, l'école affirme son rôle d'institution qui construit la relation à l'autre à travers des expériences de réalité vraie.

19. Pascale Toscani, *Les Neurosciences et la classe : de la théorie à la pratique* Chronique sociale, 2017.

20. Le 22 décembre 2016.

21. Sherry Turkle, *Seuls ensemble, de plus en plus de technologies et de moins en moins de relations humaines*, L'Échappée, 2015.

1.6 Jeux et genre

La partition de la société entre les filles et les garçons se lit aussi dans les jouets souvent conçus selon les différents rôles qu'on attend des filles et des garçons, le « **destin** » qu'on leur assigne. La dichotomie masculin/féminin s'y trouve déjà institutionnalisée. Au travers des interactions, des ségrégations et des différenciations que les jeux autorisent, les filles et les garçons se socialisent entre eux. La construction sociale du genre se fait à travers les activités ludiques.

Les enfants intègrent les rôles sexués et des stéréotypes de genre. Ils accumulent une base de connaissances à propos de la convenance ou non des jouets par rapport aux genres. Une enseignante de PS raconte qu'au début de l'année, un papa est venu la mettre en garde : il est hors de question que son fils joue avec les poupées.

Les chercheurs ont noté la tendance d'enfants à préférer les jouets stéréotypés et à se détourner des jouets qui sont considérés comme étant pour le sexe opposé. Un petit garçon qui demande une poupée comme cadeau de Noël suscite la surprise des proches. Les choix des garçons sont orientés vers les jeux de construction et de fabrication, tandis que les filles sont guidées vers les poupées, les ustensiles de cuisine, les boîtes à bijoux, les boîtes de maquillage. On note que les préférences pour des jouets de leur propre sexe sont plus fortes chez les garçons que chez les filles. L'analyse des catalogues de jouets révèle des tendances. Première remarque en les feuilletant, les couleurs distinguent les jouets réservés aux garçons et les jouets réservés aux filles, comme jadis la couleur des layettes, plutôt rose pour les filles et bleue pour les garçons. Les textes reproduisent un imaginaire sexué : une petite fille est « calme, douce et mignonne », un petit garçon est « actif, entreprenant et performant ». Aux filles, on propose des accessoires dédiés aux fonctions ménagères, ainsi que des panoplies de professions « féminisées » (infirmière, maîtresse d'école, coiffeuse, maquilleuse...). Le choix est plus large pour les garçons, la part belle est faite aux activités de bricolage et de jardinage. Dans son livre **Sylvie Cromer** [22] note que les jouets dits masculins « **favorisent la mobilité, la manipulation, l'invention et le goût de l'aventure, ceux des filles [...] développent l'intérêt porté à soi et aux autres, dans la mise en avant de la séduction et de la maternité** ». Dans les coins de jeux de la classe, on remarque des jeux de rôles spontanés du type « **pendant que maman prépare le repas, papa lit son journal dans le fauteuil** ».

L'offre du marché correspond à une vision traditionnelle de la séparation des tâches selon le sexe [23]. La campagne ministérielle pour l'égalité entre les filles et les garçons, lancée en 2013, lutte contre les stéréotypes qui s'installent, de manière un peu insidieuse, dans la manière dont s'organisent les espaces et les coins de jeux. L'enseignant doit en diversifier l'utilisation afin d'élargir les champs d'intérêt des enfants. **Les jeux d'imitation, les jeux de rôles, les activités**

22. S. Cromer, *Vie privée des filles et garçons : des socialisations toujours différentielles ?*, La Découverte, 2015.

23. Des associations antisexistes comme Mix-cité, Collectif contre le sexisme, publient leur catalogue contre les jouets sexistes : pubisexisme.samizdat.net/Catalogue.pdf

24. Quand Barbie a parlé pour la première fois, en 1968, elle avait six phrases à son répertoire : « J'ai un rendez-vous ce soir ! », « Comme j'aime être mannequin ! »...
En 1992, la Barbie adolescente parlante disait : « Les mathématiques sont difficiles. », « J'aime faire les magasins. » et « Allons au bal. ».
Source : http://maigrirsansdiete.wordpress.com/barbie/

de déguisement permettent de soutenir les habiletés sociales et de communication [24]. En empruntant d'autres identités, l'enfant peut se vivre dans la peau d'un autre, vivre la différence par l'engagement du corps. L'école doit contrer l'impression qu'il existe des activités spécifiquement féminines et spécifiquement masculines, en intervenant sur des propos tenus. Par exemple, si un enfant dit **« Le balai, c'est pour les filles »,** l'enseignant renvoie la question : **« Et les garçons, ils ne savent pas balayer ? »**

Le rôle de l'école est de valoriser les qualités, indépendamment du sexe, quelle que soit l'image que l'enfant semble avoir de lui-même. Si un garçon veut faire la cuisine dans le coin poupée, changer le bébé, une fille porter le casque et être pompier, l'enseignant permet que cela soit possible. Les commentaires des autres enfants sont repris et discutés si des moqueries s'expriment. Dans les moments de jeux libres et autonomes, il peut inciter les enfants à se diriger vers les aires de jeu qu'ils délaissent habituellement, proposer le choix sans toutefois contraindre. En encourageant les équipes de jeu mixtes dans les activités de groupe, l'enseignant introduit des occasions de coopération entre les filles et les garçons plutôt que de la compétition. La présentation de modèles positifs de filles et de garçons dans les histoires racontées et les albums de jeunesse, de femmes et d'hommes héroïnes et héros d'événements contribue à casser les catégories qui enferment. Dans le coin poupée, le jeu avec des poupons sexués est l'occasion d'aborder la question de la différence des sexes, en insistant sur l'égalité des droits.

L'enseignant explique aux parents pourquoi l'école veille à ne pas enfermer les enfants dans des stéréotypes, pour les aider à construire leur propre personnalité. C'est sa mission.

2. Orientations pédagogiques

2.1 La démarche d'enseignement

25. Extrait du programme de l'école maternelle, bulletin officiel spécial n° 2 du 26 mars 2015.

Pour la première fois dans l'histoire de l'école maternelle, un programme officiel donne au jeu une fonction centrale ***pour la richesse des expériences vécues par les enfants, pour alimenter tous les domaines d'apprentissages.*** Le rôle de l'enseignant est à peine esquissé, sans préciser comment il peut infléchir ses démarches : **« L'enseignant donne à tous les enfants un temps suffisant pour déployer leur activité de jeu. Il les observe dans leur jeu libre afin de mieux les connaitre. Il propose aussi des jeux structurés visant explicitement des apprentissages spécifiques.** [25] » Nous proposons que le jeu soit exploité dans la classe à des fins éducatives et cognitives, L'installation d'espaces et de coins de jeux, la mise en place de situations de jeu, libres ou pilotées sert à développer :

- **L'autonomie,** la prise d'initiative par l'enfant ;
- **L'action** sur le réel et la compréhension de phénomènes découverts au cours des jeux ;
- **La construction** de fictions, de jeux de « faire semblant » ;
- **La pensée divergente,** grâce au recours à la fonction imaginative particulièrement présente dans les jeux ;
- **La communication** avec les autres, le langage en interactions dans les petits groupes de jeu ;
- **La construction de rôles sociaux** approchés dans les mises en jeu, les liens au sein des groupes et de la classe ;
- **Le renforcement de l'estime de soi,** parce que le jeu apporte toujours de la nouveauté, du plaisir, un enrichissement des postures et des comportements, dont le référent n'est pas la « bonne réponse » attendue.

Quand les enseignants donnent au jeu une place centrale, ils ont compris que ce ne sont pas les activités d'exécution papier/crayon pour faire plaisir à l'adulte qui permettent à l'enfant de développer son potentiel et d'apprendre. Ceci nous amène à préciser les démarches appliquées aux jeux. Nous avons précisé pourquoi le jeu est la manière privilégiée pour les enfants de s'approprier le monde qui les environne et y trouver leur place. Étant un « monde à leur portée », il offre des défis qu'ils sont capables de relever. Méthode efficace d'apprentissage par appropriation concrète, proche de leurs centres d'intérêt et de leurs questionnements, il stimule leur curiosité et leur exubérance naturelles. Il est aussi une stratégie que l'enseignant va exploiter pour faire classe.

Parmi les **quatre grandes catégories de jeux** du programme, les jeux symboliques et de construction ont été choisis pour plusieurs raisons. D'abord parce que les coins de jeux sont partie prenante de la culture de cette école et que depuis quelques années, leur rôle et leur fonction se sont appauvris. Or, ils sont nécessaires au bien-être individuel au sein du collectif. Ensuite parce que nous inscrivons nos propositions dans **une école bienveillante** qui œuvre pour le respect des enfants qu'elle accueille. Nous sommes convaincues que leur impact sur la motivation et l'envie d'apprendre offre des marges de progrès importantes pour aider les élèves à réussir leur parcours d'écoliers.

2.2 Les jeux symboliques

Les jeux symboliques sont essentiellement ***les jeux d'imitation, de « faire semblant », jeux de fiction, jeux de rôles, mises en scène et jeux dramatiques.*** L'accès aux symboles puis aux signes pour évoquer des choses absentes, aide l'enfant à prendre de la distance vis-à-vis de l'action immédiate. En transformant l'expérience du réel, il peut alors se représenter et prévoir que quelque chose peut arriver, anticiper ses actes, planifier ses actions, imaginer la suite d'une histoire, contrôler sa frustration. Le processus de symbolisation lui permet de résoudre des conflits internes, de développer une « **conscience de l'autre** » soutenue par le langage, langage intérieur puis communication avec les pairs. Le jeu est langage universel, on le constate en regardant des enfants qui ne parlent pas la même langue mais communiquent très bien ensemble.

Ils sollicitent la capacité à imaginer des situations, à endosser des rôles et à jouer avec des règles qui interviennent de manière aléatoire au cours du jeu. Ils apportent des étayages importants entre les enfants, pour le langage, la prise de rôle, la mise en scène et la construction de la pensée. Depuis Vygotsky, on sait que les enfants qui parviennent à un bon développement de la fonction symbolique sont ceux qui ont pu jouer à faire semblant avec des objets, réels ou imaginés, et à faire exister autre chose que la réalité présente. Cette utilisation symbolique des objets, des actions, des personnes et des mots les prépare à l'apprentissage du fonctionnement symbolique de la langue et de la littérature[26].

26. Elena Bodrova, Deborah Leong, *Les Outils de la pensée, l'approche vygotskienne dans l'éducation à la petite enfance*, Presses Universitaires du Québec, 2013.

Les apports des jeux symboliques dans la construction de l'enfant

- **Ils développent des attitudes de « faire semblant » en jouant à être un autre.**
  Le décalage autorise des renversements de situations, par exemple quand l'enfant joue à être « **la maman** » il fait siennes des situations et transforme ses affects en actions. Il éprouve du plaisir à le faire.
- **Ils permettent la projection par l'imitation :** l'enfant fait « **comme si** », il joue à téléphoner, à faire boire la poupée… comme il a pu l'observer autour de lui. Il s'essaie, sans risques, à faire et à produire des effets. Il reproduit une gestualité, des comportements, se les approprie et manifeste ainsi qu'il peut être un acteur efficace.
- **Ils construisent l'assimilation et l'identification qui aident à l'appropriation du réel :** l'enfant se transforme en lion, petite souris, chevalier… dans son imaginaire un bâton devient une épée. Il éprouve des sensations, des sentiments en se « **coulant** » dans la peau d'un être plus ou moins idéalisé.
- **Ils permettent la transposition de situations de vie en de multiples combinaisons symboliques :** l'enfant s'accorde dans le jeu ce qui a pu lui être refusé. Il cherche à reprendre, pour le dépasser, un conflit ou une situation angoissante (par exemple une visite chez le médecin).

La programmation annuelle de jeux symboliques concerne trois catégories : **jeux d'imitation, jeux de rôles et de « faire semblant », jeux de scénarisation et de mise en scène.** Pour les faire évoluer, l'enseignant peut jouer sur diverses variables :

- La taille et la diversité du matériel proposé ;
- L'enrichissement des jeux en associant les élèves ;
- Les espaces dédiés et les règles d'accessibilité ;
- La nature des groupes d'enfants (librement constitués, ou désignés par l'enseignant).

27. Anne-Sophie Casal, psychologue, responsable du secteur jeu et petite enfance au Centre national de formation aux métiers du jouet.

Les jeux d'imitation apparaissent très tôt, dès les premiers mois, le petit imite l'adulte lorsqu'il fait « **bravo** », « **coucou** », « **au revoir** ». On parle d'imitation directe car l'enfant reproduit spontanément le geste qu'il vient de voir. Vers 18-24 mois le processus d'imitation démarre véritablement. « À travers le jeu, le bébé est alors capable d'imiter un modèle en son absence en réactivant des images mentales[27] ». Il reproduit une action qu'il a vécue ou observée dans son quotidien, c'est ce qu'on appelle l'imitation différée. Le petit enfant fait semblant de manger ou de boire, il évoque quelque chose d'absent. Il utilise sa pensée symbolique qui est train d'émerger. L'imitation différée apparait lorsque l'enfant a acquis la permanence de l'objet, c'est à dire la compréhension que lorsqu'un objet cesse d'être présent il continue d'exister. Pour Jean Piaget, le langage émerge grâce à l'imitation différée. Les jeux d'imitation sont rattachés à des grandes catégories : la cuisine, la dînette, la chambre, la nurserie (poupon, baignoire, biberon, etc.) les activités ménagères, l'atelier de bricolage, les déguisements.

Les jeux de « faire semblant » reprennent des situations du quotidien et de l'espace social. Les enfants imaginent des situations dans un décor qui permet la mise en scène, avec des objets, avec d'autres, chacun adoptant un rôle. Ils s'amusent à faire « **comme** » dans un contexte qui s'appuie sur la réalité en la transformant. Ils utilisent un couvercle de casserole comme volant de voiture, font semblant d'être au téléphone, cuisinent un gâteau en pâte à modeler et font semblant de le manger. Ils sollicitent leur imagination, apprennent à contrôler leurs gestes et leurs émotions, renforcent leurs habiletés sociales. Par exemple, lorsque les enfants jouent à prendre l'autobus, un seul peut jouer le rôle du conducteur. En attendant leur tour, les autres doivent se trouver un rôle, ils exercent leur imagination et apprennent à réfléchir.

Dans les jeux de mise en scène, la miniaturisation intervient, au coin garage, zoo, caserne de pompier, ferme, château-fort. L'enfant manipule des figurines au sein d'un environnement, il n'est plus acteur direct. Il invente des histoires avec des personnages à qui il attribue des rôles et des aventures. Les jeux transférés nécessitent que la pensée symbolique soit déjà consolidée, pas avant 3 ou 4 ans. Les scénarios s'élaborent selon les propositions, les dialogues, les idées, le langage oral prend le pas sur la motricité et la gestualité globale. Il y a souvent nécessité de verbaliser pour faire progresser l'histoire, le jeu.

De l'imitation du réel à la scénarisation

2/4 ans Imiter	4 ans Faire semblant	5 ans et plus Scénariser, raconter
• Les enfants se déguisent. Ils pratiquent essentiellement des jeux d'imitation gestuelle. • Ils s'habillent comme… papa, mamie… • Ils reproduisent des scènes de vie quotidienne.	• Ils jouent des rôles selon divers scénarios. • *Le prince et le princesse partent en voyage… Nous sommes dans la forêt, des animaux nous guettent…* • Des scénarios peuvent être proposés par l'enseignant : *« Vous allez jouer la rencontre du loup et du petit chaperon rouge… »*	• Les scénarios sont de plus en plus élaborés. Les jeux de rôles deviennent des jeux de mise en scène. C'est le début du jeu dramatique. • Les enfants choisissent des costumes, des objets et inventent des histoires. • L'enseignant propose des rôles. Les élèves choisissent leur costume et inventent une histoire. L'enseignant propose une recherche sur l'implicite. Il demande aux élèves de chercher ce que les personnages peuvent se dire et faire.

Quatre formes de mises en jeu : jeu libre / jeu autonome / jeu accompagné / jeu structuré, sont proposées pour permettre aux élèves de s'y investir. Elles se caractérisent par le niveau de liberté d'action des enfants, de guidage et d'intervention opéré par l'enseignant.

	Imagination / créativité / activité de l'élève	Intervention / pilotage de l'enseignant
Jeu Libre *Enfants « maîtres de leur jeu »*	• Libre choix • Autonomie d'action, de jeu • Apprentissages incidents, sans traces	• Pose le cadre, rappelle les consignes d'utilisation • Laisse les élèves jouer • Observe • Pas de retour sur le jeu
Jeu Autonome	• Inscription dans un coin de jeu (tableau) • Investissement dans le jeu • Apprentissages informels, une trace peut être conservée pour mémoire	• Intervient de manière ponctuelle • Fait retour sur le jeu sous forme de bilan oral • Observe, conserve des traces écrites (pour mieux connaitre ses élèves)
Jeu Accompagné	• Investissement dans le jeu, respect des consignes • Alternance action/verbalisation • Apprentissages explicites, objectivés par l'enseignant	• Initie l'activité et installe le jeu • Définit le cadre et les consignes • Fait jouer/verbaliser • Laisse jouer et peut jouer à son tour • Précise les apprentissages dans le moment de synthèse
Jeu Structuré *Enseignant « maître du jeu »*	• Investissement dans la situation selon les consignes • Initiative • Apprentissages formels avec traces	• Propose le jeu, précise les objectifs et ses intentions. • Définit les tâches, encadre les activités • Conduit des phases réflexives et structure les apprentissages • Traces dans le carnet de suivi des apprentissages

2.3 Jouer/imiter, les fonctions exécutives

Fayda Winnikamen [28] a montré que l'imitation est un acte de compréhension intelligente nécessaire pour comprendre le monde. Au cours des jeux d'imitation, différents circuits neuronaux sont activés, via l'accomplissement de gestes, l'action avec des objets médiateurs et prétextes aux échanges, les échanges langagiers. Plus l'enfant grandit, plus ses jeux d'imitation se transforment en véritables jeux de rôles. Ils l'aident à mieux appréhender et accepter les contraintes. Pendant le jeu l'enfant ne subit plus les interdits, il peut les définir, reproduire des tensions qu'il a pu ressentir entre lui et ses parents ou entre les membres de sa famille. Il apprend à réguler sa relation à l'autre de différentes façons, en l'imitant il montre qu'il s'intéresse à lui. L'imitation n'est pas une copie mais la mise en scène d'une représentation qu'on a de l'autre, de la réalité. Les situations de la vie quotidiennes imitées, le repas, l'habillage, les courses... seront autant de situations d'apprentissage des rapports humains et des codes sociaux.

28. F. Winnikamen, *Apprendre en imitant*, PUF, 1990.

Dans les coins de jeux, l'école propose des **« mini-mondes de vie »**, revus à l'échelle des enfants, occupations familières (domestiques) connues, et activités sociales (le magasin, le docteur, la poste, le restaurant...). Elle favorise ainsi le développement des fonctions exécutives décisives pour réussir les apprentissages scolaires : la capacité de ressentir, de comprendre et de distinguer des émotions, l'habileté à les autoréguler pour s'adapter à l'environnement et atteindre des objectifs.

Jouer pour développer les fonctions exécutives

Apprendre à réguler ses impulsions, accepter de lâcher la satisfaction immédiate au profit d'une solution différée fait partie des processus de contrôle cognitif qui exigent un effort volontaire important. Les fonctions exécutives incluent la capacité d'évaluer et d'organiser l'environnement, d'adapter son comportement en conséquence, avec flexibilité, lors de situations inédites. La régulation émotionnelle est tributaire de plusieurs fonctions exécutives, notamment le contrôle de l'attention, l'inhibition des comportements inappropriés, la prise de décision au-delà des aspects émotionnels, exigeante sur le plan affectif. Le développement du contrôle exécutif est central pour la régulation qui intervient fortement avant 6 ans. À l'école, l'enfant consacre une partie du fonctionnement de son cerveau à la gestion des émotions, les siennes et celles des autres. La gestion des émotions de base et morales repose sur l'internalisation de normes et de principes. Pour être heureux dans le groupe, l'enfant doit aussi être en mesure de percevoir et de comprendre les émotions des autres (empathie) et de leur attribuer des états mentaux (voir « la théorie de l'esprit ») avec lesquels il va devoir composer. Il apprend à contrôler ses réactions, qu'elles soient positives (l'excitation) ou négatives (la frustration), pour atteindre les objectifs qu'il a identifiés. Les fonctions exécutives sont impliquées dans la régulation de toutes sortes de comportements, notamment ceux qui impliquent le langage, la mémoire, le raisonnement…

Des recherches montrent que la performance de jeunes enfants lors de tâches de mesure du contrôle inhibiteur est corrélée avec leur capacité à réguler leurs émotions. Les différences individuelles sont associées au développement de la conscience, qui implique une interaction entre les émotions et l'adoption d'un comportement adapté. Le contrôle volontaire que l'enfant peut acquérir va lui donner la flexibilité attentionnelle requise pour faire des liens entre les principes, les émotions et les actions. Un entraînement peut avoir des bénéfices directs sur les fonctions exécutives, notamment lorsque l'attention exécutive, le raisonnement, la mémoire de travail, le contrôle cognitif sont entraînés de manière consciente. Lors des phases de reprise du jeu l'enseignant met en évidence tous ces aspects.

2.4 Les jeux de « faire semblant », la théorie de l'esprit

La relation entre les jeux de faire-semblant et le développement de la représentation mentale a été étudiée par **Janet Wilde Astington**[29]. Entrer dans des jeux de rôles, jouer à faire « **comme si** » aide l'enfant à acquérir une connaissance de la pensée, la sienne, celle des autres et une intelligence des situations.

La théorie de l'esprit

Janet Wilde Astington[30] éclaire le développement cognitif et social de l'enfant. Elle part de la définition de la théorie comme système cohérent de concepts interdépendants et abstraits, qui rendent compte d'un objet de connaissance. Elle s'applique au comportement humain, les enfants sont capables de se forger des théories, en particulier de bâtir une théorie de l'esprit et d'en changer, si, après vérification, des hypothèses se révèlent fausses. À un certain moment de son développement, l'enfant découvre ce qu'est l'esprit, et ce qu'il permet. Il comprend ce que sont les états mentaux comme les besoins, les désirs, les émotions, les intentions. Il en prend conscience simultanément pour lui et pour les autres, et de ce fait il est capable de modifier son point de vue. Vers cinq ans, on peut dire que l'enfant a découvert l'esprit : il peut dire ce que lui et les autres voient, veulent, sentent, pensent, savent, croient. Il est capable de prédire ce que l'autre va faire, peut imaginer et comprendre que l'autre se trompe. La théorie de l'esprit montre que l'enfant tire son savoir de ce qu'il apprend en situation. L'école détermine pour une bonne part sa capacité à comprendre la plupart des états mentaux, les désirs, la simulation, l'intention et la perception. Les jeux de simulation lui donnent la possibilité de faire semblant, d'avoir un autre point de vue. Il adopte une attitude distanciée, conserve en mémoire des faits, prend conscience de ses souvenirs. Durant les moments de synthèse et de bilan, le langage d'évocation structure la mémoire. On parle « **à propos** » du jeu en l'extrapolant, en le ramenant à des réalités de vie.

29. J. W. Astington, *Comment les enfants découvrent la pensée,* 2004.

30. Professeur à l'Institut Ontario de recherche en éducation de l'Université de Toronto, elle dirige le laboratoire de recherche « Theory of Mind Lab ».

Le jeu d'imagination absorbe complètement les enfants. Ils apprennent à s'entendre avec d'autres joueurs, à faire des compromis, à résoudre des conflits, à tester des comportements, à maîtriser leurs émotions. Imaginer c'est faire l'expérience des « **possibles** » et développer la capacité à prévoir. La recherche cognitive fait ressortir le rôle du jeu d'imagination dans l'acquisition de compétences langagières. Il exige des enfants qu'ils se fixent des tâches et des buts, qu'ils exécutent les unes et atteignent les autres, et leur donne l'occasion d'en faire un récit narratif en utilisant un langage complexe. Lorsqu'ils sont engagés dans le jeu d'imagination, les enfants utilisent un langage plus poussé et des structures narratives plus élaborées que dans d'autres situations. Le cadre même du jeu est propice à la recherche créative, on observe que les enfants s'imitent les uns les autres dans la gestualité et les mimiques, ainsi que dans la reprise de mots et de formules langagières. Ils deviennent des conteurs, créent de nouvelles versions d'histoires, ils inventent de nouvelles histoires, par exemple en s'inspirant d'un album lu par l'enseignant. Le jeu d'imagination aide à produire des schémas et des scénarios sous forme de structures organisées dont les enfants se serviront pour comprendre la langue écrite. Dans l'esprit des enfants se forment des catégories générales, ils utilisent des sortes de méthodes d'enquête comme la collecte de données, la prédiction, la consignation et l'échange au sujet des résultats. Lorsqu'ils peuvent jouer et entrer en relation, les enfants apprennent l'inventivité et la souplesse.

2.5 Les jeux de rôle, la scénarisation, la narration

Serge Tisseron [31] insiste sur l'intérêt des jeux de rôles, sur l'importance du « **faire semblant** » dans la construction identitaire des enfants. Cet aspect rejoint ce que **Bruno Bettelheim** disait de la richesse des contes [32].

Mise en scène, mise en récit, les apports de Serge Tisseron [33]

Il y a une corrélation entre la capacité de « **faire semblant** » et le pouvoir de surmonter la frustration des situations qui ne vont pas dans le sens d'un plaisir immédiat. Cette capacité à conserver l'envie d'agir malgré tout, est nécessaire pour pouvoir absorber les contraintes liées aux renoncements à l'immédiateté que suppose le travail intellectuel pour de jeunes enfants. Au moment de l'apprentissage exigeant des règles de codage et de fonctionnement de la langue, qui confronte l'enfant à l'arbitraire, cette capacité va être déterminante. Le jeu permet de gérer le caractère pénible de cette frustration. En jouant « **pour de faux** » l'enfant peut mieux appréhender ce que le « **vrai** » de la réalité a de difficile à accepter. La mise en jeu permet de supporter, les situations dont le vrai est porteur. Par exemple quand les enfants jouent les effets d'une colère, ils peuvent mieux appréhender ses effets dans une situation vraie. Prendre les rôles, faire jouer des rôles, c'est endosser des personnalités et des émotions qui amènent à se décentrer de ses propres fonctionnements. Les jeux de rôles impliquent une modification des postures, montrent une amélioration de la qualité relationnelle entre les enfants. Ils augmentent la plasticité psychique en donnant plus de liberté intérieure. Ils interviennent dans la construction de l'empathie. Ils participent à la construction des compétences psycho-sociales si importantes pour pouvoir tirer bénéfice d'une approche socio-constructiviste des apprentissages. Ils permettent aussi de mettre en récit ce qui se construit à partir des apports de chacun des joueurs au cours des interactions physiques et dynamiques du jeu. Les imaginaires rebondissent les uns sur les autres.

Les jeux de rôles peuvent être considérés comme une histoire en action, par la succession d'événements qui finalement forment une intrigue. L'histoire prend place dans un univers spatiotemporel pour des personnages. Comprendre une histoire racontée, ou lue, revient donc, pour un élève, à identifier les personnages, le cadre spatiotemporel et les événements comme les moments de bascule ou le changement de statut d'un personnage.

Le récit n'est pas une juxtaposition d'évènements. Il est le produit d'une construction. Les évènements peuvent être rapportés dans un ordre qui ne respecte pas la chronologie, avec des retours en arrière, ou des évènements passés sous silence. Le récit met également en jeu des choix de modes de narration (qui raconte ? où se trouve celui qui raconte ?) de point de vue

31. http://www.yapaka.be/video/interview-de-serge-tisseron-faire-des-jeux-de-role

32. Les contes de fées décrivent une situation inconsciente que les enfants reconnaissent au passage, ils informent des épreuves à venir, des efforts à accomplir. Mais ils s'achèvent toujours par le succès et le réconfort. L'enfant, en s'identifiant au héros ou à l'héroïne, attend cette fin heureuse.

33. Voir *Le Jeu des trois figures en classes maternelles*, Yapaka.be (qui parle ? qui regarde ?). Pour comprendre un récit, il faut saisir la nature de la relation entre les évènements, c'est-à-dire son organisation. Elle n'est pas simplement chronologique, mais plutôt de nature logique. À partir de 5 ans, les enfants doivent être capables de :

- Faire apparaître un lien de causalité entre deux événements ;
- Mettre en relation les différents événements en prenant en compte un principe d'enchaînement causal et/ou temporel.

L'explication causale se trouve au centre de la structuration et de la cohérence du récit. L'enfant qui le comprend est capable de repérer et de prendre en compte le lien de causalité entre les événements de l'histoire. Plusieurs niveaux d'habiletés dans la reformulation des histoires sont identifiables :

- Identifier les personnages et leur évolution au cours de l'histoire ;
- Identifier et restituer des différents événements, même disjoints de l'histoire ;
- Produire un début d'organisation (en fonction de la question, des épisodes, de la chute) ;
- Structurer le récit dans le temps, en fonction d'éléments de chronologie ;
- Identifier et restituer les relations causales ;
- Produire une explication causale à plusieurs niveaux.

La construction de ces compétences est facilitée par des jeux qui font intervenir des personnages. L'identification des enchaînements de causes repose sur l'identification des actions et des motivations des personnages. Tout jeu repose sur des intentions qui permettent de comprendre le rapport de cause à conséquence liant des événements. Les motivations des acteurs, les buts qu'ils se donnent se comprennent à partir des émotions liées à la satisfaction : la joie, la tristesse, la déception, la jubilation, etc. C'est l'émotion qui permet de créer les inférences causales. C'est pourquoi, à l'issue des jeux de rôles, il est important de faire reformuler par les enfants les éléments scénarisés, pour stabiliser la compréhension de la narration et enrichir le jeu des élèves. Ces moments de retour sur les jeux sont l'occasion de faire apparaitre tous les implicites du récit.

Jouer à mettre en récit, que ce soit en prêtant sa voix à une marionnette, en faisant agir des personnages miniatures, ou en endossant des rôles dans une situation donnée (la visite chez le docteur, un déjeuner au restaurant, un accident de route…) entraîne les enfants à prendre en compte l'enchaînement de type causal entre les événements. **Il y a deux formes de récit : le script et le scénario.**

Le script est un récit élémentaire qui ne comporte pas d'élément perturbateur ni de complication. Les enchainements sont simples et souvent prévisibles. Si des complications narratives interviennent, elles sont aussitôt résolues. Un script trouve son origine dans les actions et les expériences de la vie quotidienne (préparer le repas, donner le bain, faire les courses au marché…). Il est formé d'une succession d'étapes : **pour préparer le repas → choisir le menu → sortir les ustensiles → préparer les ingrédients → cuire → mettre la table…** On repère des scripts entre les enfants dans les coins de jeu symboliques. Quand l'enseignant amène les élèves à reprendre la suite des actions qui constituent le script, il leur permet de construire la compréhension des enchaînements.

Quand le script de base s'enrichit avec l'insertion de perturbations, de complexités narratives, il devient **un scénario**, c'est-à-dire un récit qui implique une interprétation du script. Il peut comporter plusieurs significations alors que le script a souvent un sens relativement unique et prévisible. Exemple de scénario, où intervient un élément de perturbation : dans le coin cuisine, un des acteurs a oublié la viande dans le four, elle est brulée. Que faire pour surmonter ce raté ? Que vont dire les convives ?

Le rappel du récit intervient après la phase de jeu. L'enseignant incite les élèves à parler des personnages, de l'événement déclencheur, des événements liés aux comportements du personnage principal. Ce qui a été joué est repris par le langage. **Mireille Brigaudiot**[34] précise qu'il est préférable de travailler la relation causale alors que souvent les enseignants privilégient les relations temporelles (chronologie). Le rappel de récit ne concerne pas que le contenu de l'histoire mais suppose que les élèves **mémorisent, sélectionnent, organisent** les éléments du jeu qui apparaissent importants, ainsi que les liens qui unissent ces éléments. Ils opèrent des liens entre leur vécu personnel et les éléments du récit. Ils recréent l'histoire avec leurs propres mots.

34. M. Brigaudiot, *Apprentissages progressifs de l'écrit à l'école maternelle*, 2004.

2.6 La reprise par le langage

L'activité frivole du jeu favorise le tâtonnement et réduit considérablement le risque et les conséquences d'éventuelles erreurs pour l'enfant. Il présente une structure qui met en rapport des règles liées au cadre, des actions, un problème et un but. Atteindre les buts qu'on se donne se fait par plusieurs chemins et procédures possibles. En fonction de ce qu'il ressent, l'enfant va opter pour une procédure privilégiée. Elle sera découverte, formalisée et conceptualisée, au moment de la reprise du jeu. La situation de jeu est toujours un peu comme un défi à relever, il peut être repris et répété sans que l'enfant se lasse. Le langage lui permet « **de prendre de la distance vis-à-vis de ses actes, linguistiques ou non [...] et non seulement la prise de conscience, mais aussi la communication et les relations sociales** » précise **Jerome Bruner**. Le langage aide l'enfant à conduire son activité, à en prendre conscience pour en construire le sens et communiquer. Il ne peut être cet outil que s'il est élaboré, explicite, capable de dépasser la désignation et le constat ***(j'ai préparé les assiettes, et puis j'ai mis la table...)*** vers l'abstraction ***(il fallait prendre les assiettes à soupe et ne pas oublier les grandes cuillères)*** et la **conceptualisation** pour reconstruire l'activité. L'expression de règles plus générales élabore une connaissance, des compétences mémorisables et transférables, rapportées à l'expérience. Pour que le jeu prenne son rôle pédagogique, tout en conservant pour l'enfant son aspect ludique, il doit être pensé par l'enseignant en fonction d'objectifs qu'il définit selon les domaines d'apprentissage, en précisant les compétences associées. L'enseignant exploite des jeux plus encadrés pour atteindre explicitement ses objectifs, comme par exemple l'acquisition du vocabulaire lié à la maladie quand il anime un jeu avec la valise du docteur dans le coin poupée.

Quand ils jouent, les enfants poursuivent des buts internes qui motivent leur activité et stimulent leur créativité. L'enseignant leur précise ce qu'ils apprennent à travers leurs jeux, ceux qu'il autorise, ceux qu'il mène avec eux. Le rappel d'un jeu qui a apporté du plaisir, l'installe comme un temps où l'enfant se construit et apprend. Ces jeux peuvent se transférer spontanément dans les jeux de la cour de récréation, ou en dehors de l'école.

2/ **Démarches** de mise en œuvre

L'école maternelle accueille les enfants de manière précoce, à un âge de la vie où la dépendance à l'autre et à l'environnement est importante. Il existe une sorte de dissymétrie entre ce que les jeunes enfants sont capables de comprendre, d'apprendre et l'extrême fragilité de leur condition d'être immature en voie de construction. À 3 ans, un enfant est dépendant de l'environnement et de l'adulte. Beaucoup d'enfants dans des milieux « **fragiles** » ne trouvent qu'à l'école l'environnement, la bienveillance, les conditions d'un développement respectueux de ce qu'ils sont. Elle joue alors un rôle d'institution compensatrice des inégalités, de cadre éducatif résilient. Elle peut les amener à plus de conscience de leurs capacités, les encourager dans leurs actions pour prévenir les éventuelles difficultés face aux défis de la vie. La focale portée sur les jeux symboliques permet d'insister sur leur dimension psycho-affective, d'installer pour tous les enfants l'estime de soi et le sentiment de compétences.

L'ancrage dans un réel symbolisé, le tissage de liens à l'autre renforcent la construction des identités, la connaissance de soi, le sentiment d'appartenance, le sentiment de réussite. Le rôle des enseignants, en équipe, est de **concevoir** les différents coins, d'**organiser le milieu** avec du matériel inducteur, de planifier le fonctionnement de la journée et la semaine de classe pour que les élèves puissent exploiter les formes de jeux. L'enseignant de la classe accompagne les groupes qui jouent, en leur laissant l'initiative, en stimulant, en impulsant autant que de besoin de nouveaux jeux de « **faire semblant** ». Les enfants savent qu'il soutient leur inventivité en la valorisant. Il peut aussi s'investir dans le jeu et dialoguer. Il **observe et évalue** ce qui se vit et s'apprend au cours des jeux, pour faire le point sur les progrès, objectiver les acquis pour chaque enfant ce qui progresse et s'apprend.

1. Le rôle de l'enseignant

Véritable pédagogue du jeu, il module les différentes formes de jeux en les intégrant dans une démarche d'enseignement. Il n'est pas pertinent de laisser les enfants jouer sans que ces moments soient rapportés au projet d'apprendre. À aucun moment dans l'esprit des enfants, et dans celui des parents, le jeu ne doit s'opposer au travail, ou être présenté comme une récompense d'un travail bien fait. **L'enseignant agit selon quatre entrées :**

- **Donner à jouer :** les aménagements sont pensés pour répondre aux besoins et évoluent dans le temps, sur l'année, sur les trois années. L'enseignant donne du temps pour jouer, se donne le temps d'observer ;
- **Laisser jouer :** l'initiative du jeu revient à l'enfant qui se sent libre d'exercer son imagination, sa créativité. L'enseignant donne à tous les enfants un temps suffisant pour déployer leur activité. Il les observe dans leur jeu libre afin de mieux connaitre leurs évolutions ;
- **Jouer avec :** l'enseignant se rend disponible pour être partenaire à niveau égal, sans bouleverser le jeu. Il peut participer à un jeu initié par des enfants pour le relancer, le complexifier par des interventions verbales ou de nouveaux objets. La question est souvent posée du niveau et de la forme de son intervention dans les jeux symboliques. Certains enseignants expriment leur difficulté à entrer dans le jeu avec aisance. De fait, jouer c'est prendre le risque de sortir de son statut, de perdre la place de « **maîtrise** », de ne pas se sentir force de proposition dans une situation d'improvisation[35]. S'asseoir avec les enfants autour de la table du « **coin cuisine** »implique qu'on fasse appel à l'imagination. L'enseignant est capable de s'ouvrir à

35. Un enseignant sachant jouer donnera plus de force et de sens aux jeux de ses élèves.

l'imprévu en respectant les intérêts des enfants et leurs propositions. Il les associe à l'évolution des coins ;

- **Faire jouer pour faire apprendre,** il explique les objectifs, le déroulé du jeu. Il rend lisibles les exigences de la situation pour permettre aux enfants **de les identifier et de se les approprier.** À distance de l'action, il incite à coopérer, encourage à essayer, à prendre des initiatives, à faire des choix. Il s'attache à faire percevoir la continuité entre les différentes situations, les liens entre les moments de jeu. Il utilise des procédés identiques dans ses manières de questionner les élèves, de faire expliciter le jeu, d'amener à reformuler, à produire eux-mêmes des explications pour d'autres. Quand ils ont fabriqué un objet, il leur demande de le décrire et de dire comment ils ont fait pour l'inventer. Il les exerce à l'identification des étapes du jeu en utilisant des termes adaptés. Il définit des critères de réussite pour que chaque enfant puisse prendre conscience de ce qu'il sait et sait faire.

Il exploite plusieurs modalités, du jeu libre au jeu plus encadré. Les quatre formes du jeu, **libre/autonome/accompagné/structuré** fonctionnent selon une logique spiralaire. Plus on chemine vers la grande section, plus l'offre de jeux structurés s'élargit. L'exploration effectuée en jeu libre peut être suivie par une phase de structuration après laquelle l'enfant peut à nouveau choisir de reprendre le même jeu en toute liberté, pour le plaisir de rejouer. Les capacités qu'il acquiert lui permettent de progresser et de se perfectionner en s'entraînant selon son propre rythme. Par exemple, une séance d'enseignement en jeu encadré consacrée à l'acquisition de vocabulaire sur les fruits d'hiver sera plus efficace si les élèves peuvent jouer librement à vendre ou à acheter ces fruits dans le coin épicerie, s'ils peuvent en retrouver trace dans l'imagier de la classe, s'ils peuvent jouer au jeu des 7 familles de fruits.

2. Aménager la classe

Tout aménagement de classe répond aux besoins des enfants et soutient leur développement. Le premier travail de l'enseignant est donc de repérer leurs caractéristiques individuelles et de déterminer des choix d'activités en fonction de paramètres. L'appui sur une bonne connaissance d'indicateurs de développement[36] est nécessaire pour mieux situer les élèves. Plus les enfants sont jeunes, plus les différences inter-individuelles sont contrastées.

36. D'après *Tableaux du développement de l'enfant*, A. Florin, *Introduction à la psychologie du développement*, Dunod, 2013.

Âge	Langage	Développement cognitif	Développement sensoriel et moteur	Développement social et affectif
2/3 ans	• Modifie les demandes selon l'interlocuteur. • Produit 200 à 300 mots. • Comprend les demandes.	• Identifie les objets par l'usage. • Prend en compte le point de vue d'autrui (oriente un objet pour que l'adulte le voie).	• Monte et descend les escaliers, saute à pieds joints. • Tourne les pages d'un livre, coupe avec des ciseaux.	• S'attache à de multiples personnes. • Se reconnait dans un miroir. • Jeux symboliques.
3/4 ans	• Possède un vocabulaire enrichi et peut faire des phrases courtes. • Peut suivre une conversation, comprend les promesses. • S'amuse des jeux de langage.	• Acquiert les notions d'espace, de temps, de quantités. • Utilise le principe du comptage.	• Court avec aisance. • Tape avec le pied dans un ballon. • Fait du tricycle.	• Identifie plusieurs parties du corps. • Attend son tour. • Aime aider les autres. • Critique autrui.

•••

Âge	Langage	Développement cognitif	Développement sensoriel et moteur	Développement social et affectif
4/5 ans	• Produit des demandes indirectes et des justifications. • Comprend les comparaisons, l'identité et la différence.	• Est attentif à sa performance. • Est capable de classification et de sériation.	• Monte sur une échelle. • Marche en arrière. • Tient une feuille d'une main tout en écrivant de l'autre.	• Comprend l'état mental d'autrui. • Joue à des jeux de compétition. • Se reconnait comme garçon ou fille.
5/6 ans	• Produit des énoncés de 5 à 6 mots. • Répond au téléphone en alimentant le sujet. • Identifie des rimes. • Comprend environ 2500 mots. • Début de lecture logographique.	• Commence à maitriser la conservation, comprend que la grandeur d'une collection d'éléments reste la même quelle que soit la manière dont elle est présentée. • Dessine le bonhomme avec ses caractéristiques. • Écrit son prénom sans appui visuel.	• Lace ses chaussures. • Fait du vélo sans roulettes.	• Sait se contrôler. • Choisit ses amis. • Négocie avec l'adulte.

Les travaux d'**Alain Legendre,** d'**Anne-Marie Fontaine** et de **Josette Serres** (CNRS)[37] ont mis en évidence l'espace éducatif comme un environnement écologique dans lequel se jouent des **interactions entre trois composantes :**

- **Les enfants,** leur âge et la taille du groupe ;
- **Les adultes,** leur nombre, positionnement et complémentarité des rôles et des fonctions ;
- **Les ressources matérielles,** leur accès et mise à disposition, les règles d'utilisation.

Toute modification d'une composante entraîne des changements au niveau des deux autres. La recherche d'un équilibre entre les trois composantes conditionne le bien-être et les apprentissages. Des modifications trop rapides peuvent déstabiliser. L'enfant adopte une attitude active, tisse des liens sociaux stables avec ses pairs s'il se sent bien, s'il vit des émotions positives et rassurantes. **Anne-Marie Fontaine** apporte des précisions pour l'aménagement des coins, qui doivent être comme des « **bulles** » en périphérie de l'espace collectif pour fournir des lieux bien repérés.

- **Les coins jeux sont essentiels** pour les enfants dès l'âge de 18 mois, dès lors que les jeux se diversifient et que les interactions peuvent se développer ;
- **Il est intéressant d'offrir plusieurs zones de jeu** pour mieux répartir l'attraction des enfants dans l'ensemble de la classe ;
- **Si une zone de jeu devient attractive,** réfléchir à en augmenter la surface ou à en créer d'autres en rassemblant des jeux combinables. Par exemple, réunir des animaux, des camions et du matériel de construction dans une même zone plutôt que de les proposer isolément dans la pièce ;
- **La combinaison d'objets la plus utilisée** dans les jeux est la relation « **contenant-contenu** ». Il est important de proposer des contenants vides (boîtes, sacs, etc.) en même temps que les jouets, en s'assurant que la taille des contenus est appropriée à celle des contenants ;
- **Certains jeux de miniaturisation (garage, ferme, zoo) sont mieux investis** lorsqu'ils sont proposés sur une table, que lorsqu'ils sont posés à terre. Dans ce dernier cas, la coordination œil-main est rendue difficile, masquée parfois par le toit de la ferme, les étages du garage ;
- **Pour rendre les enfants plus autonomes,** il faut réfléchir au caractère facile et accessible du rangement pour qu'ils le prennent en charge. Les critères doivent leur être donnés pour qu'ils puissent être associés à la vie matérielle de la classe.

37. Voir les précisions d'A.-M. Fontaine sur http://materiel-educatif.nathan.fr/dme/le-mag/amenager-les-espaces-de-jeu-05-2014.html

Les travaux d'équipes américaines montrent que la création des environnements éducatifs, le contexte et le climat de classe influencent le type d'interactions entre les enfants. Les espaces scolaires doivent proposer des expériences marquées culturellement. La culture imprègne le jeu et l'influence de deux façons : l'assimilation créative, la reproduction interprétative des aspects méso et macro-culturels de l'environnement social, comme les routines, les règles, les valeurs...

Pour respecter la progression rapide entre 2/3 ans et 6 ans, l'aménagement est évolutif, chaque niveau est conforme à des familles de besoins. En 2011, un Rapport de l'Inspection générale déplore l'appauvrissement des espaces, la disparition des coins de jeux au profit de tables réservées aux activités inspirées de l'école élémentaire : fiches, cahiers... Pour répondre aux orientations du programme de 2015, la responsabilité des équipes est de revoir les aménagements (les salles de classe, les espaces extérieurs, les salles spécialisées...) pour :

- **Permettre** un accueil personnalisé et la vie collective ;
- **Respecter** les rythmes des enfants ;
- **Partir des besoins,** de la curiosité naturelle et des centres d'intérêt des enfants qui s'ouvrent de plus en plus, du connu et familier vers le plus universel.

Les coins de jeux symboliques sont pensés, préparés et évalués, pour chaque classe, et en équipe d'école, ce qui permet une bonne progression. Le « **coin-poupées** », le « **coin-cuisine** », le « **coin-marchande** », le « **coin-garage** » consacrés aux jeux symboliques... sont **des mini-mondes** placés à la périphérie de la classe, les espaces consacrés aux jeux de construction peuvent s'installer selon les besoins, sur le tapis tirés de leur sac de rangement ou d'un caisson à roulettes qui pourra être rangé après utilisation... Accessibles dès le matin dans les 3 sections, ils jouent un rôle « **transitionnel** », sas entre la maison et l'école, ils facilitent le passage de l'enfant vers l'élève. « **La création d'une a re transitionnelle est une condition nécessaire pour permettre à un individu, à un groupe, de retrouver sa confiance dans sa propre continuité, dans sa capacité d'établir des liens entre lui-même, le monde, les autres ; dans sa faculté de jouer, de symboliser, de penser et de créer[38] ».**

38. Didier Anzieu, *Le Corps de l'œuvre*, Gallimard 1981.

Les objets familiers que les enfants y trouvent induisent une activité « **promotionnante** », inventive et créative. Elle les conduit dans une zone d'action qui initie à des apprentissages via des explorations nouvelles : utiliser des objets/des comportements usuels ou moins connus comme mettre la table, préparer le repas, coucher le bébé, repasser... Les groupes d'enfants sont volontairement limités à 4 ou 5, les élèves font « **comme si** » la poupée était un bébé, et Enzo le papa. Le jeu symbolique est d'abord un jeu libre dans lequel l'enfant s'engage s'il a un sentiment de sécurité suffisant pour pouvoir agir. Pour l'enseignant, cela implique de stabiliser des repères, de temps et de durée, à l'aide de systèmes de codages clairs (par exemple un timer, un sablier, ou tout objet qui permet aux enfants de contrôler la durée indiquée). Au moment des regroupements, il opère des rappels aux règles pour stabiliser leur apprentissage. Les « **coins** » sont matérialisés, séparés et identifiables grâce une signalétique écrite explicite qui aide les enfants à les intégrer rapidement. Ils sont suffisamment fermés, avec un seuil d'accès, pour que les élèves se sentent libres de s'y investir. Ils sont soigneusement étiquetés et nommés. Quand ils vont au coin « **épicerie** », les élèves sont dans un espace de vente avec le décor qui permet de jouer à faire « **comme si** ». Les écrits respectent les codes de l'étiquetage « **social** », c'est-à-dire l'utilisation des conventions d'écrits destinés à lire l'information le plus rapidement possible. Si une sortie a été faite au marché ou au supermarché pour observer des espaces de vente, sur les photos prises les élèves repèrent les systèmes d'étiquetage. Il est important que les enfants identifient les coins jeux comme « des mondes en miniature » en référence aux « **vrais mondes** ». Les règles de fréquentation sont énoncées et rappelées si besoin est. Par exemple pour s'inscrire au « **coin cuisine** » via le tableau des activités, il faut avoir posé son étiquette dans la colonne du tableau, revêtir un tablier, il n'y a que quatre places. Le temps du jeu autonome est limité à 15 minutes. Les différents moments et formes de jeu sont indiqués dans l'emploi du temps de la journée. Pour les plus petits, au moins 1h de jeu libre et autonome doivent être proposés sur une journée de 6h.

La richesse des mises en scène, l'investissement dans l'imaginaire sont dépendantes de la qualité, de la résistance et du renouvellement du matériel. Si l'enseignant ne veille pas à ces aspects, l'attraction risque de s'éroder. L'espace disponible en classe étant limité, il faut faire des choix pour programmer l'évolution des coins en fonction des projets. Une rotation des espaces est possible par période (il y en a 5 sur l'année). Certains coins peuvent disparaître selon les projets, par exemple en GS, après le projet axé sur la découverte et la connaissance de son corps, le **coin *docteur*** laissera la place au **coin *marchande*** pour aborder les légumes du printemps.

Pour les plus jeunes, il est recommandé de prévoir le matériel en double exemplaire, pour éviter les conflits autour du même objet, favoriser l'imitation au cours de jeux en « **parallèle** » et susciter des échanges fondateurs de liens. La proximité de jeux de construction permet la fabrication d'objets qui pourront être repris dans les coins de jeux (cf. en annexe : la fabrication de véhicules en Lego pour le coin *garage*).

3. La dimension langagière

Le langage est l'axe majeur des apprentissages parce qu'il est construction de la pensée. Les interactions entre enfants, entre les adultes et les enfants jouent un rôle central. Associées aux différentes représentations de l'univers culturel (images, livres, objets, etc.), elles stimulent la compréhension du langage parlé, l'expression verbale des émotions et des idées. Être mis en présence d'objets variés, de matériel et de jouets favorise l'envie d'agir des enfants, installe le lien entre les mots, les objets et les actions. Les enfants élaborent progressivement le langage de leurs actions. Ils mettent en mots ce qu'ils ont joué, fabriqué, voulu représenter.

La mise en jeu installe des cadres, la mobilisation et l'investissement langagier des enfants répondent à la situation. Par exemple faire l'inventaire des objets à mettre sur la table pour préparer le repas, expliquer au médecin que la poupée est malade… Le langage oriente le jeu selon les propositions des joueurs et les incite à reprendre, voire imiter, des mots et des formules qui circulent au cours du jeu. Lorsqu'un enfant est capable de comprendre qu'un autre peut avoir un avis, un point de vue différent du sien, et une pensée qui lui est propre, la conscience de cette différence transparaît dans le langage des échanges. Pour que des enfants partagent le même jeu, ils doivent aussi apprendre à partager la connaissance du rôle attribué aux objets, aux personnages, par exemple quand la marionnette du loup devient un personnage doux et gentil. Le langage est alors le vecteur incontournable pour qu'un scénario se construise autour de signifiants communs : l'assemblage de briques devient un vaisseau spatial, une écumoire est détournée en épée de chevalier…

Les petits de 3 ans ont besoin de jouets qui imitent le réel. Avec les progrès intellectuels, les objets substituts deviennent plus abstraits, tout en gardant les caractéristiques essentielles de l'objet réel. Lorsqu'un enfant-client dans le jeu de l'épicerie veut payer à la caisse avec sa « **carte débit** » c'est-à-dire un morceau de carton, le seul moyen qu'il a pour rendre son intention compréhensible pour le « **caissier** », est le recours au mot. Le lien cognitif entre le jeu symbolique et la maîtrise du langage est lié au fait que ces activités impliquent les pensées du « **comme si** ». On se raconte des histoires. La part de la narration augmente et transforme le jeu d'imitation en jeu de fiction. Dans le jeu d'imitation, la réalité est reproduite à l'aide d'actes et d'opérations. Dans le jeu de fiction, cette même réalité est imaginée, elle existe sur le plan mental, elle est extériorisée à l'aide du langage. Le langage devient un outil intellectuel pour la construction de la pensée et des relations sociales.

Le langage s'acquiert « **en jouant** » parce qu'il permet au jeu d'évoluer, actions et verbalisations se construisent en écho. Par ailleurs, au sein des petits groupes de pairs, **Agnès Florin** a montré que l'activité imitative était active. Elle joue un véritable rôle d'organisation et d'acquisition s'organiser à travers les interactions. Un processus actif de prise d'information, de sélection et de traitement se réalise dans le cours du jeu.

L'enseignant est un peu le « **chef d'orchestre** » des jeux et de la qualité des échanges entre enfants. Il peut aussi fournir des informations comme « **metteur en scène** » et installer les interactions de tutelle comme **Bruner** les définit (1983). Elles sont « **l'ensemble des moyens mis en œuvre par un adulte ou un « spécialiste » pour venir en aide à l'enfant.** » Certains enfants peuvent être tuteurs, dans des situations d'aide développées à l'égard d'enfants du même âge ou plus jeunes. La possession d'un bon niveau de verbalisation ne constitue pas la garantie d'un tutorat efficace parce que certains enfants savent s'exprimer avec aisance mais ne savent pas forcément trouver les mots pour l'autre. Le recours aux interactions pour constituer des dynamiques d'échanges repose sur une bonne connaissance par l'observation des complémentarités de compétences et de personnalités entre pairs. Pour obtenir la meilleure synergie possible, c'est l'enseignant qui, à ce moment-là, constitue les groupes sur ses propres critères

Les coins de jeux se prêtent particulièrement bien à l'acquisition de lexique en situation. À travers le jeu, les mots sont entendus, produits, re-brassés avec un certain plaisir par les enfants [39]. Ils sont utilisés dans un contexte émotionnel d'action, de narration.

39. Voir en bloc-notes *Ressource pour enseigner le vocabulaire à l'école maternelle*, Éduscol, septembre 2010.

Le vocabulaire en contexte dans le coin de jeu

Vocabulaire en réception	Vocabulaire en production	Objectifs langagiers
L'enseignant s'invite à jouer avec le groupe. Il nomme des objets, commente le jeu, décrit des actions, fait répéter des mots, des formules, questionne…	Un enfant est le maître du jeu. Les rôles sont régulièrement intervertis entre parleur/acteur. Dans le coin *poupée*, la *maman* fait mettre la table à ses enfants. Dans le coin *marchande*, la *cliente* a une liste de courses en images et passe commande. Dans le coin *cuisine* le chef fait réaliser une recette à ses *apprentis*.	Entrer en relation par le langage parlé. Comprendre, utiliser du vocabulaire spécifique à la situation. Répondre aux sollicitations d'un autre, de l'adulte en se faisant comprendre Produire un oral compréhensif pour agir et faire agir autrui.

- L'enseignant encourage les prises de parole et vérifie la compréhension.
- Il régule l'activité, observe et note les capacités des élèves à partir de quelques indicateurs.
- Il pratique un retour sur le jeu en précisant le lexique et la syntaxe utilisés.
- Il fait décrire les actions, des objets, il reformule pour faire partager les expériences par l'ensemble du groupe.

4. Travailler en projet

La pédagogie de projet est une méthodologie active pour faire apprendre [40]. Elle s'appuie sur le fameux ***learning by doing***, apprendre en faisant et non en écoutant comme dans une pédagogie transmissive traditionnelle qui ne convient pas à l'école maternelle puisque les enfants ont besoin d'agir pour apprendre. La mise en projet constitue une avancée décisive dans l'organisation pédagogique, à condition de respecter les règles méthodologiques indispensables à son efficacité et d'articuler le projet avec des objectifs d'apprentissage. Le levier de l'action est fondé sur la motivation des élèves, les objectifs sont orientés vers une réalisation concrète, l'ensemble des activités les implique tous. Pour participer au projet, l'élève puise des ressources dans son environnement, oriente son questionnement, met en relation de nouvelles connaissances avec les connaissances qu'il possède, interagit avec les autres et modifie ses représentations. Il vit activement toutes les étapes de la démarche avec une volonté de réussir et d'en voir la réalisation. Le groupe-classe est engagé dans une expérience « **authentique** », les relations entre l'enseignant et ses élèves évoluent vers une véritable collaboration consciente.

40. John Dewey en est un des initiateurs connus.

Travailler en projet permet de relier les activités les unes aux autres et de ponctuer le temps de l'école d'événements forts inscrits dans une temporalité accessible aux élèves. Ils vont naturellement percevoir les liens et trouver le sens de ce qu'ils font. La démarche amène à coopérer, à développer les compétences correspondantes : savoir écouter, formuler un avis, une idée, aider à la prise de décisions, se référer à une démarche… mais aussi savoir offrir ou demander de l'aide, partager une interrogation ou un savoir-faire, savoir prendre en charge une tâche et en rendre compte, savoir évaluer l'organisation et l'avancement du travail. Les élèves découvrent l'importance d'une intelligence collective, de la capacité d'un groupe, s'il fonctionne bien, de se fixer des buts qu'on ne peut espérer atteindre seul.

Le projet peut naître d'une opportunité ou d'un événement d'origine externe (une visite chez les correspondants, la participation à un concours...), d'une situation proposée par l'enseignant, d'un projet dans lequel l'école est engagée. Il part toujours d'une analyse préalable de ce qu'on cherche à faire. Il est nécessaire de faire adhérer les élèves, en éveillant leur curiosité et en leur laissant un espace d'initiative et de décision. La présentation est une étape essentielle pour qu'ils s'impliquent, se projettent. La mise en œuvre nécessite une bonne anticipation, une planification de la part de l'enseignant et la recherche d'une cohérence de l'ensemble des actions. Le projet n'est pas une fin en soi, c'est un détour pour confronter les élèves à des obstacles véritables, de différentes natures, pour qu'ils puissent se questionner et raisonner sur des problèmes réels.

Selon **Michel Hubert**[41], plusieurs temps correspondent chacun à une fonction, une démarche et des effets pour les élèves. L'enseignant précise les buts visés en relation avec les compétences attendues. Le temps de mise en action et de réalisation se caractérise par l'exécution d'un certain nombre de tâches, en visant l'autonomie et la responsabilité du groupe et de chacun. L'enseignant se met en relation d'aide, en évitant de faire à la place des élèves. Il montre comment faire, selon son point de vue. Le temps pédagogique se caractérise par une démarche essentiellement inductive, qui va « **de l'action à l'analyse par la prise de distance** », pour retourner ensuite à l'action et la rendre plus efficace. Il favorise l'émergence d'images positives par la mise en évidence des réussites. Au moment du lancement du projet, la situation initiale est vue comme un tremplin pour le projet (un défi, des effets recherchés pour améliorer la vie de la classe...) Au cours du projet, l'enseignant fait constater les progrès accomplis, il relance la participation, gère les éventuels problèmes, en trouvant des solutions avec les élèves.

41. M. Hubert, https://sites.google.com/site/stiprojetvae/situation-probleme/pedagogie-du-projet/michel-huber

5. Observer

Les situations de jeux produisent des apprentissages, formels et informels, l'enseignant les identifie pour les rendre explicites. C'est lui qui fait le passage entre l'informel et la formalisation des apprentissages. Son observation en situation modifie, en l'aiguisant, le regard qu'il porte sur ses élèves. Elle questionne aussi leur implication dans la prise de conscience de leurs progrès. Il observe l'enfant dans des situations naturelles, en choisissant les conditions dans lesquelles cette observation se déroule, par exemple des moments de jeux libres, en autonomie, en réponse à une consigne globale... La question de l'interprétation des observations est importante pour préciser l'évaluation. Il s'agit de conserver l'équilibre entre le repérage de ce qui appelle une attention particulière, et celui d'une difficulté pour laquelle il y aura à orienter des démarches. Il faut réitérer les prises d'indices avant de faire une interprétation. De manière générale, un décalage important entre le comportement et les capacités d'un enfant et celles de l'ensemble des enfants de la classe doit alerter.

Observer les enfants pour les amener à tirer parti du jeu et à « **mieux** » jouer ensemble « **documente** » la connaissance de l'enseignant et donne plus d'efficacité à sa pédagogie. Les données recueillies sont destinées à ajuster les démarches, à améliorer les aménagements, à trouver des solutions aux problèmes constatés, à repérer les atouts de certains enfants et les difficultés d'autres pour mieux tirer parti de l'hétérogénéité des profils. Enfin, recueillir des données et des informations permet de mettre en œuvre l'évaluation des acquis et de concrétiser les progrès. Dans le cadre d'une posture bienveillante et d'une évaluation positive, il amène l'enfant à porter un regard sur ses progrès, en les concrétisant dans le carnet de suivi des apprentissages (CSA). **L'observation, comme geste professionnel** permet de « **lire** » le jeu, de le comprendre et d'en découvrir l'immensité. L'enseignant peut constater la manière dont les élèves se saisissent d'une proposition pédagogique et l'ajustent.

L'observation est plus efficace si elle devient participative : impliquer les élèves dans l'analyse de leur propre démarche (dire comment on a fait, ce qu'on a choisi, ce qu'on a compris, ce qui a été difficile...) permet la confrontation des différents types d'appréhension des tâches et des actions (dessiner, coller, déplacer, grouper...). Il faut aussi verbaliser ce qui reste encore flou ou trop implicite... Ces actes renforcent l'autonomie de l'enfant. Une analyse partagée accroît sa capacité à identifier son propre fonctionnement, ce qu'il sait, ce qu'il a compris, ce qu'il va reprendre.

Il s'agit moins de repérer les difficultés rencontrées (diagnostic négatif) que de mettre en évidence ce que sait faire l'enfant, par exemple identifier ses performances langagières dans la production d'un lexique en situation de jeu libre pour programmer une situation de jeu structurée pour « **rebrasser** » le lexique. Les compétences langagières ne sont réellement construites qu'en situation de production hors contexte d'apprentissage. Les élèves ne progressent pas au même rythme, le « **déjà-là** » n'est pas identique pour tous, il est donc nécessaire de différencier à partir de l'observation/analyse des besoins et compétences. Les activités pédagogiques complémentaires (APC) peuvent être utilisées pour proposer à des enfants selon leurs besoins d'investir un coin de jeux au sein d'un petit groupe. Elles donnent de la liberté d'agir sans le poids, sans le bruit diffus du grand groupe.

L'enseignant doit expliciter ce qu'il est en train de faire quand il observe, prend des notes, garde des traces. L'enfant doit savoir donner du sens à l'observation/au relevé qui se pratique dans l'ordinaire de la classe. L'enseignant veille ainsi au bien-être, à l'image et l'estime de soi de chaque enfant (cf en annexe : exemple de grille d'observation avec indicateur pour qualifier des acquis).

6. Valoriser, évaluer

L'évaluation des acquis et des progrès repose sur une posture de bienveillance [42]. Il s'agit d'évaluation positive, d'une pédagogie de la réussite qui prend en compte les efforts réalisés par l'enfant, même quand les progrès ne sont pas objectivables ; un enfant de moins de 6 ans ne montre pas forcément ce qu'il sait et sait faire. Évaluer, c'est donner de la valeur en se rapportant à des critères, mettre en lumière des tentatives, des comportements, des productions qui témoignent de progrès. Il s'agit de situer l'enfant et d'informer ses parents sur son parcours d'apprentissage. L'évaluation est conçue comme un acte professionnel qui permet à l'enseignant d'ajuster et de réguler son enseignement. Elle sert de point d'appui pour réfléchir en équipe à la progressivité des apprentissages sur les 3 années de maternelle. Voici une définition stabilisée de l'évaluation positive [43].

42. Décret n° 2015-1929 du 31 décembre 2015 relatif à l'évaluation des acquis scolaires des élèves et au livret scolaire, à l'école et au collège (article 8).
Arrêté du 31 décembre 2015 portant le modèle national de la synthèse des acquis scolaires de l'élève à l'issue de la dernière année de scolarité à l'école maternelle.

43. *Dictionnaire de la maternelle*, Nathan, pp. 80-81.

L'évaluation à l'école maternelle regroupe un ensemble de pratiques visant à réguler les enseignements, à objectiver les progrès réalisés par chaque enfant, à identifier les points d'alerte et repérer les difficultés. Elle est dite « positive » parce qu'elle favorise une mise en valeur du cheminement de l'enfant.

Le carnet de suivi des apprentissages (CSA) outil de recueil des progrès de chacun, doit prendre du sens pour l'enfant puisqu'il est conçu pour lui. Il porte les témoignages de ses réussites, photographies de fabrications, enregistrements, dessins, brevets complétés, etc. Ces marqueurs sont significatifs de ce qui « **bouge** ». Il est transmis aux parents selon une fréquence adaptée à l'âge des enfants, le semestre pour les petits, le trimestre pour la GS. Sa consultation leur permet de percevoir la cohérence et les liens qui existent au sein du projet d'apprentissage dans lequel leur enfant est engagé. En cas de difficultés passagères, l'enseignant communique directement avec les parents et présente des réponses qui seront mises en place dans la période suivante. Ces éléments sont présentés comme des « **défis** » que l'on propose à l'enfant de surmonter avec l'aide de l'école et, aussi souvent que possible de ses parents. Dans toutes les situations de jeu, la posture d'encouragement personnalisé adoptée par l'enseignant peut se synthétiser selon un modèle proposé par **Mireille Brigaudiot.** Elle est déclinée en 3 temps (VIP) pour aider l'enfant à prendre conscience de ses progrès.

- **Valoriser :** « *Vous avez bien investi le coin* « cuisine » *et rangé le matériel à sa place, bravo !* » ;
- **Interpréter :** « *Chacun de vous a pu jouer soit la marchande, soit la cliente, les rôles ont bien tourné* » ;
- **Poser l'écart :** « *La prochaine fois, la cliente devra bien vérifier la monnaie rendue parce que je vois que la marchande s'est trompée...* ».

Voici des exemples d'indicateurs de progrès sur des situations de jeux, rapportées au domaine transversal « **apprendre ensemble pour vivre ensemble** ». Les situations de référence sont mises en relation avec quatre étapes d'appropriation qui peuvent être notées par des étoiles. Dans la colonne « **moyens d'en rendre compte** » des exemples de traces laissées dans le carnet des apprentissages sont donnés. Dans la colonne « **synthèse des acquis en fin de maternelle** », les items du document officiel sont mis en perspective pour aider les équipes à le compléter en fin de parcours de maternelle.

Exemple de situation	Indicateurs de progrès				En rendre compte dans le carnet de suivi	Mise en correspondance item de la synthèse des acquis fin de maternelle
	*	**	***	****		
Au moment de l'accueil : activité libre dans un coin de jeux.	Observe l'activité du groupe.	Participe ponctuellement. Essentiellement par imitation.	S'engage dans le jeu et participe à la dynamique.	Fait des propositions. Prend des initiatives.	Brevet complété par l'enfant. Photos.	Participation aux activités. Initiative, coopération.

L'évaluation des acquis des élèves sera facilitée par une pédagogie qui explicite ses intentions, identifie des compétences travaillées et concrétise pour l'enfant les progrès réalisés.

7. Informer, rendre compte aux parents

Le Carnet de Suivi des Apprentissages est un véritable support d'échanges, avec l'enfant quand il est complété en classe, même sous une forme numérique. Les traces consignées permettent aussi de rendre compte des acquis et d'instaurer le dialogue avec les familles en mettant en évidence ce que l'enfant sait faire. Il peut d'ailleurs très bien se faire le porte-parole de ses progrès en commentant pour ses parents les traces de ses réussites. L'enseignant situe les apprentissages dans une dynamique et évoque des perspectives pour la période qui va suivre. Il est nécessaire que l'école maternelle comme institution éducative insiste sur les multiples apports du jeu, et la nécessité que les enfants aient du temps et des occasions de jouer. Souvent les parents, par souci de donner le plus de chances possibles à leur enfant pour l'avenir, voudraient que l'école les fasse travailler. Il appartient à l'école d'apporter les preuves des acquis du jeu. Les professionnels que sont les enseignants en connaissent bien les vertus et doivent les expliquer, la construction de l'enfant en dépend largement. L'école construit la médiation indispensable dans les rapports de l'enfant au jeu. Elle lui permet de l'accepter pour ce qu'il est et de ne pas le percevoir comme un divertissement qui l'éloignerait des « **choses** » sérieuses.

Les parents d'aujourd'hui font quelques fois fausse route quand ils stimulent précocement et durablement leurs enfants, essentiellement dans le domaine cognitif sur des supports papier/crayon, ou avec des supports numériques, décalés de l'expérience sensori-motrice. Le monde de demain nécessitera de plus en plus de capacités d'adaptation à des données évolutives, une curiosité à l'égard de l'inconnu, sur des questions nouvelles, qu'aucun apprentissage préformaté ne permettra d'acquérir à lui seul. Ces qualités sont particulièrement développées par les jeux faisant appel à l'imagination, à la recherche de solutions dans les relations aux autres, au plaisir d'être confronté à une énigme. Pour que l'enfant ait des « **marges d'action** » dans sa vie actuelle et future, encore faut-il qu'on lui ait proposé de jouer au moment où c'est comme cela qu'il se construit.

L'enfant a des difficultés à trouver du plaisir dans des apprentissages qu'il perçoit comme des contraintes éloignées de ses préoccupations, les relations aux autres sont souvent perçues comme des obstacles à la satisfaction individuelle. L'école permet de trouver à ces empêchements une vertu stimulante. À travers le dialogue de co-éducation, l'école peut suggérer aux parents de multiplier des occasions de jouer avec leurs enfants, d'affiner leurs relations, de contourner l'idée selon laquelle jouer est nécessairement associé à l'utilisation d'un jouet manufacturé. La construction d'un château de sable sur la plage, la confection d'une pâte à tarte, l'aide à la construction d'une cabane avec des morceaux de bois ramassés aux à tarte, l'aide à la construction d'une cabane avec des morceaux de bois ramassés aux alentours... sont autant d'occasions pour les parents de retrouver le plaisir de jouer qu'ils ont pu eux-mêmes connaître lorsqu'ils étaient enfants. En partageant le plaisir d'une situation où ils transmettent, bien plus qu'ils ne le pensent, ils sont pleinement dans leur fonction éducative. Jouer est une question de qualité de relations et non de quantité.

Argumentaire en faveur du jeu présenté aux parents[43]

La présentation est faite lors de la réunion de rentrée avec les parents. Les enseignants expliquent en quoi le jeu est placé au cœur du programme 2015. Ils précisent sa valeur en tant qu'élément essentiel de la culture de la petite enfance, de support pour les apprentissages essentiels. Ils font les liens entre estime de soi et réussite scolaire : sentiment de confiance, connaissance de soi en relation avec d'autres, sentiment d'appartenance, sentiment de réussite. Ils présentent une affiche qu'ils ont réalisée en équipe.

Les valeurs éducatives et pédagogiques du jeu peuvent être résumées dans un argumentaire synthétique inscrit sous la citation de **P. Kergomard « Le jeu est le travail de l'enfant c'est son métier, c'est sa vie »**. Il est un pouvoir de transformations multiples, il permet de trouver des solutions à toutes les situations que les enfants doivent dépasser pour pouvoir être disponibles à la connaissance. Ce qui s'apprend en jouant est acquis durablement.

Le jeu permet de donner du sens aux expériences et de découvrir le plaisir d'être avec d'autres. En apportant de la confiance dans la capacité à agir, il construit le sentiment de compétence, si important chez des enfants de moins de 6 ans.

En jouant, les enfants apprennent en développant eux-mêmes leurs connaissances dans des interactions avec le monde physique et avec d'autres enfants.

Ils ne jouent pas pour apprendre, ils apprennent en jouant.

À travers ces précisions pédagogiques, il apparait clairement que, pour conférer au jeu sa valeur unique de support pour apprendre, le travail de conception, de mise en œuvre, de régulation de l'enseignant relève de stratégies explicites. Il est lui-même en situation de scénariser la classe pour permettre aux enfants de jouer leur rôle d'élève. Ce faisant, il donne une place à chaque enfant, en particulier ceux qui sont le plus en difficulté avec le cadre et les codes de l'école. La mise en jeu offre une passerelle qui accueille leur envie d'agir et de s'exprimer, et la conduit vers des connaissances formalisées grâce à l'action pilotée de l'enseignant. Tout jeu d'école propose une mise en scène ludique formée par une trame d'images, de dessins, de personnages, de paroles, d'histoires. Il donne un cadre où les images viennent jouer un ordre signifiant. Les images produites par l'enfant au cours du jeu sont en résonance avec ce qu'il produit comme image de lui-même pour les autres, ses parents, les adultes, ses copains, etc. C'est pourquoi le jeu est chose sérieuse et s'intègre aux stratégies d'apprentissage de l'école, en prenant toute sa valeur cognitive, culturelle, humaine.

43. Des idées intéressantes sont proposées sur le site http://www.yapaka.be/campagne/la-campagne-jeu-taime

3 / **Exemples** de programmations sur l'année

Évolution des coins de jeux sur l'année.

À dessein, la liste des activités proposées dans chacun des tableaux ci-après (**PS-MS** et **MS-GS**) est assez exhaustive pour permettre à l'enseignant d'y puiser les activités qu'il choisira de mener dans sa classe.

Possibilité également de répartir les activités mentionnées dans ces deux tableau entre les différents niveaux du cycle.

Tableau de programmation PS/MS

	Période 1	Période 2	Période 3	Période 4	Période 5
Coin poupées	• **En début d'année :** Trois à quatre poupées et lits. • Des vêtements faciles à enfiler.	• Nouvelles poupées (dont poupées sexuées). • Vêtements adaptés à la saison (tissus variés).	• Arrivée d'un poupon. • Couches et trousseau spécifique. • Introduction d'un berceau, d'une baignoire. • Photos de bébé du monde.	• Coin *toilette* remplacée par coin *lessive*. • Systèmes de fermeture plus complexes pour les vêtements.	• Arrivée de poupées ethniques. • Avec les beaux jours, introduction de poussettes.
Activités	**Jeux structurés**				
	• *C'est le matin, il faut lever et habiller les poupées.* • *C'est l'heure du dodo, il faut coucher les poupées.* • *Les vêtements des poupées sont en désordre, vite il faut les ranger.*	• *Il faut habiller les poupées avec des vêtements chauds comme sur ces photos.* • *Les poupées sont couchées, chantons des berceuses pour les endormir.*	• *C'est le matin, il faut donner le bain au bébé.* Voir **Fiche séquence 1**, p. 143. • *Il est l'heure de le changer et de lui donner son biberon.*	• *Oh ! La poupée a taché sa robe en buvant du chocolat. Il faut laver la robe.* • *La poupée est malade. Vite il faut appeler le docteur !* Voir **Fiche séquence 2,** p. 146.	• *Il fait beau, il faut préparer la poupée pour la promenade.* • *La poupée part en vacances, il faut préparer sa valise.*
	Activités associées				
	Catégoriser : • Tris, appariements (vêtements). • Premier imagier par famille de vêtements. • Création d'une affiche regroupant des photos de différents éléments présents dans le coin *poupées* (tri schématique ou thématique).	• Ranger les vêtements. Introduction d'un codage. • Trier et apparier à des images (de vêtements). • Écouter, apprendre et chanter des berceuses. • Observer et décrire des images d'art (maternités).	• Étude du schéma corporel. Apprentissage de comptines s'y rapportant. • Repérage des manifestations de la vie sur son propre corps pour distinguer baigneur et enfants. • Règles d'hygiène corporelle. • Ranger des images dans l'ordre des actions et raconter. • **Fiche séquence 1**, p. 143. • Observer et décrire des images : bébés du monde.	• Découvrir la mallette du docteur. • Explorer le monde du vivant : le corps malade, le corps blessé. • Exploitation d'albums sur le thème de la maladie (voir encadré **Bibliographie** p. 57).	• Exploiter les photos des poupées prises dans la cour ou les environs de l'école durant des promenades. • Constituer l'album photos des poupées à partir de photos prises au cours de l'année. • Décrire et raconter.

Tableau de programmation PS/MS (suite)

	Période 1	Période 2	Période 3	Période 4	Période 5
Coin cuisine	• Proposer un matériel de base (mobilier, vaisselle, ustensiles, aliments). • Rangement lisible.	• Enrichissement progressif du matériel de base.	Nouveaux aliments à disposition. Lien avec le magasin fruits et légumes nouvellement installé.	• Introduction de linge. • Introduction d'emballages en relation avec le rayon épicerie.	• Introduction de linge : nouveaux apports. • Faux fruits de saison.
Activités	**Jeux structurés**				
	Jeux libres, puis structurés • *Il faut ranger chaque objet en le nommant et en indiquant sa place.* • *Il faut expliquer à la marion-nette comment ranger le coin cuisine.*	• *La vaisselle sale s'entasse sur la table de la cuisine. Vite il faut faire la vaisselle.* • *C'est l'heure du petit déjeuner. Que va manger la famille (papa, maman, deux enfants) ?*	• *La famille va prendre son petit déjeuner. Que va-t-elle manger ?* • *Il faut préparer le biberon du bébé de la classe et le lui donner quand il sera réveillé.*	• *C'est l'heure du petit-déjeuner, il faut mettre le couvert des poupées et servir.* • *C'est l'anniversaire d'une poupée, il faut mettre le couvert et servir.* Voir **Fiche séquence 4** p. 152.	• *Un enfant invite un copain à goûter, tout le monde participe à la préparation du repas.* • *Quelqu'un s'est amusé à déranger le coin poupées pendant la nuit. Il faut tout ranger.*
	Activités associées				
	• Atelier cuisine. 1ère recette. Ex : une compote. Recette imagée et affichée ensuite dans le coin *cuisine*. (recette transmise par marionnette) • Découvrir une image d'art ***La tarte aux cerises*** de Pierre Bonnard (Voir p.65).	• Préparer un petit-déjeuner en classe (tartiner). • Exploiter un imagier thématique. Ex : ***Mini cherche et trouve dans la maison*** de Thierry Laval (Seuil). • Créer une affiche regroupant les photos de différents éléments présents dans la cuisine (tri schématique ou thématique).	• Coller sur des nappes en papier des assiettes en carton et des couverts en plastique et repérer leur place. • Mettre la table à partir de gabarits découpés dans du carton et réalisés à partir d'objets réels. • Atelier de cuisine : préparer des crêpes ou des gaufres.	• Trier, classer du linge, par couleur (uni ou décoré), par matière, taille, etc. • Lien avec l'introduction du rayon épicerie : découvrir une image d'art : ***Still Life # 30, Avril.*** (voir p. 65). • Trier, classer des emballages à partir d'une situation-problème : réorganiser le rangement dans le coin *cuisine*. • Atelier de cuisine : nouvelle recette.	• Fabrication de faux fruits de saison par les élèves après nouvelles explorations sensorielles. • Apprendre à plier seul ou par deux le linge dans le coin *cuisine*. Ranger, empiler. Atelier de cuisine : nouvelle recette. • Constituer un « **livre** » de cuisine regroupant les recettes réalisées dans l'année (à destination des parents).
Coin magasin			Introduction du magasin fruits et légumes.	• Introduction d'un rayon épicerie (emballages). • Codage (dessins et mots).	Introduction de faux fruits de saison. Possibilité d'introduire un rayon boulangerie.

	Jeux structurés				
Activités			• *Premiers achats libres : Qui sera la marchande ? Qui seront les clients ?* • *Après les courses au magasin de fruits et légumes, en rentrant, il faut ranger.*	• *Faire des achats au rayon fruits et légumes et au rayon épicerie avec une liste de courses.* • *Acheter et payer les achats* (Voir **Fiche séquence 8**, p. 166).	• *Acheter – payer* (Voir **Fiche séquence 8**, p. 166).
	Activités associées				
Activités			• Découvrir les images des rayons du supermarché. (Voir site) • Trier, classer des images de fruits et de légumes. • Fabriquer en pâte à sel, pâte à papier, plastiroc, etc. de faux fruits et légumes. • Ranger les fruits et légumes factices dans les contenants. Coder avec des images.	• Trier-classer des emballages. • Installer le rayon épicerie avec la participation des élèves en classant les emballages par taille (grand, moyen, petit). • Réaliser une affiche avec quelques images et mots correspondant aux produits les plus courants du rayon épicerie.	• Au retour d'une sortie au marché, goûter quelques fruits et manger du pain. Enrichissement lexical (Voir encadrés p. 73 et p. 77). • Fabriquer de faux fruits et faux pains. • Goûter des confitures et associer chacune au fruit entrant dans sa composition. • En **PS,** lire par exemple l'album : ***Petit Ours brun achète le pain.*** • Réaliser un imagier des fruits et légumes.
Jeux de construction	• Des briques de grande taille et des briques en carton. • Éléments de construction dans différente matières.	• Jeux de construction plus petits avec de petits personnages tubulaires. • Mettre à disposition d'autres briques en plastique rigide plus petites, aux formes variées à clipser.	Introduction d'un établi très robuste avec de nombreux outils (et des bacs de rangement).	• Introduction de circuits à encastrer avec des pièces plus ou moins grandes. • Utilisation de pièces (de tailles et de formes différentes) aimantées.	**Quand bonne motricité fine des élèves :** Introduction de briques carrées et triangulaires en plastique rigide avec aussi des axes, des essieux et des roues.
Activités	Emboiter. Empiler	Réaliser des constructions statiques ou mobiles (qui roulent) avec de petits personnages tubulaires à clipser.	À l'établi, expérimenter et utiliser divers types d'outils.	• Encastrer et organiser (circuit ouvert ou fermé) • Assembler et représenter des objets du quotidien ou extraordinaires. • Exploiter des fiches techniques et réaliser. Voir **Fiche séquence 11**, p. 176.	Avec les briques, constructions en 2D ou en 3D, construction de véhicules exploitables dans le coin *garage*. **MS :** Fabrication d'un circuit avec l'exploration d'un nouvel élément (l'eau) et de nouveaux véhicules (les bateaux). Lien avec coin *garage* et *circuits*.

Tableau de programmation PS/MS (suite)

	Période 1	Période 2	Période 3	Période 4	Période 5
Atelier bricolage		Mise à disposition d'éléments de récupération adaptés au projet en cours.	Objets plus variés et plus nombreux.	Renouvellement régulier des éléments à disposition.	Grande variété d'éléments.
	Activités libres				
Activités		**Projet :** • Fabriquer des maisons en volume. • Réaliser des collages à plat de petits éléments sur carton pour représenter des maisons.	**Projet :** • Réaliser un bâtiment en • volume pour le coin *garage* (un supermarché). Lien avec le coin *magasin.* • Fabriquer des instruments de musique pour Carnaval. Voir p. 136.	**Projet :** Fabriquer des marottes.	**Projet :** • Les vacances approchent : Réalisation de masquottes en relation avec le coin *garage* et *circuits* (voir ci-après). • Fabriquer un bateau qui flotte. Voir p.96.
Coin garage et véhicules en tous genres	• Grand choix de véhicules de toutes tailles, aisés à saisir à la main, à faire rouler, … • Boites, étagères, parkings de différentes couleurs.	• Grands tapis de routes. qui se roulent. Introduction d'un train. • Apport d'éléments à agencer, à organiser : ponts, tunnels, croisements de routes. • Introduction d'un garage simple (sans étage). • Introduction d'un train et d'un car.	• Introduction de personnages facilement manipulables et adaptables au matériel utilisé (pour faciliter l'emboitement, le clipsage). Personnages proportionnels aux véhicules à l'intérieur desquels ils peuvent rentrer. • Introduction d'un premier bâtiment : le supermarché (atelier de bricolage). Parking.	• Morceaux de pièces en plastique (encastrables) ou en bois (aimantées) permettant de créer des pistes plus ou moins complexes. • Planchettes en bois (naturel ou de couleur). • Introduction d'un camion poubelle. • L'espace de jeu s'enrichit d'un décor de campagne. Présence d'une rivière et d'une aire de stationnement.	• Introduction de voiture de pompiers, ambulances, voiture de police. • Jeu sur grande table : 2 maquettes réalisées à l'atelier de bricolage. 1ère **maquette :** Aménagement pour jouer les départs en vacances. 2ème **maquette :** station balnéaire avec logements, commerce, plage, forêt à proximité.
		Jeux structurés			
Activités	**Jeux moteurs et fonctionnels.** Les élèves déplacent, font rouler, percutent, bruitent.	• *Faire comme si on se déplaçait dans un bus.* Voir **Fiche séquence 14** p. 187. • *Le train nouvellement introduit circule, s'arrête et repart à un signal sonore.*	**Mettre en scène :** • *Un camion est en panne. Il bloque la circulation. Le camion repart, les voitures avancent en file indienne.* • *Des voitures se garent sur le parking du supermarché et repartent chacune en direction de la maison du conducteur.*	• *Le camion poubelle doit suivre un trajet dont le point de départ est indiqué ainsi que le point d'arrivée. Le camion s'arrête devant chaque maison.* • *Départ de la ville en voiture à destination de la campagne pour pique-niquer. Qui part, D'où ? Pour aller où ? Quels arrêts ?*	**Scénarisation liée à l'introduction de nouveaux véhicules :** • *Accident entre deux voitures. Intervention de la police. Arrivée de l'ambulance, direction hôpital.* • *Le feu s'est déclaré dans un bâtiment, arrivée des pompiers sur les lieux.*

Activité (suite)					**Scénarisation liée à l'approche des vacances :** • *Départ en vacances, embouteillages, intervention de la police. Destination : la mer ou la montagne.* • *En vacances à la mer, les vacanciers se déplacent à pied et en voiture pour aller de chez eux à la plage, pour faire des courses…*
	Activités associées				
	Catégoriser : • Trier, classer, ranger. • Commencer à constituer un imagier des véhicules.	Les élèves commencent à construire leurs premières routes et leurs premiers véhicules.	• Lecture d'images : exploitation de documents représentant des espaces urbains. • Organisation de l'espace de jeu : disposer, le long des voies de circulation, les maisons réalisées à l'atelier de bricolage. Commenter. Utiliser des marqueurs d'espace.	• Évolution et utilisation des circuits en place (circuits ouverts ou fermés). Suivre un trajet en s'aidant d'une frise chronologique. Utiliser des marqueurs de temps. • Découverte d'images représentant des paysages de campagne. • Réorganisation de l'espace de jeu lié à son enrichissement. Utiliser des marqueurs d'espace.	• Lecture d'images représentant de nouveaux paysages : montagne, mer et plage. • Exploitation de l'album : ***Le Bateau rouge d'Oscar*** de Jo Hoestland (Père Castor).
Coin marionnettes			• Installation du coin *marionnettes.* • Mise à disposition des marionnettes utilisées par l'enseignant pour raconter certaines histoires.	Le coin s'enrichit de nouvelles marottes réalisées par les élèves à la faveur d'histoires racontées sans support matériel par l'enseignant.	• Élimination de marionnettes. • Focalisation sur des marionnettes relevant d'histoires différentes pour favoriser des rencontres.
	Jeux structurés				
Activités avec la marionnette-amie	La marionnette raconte à la classe, le déroulement de jeux auxquels elle est censée avoir assisté. Les élèves, qui n'ont pas participé au jeu, l'écoutent.	Les élèves entrent en communication avec la marionnette à la faveur de ses apports. Elle les questionne, ils lui répondent. Des dialogues s'instaurent.	Les élèves questionnent la marionnette à son retour de vacances. Elle les questionne à son tour sur leurs activités en son absence.	**Les élèves deviennent meneurs de jeu :** • Ils apprennent une comptine à la marionnette-amie. • Ils lui racontent une histoire.	• Les élèves transmettent leurs savoir-faire à la marionnette. • Les élèves jouent un tour à la marionnette : son bonnet a disparu.

Tableau de programmation **PS/MS** (suite)

Coin marionnettes	Période 1	Période 2	Période 3	Période 4	Période 5
	(suite)				
	Activités associées				
Activités avec la marionnette-amie	Des élèves n'ayant pas assisté au jeu, décrivent et remettent, dans l'ordre chronologique, des photos prises au cours du jeu.	Elles découlent des apports de la marionnette et permettent d'aborder différents domaines. Ex : réalisation d'empreintes d'objets ronds, en arts plastiques, après introduction d'une œuvre de Sonia Delaunay.	• Exploitation de la carte postale envoyée par la marionnette. • Lecture d'images représentant le lieu où elle a séjourné.	• Mémorisation, diction, mime, etc. de la comptine avant de la transmettre. • Identification et mémorisation des personnages de l'histoire et de quelques péripéties avant de les rapporter à la marionnette.	• Avant communication de savoir-faire à la marionnette : réalisation des activités et reformulation de ce que ce qu'elles ont permis d'apprendre aux élèves. • Avant la recherche de son bonnet par la marionnette, se préparer à jouer. Où sera t-il caché ? Que va-t-on lui dire pour qu'elle ne le trouve pas tout de suite ?
	Jeux structurés				
Activités avec les marionnettes personnages	Mémoriser et rapporter quelques-uns des propos tenus, par les personnages, au personnage principal de l'histoire (rôle tenu par enseignant).	À partir d'une autre histoire, commencer à prêter sa voix aux marionnettes à la faveur d'une ou plusieurs scènes de l'histoire.	• À partir d'une autre histoire, même démarche qu'en période 2. • Jeux libres avec les marion-nettes à disposition dans le coin nouvellement installé.	Dans le coin *marionnette*, même démarche qu'en période 2, mais en manipulant des marottes crées par des élèves.	Les élèves manipulent et donnent la parole à des personnages issus d'histoires différentes désignés par l'enseignant.
	Activités associées (préalables aux jeux structurés)				
	Retrouver l'ordre d'apparition des personnages en rangeant les marionnettes dans l'ordre chronologique de l'histoire à structure répétitive énumérative.	Replacer dans l'ordre de l'histoire quelques illustrations de l'album. Raconter.	Même démarche qu'en période 2.	• Même démarche qu'en période 2. • Fabrication des marottes-personnages après écoute d'une histoire et vérification de la compréhension. • Présentation des marottes par les élèves.	• La classe revisite des histoires précédemment exploitées. • Création d'une galerie de personnages en regroupant les personnages des histoires (illustrations regroupées par histoire avec les photos des marionnettes correspondantes).

Coin déguisement			Installation d'un coin *déguisements* à la faveur du carnaval.	Mise à disposition de vêtements d'adultes et chaussures comme dans un magasin.	Déguisements liés à des métiers : cuisinier, docteur, serveuse, pompiers, autres…
Activités	**Jeux structurés**				
			• Préparation à la réalisation du spectacle de Carnaval. • S'entrainer à défiler et à jouer de la musique.	• Séances d'essayage client / vendeur. • Acheter-Payer. Voir **Fiche séquence 8**, p.166.	• Mise en relation : autres coins de jeux et déguisements professionnels. Ex : création, en Période 5, d'un cabinet de docteur (coin annexe au coin *poupées*) d'un espace de restauration. Lien avec le coin *garage*. • Prolonger le jeu structuré : Il y a le feu dans un bâtiment, il faut appeler les pompiers…
	Activités associées				
			• Réaliser des masques sur des assiettes en carton et de costumes pour se déguiser en animal. • Créer un costume musical.	Activités de catégorisation / vêtements et accessoires. (prolongement aux activités menées dans le coin *poupées* en début d'année).	Exploitation des thèmes concernés.

Tableau de programmation MS/GS

	Période 1	Période 2	Période 3	Période 4	Période 5
Coin poupées	• Installation du coin *poupées*, p. 52. • Plusieurs poupées dont un baigneur, des poupées sexuées. • Coin pour faire la toilette des poupées.	• Introduction de poupées ethniques. • Poupée malade, **Fiche séquence**, **1** p 143. • Introduction d'un coin annexe : le cabinet du docteur.	• Aménagement d'une pouponnière **(MS-GS)**.	• Coin annexe : installation d'un salon de coiffure. • Mise en service de la maison de poupée à proximité du coin *poupées*. • **GS** : Possibilité d'utiliser une maison de poupée du commerce.	• Le coin *poupées* laisse place à la grande librairie. • La maison de poupée peut conserver sa place dans la classe.
Activités	**Jeux structurés**				
	• *C'est l'heure de coucher des berceuses.* • *Les poupées sont couchées, il faut leur raconter une histoire.* • *La poupée se prépare à partir pour l'école.*	*La poupée est malade.* Voir **Fiche séquence 2**, p. 146. Suivi d'un jeu dramatique **(GS)**.	**Dans la pouponnière :** *Arrivée des poupons le matin. Et départ le soir. Comment va se dérouler la journée ?*	**Dans le coin annexe :** *Les poupées ont besoin d'être coiffées. Il faut les conduire chez le coiffeur.* Prolongement en jeu dramatique **(GS)**. **Dans la maison de poupées :** Voir divers scénarios de la **Fiche séquence 15**, p. 190. Ex : *Le chien se sauve, chacun cherche le chien.*	
	Activités associées				
	• Apprendre à raconter des histoires aux poupées. • Apprendre à connaitre les besoin du corps. • Écouter des berceuses du monde. • Décrire des images d'art. • Apprendre à distinguer ordre logique et ordre aléatoire des actions **(GS)**.	• Explorer la trousse du docteur. • Exploitation d'albums sur le thème (voir encadré **biblio**-graphie p.57). • Apprendre à utiliser un objet (le thermomètre) en différentes situations **(GS)**. Voir **Fiche séquence 3**, p. 150.	• Catégoriser (tris taxonomiques et schématiques) **Dans la pouponnière :** • Se documenter sur les crèches. • S'interroger : *Qu'est-ce que grandir ?* Réalisation de frises individuelles.	**Chez le coiffeur :** Catégoriser (tris taxonomiques et schématiques). **Dans la maison de poupées :** Écrire une lettre (dictée à l'adulte) pour raconter l'aventure du chien qui s'est sauvé. Voir **Fiche séquence 15**, p. 190.	

Coin cuisine	• **En début d'année :** aménagement similaire à celui de la **PS-MS** en fin d'année scolaire. • Lien avec le coin *poupées.*	• Enrichissement du coin *cuisine.* • Lien avec le coin *fruits, légumes* et *épicerie.*	Coin annexe en relation avec la cantine scolaire : une grande table à proximité de la cuisine fait office de table de cantine.	• Création d'un coin annexe à la cuisine : le coin *restaurant* (1ère partie de la période 4). • Coin remplacé ensuite par le coin *salon de thé* (2ème partie de la période 4).	
Activités	**Jeux structurés**				
	• *La poupée se lève et se prépare à partir à l'école.* Voir **Fiche séquence 1** p. 143. • *Les poupées partent à la campagne avec leur maitresse, il faut leur préparer un repas froid.*	• *Il faut mettre le couvert pour le petit-déjeuner des poupées.* • *Il faut mettre le couvert pour le repas d'anniversaire de la poupée.* Voir **Fiche séquence 4**, p. 152.	• *Ce matin il faut établir un menu équilibré pour le repas de la cantine.* • *C'est l'heure d'aller déjeuner à la cantine : les élèves vont se laver les mains, s'installent et mangent.*	• *Le cuisinier et ses aides vont préparer le repas pour les clients du restaurant d'après le menu du jour.* • *Au restaurant, la serveuse prend la commande et sert les clients. Il ne faut pas oublier de régler la note !* • **Jeu dramatique (GS)** Voir **Fiche séquence 6**, p. 159.	
	Activités associées				
	• Lecture de recettes. • Dictée à l'adulte de recettes. • Exploration des qualités gustatives des aliments. • Exploitation de deux images d'art : 1) ***Nature morte à la corbeille de fruits et à la botte d'asperges,*** Louise Moillon, (XVIIème). Compositions plastiques : réalisation de « natures mortes ». 2) ***La tarte aux cerises,*** Pierre Bonnard (1908).	• Écrire un carton d'invitation au repas d'anniversaire de la poupée. • Exploiter une œuvre d'art : ***Restaurant de la City-Galerie,*** Daniel Spoerri (1965). • En arts plastiques : Réaliser des compositions à plat en mettant en valeur différentes dispositions de table. (Voir site). • Utiliser et fabriquer des sabliers pour le coin *cuisine* et pour la classe. Voir **Fiche séquence 5**, p. 156.	• Lire des menus de la cantine. • Classer des aliments. • Reconstituer la pyramide alimentaire **(GS)**. • Apprendre à établir des menus équilibrés. • Dicter des menus à l'adulte. • Exploiter une œuvre d'art : ***Paysage alimentaire,*** Erró (1964) **(GS)**.	• Se documenter sur le thème du restaurant. • Écrire des menus. • Décorer des menus. • Apprendre à prendre en note une commande. • Fixer la valeur de chaque plat et apprendre à calculer le montant de la note.	
Coins magasins	• Installation du magasin de fruits et légumes. • Lien avec le coin *cuisine.*	• Introduction de la balance (coin *fruits* et *légumes*). • Installation d'un coin *épicerie.* Lien avec le coin *cuisine.*	Le coin *boulangerie* d'abord, puis la *boulangerie-pâtisserie* ensuite remplace le magasin *fruits & légumes / épicerie.*	• Le coin *boulangerie* occupe moins d'espace et le coin *pâtisserie* se développe. • Introduction du coin annexe *salon de thé.*	Installation de la grande librairie.

Tableau de programmation **MS/GS** (suite)

	Période 1	Période 2	Période 3	Période 4	Période 5
Coins magasins	(suite)				
Activités	**Jeux structurés**				
	• *Une marchande vante ses produits, un client la questionne, achète et les emporte.* **Règles de politesse.** • *Il y a une longue file d'attente à la caisse un vendeur vient aider la caissière.* • *Achats et, au retour du magasin, rangement dans le coin cuisine.*	• *Acheter, payer.* • *Passer commande par téléphone au magasin.* • *Préparer la commande d'une cliente et la livrer (dans le coin cuisine).* Pour ces scénarios, voir **Fiche séquence 8**, p. 166.	Scénarios empruntés au coin *magasins* précédents, mais les produits sont remplacés par des pains et des gâteaux.	Scénarios liés au coin annexe *salon de thé.* • *Un client téléphone pour réserver une table.* • *Un serveur pour une seule table.* • *Plusieurs tables, plusieurs serveurs.* Voir **Fiche séquence 10**, p. 172.	• *C'est le jour de l'inauguration. Arrivée des invités, présentation du magasin.* • *Des clients consultent des livres. Demander des conseils au libraire. Acheter.* • *C'est l'heure du conte dans l'espace de la librairie.* • Autres scénarios voir p. 72.
	Activités associées				
	• Lecture d'images : rayons d'un supermarché. • Décoder des listes de courses. Voir **Fiche séquence 8**, p. 85. (en respectant la progression).	• Catégoriser : trier, classer, ranger, emballages du coin *épicerie.* • Établir des listes de courses. • Comparer des masses et peser. Voir **Fiche séquence 7**, p. 163. • Mettre en relation pesée et prix à payer.	• En relation avec la boulangerie : S'interroger : *D'où vient le pain ?* • **À l'atelier cuisine :** Fabriquer du pain. • **En arts plastiques :** Fabrication de faux pains. Voir **Fiche séquence 9**, p.169. • Exploitation d'album : ***Pierrot et les secrets de la nuit*** de Michel Tournier.	• En relation avec l'atelier cuisine, préparer des blancs en neige et des meringues • Fabrication de faux gâteaux. Voir **Fiche séquence 9** p. 169. • Exploitation du conte *Peau d'Âne.* • Acheter/Payer : rendre la monnaie. Voir **Fiche séquence 8**, p. 166.	• Revisiter des ouvrages exploités dans l'année. • Trier, classer, ranger. • Fabriquer des affiches. • Préparer chaque animation. Ex. : *L'heure du conte* (p. 89) : apprendre à bien raconter l'histoire avant l'animation.
Jeux de construction (avec des jeux du commerce)	Découverte des engrenages et de leur fonctionnement.	• Réalisation de constructions flexibles en 3D. • Introduction de roues et de moyeux permettant la construction de véhicules magnétiques exploitables dans le coin *garage.*	• Constructions avec de très petites briques en plastique rigide à superposer par clipsage ou à juxtaposer. **(GS)** **MS :** même chose si les élèves ont acquis motricité fine suffisante. • Fabrication d'un circuit écluse (écluse, pompe, roue à aubes, grue, pont, etc.)	Jeux de construction géométriques en 2D .	Jeux de construction en 3D avec des pièces en plastique dur à articuler.

Jeux de construction (avec le matériel de la « matériauthèque »)	**Projet :** Réaliser les maisons des contes. Voir **Projet** p. 100.	**Projets :** • Fabriquer des marottes pour faire dialoguer les personnages d'une histoire. Voir p. 131. • Construire une voiture qui roule. Voir p. 95.	**Projets :** • Fabriquer des marionnettes pinceaux **(GS)**. Voir p. 131. • Construire des maisons d'ici et d'ailleurs. Voir p. 100.	**Projets :** • Continuer à fabriquer des marottes, mais sans support d'histoires, pour les utiliser dans le coin *marionnettes.* Voire pour créer des histoires. • Suite et fin du projet « Maisons d'ici et d'ailleurs ». • Construire un bateau qui flotte **(MS)**. Voir p. 96.	**Projet :** Fabrication des marionnettes d'après gabarits. Fabrication des marionnettes pour spectacle d'ombres **(GS)**.
Coin garage et véhicules en tous genres	**Introduction de :** • Garage à étages. • Places de parking. • Objets roulants : voitures, camions, motos. • Matériel pour construire ponts, voies de circulation.	**Introduction de :** • Bâtiments : école, mairie, hôpital, gare. • Personnages exerçant une fonction sociale : ambulancier, conducteur de taxi, de car, policier.	**Dans le coin *garage* :** • Utilisation des véhicules magnétiques fabriqués en période 2. • Ajout de bâtiments (école, mairie, etc.) et de personnages exerçant une fonction sociale (éboueur, facteur, livreur). • **Sur table** : maquette d'une ville réalisée par la classe.	**Évolution du cadre :** **Sur table** : la campagne remplace la ville. Présence d'un canal, d'un circuit écluse (écluse, pompe, roue à aubes, grue, pont, etc.) fabriqués en période 3.	• Installation d'un aéroport dans le coin *garage.* • Introduction d'objets volants : avions, hélicoptère. • **Sur table :** décor de brousse, taxi brousse et autre véhicules et personnages. • Tapis de jeu anglais.
Activités	**Jeux structurés**				
	• *Dans le bus. Monter, descendre, revenir au point de départ.* En salle de jeu. Voir **Fiche séquence 14** p. 187. • *Une voiture est tombée en panne au milieu de la route, il faut la mener au garage.* • Complexification du scénario : *Il y a des passagers dans la voiture et autres véhicules bloqués.*	• *Il y a un accident. Arrivée de la police et d'une ambulance.* • *Un client pressé appelle un taxi pour se rendre à la gare.* • *Un personnage rentre chez lui le soir.* Imaginer son trajet et mettre en scène le scénario.	• *C'est Carnaval. Des rues sont bloquées. Il faut changer d'itinéraire ou prendre un transport en commun.* • *Un personnage en a assez de vivre à la campagne, il décide de chercher un appartement.*	• *Une famille prend des vacances sur une péniche et fait plusieurs étapes au cours de son voyage.* • Mettre en scène et jouer l'histoire créée à partir du conte musical. Voir ci-après.	• *Un touriste français visite une ville anglaise.* • *Un touriste français visite une ville française.* Voir **Fiche séquence 16** p. 194. • *Voyager dans un taxi brousse et faire des rencontres.* Voir ci-après.
	Activités associées				
	• Ranger des véhicules selon un critère de longueur ou de masse. • Évaluer et comparer des collections. • Exploiter l'album ***Ingénieuse Eugénie*** d'Anne Wilsdorf (Eugénie construit des ponts).	• Exploiter l'album ***Quand il fait nuit*** d'Akiko Miyakoshi. Voir p. 117. • Construire une voiture qui roule. Voir p. 96. • Commencer à réaliser un abécédaire à la façon de ***Je chante l'alphabet*** de J. Jeannot-Girard. Voir p. 110.	• Activités en relation avec la période de Carnaval et la réalisation du spectacle sur ce thème. Voir **jeu structuré**, p. 135. • Exploitation de l'album ***Le déménagement de Maryse Cocotto.*** Voir **2ème jeu structuré**, p. 118.	• Se documenter sur les bateaux. • Construire un bateau qui flotte **(MS)**. • Exploiter le conte ***Le petit train amoureux de la mer*** d'Isabelle Aboulker et imaginer une autre histoire. Voir p. 137.	• Exploitation du tapis de jeu anglais. Mise en correspondance des mots anglais et français. • Exploitation d'un imagier Français-anglais (Père Castor). • Exploiter le voyage de la marionnette au Sénégal. Voir ci-après.

Tableau de programmation **MS/GS** (suite)

	Période 1	Période 2	Période 3	Période 4	Période 5
Coin marionnettes	Mise à disposition des marionnettes utilisées par l'enseignant au cours de la première histoire.	• Le coin s'enrichit de marionnettes utilisées par l'enseignant pour conter une nouvelle histoire. • Introduction de marottes fabriquées par des élèves.	• Introduction des marionnettes pinceaux. • Autres marottes fabriquées par les élèves librement.	• Le coin *marionnettes* est maintenant riche en personnages relevant d'histoires différentes.	Les marionnettes du théâtre d'ombres rejoignent le coin *marionnettes* après le spectacle.
Activités avec la marionnette voyageuse	**Jeux structurés**				
	• Première rencontre avec la marionnette. • 1er voyage : La Turquie.	• Échanges oraux et écrits (sms, mails, lettres,etc.) • 2ème voyage : La Russie.	• Activités similaires à la période 2. • 3ème voyage : le Carnaval de Rio.	• Activités similaires à la période 2. • 4ème voyage : La Chine.	• Activités similaires à la période 2. • 5ème voyage : Le Sénégal.
	Activités associées				
	• Exploitation d'un planisphère. • Exploitation des éléments rapportés par marionnette.	• Exploitation des textes reçus. Réponses. • Exploitation des éléments rapportés.	Activités similaires à la période 2.	Activités similaires à la période 2.	Activités similaires à la période 2.
Activités avec les marionnettes personnages		**Jeux structurés**			
	Écoute d'une histoire racontée avec marionnettes manipulées par l'enseignant.	Jouer des passages dialogués d'une histoire. Ex. : ***Les Musiciens de la ville de Brême.*** Voir p. 131.	Jouer les premières scènes de ***La belle au bois dormant*** de C. Perrault **(GS).** Voir p. 131	Rencontre et dialogues entre personnages issus d'histoires différentes.	• S'approprier l'histoire et en mémoriser le déroulement. • Mémoriser les dialogues.
	Activités associées				
	Exploitations de l'album correspondant.	Pour ce faire, fabriquer des marottes (voir ci-avant).	Fabriquer des marionnettes pinceaux (voir ci-avant).	Croiser des histoires et tracer les chemins des héros. Imaginer des rencontres.	Mettre en scène des marionnettes sous forme d'un théâtre d'ombres **(GS)**.
Coin déguisement	Identification à l'adulte : vêtements divers, accessoires (monture de lunettes, bijoux, etc.). Le coin *déguisement* peut se présenter d'abord sous l'aspect d'un magasin de vêtements et d'accessoires.	Déguisements pour s'identifier à des rôles sociaux : docteur, cuisinier, pompiers, etc.	Enrichissement du coin *déguisement* à l'occasion du Carnaval. Voir p. 132.	Identification à des personnages de la littérature ou des dessins animés. Déguisements en conséquence.	Mise à disposition de tissus variés (matières, longueur) pour favoriser la création de vêtements **(GS)**. Voir p. 133. **Projet :** Mettre en scène *Peau d'Âne.*

Activités					
	Jeux structurés				
	• *Passer devant l'étalage, admirer ou ne pas aimer, décider ou non d'entrer. Demander à essayer.* • Séance d'essayage avec marchande.	Voir ci-avant scénarios de *la poupée malade*, autour du *restaurant*, autour du *salon de thé*.	Préparation du spectacle autour de Mardi gras.	Se déguiser pour jouer un rôle. Jouer.	• Organiser un défilé de mode à partir des vêtements créés. • Jouer tout ou partie d'une histoire.
	Activités associées				
	Trier, classer, ranger des vêtements et accessoires.	Activités liées aux scénarios précités.	• Créer une palette de motifs et les peindre sur des vêtements. • Fabriquer des masques. • Créer des vêtements musicaux.	• Caractériser les héros par leur(s) vêtement(s) et accessoires. • Exploiter l'album ***Pipistrello et la poule aux œufs d'or*** d'Elzbieta. Voir p. 134.	• Trier, classer, ranger toutes sortes de tissus, • Fabriquer des costumes pour jouer une histoire.

Jouer
pour apprendre

Introduction

Présentation des chapitres

Cette partie pratique est divisée en trois chapitres, découpés chacun en trois sous-parties.

Le **premier chapitre *Imiter, jouer, scénariser*** traite des coins de jeu en relation avec l'espace intime de la maison (**coin poupées**). Avec le **coin magasin,** il ouvre vers le monde extérieur, mais familier aux élèves, à travers la connaissance qu'ils peuvent avoir des supermarchés. Les jeux qui se déroulent dans ces coins, mettent en scène les évènements de la vie quotidienne. Ils contribuent à en fixer le schéma dans la mémoire (environnement matériel, succession des actions, relations causales). Or, c'est l'ensemble des schémas connus par un sujet qui constitue les connaissances qu'il a du monde. Ces schémas interviennent dans la compréhension de l'oral et de l'écrit. Le chapitre se clôt sur l'installation d'un **coin librairie** répondant à des visées culturelles.

Le **deuxième chapitre *Manipuler, construire, scénariser*** établit des liens très étroits entre les **jeux de construction** et le **coin garage et véhicules.** Celui-ci peut être à l'origine de nombreux scénarios. Les élèves ne sont plus acteurs comme ils l'étaient dans les coins précédents, dans la mesure où les rôles sont « **délégués** » aux figurines qu'ils manipulent. Ces scénarios, développés au cours des jeux structurés, offrent de belles occasions de mises en récit à l'oral et en dictée à l'adulte.

Le **troisième chapitre *Jouer, mettre en scène et interpréter*** développe, dans un premier temps, des situations langagières autour de la **marionnette amie.** Elle raconte, restitue, questionne, joue le rôle de « **passeur** » vers le récit. Les situations jouées et dialoguées facilitent la mise en ordre des évènements, la scénarisation et la prise de distance nécessaire pour comprendre l'enchainement des causes et des conséquences. Cette marionnette favorise la prise de parole des élèves d'abord comme interlocuteurs, puis interprètes de la marionnette elle-même. Elle ouvre ainsi, progressivement, les portes du monde aux élèves et les marionnettes personnages d'histoires celles de la littérature. Ces marionnettes, contribuant largement au développement de la compréhension, conduisent peu à peu les élèves au dialogue dans le **coin marionnettes.** La littérature occupe ainsi une place importante, dans le chapitre 3, qui fait place aussi, en MS-GS, à la mise en scène d'histoires en jeu dramatique. Celui-ci renouvelle l'intérêt pour le coin déguisement installé dès la PS-MS. Le chapitre 3 s'achève sur des propositions de projets en lien avec le spectacle vivant.

Détail des activités par chapitre

Dans chaque chapitre, des exemples de **scénarios** sont proposés. Certains d'entre eux sont plus largement développés dans le cadre de **jeux structurés** à visées didactiques.

Des **activités associées** à chacun des coins de jeux et, plus particulièrement, aux scénarios, favorisent également des apprentissages en lien avec les domaines d'apprentissages de l'école maternelle.

Des **exemples de projets** sont, par ailleurs, proposés dans certains chapitres, prouvant qu'il est important d'inscrire le jeu dans une démarche au service des apprentissages. Ils amènent les élèves à ***anticiper, programmer, réguler, faire des bilans d'étape*** et ***finaliser l'action collective.***

À la fin de chaque chapitre, un encadré ***Vocabulaire*** présente une liste de mots autour de champs thématiques développés dans les coins de jeu. À leur suite, un encadré ***Bibliographie*** permet aux élèves d'*enrichir l'imaginaire* des élèves et/ou de leur *apporter des connaissances complémentaires* en relation avec le coin de jeu concerné. Ces encadrés ne comportent pas d'indication de niveau, afin de permettre à chaque enseignant de puiser librement dans ces ressources, en fonction du niveau de sa classe et des activités pratiquées.

En fin d'ouvrage, des **fiches séquences,** pratiques et ordonnées, selon la logique d'un parcours d'apprentissage, présentent une démarche de mise en œuvre en plusieurs étapes. La plupart de ces fiches ont trait à l'exploitation de scénarios dans le cadre de **jeux structurés** ou de **jeux dramatiques.** D'autres développent des **activités associées.** Dans ces fiches sont déclinées les compétences visées par domaines et le déroulement des activités est clairement dégagé.

En annexe, sont également mis à disposition plusieurs documents utiles à une bonne appréhension de ce que peut offrir le jeu en matière d'apprentissage.

Enfin des documents susceptibles d'enrichir les pistes pédagogiques des différents chapitres, figurent sur le **site Lea.fr.**

Les pistes qui sont développées dans cet ouvrage tendent à prouver que l'installation de coins de jeux évolutifs au cours de l'année contribue **à faire de la classe un espace vivant, enrichissant et favorable aux apprentissages.** Les élèves sont appelés, par le biais des activités proposées, à acquérir une culture commune, des compétences et des savoirs en fonction des coins de jeu proposés.

Deux niveaux de classe ont été pris en compte dans les propositions d'installation des coins de jeux comme des activités. Trois raisons à cela : 1) pour éviter le morcellement dans les propositions d'activités ; 2) parce qu'il existe de nombreuses classes de PS-MS et MS-GS ; 3) pour permettre de ce fait aux enseignants, ayant dans leur classe des élèves de MS, de choisir les pistes et les activités proposées les plus appropriées à leur niveau.

Selon le même principe, des **tableaux de programmation sont proposés** (voir page 31). Ces tableaux offrent une vue panoramique des coins de jeu et des activités s'y rapportant. L'un concerne les PS-MS et le second les MS-GS.

Chapitre 1

Imiter, jouer, scénariser

Ce chapitre se décline en trois parties. La **première partie** traite du coin poupées, la **deuxième partie** du coin *cuisine* et la **troisième** du coin *magasin.* Pour renouveler l'intérêt, au cours de l'année, voire du cycle, trois magasins sont successivement proposés à titre d'exemples. Il s'agit du coin fruits et légumes, du coin *boulangerie-pâtisserie* et du coin *librairie.* Ce dernier est en prise directe avec les albums à disposition dans la classe. Accompagnant généralement leurs parents en grande surface, les élèves ont déjà fréquenté les rayons correspondants.

Dans ces coins de jeu, les élèves se livrent d'abord, en **PS**, à des imitations du réel. Puis, au contact des autres, ils en viennent peu à peu à endosser des rôles, en faisant « **comme si** », dans un cadre qui leur est familier.

Des échanges s'instaurent entre action et verbalisation. Ceci peut aider les jeunes enfants et les petits parleurs à la prise de parole. Ces coins de jeux permettent d'entrer progressivement dans le dialogue de façon non artificielle.

Le coin *garage/véhicules* ne figure pas dans ce chapitre, pour la raison suivante. Dans les trois coins de jeux précités, les élèves sont les acteurs directs des jeux qui s'y déroulent. Dans le coin *garage,* ils manipulent des véhicules et des personnages, ce qui s'avère différent dans le développement des scénarios. Le coin *garage/véhicules* est donc traité dans le chapitre 2 : *Manipuler, construire, scénariser.*

Apprentissages

Les apprentissages déclinés ci-après concernent, dans leur ensemble, les coins de jeu traités dans le chapitre 1. Des apprentissages spécifiques liés aux coins *magasins* sont précisés dans la partie concernée.

Mobiliser le langage dans toutes les dimensions

- **Entrer en relation** avec l'adulte et les autres élèves en situation de jeux symboliques. **Engager** des dialogues.
- **Décrire, commenter, expliquer** ce que l'on a fait ou ce que l'on doit faire.
- **Raconter** une scène d'histoire, une scène d'un jeu structuré à partir de photos prises au cours de ce jeu ou, en **GS**, de dessins réalisés par les élèves.
- **Utiliser** les outils linguistiques du discours prescriptif (recontré notamment dans les recettes de cuisine).
- **Faire varier** les temps des verbes.
- **Acquérir** du vocabulaire sur des champs lexicaux spécifiques :
  - Emploi des mots dans des phrases en contexte (langage factuel) ou hors contexte (langage d'évocation) ;
  - Jeux de kim, mémory, imagiers ;
  - Travailler à partir de la morphologie des mots.

Agir, s'exprimer, comprendre à travers les activités artistiques

- **Décrire** des images.
- **Apprendre** à distinguer des images (photos, reproduction d'œuvres).
- **Explorer** les dimensions narratives des illustrations d'albums.
- **Réaliser** des compositions plastiques (coin *boulangerie-pâtisserie*).

Construire les premiers outils pour structurer sa pensée

Découvrir les nombres et leur utilisation

Dans les différents coins de jeux

- **Réaliser** des collections équipotentes.
- **Quantifier** des collections par correspondance terme à terme.
- **Dénombrer** des collections de plus en plus grandes.

Coins *magasins*

- **Prendre conscience** de l'équivalence de deux collections dans une situation d'échange.
- **Chercher** différentes façons de réunir une somme d'argent.
- **Anticiper** le résultat d'une somme.
- **Rendre** la monnaie.

Explorer des grandeurs

- **Classer** par tailles des poupées, des éléments des coins dinettes et magasins.
- **Manipuler** un élément fluide : remplir, vider, transvaser, mettre la même quantité dans deux contenants identiques.
- **Utiliser** des éléments de plus en plus précis : louche, cuillère, etc.
- **Jouer** avec des balances pour savoir qu'un objet est plus lourd, moins lourd ou aussi lourd qu'un autre.
- **Manipuler** un pèse personne et noter son poids (coin annexe docteur).

Explorer le monde

Se repérer dans le temps

- **Situer** des évènements vécus les uns par rapports aux autres.
- **Ordonner** une suite de photos ou d'images pour rendre compte d'une situation vécue.
- **Utiliser** des repères dans la journée, dans la semaine et l'année (coin *cuisine* et *magasin de fruits et légumes*).
- **Utiliser** des marqueurs temporels dans des explications et des récits.
- **Prendre conscience** du temps qui passe (on grandit).
- **Comparer** la vie de nos jours et la vie d'autrefois (coin *cuisine*).

Se repérer dans l'espace

- **Situer** des objets entre eux et par rapport à des objets repères.
- **Utiliser** des marqueurs d'espace (devant, derrière, droite, gauche, dessus, dessous, etc.) dans des descriptions.

Explorer le monde du vivant, des objets, de la matière

Coin *poupées*

- **Nommer** les différentes parties du corps humain, distinguer les cinq sens et leur fonction.
- **Apprendre** à appliquer quelques règles d'hygiène du corps (à travers la toilette des poupées).

Coin *cuisine*

- **Apprendre** à appliquer quelques règles de l'alimentation (créer des menus équilibrés).

Utiliser, fabriquer, manipuler des objets

- **Utiliser** des thermomètres (coin *poupées*).
- **Faire** fonctionner, différents ustensiles, monter et démonter le moulin à légumes.
- **Fabriquer** un sablier (coin *cuisine*).

Vivre ensemble

- **Découvrir** et **accepter** les règles d'utilisation des coins de jeux à plusieurs.
- **Apprendre** à partager le matériel.
- **Mettre en œuvre** l'obligation de rangement.
- **Verbaliser** et **respecter** les consignes.

Apprendre à catégoriser

Parmi les apprentissages langagiers et conceptuels, une place importante est accordée aux activités de catégorisation que favorisent les coins de jeux.

Deux types de catégories

- **Les catégories taxonomiques ou taxinomiques** (les familles) regroupant des éléments qui se ressemblent et ont des propriétés communes (exemples : les vêtements, les aliments, les objets d'une même couleur, d'une même forme, d'une même taille, d'une même fonction, etc.).
- **Les catégories schématiques** (les thèmes) où des éléments appartenant à différentes catégories taxonomiques sont rassemblés dans une même scène (ou un même coin de jeu).

Les coins de jeu propices à la catégorisation

La catégorisation est une activité cognitive qui se construit à partir des expériences vécues. L'organisation d'un coin de jeu offre un exemple de catégorie schématique et permet à l'enfant de prendre conscience que, dans un même lieu, des éléments appartenant à différentes catégories taxonomiques sont rassemblés. À ce titre, les coins de jeux s'avèrent propices à la constitution de catégories taxonomiques (vêtements, aliments, etc.) et de catégories schématiques.

Des constats

Si les élèves sont capables de réussir des tris en sachant qu'ils ont réussi, la plupart du temps ils ne savent pas expliquer comment ils ont procédé. Ils ont donc réussi sans comprendre et ils demeurent dans l'implicite. Ils ne savent pas non plus se fixer des règles de tri. Ils tolèrent aisément la présence d'intrus car leurs connaissances catégorielles sont encore mal définies.
Par ailleurs pour qu'ils puissent utiliser leurs connaissances en faisant preuve de flexibilité, il leur faut avoir compris la logique des procédures. Tant qu'ils ne l'ont pas encore comprise, ils éprouvent des difficultés à recourir, par exemple, à deux règles de tri différentes avec les mêmes éléments.

Implication

Amener les élèves à :

- **comprendre** la logique de la catégorisation en prenant conscience des catégories qu'ils connaissent et des opérations cognitives qui leur permettent de trier toutes sortes d'éléments.
- **développer** la flexibilité cognitive en identifiant qu'un même élément a de nombreuses propriétés : sémantiques, fonctionnelles, perceptives.

Démarche générale

Déroulement

Dans chaque partie du chapitre, des scénarios sont proposés. Certains sont développés dans des fiches séquences en fin d'ouvrage.

Le déroulement se structure en 5 phases :

1. **Introduction du scénario** et évocation du jeu à venir.
2. **Phase de jeu accompagnée** par l'enseignant.
3. **Évocation et chronologie** des actions effectuées au cours du jeu.
   En GS, phase réflexive : analyser son déroulement et comment la communication verbale s'est instaurée.
4. **Bilan des apprentissages** menés à la faveur de ce scénario.
5. **Mise au point** plus ou moins élaborée et pouvant aller jusqu'à la dictée à l'adulte.

Jeux libres

Ces coins de jeu sont d'abord fréquentés dans le cadre de jeux libres où les élèves s'approprient l'espace et le matériel à disposition. Ils donnent lieu ensuite à des jeux structurés avec scénarios introduits par l'enseignant en vue d'apprentissages ciblés dans différents domaines de l'école maternelle.

Scénarios et jeux structurés

Ils répondent à des enjeux didactiques très précis.

Riches en développements, certains scénarios peuvent, en **GS**, trouver un prolongement en jeu dramatique hors de l'espace classe. La relation enfants acteurs et enfants spectateurs se révèle propice à la communication entre élèves. Les spectateurs étant invités à donner leur avis sur la façon dont s'est déroulé le jeu (phase réflexive du jeu dramatique). Cette mise en scène du réel constitue un pas vers le spectacle vivant.

Deux jeux dramatiques sont proposés chapitre 1 :

- *La visite chez le médecin* en prolongement du scénario de ***la poupée malade*** et des activités menées autour du thème. Voir **Fiche séquence 2,** p. 146.
- *Comme au restaurant.* Voir **Fiche séquence 6** p. 159.

Activités associées

Les thématiques abordées à la faveur des jeux structurés sont propices à des activités associées. Ces activités sont en relation avec les programmations de classe et les compétences visées dans différents domaines. Des exemples d'activités associées figurent dans chaque partie de ce chapitre.

I. Le coin **poupées**

Le **coin** *poupées* a une **forte connotation affective**. Les enfants peuvent transférer leurs propres affects sur le poupon ou les poupées. Par exemple, l'enfant gronde le poupon lorsque lui-même a été réprimandé.

Ce coin garde de l'intérêt en **GS**. Il permet également d'aborder des **thématiques porteuses d'apprentissages** (exemple : scénario de la poupée malade). Les élèves ont encore besoin d'y jouer avant d'utiliser la maison de poupée construite par la classe (chapitre 2).

Contrairement au coin *magasins* (voir p. 69), dont l'implantation peut intervenir plus tardivement dans l'année (**PS-MS**), le **coin** *poupées*, comme le coin *cuisine,* est à proposer aux élèves **dès la rentrée.** Pour des activités d'abord libres visant déjà, en **PS,** l'appropriation de cet espace jeu et l'utilisation du matériel.

L'aménagement du coin *poupées* peut faire l'objet d'une concertation au sein de l'équipe pédagogique pour en envisager l'évolution non seulement sur l'année, mais aussi sur le cycle et pour sérier les thèmes abordés dans chaque section.

1. Évolution du coin poupées

Faire évoluer le coin *poupées*, sur l'année, voire sur le cycle, est indispensable pour renouveler l'intérêt des enfants et favoriser leurs apprentissages. Cette évolution se traduira par l'introduction de nouvelles poupées et par le renouvellement du matériel.

En **MS-GS,** des coins annexes sont créés : le coin *coiffeur* et le coin *docteur*.

En **MS-GS,** après construction d'une maison de poupée miniaturisée (ou l'introduction d'une maison de poupée du commerce), des élèves se livreront à des scénarisations inspirées, pour certaines, des scénarios du coin *poupées* (voir **Fiche séquence 15**, p. 190). Le coin *poupées* pourra alors occuper un espace plus restreint pour laisser plus de place à la maison de poupées réalisée dans un environnement appelé à s'enrichir de nouveaux éléments. L'installation du coin *poupées*, laissera place, période 5, à l'installation de la librairie (voir p. 83).

Le choix des poupées

- L'introduction de poupées sexuées permettra de donner une véritable identité aux poupées. En jeux libres, laisser les élèves jouer avec des poupées sexuées (de sexes différents) et observer leurs comportements.
- **Activités associées :** aborder les stéréotypes filles/garçons. Stéréotypes physiques et vestimentaires (cheveux longs /courts ; robes/pantalons ; ballerines/baskets ; etc.), mais aussi stéréotypes comportementaux (danse/football ; cuisine et ménage/bricolage ; etc.). Amener les élèves à s'exprimer, à confronter leurs points de vue, à réfléchir ensemble pour les conduire à dépasser des *a priori*.
- Les poupées ethniques conduiront à **développer le vivre ensemble** en appréhendant des différences et ressemblances physiques en écho à ce que les enfants vivent dans la classe s'il y a une certaine mixité (et s'il n'y en pas, les poupées ethniques seront un bon moyen de l'aborder). Tout en constatant des différences, conclure sur les similitudes et **constater que l'on est tous pareils et différents.** En **GS,** exploiter un album comme ***Rachid*** de Jean Maubille (Éditions Pastel) pourra largement corroborer ces constats.
- En **MS-GS,** il est conseillé d'attribuer un prénom à chaque poupée et au bébé de la classe pour mieux les distinguer. Pour ce faire, proposer une liste de prénoms aux élèves. Pour chaque poupée procéder à un vote. Déterminer le prénom de chacune en fonction du nombre de voix accordé à chaque prénom (comparaison de quantités).

Aménager le coin poupées (tableau indicatif)

L'évolution du coin poupées au fil de l'année est en relation étroite avec la programmation de classe de l'enseignant.

PS / MS	MS / GS
Les poupées	
En début d'année : **Trois à quatre poupées** dont des **poupées au corps mou** pour favoriser déshabillage, habillage. **Évolution sur l'année :** • Introduction de **nouvelles poupées** (dont poupées sexuées). • Arrivée ensuite d'un **poupon** (baigneur) qui aura toutes les apparences d'un bébé. • Introduction de **deux poupées ethniques.**	**En début d'année :** • **Quatre à cinq poupées** de tailles différentes, dont des **poupées sexuées** : fille/garçon. • **Un baigneur.** **Évolution sur l'année :** • Introduction de **poupées ethniques.** • **Poupées apportées par les élèves** en relation avec l'évolution possible du coin *poupées* en pouponnière. Occasion pour les élèves de présenter leur poupon ou poupées aux autres enfants. Les amener le matin et les reprendre le soir.
Les vêtements	
En début d'année : **Vêtements** faciles à enfiler et à retirer. **Évolution sur l'année :** • La garde-robe s'enrichit de **vêtements chauds** avec l'arrivée de l'automne et en prévision de l'hiver. • **Scratch** pour fermeture. Tissus de différentes couleurs, avec ou sans motifs et dans diverses matières. • **Vêtements de nuit.** **Avec l'arrivée du baigneur :** • **Couches** et **trousseau** spécifique. **Plus tard dans l'année :** • Envisager des **systèmes de fermeture** plus complexes pour les vêtements (exemples : boutons, boutons pression) pour permettre aux élèves d'exercer leur motricité. • **Vêtements de saison.**	**En début d'année :** • **Garde-robe** la plus variée possible. • **Tissus** de différentes couleurs, unis ou avec motifs, dans diverses matières. • **Vêtements de nuit.** • **Chaussons**, voire chaussures. **Évolution sur l'année :** • Introduction du **trousseau du baigneur.** • **Garde-robe** : suivre l'évolution des saisons.
Chambre des poupées	
En début d'année : • Nombre de **lits** égal au nombre de poupées. • **Literie** (draps, couvertures, couettes). • Introduction des premiers éléments de **rangement** (boites). **Évolution sur l'année :** • Un **berceau** si possible pour le baigneur avec de **petits jouets** fixés au berceau (ou au lit). • Nouveaux éléments de rangement en fonction de l'arrivée du baigneur et du nombre de vêtements en expansion : **armoire** et/ou **commode, étagère.** • Introduction de **bacs codés** pour ranger les vêtements des poupées et du baigneur.	**En début d'année :** • **Lits** et **literie** aux dimensions des poupées. • **Paniers** et **bacs étiquetés** au nom des vêtements ou au nom des poupées (la garde-robe étant plus abondante). **Évolution sur l'année :** • **Création d'un coin annexe :** le cabinet du docteur à la suite du scénario de la poupée malade. Introduire un **pèse personne**, une **toise** (ils serviront aussi à peser et mesurer les élèves), éventuellement un **tableau avec des lettres** (prétexte : vérifier la vue des patients) pour les activités qu'il pourra susciter, une **table d'examen.** • **Transformation de la chambre en pouponnière :** – Fabrication de **lits et étagères de rangement** avec des objets de la « matériauthèque » (cartons, boites). Voir Chapitre 2 p. 98. – Décoration des **lits** en créant des suites organisées et en respectant la régularité de l'alternance (en suivant ou en inventant soi-même une règle). • **Disparition de la pouponnière**, pour laisser plus de place à un autre coin annexe : un **salon de coiffure** (voir ci-après).

•••

Coin toilette des poupées	
En début d'année : Une simple **cuvette** pour débarbouiller les poupées, un **gant de toilette**, une **serviette**, une **éponge**, un **peigne** et une **brosse**. **Évolution sur l'année :** • Introduction d'une **baignoire, d'objets pour le bain et de shampoing, avec éponge, flacons, savonnette.** • Présence d'une **table à langer.** • **Coin *toilette* remplacé ensuite par un coin *lessive*** avec cuvette et fil avec pinces à linge. **En fin d'année :** Introduction de **poussettes** (et, éventuellement, d'un **landau**) **à la place du coin *lessive*.**	**En début d'année :** • **Baignoire, objets nécessaires à la toilette (linge, flacons factices), petits jouets flottants pour le baigneur.** • Introduction d'un **thermomètre de bain (GS).** • Fabrication de savonnettes **(GS).** **Évolution sur l'année :** • **Disparition du coin *toilette*** pour laisser place à **une coiffeuse** avec **peigne, brosse, flacons vides,** et **petits colliers** fabriqués par les élèves, **ruban.** • **Création d'un coin annexe : le salon de coiffure.** – **Bassine sur une table – flacons – peignes et brosses – ciseaux** (en plastique) **– pinces à cheveux – élastiques sèche-cheveux – poupées à coiffer – peignoirs – miroir – photos** de différentes coiffures revues. – **Chaises.** – Présence d'une **caisse enregistreuse.** **En fin d'année :** **Poussettes** pour des promenades dans la cour et hors de l'école **à la place du salon de coiffure.**
Décoration	
• **Œuvres d'art** découvertes en classe et ensuite affichées dans la chambre des poupées. Exemples : – *La Chambre* de Van Gogh – *Le Berceau* de Berthe Morisot (En période 2) – *Maternités* de Mary Cassatt (En période 2) • **Photos de bébés** dans différentes parties du monde (en lien avec l'arrivée des poupées ethniques).	• **Œuvres d'art** découvertes en classe : maternités (à différentes périodes de l'histoire des arts). • **Photos d'enfants du monde** (en relation avec les poupées ethniques).

2. Catégoriser

Les coins de jeux permettent la constitution de **catégories taxonomiques** (familles) et de **catégories schématiques** (thématiques). Les pistes proposées ci-après sont données à titre d'exemples, elles sont transposables aux autres coins de jeu.

PS / MS

Tris taxonomiques

- **Trier** les vêtements du coin poupées mélangés à d'autres objets.
- **Classer** les vêtements par catégories (pulls, pantalons, robes, etc.).
- **Trier** les vêtements du bébé dans un bac ou une boite à part.
- **Classer** les vêtements des poupées dans des bacs codés (un bac par poupée).
- **Trier** et **classer** des images pour élargir le champ des propositions et diversifier ainsi les critères.
- **Exploiter** un imagier (par famille). **Nommer** les éléments et **donner** le nom de la catégorie.

•••

•••

Appariements

Trier des chaussettes de même taille parmi d'autres éléments. Puis **constituer** des paires par couleur ou selon le motif.

Tris thématiques

- **Proposer** ensuite des photographies d'éléments relevant de différents coins de jeux.
- **Trier** les photos représentant ceux présents dans le coin *poupées.* Les **coller** sur une affiche avec des pastilles adhésives. Au gré de l'évolution de ce coin de jeu, au cours de l'année, **ajouter** des éléments et en **retirer.**
- **Afficher** dans le coin *poupées.* **(PS-MS)**

MS / GS

Appariements

Apparier puis **classer** par taille des images de chaussettes de trois tailles différentes.

Travailler la flexibilité

- **Présenter** deux images de bonnets d'une même couleur, l'un uni et l'autre à pois et l'image d'un pull-over, à pois mais d'une autre couleur que les bonnets.
- **Comparer** et **trier.** Les élèves pourront soit tenir compte de la couleur, soit tenir compte du motif (bonnet à pois et pull-over à pois). L'intérêt de cette activité consistent à réfléchir ensemble en expliquant comment on a procédé.
- **Répéter** ce type de tri avec d'autres images à plusieurs occasions et en complexifiant l'exercice pour développer la flexibilité cognitive.
- **Utilisation d'un tableau à double entrée. (GS)**
  Exemple d'autre tri : un bonnet uni d'une couleur et un pull uni d'une autre couleur, un bonnet à pois d'une troisième couleur et un pull à pois d'une couleur encore différente. **Représenter** le classement effectué par un tableu à double entrée :

	Uni	À pois
Bonnets	bonnet vert	bonnet rouge
Pulls	pull jaune	pull bleu

3. Scénariser

Des scénarios sont introduits par l'enseignant. Ils peuvent donner lieu à des **jeux accompagnés** et/ou à des **jeux structurés.** Ils suivent l'évolution du coin *poupées* au fil de l'année.

On peut présenter les scénarios aux élèves avec une carte où sont dessinées les étapes de leur validation.

Exemples de scénarios :

PS / MS
C'est l'heure d'aller au dodo, il faut endormir le bébé avec une berceuse.
C'est l'heure de lever les poupées. Comment les habiller ?
La poupée a taché sa robe en buvant du chocolat. Il faut laver la robe.

•••

C'est le matin, il faut donner un bain au bébé. (Voir **Fiche séquence 1** - *Le bain du bébé*, p. 144)
Le bébé se réveille de sa sieste, il faut le changer et lui donner un biberon de jus de fruit.
Il faut préparer la poupée pour la promenade. Mais quel temps fait-il ? Il faut emporter un goûter (lien avec le coin *cuisine*).
La poupée part en vacances chez sa mamie. Il faut préparer sa valise, puis l'habiller pour aller prendre le train.
La poupée est malade. Il faut appeler le docteur. (Voir **Fiche séquence 2**, p. 146)

MS / GS
C'est l'heure de coucher les poupées. Il faut leur chanter des berceuses pour les endormir.
Les poupées sont couchées, il faut leur raconter une histoire (album ou non à l'appui).
La poupée s'est endormie, elle se réveille en pleurs, elle a fait un cauchemar, il faut la consoler.
La poupée doit se lever, se préparer et partir à l'école. (Voir **Fiche séquence 1** - *Le rituel matinal*, p. 145)
La poupée est tombée dans la cour, elle s'est fait mal, il faut la soigner et la consoler.
La poupée est malade, il faut appeler le docteur. Prolongement en jeu dramatique en **GS** (Voir **Fiche séquence 2** - *La poupée blessée*, p. 149)
Une « maman » (ou un « papa ») conduit une poupée chez le coiffeur.
La poupée est confiée à une nounou : quelles sont les consignes qu'il faut lui donner ?
Les poupées sont invitées à un bal. Comment faut-il les habiller et les coiffer ?

Exemple de consignes autour d'un scénario

Scénario : ***C'est l'heure de lever les poupées.***

Consigne : Habiller les poupées comme sur les photos.

Variante : Habiller chaque poupée en se référant à une carte où sont représentés les vêtements qu'elle doit porter.
(Voir aussi **Fiche séquence 1** - *Le rituel matinal*, p. 144)

Exemple de prolongement en jeu dramatique

Scénario : ***Chez le coiffeur***

Des élèves remplacent les poupées, plusieurs coiffeurs ou coiffeuses. Accueil des clients. Consultation de magazines. Choix d'une coiffure à partir de modèles. Enfilage de peignoirs. Shampoing et coiffage. Règlement à la caisse.
(Voir **Fiche séquence 8**, p. 166). Départ des clients.

4. Activités associées

Les activités associées suivantes sont en lien direct avec les jeux structurés (voir ci-après) et donc proposées en fonction de la programmation de l'enseignant.
À la faveur du coin *poupées*, de son évolution au cours de l'année et des scénarios proposés, des activités associées peuvent être menées dans divers domaines. Ces activités visent l'acquisition de compétences et de connaissances.

Explorer le monde

Explorer le monde du vivant

Étude du schéma corporel

- **Description** du corps. **Nommer** ses différentes parties.
  MS-GS : Introduire des images d'art. Exemples : *La Danse* de Matisse (1910) ; *One Man Show* (1982-88) et *Retrospect* de Keith Harring (1989). **Repérage** de silhouettes.
- **Étude** de comptines associées à des jeux de mains. **Apprentissage** de ces comptines aux poupées.
- **Repérage** des différentes parties du visage, des cils, des sourcils et des narines.
- **Attention portée** au cou liant la tête au corps. **Répertorier** sur soi-même les mouvements qu'il permet.
- **Évocation des organes des sens :** vue, ouïe, odorat, goût (en relation avec l'étude du visage, toucher (en relation avec l'étude de la main).

Vivant et non vivant

- Le baigneur conduira à aborder le thème du vivant en cherchant ce qui le distingue d'un vrai bébé.
- **Repérer** ensuite ce que les enfants savent faire et que les poupées ne savent pas faire, notamment en s'intéressant au corps en mouvement.
- **Répertorier** ce qui fait des enfants des êtres humains vivants.
- **Faire repérer** les manifestations de la vie sur son propre corps et ce qui distingue poupées et enfants.
- **Rappeler** que jouer avec les poupées et le baigneur, c'est jouer à faire semblant.

Hygiène corporelle

L'aménagement d'un coin *toilette* (baignoire et autres éléments) conduit à mettre en évidence la nécessité d'une hygiène corporelle pour être en bonne santé, mais aussi pour être agréable aux autres. (Voir **Fiche séquence 1** - *Faire Le bain du bébé,* p. 144)

Le corps malade ou blessé

À travers le thème du docteur (scénario de la poupée malade), les élèves vont s'intéresser à certaines maladies infantiles comme, par exemple, la varicelle, mais aussi à des maladies saisonnières, comme le rhume. Ce sera alors l'occasion de s'attacher à une autre règle d'hygiène élémentaire, comme mettre sa main devant sa bouche quand on tousse. On veillera à en expliquer la raison et on complètera aussi la liste des règles d'hygiène.

- **Parler** des plaies et des bosses. **Évoquer** des blessures et la façon de nettoyer une plaie. **Rechercher** les causes de blessures : chutes, accident, etc. (Voir **Fiche séquence 1** - *La poupée blessée,* p149)
- L'**observation** d'une radio et le **repérage** de la fracture pourra susciter de l'intérêt pour le squelette **(GS)**.

Les besoins du corps

Par ailleurs, considérer que le baigneur est un bébé dans ces jeux de « **faire semblant** » va conduire les enfants à se documenter sur les soins à donner aux bébés, sur leurs besoins de sommeil, sur leur nourriture et leurs jouets (images, albums à l'appui). Ce sera l'occasion de rappeler aux élèves, eux-mêmes, la nécessité de se coucher tôt.

Se repérer dans le temps

Tout le monde a été bébé

Faire alors appréhender que tout le monde, un jour, a été un bébé à partir de photos de parents et/ou grands-parents (en sollicitant les familles), voire à partir de photos de l'enseignant à cet âge :

- **MS :** à partir de photos des élèves, **réalisation** de frises personnelles de la naissance à l'âge de 4 ans ;
- **GS :** à partir d'images introduites par l'enseignant, **constitution** d'une frise représentant un grand-père ou une grand-mère (inconnu(e) des élèves) de sa naissance à la vieillesse.

Qu'est-ce que grandir ? (MS-GS)

Lors de la transformation du coin *chambre* en pouponnière :

- **S'intéresser** aux crèches que certains élèves ont fréquentées (ou que leur frère ou sœur fréquente à leur tour).
- **Se documenter** sur l'emploi du temps d'une journée à la crèche et sur les activités qui s'y déroulent en fonction de l'âge des enfants.
- **Découvrir** en quoi consiste le fait de grandir : apprentissage de la marche ; évolution de la motricité à l'école maternelle ; progrès dans les apprentissages. **Préciser** lesquels.

Agir, s'exprimer, comprendre à travers les activités artistiques

Développer l'écoute

PS-MS : Berceuses du patrimoine français.
MS-GS : Écoute de berceuses du monde pour sensibiliser à d'autres sonorités que celles de la langue française.

Lire des images

- **Observer** et **comparer** diverses images (voir *Lire et exploiter des images,* p. 65) : œuvres d'art, photos, images dans les albums sur le thème de la maternité et de la famille.
- Les **mettre en relation** avec les berceuses écoutées.
- **Apprendre à s'approprier** des illustrations d'albums sur ce thème (voir bibliographie ci-après).

VOCABULAIRE

L'habillage

Par exemple, vêtements d'hiver : *blouson – manteau – anorak – bonnet – cagoule – capuche – écharpe – paires de gants – paire de moufles.*
Verbes : *mettre – enfiler – retirer – fermer – boutonner – monter* (la fermeture éclair) *– enrouler – protéger* (du froid).

La toilette

Baignoire – serviette de toilette – gant de toilette – savon – savonnette – gel – shampoing – mousse – peigne – brosse – brosse à dent – dentifrice.
Verbes : *remplir/vider – laver – frotter – brosser – essuyer – sécher – peigner – brosser.*
Adjectifs : *plein/vide – propre/sale – parfumé – doux.*

Le docteur / L'hôpital

Maladie – varicelle – rhume – grippe – blessure – plaie – fracture – radiographie – opération – coton – désinfectant – pansement.
Les instruments du médecin : *stéthoscope – thermomètre – seringue – otoscope – marteau à réflexe – gaze – etc.*
Verbes : *soigner – ausculter– écouter les battements de cœur – observer la gorge – écrire une ordonnance – prescrire – nettoyer – désinfecter – plâtrer – opérer – etc.*
Adjectifs : *contagieux – viral – fiévreux – malade – enrhumé – grippé – blessé – etc.*

BIBLIOGRAPHIE

Albums par thème

VÊTEMENTS

Christian VOLTZ, ***À fond la gomme !,*** Rouergue.
Cécile BONBON, ***De la tête aux pieds : mes habits,*** L'élan vert.
Germano ZULLO / Albertine, ***Violette et Ficelle,*** La joie de lire.
May ANGELI, ***Je ne peux pas m'habiller,*** Bilboquet.

MALADIE / DOCTEUR / HÔPITAL

Thierry COURTIN, ***T'choupi est malade,*** Nathan.
Catherine DOLTO TOLITCH / Colline FAURE-POIRÉE / Alex SANDERS, ***Dicobobo,*** Gallimard jeunesse.
Magdalena / Laurent RICHARD, ***Bali a la varicelle,*** coll. *Album du Père Castor,* Flammarion.
Catherine DOLTO TOLITCH / Colline FAURE-POIRÉE / Joëlle BOUCHER, ***L'Opération,*** coll. *Mine de rien,* Gallimard Jeunesse.
Gabrielle VINCENT, ***Ernest est malade,*** coll. *Petits Duculot,* Casterman.
Didier DUFRESNE / Armelle MODERE, ***Rien qu'une petite grippe,*** coll. *Lutin poche,* L'École des Loisirs.
Jane YOLEN, Mark TEAGUE, ***Guéris vite, petit dinosaure,*** coll. *Folio Cadet premières lectures,* Gallimard jeunesse.
Lenia MAJOR, Sandrine LHOMME, ***Le Petit Homme dans l'ascenseur,*** Balivernes Éditions.

COUCHER / CAUCHEMAR

Mercer MAYER, ***Il y a un cauchemar dans mon placard,*** Gallimard.
Thierry COURTIN, ***T'choupi ne veut pas se coucher,*** Nathan.
Marie AUBINAIS, ***Petit Ours Brun : Au dodo !,*** Bayard jeunesse.
Mario RAMOS, ***Au lit, petit monstre,*** coll. *Pastel,* L'École des loisirs.
Elsa ORIOL, ***Le Cauchemar,*** Kaléidoscope.
Anthony BROWNE, ***Billy se bile,*** Kaléidoscope.

II. Le coin **cuisine**

Le coin *cuisine* occupe une **place centrale** dans les relations qui peuvent s'instaurer entre les trois coins de jeux traités dans ce chapitre. Il établit des liens étroits avec le coin *poupées* puisque celles-ci sont souvent au cœur des scénarios proposés. Par ailleurs, il est en relation très étroite avec le coin *magasin (fruits et légumes* et *boulangerie-pâtisserie)* où les élèves vont faire leurs courses.

C'est le coin de jeux où les jeux de « **faire semblant** » sont le plus en prise avec la réalité de la classe car ils sont très liés aux **expériences culinaires** menées au cours de l'année. Inversement, apprendre à mettre le couvert dans le coin *cuisine* permet ensuite d'associer, par exemple, plus étroitement les élèves à la préparation des tables lors des goûters d'anniversaires.

Le coin *cuisine* conduit notamment à s'intéresser à la **restauration scolaire** à travers la fréquentation de la cantine par des élèves. Ceci offre l'occasion d'aborder l'alimentation en termes d'éducation à la santé sur la base de menus équilibrés.

C'est par ailleurs le coin de jeux qui accorde à l'**écrit** sa part la plus importante à travers les recettes, la composition des menus, sans oublier les cartons d'invitation à des repas d'anniversaires. Ceci permet aux élèves : de s'en approprier les fonctions ; d'être attentifs aux lectures de l'enseignant ; de dicter des textes prescriptifs (des recettes) en **GS** (après avoir utilisé à l'oral les outils linguistiques de ce type de discours).

Tenant compte du fait que l'on ne se nourrit pas de la même façon partout dans le monde, on peut établir des liens entre le coin *cuisine* et les voyages de la marionnette mascotte (Voir **chapitre 3 - Partie 1**).

1. Évolution du coin cuisine

Le coin *cuisine*, spacieux, délimité, mais non fermé, peut être permanent s'il évolue au cours du cycle 1, mais aussi dans chacune des sections au cours de l'année. À partir d'une installation de base (table, chaises, assiettes, couverts, verres, casseroles), l'introduction progressive du matériel offre l'occasion de nouveaux apprentissages sur le plan moteur et langagier, se révélant aussi propice à la structuration de la pensée.

Le coin *cuisine* doit permettre :

- un repérage facile et donc explicité (décor soigné, mobilier en bon état, matériel non dépareillé) ;
- diverses manipulations : ouvrir, fermer, visser, dévisser, verser, râper, mélanger, transvaser, etc. ;
- un rangement aisé (paniers de rangement, boites, étagères, meubles) ;
- un rangement lisible en **PS.**

PS : Durant les deux premières périodes de l'année scolaire, proposer un matériel de base.

MS-GS :

- En début d'année, envisager un aménagement similaire à celui de la **PS** en fin d'année scolaire, puis enrichissement progressif avec renouvellement (pour ne pas encombrer inutilement l'espace de jeux).
  - Participation des élèves à l'installation : recherche de solutions à des situations-problèmes.
  - Réalisation d'aliments factices à base de pâte à sel, pâte mâchée, « Plastiroc » (différentes sortes de pain, de fromage, etc.).
- Création de coins annexes **(GS)**.
  Exemples :
  - Espace cantine scolaire.
  - Espace salon de thé (en même temps qu'est installée dans la classe une boulangerie-pâtisserie).
  - Espace restaurant limité à trois ou quatre convives, prémices d'un jeu dramatique en **GS**.

Aménager le coin *cuisine* (tableau indicatif)

PS	MS / GS
Périodes 1 et 2 de l'année scolaire	
Mobilier	
• **Cuisinière, étagères de rangement, table, tabourets.** • Un **évier** avec **torchon**.	**En début d'année :** Aménagement similaire à celui de la **PS-MS** en fin d'année scolaire.
Dinette	
Vaisselle : **Bols, assiettes, couverts en plastique (fourchettes, couteaux, cuillères, puis petites cuillères)** pour trois convives. **Ustensiles :** Courants et de taille réelle. Exemples : *une poêle, une casserole.* **Aliments :** • **Fruits, légumes, viande, pain, fromage** ; le tout en petite quantité. • **Ingrédients factices** (en plastique). **Rendre le rangement lisible :** • Accrochage du matériel, balisage des emplacements de rangement. • **Étiquettes catégorielles** (photos, écrits).	**En début d'année :** Aménagement similaire à celui de la **PS-MS** en fin d'année scolaire.
Au cours de l'année	
Mobilier	**Mobilier / Électroménager**
Introduire un **placard de rangement**, ajouter une **étagère**, le matériel de base s'enrichissant.	• Éléments de rangements supplémentaires : **étagères** et/ou **meuble.** • Introduction d'un **réfrigérateur.** • Possibilité d'un **lave-vaisselle** et/ou d'un **lave-linge.**
Dinette	
Ustensiles : Un **faitout**, une **passoire**, une **cuillère en bois**, une **louche.** **Vaisselle :** • Augmenter le nombre de pièces (**assiettes, couverts**). • Des **paniers de tri** pour les couverts. • Ajouter **2 plats** de tailles différentes.	**Ustensiles :** **Fouet, rouleau à pâtisserie, moules à gâteaux, plateaux, tourtières.** **Vaisselle :** • **Vaisselle** de couleurs et de tailles différentes. • Augmenter le nombre de pièces du couvert pour convives plus nombreux. • **Saladiers** de taille croissante. • **Différents plats.** • **Cafetière, théière, tasses, sucrier.** **Autres :** • **Essoreuses, passoires, chinoi, tamis.** • **Presse-purées et moulins à légumes, presse-agrumes, fouet, spatules et pinces**, etc. **Petit électroménager :** • **Bouilloire, grille-pain.**

•••

Linge	
• Sets de table, serviettes de tables.	• Tablier(s), maniques, torchons, serviettes.

Évier	
• Ajouter **liquide vaisselle** (flacon factice), **égouttoir et produit à vaisselle factice.**	

Aliments	
• En augmenter le nombre. • Introduire des **ingrédients réels.** Exemples : ***fruits secs (noix, noisettes), oranges, pommes.***	**Factices (en plastique) :** **Fruits, légumes, pains, viandes-poissons-œufs, fromages.** **Réels (en fonction des saisons) :** **Fruits secs (noix, noisettes), légumes secs (pois cassés, lentilles), pâtes, pommes, poires, clémentines, oranges, etc.**

Emballages	
• Étiquetés par l'enseignant **(lait, fromage, sucre, farine).** • **Emballages classiques** (bouteilles de 1 litre, paquet de 1 kg, etc.) et recyclés à partir de produits de consommation courante. • **Boites diverses avec couvercles, bouteilles avec capuchon** à ouvrir, fermer, manipuler.	**Emballages divers** **Emballages de tailles différentes :** • **Bouteilles de 50 cl, paquets de 500 g**, etc. (recyclés à partir de produits de consommation courante). • **Boites de conserves, bouteilles en plastique** (1 litre, ½ litre), boite à œufs, boite à beurre, pots de yaourts, pots de crème, etc.

Accessoires d'aménagement du cadre	
	• **Nappe, galettes de chaises, sets de table, ronds de serviette, torchons, etc.** • **Memo** pour tâches ménagères ou courses à effectuer dans les activités associées.

Recettes	
• Affichage de **recettes.**	• En affichage et/ou dans un classeur. • **Livre de cuisine.**

Décoration
• **Reproductions d'œuvres d'art** exploitées en classe. Exemples : *reproductions d'œuvres d'art sur le thème de la cuisine et des aliments proposés dans la rubrique « Lire et exploiter des images »* (p. 65). • Des **images** issues d'internet. Varier les représentations et les périodes de l'histoire de l'art au cours de l'année.

Coins annexes	
	Création de coins annexes au coin *cuisine* et à proximité. **Restauration scolaire :** **Grande table** à proximité du coin cuisine, mais disponible à d'autres moments de la journée pour d'autres activités. **Espace restaurant :** Une **table** et **deux ou trois chaises** à proximité de la cuisine.

Utiliser le matériel

- Dans un premier temps, en **PS**, les élèves utilisent le matériel sans but prédéterminé. Ils le déménagent beaucoup. Le rangement est un moment important qui les amène en situation à catégoriser. Il est important alors de faire acquérir un vocabulaire pertinent. L'adulte commente l'activité (langage en réception), puis invite les élèves à produire des phrases correctes même très courtes pour commenter ou expliquer leurs actions.
- Avant d'introduire certains ustensiles dans le coin *cuisine*, les élèves (**PS-GS**) doivent expérimenter le matériel.

Exemple 1 :

- **Interroger** les élèves : *Peut-on manger des pommes de terre crues ? Comment peut-on faire pour les manger ?* Une fois les réponses obtenues et débattues faire bouillir des pommes de terre. Ce faisant, acquérir une meilleure connaissance d'un aliment.
- **Nouvelle question :** *Comment peut-on les transformer en purée ?* **Utiliser** d'un objet technique : presse-purée et/ou d'un moulin à légumes.
- **Introduction** de ces ustensiles dans le coin *cuisine*.
- **MS-GS : démonter** et **remonter** le moulin à légumes.

Exemples 2 :

- **Faire l'expérience** de laisser un morceau de jambon sur une assiette dans la classe et constater qu'il moisit. **Définir** le mot *moisissure*. **Conclure** qu'il faut utiliser un réfrigérateur pour conserver le jambon, à la différence des pâtes ou d'autres aliments secs.
- **Laisser** un fruit dans la classe et **observer** ce qu'il devient après un certain temps. **Introduire** les mots : *pourrir, pourriture*. **Présenter** des pots de confiture. **Expliquer** ce mode de conservation aux élèves, le **justifier** en se référant au fruit pourri dans la classe. **Introduire** des pots de confitures factices dans le coin *cuisine*. **Lire** une recette pour préparer des confitures.

2. Scénariser

Comme dans le coin *poupées*, les scénarios sont à l'initiative de l'enseignant et peuvent donner lieu à des **jeux accompagnés** ou **structurés.**

PS / MS
Mettre le couvert pour le petit déjeuner des poupées et servir (Voir **Fiche séquence 4,** p. 153).
Il faut expliquer à la marionnette comment ranger le coin cuisine.
La vaisselle sale s'entasse sur la table de la cuisine. Vite, il faut faire la vaisselle et ranger.
La famille (papa, maman et un enfant) va prendre le petit déjeuner. Que va-t-elle manger ?
En rentrant des courses au magasin, il faut tout ranger.
Il faut préparer le biberon du bébé de la classe et le lui donner quand il sera réveillé.
Après le repas, il faut débarrasser et faire la vaisselle.
C'est l'anniversaire d'une poupée, elle a invité des amies. Il faut mettre le couvert et servir le repas. Écrire devant les élèves un carton d'invitation aux poupées participant à l'évènement. Lire ensuite aux poupées le carton d'invitation.
Quelqu'un s'est amusé à déranger le coin cuisine pendant la nuit. Tout est sens dessus dessous. Il faut tout ranger !
Un enfant a invité un copain à un goûter. Toute la famille participe à la préparation, puis au goûter.

MS / GS
En rentrant du supermarché, il faut ranger les achats aux bons endroits (en relation avec le coin *magasin* ci-après).
C'est l'anniversaire d'une poupée, il faut préparer la table et servir les poupées (Voir **Fiche séquence** 4, p. 152). Avec la participation des élèves, écrire le carton d'invitation adressé aux autres poupées. **GS :** Dictée à l'adulte (Voir p. 65). Lire ensuite aux poupées le carton d'invitation.
Papa ou maman vont partir travailler, vite il faut préparer leur petit-déjeuner (voir ci-après p. 64).
Aujourd'hui, les poupées (ou des élèves) partent à la campagne avec leur maitresse. Il faut leur préparer un repas froid et tout disposer dans un sac.
Ce matin, il faut préparer un repas équilibré pour les élèves de la cantine.
C'est l'heure de la cantine, les élèves vont se laver les mains, s'installer à table et manger les plats qui leur seront servis. Des élèves fréquentant la cantine habituellement et des enfants ne la fréquentant pas participent à ce jeu dans le coin annexe. Autres rôles attribués aux élèves : personnel de service, voire enseignant.
Il faut composer tous les menus de la cantine pour la semaine prochaine (travaux de groupes). **GS :** coin annexe.
Le cuisinier et ses aides doivent préparer le repas pour les clients du restaurant (d'après le menu du jour). **GS :** coin annexe.
Les repas ont été préparés dans la cuisine. Le chef et ses aides sont prêts à les disposer sur les plats. La serveuse (ou le serveur) est là pour les accueillir dans l'espace restaurant. Voilà déjà les premiers clients. Coin annexe.

Rappel : Comme dans le coin *poupées*, on peut présenter les scénarios aux élèves avec une carte où sont dessinées les étapes de leur réalisation.

3. Activités associées

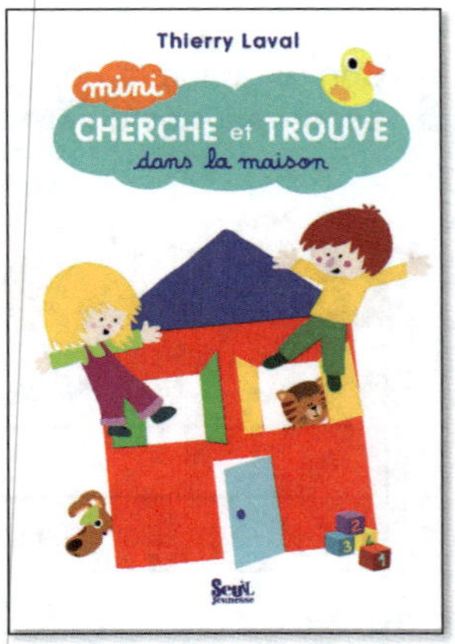

Catégoriser

Aborder la catégorisation

PS : En début d'année les phases de rangement, accompagnées par l'enseignant, se révèlent particulièrement propices aux activités de catégorisation.

PS-MS : Sur le thème de la maison en lien avec les coins *poupées* et *cuisine*, consultation d'imagiers où les éléments sont présents par familles (tris taxonomiques et d'imagiers où les éléments sont regroupés par thèmes (tris schématiques).

Exemple d'imagier par thème : ***Mini cherche et trouve*** de Thierry Laval (Seuil).

Prolongement : constitution sur ce modèle d'un imagier du même type, mais composé non plus à partir des pièces de la maison, mais se déclinant autour des coins de jeux de la classe.

Tris et classements taxonomiques

PS-MS :
- **Trier** les ustensiles, puis les **classer** selon leur fonction.
- **Trier** et **classer** des aliments.
- Opérer des **tris perceptifs** (couleurs, formes, grandeurs).
- **Réaliser** des imagiers taxonomiques en collant des images (avec leurs noms associés).

MS-GS :
- **Apprendre à distinguer** les sept catégories d'aliments (voir activités ci-après).
- **Réaliser** un tableau en collant des images correspondant à chaque catégorie.

Tris schématiques (thématiques)

PS-MS :
Réaliser une affiche regroupant les photos des éléments présents dans le coin *cuisine* à une période donnée. Cette affiche peut être complétée ou revue (disparition d'ustensiles au profit d'autres en fonction des activités culinaires et pour éviter l'encombrement). **Montrer** ainsi que dans une catégorie taxonomique les éléments peuvent s'ajouter ou se substituer les uns aux autres.

MS-GS :
Voir (p. 64) **Jeu structuré :** ***Préparer le petit déjeuner des parents.***

Cuisiner en classe

Toutes les recettes réalisées en classe au cours de l'année contribuent à l'évolution du coin *cuisine* et peuvent être inductrices de scénarios. Il y a lieu toutefois de bien distinguer les activités en situation réelle et celles en situation de jeu.
Les activités de cuisine font vivre aux élèves des situations concrètes à partir d'ingrédients, dont ils découvrent les propriétés, et d'ustensiles servant pour de vrai. Ces activités peuvent être à l'origine de jeux libres ensuite, comme ils peuvent donner lieu à des jeux structurés.

Lire des recettes, expérimenter et structurer la pensée

- **Introduire** l'activité et la recette correspondante.
  - **PS :** Photos des ustensiles et des ingrédients nécessaires ; photos séquentielles indiquant les actions à effectuer.
  - **MS-GS : Mettre en relation** images et mots ; images séquentielles et légendes.
  - **GS : Présenter** aussi des recettes sans illustrations et les **lire** aux élèves. **Prendre** des photos durant l activité et les **légender** ensuite (dictée à l'adulte) pour conserver la recette dans le coin *cuisine*.
- **Élargir** le lexique aux mots employés dans les recettes.
- **Effectuer** des mesures avec différents étalons (cuillère, pot de yaourt, verre, etc.). **Respecter** les quantités indiquées.
- **Repérer** que, sur certaines recettes, les temps de préparation et de cuisson sont indiqués.
- **Réaliser** une recette pas à pas. **GS : Utiliser les nombres lorsqu'ils indiqués sur une recette pour ordonner les actions.**

Aider au repérage du temps

- **Ordonner** une suite d'images pour rendre compte de l'activité.
  GS : Demander aux élèves de dessiner les différentes étapes de l'élaboration de la recette afin de travailler la chronologie des actions.
- **Utiliser** des instruments de mesure des durées :
  - **MS-GS : Utiliser** un sablier pour appréhender la durée de la préparation culinaire. (Voir **Fiche séquence 5**, p. 56)
  - **GS : Utiliser** un minuteur pour respecter le temps de cuisson indiqué dans la recette.
- **Afficher** la recette dans le coin *cuisine* et **mettre à disposition** les ustensiles introduits à cette occasion.

Explorer les qualités gustatives des aliments

- **Reconnaitre** les quatre saveurs : **sucré, salé, amer, acide.**
- **Explorer** les différentes textures, **acquérir** le vocabulaire correspondant (juteux, dur, mou, sec, croquant, filandreux, pâteux).

Explorer le monde : réaliser des gâteaux d'autres pays (MS-GS)

Exemples :
- **Des gâteaux américains très connus : les cookies.**
- **Des crêpes marocaines.**
- **Un barfi** (gâteau indien).
- **Un biscuit bantou** (Afrique orientale).

À chaque fois, **montrer** une image du pays et le **situer** sur le planisphère de la classe. Lien possible avec les voyages de la marionnette (Voir **Chapitre 3 - Partie 1**).

Lire des menus et classer des aliments

Lire des menus de la cantine

- 1er jour de la semaine, **étudier** le menu de la cantine que l'enseignant accompagne de visuels. **Repérer** l'organisation (entrée – plat principal – dessert) et la composition des plats (aliments proposés).
- **Procéder** ainsi tous les jours d'une semaine. **Recenser** toutes les entrées, les plats principaux et les desserts. **Observer** leur variété.

Classer des aliments et équilibrer les repas

Découvrir la classification des scientifiques

- Dans des catalogues, **découper** le plus grand nombre possible d'aliments que l'on peut consommer. Essayer de les **classer** et **mettre en commun.**
- **Expliquer** qu'il existe un autre classement proposé par les scientifiques. **Introduire** un tableau comportant 7 colonnes : eau et boisson non sucrées ; fruits et légumes ; féculents ; lait et produits laitiers ; viandes-poissons-œufs ; matières grasses ; produits sucrés.
- **Classer** les aliments découpés dans le tableau. **Expliquer** qu'un repas équilibré doit comporter un aliment de chaque colonne.

Reconstituer la pyramide alimentaire (GS)

- **Introduire** les termes de pyramide alimentaire et amener les élèves à **s'interroger** sur sa signification.
- **Observer** et **commenter** des représentations illustrées de la pyramide alimentaire et **reconnaître** les sept catégories d'aliments. **Comprendre** alors que plus les aliments sont bas dans la pyramide alimentaire, plus ils sont importants dans l'alimentation.
- En atelier, **répartir** les élèves en groupes, **découper** de petites images d'aliments dans des catalogues de grandes surfaces et **reconstituer** la pyramide alimentaire.

Jouer et réinvestir (MS-GS)

Deux exemples de jeux structurés.

Exemple 1 : *Préparer un menu équilibré pour la poupée.*

- **Proposer** une liste comportant les noms des 7 catégories avec pictogrammes.
- Dans le coin *cuisine*, **chercher** les aliments à disposition pour préparer un menu équilibré pour une poupée.
- **Veiller** à établir un menu équilibré comportant au moins un aliment de chaque groupe.

Exemple 2 : *Préparer le petit-déjeuner des parents.*

- **Introduire** l'image d'une table de petit-déjeuner avec bol, petite cuillère, couteau, assiette. Aliments : chocolat dans un pichet transparent, une tranche de pain, une orange. **Énumérer** ce que l'on voit sur la table selon un **tri thématique** (ou schématique).
- À l'aide d'images, **faire opérer** des substitutions d'aliments (l'orange pouvant être remplacée par d'autres fruits, le pain par une brioche, un croissant, une biscotte, etc.). Côté boisson : **faire appréhender** que, pour un adulte, le chocolat peut être remplacé par du lait, du café, du thé.
- **Réaliser** les substitutions, sur l'image de la table, en utilisant des images et pastilles adhésives pour recouvrir les images d'aliments par d'autres relevant de la même catégorie taxonomique.
- **Photographier** chaque phase de substitution. **Afficher** ensuite. **Commenter. Comparer.**
- **GS : Réaliser** un tableau pour **mettre en évidence** les substitutions possibles entre des éléments appartenant à une même catégorie taxonomique.

boissons	**céréales**	**fruits**
chocolat	pain	orange
café	brioche	pomme
thé	croissant	poire
lait	biscotte	pamplemousse

Dicter des menus à l'adulte (GS)

- **Sélectionner** des aliments en puisant dans les différentes classes (tableau précité) pour des repas équilibrés. **Dessiner** ou **coller** des images. **Nommer** chaque élément du menu. En **établir** la liste. **Ordonner :** entrée, plat principal avec accompagnement (légumes-féculents), dessert.
- **Dicter** à l'adulte le menu en se référant aux dessins ou images des aliments retenus.
- **Copier** les menus sur le traitement de texte.
- S'il s'agit de menus de fêtes, une fois copiés, les **illustrer. Réaliser** des compositions personnelles en reproduisant des graphismes. **Créer** des graphismes nouveaux

Lire et exploiter des images (à titre d'exemples)

Nature morte à la corbeille de fruits et à la botte d'asperges, Louise Moillon (peintre baroque XVIIe)

Une nature morte représentant une botte d'asperges au premier plan et une corbeille de fruits au second.

- **Inviter** les élèves **à décrire** l'installation en nommant ce qu'ils reconnaissent.
- Selon la saison, **faire découvrir** les fruits composant cette œuvre (raisins, pêches, abricots, cerises, prunes, groseilles), ainsi que des asperges, des petits pois. **Toucher, nommer, sentir. Afficher** au tableau une photo de chacun des fruits.

Prolongement :

- Sur une table, **présenter** des aliments en les théâtralisant (disposition, éclairage). Classification schématique.
- **Photographier.**

Nature morte à la corbeille de fruits et à la botte d'asperges, Louise Moillon, XVIIe.

La Tarte aux cerises, Pierre Bonnard (1908)

Grande composition montrant un jardin et, au premier plan, une grande table sur laquelle on trouve : fruits, tarte, pain, boisson, vaisselle (assiettes, couteau, fourchettes, dessous de plat, compotier, verre, etc.). La tarte est encore dans la tourtière, mais entamée.

Personnages : une jeune femme, un enfant et un chien (au niveau de la tourtière).

Si possible, **découvrir l'œuvre en trois temps** en recouvrant le poster d'un cache en trois parties :

- **Étape 1 : découvrir** le décor (feuillage) et personnages (sauf le chien).
- **Étape 2 : enlever** le cache qui recouvre la table (sans dévoiler le chien) et décrire ce que l'on voit.
- **Étape 3 : découvrir** le chien et se demander ce qu'il voudrait faire. Au regard des fruits disposés sur la tarte, **situer** la saison (été).

Prolongements : en relation avec le coin *fruits et légumes*. **Trier** des images de fruits **(PS). Établir** des listes de desserts possibles selon les saisons **(MS-GS)**. Référentiels (images et mots) à **ordonner chronologiquement.**

La Tarte aux cerises, Pierre Bonnard, 1908.

Still Life #30, Tom Wesselmann (1963)

Un classique du pop art, cette image est découpée en trois bandes verticales : espace du réfrigérateur, de la fenêtre et de la cuisinière. Le quart inférieur droit est dédié aux denrées alimentaires composées de produits manufacturés (sorte de nature morte).

Désigner et **nommer** chaque denrée sur la table. **Rechercher** les produits qui se mangent directement, ceux qui se cuisinent et ceux qui se rangent dans le réfrigérateur.

Prolongements (en lien avec le coin *épicerie*) **: Trier** et **classer** des emballages. **S'intéresser** au recyclage.

Still Life #30, Tom Wesselmann, 1963.

***Restaurant de la City-Galerie** (tableau piège),* Daniel Spoerri (1965) (MS-GS)

Daniel Spoerri intègre le Nouveau Réalisme *en faisant passer un objet du plan horizontal (sur une table) à la verticale au mur. Sur cette table, il ne reste que les reliefs du repas.*

On peut proposer l'œuvre à l'horizontale dans un premier temps et laisser les élèves s'exprimer librement à la question : Que vois-tu ?

- **Afficher** en expliquant que l'œuvre a été réalisée pour être regardée ainsi.
- **Nommer, compter, lister** les ustensiles visibles.
- **Estimer** le nombre de convives **(MS-GS)** après avoir repéré les assiettes identiques. **Chercher** ce qui a pu être mangé. Du pain, c'est certain, un dessert peut-être puisqu'il y a des assiettes creuses et une louche.

Prolongements :

- **Fabriquer** un jeu d'observation.
- **Photographier** une table avec des couverts de différentes couleurs, de la vaisselle aux motifs différents, des aliments restants (après un goûter réel en classe et en s'inspirant de l'œuvre).
- **Reproduire** les divers éléments sur des cartes. **PS : 6 cartes. MS-GS : de 10 à 15 cartes** (voire davantage en **GS**).
- **Constituer** des groupes. **Utiliser** un sablier. **Défi : retrouver** le plus d'éléments possibles sur la photo durant un temps donné par le sablier.

Restaurant de la City-Galerie (tableau piège), **Daniel Spoerri**, 1965.

Paysage alimentaire, Erró (1964) (GS)

Pour créer cette toile, Erró a réuni beaucoup d'images se rapportant au thème de la nourriture, en a sélectionné et associé pour faire des collages, puis une toile ou un tableau (sur bois). Représentation d'un déluge de nourriture, reflet d'une société de consommation. Couleurs chaudes propres à exciter l'appétit.

On peut proposer une **découverte progressive** de l'image avec caches :

- **1er plan :** une salade de type niçoise ; fromages et fruits ; fruits dans la verdure et jatte de crème.
- **Plan intermédiaire :** multitudes de petits fours, de canapés et de fruits.
- **Fond de l'image :** enchevêtrement de plats et de mets.
- **Arrière-plan :** emballages alimentaires cartonnés ou boites de conserves.

Prolongement : Aborder les problèmes de surconsommation (éducation à la santé) et de nourriture gâchée.

Paysage alimentaire, **Erró**, 1964.

Objets du quotidien : maintenant et autrefois (GS)

- Après avoir utilisé un batteur électrique pour la préparation d'un gâteau, **introduire** un batteur à main pour une seconde préparation culinaire. **Constater** que l'on met plus de temps et que c'est plus fatigant que d'utiliser un batteur électrique. **Mettre** cet ustensile à **disposition** dans le coin *cuisine*.
- **Introduire** une cafetière jouet dans le coin *cuisine*. **Indiquer** comment on utilise un tel appareil. **Expliquer** que l'on n'a pas toujours acheté le café déjà moulu. Si possible **présenter** un moulin à café ancien, une cafetière émaillée et du café en grains. **Moudre** le café. À défaut, observer des images et du café en grains. **Expliquer** comment on procédait ensuite avec le café une fois moulu. **Comparer** avec les cafetières électriques. **Évoquer** aussi les percolateurs et les capsules. **Afficher** les images d'une cafetière ancienne, d'une cafetière électrique et d'un percolateur disposés dans l'ordre chronologique de leur arrivée dans les foyers. Sous chacun, **placer** ce qui est nécessaire pour préparer le café : cafetière ancienne/moulin à café, café en grains ; cafetière électrique/paquet de café moulu ; percolateur/capsule ou café moulu. **Noter** la présence de l'eau quel que soit l'appareil. **Demander** ce qui donne le moins de travail et qui est plus rapide.

- **Mettre à disposition** dans le coin *cuisine* le moulin à café et la cafetière (émaillée et sans risque d'être cassée). **Indiquer** qu'ainsi on pourra préparer le café comme autrefois. Ou **afficher**, dans la cuisine, l'image d'un moulin à café et d'une cafetière émaillée.

VOCABULAIRE

Verbes (recettes) :
(faire) bouillir – (faire) cuire – (faire) fondre au bain-marie – (faire) sauter – ajouter – allumer – battre (les blancs en neige) – beurrer – casser (un œuf) – chauffer – couper – cuire – décorer – démouler – écraser – écumer – enfourner – éplucher – essuyer – étaler – fariner – laver – mélanger – mesurer – mixer – nettoyer – peler – pétrir – préparer – racler – râper – refroidir – remplir – remuer – séparer (le blanc du jaune) – tourner – transvaser – verser – vider – etc.

Verbes (dans la cuisine) :
(se) servir – balayer – boire – brancher – congeler – frotter – manger – mettre (la table) – poser – ranger – etc.

Verbes (manger) :
adorer – aimer – goûter – inviter – lécher – se régaler – etc.

Noms (ustensiles) :
assiette – balance – batteur électrique – bol – carafe – casserole – ciseaux – coquetier – couteau – couvercle – cuillère – économe – emporte-pièces – fouet – fourchette – louche – mixer – moule – passoire – pichet – pinceau – plateau – poêle – presse-agrumes – presse-purée – râpe – robot ménager – rouleau – saladier – spatule – tasse – verre – verre doseur – etc.

Noms (aliments) :
beurre – blé – boulgour – café – chocolat – confiture – crème fraiche – farine – fromage – huile de tournesol – huile d'olive – lait – lentille – levure – maïs – miel – œuf – pain – pâte – poisson – poivre – quinoa – riz – sel – semoule – sucre – sucre glace – sucre vanillé – thé – viande – yaourt – etc.

Noms (légumes) :
ail – artichaut – asperge – aubergine – betterave – brocolis – carotte – champignon – chou – chou-fleur – concombre – courge – courgette – endive – épinard – haricot vert – navet – oignon – petit pois – poireau – poivron – pomme de terre – potiron – radis – salade – etc.

Noms (fruits) :
abricot – amande – ananas – avocat – banane – cerise – châtaigne – citron – citrouille – clémentine – figue – fraise – groseille – kiwi – mandarine – marron – melon – myrtille – noisette – noix – orange – pamplemousse – pastèque – pêche – poire – pomme – prune – raisin – tomate – etc.

Noms (la cuisine) :
appétit – bouilloire – bouteille – cafetière – chaise – congélateur – déjeuner – dessert – diner – égouttoir – entrée – éponge – évier – four – (un) goûter – gramme – invitation – litre – odeur – petit-déjeuner – placard – plaques de cuisson – plat – poubelle – recette – réfrigérateur – robinet – table – tablier – théière – torchon – vaisselle – etc.

Adjectifs :
chaud – froid – agréable – appétissant – délicieux – demi – entier – épais – fin – gourmand – gros – mince – petit – tiède – etc.

BIBLIOGRAPHIE

ALBUMS

Lionel LARCHEVEQUE et Pauline DUHAMEL, ***La Guerre des quiches,*** coll. *Le thé aux histoires*, Éditions Feuilles de Menthe.
Daniel PICOULY et Frédéric PILLOT, ***Lulu Vroumette : Lulu grand chef,*** coll. *Lulu Vroumette*, Éditions Magnard.
Philippe CORENTIN, ***Les Deux Goinfres,*** coll. *Les lutins,* L'École des Loisirs.
Jennifer DALRYMPLE, ***Non, je n'ai jamais mangé ça !,*** coll. *Les lutins,* L'École des Loisirs.
Tomi UNGERER, ***Le Géant de Zéralda,*** coll. *Les lutins,* L'École des Loisirs.
Thierry COURTIN, ***T'choupi et la cuisine,*** Éditions Nathan.
Bénédicte GUETTIER, ***L'Âne Trotro prépare le petit-déjeuner,*** coll. *Trotro,* Éditions Giboulées.
Jeanne FAILEVIC, Marie AUBINAIS et Danièle BOUR, ***Petit Ours brun aime cuisiner,*** coll. *Histoires du soir,* Éditions Bayard.

LA SOUPE

Claude BOUJON, ***Ah ! Les bonnes soupes,*** coll. *Les lutins* ou *Albums,* L'École des Loisirs.
Anaïs VAUGELADE, ***Une soupe au caillou,*** coll. *Une petite bibliothèque,* L'École des Loisirs.

LE PAIN

Pierre DELYE et Cécile HUDRISIER, ***La Grosse Faim de P'tit Bonhomme,*** Éditions P'tit bonhomme.
Byron BARTON, ***La Petite Poule rousse,*** coll. *Les lutins* ou *Albums,* L'École des Loisirs.

LE CHOCOLAT

Christophe LOUPY et Frédéric PILLOT, ***P'tit Lulu cuisinier,*** coll. *Les albums de Justine,* Éditions Belin.
Orianne LALLEMAND et TOMSO, ***La Fabuleuse Histoire du gâteau au chocolat !,*** Éditions Gautier Languereau.

LES RECETTES DES FÊTES

Geoffroy DE PENNART, ***La Galette à l'escampette,*** Éditions Kaléidoscope.
Catarina MICHELINI, ***1001 Crêpes pour la Lune,*** coll. *Danse du ventre,* Zoom éditions.

DOCUMENTAIRES

Stéphanie LEDU et Thérèse BONTE, ***À table !,*** coll. *Mes p'tits docs,* Éditions Milan.
Stéphanie LEDU et Didier BALICEVIC, ***Le Chocolat,*** coll. *Mes p'tits docs,* Éditions Milan.
Stéphanie LEDU et Magali CLAVELET, ***La Pâtisserie,*** coll. *Mes p'tits docs,* Éditions Milan.
Stéphanie LEDU et Didier BALICEVIC, ***Le Pain,*** coll. *Mes p'tits docs,* Éditions Milan.
Pascale HEDELIN, ***La Cuisine,*** coll. *Mes années pourquoi,* Éditions Milan.
Marion PIFFARETTI, ***Je suis chef cuisinier !,*** coll. *Kididocs,* Éditions Nathan.

III. Les coins **magasins**

L'installation et l'exploitation de trois coins *magasins* sont proposées ici. Les **deux premiers magasins** sont en très étroite **relation avec le coin *cuisine*.** Les échanges s'effectuant entre ces espaces de jeu sont propres au développement de scénarios et, par là même, à l'acquisition de compétences logico-temporelles dans les actions à effectuer.

Le **dernier magasin,** moins connu des élèves puisqu'il s'agit de la **librairie,** est un ilot culturel propices aux rencontres et aux échanges clients/libraire. L'objectif poursuivi par l'introduction d'un coin *librairie* en **MS-GS** est de développer le goût de lire. Proposé en période 5, il fournira aux élèves l'occasion d'échanger sur les ouvrages exploités au cours de l'année, d'exprimer et de justifier leur préférence.

D'autres magasins pourraient être également proposés, comme la poissonnerie et l'herboristerie, le principe restant le même : faire participer les élèves à leur installation dès la **MS,** mais aussi **favoriser jeux libres et jeux structurés.**

La **multiplicité des possibilités** offertes par la création d'un coin *magasin* enrichi et renouvelable est propre à susciter des **projets de classe** (programmation sur l'année avec possibilité d'envisager deux à trois magasins différents à partir de la **MS**) et des **projets d'école** (programmation sur le cycle).
Ces différentes installations visent l'acquisition de compétences similaires d'un coin *magasin* à l'autre, compétences auxquelles s'ajoutent des objectifs spécifiques en ce qui concerne le coin *librairie*.

Des **scénarios communs aux trois magasins** sont proposés ici. Mais la librairie offrant de nouvelles perspectives, d'autres scénarios sont proposés.
Le point de départ du projet (de classe ou de cycle) développé dans cette partie de l'ouvrage et commun à tous les coins *magasins*, est **le supermarché.** Les enfants y accompagnent le plus souvent leurs parents, ce qui offre **un référent commun en lien avec la vie quotidienne.** Cet espace de vente comportant différents rayons offre une vue d'ensemble sur le sujet et permet ensuite de décliner les commerces en fonction de la programmation annuelle, ou de cycle, des enseignants.

1. Les apprentissages spécifiques

Il s'agit ici d'apprentissages communs à tous les coins *magasins* présentés ci-après.

Mobiliser le langage dans toutes ses dimensions

Oral

- **Entrer** en communication et **échanger** à travers des jeux de rôle (client, vendeur, caissier).
- **Communiquer** avec une personne absente (jeu du téléphone).
- **Nommer. Catégoriser. Acquérir** et **réinvestir** en situation le vocabulaire introduit :
  – Lors de l'exploitation des photos du supermarché et de la sortie sur un marché de proximité ;
  – Mais aussi au cours des séquences de réactivation du vocabulaire et de redécouverte des mots dans le contexte d'un album. **Voir document *Langage* dans le coin *marchande.***
- **Employer** avec justesse les pronoms, le genre des noms.
- **Produire** des phrases correctes pour questionner, solliciter, répondre, etc.

•••

Écrit

- **Associer** un mot à une image (planches de fruits, planches de légumes) ou un mot à un produit sur l'étal de fruits et légumes.
- **Distinguer** mot et chiffres.
- **Établir** une liste de courses à l'aide de dessins en précisant les quantités de chaque élément.
- **Dicter** une liste de courses (à l'enseignant).
- **Lire** une liste de courses en situation d'acheteur (liste avec dessins et quantités).
- **Lire** la liste dictée à l'adulte (constituée de mots accompagnés des quantités nécessaires). **Identifier** les mots écrits en se reportant si nécessaire à des référents. **Aborder** ce faisant le principe alphabétique en classant des mots par lettre initiale, en recherchant des similitudes entre les mots à l'oral et à l'écrit **(MS-GS)**.

Écrire

- **MS-GS : Écrire** les mots des étiquettes figurant sur l'étal fruits et légumes avec des lettres découpées ou dactylographiées à l'ordinateur.
- **GS : Écrire** en cursive ces étiquettes pour **acquérir** les gestes de l'écriture. En s'aidant de référents (étiquettes comportant le nom du fruit ou du légume assorti d'un dessin), **écrire** une courte liste de courses.

Construire les premiers outils pour structurer sa pensée

Découvrir les nombres et leurs utilisations

- **Établir** des correspondances terme à terme.
- **Comparer** des collections.
- **Associer** le nom des nombres connus à leur écriture chiffrée.
- **Découvrir** et **comprendre** les fonctions du nombre comme représentation d'une quantité.
- **Utiliser** les nombres dans des situations où ils ont un sens.
- **Associer** une écriture chiffrée à une collection.
- **GS : commencer** à résoudre de petits problèmes portant sur des quantités.

Structurer le monde, les formes, les grandeurs, des suites organisées

- **Construire** des volumes avec différents matériaux et en **repérer** dans des assemblages (fabrication de faux gâteaux).
- **Manipuler** un élément fluide : l'eau.
- **Trier** et **classer** des contenants vides et des contenants pleins.
- **Comparer** la masse de plusieurs objets :
  - **Savoir utiliser** différentes sortes de balances,
  - **Savoir ranger** les données dans une suite organisée **(GS)**.

Explorer le monde

Se repérer dans l'espace

- **Apprendre** à se déplacer dans l'espace du coin *marchande*.
- **Situer** les objets les uns par rapports aux autres en procédant à l'installation du coin *marchande*.
- **Situer** les personnes (vendeur client caissier) dans l'espace jeu. **Observer** une file d'attente et **indiquer** les positions de chacun.
- **Utiliser** à bon escient le vocabulaire du repérage et des relations spatiales.

Se repérer dans le temps

- **Remettre** dans l'ordre chronologique des photos d'élèves prises à partir d'un scénario inducteur et montrant une suite d'actions dans le coin *marchande* et le coin *cuisine* (4 à 5 images selon le niveau concerné).
- **Utiliser** à bon escient le vocabulaire du repérage et des relations temporelles.

Agir et s'exprimer, comprendre à travers les activités artistiques

- **Pâtisserie : Réaliser** des compositions plastiques en choisissant des matériaux et en les combinant, en réinvestissant des procédés **(GS)**.
- **Librairie : Décrire** des illustrations des albums.

Vivre ensemble

- **Interagir** avec les autres.
- **Appliquer** les règles de la politesse.
- **Respecter** les autres.

2. Évolution du coin magasin

PS : Il est préférable de n'envisager qu'**un seul coin *magasin* au cours de l'année**, de préférence le magasin de fruits et légumes en période 3. En période 4, y intégrer un rayon épicerie. Période 5, avec le printemps et l'apparition sur les marchés de fruits et légumes de saison, les activités associées pourront alors favoriser de nouveaux apprentissages. Visite souhaitable d'un marché.
Par ailleurs, favoriser les jeux de rôles à l'occasion des jeux structurés.

MS-GS : L'enseignant peut envisager **l'évolution du coin *magasin* par trois fois au cours de l'année**, l'installation du coin *fruits et légumes* peut intervenir dès la période 1, avec annexe épicerie en période 2. La boulangerie-pâtisserie peut alors être installée au cours de la période 3 et le coin de jeu pleinement utilisé en période 4. La librairie sera installée alors en période 5 avec des ouvrages exploités en classe au cours de l'année, mais aussi autour d'autres ouvrages.

3. Déroulement

Entrer dans le projet

Il s'agit d'abord, par l'observation d'images représentant les rayons d'un supermarché, de doter les élèves de représentations communes avant d'entrer dans le projet et de programmer les activités.

Décrire des images

Ces images représentent différents rayons d'un supermarché : rayon de fruits et légumes, épicerie, boulangerie-pâtisserie, poissonnier, produits frais (laitages, jus de fruits, etc.), rayon fromages, rayon livres.

- **S'intéresser** aux produits de chaque rayon. Les **énumérer**. **Décrire** la façon dont ils sont présentés, disposés. **Constater** la présence d'écrits. En **lire** quelques-uns à la classe. **Découvrir** leur fonction.
- **Décrire** les clients et vendeurs. **S'attacher** à la relation vendeur/acheteur en observant les visages. **S'intéresser** à la caissière et à la file d'attente à la caisse.
- **Découvrir** des images liées à la signalétique. **Rechercher** leur fonction.

Prolongement éventuel : réaliser des dessins pour signaler chacun des rayons précédemment observés.

Introduire le projet d'installer un coin *magasin* dans la classe (MS-GS)

Anticiper

- **Recenser** ce que ce coin *magasin* devra comporter, par exemple, en matière de fruits et légumes.
- **Remarquer** l'utilité d'une caisse enregistreuse et d'une balance.
- **Prévoir** la date d'ouverture et établir un calendrier.

Sérier les opérations à effectuer avant l'ouverture du magasin

- **Fabrication** de faux fruits et de faux légumes, par exemple.
- **Se procurer** des éléments (ex. des contenants). **Énumérer** ceux qui sont utiles à la présentation des produits. **Prévoir** de solliciter les familles avec un texte écrit par l'enseignant devant les élèves **(MS)** ou dicté à l'adulte **(GS)**.
- **Introduire** les activités d'écriture à venir.
- **Expliquer** qu'il faudra acquérir une certaine expertise dans l'utilisation de la balance (Voir **Fiche séquence 7,** p. 163).

Programmer l'ouverture du magasin

- **Prévoir** une date d'ouverture du magasin et l'**annoncer** par une affiche. Voire **envisager** une inauguration (présentation à des adultes de l'école, à d'autres élèves chargés de retransmettre l'information dans leurs classes respectives). Occasion pour les enfants de **présenter**, oralement, les activités effectuées pour installer ledit magasin.
- Avant la mise en service du coin *magasin*, **recenser** avec les élèves ce que son installation leur a permis d'apprendre. Possibilité pour l'enseignant de **lister** ces apprentissages sur une affiche à destination des familles (à l'entrée de la classe).

Développer le projet

Magasins de fruits et légumes, épicerie et boulangerie-pâtisserie

PS-MS-GS : Éducation sensorielle : vue, toucher, odorat, goût. Et **mise en garde** contre les abus de sucre.
MS-GS : Expériences culinaires en lien avec l'exploitation du coin *cuisine* (lecture de recettes) notamment avant l'installation du coin *boulangerie-pâtisserie* (cahier de sciences).
GS : À l'instar de ce qui est proposé dans le coin *cuisine*, **élargir** le champ des connaissances à des produits venus d'autres pays.

Librairie

Des liens peuvent être établis avec les deux magasins précédents à travers l'exploitation d'albums indiqués dans les encadrés ***Bibliographie***. On peut aussi trouver des livres de cuisine et, en lien avec d'autres coins de la classe (exemple : des documentaires sur les véhicules dans le coin garage), mais aussi des notices de fabrication utilisées lors des jeux de construction et regroupées dans un classeur pour l'occasion.

4. Scénariser

Remarque : Ces exemples sont communs au magasin de fruits et légumes/épicerie et à la boulangerie-pâtisserie. Certains sont à développer dans le coin *librairie.*

PS
Les élèves disposent de listes de course sous forme de cartes avec les produits qu'ils doivent demander à la marchande.
Jouer à la marchande. Voir **Fiche séquence 8 - *Acheter/Payer*,** p. 166.
MS / GS
Le magasin est installé, mais avant l'ouverture du magasin, les vendeuses et vendeurs doivent écrire les noms des produits et indiquer leur prix. Adapter l'activité au niveau concerné.

•••

•••

MS / GS

Il faut faire la liste des courses avant de se rendre au magasin. Que va-t-on acheter ?
Rien n'est prévu, aux élèves de décider des achats à effectuer.

Établir une liste pour acheter les produits nécessaires à la préparation d'un gâteau d'anniversaire.
La recette existe sous forme illustrée, mais les élèves n'ont pas nécessairement préparé eux-mêmes le gâteau.
Variante : *Faire les courses pour préparer un repas d'anniversaire des poupées.*

Le vendeur et la vendeuse pèsent les produits que les clients ont choisis.
Variante : les clients pèsent eux-mêmes les produits. Voir **Fiche séquence 7** p. 163)

Passer à la caisse et payer. *Que doit faire la caissière ? Que doit faire le client ?* Voir **fiche séquence 8** p. 166)
Remarque : Lorsque deux vendeurs établiront les tickets de paiement avec des jetons à coller, deux autres élèves pourront se voir confier la tâche de contrôler le bon déroulement de l'activité.

Jeu du téléphone : *passer commande au marchand par téléphone en se référant à une liste de courses.*

Une vendeuse a pris la commande, un marchand doit préparer les produits avant l'arrivée du client ou livrer lui-même la marchandise.

GS

La vendeuse ou le vendeur propose des produits aux clients pour qu'ils achètent. Elle vante les fruits de son étal. Que peut-elle en dire ?
(En relation avec les activités sensorielles autour des fruits : aspect, texture, goût, odeur). Puis, autour des gâteaux du coin *pâtisserie*.

Une fois au magasin, lire une liste de courses écrite par une autre personne.
Demander les produits au marchand.

Aujourd'hui, dans le magasin fruits et légumes, on ne vend que des produits pesés.
Utilisation d'une masse étalon (voir p. 76) pour permettre le paiement des produits achetés.

Tous niveaux

Jouer à la marchande : *Qui seront les vendeurs ou les vendeuses ? Qui seront les clients ?*
Les clients sont libres d'acheter ce qu'ils veulent.

VOCABULAIRE
commun à tous les magasins

Noms :

billets – caissier – carte bancaire – chèques – chéquier – client – clientèle – commande – comptoir – (faire les) courses – espèces – euros – magasin – meuble (de présentation) – monnaie – montant – osier – plastique – pièces – porte-cartes – porte-monnaie – présentoir – prix – (mettre en) rayon – rayonnage – sac en papier – sac en plastique – signature – table – ticket (de caisse) – vendeur.

Verbes :

acheter – ajouter – choisir – comparer – compter – coûter – dépenser – économiser – passer (une commande) – payer – peser – rendre – servir – valoir – vendre.

Adjectifs :

appétissant – cher/bon marché – frais – gourmand – intéressant – juteux – mûr – sucré.

Langage oral

Demander : *Je voudrais [...] – Donnez-moi [...] – Je voudrais vous commander [...].*
Questionner : *Avez-vous[...] ? – Est-ce que vous avez [...] ?*
Formules de politesse : *Bonjour – au revoir – à bientôt – s'il vous plait – merci.*

Le coin **fruits & légumes / épicerie**

1. Déroulement

Travail préliminaire

La visite d'un marché de proximité (ou, à défaut, l'image d'un étal de fruits et légumes sur un marché) permettra, dans le même temps :

- D'**observer** la présence de vendeurs derrière l'étal et de décrire la scène.
- De **compléter** ainsi les lectures d'images du rayon fruits et légumes du supermarché.
- D'**organiser** l'espace du coin *marchande* en conséquence.

L'espace jeu

Ce coin destiné à être permanent un temps et appelé à être remplacé par un autre **(MS-GS)** doit être assez spacieux et bien délimité. **Prévoir** un espace de circulation ainsi qu'une entrée et une sortie de magasin. Un signe distinctif doit être porté par les enfants qui fréquentent ce coin (ex. badge).

Aménager le coin *fruits et légumes*

Mobilier

- **Tables, étagères** (si possible) où présenter fruits et légumes. On peut récupérer du matériel de présentation sur les marchés (exemple : petites cagettes).
- **Table** pour la caisse.
- **Une ou deux tables** pour la ou les **balances.**

Matériel et accessoires

- Des **contenants** : en carton, bois, plastique, où ranger fruits et légumes (solliciter éventuellement des commerçants en primeurs). Coder les emplacements de rangement des fruits et légumes.
- Fruits et légumes factices : en plastique, mais aussi fabriqués en pâte à sel, pâte à papier, Plastiroc... voire autres matériaux. Prévoir ces ateliers dès l'exploitation des images du rayon fruits et légumes du supermarché. Penser à renouveler la présentation des fruits et légumes en introduisant régulièrement de nouveaux éléments (exemples : fruits exotiques, légumes de la saison...) et en revoyant la disposition des contenants.
- **MS-GS :** dans chaque contenant, **deux étiquettes** :
  L'une avec image représentant les fruits ou légumes contenus et les noms correspondants, l'autre étiquette indiquant leur prix.

Matériel autre

- **Pour peser :** une balance.
- **Pour emballer :** sacs en papier (à renouveler régulièrement).
- **Pour transporter :** sacs, paniers, etc.
- **Pour permettre au vendeur d'établir un ticket de paiement :** des gommettes à coller sur un « ticket » et des « **tickets** » vierges, mis à disposition dans une boite. Caisse enregistreuse et boites avec jetons à rendre.
- **Pour les clients :** porte-monnaie avec **jetons ronds** (valeur 1) en **MS** et **GS** ; **jetons rectangulaires** courts (valeur 5) et rectangulaires longs (valeur 10) en **GS**. Puis introduction de **fausses pièces (MS-GS)** et de **faux billets (GS)**. Voir **fiche séquence 2,** p. 146.
  MS-GS : Frise avec nombres et constellations (doigts, dés) jusqu'à 6 en **MS**, jusqu'à 10 en **GS**.

Introduction ultérieure du rayon épicerie

- Toujours en relation avec le coin *cuisine*, commencer par **collecter** auprès des familles des emballages vides. Au moment du regroupement qui suit l'accueil, **observer** chaque jour les nouveaux emballages apportés par les élèves.
- Une fois la collecte terminée, **trier**, **classer** et **installer** dans le rayon correspondant.

Matériel

- **Emballages vides et fermés :** *bouteilles/eau – lait (litre, demi-litre – briques de jus de fruits – boites de farine / de sucre / de biscottes – gâteaux – paquets de riz et de lentilles – pots de yaourts – pots de crème – boites de fromages (de formes différentes) – boites de beurre / de margarine – boites à œufs – boites de conserve (haricots verts / petits pois / petits pois et carottes /sardines...), etc.*
- **Rangement :** étagères. Possibilité d'**assembler** ces cartons pour en former si l'on ne dispose pas de meubles. **Consolider** en collant du papier ou plastique autour et derrière les cartons assemblés.

2. Activités associées

Explorer le monde

Explorations sensorielles et jeux de devinettes

- **Solliciter** les sens : vue, toucher, odorat et goût (rôle très important dans la connaissance du monde) sur de vrais fruits et légumes.
- **Verbaliser** les sensations selon l'aspect, la texture, les odeurs et les saveurs.
- **Utiliser** l'odorat, par exemple, pour identifier un fruit.
- **Organiser** un atelier du goût. **Dire** ce que l'on aime ou que l'on n'aime pas (bon/mauvais ; agréable/désagréable).
- **Établir** des liens avec le vécu : **questionner** les élèves pour savoir dans quel plat on utilise tel ou tel fruit ou légume. **Aider** à la formulation syntaxique de phrases du type : ***Avec les carottes, on fait de la salade. Moi j'aime la salade de carottes.***
- **GS : Goûter** des fruits venus d'ailleurs. **Prolongements : Indiquer** sur un planisphère où se situe leur lieu d'origine. **Faire** des liens avec les pays d'origine des élèves de la classe, les cultures et les habitudes culinaires des familles.
- **Appréhender** que le fait de goûter puisse donner du plaisir ou du déplaisir. **Comprendre** que chacun peut avoir des goûts différents (commencer à développer modestement l'esprit de tolérance).
- **Répondre** à des devinettes et en créer **(GS)**.
- **Proposer** des devinettes aux élèves au vu d'images. On peut, par exemple, **exploiter** ***L'Imagier de la nature***, Larousse (2006) comportant de nombreux exemples de fruits et légumes (trois à quatre éléments par page). **À noter** qu'en haut des pages, des devinettes et des informations peuvent donner des idées à l'enseignant pour exploiter d'autres images.
- **Créer** des devinettes comportant 3 indices pour **deviner**, par exemple, de quel fruit ou de quel légume il s'agit.

Mobiliser le langage dans toutes ses dimensions

Écrit

Afficher une planche de fruits et de légumes

- **Introduire** la planche de fruits et **faire appréhender** sa spécificité. À l'issue de l'observation, inviter un groupe d'élèves en découpage-collage à **réaliser** une planche de fruits. Confier à un autre groupe le soin de **réaliser** une planche de légumes.
- Sur ces planches, **coller** les noms des éléments représentés. En **GS,** les élèves écrivent au préalable les noms sur le clavier.
- **Afficher** ces planches dans le magasin comme des affiches incitant les clients à s'approvisionner **(MS).**
- **GS : Afficher** ces planches dans le coin *écriture* de la classe.
  Les élèves pourront, en s'y référant, s'exercer à écrire seuls des listes de courses.

Afficher une planche des produits les plus courants de l'épicerie

- Lors de l'aménagement du rayon épicerie, **réaliser** une affiche avec quelques images et mots correspondant aux produits les plus courants du rayon épicerie.
- Toujours dans le coin *écriture*, **constitution** d'un répertoire ou d'un imagier du magasin pour servir de support aux essais d'écriture des élèves **(GS)**.

Établir des listes de courses

- **MS-GS :** listes de courses établies avec les élèves : avec les illustrations des fruits et légumes à acheter et les chiffres indiquant le nombre de chaque quantité.
- **GS :** mots écrits (à la place des illustrations) et quantités indiquées (écriture des nombres).
  La liste peut être dictée à l'enseignant, puis recopiée ensuite sur le clavier par les élèves.
  Les élèves pourront **se référer** aux étiquettes portant le nom des fruits et des légumes figurant sur l'étal pour **reconnaitre** les mots écrits sur la liste.

Apprentissage de comptines et chants (à titre d'exemples)

Étude d'une comptine

- ***Le Bonhomme d'automne***, poème extrait de ***Mes comptines pour les jours d'automne***, de Karine-Marie Amiot et Hervé Legoff (Fleurus), dans lequel sont mentionnés des fruits et légumes d'automne en lien avec ceux que l'on peut trouver au coin *marchande* à cette période de l'année : noisette, noix, marron, prune pour les fruits et citrouille pour les légumes.
- Lecture approfondie, **mémorisation** et **illustration** du poème. **Discrimination** visuelle et auditive.

Apprentissage d'une chanson

Afin de faire prendre conscience aux enfants de l'importance d'aliments simples tels que le pain, mais aussi le lait et le riz, la chanson ***Une miette de pain*** d'Henri Dès peut être proposée. Un dessin animé dont la vidéo est disponible sur Internet pourra alors accompagner l'activité et favoriser la réflexion des élèves.

Construire les premiers outils pour structurer sa pensée

Explorer des grandeurs

- L'**introduction** d'une balance dans le coin *magasin* est précédée d'activités associées où les élèves se livrent d'abord à des estimations perceptives avant de comprendre la nécessité de recourir à des comparaisons précises en pesant. Voir **Fiche séquence 7,** p. 163.
- Lors des jeux, en **GS** (voire si possible en **MS** selon le niveau des élèves), les élèves doivent pouvoir progressivement dresser un lien entre ce qui est pesé et ce qui est payé en **GS** (voir scénarios).
- **Donner** pour repère, par exemple, la masse précédemment photographiée (masse étalon). Voir **Fiche séquence 7**, p. 163. Ne proposer que cette masse étalon et une balance dans le coin *magasin*. Quand le produit pesé a la même masse que la masse étalon, le client paie 2 jetons (ou 2€) ; quand le produit est moins lourd que la masse, il paie 1 jeton (ou 1€) ; quand en revanche il est plus lourd que la masse, il doit 3 jetons (ou 3€).

Remarque : Les autres masses vendues en même temps que l'autre balance seront utilisés ensuite avec celle-ci dans le coin manipulation de la classe.

Découvrir les nombres et leur utilisation

- **Permettre** au vendeur d'établir un ticket de paiement simplement à partir de jetons à coller sur un ticket vierge.
  MS : correspondance terme à terme. Par exemple : 3 fruits et 4 légumes achetés = 7 jetons (que le produit ait été ou non pesé). Le client règle ce qu'il doit avec des jetons.
  GS : Le vendeur colle également sur un ticket des gommettes représentant le nombre de produits achetés et à payer.
- **Utiliser** également une caisse enregistreuse. **Introduction** des signes mathématiques les plus usuels. Lorsque les clients arrivent avec leur panier, le caissier enregistre leur prix en le tapant directement sur la caisse enregistreuse. Il additionne ainsi le prix de tous les articles et donne la somme à payer par le client après avoir appuyé sur le signe « = ».

Activités associées

MS-GS : Observer des pièces de monnaie et les ranger par ordre de valeur.
GS : Ranger les prix de la marchande du moins cher au plus cher, puis du plus cher au moins cher.

VOCABULAIRE

Noms :

abricot – ail – amande – ananas – artichaut – avocat – balance – banane – battavia – brugnon – carotte – cassis – cerise – châtaigne – chou – citron – citrouille – clémentine – concombre – courgette – endive – épinard – fraise – framboise – frisée – groseille – haricots verts – kiwi – mangue – marron – melon – mûre – myrtille – navet – noisette – noix – noix de coco – oignon – orange – panier – pastèque – persil – petits pois – poireau – pomme – pomme de terre – potimarron – potiron – primeur – produit de saison – prune – radis – raisin – sac – sachet – salade – scarole – tomate – etc.

Adjectifs :

acide – amer – bon – coloré – cru – cuit – délicieux – doux – mauvais – salé – sucré.

BIBLIOGRAPHIE

ALBUMS

John BURNINGHAM et Élisabeth DUVAL, ***Le Panier de Stéphane,*** Éditions Kaléidoscope.
Philippe CORENTIN, ***Zigomar n'aime pas les légumes,*** coll. *Les lutins,* L'École des Loisirs.
Jean GOUROUNAS, ***Grosse légume…,*** Éditions du Rouergue.
Alexis TOLSTOÏ et Niamh SHARKEY, ***Le gros navet,*** coll. *Albums cartonnés,* Flammarion.
Christian VOLTZ, ***Toujours rien ?,*** Éditions du Rouergue.

DOCUMENTAIRES

Soledad BRAVI, ***Fruits légumes,*** coll. *Loulou & Cie,* L'École des Loisirs.

Le coin **boulangerie-pâtisserie**

1. Déroulement

Travail préliminaire

Remarque : L'installation du coin *boulangerie-pâtisserie* offre l'occasion de mener au préalable des activités riches en apprentissages, ce qui explique la longue phase de préliminaires proposée ci-après. Aux enseignants, en fonction de leur programmation de classe, d'adopter cette démarche ou de l'adapter.

Entrer dans le projet

- **Évoquer** la boulangerie-pâtisserie que connaissent les élèves (magasin et/ou rayon du supermarché) pour un premier bilan des connaissances qu'ils ont de ces lieux.
- **Revenir** aux deux images du rayon boulangerie-pâtisserie (supermarché) étudiées lors de l'introduction du projet : *Entrer dans le projet*, p.71.
- **Montrer** des images d'enseignes de boulangeries-pâtisseries (internet) et **repérer** la fonction des enseignes.
- **Remarquer** que sur certaines enseignes on voit écrit « **boulangerie-pâtisserie** », sur d'autres « **boulanger-pâtissier** » et parfois même « **fournil** » (expliquer ce mot).

S'interroger : *d'où vient le pain ?*

- **Lire** ou **relire** l'album ***La Petite Poule rousse*** de Pierre Delye et Cécile Hudrisier (Didier Jeunesse) (si préalablement étudié l'année précédente) où aucun animal ne veut aider la petite poule rousse à planter des graines, à faucher le blé, à le battre et à le moudre. Autant d'actions que la petite poule va effectuer seule et qui permettent de répondre à la question : ***d'où vient le pain ?*** (si la réponse n'a pas été donnée).
  Si les élèves connaissent l'histoire leur demander de la **raconter** et les aider à **reformuler** les dialogues, puis **relire** l'album ensuite.
- **Étudier** l'album ***La Grosse faim de P'tit Bonhomme*** de Pierre Delye et Cécile Hudrisier (Didier Jeunesse).
  Le petit bonhomme n'a pas d'argent pour acheter du pain et le boulanger lui demande de ramener de la farine. Les différentes rencontres qu'il fait permettent de remonter la chaine du pain jusqu'au blé.
- **Lire** une recette pour apprendre comment on fabrique du pain (ingrédients et étapes).
- **Exploiter** un documentaire. Par exemple : ***Le Pain*** de Stéphanie Ledu et Didier Balicevic (Milan Éditions).
- **Ordonner** les images des albums ou des images documentaires pour retrouver les étapes depuis le moment où le blé est semé jusqu'au moment où l'on consomme le pain.

Visite d'une boulangerie-pâtisserie (si possible)

La plupart des élèves connaissent ce lieu qu'ils fréquentent avec leurs parents. En préambule de l'installation d'un coin *boulangerie-pâtisserie*, il est néanmoins intéressant d'organiser, avec le boulanger-pâtissier, une visite approfondie.

Avant la visite

- **Attirer** le regard des élèves sur la devanture et plus spécialement sur la vitrine, à partir de photographies prises par l'enseignant avec l'autorisation du boulanger.
- **Renouveler** l'expérience à d'autres périodes pour repérages dans le temps avec la bûche à Noël, la galette des Rois en janvier, les crêpes de la Chandeleur, les bugnes de Carnaval, etc.

Au cours de la visite

- **Identifier :** pains, gâteaux, viennoiserie, sandwicherie. **S'intéresser** à la façon dont ils sont répartis et disposés (étagères, vitrines).
- **Faire remarquer** qu'au rayon pâtisserie, il n'y a pas que du sucré, mais que l'on trouve également des petits fours salés, des quiches, des pizzas et des pâtés en croûte. S'il existe un espace de consommation sur place, **introduire** « salon de thé » et **expliciter**.
- **Photographier** pour conserver des traces.
- **Prendre en notes** les noms des gâteaux.

De retour en classe

- **Réactivation** du vocabulaire utilisé lors de la visite (affichage des photos).
- **Focalisation** sur l'écrit (les noms des produits, les prix).
  Attention portée aux noms de certains gâteaux notés par l'enseignant au cours de la visite.
- **Commencer à réaliser** un mur d'images avec des photos de différents pains, de différents gâteaux et viennoiseries, en les classant par catégories. En **collecter** auprès des familles en expliquant la nature du projet (images tirées de magazines, de livres de recettes, de prospectus publicitaires, etc).

Explorations sensorielles et enrichissement lexical

- **Apporter** une baguette et plusieurs pains différents.
- Les **décrire** en s'appuyant sur les sens (vue, toucher, odorat et goût).
- **Distinguer** la croûte et la mie et les **comparer**.
- Les **nommer**.
- Les **photographier**.
- **Vue : s'intéresser** aux différentes formes. **Décrire** et **comparer** ces pains, **donner** leurs noms (passer du nom générique « pain » au nom spécifique de chacun). **Nommer** les formes simples : *rond – triangle – carré*.
- **Toucher :** (après lavage des mains) pour **comparer** la *mie* et la *croûte.*
- **Goût : comparer** *pain aux raisins* et *pains de campagne* (sucré/salé).
- Quelques jours après, **constater** que le pain, qui était *frais*, est maintenant *rassis*, puis encore après qu'il est devenu très dur.
- **Évoquer** les moments où l'on mange du pain dans la journée (aux divers repas) et sous quelles formes on peut le consommer (tartines, sandwichs, canapés, etc.).
- **Relire** les noms de quelques gâteaux notés au cours de la visite et si possible photographiés afin d'**associer** mots et images. Par exemple : *framboisier – éclair – baba – meringue – tuile – palet – etc.*
- **Afficher** et **compléter** cette liste ensuite.

Constructions grammaticales

Emploi de déterminants et de prépositions ***à, au(x), avec*** : *un pain aux céréales – un pain aux noix – un pain au chocolat – une tarte aux cerises – un sandwich au jambon avec des cornichons – etc.*
Emploi de ***et*** (un sandwich avec du beurre ***et*** du jambon) ou pour **énumérer** ce que l'on vient d'acheter.

Du nouveau à l'atelier cuisine

L'atelier cuisine (voir **Chapitre 1 - Partie 2**) se prolonge ici avec la fabrication de pains et la préparation de gâteaux qui seront suivies par la réalisation de faux (pains et gâteaux) pour le coin *magasin*.

Fabriquer du pain

Exemple : Réaliser deux sortes de pains : un pain salé (aux olives, par exemple) et un pain sucré (aux pépites de chocolat, par exemple).

- **Prendre connaissance** de la recette illustrée. **Se l'approprier**.
- **Mettre en œuvre** la recette. **Prendre des photos** de chacune des étapes.
- **Réaliser** le pain salé dans une machine à pain (travail sur la découverte des objets) et le pain sucré à la main.
- **Faire** un retour réflexif de l'atelier cuisine sous la forme de schémas retraçant les différentes étapes de la réalisation des deux recettes.
- **Déguster.** *Quelles sont les différences entre un pain fabriqué à la machine et un pain fabriqué à la main ?*
- **S'exprimer** sur ses préférences : *J'aime/Je n'aime pas parce que … .*

Prolongements :

MS-GS : Au moment des Fêtes de fin d'année, **réaliser** du pain d'épice. **Expliquer** en quoi c'est à la fois du pain et un gâteau. **Introduire** les emporte-pièces (travail sur la découverte des objets) en forme de bonhomme. **Décorer** les bonshommes de pain d'épice une fois qu'ils sont cuits avec un glaçage réalisé en classe (colorants alimentaires). À chaque fois, travail sur les couleurs, les tailles et les formes avant la dégustation (préparation à la fabrication de faux) et sur le goût pendant la dégustation. **Associer** chaque pain à la céréale avec laquelle il est fait.

GS : On peut en fin d'année, **organiser** des ateliers de fabrication de plusieurs pains (ou gâteaux) et les **vendre** lors d'un moment de partage école-famille sur un stand. **Aider** les élèves dans la tenue du stand.

GS : Découvrir différents pains dans le monde. Exemples : *la ciabatta d'Italie – la pita du Liban – le bagel d'Autriche – le bun des États-Unis – La tortilla du Mexique – etc.* Les **présenter** sur un plateau avec des petits drapeaux de chaque pays et des pancartes avec leurs noms. Si possible, **proposer** une dégustation aux élèves.

Réaliser des patisseries

Exemple : Réaliser des blancs en neige, puis des meringues.

Préalables : Faire déguster des meringues aux élèves. La plupart ne les connaissent pas. *Que peut-on dire de leur aspect ? De leur goût ? Avec quoi peuvent-elles être faites ?* Éventuellement, avoir mené au préalable un projet sur l'œuf en classe sur lequel les élèves pourraient prendre appui.

- En **GS :**
  - Suite aux hypothèses formulées par les élèves (dont le blanc d'œuf), **faire** des expériences et les noter dans le cahier d'expériences (photos et dessins à l'appui).
  - **Battre** des blancs en neige. **Utiliser** un batteur électrique (travail sur la découverte des objets). **Constater** que les blancs d'œufs battus en neige se transforment jusqu'à devenir tellement compacts qu'ils ne tombent pas lorsqu'on retourne le bol.
  - **Renouveler** l'expérience : **confectionner** des meringues en rajoutant un autre ingrédient : le sucre en poudre. Éventuellement rajouter du colorant alimentaire.
  - **Enrichir** ainsi le carnet de recettes de la classe.

Remarque : La réalisation de recettes est bien sûr propice au travail sur la structuration du temps. **Prendre des photos** des élèves lors de la réalisation des recettes. Les **remettre** dans l'ordre plus tard, après les avoir commentées.

Aménager le coin de jeu

À l'instar du magasin *fruits et légumes / épicerie* qu'il remplace, le coin *boulangerie-pâtisserie* doit être suffisamment spacieux pour offrir un aménagement fonctionnel et permettre les déplacements nécessaires. L'installation se fait en utilisant les structures du coin *fruits et légumes / épicerie*.

Préalable à l'installation

Matériel :

- Sacs en papier et boites pour emballer les produits achetés.
- Liste des gâteaux avec les prix associés à leur image. Étiquettes devant les faux gâteaux et les différents pains. Une déclinaison des différentes écritures (doigts, constellations, chiffres) pour aider à la résolution de situations-problèmes au moment du règlement des achats.

Matériel commun au coin *fruits et légumes* et *épicerie* :

- Balance, caisse enregistreuse, mais aussi matériel pour permettre au vendeur d'établir un ticket de paiement et pour les clients de régler la note. Voir **Magasin *fruits et légumes*** et **Fiche séquence 8**, p. 166.
- **Changer** régulièrement la disposition des gâteaux pour éviter la routine et susciter des demandes lorsqu'ils ne sont pas immédiatement visibles (tables à l'arrière).
- **Réaliser** des affiches de pains et gâteaux lors d'activités artistiques pour **rendre** l'espace accueillant.

Installer le coin

L'installation se fait en utilisant les structures du coin *fruits et légumes / épicerie.*

- **Prévoir** une étagère pour présenter les faux pains, des tables servant d'étal où **disposer** les faux gâteaux, les fausses tartes salées, etc.
- **Étiqueter** des produits sur les tables et étagère : prix et noms ; doublé si possible d'une affiche récapitulant les noms des gâteaux et leur prix. **Prévoir** pour ce faire, des étiquettes amovibles dans la mesure où les produits sont appelés à être remplacés par d'autres.

Installer le coin annexe *salon de thé* (GS)

- En période 4, **installation** d'un coin annexe intégré dans ce coin (prévoir une extension) avec tables et chaises, cartes des gâteaux et boisson avec les prix, plateau pour le service. **Prévoir** une étagère pour présenter les faux pains, des tables servant d'étal, mais aussi des petites tables à l'arrière où disposer les faux gâteaux et viennoiseries ainsi que les fausses tartes salées, etc. (voir **Fiche séquence 9** p. 169). En lien avec coin *déguisements* (tablier pour distinguer serveuse(s) et clientèle ; coiffures pour leou les pâtissiers boulangers (hygiène exigée). Voir **Fiche séquence 10,** p. 172.

2. Activités associées (GS)

Trilogie autour d'un thème (GS). En littérature, en lien avec le thème de la boulangerie-pâtisserie, proposer l'exploitation de trois œuvres : le conte ***Peau d'Âne*** de Charles Perrault, un extrait du film ***Peau d'Âne*** de Jacques Demy et le roman *Pierrot ou les secrets de la nuit* de Michel Tournier et Danièle Bour.
Voir liens avec le coin *librairie* ci-après et avec le chapitre 3 – Partie 2.

Côté boulangerie

- **Exploiter** l'album ***Pierrot ou les secrets de la nuit***, de Michel Tournier et Danièle Bour (Folio Gallimard).
Pierrot le boulanger aime Colombine, sa jolie voisine. Mais Colombine, blanchisseuse de son état, se lasse de son amoureux. Passe Arlequin, le peintre multicolore. Et Colombine devenue Arlequine le suit…
- **Écouter** l'enseignant lire le texte sans montrer les illustrations. Puis **découvrir** celles-ci et **retrouver** les différentes péripéties de l'histoire.

Côté pâtisserie

- **Raconter** à la classe le conte ***Peau d'Âne*** sans le support d'ouvrages. **Poser** des questions « **élucidantes** » et **retrouver** les différentes phases du conte. **Faire raconter** l'histoire par des élèves en utilisant des marqueurs temporels, l'enseignant prenant en charge les dialogues.
- **Jeu dramatique : jouer** la scène du conte où Peau d'Âne prépare le gâteau pour le prince.
- **Visionner,** sur internet, l'extrait du film correspondant à la confection du cake d'amour. **S'intéresser** au décor, à la liste des recettes, au choix de la recette, à la recette elle-même, puis à sa réalisation. **Aider** les élèves **à comprendre** le dédoublement du personnage (l'héroïne affublée de sa peau d'âne, d'une part, qui dicte la recette à son double revêtu de sa robe couleur de soleil et reprenant les paroles de la 1ère.

VOCABULAIRE

Noms :

Baguette – balance – beignet – bonbon – boulanger – boulangère – boule – brioche – canapés – céréales – chouquette – couronne – croissant – croûte – éclair au chocolat ou au café – farine – file (d'attente) *– galette – gâteau – levure – macaron – mie – miette – miche – millefeuille – pain* (au chocolat, aux olives, aux raisins, de seigle, complet, de campagne, etc.) *– panier – pâte – pâtissier – pâtisserie – petit four – pâte – pizza – poids – produits –* (faire la) *queue – quiche – sandwich – sel – sucette – tarte* (au citron, aux fruits, aux pommes, etc.) *– viennoiserie – etc.*

Verbes :

acheter – ajouter – battre (œufs) *– choisir – comparer – compter – coûter – déguster – dépenser – enfourner – mélanger – passer* (une commande) *– payer – peser – pétrir – rendre – servir – savourer – valoir – vendre.*

Adjectifs :

affamé/rassasié – appétissant – bon/mauvais – croustillant – délicieux – dur – gourmand – mou – salé – sucré – succulent.

BIBLIOGRAPHIE

ALBUMS

Marie AUBINAIS et Danièle BOUR, ***Petit Ours brun achète le pain,*** Éditions Bayard Jeunesse.
Plierre DELYE et Cécile HUDRISIER, ***La Grosse Faim de P'tit Bonhomme,*** coll. *Les p'tits Didier,* Éditions Didier Jeunesse.
Jennifer DALRYMPLE, ***Non, je n'ai jamais mangé ça !,*** coll. *Les lutins,* L'École des Loisirs.
Byron BARTON, ***La Petite Poule rousse,*** coll. *Les lutins,* L'École des Loisirs.
Philippe CORENTIN, ***Les Deux Goinfres,*** coll. *Les lutins,* L'École des Loisirs.

Le coin **librairie**

Le coin *librairie* peut être proposé en **MS**, où il suscitera et entretiendra chez les enfants un **vif intérêt pour les livres.** Il trouvera une autre justification lorsqu'il sera installé en **GS** au moment où les élèves s'apprêtent à rentrer au **CP** et à apprendre à lire. Quelle meilleure motivation alors que d'avoir déjà acquis le goût des livres ?

Il semble judicieux d'installer **(MS ou GS)** ce magasin dans la **période 5** de l'année alors que des projets autour de livres ont été menés au préalable. C'est un excellent moyen pour réactiver la mémoire des élèves sur les ouvrages exploités au cours de l'année, voire du cycle.

C'est aussi en **MS-GS** le moment où certains coins de jeu, comme les coins *poupées* et *cuisine,* ont tendance à disparaitre, ce qui permet de reconsidérer l'organisation même de la classe. Ils disparaissent, mais non sans laisser des traces mémorielles, notamment à la faveur des thématiques qu'ils ont permis de développer.

Ainsi quel que soit le niveau **(MS ou GS)**, les thèmes qui ont pu être abordés à la faveur des coins de jeu et des albums qui les ont accompagnés, pourront influencer le choix des ouvrages proposés dans cette « **grande librairie** ». Les élèves pourront aussi y retrouver des supports de lecture autres que les ouvrages de la littérature, supports dont ils ont préalablement découvert la fonction. L'installation même du coin *librairie* permettra de classer ces livres en fonction de leur genre.

Les pistes pédagogiques proposées ci-après peuvent donc être mises en relation avec chacun des coins de jeu traités dans cet ouvrage (chapitres 1, 2 et 3). Ceci devrait permettre une mise en réseau des activités propice à la structuration de la pensée.

L'installation d'une librairie dans la classe doit aussi et surtout offrir l'occasion d'**échanges et de partages.** C'est en effet ce qui rend la fréquentation des librairies (comme des bibliothèques) si enrichissante. En ce qui concerne les classes, **toutes sortes de rencontres peuvent être envisagées :** celles d'un **libraire**, d'un **auteur** et/ou d'un **illustrateur**, d'intervenants **bénévoles**, mais aussi d'adultes et d'autres élèves au sein même de l'école. Échanges et prêts d'ouvrages sont également à favoriser.

C'est pour cette raison que l'installation d'un coin *librairie* dans une classe peut concerner le cycle, voire les **CP,** dans le cadre d'un **projet d'école.**

Cette fréquentation accrue des livres dans un contexte de jeu ne peut que **favoriser l'acquisition d'une culture commune** et une relation accrue aux livres quelles que soient, en ce domaine, les habitudes familiales.

1. Les apprentissages spécifiques

Si certains apprentissages restent communs à ceux favorisés par les deux précédents coins *magasins*, la *librairie* offre d'autres perspectives.

Mobiliser le langage dans toutes ses dimensions

Oral

Si les coins magasins se révèlent propices au **développement de la communication**, il est évident que la librairie, s'y révèle encore plus favorable. Dans une plus grande proximité, le libraire présente, explique, conseille, émet un avis et encourage des découvertes. Le client d'une librairie quant à lui est davantage à l'écoute que dans un autre commerce. Les ouvrages présentés dans la librairie peuvent également conduire à des échanges entre lecteurs, notamment de façon ludique, comme c'est le cas ci-après.

Les élèves vont alors être amenés à :

- **Produire** des énoncés plus organisés. Ils progresseront ainsi sur le plan lexical et syntaxique.
- **Exprimer** des besoins et **questionner** le « **libraire** » sur le choix d'un livre.
- **Donner** un avis, **exprimer** des préférences et **chercher à** vouloir **convaincre** (tout en comprenant que chacun puisse avoir des goûts différents).

Écrit

Sa place est bien entendu prépondérante. Mais, à travers les contes lus en classe, le passage de l'écrit à l'oral peut être intéressant, à l'heure du conte, dans l'espace magasin aménagé à cet effet.
À ces occasions, il s'agit de raconter, le plus souvent possible, un conte à un auditoire n'en ayant pas connaissance tout en veillant à se faire comprendre.
Par ailleurs d'autres compétences sont en jeu :

- **Manifester** toujours plus de curiosité par rapport à l'écrit grâce à la diversité des ouvrages présentés conjointement sur les étals ;
- **Distinguer** différents types d'ouvrages.
- **Écrire** des phrases pour présenter des ouvrages sur les tables et encourager leur lecture (à l'instar de ce que l'on trouve dans certaines librairies) en **GS**.
- **Rédiger** de courts textes d'invitation pour fixer des rencontres dans le coin *librairie*.

Construire les premiers outils pour structurer sa pensée

Découvrir les nombres et leur utilisation

Les activités autour des achats et paiements demeurent similaires à celles menées dans les autres coins *magasins* et sont tout autant propices à la construction du nombre.

Explorer le monde

Se repérer dans l'espace

- **Installer, organiser** cet espace librairie. S'y déplacer et s'y repérer.
- **Partir** à la découverte d'autres régions et d'autres pays à l'aide d'histoires, de contes, d'ouvrages documentaires.
  Échanger, discuter.

Se repérer dans le temps

Établir un calendrier avec la date d'ouverture du magasin et les diverses manifestations pouvant s'y dérouler.

Utiliser les outils numériques

- **Écrire** un titre, une phrase sur le clavier de l'ordinateur ou de la tablette.
- **Réaliser** des « **étiquettes** » au nom de la librairie.
- **Produire** des images avec l'appareil photo numérique au cours des jeux structurés.
- **Faire** des recherches sur internet, même modestes.
- **Communiquer** avec les parents et autres personnes (phrases, courts textes et photos) pour les tenir informées du projet en cours.

Agir, s'exprimer, comprendre à travers les activités artistiques

- À partir d'indices plastiques, **repérer** l'illustrateur de plusieurs albums. **Retenir** son nom pour y recourir si nécessaire au cours d'échanges entre libraire et acheteur ou entre lecteurs.
- **Utiliser** un vocabulaire de description d'images lorsque l'on présente un livre.
- **Explorer** la dimension narrative des images d'albums et de bandes dessinées que l'on veut présenter en tant que libraire pour aiguiser l'intérêt sans tout révéler.
- **Réaliser** des affiches incitatives à la lecture de certains ouvrages.

2. Déroulement

Travail préliminaire

Phase initiale

- **Visiter** une librairie **si possible**. Rien ne peut remplacer la découverte du lieu pour des enfants qui n'ont pas l'habitude de s'y rendre, ni le contact avec un libraire.
- **Décrire** des photos de librairies si l'on n'a pas pu en visiter, mais aussi si une visite a pu avoir lieu (de façon à approfondir la question).
- **Constater** qu'il n'y a pas de tables pour lire, comme dans les bibliothèques, mais que les livres sont disposés sur des tables ou rangés sur des étagères.
- **GS : écouter** quelques propos tenus par des libraires dans le cadre de l'émission « **La grande librairie** » en sélectionnant une ou deux rencontres compréhensibles par les élèves (internet).

Entrer dans le projet

L'enseignant expose les grandes lignes du projet et son déroulement.

Première phase

- **Travailler** en petits groupes autour d'ouvrages connus car déjà exploités en classe. Les **classer** et **les disposer** dans l'espace magasin doté, au départ, du mobilier nécessaire à son installation et mis en place par l'enseignant.
- **Réaliser** des affiches.
- **Préparer** des emballages de livres visuellement attractifs (sacs en papier vierges et ou feuilles de papier).
- **Fabriquer** des étiquettes au nom de la librairie avec visuel d'accompagnement, après avoir décidé d'un nom à lui attribuer sur propositions de l'enseignant.
- **Jouer : Jeux libres** pour commencer, puis **jeux structurés** et alternances entre ces deux types de jeux : 1ères relations libraire(s)/client(s) dans le coin *magasin*. Demande d'ouvrages, conseils du libraire, emballage, paiement. L'enseignant peut à l'occasion jouer le rôle du libraire ou du client.

Phases suivantes

- **Introduire** de nouveaux ouvrages empruntés en bibliothèque ou à la Bibliothèque Centre Documentaire (BDC) de l'école.
  Nouveaux jeux libres et structurés libraire(s)/client(s) dans le coin *magasin* : demande de conseils, achat, etc.
  Remarque : ces ouvrages peuvent être empruntés par les élèves (et c'est souhaitable) après passage en librairie et achats fictifs payés lors de jeux structurés.
- **Annoncer** des animations autour des livres comme certaines librairies le font.
  Remarque : Les jeux structurés seront différents selon les activités : vente et achat d'une part, animations dans le coin *librairie* d'autre part. Voir ci-après les scénarios proposés. Ils prendront en compte le renouvellement régulier des ouvrages exposés.

Exemples de scénarios

MS-GS
Phase d'installation : ***On va ouvrir une librairie.*** *Quels livres va-t-on proposer ? Comment va-t-on les présenter ?*
C'est le jour de l'inauguration. *Qui va-t-on inviter ?* *Qui prendra la parole pour présenter la librairie ? Offrira-t-on quelques consommations à cette occasion ?*
Le libraire est dans son magasin, des clients consultent des livres. Un client demande un livre précis. Un autre lui demande conseil.
C'est l'heure du conte dans l'espace de la librairie réservé aux rencontres et animations.
Des libraires invitent des acheteurs potentiels à venir découvrir leurs nouvelles acquisitions. *Pour ce faire, ils organisent une animation pour faire découvrir ces livres.*
Des auteurs-illustrateurs (élèves de la classe ou d'une autre classe) viennent présenter leur nouvelle production. *Quelqu'un s'est amusé à déranger le coin cuisine pendant la nuit. Tout est sens dessus dessous. Il faut tout ranger !*

•••

•••

Des élèves d'une classe de CP (associée au projet) viennent lire des livres dans le coin animation de la librairie.
Au cours d'une animation, des élèves de la classe ou d'une autre classe présentent des livres qu'ils ont aimés. **Préalable souhaitable :** des adultes évoquent un livre qu'ils ont aimé quand ils étaient enfants et qu'ils aiment toujours. L'ouvrage n'a pas nécessairement besoin d'être là.
Un illustrateur dont la classe a pu découvrir plusieurs albums est à l'honneur dans la librairie (exposition). Les vendeurs de la librairie présentent ses illustrations lors d'une animation.

Aménager le coin *librairie*

Installer la librairie si possible à proximité du coin *bibliothèque* de la classe.

Mobilier

- Étagères utilisées dans les coins *magasins* successifs pour y présenter les produits ;
- **Grande table** pour installer les « **nouveautés** » et les mettre en valeur ;
- Un coin dévolu aux animations avec des **chaises** disposées en cercle (6 à 8 chaises) + une **chaise** (ou plus) pour l'animateur ou les animateurs de la séance.

Matériel et accessoires

- Papiers pour emballer les livres achetés (solliciter les familles). En **fabriquer** ;
- **Caisse enregistreuse** utilisée dans les autres coins magasins et matériel similaire (**porte-monnaie, fausse monnaie** en euros et faux billets) ;

Remarque : les prix indiqués sur les albums, souvent moins de 20 euros, peuvent servir de référence en GS (lorsqu'ils ne comportent pas de décimaux). Les élèves manipulant des billets de fausse monnaie peuvent régler jusqu'à vingt euros. On peut aussi par une pastille collée sur certains prix, jouer sur les quantités et rendre l'achat plus accessible aux élèves, notamment en MS.

- **Affiches** du commerce et/ou réalisées par la classe ;
- **Poèmes affichés** dans cet espace librairie. C'est une bonne occasion d'**attirer l'attention** sur un genre littéraire qui n'a pas toujours dans la littérature la place qui devrait lui revenir. L'école peut pallier ce manque. **Dissocier** alors les poèmes et les comptines. Ils sont différents, ce qui n'est pas porter un regard négatif sur les comptines, une place importante doit aussi leur être accordée sur les tables où sont présentés les ouvrages.

Ouvrages

- **Varier** les propositions : **albums** (histoires, poèmes, comptines, BD, etc.) ; **petits romans (GS)** tels ceux qui font partie des premières lectures en autonomie proposées au CP ; **documentaires, imagiers, dictionnaires, livres d'art** (où les élèves pourront retrouver quelques œuvres précédemment étudiées), livres à compter, livres de cuisine, de bricolage, etc.
- Ne pas manquer d'**ajouter** une ou des productions d'élèves **sans se limiter** à celles des élèves de la classe. D'autres classes pouvant prêter leurs réalisations.

Premières mises en œuvre

Après avoir visité une librairie ou avoir effectué des visites virtuelles et après avoir observé des images de librairies, entrer dans le projet. ***Nous sommes des libraires et nous allons installer une librairie dans laquelle nous pourrons accueillir d'autres élèves, mais aussi des adultes de l'école et du groupe scolaire.***

Commencer à programmer

En se référant à un calendrier, prévoir la date d'ouverture de la librairie (avec ou sans inauguration).

Installer le coin *librairie*

Trier, classer

- **Trier, classer** les albums ou ouvrages documentaires exploités en classe ainsi que des ouvrages faciles à distinguer : livres de cuisine, abécédaires, imagiers, livres à compter, etc.
- **GS** : En lien avec les coins *cuisine* et *boulangerie-pâtisserie,* **regrouper** les recettes réalisées à l'atelier cuisine (jusqu'à la période 4 comprise). Traces gardées sous forme de photos légendées par les élèves (dictée à l'adulte). **Constituer** alors un mini livre de recettes destinés à côtoyer des livres de cuisine du commerce (en emprunter).
- Un autre ouvrage pourrait être également réalisé par des élèves de **GS** (jusqu'à période 4 comprise) à partir des fiches réalisées à la suite de jeux de construction. Intitulé de l'ouvrage à déterminer avec les élèves. **Élaboration** d'un bref texte de présentation de l'ouvrage et dictée à l'adulte.
  Ces « **ouvrages** » pourraient être « **achetés** » (c'est-à-dire prêtés) par des élèves d'une autre classe fréquentant le coin *librairie* en tant que clients (jeux structurés).
- **Exposer** sur des tables en cherchant à mettre en valeur plus particulièrement certains ouvrages après échanges et discussions.

Réaliser des papiers pour emballer des livres

Procéder, par exemple, par empreintes :

- **Choisir** 2 ou 3 objets de formes différentes : un gobelet pour la forme ronde, un cube pour la forme carrée et un objet de forme plus complexe (emporte-pièce de cuisine). **Travailler** sur des algorithmes de formes et de couleurs, plus ou moins complexes selon le niveau des élèves.

GS : Autres pistes, toujours avec des empreintes :

- **Superposer** les formes précédentes pour créer des motifs qui en combinent les différentes formes déjà utilisées. Même jeu sur les couleurs qui peuvent changer alors que les formes sont répétées à l'identique.
- **Travailler** avec les mêmes formes, mais les choisir de tailles assez différentes (gros cube, gobelet normal et petit emporte-pièce), afin de créer un motif en les « **posant** » les unes dans les autres (dans le cube, on place le rond ; dans le rond, on place la forme plus complexe. Jouer aussi sur les couleurs.

Créer des affiches (GS)

Photocopier les images des couvertures d'albums en occultant le titre et les **colorer** librement aux feutres. Cela marche très bien. Puis **ajouter** le titre en le découpant sur une autre photocopie de l'ouvrage. Le **disposer** sur un emplacement différent du modèle. **Chercher** un slogan qui évoque un élément de l'histoire, commençant par exemple par : « **Venez découvrir...** ». Accroche suggérée par l'enseignant. **Dicter** ensuite le slogan à l'adulte. L'**écrire** sur le clavier. Le **découper** et le **coller** sur l'affiche.

Autre possibilité : créer une affiche intitulée par l'enseignant (par exemple : « **Promotion du mois** »), montrant une composition de plusieurs couvertures de livres (photocopiés et réduites). **Colorer** comme ci-dessus en utilisant des couleurs différentes pour les albums et pour le fond.

Exposer

Sur les murs de la librairie, accrocher :

- Des affiches recueillies auprès de libraire et exploitées en classe préalablement ;
- Des affiches réalisées par les élèves **(GS)** ;
- De petits poèmes choisis par les élèves parmi ceux proposés par l'enseignant. Choix enrichi régulièrement.

Préparer l'inauguration

Inviter des élèves d'une autre classe (maternelle, voire CP) et/ou des adultes de l'école à assister à l'inauguration. À cette occasion, **expliquer** comment la classe a procédé et **inviter** les élèves à **fréquenter** cette librairie. Pour ce faire, **préparer** cette intervention avant l'inauguration avec les élèves, puis **demander** à des élèves volontaires de **prendre la parole** le *jour J*.

Premiers jeux structurés

Préalables

Au cours des toutes premières séances, l'enseignant tient un rôle (libraire ou client) avant les premiers jeux structurés.

Exemples de jeux structurés

- ***Un élève client demande un livre.*** Il peut demander un livre de recettes, un abécédaire, un imagier. L'enseignant lui suggère à voix basse ce qu'il peut demander, mais lui laisse le choix de la demande. Plusieurs livres peuvent répondre à la requête du client. Le libraire fait donc plusieurs propositions et donne son avis sur les ouvrages qu'il propose.
- ***Un élève client demande un album à l'élève libraire*** (titre donné par l'enseignant, mais indiqué par écrit cette fois). L'élève pour donner le titre de l'album, du livre qu'il souhaite acquérir. S'il ne reconnait pas immédiatement le titre, il peut se référer alors à la liste des titres correspondant aux ouvrages exploités en classe. Chaque titre y est accompagné de la couverture du livre (aide à la lecture du titre). Le libraire recherche le livre, s'il ne le trouve pas, il peut demander des informations complémentaires au client. S'il répond qu'il n'a pas ce livre en magasin alors qu'il y figure, l'enseignant demande aux autres élèves ce qu'ils en pensent.
- ***L'enseignant donne à voix basse au client le titre d'un livre qui ne se trouve pas dans la librairie*** et qui, pour cause, ne figure pas sur la liste précitée (à laquelle le libraire peut se reporter pour vérifier). Ceci le conduit alors à répondre qu'il n'a pas ce livre et à en proposer un autre.
- ***Un client ne sait pas quoi choisir après avoir feuilleté plusieurs ouvrages.*** Il doit demander conseil au libraire. Le libraire doit déjà lui demander ce qu'il aime lire, puis lui présenter un ou deux livres et le conseiller. Si cela ne plait pas au client, il sort sans rien acheter.

Renouveler l'intérêt par l'introduction de nouveaux ouvrages

Introduire des ouvrages

En **exploiter** certains en petits groupes. **Mettre** simplement les autres **à disposition** pour consultation dans le coin *bibliothèque* de la classe. **Revoir** la présentation des livres. **Introduire** une étagère pour **ranger** les livres précédemment en vente et qui restent ainsi toujours à disposition.

Découvrir des histoires

- **Exploiter** les nouveautés en petits groupes (une nouveauté par groupe). Ainsi tous les élèves ne découvrent pas en même temps chacune des nouveautés, ce qui permettra ensuite des échanges plus intéressants dans le cadre des animations proposées dans le coin *librairie* (voir ci-après).
- **Lire** le texte d'abord ou commencer par découvrir les illustrations. **Retrouver** le déroulement de l'histoire en s'appuyant sur des images. **Repérer** les liens entre les textes et les images : redondance, complémentarité, décalages.

Exploiter des documentaires

Ces ouvrages peuvent être amenés à la faveur de questions que posent des élèves sur un sujet donné ou en lien avec un thème à l'étude. **Rappeler** alors la question qui a présidé à l'introduction de l'ouvrage. **Reformuler** ensuite la réponse à la question soulevée si elle a pu être donnée. **Dégager** ce que la lecture de ce documentaire a permis d'apprendre en plus.

Jeu structuré après exploitation des ouvrages

Remarque : ces exploitations pourraient permettre d'orienter des échanges au cours des jeux structurés entre libraires et acheteurs. Le rôle des libraires est alors tenu par des élèves ayant participé à la découverte du ou des ouvrages en question. Le rôle des acheteurs est quant à lui tenu par des élèves qui n'ont pas encore eu connaissance de ces ouvrages.

À la suite du jeu structuré, découverte approfondie de l'ouvrage par ces élèves avec l'enseignant selon la démarche proposée ci-avant.

Autres jeux structurés

Ils sont imilaires aux premiers jeux, mais il est possible aussi d'inviter des élèves d'une autre classe qui deviendront alors les clients de la librairie.
Dans ce cas, les ouvrages proposés seront de préférence ceux qui auront fait l'objet d'une exploitation au cours des périodes 1, 2, 3 ou 4 de l'année scolaire en cours et auront été rangés sur les étagères, puis ressortis pour l'occasion. Ceci permettra aux élèves acheteurs de remporter dans leur classe ces ouvrages pour les exploiter plus avant avec leur enseignant. Ainsi on ne privera pas les élèves de la classe d'accueil des nouveaux ouvrages.

Jeu structuré 1

Les « clients » sont des élèves de **MS** ou **GS**. Ils règlent l'achat de ces livres avec de la fausse monnaie mise à leur disposition au moment du jeu. Ils peuvent être aidés à cette occasion par les élèves de la classe qui les accueillent et jouent les libraires (voir **fiche séquence 8**, p. 166). Les élèves visiteurs peuvent, de retour dans leur classe, **présenter** ensuite ouvrages à leurs pairs avant une exploitation plus approfondie avec l'enseignant ou avant leur mise à disposition dans la classe.

Jeu structuré 2
Les élèves de **GS** accueillent des élèves de **CP** devenus lecteurs à cette période de l'année. À l'intention de ces derniers, qui savent maintenant lire, **proposer** aux élèves de **GS** de **rédiger**, au sujet des ouvrages, de petits textes incitant à la lecture. Les textes sont dictés à l'adulte. Les élèves de **CP** les liront avant de questionner les libraires chargés de les accueillir. Ils pourront d'ailleurs les relire à voix haute aux élèves de **GS**.
Paiement : le nombre d'ouvrages pouvant dépasser les compétences des élèves de **GS**, les élèves de **CP** pourront les **aider** à déterminer le total à **payer** avant d'**emporter** plusieurs livres. Les élèves de **GS**, comprendront d'autant mieux ce qu'ils vont **apprendre à calculer** au **CP**.

3. Organiser des animations (GS)

Remarque : Ces animations, comme les autres jeux structurés, sont organisées par petits groupes à intervalles réguliers. Tenue du calendrier de ces animations avec la classe. Certaines animations peuvent ensuite déboucher sur une mise en commun. **Réalisation** d'affiches pour annoncer chaque évènement.

L'heure du conte

Dans certaines librairies sont proposées des animations autour des contes. Des conteurs s'adressant alors aux enfants.

- Deux ou trois enfants peuvent **raconter** un conte à un groupe de cinq à six élèves de la classe. **Procéder** par roulement pour que tous les élèves aient l'occasion de conter.
  Activité préalable : mémoriser les étapes du conte et **s'entrainer** avec l'enseignant à bien le raconter.
  Remarque : cette animation peut adopter un rythme hebdomadaire sur une période donnée pour permettre à chaque élève de la classe de s'exercer.
- Proposer aux élèves d'**inviter** des enfants de **MS** ou **GS** de l'école à venir les **entendre conter** s'avèrera alors davantage propice encore à l'acquisition de compétences lexicales et syntaxiques. À ces occasions, en effet, les élèves appréhendent le fait qu'ils doivent **se faire comprendre** d'un auditoire n'ayant aucune connaissance du conte.

Rencontre d'« auteurs »-« illustrateurs »

- Toujours dans le cadre de jeux structurés en petits groupes, les élèves de la classe, où est installée la librairie, reçoivent des élèves d'une autre classe venus, par exemple, **présenter** l'album qu'ils ont réalisés. Mais toute autre réalisation du même ordre peut faire l'affaire.
- La venue de ces élèves aura été préparée par l'enseignant de la classe en question pour que ses élèves donnent envie, à ceux qui les reçoivent, de **découvrir** l'album choisi, mais sans leur en révéler trop. Avant la rencontre, une mise au point de ce que ce qu'il conviendra de dire devra être faite.
- La classe recevant ces auteurs-illustrateurs devra **préparer** quelques questions portant, par exemple, sur la façon dont ils ont procédé à la fabrication de leur livre. Cet album devra pouvoir ensuite demeurer quelques jours dans la classe d'accueil.
- **Inversement :** les élèves d'une autre classe viennent dans la librairie. Les élèves de la classe qui les reçoit venant de réaliser un album, ils le présentent à ces nouveaux clients au cours de cette animation dans le coin *librairie* installé à cet effet.
  L'enseignant de la classe d'accueil est associé à ces animations où il tient le rôle d'animateur, qu'il s'agisse d'auteurs-illustrateurs venus d'une autre classe ou d'auteurs-illustrateurs de sa classe.

Le livre préféré

La classe accueille successivement plusieurs adultes invités à faire part aux élèves d'un livre qu'ils ont beaucoup aimé pendant leur enfance. Ils en font une brève évocation, mais donnent surtout les raisons pour lesquelles ils ont aimé ce livre et s'en souviennent encore.

Leur venue est initiée par l'enseignant qui fait part, lui-même, à cette occasion du livre qu'il a tant aimé. Il ne s'agit pas d'influencer les élèves dans leur choix, mais de leur **montrer** soi-même le goût que l'on a pour les livres.
Parmi les autres adultes, il serait tout à fait souhaitable que des enseignants, qui accueilleront à la rentrée des élèves de cette classe, viennent à leur rencontre par le biais de cette évocation de leur livre préféré.

Prolongements

Jeu structuré

Des lecteurs participent à une animation où ils parlent d'un même livre et émettent un avis.

- L'enseignant, animateur de la rencontre, les amène, par ses questions et ses remarques, à **préciser** pourquoi ils ont aimé ledit livre. ***Qu'est-ce qui leur a plu : le héros ? les personnages ? un personnage en particulier ? l'histoire ? un passage de l'histoire ? les illustrations ? une illustration en particulier ?*** Etc.
- **Inciter** les élèves **à exprimer** les sentiments éprouvés : ***Le livre les a-t-il émus ? Les a-t-il amusés ? Ont-ils eu peur ? Ont-ils aimé les illustrations ? Pourquoi ? Les ont-elles amusés ou faits rêver ?*** Mais s'ils n'ont pas aimé le livre **expliquer** pourquoi : ***Peur ? Ennui ?*** Etc.
  Prolongement : Élire, parmi ceux exploités dans l'année, l'album qui a eu le plus de succès auprès des élèves. **Afficher** les résultats dans l'école.

Organiser une exposition

- Dans le coin *librairie*, autour d'un illustrateur, **présenter** quelques-unes de ses illustrations extraites de trois ou quatre albums à disposition dans le coin *bibliothèque* de la classe.
- **Faire visiter** l'exposition à d'autres élèves et/ou à des adultes de l'école en utilisant le vocabulaire de description d'images.

Vendre pour de vrai...

- **Dupliquer** les recettes du livre de cuisine réalisé par la classe (5 à 6 recettes maximum).
- **Inviter** ensuite les élèves en groupes à **établir** un sommaire et à l'**écrire** sur le clavier en répartissant les tâches entre plusieurs binômes. **Dupliquer** ensuite le sommaire (autant que de livres de recettes prévus).
- Collectivement, **trouver** un titre. Confier à un groupe la tâche de l'écrire sur le clavier et de l'**illustrer** pour composer la page de couverture (à dupliquer ensuite).
- En groupes, **numéroter** les pages intérieures et ensuite **constituer** l'ouvrage. Ces « **livres de recettes** » peuvent alors être vendus 1€, par exemple.
- Faire la « **caisse** » ensuite en décomptant le nombre de pièces obtenues qui serviront à racheter un ou deux albums. Ce ou ces albums seront achetés à l'intention des élèves qui fréquenteront la classe de **GS** à la rentrée. Mais, les élèves en fin d'année scolaire découvriront également ce ou ces ouvrages dont ils assureront ainsi la transmission à d'autres enfants.

VOCABULAIRE

Verbes :
conseiller – consulter – demander – guider – proposer – etc.

Des formules de demandes et de proposition :
Est-ce que vous avez [...] ? Avez-vous [...] ? Je cherche [...], J'aimerais [...], Je voudrais un livre qui [...], etc.

Autres mots :
mais – alors – si – etc.

Chapitre 2

Manipuler, construire, scénariser

La **première partie** traite des **jeux de construction.** D'abord de façon générale, elle propose ensuite des pistes d'exploitation pour quatre projets de classe.

La **deuxième partie** est consacrée au **coin garage et véhicules.** Elle montre comment installer et faire évoluer, au cours de l'année, le cadre dans lequel se déplacent véhicules et personnages. Motivation à des activités de construction et source d'apprentissages.

La **troisième partie** aborde la **scénarisation** sous l'angle de la littérature. Elle aboutit à des mises en récit, à l'oral et en dictée à l'adulte, pour aider les élèves à progresser dans la maitrise de la langue.

Des activités connectées

En **PS**, les jeux de construction et le coin *garage et véhicules* amènent d'abord les élèves à manipuler lors de phases d'exploration du matériel. Avec les jeux de construction ils empilent, encastrent, ajustent, associent et assemblent avant de construire de façon plus complexe.

Au coin *garage et véhicules*, les élèves sont d'abord engagés dans des jeux moteurs et fonctionnels. Ils déplacent, font rouler, percutent, bruitent leur jeu.

Mais ces phases d'appropriation nécessaires sont vite dépassées et quel que soit le niveau de classe, coin *garage* et *jeux de construction* entretiennent des liens très étroits. D'une part, car les élèves sont amenés à construire progressivement des véhicules, des bâtiments ou autres éléments de décor figurant dans ce coin de jeu. D'autre part, car la construction d'une maison de poupées, la construction de maquettes autour d'histoires ainsi que les aménagements du coin *garage et véhicules*, invitent à la scénarisation.

Ce sont ces liens récurrents qui ont conduit à réunir, au sein d'un même chapitre, les trois parties précitées.

Des activités connectées, mais qui conservent leur spécificité

Contrairement au chapitre précédent, les rubriques « **Apprentissages** » et « **Démarche pédagogique** » sont développées séparément dans chaque partie de ce chapitre. En effet, malgré les liens qui se tissent entre ces différentes parties, chacune garde sa spécificité. Les activités proposées, tout en s'articulant entre elles, répondent à des objectifs particuliers impliquant une démarche adaptée.

I. Les jeux de **construction**

Les jeux de construction conduisent à une multiplicité d'expériences sensorielles, motrices, affectives et intellectuelles. Ils permettent de mettre en action les élèves, de développer leur sens de la communication et leur créativité. Ils amènent les élèves à se confronter à la réalité physique des objets.

Ces jeux peuvent être le point de départ de nombreuses situations didactiques proposées par l'enseignant. Ils donnent lieu à des apprentissages qui, pour être plus structurés, n'en demeurent pas moins ludiques.

Les jeux de construction peuvent être considérés en tant que dispositifs, processus et procédures.

1. Les apprentissages spécifiques

Construire les premiers outils pour struturer sa pensée

Explorer des formes et des grandeurs

- **Utiliser** des éléments de construction aux couleurs, aux formes et aux matières diversifiées.
- **Encastrer, visser, dévisser, découper…** et **observer** les effets des actions effectuées.
- **Accéder** à une première découverte du monde technique.
- **Fabriquer** des objets répondant à une fonction donnée. Exemples : *faire rouler, faire flotter, soulever, mesurer le temps, servir d'abri…*
- **Recourir** à différents moyens d'assemblage et acquérir une motricité fine en fonction de la zone proximale de développement moteur.

Mobiliser le langage dans toutes les dimensions

- **Avant l'action :** **énumérer** les pièces à disposition. **Décrire** et **comparer.**
- **Durant la phase de construction :** **questionner, expliquer** (action/démarche), **justifier.**
- **Après fabrication :** lors de la présentation d'un objet réalisé, **employer** un vocabulaire précis et **s'exprimer** aux temps du passé. **Justifier** des choix, **expliquer** d'éventuelles difficultés rencontrées et les solutions apportées.
- **Au cours d'une autre séance :** **donner** des consignes à d'autres élèves pour **faire réaliser** le même objet (fiche technique ou non à l'appui).
- **Lors de résolution de problèmes scientifiques sur plusieurs séances :** **analyser** les difficultés rencontrées et **réaliser** une synthèse à l'écrit à l'issue des expérimentations... Voir exemples *construction d'une voiture qui roule, construction d'un bateau qui flotte*, p.96. **Réaliser** des performances.

•••

•••

Agir, s'exprimer, comprendre à travers des activités artistiques

- **Choisir** différents outils, médiums, supports en fonction d'un projet ou d'une consigne.
- **Appréhender** des matériaux très différents, éloignés de leur fonction habituelle (sable, carton, papier…).
  Choisir et **combiner** en réinvestissant des techniques (représentation du monde en 3D).
- **Détourner** des objets de leur fonction initiale. Exemples : *utiliser un rouleau en représenter le cou d'un personnage ou le pilier d'un pont.*
- **Réaliser** des compositions plastiques en choisissant et combinant des matériaux et en réinvestissant des techniques.

Explorer le monde

Se repérer dans l'espace

- **Situer** des objets entre eux et par rapport à des objets repères.
- **Utiliser** des marqueurs spatiaux pour **décrire** ou **expliquer.**
- **Passer** de la 2D à la 3D.
- **Réaliser** les représentations planes (des pistes).

Se repérer dans le temps

- **Ordonner** une suite de photographies ou d'images pour **rendre compte** des étapes de construction d'un objet.
- **Utiliser** des marqueurs temporels adaptés pour **décrire** ou **expliquer.**
- **Comparer** le temps de fabrication d'un objet avec le temps de fabrication d'un autre objet.
- **Apprendre** à **s'organiser**, à **planifier** et à **agir étape par étape.**
- Après avoir construit un objet, **ordonner** une suite de photographies ou d'images pour rendre compte des étapes de sa construction.
- **Utiliser** des marqueurs temporels adaptés pour décrire ou expliquer.
- **Comparer** le temps de fabrication d'un objet avec le temps de fabrication d'un autre objet en utilisant un sablier.

2. Démarche

Adopter une démarche spiralaire

Manipuler / Expérimenter

- **Prendre conscience** des caractéristiques liées aux qualités physiques de tout jeu nouvellement introduit : couleur, forme, taille. **Qualifier.**
- Lorsque le matériel le permet, **nommer** les pièces reconnaissables, les outils. **Introduire** des verbes correspondant aux actions effectuées. (Voir encadré **Vocabulaire,** p. 105)

Ateliers dirigés

Activités structurées visant l'**acquisition** d'apprentissages spécifiques.
L'enseignant organise les apprentissages.
En **GS,** il introduit une phase réflexive de formalisation qui conclut le jeu.

Retour aux jeux libres

- **Procéder** à une alternance de jeux libres et d'ateliers dirigés
  L'enseignant observe les savoirs acquis et permet aux élèves de **se perfectionner**.
- **Procéder** à de nouvelles activités en ateliers dirigés visant d'autres apprentissages.

Créer l'envie de reproduire et de transmettre

Les capacités motrices ne suffisent pas. Pour **anticiper, imaginer, inventer** et **chercher à réaliser**, il est nécessaire de **suivre** des modèles qui aideront progressivement à **construire** une image mentale de ce que l'on veut réaliser.
Cela se fera d'abord de façon embryonnaire ou plus élaborée, voire achevée, selon le degré d'expertise du moment. Cela implique des activités en atelier dirigés.

Reproduire un objet construit

L'enseignant propose un objet fabriqué par lui ou par un élève lors d'activités libres.

- Les élèves le décrivent et nomment les pièces nécessaires à sa réalisation. Le groupe reproduit le même objet selon un programme de construction.
- Communication entre deux groupes. Le groupe 1 qui a construit, lors de la séance précédente l'objet précité, donne des consignes au groupe 2, chargé à son tour de construire cet objet, mais sans le voir. Ce qui nécessite de **communiquer** sans autre recours que le langage, avec la nécessité de se montrer explicite.

Exploiter une fiche technique et réaliser

Lecture et **compréhension** de la démarche à suivre pour **réaliser** un objet donné en lien avec le thème à l'étude. **Exemple : réaliser des véhicules.** Les images de la réalisation à obtenir et des étapes à suivre favorisent le passage de la 2D à la 3D. Possibilité d'une **mise en commun** ensuite, lors d'un regroupement et **réalisation** d'autres constructions, avec le même matériel, par d'autres groupes, ensuite.

Élaborer une fiche technique

L'enseignant photographie chaque étape d'une construction par les élèves.

- **Remise en ordre** chronologique et commentée des photos ensuite par ces mêmes élèves.
- **Disposition** sur une feuille et collage (diverses dispositions peuvent être recherchées avant collage des photos).
- **Transmission** à un autre groupe.

Observation, puis remise en ordre des photo pour élaborer une fiche séquence.

Motiver les réalisations

Créer le désir de parvenir à des produits finis

- Dès la **PS, intégrer** régulièrement le contrat d'une construction à **réaliser** à partir du matériel offert. À la fin de l'activité, le groupe doit alors **présenter** au moins une construction, photographiée ensuite comme le « **chef d'œuvre** » du jour. Pour ce faire, les élèves peuvent **rassembler** au besoin des constructions individuelles pour aboutir à un seul objet, celui du groupe.
- **Inviter** les élèves **à résoudre** de petits problèmes techniques avant de les **lancer** dans des défis plus complexes à relever.
- Chaque enfant reçoit le même matériel (par exemple, deux grandes lattes à six trous, quatre petites lattes, une roue, un rectangle, six boulons et six vis). Il a à sa disposition (en rotation) une visseuse ou une clef à molette. La consigne peut être : *monter un objet donné*. L'enseignant introduit la contrainte, mais laisse les élèves **trouver** des solutions. Il peut toutefois **conseiller** des stratégies d'essais, **inciter à changer** de mode opératoire au cours de l'activité, **encourager** et **valoriser** les trouvailles. **Inciter** à aller au-delà des premières tentatives pour **développer** la persévérance.
- Mais **faire** ne suffit pas. Il faut **« faire », « dire »** et **« comprendre ». Comprendre** pourquoi on a réussi, ou pourquoi on n'y arrive pas. L'enseignant pourra alors **attirer l'attention** sur une stratégie ou un geste qui permet de **résoudre** le problème.

Travailler en projet

Construire des objets répondant à une motivation

- **Enrichir** le coin *garage* : construction de toutes sortes de véhicules, circuits (dont circuits écluses), éléments pour faire évoluer le cadre où se déplacent véhicules et personnages.
- **Exposer** des maisons réalisées par les élèves : maison de contes, maisons d'ici et d'ailleurs.
- **Fabriquer** une maison de poupées. Voir **Fiche séquence 13**, p. 184.

Construire une maquette, mettre en scène, raconter, écrire

- Dans la maison de poupées et ses environs, sur une maquette ou sur un tapis de jeu, **faire évoluer** ces personnages à partir d'un scénario. **Raconter,** voire **faire dialoguer** les personnages et **dicter** à l'adulte. Voir **Fiche séquence 15**, p. 190 et **Fiche séquence 16**, p. 194.
- **Construire** des maquettes pour mettre en scène une histoire exploitée en classe et la transmettre oralement à une autre classe.
- **Transposer** une histoire dans un autre lieu (pour ce faire, maquette réalisée par la classe). **Imaginer** la fin d'une histoire et la **dicter** à l'adulte.
  Autant de projets d'activités pour les élèves et de projets pédagogiques pour l'enseignant visant l'acquisition de compétences attendues en fin de cycle. Aussi à l'issue du projet, **faire constater** aux élèves ce qu'ils ont appris en le réalisant.

Inviter à la réalisation de « performances »

Exemples de défis (PS-MS) :

Avec des briques : *Bâtir la plus haute ou la plus grosse maison.*
Avec des cubes : *Bâtir la plus haute tour.*
Avec des pièces aimantées à assembler : *Construire la plus longue chenille.*
Avec des rouleaux : *Construire le plus long tunnel* (matériauthèque).

Exemples de défis (MS-GS) :

Avec pièces à emboiter :
– *Construire le véhicule avec le plus de roues.*
– *Construire une pyramide la plus haute possible.*
– *Construire un monument* (vu lors d'une visite ou découvert dans un album/un documentaire). **(GS)**

Avec des lego© : *Construire un cube.* **(GS)**

Avec des engrenages : *Faire tourner 6 roues dentées avec une manivelle.* **(GS)**

Avec des planchettes en bois :
– *Réaliser le plus grand toit ou la tour la plus haute.*
– *Réaliser la tour la plus haute avec 25 planchettes.*
– *Réaliser la tour la plus haute à 2 ou à 3.*

La tour Eiffel en briques

Avec des formes géométriques :
– *Construire un objet du quotidien avec le plus de carrés/de triangles/etc. possible.*
– *Obtenir la sphère la plus grosse.* **(GS)**

Avec des jeux de construction utilisés en classe (au choix de l'élève) **:**
– *Une voiture doit traverser la rivière. Comment faire pour l'aider ?*
– *De mémoire, construire un objet précédemment fabriqué à l'aide d'une fiche de montage.*

Avec du matériel de récupération (exemple : bouchons de bouteilles de lait) **:**
– *Faire le mur le plus large possible.*
– *Faire le tunnel le plus long possible* (exemple : rouleaux).

Organiser deux défis en favorisant des apprentissages

Le premier défi *Construire un bateau qui flotte* s'adresse à des élèves de **PS-MS** et le second *Construire une voiture qui roule* à des élèves de **MS-GS.**

PS / MS

Construire un bateau qui flotte

Activités préalables : Autour des notions de *flotter/couler.*

Point de départ : Exploitation d'un album ***Le Bateau rouge d'Oscar*** de Jo Hoestlandt et Amandine Liu (Père Castor).

Déroulement :

- **Introduction** du défi.
- **Mise à disposition** et **recensement** du matériel choisi par l'enseignant dans la matériauthéque de la classe.
- **Expérimentations** en petits groupes et **confrontation** des productions.
- **Étude** et **analyse** des difficultés rencontrées. **Recherche** de solutions. **Remise en chantier**.
- Une fois parvenu au résultat : **synthèse** et **structuration** des connaissances.
- **Conservation** de traces successives : photos, dessins, traces écrites.
- **Explication** des réussites. **Réalisation** d'une affiche.

MS / GS

Construire une voiture qui roule

Activités préalables :

- **Distinguer parmi d'autres objets les objets qui roulent. En dresser la liste.**
- **Faire rouler des voitures dont les roues ont été trempées dans la peinture.**

Point de départ :

Traces laissées par des petites voitures aux roues plongées dans la peinture et que l'on a fait rouler pour tracer des chemins.

Déroulement :

- **Introduction** du défi : **concevoir** un mécanisme à partir d'objets de récupération et **chercher** des solutions techniques afin d'**obtenir** un véhicule capable de rouler.
- **Mise à disposition** du matériel choisi par l'enseignant dans la « matériauthèquede la classe ». **Prévoir** des éléments pouvant faire fonction de roues.
- **Mise à disposition** d'outils : pinces coupantes – scies – pistolet à colle – ruban adhésif – élastiques – ficelles – pinces à linge – etc.
- Travaux de groupes sur plusieurs séances. **Procéder** par essais et erreurs au sein des groupes en cherchant à construire une voiture par l'assemblage d'objets pouvant rouler sur un châssis. **Chercher** des solutions techniques au problème posé.
- **Confrontation** des connaissances.
- **Conservation** des essais à l'issue de chaque séance. **Tester** les performances. **Comparer** avec les productions précédentes. **Garder** trace des bilans successifs. Chaque élève conservant dans son propre cahier d'expériences, la trace des essais successifs de son groupe.
- Phase de **synthèse** pour terminer. **Réaliser** une fiche technique dégageant ce qu'il faut faire pour **obtenir** une petite voiture qui roule le mieux possible.

3. Installation

Il n'existe pas, à proprement parler, de coin *construction* dans la classe. Les élèves se livrent à ces activités sur des tables, et au sol, en **PS,** lorsqu'il s'agit de constructions avec des pièces de gros calibre. Mais le matériel doit être rangé de façon fonctionnelle.

Le mobilier

- Étagères pour exposer des constructions réalisées par les élèves et/ou leur photo ;
- Étagères pour les jeux du commerce en cours d'utilisation. Meubles de rangement pour entreposer ceux qui ne sont pas utilisés pour le moment ;
- Tables pour ateliers libres ou structurés.

Le matériel

Il existe deux catégories de jeu de construction :

– **Jeux éducatifs du commerce** constitués de pièces spécifiques à assembler, emboiter, superposer, etc. et permettant d'acquérir des stratégies et de s'exercer (voir tableau, ci-après).

– **Éléments à disposition dans la « matériauthèque »** permettant de réinvestir des apprentissages dans activités créatives.

Les jeux éducatifs

À titre d'exemple, voici une programmation montrant comment **confronter** les élèves à des propositions variées et renouvelées de constructions avec des jeux éducatifs du commerce sur l'année scolaire. Elle prend en compte le développement de la motricité globale, la diversité des jeux et des gestes moteurs qui les sous-tendent et les découvertes adjacentes qu'ils permettent.

PS / MS

Matériaux – Outils

Pendant l'année scolaire :

- **Exploration** de différents matériaux : le **plastique** ou le **bois** notamment, avec la particularité, pour certaines pièces en bois, de la présence d'aimants permettant de les **assembler.**

En cours d'année pour les PS et en début d'année pour les MS :

- **Introduction** d'une *visseuse* avec des embouts interchangeables pour **visser** ou **percer** (lattes à trous – vis – boulons) et d'un tournevis pour **dévisser** et recommencer le geste.
- **Introduction** d'un **établi** très robuste (de préférence en bois solide) avec de nombreux outils (serre-joint – étau – clé à molette – marteau – tournevis – équerre – vis – cales – lattes de formes ou de tailles différentes – mètre – etc.) et des bacs de rangement.

Constructions

Évolution des constructions au fil de l'année :

- **Permettre d'abord** de grandes constructions en mettant à disposition :
  – des **briques légères de grande taille, en plastique semi-rigide,** faciles à **emboiter** (pour des constructions très stables) ;
  – des **briques en carton** également **de grande taille,** très résistantes et très légères pouvant **supporter** le poids d'un enfant.
  Les briques sont à **empiler** (pour des constructions moins stables et nécessitant une plus grande précision du geste et du positionnement des pièces).
- **Introduire ensuite des briques plus petites et plus souples** mais suivant le même principe d'emboitement.
- **Progressivement, proposer des jeux de construction** toujours plus petits avec des pièces faciles à manier permettant de **réaliser** des constructions statiques ou mobiles (qui roulent) avec de petits personnages tubulaires à clipser (notamment dans des trains qui, de par leur taille, favorisent, les jeux de rôle à plusieurs).
- **Parallèlement, amener** les enfants à **utiliser** des **pièces** (de tailles et de formes différentes) **aimantées** à **assembler**. Sans risque d'échec, les constructions permettent de **représenter** des objets du quotidien ou extraordinaires en prenant de l'assurance dans le montage par le maintien magnétique des pièces entre elles.
- À ce stade, **mettre à disposition** d'autres **briques en plastique rigide plus petites,** aux formes variées à clipser (superposition/juxtaposition) notamment sur des **plaques** plus ou moins grandes.
- **Introduire** des circuits à **encastrer** avec des **pièces plus ou moins grandes,** à **organiser** selon que le circuit est ouvert ou fermé.

À réserver aux MS :

- **Introduction** des **briques carrées et triangulaires en plastique rigide** à **faire coulisser latéralement** ou à **superposer** pour des constructions en 2D ou en 3D avec aussi des axes, des essieux et des roues permettant la construction de véhicules exploitables dans le coin *garage*.
- **Réalisation** d'objets de grandes dimensions dont les pièces en plastique très résistant sont à **fixer** avec un outil adapté : **la clé à molette** (lattes et roues à trous à fixer avec des vis et des boulons).
- **Fabrication** d'un circuit écluse dont les pièces sont à **assembler** (écluse – pompe – roue à aubes – grue – pont – etc.) avec l'exploration d'un nouvel élément (l'eau) et de nouveaux véhicules (les bateaux).

MS / GS

Matériaux – Outils

Pendant l'année scolaire :

- **Exploration** de différents matériaux : le **plastique**, le **bois**, les **aimants**, le **carton** voire le **bois magnétique** pour certains puzzles.

Essentiellement pour les **MS :**

- **Enrichir** l'établi déjà utilisé en diversifiant les outils déjà proposés **(perceuse – tenaille – etc.)** ou **introduire** un **nouvel établi** en plastique résistant et une **caisse à outils.**

Constructions

- **Utilisation** tout au long de l'année de **puzzles** (matériaux et nombre de pièces variés).
- **Introduction** de **pièces en plastique** très résistant de formes et de tailles différentes **(briques – blocs – rectangles – tubes – douilles)** à **emboiter, imbriquer** et **encastrer** selon le type de pièces à **compléter** tout au long de l'année scolaire avec des pièces diversifiées.
- **Découverte** des **engrenages**, de leur fonctionnement et de la relation de cause à effet (via la transmission du mouvement de rotation) en 2D ou en 3D : **plaques, roues dentées** et **pièces de jonction** de tailles différentes en plastique rigide.
- **Réalisation** de constructions flexibles en 3D d'objets extraordinaires ou du quotidien ou avec des **tiges en plastique** souple de tailles différentes à **emboiter** et maintenir avec des pièces de jonction en forme de rosaces (première approche de la notion de courbe).
- **Introduction** différenciée d'un jeu de construction géométrique en 2D **(MS)** ou 3D **(GS)** avec des **pièces en plastique dur** à **articuler** (formes utilisées à référencer et exemplifier en vue d'une première approche du vocabulaire géométrique).
- Dans la continuité, **utilisation** de **tiges magnétiques** et de **billes métalliques** à **assembler** et **solidifier** avec des **panneaux** (formes géométriques) pour des constructions en 2D ou en 3D (découverte empirique de la loi de l'attraction et de la répulsion).
- **Introduction** de **roues** et de **moyeux** pour les fixer permettant la construction de véhicules magnétiques exploitables dans le coin garage.
- **Mise en service** des **planchettes en bois** (naturel ou de couleur) à **empiler** et **superposer** sans aucun système d'assemblage pour des constructions en 2D (notamment des routes exploitables dans le coin *garage*) ou en 3D.
- À **distinguer** des **puzzles**, exploration multiple des **pièces du tangram-carré** à **juxtaposer** de façon logique sans aucun système (initiation aux casse-tête).

À réserver aux **GS :**

- **Construction** avec de **très petites briques en plastique rigide** à **superposer par clipsage** ou **juxtaposition** d'une maison de poupée et de figurines miniatures. Puis, extension à d'autres ensembles stables ou mobiles.
- **Construction** en 3D de polyèdres avec les **pièces en plastique** dur à **articuler.**
- **Construction** en 2D à l'aide du tangram-œuf et du tangram-cœur.
- **Construction** faisant appel à la logique avec d'autres casse-tête dont les pièces à **empiler** et à **accoler** permettent des combinaisons multiples.

La « matériauthèque » de la classe

Associer les familles au renouvellement du matériel au fur et à mesure de son utilisation. L'ensemble doit être fourni mais sans excès, pour **éviter** la dispersion et le désordre.

- **Matériaux :** *différentes bouteilles en plastique (arrondies ou carrées) – boites en carton et/ou couvercles de différentes tailles et formes – boites à œufs de contenances différentes – cagettes – rouleaux de différentes tailles – feutrine – toutes sortes de tissus, de papiers cadeaux et de papiers peints (différentes tailles, formes et couleurs) – papier journal – papier aluminium – papier émeri – papier de soie – papier adhésif de différentes couleurs – planchettes – bâtonnets d'esquimaux – pinces à linge – paille ou chalumeau – filets (pour clémentine) – laines – ruban – bouchons en liège ou en plastique – bouchons de bouteilles de lait – toutes sortes de capsules (différentes tailles et couleurs) – coquillages – perles – cailloux – galets – branchages – etc. ;*
- **Différents modes de fixation :** *ficelle – corde – colle – ruban adhésif – pinces à linge – attaches parisiennes – trombones – pastilles adhésives – pastilles double-face – etc. ;*
- **Différents outils :** dans la caisse à outils ou sur l'établi de la classe : *ciseaux – pince – règle – pinceaux – etc.*

Rangements

- Après une activité en atelier libre ou dirigé, les élèves y ayant participé rangent. Ils s'y mettent sur une consigne claire et/ou un signal audible donné par l'enseignant. Ranger s'apprend. Les élèves sont largement encouragés et félicités.
- Pour **faciliter** les rangements, il faut que le matériel soit facile d'accès et que la place des objets soit étiquetée (symboles ou mots). **Prévoir** des boites, des sacs et des couvercles adaptés au matériel.
- Après introduction et exploration d'un nouveau jeu éducatif, lui **trouver** une place et l'**indiquer.** Mais **ne pas ranger** lorsqu'une production est en cours de réalisation et va être poursuivie.

Affichages thématiques

En fonction des projets de réalisation en cours et des sujets à l'étude, **organiser** un affichage par thème dont l'objectif est :

- d'**enrichir** les représentations que les élèves ont du monde environnant et d'autres milieux ;
- de **développer** l'imagination et la créativité.

À titre d'exemples, images pouvant être **mise à disposition** à l'occasion de projets sur le thème des maisons et de la ville. Voir **Projet GS** p. 103.

Images documentaires	Images d'art
Photographies de bâtiments aux abords de l'école et dans la commune : • Maisons individuelles et immeubles, • L'école elle-même, • Bâtiments publics (mairie, hôpital, gare), • Magasins, etc. **Élargir à d'autres représentations :** **Maisons du monde :** *À colombages européens – traditionnelles chinoises ou japonaises – igloos – tipis – yourtes – etc.* **Bâtiments anciens :** *Maison carrée de Nîmes – Châteaux forts, – Tour de Londres – Cathédrale de Reims – Châteaux de la Loire (Chambord) – le Palais de Versailles – la tour Eiffel – etc.* **Constructions majeures du XXe siècle :** *Le Corbusier (Cité Radieuse de Marseille, Villa Savoye) – Mallet Stevens (Villa Cavrois), etc.* **Bâtiments contemporains :** *Centre Pompidou – Opéra de Sydney – Fondation Vuitton de Paris – Philharmonie de Paris – etc.* **Photographies de villes :** • Photos de la commune où est implantée l'école. • Photos montrant la « **skyline*** » de villes aux architectures démesurées : New-York, Los Angeles, Tokyo, Hong-Kong, Francfort, La défense à Paris, etc. * *Découpe des formes des bâtiments d'une ville sur le ciel.*	**Bâtiments :** **Œuvres en 2D :** • ***La tour de Babel*** de Brueghel (1563), • Château figurant sur l'affiche du film ***Le Roi et l'Oiseau*** (1952). • Œuvres en collage d'images de bâtiments de Matthias Yung. **Œuvres en 3D :** • ***Monument à la 3e internationale,*** de Tatline ; • Les « **nids** » de Nils Udo ; • Les « **igloos** » de Mario Merz ; • ***Fish Dance*** de Frank Gehry ; • Les « **cellules** » et autres « **propositions d'habitation** » d'Absalon (Eshel Meir) ; • Les « **nids** » de Tadashi Kawamata (cf. exposition « **Cartonworkshop** » au Centre Pompidou en 2010) ; • ***La maison-œuf*** de Pascal Häusermann (1960). **Villes** **Œuvres en 2D :** • ***Métropolis*** de Paul Citroën (1923) ; • Images de films : ***Métropolis*** de Fritz Lang (1927) ; • ***Villa florentine*** de Paul Klee (1926). **Œuvres en 3D :** • Constructions d'Anne et Patrick Poirier ; • Les « **extrêmes maquettes** » de Bodys Isek Kingelez.

4. Activités associées (GS)

Trois projets de classe sont proposés sur le thème des maisons et de la ville. Ces projets de constructions sont adaptables en **PS-MS.**

Projet 1 : Les maisons de conte (MS-GS)

Projet autour de contes mettant en scène des animaux à la recherche d'une maison, par exemple : ***Les Trois Petits Cochons. Les musiciens de la ville de Brême.***

Après avoir constaté que seule la maison du troisième cochon avait résisté au souffle du vent, **deux consignes opposées** sont données.

Objectif :
Fabriquer des objets répondant à une fonction donnée.

Déroulement :
- Choix des matériaux,
- Réalisation,
- Analyse,
- Mise en mots des constats opérés. **Reformulation** et dictée à l'adulte.

Première consigne : *Construire des maisons légères comme une tente.*
Elles doivent **protéger** : du soleil, du vent, mais peut-être pas de la pluie.

Constat effectué après réalisation :
- **1ère maison :** Elle protège du soleil, mais ni du vent, ni de la pluie, et surtout pas du souffle du loup. Elle est trop légère !
- **2e maison :** Construire des maisons qui résisteraient au loup.

Seconde consigne : *Construire des maisons qui résisteraient au loup.*

Constat effectué après réalisation
- **3e maison :** Elle résiste à tous les vents. Elle est lourde puisqu'elle est en terre. Si le loup soufflait très fort, elle résisterait !
- **4e maison :** Elle est solide et lourde. Donc elle résisterait au souffle du vent. Elle comporte des ouvertures qui laissent passer la lumière.

Matériel : carton ondulé – papier et lampe de poche.

Productions d'élèves de GS.

Projet 2 : Maisons d'ici et d'ailleurs (MS-GS)

Travail approfondi sur le thème des maisons au travers d'albums, d'histoires, d'images donnant à la construction de maisons en ateliers.

Constructions en 2D

Objectif :
Utiliser des formes géométriques dans une réalisation en 2D.

Démarche :
À partir de formes géométriques (rectangles et triangles) de différentes tailles et en carton, peintes par les élèves, **réaliser** un manoir.
Puis **remettre en chantier** pour **faire évoluer** les réalisations. **Introduire** d'autres formes géométriques : *carré – losange – disque – etc.*

Manipulation des formes géométriques jusqu'au résultat final : un manoir.

Autres ateliers

- **Réaliser** des constructions planes avec des planchettes en boistoutes identiques (changement de matériau).
- Activité proposée prioritairement aux élèves ayant des difficultés derepérage dans l'espace.
  - À l'aide d'images d'édifices (immeuble, château, etc.) découpées puis plastifiées, construire des maisons de tailles différentes aux formes plus ou moins insolites.

Construction plane d'un immeuble (à gauche).

Construction plane d'un château (à droite).

- Activité proposée prioritairement aux élèves ayant des difficultés de repérage dans l'espace.
  - À l'aide d'images d'édifices (immeuble, château, etc.) découpées puis plastifiées, construire des maisons de tailles différentes aux formes plus ou moins insolites.
  - Après découpage minutieux par l'enseignant, d'une œuvre de Paul Klee ***Jardins d'un temple*** (1920), reproduite en partie et plastifiée, **reconstitution** du puzzle d'après modèle (à droite).

Prolongement : Les élèves les plus à l'aise peuvent alors laisser libre court à leur imagination et ne plus utiliser les images.

Production d'élèves à partir du tableau *Jardins d'un temple de* Paul Klee (Œuvre oiginale)

© Tous droits réservés

Construction en volumes

Objectif :

Passer de la 2D à la 3D afin de **créer** une ville.

Démarche :

Passage de la 2D à la 3D en intégrant des formes présentes dans les premières constructions planes ci-avant (triangle, rectangle, auquel s'ajoute le carré).

Les élèves réfléchissent d'abord aux deux notions de superposition et de juxtaposition. **Exemple :** ***une façade est un rectangle sur lequel sont superposés des carrés (les fenêtres) de part et d'autre desquels sont juxtaposés des rectangles (les volets).***

Puis, à la règle, ils réalisent des croquis.

Réalisation de croquis

Ces croquis servent de référence aux formes géométriques préparées par l'enseignant et qui sont alors coloriées ou peintes par les élèves.

Croquis d'un élève de GS

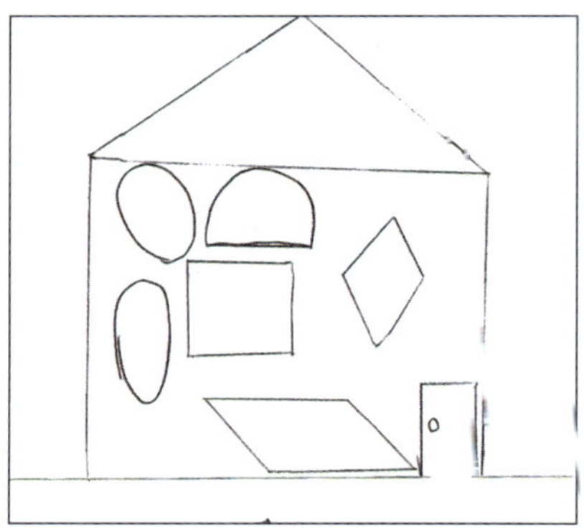

Construction d'une maison

Des maisons en carton

Dans la « **matériauthèque** », les élèves choisissent les boites en carton ayant une taille adaptée à celle des façades de la maison, et du papier adhésif de couleur pour en **recouvrir** la tranche. Les façades sont fixées de part et d'autre de la boite en carton avec des pastilles double-face.

Remarques : Les constructions sont ensuite exposées et photographiées selon différents cadrages pour en conserver traces plus longtemps dans la banque d'images de la classe. Elles seront intégrées ensuite sur la maquette d'un quartier imaginaire (voir ci-après).

Maison. Production d'un élève de GS

Quartier imaginé par des élèves de GS (entre maisons anciennes et immeubles modernes)

Des maisons en planchettes en bois

Après avoir fait **évoluer** leurs constructions de la 2D à la 3D avec des formes géométriques en carton, les élèves procèdent de manière identique avec les **Kapla©**. Toutes les créations sont encouragées, les élèves verbalisant d'abord leurs intentions et expliquant ensuite leurs réalisations.

Une maison à étages

Une maison sur pilotis

Des maisons en briques rigides

Situation-problème : ***Les élèves sont confrontés à la réalisation d'un toit pour une maison fabriquée à partir de petites briques en plastique très rigide.***

Explorant différents matériaux *(carton – bois – plastique rigide)* et différentes techniques de construction, les élèves se sont retrouvés confrontés à un problème lors de l'utilisation des briques : ***comment faire un toit à une maison en briques lorsque la surface de celle-ci est plus grande que les plaques dont on dispose ?*** Après de nombreux essais et de nombreuses discussions et échanges entre eux, les élèves comprennent qu'il faut **associer** les plaques en utilisant une pièce de jonction.

Pour fabriquer un toit il faut assembler deux plaques avec une tige, les clipser par des briques et tout remplir en utilisant la même technique.

Prolongement : Au contact d'œuvres d'artistes construction, d'autres maisons imaginaires qui viennent clore la première phase du projet.

Projet 3 : Réalisation d'une maquette autour d'un album (GS)

Travail sur le thème des architectures démesurées.

Objectif :

- **Prendre** conscience de la taille des immeubles dans certaines villes du monde.
- **Manipuler** des matériaux variés pour **réaliser** des constructions identifiables à des édifices.

Démarche :

Point de départ : l'**exploitation** de l'album ***Louise de New-York : La détective*** de Jean Poderos et Gaia Guarino (Éditions Courtes et Longues).

Phase documentaire : Introduction d'images documentaires sur la ville où vit l'héroïne, puis de photos au format A3 montrant la « **skyline** » de villes aux architectures démesurées : *Los Angeles – Tokyo – Hong-Kong – Francfort – La Défense à Paris.* Photos prises de jour et de nuit.

Réalisation de dessins : forte présence d'immeubles et de gratte-ciel éclairés, promiscuité des immeubles le long de rues où cohabitent des gratte-ciels avec des maisons plus traditionnelles (réminiscence des travaux antérieurs).

La rue principale d'un vieux village.

La rue principale d'une grande ville moderne.

Constructions de gratte-ciel

Consigne : *Réaliser le plus haut gratte-ciel, par empilement de boites en carton sans fixation* (« matériauthèque »).

Réalisation d'une maquette de ville à l'architecture démesurée

- **Introduire** des rouleaux de différentes tailles mêlés à d'autres éléments de la « matériauthèque ».
- **Éliminer** les autres éléments empruntés à la « matériauthèque » pour ne conserverque les rouleaux.
- **Construire** des tours de différentes hauteurs avec des rouleaux peints et des gommettes en guise de fenêtres.

- **Comparer** la hauteur des tours entre elles avec une mesure étalon (une bande de papier).
- **Disposer** les tours sur un carton servant de socle. En lien avec la réalisation de circuits dans le coin *garage* et l'utilisation du tapis de jeu, où avaient été dessinés préalablement une route et des espaces verts.

Construction empilement de boites.

Maquette d'une ville aux tours immenses.

Projet 4 - Réalisation d'une maquette après une sortie en ville (GS)

Objectif :
- **s'approprier** l'espace du quartier ;
- **se repérer** sur un plan (transposition des découvertes précédemment effectuées) ;
- **réaliser** une maquette à partir du plan codifié.

Démarche :

Préalables
- **Observation** de maquettes en carton (internet) ;
- **Introduction** du projet : **réaliser** la maquette d'un quartier qui pourrait être le nôtre avec les maisons construites précédemment (période 2).

Sortie au centre-ville
- **Prise en notes** du nom des rues empruntées.
- **Photographier** des lieux notables avec l'appareil photo numérique : *bâtiments – ronds-points – carrefours – etc.*
- **Commentaire du trajet effectué :** ***Rue X, nous tournons à droite. Nous prenons la rue Y, nous marchons jusqu'au rond-point. Au rond-point, nous prenons la deuxième rue à droite. C'est la rue Z. Au croisement suivant, nous continuons tout droit. Nous passons devant la mairie, etc.***
- **Prises de notes** par l'enseignant.

Au retour en classe
- **Remise en ordre chronologique** des photos.
- L'enseignant relit les notes prises, pendant la sortie.
- Tracé de l'itinéraire emprunté à cette occasion sur une grande feuille posée au sol ou sur une table en reformulant chaque étape du trajet.
- Affichage (passage du plan horizontal au plan vertical).

Prolongements :
- Afin de **compléter** les photos prises, travail avec Google Maps. **Reconstitution** de l'itinéraire et **visualisation** des rues empruntées et des édifices rencontrés.
- Sur le plan de la ville, repérage ensuite du trajet effectué au cours de la sortie grâce à des gommettes localisant les lieux notables. Le passage au plan pour découvrir la fonction de cet écrit aura été favorisé par la sortie préalable en ville et, au retour, par le tracé de l'itinéraire emprunté.
- **Réaliser** la maquette où sont intégrées toutes les constructions réalisées par la classe.
- **Tracer** les rues de la ville.

VOCABULAIRE

Matière :
bois – latex – mousse – plastique.

Petit matériel de construction :
barre – bloc – boulon – brique – cheville – clou – cran – croix – dent – douille – écrou – embout – essieu – latte (à trous) – pièce – planchette – plaque – plot – roue (à trous) – roue (dentée) – tige – tube – vis – etc.

Outils :
brosse – caisse (à outils) – ciseau (à bois) – clé à molette – clé anglaise – équerre – établi (à outils) – étau – grattoir – manivelle – marteau – mètre – pince – rabot – scie – spatule – tournevis – visseuse – etc.

Géométrie :
axe de symétrie – figure géométrique – forme géométrique – symétrie ;
volume : *boule – cube – cylindre – pyramide – sphère ;*
plan : *carré – cercle – disque – rectangle – triangle – etc.*

Autres :
agencement – axe de rotation – colonne – construction – engrenage – fabrication – jonction – ligne – magnétique – rotation – sens (direction) – tour – etc.

Verbes d'action :
coulisser – (dé) monter – (dé) visser – (se) chevaucher – aligner – assembler – clipser – construire – dresser – emboiter – empiler – encastrer – fermer – fixer – glisser – imbriquer – ouvrir – organiser – rouler – tenir tourner – superposer – tracer – etc.

Adjectifs :
allongé – bas – biscornu – debout – droit – fragile – haut – horizontal – oblique – ondulé – pointu – sinueux – solide – stable – vertical.

BIBLIOGRAPHIE

CONSTRUCTIONS

Albums
Anne WILSDORF, ***Ingénieuse Eugénie,*** coll. *Albums,* Éditions La joie de lire.
Byron BARTON, ***Construire une maison,*** coll. *Albums,* Éditions L'École des Loisirs.
Byron BARTON, ***Sur le chantier,*** coll. *Albums,* Éditions L'École des Loisirs.
Gilles BIZOUERNE / Élodie BALANDRAS, ***Une maison pour quatre,*** coll. *Paroles de conteur,* Éditions Syros Jeunesse.
Élise GRAVEL, ***La Clé à molette,*** Éditions Nathan.
Lieve BAETEN, ***Patou la mêle tout,*** Éditions Mijade.
Toshio IWAI, ***La Maison aux cent étages,*** coll. *Picquier jeunesse,* Éditions Philippe Picquier.
Laura LJUNGKVIST, ***Suis la ligne dans la maison,*** coll. *Aux couleurs du monde,* Éditions Circonflexe.
Mitsumasa ANNO, ***Dix petits amis déménagent,*** coll. *Albums,* Éditions L'École des Loisirs.
Florie SAINT-VAL, ***Mon Voyage dans la maison,*** coll. *Les albums,* Éditions MeMo.
Mim / Sébastien PELON, ***Le Déménagement de Maryse Cocotte,*** coll. *Ptit Glénat,* Éditions Glenat.

Documentaires
Stéphanie LEDU / Catherine BRUS, ***Le Chantier,*** coll. *Mes p'tits docs,* Éditions Milan.
Philippe BIARD, ***Le Chantier,*** coll. *Mes premières découvertes,* Éditions Gallimard jeunesse.
Sandrine LE GUEN / Annabelle BUXTON, ***Archicube : Construis avec l'architecte Bernard Tschumi,*** coll. *Ateliers Villette,* Éditions Acte Sud Junior.
Raphaël MARTIN / PRONTO, ***Le Grand Livre des outils,*** coll. *Documentaire,* Éditions De La Martinière Jeunesse.
Stéphanie LEDU / Rémi SAILLARD, ***Le Bricolage,*** coll. *Mes p'tits docs,* Éditions Milan.
Clémentine SOURDAIS, ***Mes maisons du monde,*** coll. *Jeunesse,* Éditions Seuil.
Anne LAUPRETE, ***La Maison,*** coll. *Les premières images des tout-petits,* Éditions Milan Jeunesse.

II. Du coin garage aux circuits

Les élèves commencent par **manipuler et déplacer les véhicules.** Ensuite la présence de **circuits canalise et structure les déplacements.** L'introduction de **personnages-jouets** adaptés à l'âge des élèves contribue à l'émergence de petits scénarios.

Contrairement aux autres coins, les élèves ne sont plus impliqués dans des jeux de rôles comme ceux auxquels ils se livrent dans les coins *poupées*, *cuisine* et *magasins*. Ils ne sont plus directement acteurs. **Ils font vivre des personnages.** Le langage prend le pas sur la gestuelle, les élèves commentent : *la voiture rouge s'arrête au garage (...)*, puis d'autres commentaires accompagnent les déplacements de cette voiture ou ceux des figurines.

Les mises en scène sont liées au cadre dans lequel se déplacent personnages et véhicules. Celui-ci évolue et s'enrichit en fonction des sujets d'intérêt de la classe et des constructions réalisées. La construction de bateaux peut, par exemple, amener à la construction d'un port dans cet espace de jeu, où les véhicules ne se limitent pas à ceux qui ont des roues.

Par ailleurs, ce coin est en étroite relation avec l'apprentissage du vivre ensemble si l'on veut éviter que les scénarios catastrophes (chocs de véhicules) ne prennent le pas sur d'autres. Les personnages sont amenés à vivre des situations imposant des règles de bonne conduite allant, en **GS**, jusqu'au respect du code de la route.

1. Les apprentissages spécifiques

Outre le domaine « **Mobiliser le langage dans toutes les dimensions** », présent dans toutes les activités, deux domaines sont ici privilégiés : ***Construire les premiers outils pour structurer sa pensée*** et ***Explorer le monde***.

Compétences	Apprentissages
Mobiliser le langage dans toutes ses dimensions	
• **Décrire** des véhicules et des actions. • **Qualifier.** • **Décrire** des photos et des images représentant différents milieux. • **Indiquer** la position d'un véhicule par rapport à un autre ou à plusieurs. • **Décrire** un trajet réalisé par un véhicule ou un personnage. • **Effectuer** un déplacement en suivant des consignes orales ou codées dans le coin *garage*, dans un espace miniaturisé.	• **Pratiquer** différents usages du langage oral. • **Enrichir** et **utiliser** le vocabulaire sur le thème à l'étude dans un langage syntaxiquement correct. • **Employer** des marqueurs spatiaux adaptés et des connecteurs de temps.

•••

Construire les premiers outils pour structurer sa pensée

Explorer des formes et des grandeurs

• **Découverte** et **manipulation** de véhicules variés. Tris, classement et rangement dans des boites. • **Classement** dans des tableaux à 2 colonnes, et à 2 cases, à plusieurs colonnes et à plusieurs cases. • **Rangement** sur des supports de jeu, garage, parkings. • **Alterner** voitures selon deux couleurs (exemple : voitures bleues et voitures jaunes). • **Manipuler** des images : **MS-GS :** classement dans des tableaux à 2 colonnes, **GS :** progressivement, dans des tableaux a plusieurs colonnes et à plusieurs, cases.	• **Apprendre** à catégoriser : trier, classer, ranger. • **Classer** dans des tableaux. • **Apprendre** à respecter la régularité de l'alternance.

Découvrir les nombres et leur utilisation

• **Utiliser** des procédures non numériques pour **comparer** des collections organisées en changeant les paramètres de couleurs, tailles, etc. • **Changer** l'organisation spatiale d'une collection (exemple : sur une ligne, sur une file, etc.). • **Mémoriser** cette organisation. La **changer** et **dénombrer** de nouveau. • **Comparer** une quantité (véhicules) avec une constellation figurale (constellation du dé). • **Comparer** des quantités (nombre de véhicules) avec des procédures numériques. • **Positionner** des véhicules : 1er, 2ème, 3ème… sur un parking.	• **Réaliser** une collection en réponse à une consigne de l'enseignant. • **Comparer** des collections. • **Dénombrer.** • **Comprendre** que le cardinal ne change pas si on modifie la disposition spatiale ou la nature des éléments. • **Utiliser** le nombre.

Explorer le monde

Se repérer dans l'espace

• **Disposer** des véhicules les uns derrière les autres sur une route, les uns à côté des autres sur un parking. • **Déplacer** des véhicules sur des circuits tracés. • **Réaliser** une maquette. • **Construire** un parcours à l'aide d'un matériel donné ou par le dessin.	• **Situer** des objets entre eux et par rapport à des objets repères. • **Réaliser** un parcours en réponse à des consignes orales ou en se référant à un schéma. • **Élaborer** les premiers essais de représentation plane.

Se repérer dans le temps

• **Retrouver** les étapes d'un déplacement sur un tapis de jeu, sur des pistes réalisées par les élèves dans le coin *garage* ou sur une maquette. • **Mettre** en rapport photos et lieux pour retrouver les étapes d'un déplacement hors de l'école. • **Comparer** véhicules et circulation autrefois et de nos jours. **(GS)**	• **Ordonner** les étapes d'un déplacement. • **Prendre conscience** de ce que l'on n'a pas toujours vécu comme aujourd'hui.

Découvrir différents milieux

• **Sorties scolaires.** • **Partir** à la découverte d'autres espaces à l'aide de documents pour faire évoluer le cadre où se déplacent les véhicules (lien avec les jeux de construction).	• **Apprendre** à retracer un itinéraire effectué de l'école au lieu d'arrivée (à l'aide de photos). • **Découvrir** la fonction d'une carte géographique. • **Décrire, comparer** avec des espaces familiers à la classe. • **Représenter** (construction / aménagement)

2. Évolution du coin garage et véhicules

Ce coin de jeu peut être permanent durant l'année scolaire, mais il est appelé à évoluer en fonction de la programmation de classe et des projets pédagogiques de l'enseignant.

PS-MS : Au cours de l'année, les élèves construisent des éléments destinés au coin *garage*.

MS-GS : On peut d'emblée **annoncer** aux élèves que l'on va aménager un coin *véhicules/garage* dans la classe. **Indiquer** l'emplacement qui permettra de déplacer les véhicules au sol. **Engager** d'abord l'installation en introduisant divers véhicules. Ensuite **faire prendre** en charge des fabrications d'objets par les élèves.

Matériel :
– **Roulants** : voiture, camion, moto ;
– **Volants :** avion, hélicoptère ;
– **Navigants :** péniche, bateau, paquebot.

Mais aussi des bâtiments, des ponts, des voies de circulation, des personnages et **fabriquer** des affichages, des logos pour **faire vivre** les environnements.

PS / MS	
Matériel	**Activités**
Grand choix de **véhicules de toutes tailles,** aisés à saisir à la main, à faire rouler, etc.	Les élèves sont d'abord engagés dans des jeux moteurs et fonctionnels. Ils **déplacent**, **font rouler**, **percutent**, **bruitent** leur jeu et **jouent** plutôt seuls. (exemple : voitures bleues et voitures jaunes).
Boites, étagères, parkings de différentes couleurs, etc.	Ensuite, ils **trient** et **classent** les véhicules. Ils les rangent.
• **Grands tapis** de jeux routes qui se roulent. • **Pistes dessinées** par l'enseignant et disposées sur une table. • Introduction d'un **train.**	Ils **déplacent** les véhicules sur des circuits introduits par l'enseignant.
Apport d'éléments à agencer, à organiser : **ponts, tunnels, croisements de routes.**	Ils **commencent** à construire leurs premières routes et leurs premiers véhicules.
• **Introduction** de **personnages** facilement manipulables et adaptables au matériel utilisé (pour faciliter l'emboitement, le clipsage). Les personnages sont proportionnels aux véhicules à l'intérieur desquels ils peuvent rentrer. • Introduction d'un **garage simple** (sans étages).	Premières **scénarisations**. **Imitation** et **identification** sont les principaux mécanismes mis en place.
• **Morceaux de pièces en plastique** (encastrables) ou en bois (aimantées) permettant de créer des pistes plus ou moins complexes ou avec des **planchettes en bois** (naturel ou de couleur). • Éléments de la « matériauthèque ».	Les élèves commencent à **créer** leurs propres cadres. Ils font **évoluer** les circuits en place à leur guise (circuits ouverts ou fermés) ou les **prolongent** (espace suffisamment grand).
Voitures de pompiers, ambulances, voitures de police, camions poubelles.	**Scénarisation** avec introduction de nouveaux véhicules.

MS / GS	
Matériel	**Activités**
Un **garage à étages** conduisant à des manipulations plus fines.	Les élèves découvrent d'autres fonctions du garage : ravitaillement en carburant, réparation, lavage des voitures ce qui contribue à faire évoluer les scénarios.
• **Morceaux de pistes** en plastique ou en bois, des poteaux empilables pour surélever les pistes ou encore avec des **planchettes en bois** ou des **briques en plastique** rigide. • **Rouleaux** issus de la « matériauthèque ».	Les élèves **reproduisent** des circuits et des pistes. Ils **construisent** des ponts et des tunnels, des pistes avec croisements.
Des **places de parking** de différentes longueur et largeur pour ranger des véhicules de différents formats.	Ils **rangent** des véhicules les uns à côté des autres. Numérotage pouvant aller jusqu'à 6 **(MS)**, jusqu'à 10 **(GS)**.
Aménager l'espace pour favoriser des déplacements d'un lieu à l'autre : • Avec des **boites** et d'**autres éléments** issus de la « matériauthèque », • Avec des **plaques** et des **pièces en plastiques** souples ou rigides (du type Poly M® Nathan ou Lego), • Avec des éléments réalisés à l'atelier de construction, • Avec des ***planchettes en bois*** assemblées temporairement (avec des pastilles adhésives par exemple, faciles à enlever : constructions éphémères).	Ils **aménagent** par exemple : • Un port pour les bateaux qu'ils ont fabriqués, • Un aéroport pour leurs avions.
Introduire – des **personnages** exerçant une fonction sociale : ambulancier, éboueur, facteur, livreur, chauffeur de taxi, chauffeur de car, etc. – **des bâtiments : école, mairie, hôpital, …** – de **nouveaux véhicules** et **personnages plus petits.** Évolution du cadre où se déplacent les véhicules et les figurines : ville, campagne, bord de mer, montagne.	Ils font **évoluer** le cadre en fonction des sujets d'études (activités associées). Puis ils imaginent d'autres scénarios.
Étiquettes vierges pour écrire lettres et chiffres du parking.	**Réalisation** d'un parking numéroté et codé A1 ; B10.
Panneaux et **tracé** en référence au code de la route.	**Jeux structurés :** en salle de jeu, les élèves (voitures et piétons) se déplacent en respectant les éléments du code qu'ils ont mémorisés.

Utilisation du coin garage

Le coin garage (au sol ou matériel disposé sur des tables) est utilisé aussi bien en accès libre que dans le cadre de jeux structurés encadrés par l'enseignant.

En accès libre, les élèves s'inscrivent sur un panneau en y posant leur étiquette-prénom. L'enseignant laisse les groupes se constituer par affinités. Un signe distinctif doit être porté par ceux qui le fréquentent (badge ou accessoire). Toute séance doit être clairement marquée par un signal de début et un signal de fin (sablier) pour matérialiser le passage du fictif à la réalité ou le passage entre des moments où l'initiative de son activité revient à l'enfant et ceux où il respecte des contraintes dictées par l'enseignant.

Des jeux structurés autour de thématiques comme les engins de chantiers, les véhicules de secours, etc. et des activités associées apportent, plus précisément en **MS-GS**, des connaissances réinvesties dans les jeux libres. Ils favorisent les apprentissages par l'acquisition de compétences et connaissances en lien avec les programmes.

3. Déroulement

Travail préliminaire

Se documenter

L'**objectif** de cette recherche documentaire est l'enrichissement des représentations initiales des élèves et l'acquisition de connaissances sur diverses thématiques liées à l'exploitation du coin *garage et véhicules.* Elle permet aux élève de :

- **Découvrir** différents types de véhicules, de bâtiments, de paysages ;
- **Reconnaitre** des fonctions de certains bâtiments.
- **Appréhender** que l'on n'a pas toujours vécu comme on vit aujourd'hui. **(GS)**

Activités

- **Découvrir** une grande diversité d'images.
- **Utiliser** un vocabulaire de description d'images.
- **Comparer** diverses images et les classer.
- **Constituer** des imagiers, comme outil de référence, pour chaque thématique afin de structurer les connaissances.
- En lien avec ces différents types de véhicules, s'approprier l'album ***Je chante l'alphabet*** de Josiane Jeannot-Girard et Raymond Jeannot (éditions Nathan). Pour faire le lien avec le tapis de jeu, commencer par la chanson **« P de PARKING » : « P, c'est le P de PARKING, comme toutes les automobiles / les gros camions / les caravanes qui vont dans le parking – Allez-y, prenez la file – P, P, P, P, P, P, venez au parking ».**
- **Réaliser** un abécédaire à la manière de ***Je chante.***

Matériel

Images de différents types de voitures

- Autres véhicules avec roues : *camions bennes – camions avec remorques – autocars* – etc. ;
- Véhicules ayant une fonction spécifique : *ambulances – voitures de pompiers – camions bennes à ordures ménagères – taxis – etc.* ;
- *Trains ;*
- Véhicules qui volent et qui naviguent.

Photos de lieux spécifiques

- *Garages – stations-services (carburant, lavage de voitures, etc.) – parkings – gares – ports – aéroports – etc. ;*
- Villes et paysage de campagne ;
- *Chantiers / routes / trafics routiers / carrefours / croisements.*

Images pour confronter présent et passé

- Images de véhicules et objets volants (à travers le temps) : *montgolfière – dirigeable – avion – delta-plane – parachute – fusée – drone ;*
- Images de villes d'autrefois pour **constater** qu'il n'y avait pas autant de véhicules qu'aujourd'hui, qu'ils étaient différents, que les chaussées étaient parfois en terre, pour constater aussi l'absence de feux tricolores, de panneaux du code de la route, etc.

Sortir dans le quartier

- Au cours d'une sortie dans le quartier, **observer** l'environnement, les véhicules roulants, les panneaux du code de la route, les piétons, les conducteurs de véhicules, facteur, policiers, etc.
  Possibilité éventuelle d'**observer** un square, des bancs et des fontaines pour agrémenter la ville.
- **Organiser** la visite d'un garage si possible.

En GS :

- Dans le cadre d'un projet sur la ville, **organiser** une deuxième sortie, pour **observer** un chantier et **remarquer** que la ville évolue. **Prévoir** une troisième sortie, après avoir observé des cartes postales anciennes (ou autres images) de la commune autrefois.
- Munis de ces images, **constater** que des bâtiments se sont transformés et qu'il y a beaucoup plus de voitures, désormais, d'où la nécessité d'**aménager** des passages protégés pour les piétons, des feux tricolores, des panneaux du code de la route, des parkings souterrains), etc. (En lien avec le coin *garage*).

- **Repérer** d'autres transformations. Exemple : l'ancienne mairie est devenue le conservatoire de musique, une nouvelle mairie, beaucoup plus grande, ayant été construite, cependant que certains monuments ont disparus.
- **Visiter** une gare.

Exploiter des albums

À titre d'exemples, trois albums sont proposés.
Leurs histoires sont propres à **nourrir** des scénarios au coin *garage et véhicules* et particulièrement à les **renouveler**. Si l'on s'en détache par la suite l'on permet à l'imagination des enfants de se développer plus librement.

- **Introduire** des albums dont le cadre où se déroule l'histoire est propre à :
  - **susciter** des sujets d'études,
  - **motiver** des constructions au coin *garage et véhicules.*
- **Observer** et **décrire** les illustrations contribue ainsi à enrichir les représentations.

Dès la PS, *Dans mon bus !* de Naokata Mase (Seuil Jeunesse)

Takumi aperçoit un bus rouge et jaune, parqué devant un grand magasin. Il pénètre dans l'habitacle et conduit le véhicule en direction de la montagne. Sur son chemin, il croise un lièvre qu'il dépose à côté d'un champ de fleurs, un renard pressé de retrouver sa femme et une étrange fillette voulant rejoindre la station au pied de la montagne. Dans ce bus magique, on paie sa course en glands ou pommes de pin.

Pistes d'exploitation : Voir **Fiche séquence 14**, p. 187.

Dès la MS, *Fonce petit train !* de Naokata Mase (Le Seuil)

Fonce petit train, ***livre à trous et à rabats,*** *pour transporter la classe au Japon, à bord d'un petit train qui fait voyager de la montagne à la mer, de la campagne à la ville. Une fois arrivés, vous pouvez remonter et repartir dans l'autre sens. Comme y invite le chef de gare qui ne manque pas de souligner la présence d'un ballon dirigeable, d'un avion à hélice et d'une voiture décapotable qui suivent le train tout au long du voyage...*

Pistes d'exploitation : Même démarche qu'avec le bus de Takumi, mais dans un décor élargi à un voyage en train traversant différents paysages.
L'introduction d'un train, dans le coin *garage*, avec circuit, pourrait conduire alors à aménager le cadre où évoluerait le train en s'inspirant plus ou moins des illustrations de l'album. **Possibilité : ménager des arrêts sur la ligne ferroviaire, ce que ne propose pas l'ouvrage.**

En GS, *Le grand retour du taxi-brousse de papa Diop,* de Christian Epanya et Thierno Diallo (Syros)

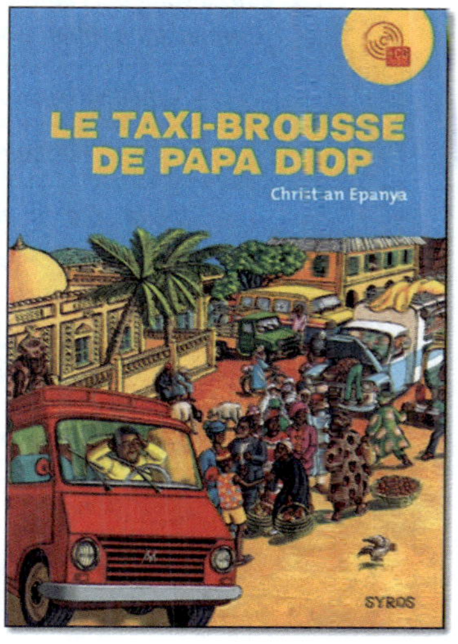

L'histoire se déroule en Afrique, et plus précisément au Sénégal. Le taxi-brousse de Papa Diop reprend la route pour un trajet inhabituel. C'est Sène, son neveu, qui conduit et Papa Diop est passager d'honneur ! Que de monde, lors de la remise en service du célèbre minibus ! Des touristes étrangers ont réservé leur place pour ce voyage.

Pistes d'exploitation : Cet album peut amener à transformer totalement le cadre du coin *garage* (ou de l'espace de jeu sur table) dans lequel évoluent véhicules et personnages. Après s'être documenté sur le pays de Papa Diop, sur la brousse, sur les taxis-brousse et sur les villes dans le Sud du Sénégal et en se dégageant de l'histoire initiale (celle de Papa Diop), on peut alors, imaginer le voyage de divers personnages dans un taxi-brousse, ainsi que des aventures émaillant leur voyage.

Scénariser

PS / MS
Garer les voitures sur les emplacements d'un parking.
Il y a un embouteillage. Les voitures sont à la file indienne : une rouge, une verte ; une rouge, une verte ; etc.
Un gros camion a un pneu crevé. Il bloque la circulation. Il faut faire quelque chose. Mais quoi faire ?
Faire comme si on voyageait dans le bus de Takumi. Voir **Fiche séquence 14**, p. 187.
Le train quitte la gare, circule, s'arrête et repart.
Un camion est en panne, il y a un embouteillage. Les voitures s'arrêtent en fil derrière le camion. *Le camion est réparé et les voitures repartent.*
Des voitures se garent sur le parking d'un supermarché. Puis elles repartent les unes après les autres et elles vont se garer ailleurs. *Où chacune va-t-elle se garer ?*
Le camion poubelle démarre et s'arrête devant chaque maison pour ramasser les ordures.
Une voiture se déplace à la campagne (prévoir plusieurs arrêts). *Quelles autres voitures va-t-elle croiser (et figurines) ? Retour ensuite au point de départ.*
Il y a un accident entre deux voitures. Arrivée de l'ambulance et départ vers l'hôpital.
Il y a le feu dans la maison bleue. Arrivée de la voiture de pompiers qui repart ensuite éteindre un autre feu.

MS / GS
La voiture est tombée en panne au milieu de la route. Il faut l'emmener au garage. Un enfant est le conducteur de la voiture ; un autre est celui de la dépanneuse ; un troisième est le garagiste.
Complexification du scénario précédent avec des passagers dans la voiture et d'autres véhicules qui sont bloqués à cause du véhicule en panne.
Il y a Carnaval dans les rues. *Celles-ci ne sont pas accessibles aux voitures. Il faut trouver un nouvel itinéraire ou prendre un autre moyen de transport.*
Prenons le bus d'arrêt en arrêt. Voir **Fiche séquence 14**, p. 187.
Il y a un accident entre un camion et une voiture. *Les autres véhicules sont bloqués, mais l'ambulance et la voiture de la police doivent passer. Présence d'un ambulancier.* *L'ambulance repart pour l'hôpital. La dépanneuse vient chercher la voiture accidentée et la conduire au garage.*
Un client appelle un taxi pour se rendre à l'aéroport. Il est pressé. Le taxi le conduit à destination.
Une personne va prendre un paquebot amarré dans un port, un ami l'accompagne.
Une famille est en vacances (plusieurs jours) sur une péniche. Le voyage comporte plusieurs étapes.
Un touriste français visite une ville anglaise. Voir **Fiche séquence 16**, p. 194.
Un touriste français visite une ville française en suivant un itinéraire préétabli. Voir **Fiche séquence 16**, p. 194.

VOCABULAIRE

Véhicules :

(auto)car – automobile – avion – bateau – bicyclette – bulldozer – bus – camion – camping-car – caravane – dépanneuse – engin – fusée – grue – hélicoptère – locomotive – moto(cyclette) – pelleteuse – poids lourd – remorque – semi-remorque – tracteur – train – tramway – métro – véhicule – vélo – wagon – etc.

Conducteur :

astronaute – automobiliste – chauffeur – conducteur – cosmonaute – cycliste – motard – passager – pilote – etc.

Circulation (dont Code de la route) :

accident – accrochage – aéroport – autoroute – bouchon – carrefour – chaussée – circulation – constat (d'accident) *– croisement – demi-tour – dos d'âne – double-sens – embouteillage – feu* (tricolore) *– file* (d'attente) *– gare – intersection – panne – panneau* (de signalisation/d'interdiction/d'obligation – de stop – de cédez-le-passage) *–* (place de) *parking – passage* (à niveaux) *– passage* (protégé) *– piste* (cyclable) *– péage – piéton – pont – quai – rail – ralentisseur – remorquage – rond-point – route – sens interdit – sens unique – stationnement – ticket – traction – trafic – trajet – trottoir – tunnel – virage –* (limitation de) *vitesse – voyage – zigzag – zone* (piétonne) *– etc.*

Garage :

ascenseur – carrosserie – carrossier – devis – facture – garage – mécanicien – mécanique – peinture – pompe (à essence) *– réparation – vente* (de voitures) *– etc.*

Voiture :

accélérateur – banquette – capot – ceinture (de sécurité) *– clignotant – coffre – essuie-glace – feu* (de brouillard/de croisement/ de position/de route) *– frein – gilet* (jaune) *– guidon – klaxon – levier* (de vitesse) *– moteur – pédale – phare – pneu – portière – rétroviseur – roue – siège – triangle* (de signalisation) *– vitre – voiture – volant – etc.*

Verbes :

accélérer – atterrir – avancer – bloquer – casser – charger – circuler – conduire – contenir – couler – décoller – démarrer – dépanner – dépasser – doubler – écraser – freiner – klaxonner – manquer (la sortie) *– naviguer – ouvrir* (la portière) *– partir – passer – ralentir – rattraper – reculer – récupérer* (la bretelle) *– remorquer – réparer – rouler – s'arrêter – s'envoler – s'accrocher – s'approcher – (se) croiser – (se) déplacer – (se) garer – (se) poser – s'enfuir – s'envoler – stopper – tourner – tracter – transporter – traverser – vendre – voler – etc.*

Adjectifs :

abimé – ancien – blanc/noir/... – cabossé – cassé – court – dernier – d'occasion – étroit – grand – gros – large – long – neuf – petit – premier/deuxième/... – solide – tricolore – etc.

BIBLIOGRAPHIE

Albums

Sylvie GIRARDET et Puig ROSADO, ***La Rue de tous les dangers !,*** coll. *Citoyens en herbe,* Édition Hatier.
RASCAL, ***Zig-zag,*** coll. *Pastel,* Éditions L'École des Loisirs.
Gabriel GAY, ***Rouge et Vert,*** coll. *Albums,* Éditions L'École des Loisirs.
Ramos MARIO, ***Code de la route,*** coll. *Les lutins* ou coll. *Albums,* Éditions L'École des Loisir.
Amandine PIU / Jo HOESTLANDT, ***Le Bateau rouge d'Oscar,*** coll. *Père Castor,* Éditions Flammarion Jeunesse.
Bruno GIBERT, ***Baptême de l'air,*** Éditions Actes Sud Junior.

Documentaires

Pascale DE BOURGOING / Yves BEAUJARD, ***Le Garagiste,*** coll. *À travers les métiers,* Éditions Calligram.
Sophie KNIFFKE, ***L'automobile, le camion, la bicyclette, la moto,*** coll. *Mes premières découvertes,* Éditions Gallimard jeunesse.
Catherine DOLTO / Colline FAURE-POIRÉE / Frederick MANSO, ***La Rue, mode d'emploi,*** coll. *Dr Catherine Dolto,* Éditions Giboulées.
Thierry TEDIEU, ***Mon premier code de la route,*** coll. *Livre Objets,* Éditions Seuil Jeunesse.
Daniel MOIGNOT, ***Les Pompiers*** ; Pierre-Maria VALAT, ***La Police*** ; James PRUNIER, ***Le Train*** ; Donald GRANT, ***L'Avion,*** coll. *Mes premières découvertes,* Éditions Gallimard jeunesse.

III. Mettre en scène et raconter

Scénariser, c'est d'abord, dans un cadre donné, imaginer un scénario. Lors des jeux libres et des jeux structurés, le cadre, où se déroule l'activité contribue largement à l'élaboration du scénario.

Le **coin *garage/véhicules*** se distingue des coins de jeux dont traite le chapitre 1. Les élèves n'étant plus directement acteurs. En **PS,** les jeux structurés y sont très simples et ils reposent largement sur la manipulation. Progressivement, au cours du cycle, les scénarios vont peu à peu se développer et s'enrichir. L'évolution du cadre où circulent véhicules et figurines (ville, campagne, bord de mer, montagne, pays étrangers) y est particulièrement propice.

Pour rendre les situations de **jeux avec figurines** plus concrètes pour les élèves, quelle que soit la section, on peut commencer par des jeux dont **les enfants demeurent les interprètes directs**, puis **adopter** ensuite **le même scénario avec des figurines.**
On permet ainsi aux enfants de percevoir qu'il s'agit d'une même histoire jouée différemment.

Avec les jeux faisant intervenir des figurines dans un scénario, il est possible de **développer** davantage **la notion de personnage,** à l'instar de ce qui se passe avec les histoires lues dans des albums, où les élèves sont amenés à **identifier** et **qualifier** les personnages et **s'approprier** leur programme d'action.

Le héros ou l'héroïne d'un album peut ainsi trouver sa place dans un scénario lors d'un **jeu structuré.** Sa présence sous forme de figurine peut contribuer à rendre plus concrète la situation de jeu et à mieux comprendre ce qui fait agir le personnage.

Les scénarios prenant appui sur des albums permettent de **développer des histoires plus élaborées** que celles relevant simplement de la vie quotidienne. De ce fait, ils sont davantages propices à la production de textes en **MS** et tout particulièrement en **GS.** C'est sur cette mise en récit à l'écrit que se conclut ce chapitre qui tend à montrer la relation entre jeux de construction, coin **garage/véhicules** et scénarisation.

1. Les apprentissages spécifiques

Mobiliser le langage dans toutes les dimensions

Scénariser

- **Apprendre** à **développer** un scénario dans lequel les personnages sont clairement posés, où il y a au moins un évènement et une clôture.
- **Représenter** un personnage par une figurine et lui donner à l'occasion la parole.

GS :
- **Anticiper** oralement sur le déroulement du scénario.
- **Adopter** une attitude réflexive après développement d'un scénario en phase de jeu.

•••

Raconter

PS : Produire des phrases correctes, même très courtes.

MS :
- **Produire** des phrases de plus en plus longues correctement construites.
- **Employer** des marqueurs spatiaux temporels.

GS :
- **Élaborer** des récits avec enchainement logique et chronologique. **Emploi** de marqueurs spatiaux.
- **Varier** les temps et **raconter** à la 1ère ou à la 3ème personne.

Contribuer à la production d'un texte écrit

MS : Produire collectivement des phrases pour qu'elles puissent être écrites.
GS : Produire collectivement un texte en dictée à l'adulte (vocabulaire précis, syntaxe adaptée).

2. Déroulement

Faire de la classe un creuset d'histoires

- Liste des albums exploités affichée dans le coin *bibliothèque* et tenue à jour. Pour chaque album, reproduction de la couverture. **Demander,** de temps à autre : ***Qui veut raconter une des histoires de la liste ?***
- **Constitution** de deux galeries de personnages :
  1/ Portraits des héros ou héroïnes des albums exploités (reproduits par l'enseignant à partir d'une illustration). Très utile pour **introduire** un ou deux de ces personnages dans un scénario.
  2/ Photographies des figurines dès lors qu'elles ont été utilisées dans un scénario.
  Exemple 1 : les personnages de la famille figurant dans l'espace miniaturisé de la maison (voir **Fiche séquence 15, p. 190**).
  Exemple 2 : la figurine qui représente le personnage de l'album ***Chez moi*** de David Cali et Sébastien Mourrain (Actes Sud Junior) (voir **Fiche séquence 16, p. 194**).
  Conférer ainsi une identité et une pérennité à ces figurines qui peuvent réapparaitre dans un autre scénario, mais en conservant leur identité.
- **Reproduction** de quelques dialogues relevés dans des albums ou imaginés à la faveur d'un scénario inscrits dans des bulles et/ou en respectant la ponctuation (tirets et guillemets). **À proximité :** les personnages dialoguant.

Scénariser

À la fin d'un jeu structuré, **raconter** comment s'est développé le scénario.
PS : Guidé par le maitre, **répondre** à quelques questions très simples sur son déroulement. Puis raconter l'histoire, images à l'appui.
MS : Faire raconter, au moins comme une succession logique et chronologique d'étapes l'historiette élaborée en manipulant les figurines.
GS : Repérer d'éventuelles incohérences ou des oublis dans la mise en scène. **Chercher** à y remédier par une remise en jeu. Puis **reformuler** la trame narrative.

Écrire des histoires en dictée à l'adulte (MS-GS)

Selon la programmation de classe de l'enseignant, possibilité d'**engager** un projet d'écriture court **(MS)** ou à plus long terme **(GS)** à partir d'un scénario développé au cours d'un jeu structuré.

Démarche

1/ Rappeler d'abord la trame narrative de l'histoire que le scénario et le jeu structuré ont permis de dégager : phase initiale, péripéties, voire conclusion.

2/ Réalisation des illustrations :
– **GS : Proposer** aux élèves d'illustrer les différentes étapes.
– **GS-MS : Disposer,** par exemple, les images des personnages sur des reproductions de photos représentant des lieux où l'histoire est censée se développer. Voir exemples de scénarios dans la rubrique ***Emma à New-York***, p. 118.

Ces deux solutions (il en existe d'autres) ont été adoptées, dans ce chapitre, pour illustrer les histoires retenues pour être écrites.

3/ Exploiter les illustrations les illustrations réalisées par les élèves. Les **décrire** en s'attachant aux détails qu'elles font apparaitre et que la trame narrative de l'histoire n'avait pas mis en évidence. D'où l'intérêt d'illustrer avant de passer à l'écriture du texte.

4/ Dicter à l'adulte. Répartir la tâche entre différents groupes. **Faire reformuler** pour rendre l'oral écrivable. Dictée de phrases en **MS** et de courts textes en **GS.** Voir p. 120. Introduction éventuelles de dialogues.

3. Scénariser

Les exemples développés sont empruntés à la littérature.

Après l'exploitation des albums ***Dans mon bus*** et ***Quand il fait nuit***, les élèves mettent en scène des histoires et jouent sur une maquette, ensuite, ils utilisent des figurines.

Avec les albums ***Le Déménagement de Maryse Cocotte, Chez moi*** et ***Emma à New York*** **(GS)**, on commence par exploiter des histoires avant de leur imaginer une suite.

Dans mon bus (PS-MS-GS)

Suite aux activités proposées dans la **Fiche séquence 14**, **rejouer** le scénario sur table, avec un bus (ou car) à **manipuler,** des repères fournis par des bâtiments, les panneaux des stations et des figurines reprenant les rôles tenus par les élèves.

Organiser l'espace

Matériel : des bâtiments, des routes, des planchettes et panneaux indiquant les arrêts de bus. Panneaux fixés avec des piques à apéritif dans des bouchons.

PS : Installation par l'enseignant avant la séance.
MS-GS : Les élèves participent à l'installation et commentent.
- **Introduction** du bus (jouet où peuvent monter des personnages).
- **Description.**

Phase de jeu

- **Effectuer** le trajet aller du bus. **Fixer** le lieu de départ et le lieu d'arrivée.
- **Énumérer** les différentes stations.
- **Effectuer** le trajet retour. Même démarche.
- **Introduction** de figurines parmi lesquelles les élèves choisiront les voyageurs.
- **Énumération.**
- **Commenter** le trajet. Les élèves choisissent parmi les figurines qui va monter dans le bus et l'installe.

PS : Le matériel étant petit, l'adulte manipule sous la dictée des élèves.

Variantes (MS-GS)

Exemple : certains voyageurs descendent avant le terminus.

Imaginer qui ils sont, d'où ils viennent et où ils vont aller une fois descendus du bus.
Imaginer des rencontres dans le bus, hors du bus.
Certains personnages peuvent déjà avoir été rencontrés dans d'autres histoires. *Comment renouer le fil alors ?*

Quand il fait nuit (PS-MS-GS)

Exploiter l'album *Quand il fait nuit* d'Akiko Miyakoshi (Syros)

Narration : Parcours effectué dans une ville par une maman lapin et son petit pour rentrer chez eux.
Transposer l'histoire : imaginez un autre personnage rentrant chez lui le soir.

Organiser l'espace

MS : Installation par l'enseignant avant la séance.
MS-GS : Les élèves participent à l'installation.

Matériel : Les maisons réalisées par les élèves avec des boites à l'atelier bricolage.
- **Disposition** des maisons sur la table. **Description.**
- **Représentation** des chemins : **disposer** des planchettes.

Phase de jeu

Scénario : *Le personnage passe devant chaque maison.*
- **Déterminer** le lieu d'arrivée du personnage.
- **Commenter** ses déplacements.
  - **MS-GS :** Un (ou deux élèves) dispose au tableau les images reproduites des maisons devant lesquelles passe le personnage dans l'ordre des déplacements effectués sur la table.
  - **PS :** L'enseignant les dispose lui-même au tableau.

En fin de jeu :
- **Raconter** le déroulement du scénario en se reportant au tableau.
- Possibilité de terminer par un **jeu de Kim** avec les images. On retourne une image (retrouver laquelle) ; on déplace une autre image (même question).

Variante (MS-GS)

Scénario : *Le personnage retrouve un autre personnage en chemin (un voisin par exemple) et les deux personnages rentrent ensemble chez eux. En passant devant chaque maison, à tour de rôle un des deux personnages interpelle l'autre en lui disant : « **Regarde...** » en décrivant ce qu'il voit sur la façade.*

Pour finir, **raconter.**

Deux albums (MS-GS)

Objectif : intégrer le héros d'une histoire dans un scénario.

Remarque :
MS : Raconter l'histoire de *Maryse Cocotte*.
GS : Possibilité d'exploiter les deux albums pour les comparer : ***Chez moi*** et ***Le Déménagement de Maryse Cocotte.***

Présentation des albums

Même structure des histoires, mais une histoire avec **fin ouverte** (*Chez moi*).
Une histoire avec **fin fermée** (*Le Déménagement de Maryse Cocotte*), mais avec revirement possible.
Narration : un narrateur-personnage *(Chez moi)* et un narrateur externe *(Le Déménagement de Maryse Cocotte)*.

Chez moi
de David cali et Sébastien Mourrain (Actes Sud Junior) (GS)

Phase initiale : Un petit village, une maison de pêcheur, un petit garçon et une un grand-mère (dont il n'est question qu'à l'image).

Péripéties : *À 18 ans, le héros quitte son village pour la ville. Puis il part pour la capitale. Ensuite dans une mégalopole, puis dans une villa sur une colline, etc., mais rien ne lui convient. Il voyage autour du monde avant de revenir dans le village de son enfance* (à l'image la grand-mère a disparu).

Le héros, un homme mûr maintenant, revient dans le village de son enfance. La boucle est bouclée. Il semble avoir résolu son problème de non-appartenance. Mais, comme le texte et l'image en fin d'album le suggèrent, sait-on jamais ?

Le Déménagement de Maryse Cocotte
de Mim et Sébastien Pelon (Ricochet) (MS-GS)

Une adorable poule lit une annonce « **Contactez Blaireau pour trouver la maison de vos rêves** ». *Or la poule en a justement assez de vivre comme une poule. Elle suit Blaireau agent immobilier qui lui fait visiter : le terrier de Madame Lapin, le perchoir de l'écureuil, le marécage du crapaud, etc. Mais rien ne convient à Maryse Cocotte qui, finalement revenue, elle aussi, à son lieu de départ trouve son poulailler fort à son goût.*

Exploiter les albums

Réaliser des maquettes

Après l'expolitation d'une histoire, réaliser une maquette.

- Utilisation de boites pour **représenter** les maisons de chaque histoire.
- ***Maryse Cocotte :*** pour mieux **repérer** les maisons, **coller** sur chaque maison, l'image de l'animal qui l'occupe. Avec les élèves, ensuite, **chercher** comment **représenter** le marécage du crapaud.
- ***Chez moi :*** Avec les élèves, pour chaque maison, sur l'une des faces de chaque boîte, **coller** l'image la représentant dans l'album. Images reproduites par l'enseignant. **Organiser** l'espace en déposant ces éléments sur la maquette correspondant.
- **Disposer** ces éléments repères sur chaque maquette.
- Puis **introduire** la figurine du héros ou de l'héroïne de l'histoire. Un homme pour ***Chez moi*** ; une poule pour ***Maryse Cocotte.***

Phase de jeu

Scénario : ***Mettre en scène l'un des deux héros (voire les deux en GS, au choix de l'enseignant).***

- **Jouer** l'histoire. **Déplacer** chaque héros de l'histoire sur la maquette correspondante.
- **Tracer** le trajet effectué par le héros ou l'héroïne.
- **Vérifier** si le trajet correspond à l'histoire en se reportant aux illustrations de l'album (reproduites et affichées au tableau).

Prolonger ces histoires

Scénario 1 (GS) : *Le personnage de **Chez moi** repart après avoir vu l'avion dans le ciel.*

- **Anticiper :** *Où va-t-il aller ?*
- **Introduire** le tapis de jeu anglais. Voir **Situation 1** de la **Fiche séquence 16,** p. 194.
- **Imaginer** qu'il a atterri dans une ville anglaise. **Jouer** sur le tapis anglais le scénario proposé.

Scénario 2 (MS-GS) : *Finalement Maryse Cocotte en a assez de vivre à la campagne, elle veut habiter en ville. Elle décide de chercher un appartement.*

Transposition : jeu structuré sur le tapis de jeu précité dans la ville anglaise (transformée en ville française). Elle va **se déplacer** sur la maquette avec le même type de plan que celui proposé **Fiche séquence 16.**

Emma à New-York (GS)

Objectif : jeu structuré à partir d'un scénario.

Scénario : *Emma vient visiter la ville (ou village) où réside la classe. Elle rencontre un ami (George). Ensemble ils visitent cette ville (ou ce village).*

Organisation matérielle

La maquette de la ville (ou du village) qu'ont réalisé les élèves à la suite d'une sortie. Voir pour exemple le **Projet 4** p. 104.

Représentation des personnages

- **Reproduire** chacun des deux personnages à partir d'une de ses représentations dans l'album.
- **Coller** l'image représentant Emma sur la face d'un cube rouge facile à **déplacer** sur la maquette. **Coller** l'image représentant Georges sur la face d'un cube bleu.
- **Manipuler** ces éléments pour **suivre** les personnages dans leur déplacement.

Maquette réalisée par la classe

- Sur certaines boites représentant des bâtiments de la commune en question, **coller** une photo prise au cours de la visite.
- **Représenter** également sur la maquette d'autres lieux vus au cours de la sortie dans la ville : parc, espaces verts, etc.

Phase de jeu

- Rencontre entre les deux personnages, déplacements sur la maquette au gré des manipulations. Commentaires au cours du jeu. **Prise de notes** par l'enseignant pour **conserver** une trace du parcours effectué.
- **Décrire** ensuite le parcours effectué. Vérification en se reportant à l'écrit mémoire de l'enseignant (qui relit les étapes de la sortie). Emploi de marqueurs de temps et de marqueurs spatiaux.
- **Imaginer** éventuellement d'autres parcours d'Emma et Georges dans la ville.

4. Illustrer / Produire des textes (MS-GS)

Illustrer d'abord et écrire ensuite

L'illustration et la production de textes se fait à partir des trois scénarios imaginés à partir de l'une des histoires : ***Maryse Cocotte, Chez moi* (MS-GS), *Emma en visite dans la ville des élèves* (GS).**

Remarque : En production de texte une place importante est accordée à la démarche de dictée à l'adulte.

Scénario (GS) : *Maryse Cocotte se rend en ville pour chercher un appartement.* Voir p. 118.

Illustrer

- **Photographier** les maisons de la maquette, visitées par Maryse Cocotte et les **reproduire** à la photocopieuse.
- **Découper** et **coller** chaque maison sur une feuille. **Imaginer** qui habite ces maisons et **disposer** une image de l'occupant sur chaque maison en puisant dans la banque d'images de la classe. Voir p. 115.
- **Dessiner** Maryse Cocotte autant de fois qu'il y a de feuilles et **colorier** le personnage. Le **coller** sur les feuilles.

Langue orale

Imaginer pourquoi elle ne veut pas habiter dans chacune des maisons (3 ou 4 au maximum). **Proposer** des pistes. Exemples de refus possibles : taille de la maison (trop petite), odeur (la maison sent mauvais), bruit (ex : la maison est trop bruyante) ; vue (elle n'a pas une belle vue), etc.

Production de textes

Écrire une légende sous chaque illustration et **expliquer** pourquoi Maryse Cocotte ne veut pas habiter dans cette maison. Dernière illustration, elle a trouvé la maison de ses rêves. **Expliquer** pourquoi.

Temps : Présent. Emploi de marqueurs temporels et spatiaux et de la conjonction *parce que*.

Scénario (GS) : *Le héros de* Chez moi *atterrit en Angleterre.* Voir **Fiche séquence 16.**

Langue orale

Rappel du scénario développé sur le tapis de jeu. **Chercher** comment cette histoire peut finir. **Décider** d'une fin.

Illustrer

- Les élèves dessinent chaque phase de l'histoire.
  Phase initiale : lieu, le petit port de pêcheur. Promenade dans la ville anglaise (les bâtiments et les personnages). Voir **Fiche séquence 16.**
  Conclusion : retour au village de pêcheur si la classe a choisi cette conclusion.
- Inviter les élèves à **enrichir** chaque dessin de détails à leur choix.

Production de textes

- Textes narratifs pour relater l'histoire. Possibilité d'**intégrer** des éléments descriptifs, **puisés** dans les illustrations.
- Bulles avec quelques mots : anglais proférés par des passants au héros de l'histoire (voir **Fiche séquence 16,** p. 194).
- Textes pour **légender** chaque image à la 1ère personne du singulier lorsqu'il s'agit de textes narratifs et à la 3ème personne pour les descriptions.

Temps : passé composé. Emploi de la conjonction *parce que* (phase initiale et phase finale) pour expliquer les choix du personnage. Emploi de marqueurs spatiaux temporels.

Scénario (GS) : *Emma rencontre un ami et visite la ville où réside la classe.* Voir p. 118.

Illustrer

- **Décrire** les photos prises au cours de la sortie des élèves dans la ville. **Choisir** parmi ces photos celles représentant les lieux que vont visiter Emma et Georges. **Anticiper** ainsi sur leur parcours qui sera différent de celui suivi au cours du jeu structuré. **Disposer** les photos dans l'ordre chronologique de la visite.
- **Reproduire** les personnages d'Emma et Georges représentés dans l'album exploité. Autant d'exemplaires que de photos retenues.
- **Coller** ces personnages sur les photocopies des photos. **Puiser** dans la galerie de portraits de la classe d'autres personnages secondaires que pourront croiser Emma et Georges.

Langue orale

- **Décrire** chaque illustration réalisée. Un arbre est en fleurs : ***À quelle saison se passe l'histoire ?*** (au printemps).
- **Demander** à quel moment de la journée les deux personnages sont représentés sur cette image (matin, après midi, soir).

Production de textes

- **Écrire** un texte narratif pour **légender** chaque illustration. Textes écrits à la 3ème personne et au passé composé. Construction de phrases complexes pour **indiquer** quel personnage croisent Emma et Georges au cours de leur promenade. Emploi du pronom relatif *qui*. Emploi de marqueurs spatiaux et temporels.
- **Imaginer** que les deux compères invitent un ou deux personnages à les suivre. Emploi de phrases injonctives à **écrire** dans des bulles.
- L'histoire pouvant se terminer, par exemple, sur la proposition de Georges à Emma d'aller une autre ville. **Imaginer** leur dialogue. Le **faire figurer** dans des bulles.
- Disposition des textes narratifs : sur les pages de gauche des albums.

Dictée à l'enseignant

Il s'agit ici de travailler la mise en mots et les élèves doivent en être informés.

Mise en œuvre

Travail en petits groupes.

MS : Il s'agit d'**écrire** une phrase par illustration. **Constituer** deux à trois groupes pour **écrire** l'ensemble des légendes.
GS : Écriture de textes. **Constituer** les groupes de telle sorte que chaque élève puisse **participer** à l'écriture d'un texte.

Répartition des tâches : un groupe pour chaque étape de l'histoire.

Un texte avec un destinataire

Indiquer aux élèves qu'ils doivent **dicter** des phrases « **écrivables** » de telle sorte qu'elles soient comprises par les personnes auxquelles le texte est destiné et qui ne connaissent pas l'histoire.
D'où l'intérêt de **désigner** un destinataire dès le début du projet.

Phases d'écriture

Les élèves doivent apprendre à contrôler leur débit pour s'adapter à la situation :

- À partir du deuxième groupe, commencer par **relire** le 1er texte pour remise en mémoire avant la dictée à l'adulte en veillant à la cohérence textuelle.
- Avant la dictée à l'adulte, demander aux élèves de **reformuler** oralement ce qui va être écrit.
- Lorsque les illustrations ont déjà été réalisées, chacune correspondant à une étape de l'histoire, **attirer l'attention** des élèves sur ce qu'elle donne à voir.
- Lorsque la phrase prononcée par un élève n'est pas « écrivable », la lui **relire**. Lui **expliquer** qu'il existe une façon de dire les choses lorsqu'on parle et une façon de les dire lorsqu'on écrit. Lui proposer alors de **choisir** entre ce qu'il vient de dire et une autre formulation proposée par l'adulte (au plus près de ses compétences langagières du moment). L'élève choisira alors très certainement la seconde formulation :
  - Par des questions amener les élèves à **préciser** leur propos et à l'enrichir ;
  - Dans un récit, **veiller** à l'emploi des marqueurs spatiaux et temporels qui servent à le **scander** ;
  - **Faire raconter** au présent de narration ou au passé composé ;
  - **Utiliser** le présent de l'indicatif dans les dialogues ;
  - Quand deux ou trois phrases ont été écrites, les **relire** au groupe. Et à la fin de chaque séance, **relire** le texte produit à la classe.

Chapitre 3
Jouer, mettre en scène, interpréter

Pour rappel, dans le **chapitre 1**, les élèves endossent des rôles en imitant ce qu'ils observent dans leur environnement et en s'identifiant aux personnes qu'ils connaissent. Ils dialoguent avec leurs partenaires de jeu au gré des scénarios qu'ils imaginent ou qui leur sont proposés.

Dans le **chapitre 2**, à la faveur des jeux de construction, du coin *garage* et des espaces miniaturisés, l'horizon des élèves s'élargit, ne se limitant plus à la maison ou aux magasins. Ils n'endossent plus physiquement des rôles. Ils manipulent des figurines dans des scénarios qui conduisent à l'élaboration de récits (oraux et écrits), voire de dialogues.

Dans le **chapitre 3**, les élèves prêtent leur voix tour à tour à des marionnettes et endossent les rôles de personnages de la littérature. La **première partie** est consacrée à la marionnette-amie (ou mascotte) manipulée d'abord par l'enseignant, puis par les élèves. Cette marionnette a un statut particulier dans la mesure où une relation duelle s'établit entre elle et les élèves. Elle s'adresse à eux et ils lui répondent, un dialogue s'instaure.

Dans la **deuxième partie** de ce chapitre, les marionnettes sont tout d'abord des personnages vivant les péripéties d'une histoire. Comme pour la marionnette-amie, l'enseignant leur prête sa voix, jouant tous les rôles à la fois. L'installation d'un coin *marionnettes* invite ensuite les élèves à leur donner vie dans des scénarios préexistants ou qu'ils peuvent inventer lors des jeux libres.
L'installation d'un coin *déguisement,* en dehors des scénarios qu'il peut impulser, offre des ressources matérielles propres à accompagner les jeux dramatiques.

La **troisième partie** propose des activités relevant du spectacle vivant. Elles amènent les élèves à mimer, imiter, mettre en scène, s'exprimer sur des musiques différentes, inventer et créer. Dans un souci de cohérence entre les différentes parties, des liens s'établissent entre les activités proposées antérieurement. Ceci se concrétise de la façon suivante :

- **Projet 1 (PS-MS-GS) :** Mettre en scène le thème du Carnaval peut coïncider en **MS-GS**, avec le retour de Rio de Janeiro de la marionnette-voyageuse (voir p. 128).
- **Projet 2 (MS-GS) :** Mettre en scène un conte musical permet d'établir des liens avec le coin *garage et véhicules* **(Chapitre 2 - Partie 2)**.
- **Projet 3 (MS-GS) :** Mettre en scène des marionnettes dans un théâtre d'ombres, peut être relié au voyage en Chine de la marionnette.
- **Projet 4 (GS adaptable en MS) :** Mettre en scène *Peau d'Âne* peut constituer un prolongement des activités menées dans les coins *cuisine* et *pâtisserie* **(chapitre 1 - Parties 2 et 3)**.

Tenir un rôle dans un spectacle, même modeste, comporte une dimension supplémentaire. Là, une communication s'instaure, non seulement entre les élèves de la classe (tour à tour acteurs et spectateurs), mais aussi avec un public (par exemple les élèves d'une autre classe). Mais le projet peut aussi, au choix de l'enseignant, se limiter au cadre de la classe.

Apprentissages

Mobiliser le langage dans toutes ses dimensions

L'oral

À la faveur des scénarios initiés par l'enseignant, les élèves peuvent être soit **locuteurs**, soit **interlocuteurs** de la marionnette-amie. Les histoires interprétées à l'aide de marionnettes sont propices aux dialogues ainsi qu'à la réalisation de projets (partie 3).

- **Savoir écouter**, être attentif aux propos tenus.
- **Oser** entrer en communication.
- **Communiquer** par le langage en se faisant comprendre.
- **S'exprimer** dans un langage de plus en plus précis et syntaxiquement structuré.
- **Pratiquer** différents usages du langage oral : **raconter**, **décrire**, **évoquer**, **expliquer**, **questionner**, etc.
- **Dire** de mémoire des comptines et des poèmes.
- **Comprendre** des histoires, **identifier** des personnages.

L'écrit

- **Comprendre** des textes écrits sans autre support que le langage entendu **(GS)**.
- **Identifier** quelques grandes figures de la littérature (jeux avec les marionnettes et jeux dramatiques).
- **Reconnaitre** le prénom de la marionnette (ou les noms des marionnettes personnages d'histoires). Puis progressivement **savoir l'écrire** (ou les écrire).
- **Découvrir** différents types d'écrits et **manifester** de l'intérêt à leur égard.
- **Participer** verbalement à la production d'un écrit en découvrant progressivement que l'on n'écrit pas comme on parle.

Agir, s'exprimer comprendre à travers les activités artistiques

- **Décrire** et **comparer** des images.
- **Créer** des marionnettes et des vêtements.
- **Écouter** des musiques différentes et **s'exprimer** sur ces musiques.
- **Utiliser** des instruments pour **rythmer** des déplacements.
- **Créer** des phrases musicales plus ou moins longues et les **jouer** ensemble, voire en **GS**, en dialoguant.
- **Pratiquer** quelques activités des arts du spectacle vivant.

Explorer le monde

- **S'intéresser** à d'autres régions et d'autres pays grâce aux voyages de la marionnette-amie.
- **Commencer** à **appréhender** la pluralité des cultures dans le monde **(MS-GS)**.

Démarche

La marionnette-amie

PS-MS : Introduire la marionnette-amie en période 1 pour qu'elle participe à la vie de la classe dès le début de l'année où elle sera associée à certaines activités de classe.
En périodes 3 et 5, elle peut permettre aux élèves, avant les vacances d'hiver et d'été, de découvrir des lieux de vacances aux paysages différents de la région où vit la classe.
MS-GS : Les voyages de la marionnette-amie peuvent débuter dès la rentrée et s'échelonner sur l'année au gré de l'enseignant.

Les marionnettes personnages d'histoires

PS-MS : Dès le début de l'année, des histoires peuvent être racontées aux élèves avec des marionnettes. Elles en favorisent la compréhension et permettent une meilleure identification des personnages par les élèves.

MS-GS : Les élèves ont encore besoin de découvrir des histoires interprétées par des marionnettes en assistant à un spectacle de marionnettes bien sûr, mais aussi en regardant l'enseignant manipuler les marionnettes. C'est un préliminaire indispensable à l'installation d'un coin *marionnettes* et aux jeux libres qui peuvent s'y dérouler. C'est aussi nécessaire pour mettre en scène et jouer des histoires dans le cadre de jeux structurés.

Jeu dramatique

MS-GS : Les élèves tireront profit de l'alternance, au cours de l'année, de la mise en scène d'histoires (tout ou partie) avec des marionnettes et en jeu dramatique. Les marionnettes sont davantage propices aux dialogues et le jeu dramatique plus favorable à la structuration des histoires.

Projets de spectacles

Les élèves bénéficient toujours des compétences acquises à la faveur de scénarios développés au cours des jeux structurés (dans les coins de jeu), des séances autour des marionnettes et de jeu dramatique (confiance en soi, prise de parole, capacité à entrer dans le dialogue, à s'impliquer et à collaborer,...). Ces projets contribuent à leur consolidation.

I. La marionnette-amie

La marionnette-amie a en **PS** une **très forte connotation affective**. Elle captive les élèves et **suscite généralement une totale adhésion**. En **MS**, les enfants deviennent peu à peu meneurs de jeu allant jusqu'à tenir le rôle de la marionnette. En **GS**, c'est un vrai dialogue qui peut s'instaurer entre elle et la classe, voire entre l'enfant lui prêtant sa voix et les autres élèves.

1. La marionnette-amie (PS-MS)

Le choix de la marionnette-amie est laissé à l'enseignant : **marotte manipulée à l'aide d'une tige centrale** ou **marionnette à gaine** pour insérer la main dans le corps creux de la poupée. Il peut indifféremment s'agir d'une marionnette fabriquée par l'enseignant ou bien d'une marionnette du commerce. Une seule règle demeure : la marionnette doit être attrayante ou tout au moins avoir du caractère. Si on la fabrique, il importe de choisir les matériaux avec soin.

La marionnette maitresse du jeu et initiatrice d'apprentissages

Introduction de la marionnette en classe

La marionnette est un **animal humanisé** ou autre (au choix de l'enseignant). Lui attribuer un prénom pour lui procurer une identité. La marionnette se présente aux enfants. Elle les invite à se présenter à leur tour. Elle retient difficilement les prénoms des élèves et se trompe souvent, ce qui les amuse et les amène à rectifier ses erreurs. Les enfants lui présentent leur classe, puis par petits groupes, ils lui font visiter les différents coins de jeux, en énumèrent le contenu et décrivent les éléments de rangement (sur plusieurs séances). Elle assiste et/ou participe ensuite à leur évolution. On l'intéresse à l'emploi du temps du matin, puis à l'emploi du temps de l'après-midi. Elle partage la vie quotidienne de la classe.

La marionnette omnisciente

Cette première phase terminée, la marionnette assiste à un **jeu structuré** sans être vue du groupe d'élèves concerné par l'activité. Elle voit tout et, lors du regroupement qui suit, elle raconte au reste de la classe ce qui s'est passé à cette occasion. Ceci permet d'intéresser les autres élèves à l'activité qui vient d'avoir lieu. L'enseignant peut alors réintroduire, au cours du récit, dans des phrases syntaxiquement structurées, le vocabulaire utilisé au cours de la séance. Une autre fois, elle peut se tromper dans le déroulement des activités et les élèves ayant participé au jeu structuré seront invités à rectifier.

La marionnette initiatrice

- La marionnette sort, par exemple, des achats d'un panier, puis introduit une recette illustrée. L'activité cuisine est lancée.
- Elle introduit un animal en classe, par exemple, un escargot, qu'il va falloir apprendre à connaitre et à nourrir.
- Une autre fois, elle présente une corbeille de fruits à identifier, à nommer et à déguster (en relation avec le magasin de fruits et légumes de la classe).
- Elle apporte un album aux élèves pour enrichir le coin *bibliothèque* de la classe. L'album peut avoir été choisi dans l'une des listes d'albums thématiques proposés au cours des chapitres 1 et 2. Avant de présenter l'ouvrage, la marionnette explique aux enfants qu'il s'agit d'un album qu'elle a beaucoup aimé et elle leur en donne brièvement les raisons. Il est en effet important que les enfants comprennent que les livres peuvent être source de plaisir.

Exemple de scénarios en arts plastiques :

La marionnette apporte un paquet surprise. Les élèves en explorent l'extérieur (forme, taille, couleur(s), motifs éventuels). À l'intérieur, plusieurs objets de formes rondes et un intrus. Élimination de l'intrus. La marionnette présente ensuite une œuvre d'art avec des cercles ou les disques de Sonia Delaunay. Elle invite alors les élèves à réaliser des empreintes à l'aide de formes rondes. L'enseignant propose ensuite de réaliser cette activité en arts plastiques.
Un peu plus tard, la marionnette demande aux élèves de rechercher dans les coins de jeu ou à l'atelier de construction des objets ayant la même forme que l'intrus précédemment introduit dans la boîte. Puis, toujours avec des empreintes, la marionnette suggère de réaliser une frise composée d'algorithmes à partir de deux objets l'un rond et l'autre carré.

L'activité est réalisée ensuite en ateliers mis en place par l'enseignant.

La marionnette pourra alors initier d'autres activités autour des formes, grandeurs et suites organisées dont elle aura la primeur et qui donneront lieu à d'autres ateliers.

Les cartes postales de la marionnette

Au cours de l'année scolaire, après une période de vacances, la marionnette n'est pas encore de retour dans la classe. Mais elle envoie une carte postale représentant, par exemple, des poules dans un poulailler.

Faire ainsi **deviner** aux enfants où elle est. L'enseignant lit le texte de la carte. Avec son aide, les enfants prépareront une ou deux questions à poser à la marionnette à son retour.

Pour **décrire** ce qu'elle a vu à la ferme, elle apporte alors un ouvrage à caractère documentaire sur ce thème et le commente à la classe. Reprise de l'exploitation de l'ouvrage ensuite en petits groupe avec l'enseignant.

Les élèves meneurs de jeu

Les élèves apprennent une comptine à la marionnette

Les élèves récitent la comptine accompagnée de son texte, illustré de préférence. Le thème de la comptine peut être en lien avec l'un des coins de jeux de la classe. Ils lui proposent ensuite de l'**apprendre** en adoptant la démarche utilisée auparavant par l'enseignant. La marionnette répète correctement ce que disent les enfants alors que ceux-ci accompagnent leur récitation de frappés, de gestes mimés. Ils peuvent aussi jouer avec leur voix en variant l'intensité (parler, chuchoter, crier). La marionnette peut ne pas avoir bien entendu un mot (il faut le lui répéter). Elle peut crier quand il faut chuchoter. L'enseignant tient le rôle de la marionnette et celle-ci se trompe : à la place de ***Un petit bonhomme assis sur pomme***, elle dit : ***Un petit bonhomme assis une poire...*** ou encore ***Un bonhomme assis sur une petite pomme....*** Les élèves doivent se montrer très attentifs à ce qu'elle répète. On peut la gronder d'être aussi peu attentive.

Variante : les élèves apprennent des berceuses à la marionnette (en lien avec le coin *poupées*) ou un chant, lui aussi en possible relation avec un coin de jeu (exemple : les véhicules du coin *garage*).

Les élèves racontent une histoire à la marionnette

Cette fois, c'est au tour des enfants de **raconter** à la marionnette une histoire qu'ils ont aimée. Pour ce faire, ils s'appuient sur un album.

Avant de raconter l'histoire à la marionnette en s'aidant des illustrations de l'album, les élèves doivent s'y **préparer** avec l'enseignant.

Les élèves transmettent des savoir-faire à la marionnette

Ils lui expliquent, par exemple :

- Comment ils ont fabriqué tel objet à l'atelier de construction à l'aide de photos représentant les étapes de l'activité ;
- Comment ils ont réalisé telle recette ;
- Après une plus longue absence, ils lui indiquent comment ils ont fabriqué, par exemple, un tapis sensoriel pour la chambre des poupées.

Ce sont autant d'occasions pour l'enseignant manipulant la marionnette de **poser** des questions ou bien de **faire** comme si la marionnette avait compris de travers. Cela amène alors les élèves à être plus précis et à **réinvestir** du vocabulaire dans des phrases qui leur permettent de mieux **se faire comprendre**.

Les élèves jouent un tour à la marionnette

Les enfants cachent son bonnet. Il fait froid ou elle est enrhumée et elle ne veut pas sortir sans son bonnet. Elle est très en colère. Elle demande : Où est mon bonnet ? *Elle s'adresse successivement à plusieurs enfants. Ils doivent lui dire où elle doit aller regarder.*

Préalable : L'enseignant a distribué à chaque élève une photo prise dans un coin de jeu où l'on voit le bonnet figurer à des endroits précis, mais différents : sous la table de la cuisine, dans le berceau du baigneur, à côté du four, devant le réfrigérateur, etc. En se rapportant à sa photo, chacun guidera la marionnette dans ses recherches;

Variante : chaque élève a mémorisé ce qu'il doit dire sans avoir besoin de se reporter à une photo.

La marionnette (manipulée par un élève qui ne sait pas où est caché le bonnet) doit s'adresser aux enfants sur un ton plaintif (consigne de l'enseignant). **Apprendre** ainsi à jouer avec sa voix. **Mémoriser** la formule : ***J'ai perdu mon bonnet et je suis enrhumée.*** Question formulée ensuite par l'enfant à ses pairs qui participent au jeu : ***Où est mon bonnet ?*** Réponse possible : ***Il est dans le berceau du baigneur***. La marionnette se rend successivement dans chacun des lieux mentionnés par les élèves et formule ce qu'elle constate, le bonnet n'étant pas à l'endroit indiqué. À la fin du jeu, elle le trouve. L'enseignant conclut : ***Enfin elle a trouvé mon bonnet !*** L'histoire peut être rejouée en introduisant des variantes. Un enfant, cette fois, joue le rôle de la marionnette.

Dans un second temps, l'adulte peut reprendre le rôle de la marionnette (en changeant l'endroit où se trouve le bonnet). À cette occasion, reformuler les constats de la marionnette dans chaque coin (vers lequel elle a été mal orientée).

2. La marionnette voyageuse (MS-GS)

En MS-GS, il s'agit d'une marionnette voyageuse qui va ouvrir les portes du monde à la classe.

Scénarios

- *Arrivée de la marionnette, échanges avec les élèves au sujet de ses voyages.*
- *La marionnette est en voyage, mais les échanges continuent : téléphone, cartes postales, mail,* etc.
- *La marionnette est de retour. Elle raconte son voyage. Les élèves la questionnent.*
- *La marionnette s'enquiert de ce que les enfants ont fait en son absence. Les élèves racontent ce qu'ils ont fait, ce qu'ils ont vu, ils présentent leurs réalisations et fournissent des explications. Ils lui font part aussi de ce qu'ils ont appris.*

Remarque : à chaque période de l'année, la marionnette peut effectuer un voyage (ou moins de voyages au cours de l'année au choix de l'enseignant). Chaque voyage offre alors l'occasion d'explorer une aire géographique dont certaines peuvent être familières à des élèves ou totalement inconnues de la classe.

Entrée en scène de la marionnette voyageuse

Présentations

Scénario : *La marionnette-amie (fille ou garçon au choix), munie d'un sac à dos, se présente à la classe (en se nommant) dès les premiers jours de la rentrée. Elle déclare aimer voyager à travers le monde. Elle a apporté deux photos de pays où elle dit s'être déjà rendue (et dont il ne sera plus question ensuite).*

Les photos sont décrites par les élèves et le nom du pays écrit sous chaque photo par l'enseignant.

Exemple : le Japon ou le Canada.

À leur tour les élèves se présentent à la marionnette.

Activité associée : exploration d'un planisphère

- **Introduire** le planisphère qui accompagnera la classe tout au long de l'année.
- **Repérer** sur le planisphère ce qui est en bleu. **Indiquer** ce dont il s'agit (mers et océans). **Donner** quelques noms de mers et d'océans en les montrant sur le planisphère. À l'aide d'étiquettes **rechercher** les pays où la marionnette dit s'être rendue.

- **Proposer** ensuite différentes images de moyens de locomotion (en lien avec **chapitre 3 – Coin** *garage et véhicules*). **Trier** ceux qui permettent de faire le tour du monde (avions, bateaux et ballons).
- **Établir** une liste des voyages de la marionnette et la **compléter** au fil de l'année.

Participation de la marionnette à la vie de la classe

2 semaines si l'on a choisi de découvrir 5 pays au cours de l'année.

Communiquer avec la marionnette durant son absence

À la faveur des voyages effectués par la marionnette, divers modes de communication vont être utilisés au gré de l'enseignant et des compétences visées.

Oralement : jeu du téléphone

Scénario : *La marionnette est partie en laissant juste un court message écrit (sur papier ou par sms). Elle a indiqué sa destination, mais rien d'autre. On espère qu'elle va téléphoner, mais avant on localise sur le planisphère le pays qu'elle évoque dans son message.*

Phase préparatoire
Avec un groupe d'élèves, l'enseignant prépare des questions à poser à la marionnette quand elle appellera. Des élèves volontaires s'entretiendront avec elle au téléphone.

L'entretien téléphonique
Échange entre la marionnette (rôle tenu par l'enseignant) et les élèves volontaires séparés de la marionnette par un paravent. Celle-ci indique où elle est et où elle se rend Elle donne quelques premières informations sur son voyage.
Le jeu du téléphone peut être renouvelé à diverses occasions au cours des différents voyages. La marionnette répond aux questions (comme précédemment).
À son tour elle questionne les élèves qui l'informent sur les activités qu'ils ont menées en son absence.

L'écrit

Varier les supports au cours de l'année : cartes postales, mails assortis éventuellement de photos, lettres. Ces visuels (cartes ou photos) peuvent être sélectionnés sur internet.

- **Lecture des écrits.** Ceux écrits par la « **marionnette** » (c'est-à-dire par l'enseignant) seront lus collectivement aux élèves qui lui répondront ensuite. Ils seront affichés en classe (agrandis à la photocopieuse).
  Repérer les destinataires (les élèves) et l'énonciateur (la marionnette). **S'arrêter** à chaque pronom personnel de première personne et deuxième personne pour bien repérer qui est ainsi désigné.
- **Réponse des élèves :** même contenu qu'au téléphone (question(s) à la marionnette et récit de vie des élèves). Les élèves cherchent déjà quelle(s) question(s) poser à la marionnette en relation avec le contenu de sa propre lettre. Puis ils dictent à l'enseignant la ou les questions. Ils réfléchissent à ce qu'ils veulent ajouter pour l'informer sur la vie de la classe. Ils dictent la phrase correspondante ou le court texte (selon la période de l'année et le niveau concerné) à l'adulte. Lors de ces dictées à l'adulte, veiller à l'emploi des pronoms personnels.
  Les réponses à la marionnette s'effectuent en petits groupes. Un écrit par période en variant la composition des groupes. Ces réponses sont également affichées dans la classe.

Remarque : ces phases de communication entre la marionnette et les élèves, peuvent s'effectuer au cours des deux premières semaines de chaque période. La marionnette revient ensuite et rapporte divers objets à la classe pour laisser suffisamment de temps à leur exploitation.

Explorer le monde avec la marionnette voyageuse

Ouverture sur la pluralité des cultures

- Au fil de ses voyages, la marionnette envoie et rapporte des photos du pays où elle s'est rendue de façon à pouvoir le présenter aux élèves images à l'appui. Elle peut éventuellement rapporter des objets.
- Quand c'est possible, les images une fois exploitées, il est possible de faire appel aux familles originaires de ces pays et qui pourraient prêter ou venir présenter des objets aux élèves.
- En ce qui concerne les images évoquées ci-après, **se reporter** à des ouvrages documentaires, voire **consulter** internet pour **se** les **procurer**.
- La marionnette rapporte aussi des recettes et bien sûr des contes.

Découvrir les pays (images, voire objets, recettes, contes)	Activités associées
Images d'habitants	
Photos d'enfants du pays visité.	• **Lecture d'images** en lien avec le coin *poupées* (bébés et enfants du monde). Voir décoration préconisée. • **Évolution** de l'affichage dans le coin *poupées* en fonction des pays visités successivement par la marionnette.
Maisons du monde	
Photos selon des pays visités.	• **Atelier de construction :** adaptation du projet développé p. 100. autour du thème de la maison. • **Extension :** fabriquer des maisons du monde au gré des voyages de la marionnette.
Faune	
Présenter des **images** de deux ou trois animaux caractéristiques du pays.	• **Introduire** en classe une encyclopédie des animaux et l'**exploiter** au cours d'activités associées aux pays visités par la marionnette.
Recettes de cuisine	
De chaque pays, la marionnette peut rapporter : • une recette de pâtisserie, • l'image d'un plat typique du pays (assorti de son nom).	Les recettes de pâtisseries peuvent être réalisées à l'atelier de cuisine en lien avec coin *cuisine* et le coin *pâtisseries.*
Contes (à titre d'exemples)	
Turquie : *Essouibâ* (version tunisienne de Tom Pouce) de Fabienne Morel, Gilles Bizouerne, Charlotte des Ligneris (Syros).	• **Raconter. Exploiter** ces albums. • **Jouer** certaines histoires (marionnettes/jeu dramatique)
Russie : La *Baba-Yaga* (figure incontournable du folklore russe), illustré par Caroline dall'Ava (Nathan).	**Présenter** les albums dans le coin *librairie* (période 5). Voir **Chapitre 1**, p. 83.
Chine : *Le Diadème de rosée.*	**Jouer** l'histoire avec marionnettes et théâtre d'ombres. Voir projet *3 marionnettes et théâtre d'ombres*, p.138.
Sénégal : *Diabou Ndao* de Mamadou diallo, Vanessa Hié (Syros).	
Images d'art (À titre d'exemples)	
Russie : Image de la Baba Yaga représentée par Ivan Bilibine (connu notamment pour ses illustrations de contes).	**Décrire** l'image de la **Baba Yaga**, puis d'autres œuvres de cet illustrateur. Quand c'est possible, **évoquer** brièvement le conte en question.
Chine : Une peinture composée autour d'un élément principal : montagne et eau, portant des inscriptions calligraphiées.	**Décrire** l'image et **remarquer** les inscriptions calligraphiées. **Expliquer** ce dont il s'agit.
Sénégal : plusieurs sculptures d'Ousmane Sow.	**Laisser** d'abord les élèves **s'exprimer**. Puis **décrire** visages et corps.
Turquie	
• Images de plats décorés, d'une théière/thé à la menthe, de verres pour le consommer. • **Présentation** de feuilles de menthe.	• **Mettre en relation** avec la vaisselle du coin *cuisine.* **Comparaisons. Reproduction** de motifs. • **Explorations** sensorielles de feuilles de menthe. Thé à la menthe à ajouter à la carte du salon de thé. Annexe du coin *pâtisserie* (**Chapitre 1** – Partie 3).
Russie	
Images de matriochka et/ou présentation de matriochka.	• **Découvrir** une série de matriochkas (emboitement/sériation).

•••

	• **Observer** comment sont décorés les vêtements. • **Reproduction** des motifs et **réorganisation** dans des compositions personnelles.
Brésil	
Images du Carnaval de Rio de Janeiro.	En relation avec la période du Carnaval et l'exploitation de sa thématique en classe. Voir **projet 1** *Mettre en scène et jouer*, p. 135
Chine	
Photo d'un repas avec présence et **utilisation** de baguettes	À **mettre en relation** avec les couverts du coin *cuisine*. **Comparaisons.**
Images de marionnettes pour théâtre d'ombres.	À partir de gabarits fournis par l'enseignant, **fabrication** de marionnettes pour **jouer** un conte chinois spectacle d'ombres. ;
Sénégal	
Images de paysages, de villes et de taxis brousse.	Après description et explications de l'enseignant, **introduction** possible de l'album *Le Grand Retour du taxi brousse de papa Diop* de C. Epanya, Thierro Diallo (Syros).
Images de tissus du pays.	• **Faire observer** des motifs et demander aux élèves d'en relever. • **Relever** des motifs sur les images et les **faire compléter** par les élèves. Possibilité d'en **reproduire** sur des tissus du coin *déguisements*.
Images d'instruments africain.	**Écouter** quelques extraits musicaux. Possible **fabrication** d'instruments.

Développer la communication

Scénario

Échanges téléphoniques entre la marionnette et les élèves. Il arrive un moment où l'enseignant n'est plus le seul porte-parole de la marionnette, les élèves lui prêtent leur voix.

Exemple de scénario

La marionnette téléphone à la classe pour décrire le panorama qu'elle a sous les yeux, attablée à la terrasse d'un salon de thé… Lien avec le coin annexe salon de thé (voir **Fiche séquence 10**, p. 172).

Le support matériel est une photo représentant la vue en question. Celle-ci a fait l'objet, avec d'autres images de ce pays, d'une activité langagière en petit groupe. Une image parmi celles étudiées a été retenue après présentation du scénario au groupe.

Jeu structuré

Installation du petit groupe d'élèves précités derrière un paravent, un élève volontaire appelle la classe et après les salutations d'usage, la marionnette indique où elle se trouve et décrit ce qu'elle voit de cet emplacement. Les autres élèves du groupe peuvent **intervenir** successivement pour **compléter** la description, puis **s'enquérir** des activités de la classe en son absence.

De l'autre côté du paravent, un groupe d'élèves volontaires ou désignés par l'enseignant, lui répond, chacun prenant successivement la parole (dans un ordre préétabli) pour **évoquer** quelques temps forts de la classe (recensés préalablement avec les élèves de ce groupe en prévision d'un appel possible de la marionnette).

Prolongement

À leur tour les élèves découvriront, lors d'activités associées à ce scénario, des photos du pays où séjourne la marionnette. Mêmes photos ou photos différentes du groupe précédent et affichées ensuite sur le mur d'images de la classe.

Variante : la marionnette, lors de la visite d'un musée ou au cours d'une promenade, a découvert l'œuvre d'un artiste (peintre, sculpteur). Elle décrit ses œuvres.

II. Jeu **théâtral** : jeu **dramatique**

Manipuler des marionnettes et les **faire dialoguer**, tout comme **mettre en scène** des histoires dans le cadre d'un jeu dramatique, est **propre à** en **favoriser la compréhension**. Cela conduit progressivement les élèves, en **GS**, à s'approprier le point de vue des personnages et à appréhender ce qui les fait agir.

1. Déroulement

Regarder et écouter d'abord (PS-MS-GS)

Raconter des histoires aux élèves en introduisant des marionnettes personnages au fur et à mesure de leur entrée en scène dans l'histoire.

- **Choisir** pour commencer des histoires qui comportent de préférence des dialogues. Exemples : *Bon appétit Monsieur Lapin*, *La Grenouille à la grande bouche*. **Respecter** les changements de voix lors des rencontres successives ;
- **Adapter** un conte et **inventer** des dialogues à formule répétitive. Puis **proposer** progressivement des histoires aux structures plus complexes (par exemple des contes merveilleux) en alternant récit et dialogues.

Remarque : lorsque cette mise en scène de l'histoire précède la découverte d'un album, on peut **réaliser** les marionnettes en reproduisant les personnages à partir des illustrations. Les **découper** et **fixer** une baguette au dos des personnages pour les **manipuler**, puis **plastifier.**

- Si l'enseignant raconte une histoire sans qu'il existe un support album, il peut **emprunter** des représentations de personnages similaires dans divers albums (représentation d'un loup, d'une vieille femme, etc.) pour donner vie aux personnages.

Installation du coin *marionnettes* (PS-MS-GS)

- **Marionnettes avec ou sans castelet.** Les marionnettes peuvent être acquises dans le commerce (marionnettes à gaine, marionnettes à doigts). Marionnettes du monde en relation avec les poupées ethniques).
Les marionnettes peuvent aussi être fabriquées par l'enseignant.
- Dans le coin *marionnettes,* mettre à disposition celles sur bristol utilisées pour raconter une histoire, en les regroupant par histoire. Les élèves peuvent les utiliser lors de jeux libres pour rejouer l'histoire. **Prévoir** une rotation de ces marionnettes qui disparaissent puis reviennent.
- À la faveur des histoires racontées ou lues par l'enseignant, les élèves peuvent **fabriquer** des marottes à l'atelier de bricolage (voir **Chapitre 2 - Partie 1**) pour jouer ensuite ces histoires. Les marionnettes fabriquées par les élèves peuvent aussi être à l'origine d'histoires inventées. Voir ci-après : **1/ Création de marottes à l'atelier debricolage. 2/ Création demarionnettes pinceaux** p. 131.

Au cours de l'année des marionnettes relevant de contes différents peuvent se mêler, se rencontrer et dialoguer au cours de jeux libres dans le coin marionnettes et de jeux structurés.

Jouer les premières histoires (PS-MS-GS)

PS-MS :
Lorsque dans des contes de randonnées les dialogues sont faciles à retenir, on peut, en petits groupes, **apprendre** aux élèves **à mémoriser** les paroles des personnages. L'enseignant endosse le rôle du personnage principal et distribue aux élèves les marionnettes auxquelles il s'adressera ensuite.

MS-GS :
Lors de jeux structurés les élèves peuvent être amenés à **rejouer** tout ou partie de l'histoire avec ce même matériel.

Fabriquer des marionnettes et les mettre en scène (PS-MS-GS)

Fabriquer des marottes à l'atelier bricolage et jouer

PS-MS : Créer des marottes pour **représenter** les personnages d'une histoire simple et répétitive. Même démarches que dans l'exemple suivant, mais en adaptant l'activité au niveau concerné.

MS-GS : Jouer une histoire à structure répétitive.
Exemple : *Les Musiciens de la ville de Brême.*

Préliminaires : Raconter ou **lire** l'histoire aux élèves sans autre support de compréhension que le langage entendu. **Poser** quelques questions élucidantes. **Répertorier** les personnages.

Entrer dans le projet

Inviter ensuite à des élèves à fabriquer des marottes à l'atelier de bricolage en laissant libre cours à leur créativité.

Présentation des marottes réalisées

Chaque élève donne à voir sa marotte et les autres élèves doivent deviner de quel personnage il s'agit.

Jeux libres

Dans le coin *marionnettes*, les élèves jouent d'abord librement avec les marottes, l'enseignant étant alors simple observateur.

Jeu structuré

Jouer l'histoire en respectant l'ordre des rencontres entre les personnages jusqu'à l'arrivée des animaux dans la maison et **prêter** sa voix aux marionnettes au cours de ces rencontres. Quelques élèves sont spectateurs.

Préalable : retrouver l'ordre dans lequel s'effectuent les rencontres des personnages jusqu'à l'arrivée des animaux dans la maison.

Phase de jeu : Disposer les marottes dans cet ordre. **Manipuler** ensuite des marottes. Les élèves prêtent alors leur voix aux marionnettes. **Prévoir** quelques élèves spectateurs.

Phase réflexive (GS) : *La chronologie des rencontres a-t-elle été respectée ? Les élèves ont-ils su donner la parole aux personnages ?* Les élèves spectateurs peuvent alors donner leur avis et rejouer ces différentes rencontres.

Prolongement (GS) : Imaginer, qu'une fois entrés dans la maison, les animaux ont bien pu se dire en découvrant les mets sur la table, puis ensuite au moment de se coucher. **Jouer** ensuite la scène.

Fabriquer des marionnettes pinceaux et jouer (GS)

Les marionnettes pinceaux sont destinées à représenter des personnages humains. Choisir en conséquence l'histoire à jouer. Exemple : ***La Belle au bois dormant*** **de C. Perrault.**

Préliminaires : Raconter l'histoire à la classe sans recourir aux dialogues.

Entrer dans le projet

- **Fabriquer** les marionnettes pour jouer l'une des premières scènes (arrivée des fées et dons à la princesse).
- **Lister** les personnages qui participent à cette scène. **Déterminer** le nombre de marionnettes à réaliser : **7 jeunes fées, 1 vieille fée, le roi et la reine.**
- **Prévoir** de **faire dessiner** des berceaux sur bristol. En sélectionner un à **reproduire** sur bristol et à **coller** sur une baguette pour **indiquer** la présence de la petite princesse (à qui seront adressés les dons).

Réaliser les marionnettes

- **Présenter** le matériel aux élèves (des pinceaux usagés) et leur expliquer qu'il s'agira de réaliser des marionnettes en jouant sur la transformation de ces pinceaux pour jouer la scène des dons.
- Le choix de pinceaux pour **créer** des marionnettes tient à l'analogie entre la touffe de poils du pinceau et une chevelure. Il ne reste plus qu'à **coller** sous la touffe de poils deux yeux dessinés et découpés pour avoir un visage et **ajouter** deux bras (ci-après réalisés en « cure-pipe », mais tout autre matériau est possible).
- **Habillement. Expliquer** que c'est par leur habillement que l'on pourra **reconnaitre** les personnages. **Attribuer** un personnage à chaque élève participant à l'atelier. Amener les élèves à **choisir** les matières : **riches** ou **pauvres, lisses** ou **rugueuses**, de manière notamment à bien **distinguer** la vieille fée des autres fées.

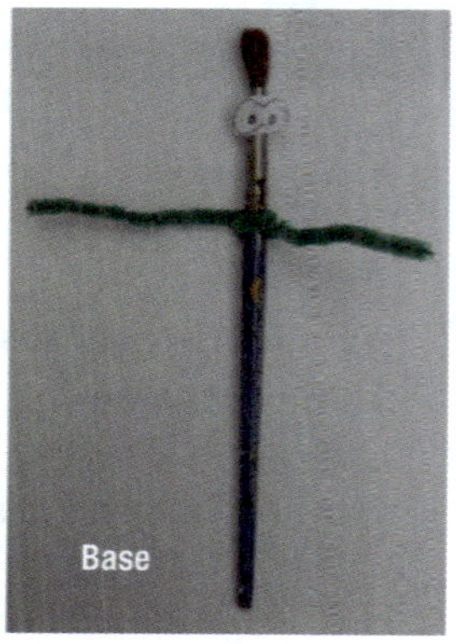

Présentation des marionnettes réalisées

Faire préciser à chaque élève, ayant réalisé l'une des sept jeunes fées, le don que sa marionnette doit faire à la princesse.

Jeu structuré

Préalable : Découper en quatre petites saynètes le début du conte.

Situation 1
Le roi et la reine accueillent les jeunes fées l'une après l'autre (dansl'ordre où elles prendront ensuite la parole dans la scène des dons). *Arrivée ensuite de la vieille fée très en colère*.

Situation 2
La vieille fée grommèle des menaces et une jeune fée l'entend.

Situation 3
Scène des dons.

Situation 4
Réaction des parents. Intervention de la jeune fée qui précise que la princesse tombera seulement dans un profond sommeil.

Phase de jeu (1ère saynète)
- **Préciser** aux élèves que les personnages doivent **prendre la parole** en respectant le scénario.
- **Jouer** devant des élèves observateurs.

Phase réflexive (GS) : *Les fées sont-elles bien arrivées dans l'ordre prévu ? Les personnages se sont- ils suffisamment exprimés ? Qu'auraient-ils pu encore dire ? A-t-on bien compris que la vieille fée était en colère ?*
Faire rejouer la scène par des élèves spectateurs.
Même démarche pour les trois autres saynètes.

Imaginer et jouer des histoires avec les marionnettes (MS-GS)

Jeux libres

Réaliser des marottes à l'atelier de bricolage sans projet de représentation et les mettre à disposition dans le coin marionnettes. Les élèves les manipulent librement en leur donnant la parole. L'enseignant peut intervenir et participer aux échanges, doté lui-même de l'une des marottes.

Jeux structurés

- **Choisir** quelques marottes. **Décider** d'un héros ou d'une héroïne.
- **S'interroger** sur son projet d'action et **décider** des rencontres qu'il pourra faire.
- **Jouer** cette ébauche d'histoire. Puis **imaginer** une fin. **Rejouer** l'histoire.

Prolongements éventuels : avec un autre groupe d'élèves, **enrichir** l'histoire de nouvelles péripéties. **Développer** les dialogues. Les **noter**. Communication à la classe. Mémorisation de la trame narrative et des dialogues. Remise en jeu.

2. Installation d'un coin *déguisements* et jeu dramatique

Installation d'un coin *déguisements* (PS-MS-GS)

Matériel

- Présentoir pour suspendre les vêtements, corbeilles, boites pour accessoires ;
- Présence d'une glace. Transfert du coin *coiffeuse*, depuis le coin *poupées,* au coin *déguisements* ;
- **Affichages. Sur les murs :** photos de mannequins diversement habillés (photos de mode), à la faveur de l'exploitation thématique en classe consacrée à la parure.
  MS-GS : Images de costumes anciens portés ou simplement exposés. Images d'art ou autres : costumes grecs et romains, autres périodes. Les exemples ne manquent pas.

Identification aux adultes (PS-MS)

Mise à disposition des élèves

- Vêtements d'adultes (plus faciles à enfiler) et chaussures ;
- **Déguisements liés aux métiers :** cuisinier, pompier, docteur ;
- **Accessoires de la vie courante :** *lunettes – toutes sortes de couvre-chefs (divers chapeaux, casquette, béret, bob, etc.) – gants – bijoux (dont des colliers et bracelets réalisés par les élèves lors d'activités associées).*

Activités de catégorisation

- **Catégorisations taxonomiques :** activités proches de celles menées dans le coin *poupées,* même s'il ne s'agit plus d'habiller les poupées puisque c'est l'enfant qui porte vêtements et accessoires.
- **Catégorisations schématiques :** liées au métier exercé.

Exemple de jeu structuré

Scénario : ***Acheter des vêtements et accessoires dans le coin magasin/déguisements*** (lien avec le coin magasin de la classe). Sans paiement en échange, car ce n'est pas l'objectif de l'activité.

Il s'agit de **procéder** à des essayages successifs devant la glace, aidé par des vendeuses. Des élèves derrière un paravent posent des questions à l'élève acheteur pour savoir ce qu'il vient d'essayer. Ils disposent de photos de tous vêtements et accessoires essayés. Une fois le choix déterminé, l'enfant est pris en photo ainsi déguisé.

Activité à reconduire.

Prolongement : chaque élève est successivement photographié déguisé. Un album photos peut être ainsi constitué, ce qui donne l'occasion aux élèves de se présenter.

Identification à des personnages connus de la littérature et du cinéma, dont dessins animés (MS-GS)

Mise à disposition des élèves

- Vêtements et accessoires précités **(PS-MS)**, mais qui auront tendance à disparaitre progressivement.
- **Déguisements de héros (vêtements et accessoires) :** fée, sorcière, chevalier, pirate, etc.
- **Accessoires des héros :** couronne – épée – baguette – etc.
- Déguisements éventuellement prêtés par les familles.

Activités associées

- Activités de catégorisation schématique :
  - Voir ci-avant **catégorisations schématiques liées aux métiers. (PS-MS)**
  - Activité de catégorisation schématique pour **caractériser** les héros par leur vêtement(s) et accessoire(s).
- Écrits et découverte des nombres.
- **Installation** d'un étalage avec prix affichés comme dans les autres coins *magasins* et noms des vêtements ou accessoires présentés. Installation d'un rayon bijouterie.

Jeux structurés

Scénario 1 : Voir ci-avant scénario *séance d'essayage.* **(PS-MS)**
Scénario 2 : *Passer devant l'étalage et commenter.*
Entrer et demander à **essayer**. Séance d'essayage avec marchande. **Acheter**, mais, à ce niveau, **payer** les achats.
(voir – **Fiche séquence 8**, p. 166)

Scénario 3 : *Préparer et organiser un défilé de mode dans l'école.*

Créations artistiques (activités associées)

- **Créer** des masques et des coiffes permettant de s'identifier à des animaux (voir ci-après projet carnaval). **Fabrication** par les élèves eux-mêmes en fonction ou non d'un projet.
- **Créer** des vêtements de base puis des accessoires. **Utilisation** de toutes sortes de papier à coller sur des vêtements après avoir déterminé la couleur ou l'utilisation de gouaches pour **transformer** un vêtement.

Matériel : ***ciseaux – colle – ruban adhésif – agrafes.*** **Jamais de sacs en plastique** (risque d'étouffement).

GS : Développer la créativité dans la façon de **se déguiser.**

- Progressivement, **remplacer** des costumes par des tissus de toutes sortes (tailles, textures, couleurs). **Prévoir** des pinces à linge pour les **fixer**. Des capes (accessoires éminemment utiles dans les jeux dramatiques) pourront y être également découpées. La créativité sera ainsi davantage favorisée. Voir ci-après **Projet 4 –** ***Peau d'Âne***, p.139.
- **Utiliser** le coin *déguisements* pour **mettre en scène** une histoire.
- **Photographier** les ateliers de fabrication au travail et les costumes créés portés par des élèves.

Jeu dramatique (MS-GS)

Jouer une histoire ce n'est pas la même chose que de **mettre en scène** le réel comme c'est le cas pour les séances de jeu dramatiques proposés chapitres 1 et 2. Là, l'histoire existe déjà (comme pour les marionnettes), il faut la **comprendre**, en dégager les étapes et la mettre en scène. Toutefois, la situation de jeu est similaire à celle développée dans les chapitres 1 et 2. Il faut **procéder** à l'installation matérielle, **prévoir** les accessoires.
Mais ici on est au théâtre et c'est important d'en **faire prendre** conscience aux élèves.

Entrer plus avant dans la théâtralisation

Pour ce faire, l'album ***Pipistrello et la Poule aux œufs d'or*** d'Elzbieta (Rouergue), est tout à fait adapté. Il propose, en introduction, la liste des personnages de l'histoire. Celle-ci est ensuite présentée sous forme de tableaux successifs, ce qui est tout à fait intéressant pour **s'approprier** le découpage de l'histoire et **organiser** sa mise en scène. Mais cela permet aussi de **ne jouer** que certaines scènes, à l'instar de ce qui vient d'être préconisé pour les marionnettes.

En se limitant à ne jouer qu'une seule scène, on permet alors aux élèves de mieux l'**approfondir**, de l'**enrichir** et de **développer** davantage leur créativité. Ce peut être aussi un moyen de travailler au développement de diverses compétences, comme c'est le cas avec le projet de mise en scène de *Peau d'Âne* (p. 134).

Occuper l'espace et s'exprimer par le corps

Par ailleurs, le jeu dramatique se distingue du jeu avec les marionnettes en ce qu'il invite à **se déplacer** dans l'espace. Si les marionnettes peuvent **favoriser** des rencontres entre personnages issus d'histoires différentes, l'espace théâtral du jeu dramatique est propice à des cheminements d'un lieu à un autre. Il conduit aussi à **exprimer** des émotions par le corps.

L'album ***Le Petit Poucet*** de Thisou Dartois (Rouergue), par exemple, offre une bonne entrée en matière. La forêt est belle, on y fait des rencontres, mais elle fait peur aussi. Autant d'occasions de croiser des histoires, d'exprimer des sentiments à travers le mime, mais aussi à travers les expressions du visage. En plus, la **fin ouverte** est une invitation à la créativité. Divers scénarios sont possibles.

Imaginer, puis jouer des histoires en jeu dramatique

Comme avec les marionnettes vient un moment où les élèves vont être à même d'inventer des histoires ou de prolonger des histoires existantes ayant une fin ouverte. Voir **Chapitre 2 – Partie 3** et ci-avant l'exemple du ***Petit Poucet***. La démarche est similaire à celle présentée, en partie I de ce chapitre p. 130, avec les marionnettes. Tout comme le coin *marionnettes,* le coin *déguisements* est en effet propice à la création d'histoires.

Les élèves peuvent se déguiser pour jouer une histoire qu'ils connaissent. Mais le plus souvent ils s'y déguisent librement pour le seul plaisir du jeu. À cette occasion, l'enseignant peut s'intéresser à un ou plusieurs déguisements. Comme pour les marionnettes, il peut demander par exemple : ***Qui est cette princesse ?*** Puis inviter les élèves présents dans le coin *déguisements* à ébaucher son histoire : ***Qui est- elle ? Où vit-elle ? Que veut-elle ? A-t-elle des amis ? des ennemis ?* etc.** Le scénario amorcé peut alors être présenté à la classe et l'histoire être ensuite développée en petits groupes et des dialogues imaginés. Mise en scène de l'histoire (tout ou partie) selon la démarche proposée p. 130.

Prolongement (GS) : Les dialogues d'une scène pris en notes par l'enseignant peuvent être retranscrits par lui dans une présentation similaire à celle adoptée dans l'album ***Pipistrello et la poule aux œufs d'or.***

III. Jeu théâtral : démarche de projet

Cette **troisième partie** propose quelques projets prévus pour permettre la **représentation de spectacles** devant d'autres élèves de l'école. L'un des projets liés au **thème du carnaval**, largement fêté à l'école maternelle, est développé d'abord, trois autres projets sont exposés ensuite.

Ces projets se présentent comme autant de **réinvestissements de compétences** acquises antérieurement par les élèves, dans divers domaines, mais ils sont propres aussi à favoriser de **nouveaux apprentissages.**

1. Projet 1 : Mettre en scène le carnaval (PS-MS-GS)

Projet de spectacle à destination d'une autre classe.

Mais possibilité de réunir plusieurs classes en répartissant les tâches en fonction des niveaux concernés. Chaque classe se charge alors d'une scène et les autres en sont les spectateurs. Le spectacle se termine par un final réunissant les différentes classes.
L'idée même de **carnaval** est que l'on peut devenir autre, ce qui plait aux enfants qui aiment tant se métamorphoser. Ce thème occupe donc une place de choix dans les jeux symboliques. C'est un sujet très en phase avec le coin déguisements auquel il offre l'occasion de s'enrichir. Avec le carnaval la musique et la danse occupent une place très importante. Le thème permet également de focaliser l'attention sur deux personnages du patrimoine culturel occidental : **Arlequin et sa majesté Carnaval** (au XIe siècle, un mannequin représentait le carnaval, c'était le roi Carnaval).

Le projet se déroule en plusieurs phases successives.

Point de départ

L'observation de diverses images de carnavals. Avec celui de Nice, focaliser justement l'attention sur sa *majesté Carnaval.*

- **Écouter** la chanson interprétée par Georges Guétary « **Monsieur Carnaval** ». **Bouger** sur cette musique et s'en approprier le tempo, la pulsation. **Lire** les paroles du 1er couplet aux élèves et commenter : « **La vie est un carnaval/ Et le monde est un immense bal/Où nous tournons inlassablement/En portant tous un déguisement…** ».
En **MS-GS**, possibilité aussi de relier le thème au Carnaval de Rio par l'intermédiaire de la marionnette voyageuse.
- **Écouter** alors la chanson « **Ba-tu-ca-da** » par Ney de Castro (musique à base d'instruments traditionnels du Brésil).
GS : Exploiter l'album ***Pierrot et les secrets de la nuit*** en lien avec le coin *pâtisserie* de la classe. Voir **Chapitre 1** p. 81.

Introduire le projet

À l'occasion du carnaval, **se déguiser**, mais au lieu de défiler dans l'école, **mettre en scène** les travaux des enfants et **jouer** devant des élèves d'une autre classe.

Activités préparatoires

Fabrication de masques, de couronnes, de costumes

Masques

- **Réaliser** des masques sur des assiettes en carton avec deux yeux et une bouche creusés par l'enseignant et à colorer à la peinture ou aux pastels gras. Contrainte : multiplicité des couleurs lorsqu'il s'agit de représenter Arlequin.

- Pour accompagner les costumes d'animaux, le masque une fois coloré, **découper** des éléments dans des magazines animaliers qui permettent de distinguer l'animal (oreilles, bec, ailes, etc.). Port du masque.

Variante : positionner des masques sur la tête mais aussi sur les genoux, épaules, etc. pour se transformer en monstre.

Se déguiser en animal

Après avoir, sur des documents, observé des robes d'animaux riches en motifs, les **reproduire** pour créer une banque de motifs. **Couper** des capes en tissus uni (récupération) à fermer par un ruban. **Puiser** dans la collection de motifs et les **reproduire** à l'aide d'outils de fortune pour laisser des traces ou des empreintes (fourchettes, bouchons, etc.). **Compléter** la tenue par un masque (voir ci-avant).

Fabriquer des instruments

- **Maracas :** Avec des boites en plastique de tailles différentes, **trier** des glands, coquilles de noix, coquillages, bouchons plastiques, etc. **Remplir** chaque boite avec une catégorie d'éléments au choix. **Comparer** les bruits et les distinguer à l'oreille (yeux bandés). Puis les **utiliser** pour marquer des pulsations.
- **Tambours :** Gros bidons en plastique à **décorer** aux feutres sur le devant. **Distribuer** deux mailloches par tambour (bâtons enfoncés dans des balles de tennis). **Fixer** une sangle autour des bidons pour que les enfants les portent en bandoulière. Même utilisation qu'avec les maracas. **Continuer** la reproduction d'un rythme.
- **Trompettes : Proposer** des tuyaux en plastique de différentes longueurs. **Faire emboiter** un entonnoir à l'extrémité d'un tuyau pour **fabriquer** un pavillon. **Faire enrouler** le tuyau pour lui donner la forme d'un instrument. **Fixer** à l'aide de ruban adhésif. **Faire emboiter** des sifflets de ballons de baudruche à l'embouchure. **Souffler. Expérimenter**.
  Jouer ensemble ou **se répondre** en partageant le groupe en deux.
  GS : organiser collectivement les sons. **Se répondre** d'un instrument à l'autre.
  Tous niveaux : bouger sur les pulsations et rythmes inventés.
- **Créer un costume musical. Mettre** à disposition objets ou matières sonores : *carton ondulé – papier de cristal – sonnette de vélo – klaxon « poire » – baguettes – petits contenant en plastique.* Les **manipuler** pour les **faire résonner. Décrire** les gestes sonores correspondants. **Utiliser** les vêtements du coin *déguisement.* Les **faire enfiler** et faire des essais de placement des objets en cherchant à les **fixer** sur le devant du vêtement (agrafes, ruban adhésif, etc.). **Bouger**, **danser**, **gratter**, **froisser**, etc.

Après le spectacle, laisser à disposition ces costumes musicaux dans le coin *déguisement*.

Autres activités musicales (en vue de les intégrer au spectacle)

Faire écouter quelques extraits musicaux très diversifiés (au choix de l'enseignant) : musique tristes, joyeuses, enlevées, pouvant susciter la peur. Laisser les élèves **exprimer** les sentiments ressentis à leur écoute. Exprimer par le corps les sentiments ressentis et **retenir** les musiques qui donnent envie de bouger et rendent joyeux.

Prévoir une collation à la fin du spectacle

En relation avec le coin *pâtisserie,* fabrication de bugnes décorées (pouvant conduire ensuite à la fabrication de fausses bugnes pour ce coin *pâtisserie*). **Exploitation** de la recette et réalisation à l'atelier cuisine en vue de partager leur dégustation avec le « **public** » invité.

Mettre en scène et jouer

Organiser l'ordre des apparitions sur scène (à titre d'exemple)

- **Rois Carnaval** portant masques et couronnes et dotés d'une cape à évolutions au cours du spectacle sur la chanson « **Monsieur Carnaval** ». La gestuelle arrêtée après adoption de gestes simples et mémorisée peut être interprétée par les rois Carnaval durant le spectacle (chanson à l'appui).
  PS : Si les petits ont peur de mettre un masque devant leur visage, possibilité de monter chaque masque sur une tige et de le porter comme une marionnette.
  Pour les couronnes, collage de gommettes.
  MS-GS : voir couronnes et capes/coin déguisements. Activités de mesure des tours de tête à cette occasion.
- **Danseurs aux habits sonorisés (MS-GS)**
  Moins bruyants, ils permettent de retrouver un calme transitoire et requièrent de l'attention auditive.
  Les élèves dansent, mais aussi grattent et froissent des éléments de leur costume pour le rendre musical (absence de musique enregistrée).
- **Danse des animaux** évoluant sur une musique (au choix de l'enseignant). Tous niveaux en adaptant les propositions.
- **Arrivée de la fanfare**, pour clore le spectacle. **Tous niveaux.**
  Groupements des musiciens par « instrument » et déplacement de la gauche vers la droite, puis inversement sur l'espace scène.

Répétitions

- **Apprendre** à respecter la chronologie des numéros et à occuper l'espace imparti.
- **Danser** et **s'exprimer** avec le corps sur la musique ou **apprendre** à faire résonner son costume musical. **Noter** les gestes pour les affiner.
- **Jouer** des instruments et **répéter** quelques structures musicales simples adaptées au niveau concerné. Chercher à les **faire mémoriser**. Une structure par groupe en ce qui concerne les maracas et les tambours. **Deux structures successives en GS.**

Réalisation du spectacle

Suivi d'un goûter.

2. Projet 2 : Mettre en scène un conte musical (MS-GS)

Le projet a pour thème les moyens de transport.
En relation avec le coin *garage et véhicules,* **associer** musique et voyage.

Exemple : Exploiter le conte ***Le Petit Train amoureux de la mer.*** (extrait du CD, Cinq Contes musicaux pour les petits, Frémeaux & associés).

Exploiter le conte

- En **MS**, voire en **GS** si nécessaire, on peut commencer par **raconter** l'histoire aux élèves en chantant les chansons. Puis **s'assurer** de leur compréhension avant d'écouter le CD. L'**écouter** plusieurs fois et constater l'alternance récit/chants.
- **Dégager** la structure du conte :
  - **Situation initiale :** le petit train rêve de la mer. **Expliquer** pourquoi et ce qu'il fait alors.
  - Un matin il part. En route, il chante. **Fin de l'histoire :** le petit train reste près de la mer.
- **Présenter** le texte de la chanson (structure accumulative). **Apprendre** phrase par phrase la chanson que le petit train tient de son père (développer l'idée de transmission).
- **Exploiter** le fait que le petit train éprouve des sensations et des sentiments.

Initier le projet

Inventer une autre histoire en s'inspirant du début du conte musical. Et le **mettre en scène.**

Créer les conditions

- **Proposer** des images de divers véhicules. **Chercher** quelle peut bien être la destination de chacun. **Relever** les propositions.

En salle de motricité :

- **Chercher** à habiter « **ces moyens de transports** ». **Imiter** des déplacements (s'exprimer corporellement). **Associer** des bruitages : mouvements réguliers, accélération, décélération. **Travailler** les gestes, les rythmes et les déplacements. **Associer** deux enfants pour le même véhicule.
- **Créer** des parcours de déplacement des véhicules en associant des plans inclinés, en utilisant un tunnel, en disposant des bancs, etc.

Scénariser

Imaginer pour chaque véhicule un voyage en fonction de ce qui avait été inventé à partir des images de véhicules. **Inventer** des rencontres et **faire évoluer** la narration par exemple vers une structure répétitive : l'un des véhicules invitant un autre à le suivre, puis les deux premiers faisant la même proposition. Trouver une chute : arrivée au bord de la mer de tous les véhicules et rencontre du petit train. *Les autres véhicules resteront-ils au bord de la mer eux aussi ou repartiront-ils ?*

Mettre en scène

Organiser les déplacements en fonction de l'histoire. Pour les **mémoriser, placer** les cartes qui les représentent dans l'ordre chronologique de l'entrée en scène des véhicules. Chaque véhicule peut se présenter en chantant et **expliquer** où il veut aller. **Faire évoluer** sur les bruitages enregistrés. **Imaginer** les rencontres successives des véhicules. **Préciser** en quel endroit de l'espace de jeu ces rencontres ont lieu. **Inventer** une formule répétitive (un conte à structure répétitive accumulative). Finalement, avant de se séparer pour de nouvelles aventures, **chanter** la chanson que le petit train tenait de son père.

3. Projet 3 : Marionnettes et théâtre d'ombres (GS)

Ce conte peut avoir été rapporté par la marionnette voyageuse.
Exemple : ***Le Diadème de rosée.*** Voir tableau p. 128 et site.

Le projet se déroule en plusieurs phases successives.

Aider les élèves à s'approprier l'histoire

Après avoir recensé les personnages et retrouvé les différentes étapes du conte, le **faire raconter** par les élèves. Leur permettre ainsi de bien **se l'approprier**, dans la mesure où ils ont seulement entendu le conte, sans se reporter à des illustrations.

Manipuler des silhouettes

- **Proposer** des silhouettes représentant les personnages.
  Ajuster les bras sur les corps (attache parisiennes) avec aide de l'enseignant.
- **Jeu libre** avec les silhouettes dans le coin *marionnettes*.
- **Mémorisation** des dialogues du conte par les élèves.

Introduire le projet et réaliser

- **Présenter** des planches de théâtre d'ombres chinois ;
- Sur l'ordinateur, **proposer** chaque silhouette précédemment introduite mais non colorée. Les élèves doivent les **noircir** pour en faire des marionnettes du théâtre d'ombres (objectif : utilisation d'objets numériques). On pourra dans ce cadre **utiliser** le logiciel gratuit IrfanView qui permet de remplir les zones d'un dessin (document de type « graphique » : .bmp, .jpeg, etc.) fermé (bordé de traits) avec une palette de couleurs, en l'occurrence ici le noir.
- Tirage et découpage des silhouettes noircies. Ajustement des bras sur les corps avec l'aide de l'enseignant. **Fixer** ensuite les baguettes nécessaires à la manipulation avec de la pâte à fixer.Les marionnettes doivent être facilement utilisables par les élèves, Il est important aussi qu'elles soient **recto-verso** pour que les personnages puissent toujours être face à face. Il suffit d'imprimer chaque personnage dans les deux sens (regard vers la gauche, regard vers la droite), de les noircir comme indiqué précédemment et de les positionner de chaque côté du bâton avec de la pâte à fixer.

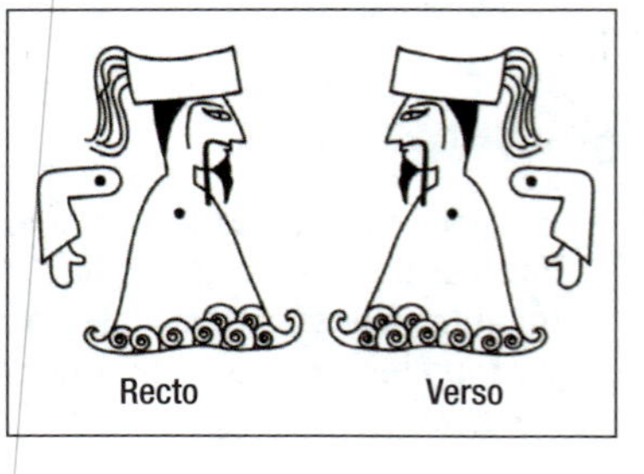

Expérimenter

- Dans un lieu adapté de l'école, **tendre** un drap blanc. **Expérimenter** d'abord pour **comprendre** comment fonctionne le théâtre d'ombres. **Chercher** où placer la source lumineuse (spot).

- **Faire avancer** et **reculer** des enfants et opérer des constats. Procéder de même avec des objets.
- Puis **introduire** les marionnettes. **Observer** comment obtenir le plus de netteté possible en faisant varier la distance entre la lumière et les marionnettes, mais aussi entre les marionnettes et le drap. Amener les élèves à **comprendre** que, lorsqu'on manipule les marionnettes, il faut **se dissimuler** pour ne pas être vu.
- Inviter les élèves à s'asseoir derrière une planche, le drap blanc étant suffisamment grand pour permettre d'**aménager** un endroit dissimulé destiné aux marionnettistes. Ainsi cachés, les enfants manipulent les marionnettes en tendant les bras, au-dessus de leur tête.

Manipuler et jouer

Les élèves manipulent les marionnettes et disent les dialogues qu'ils ont mémorisés.

4. Projet 4 : Mettre en scène *Peau d'Âne* (GS)

En relation avec l'atelier pâtisserie et le coin *pâtisserie* lui-même, les élèves découvrent le conte ***Peau d'Âne*** Charles Perrault. L'attention se porte sur la **réalisation** du gâteau par l'héroïne (voir **Chapitre 1**, p. 139) et sur les festivités du mariage. À cette occasion, possibilité de **présenter** des œuvres d'art en relation avec la scène du festin. **Exemples :** ***Les Noces de Cana*** (XVIe siècle) ; ***Le Banquet chez Nani***, Pietro Longhi (XVIIIe siècle).

Le retour sur la phase du conte où ***Peau d'Âne*** prépare ledit gâteau du prince conduit à **visionner** la séquence que Jacques Demy lui consacre dans le film éponyme (1970).

Le projet se déroule en plusieurs phases successives.

Raconter l'histoire à la classe

La langue de Perrault étant difficile dans le texte, il est préférable de **raconter** l'histoire, puis de **lire** quelques extraits à la classe. **Exemples :**

1/ les passages consacrés aux demandes répétées de la princesse à son père (les trois robes et la peau d'âne) ;

2/ la fin du conte avec l'évocation des festivités.

Établir une sorte de « storyboard »

Groupe 1 : Retrouver la chronologie en répondant à des questions. **Lister** les dessins à réaliser pour **illustrer** l'histoire. Passation des consignes au groupe 2. **Réalisation** des dessins. Le **groupe 2** présente les dessins réalisés au groupe 3. **Groupe 3 :** Commentaire des dessins au **groupe 4** qui les remet en ordre.

Collectivement, retrouver les étapes du conte, à partir des dessins affichés au tableau.

Présenter le projet à la classe

Il s'agit de mettre en scène le conte sans jouer toutes les scènes.

- Partir du « storyboard » pour **visualiser** le découpage de l'histoire et **définir** l'organisation du spectacle afin de le **préparer**.
- **Expliquer** aux élèves qu'en fonction du découpage, il y aura des moments où des élèves raconteront, d'autres où ils chanteront et mimeront, d'autres encore où ils dialogueront, défileront et danseront. Préciser qu'il faudra **se répartir** les rôles.

Découpage du spectacle en tableaux à partir du « storyboard »

a. Scène contée (du début de l'histoire jusqu'au moment où le roi veut épouser sa fille).

b. Scènes dialoguées

1 / La princesse va trouver la fée Lilas, elle demande à son père une robe couleur du temps, le roi appelle ses plus habiles ouvriers, la robe est livrée ;

2 / Même démarche, mais c'est une robe couleur de lune que réclame la princesse ;

3 / Même démarche, mais la princesse réclame une robe couleur de soleil ;

4 / Même démarche, mais la princesse réclame la peau de l'âne.

c. Deuxième scène contée

La princesse devenue Peau d'Âne se sauve.
Le récit s'arrête au moment où Peau d'Âne revêt sa robe de soleil.

d. Scène mimée et chantée

Peau d'Âne revêt sa robe de soleil et se pare de bijoux (elle fredonne, elle est joyeuse).
Lien avec le coin *déguisements* et le coin *coiffeuse.*

e. Reprise du récit

Conter les phases suivantes jusqu'au moment où le prince déclare qu'il veut le gâteau préparé par Peau d'Âne.

f. Scène de préparation du gâteau

Réinvestissement des activités menées à l'atelier de cuisine.

g. Dernière scène contée

Elle s'achève avec les préparatifs du mariage.

h. Préparatifs des festivités

Défilé des mirlitons (danse).

i. Arrivée des têtes couronnées

Retrouvailles de la princesse et du roi son père. Fin heureuse.

Préparation et répétitions

a. Conter

Apprendre à bien raconter les parties contées pour être compris du public.

b. Se déguiser

Dans le même temps, au coin *déguisements*, **rassembler** ce qui pourra servir à habiller les personnages. **Procéder** à des essayages. **Fabriquer** de nouvelles couronnes pour **compléter** la collection d'accessoires. **Collecter** auprès des familles des tissus pour se déguiser.

c. Jouer les scènes dialoguées

Jeu structuré selon ce scénario. Puis **travailler** les dialogues. Les **dicter** à l'adulte. Les **mémoriser.**

d. Jouer la scène de la préparation du gâteau

S'interroger : *Quel gâteau Peau d'Âne va-t-elle faire au prince ?* **Chercher** parmi les recettes déjà réalisées en classe. **Décider** d'une recette et mimer sa réalisation. Critique bienveillante des élèves observateurs. Suggestions et remise en jeu avec leur participation.

e. Visionner la même scène du film (internet)

Comparer avec la scène jouée auparavant. **Décider** en hommage au réalisateur de rejouer cette scène en préparant un cake d'amour et en suivant sa recette relevée par l'enseignant.

f. Activité associée

Illustrer la recette pour qu'elle puisse être dictée par une élève à Peau d'Âne (comme dans le film où l'actrice se dédouble).

g. Scène d'habillage

Coin *déguisements* avec présence d'habilleuses. **Création** de la robe de soleil avec des tissus à disposition dans ce coin de jeu et de la peau d'âne (cape grise par exemple). **Présentation** à la classe ensuite. Critique constructive et enrichissement de la parure.

h. Mise en scène

Mimer la réalisation de la recette. **Activité annexe en musique : inventer la mélodie qui accompagnera ensuite la réalisation du gâteau. S'entrainer** à la dire en binôme, l'un dictant à l'autre la recette et le second répétant ses paroles en chantant.

i. Défilé des mirlitons

- **Fabriquer** des gâteaux à partir de boites en carton de formes et de tailles différentes mais d'assez grandes dimensions. Les **peindre**. Puis les **décorer** de motifs (suites organisées).
- **Choisir** une musique adaptée après l'écoute de quelques extraits et **se déplacer** sur cette musique en dansant. Essais successifs.

j. Entrée en scène des invités

- Rois, reines, princes et princesses arrivent dans un ordre déterminé à l'avance. Ceci nécessite, au préalable, de nouveaux essayages dans le coin *déguisements*, puis d'**organiser** le défilé.
- **Se déplacer** ensuite sur une musique appropriée, par exemple : ***La Marche royale*** de Jean-Baptiste Lully.

Spectacle

Le public répond à l'invitation écrite lancée par la classe organisatrice.
À l'issue du spectacle des élèves peuvent **expliquer** au public comment ce projet a été mené.

Fiches séquences

Fiche séquence 1 : Scénarios autour du rituel du matin

Cette fiche séquence développe **deux scénarios** qui trouvent leurs prolongements dans des **activités associées.**
PS-MS > Scénario : *C'est le matin, il faut donner un bain au bébé.* Activités associées : Décrire, ordonner et raconter.
MS-GS > Scénario : *La poupée doit se lever, se préparer et partir à l'école.* Activités associées : Remise en ordre chronologique des actions **(MS-GS)**. Prise de conscience d'un ordre aléatoire et d'un ordre imposé dans la chronologie des actions **(GS)**.

PS / MS / GS

Domaines d'apprentissages

- Mobiliser le langage dans toutes ses dimensions.
- Explorer le monde : se repérer dans le temps.

Compétences travaillées

- Nommer les différentes parties du corps humain.
- Maitriser le lexique de l'hygiène, déshabillage-habillage, gestes de propreté.
- Remettre des images dans l'ordre chronologique et raconter.
- Trouver des successions dont l'ordre ne peut être changé. En revanche, trouver des successions arbitraires. **(GS)**
- Raconter. **(GS)**

Lexique

- **noms des objets utilisés pour la toilette** (voir p. 148) **et des parties du corps.**
- *mouiller – laver – savonner – frotter – rincer – essuyer – habiller/déshabiller – s'habiller.*
- *mousse/mousser.*
- **noms des vêtements du baigneur à disposition dans le coin poupées** (Voir p. 148).
- *chaud – froid – tiède.*
- *avant – après – ensuite – puis – enfin – parce que – car.*

Matériel utilisé

- Matériel pour la toilette. (Voir Jeu structuré, p 144)
- Marionnette-mascotte qui assiste au bain du bébé.
- Photos prises durant le jeu structuré.
- Matériel à disposition dans le coin poupées et dans le coin cuisine.
- Frise où figure le scénario écrit et, dans l'ordre chronologique, les photos suivantes prises par l'enseignant dans le coin poupées et dans le coin cuisine :
  - **côté chambre :** la poupée dans son lit,
  - **coin toilette :** cuvette, gant et serviette éponge, savonnette + poupée.
  - **coin cuisine :** table du petit déjeuner avec un bol, une assiette, un pack de lait, un croissant + poupée.
  - **côté chambre :** l'armoire où figure, par exemple, sur une étagère, les vêtements que la poupée doit enfiler avant de partir à l'école + poupée.
- Images d'un enfant de son lever à son départ à l'école (Voir site).

Déroulement

PS-MS

1 | Jeu structuré : *Le bain du bébé*

Scénario : ***C'est le matin, il faut donner un bain au bébé.***

Découvrir le matériel

- **Introduire** le matériel : ***savonnette – gel – dentifrice – shampoing – brosse – peigne – parfum – serviette éponge – serviette nid d'abeille – éponge de bain – gant de toilette – gant de crin.***
- **Énumérer :** emploi du vocabulaire correspondant.
- **Constater** que le gant de toilette ne ressemble ni aux gants ni aux moufles des élèves, mais point commun, on y entre la main, ce qui justifie son appellation.
- **Distinguer** les éléments selon leur fonction : gel (pour laver le corps et les cheveux), shampoing (pour laver les cheveux, mais pas le corps), savonnette pour laver le corps, mais pas les cheveux.
- **Sentir** (odorat) le gel, le shampoing et la savonnette. **Toucher :** comparer le gant de toilette et la serviette éponge, les textures de la serviette éponge et de la serviette nid d'abeille. Apprendre à les distinguer les yeux bandés.
- **Sélectionner** le matériel nécessaire à la toilette et éliminer les éléments inutiles.
- **Introduire** la baignoire remplie d'eau chaude tandis que des élèves déshabillent le bébé.

Donner le bain

Déroulement de la toilette étape par étape :

- **Mouiller** le corps. **Laver** les différentes parties du corps (les nommer), **frotter**, etc.
  Employer un vocabulaire précis. **Constater** la présence de mousse. **Introduire** le verbe *mousser*.
- **Rincer** les différentes parties du corps (nommer).
- **Essuyer** ensuite le corps du baigneur. **Énumérer** les vêtements à disposition, **choisir** ceux que va porter le bébé. L'**habiller** (verbes pour accompagner les actions à effectuer).
- **Prendre des photos** de chaque étape.

Récit de la marionnette

À l'issue de l'activité, la marionnette mascotte de la classe (qui a tout vu) peut raconter l'activité à la classe (réinvestissement lexical et syntaxique). **Utiliser** des marqueurs de temps (*avant – après – ensuite – puis – enfin*).

2 | Activité associée : Décrire, ordonner et raconter

- **Distribuer** des photos prises au cours de la séance 1. Les **décrire** aux élèves. L'élève qui a la photo en question vient l'afficher au tableau et/ou inviter des élèves à décrire des photos désignées par l'enseignant.
- **Sélectionner** ensuite 6 photos parmi celles exploitées. Procéder à leur remise en ordre avec le groupe et **faire raconter** le bain du bébé (depuis la phase de déshabillage jusqu'à celle de l'habillage). Réinvestissement du vocabulaire. **Introduire** à nouveau des marqueurs de temps (*avant – après – ensuite – puis – enfin*) pour ponctuer cette remise en ordre chronologique.
- Pour finir, **proposer** un jeu de kim. **Exemple :** ***Faire retrouver et décrire l'image manquante.*** **Replacer** dans l'ordre chronologique deux photos déplacées.

Déroulement

MS-GS

1 | Jeu structuré : *Le rituel matinal*

Scénario : *La poupée doit se lever, se préparer et partir à l'école.*

Préparation du jeu

- **Lecture** par l'enseignant du scénario écrit sur la frise.
- **Description** des images figurant sur la frise dans l'ordre chronologique.
- **Répartition** des rôles : deux parents (papa chargé de réveiller la poupée et de préparer la table du petit déjeuner ; maman pour la toilette et l'habillage de la poupée).
- **Désignation** de deux autres élèves chargés, en se reportant à la frise, de dicter leurs actions aux parents.

Phase de jeu

L'adulte reste observateur. Au cours du jeu, confier la description des tâches restantes à deux autres élèves.

Phase réflexive

- **S'interroger :** *Les actions ont-elles été effectuées dans l'ordre représenté sur la frise ?*
- **Commenter.**
- **Reformuler.**

2 | Activité associée : Remise en ordre chronologique (MS-GS)

- **Distribution** des images d'un enfant de son lever à son départ à l'école.
- **Phase de description.** Au tableau, à gauche : affichage de la 1ère image, puis des suivantes dans l'ordre chronologique. **Recherche** d'indices pertinents. **Échange** de points de vue. **Justification** : expliquer pourquoi disposer ainsi les images.
- Une fois les 6 images remises en ordre, s'y reporter et **raconter** en employant des marqueurs de temps.

3 | Activité associée : Ordre logique et ordre aléatoire (GS)

1. Interroger les élèves - Commenter

Demander aux élèves dans quel ordre eux-mêmes effectuent ces actions le matin. *Déjeunent-ils avant de faire leur toilette et de s'habiller comme l'enfant ? Ou bien font-ils leur toilette avant de déjeuner (lorsqu'ils sont encore en pyjama) ?* **Commenter.**

2. Constater

Remarquer que l'enfant aurait pu faire sa toilette avant de déjeuner. **Trouver** d'autres successions arbitraires : il a mis son pantalon avant d'enfiler son pull, mais il aurait pu mettre son pull avant la jupe. En revanche, trouver des successions dont l'ordre ne peut être changé.
Exemple : *mettre les collants avant les bottes. Mettre ses bottes avant de sortir. Mettre son anorak avant de mettre son sac sur son dos.*

3. Conclure

Certaines activités doivent se réaliser dans un ordre qui ne peut être changé.

Rechercher d'autres exemples où les successions sont imposées.
Exemple : *éplucher des légumes avant de les faire cuire, établir la liste des courses avant de se rendre au magasin, se rendre à la caisse après avoir effectué tous ses achats.*

Fiche séquence 2 : Autour du scénario de la poupée malade

Cette fiche séquence concerne **tous les niveaux (PS à GS)**. Elle propose plusieurs activités autour du scénario de la poupée malade :
- des **activités associées** : exploitation d'un album sur le thème du docteur ; découverte d'une trousse de médecin ;
- un **jeu structuré** autour de la poupée malade ;
- un **jeu dramatique** autour de deux scénarios.

PS / MS / GS

Domaines d'apprentissages

- Mobiliser le langage dans toutes ses dimensions.
- Explorer le monde : se repérer dans le temps et l'espace.

Compétences travaillées

- Décrire, évoquer, questionner, expliquer, raconter.
- Employer des marqueurs de temps et d'espace.
- Utiliser à bon escient les temps des verbes pour exprimer le passé et le futur.
- Participer verbalement à la rédaction d'un écrit. **(GS)**

Lexique

- *soigner – ausculter – écouter les battements de cœur – observer la gorge – écrire une ordonnance – prescrire – vacciner – etc.*
- *varicelle – rhume – grippe – blessure – etc.*
- *trousse – stéthoscope – thermomètre – seringue – marteau à réflexe – vaccin – radiographie – etc.*
- *malade – contagieux – fiévreux.*

Adapter les propositions au niveau concerné.

Matériel utilisé

- Album : ***Rien qu'une petite grippe***
  d'Armelle Modéré et Didier Dufresne, (L'École des loisirs).
  Numéroter les pages à partir de la page titre (p. 1).
- Trousse du docteur (matériel éducatif Nathan).

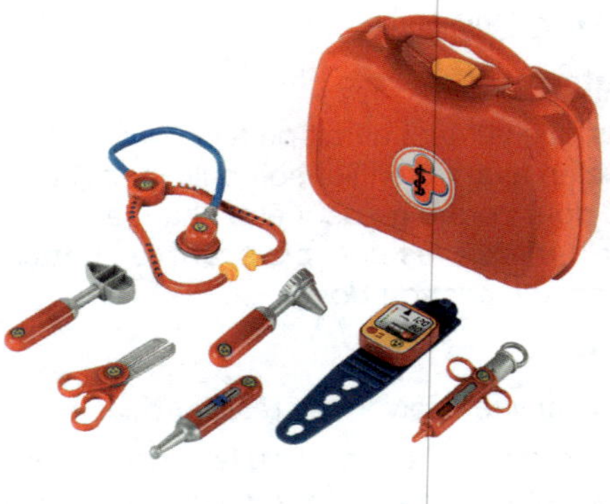

Déroulement

1 | EXPLOITER l'album

Présentation de l'histoire : *Diego a une petit grippe. Il doit rester au chaud pendant trois jours.*

1 | Entrer dans l'histoire

Découverte des symptômes de la maladie (pages 3, 4 et 5)

- **Ne pas montrer** la couverture de l'album pour commencer. **Observer** les illustrations des pages 3, 4 et 5.
- Puis **lire** les textes : *Cette nuit, Diego ne dort pas bien du tout. Il a trop chaud, trop froid.*
- **Introduire** le mot ***fièvre*** en fonction du contexte. **Appréhender** que le lendemain matin, Diego a mal au cœur. **Anticiper** : *que va faire sa maman ?*

Visite du docteur (pages 8 à 11)

- **S'intéresser** au dialogue entre le docteur et Diego pour commencer, puis aux actions du docteur (il écoute le cœur de Diego, il examine sa gorge, il regarde ses oreilles, il lui tapote le dos). Diagnostic ensuite : *Ce n'est qu'une bonne petite grippe. Dans trois jours tu seras sur pattes.*
- **Présenter** l'illustration de la couverture, **lire** le titre et **reprendre** la lecture de l'album jusqu'à la page 11.
- **Reformuler** cette partie de l'histoire en deux temps (symptômes de la maladie et visite du docteur).

2 | Découvrir la suite de l'histoire

- **Découvrir** comment se déroulent les trois journées au bout desquelles Diego est guéri. **Lecture** des illustrations et **lecture** des textes page par page.
- **Revenir** aux deux illustrations où Diego doit prendre un médicament (la première fois avec sa maman ; la seconde fois avec son papa).
- **MS-GS : Revoir** les illustrations p. 8 à 11 (visite du docteur) et **remarquer** que ni les textes ni les illustrations ne mentionnent cette prescription. **Introduire** les mots ***ordonnance*** et ***pharmacie***.
- **Évoquer** d'autres maladies infantiles (varicelle et autres) en faisant appel au vécu des élèves.

3 | Raconter l'histoire de Diego

- **PS :** Guidé par l'enseignant et les illustrations, **reformuler** quelques éléments de l'histoire devant le groupe-classe. L'enseignant lit l'histoire dans son intégralité à la classe.
- **MS-GS : Raconter** l'histoire (succession logique et chronologique des scènes qui la constituent) aux élèves qui ne la connaissent pas.
- **GS : Interpréter** la fin de l'histoire en expliquant pourquoi au moment de retourner à l'école Diego dit qu'il est encore un peu malade.

Prolongements

En petits groupes, **découvrir** d'autres albums (voir **Bibliographie** p. 57).
Exemples : ***Bali a la varicelle*** de Laurent Richard et Magdalena (Père Castor) ; ***Ernest est malade*** de Gabrielle Vincent (Casterman).

2 | EXPLORER la trousse du docteur

- **Observer** la sacoche du docteur (pages 8 et 10 de l'album).
- **Rappeler** les actions effectuées par le docteur au cours de la visite.
- **Introduire** la trousse du docteur (matériel éducatif Nathan). **Sortir** les différents objets présents dans cette trousse : ***stéthoscope – thermomètre – seringue – otoscope – marteau à réflexe – paire de ciseaux – thermomètre.***
- **GS :** Les **nommer** et amener les élèves à s'intéresser à ces mots nouveaux. **Reconnaitre** les instruments utilisés par le docteur dans l'album. **Montrer** sur une poupée comment un docteur utilise ces instruments.

3 | JEU STRUCTURÉ : *La poupée malade*

Préparation du jeu

- **Introduire** le matériel : ***trousse du docteur – téléphone, ou mieux : un objet choisi par les élèves pour faire office de téléphone (faire « comme si »).***
- En petit groupe de 3 élèves, en dehors du coin chambre, **introduire** le **scénario :** *Ce matin la poupée est malade.* **Imaginer** comment cette maladie s'est déclarée, où la poupée avait mal, etc.
- **Rappeler** la maladie de Diego et ce qui s'est passé le lendemain matin. **Évoquer** le dialogue entre Diego et le docteur.

Phase de jeu

- **Laisser** les élèves se répartir les rôles du papa, de la maman et du docteur. Les autres élèves deviennent observateurs de la scène. En **PS**, l'enseignant peut jouer le rôle du docteur.
- **MS-GS. Consigne :** ***le docteur doit questionner les parents pour savoir comment la maladie s'est déclarée et les parents doivent l'expliquer au docteur.***

Phase réflexive

- **Rappeler** les différentes étapes du jeu :
  - **MS-GS. Demander :** *Le docteur a-t-il bien joué son rôle ? A-t-il oublié de faire quelque chose ?* Comparer avec la visite du docteur dans l'album.
  - **GS : Demander** si le docteur a posé de bonnes questions et si les parents ont bien su lui expliquer comment la maladie s'est déclarée. **Reformuler** les questions et les explications.
- **Communiquer** l'information à la classe : *La poupée est malade* et **raconter** la visite du docteur.

Prolongements

- **Jeux libres ou accompagnés :** rappeler que cette poupée est malade et qu'il ne faut pas oublier de la soigner (prise de médicaments). Bien s'occuper d'elle comme le papa de Diego resté à la maison pour garder son fils (regarder un film ensemble, jouer aux cartes, faire une petite sieste ensemble, autre activité).
- **Garder** trace dans le journal de la classe de la maladie de la poupée **(GS)** :

  Préalables : ***Que va-t-on raconter ? Par quoi commencer ? Comment la maladie s'est-elle déclarée ? Que s'est-il passé ensuite ? (appel du docteur). Comment s'est déroulée la visite (arrivée du docteur, examen de la malade, diagnostic). Combien de jours la poupée a-t-elle été malade ensuite ?***

  – **Répartir** la tâche d'écriture entre plusieurs groupes d'élèves. Voir *Dictée à l'enseignant*, p. 120.

  – **Dicter** le texte à l'adulte pour raconter la maladie de la poupée.

4 | JEU DRAMATIQUE (GS)

Préalables : Dans la classe, création d'un coin *docteur* annexe au coin *poupées* (voir p. 52) où les élèves ont déjà pu jouer au docteur (jeux libres ou jeux accompagnés).

Pour ce jeu dramatique, **deux scénarios** sont proposés.

1 | La poupée blessée

Préparation au jeu

- Dans un lieu de l'école plus spacieux que la classe, **installer** l'espace de jeu : salle d'attente *(chaises – tables – revues – jouets éventuels)*, cabinet du docteur *(table d'examen – bureau du docteur – chaises des patients)*.
- **Commenter** cette phase d'installation en employant des marqueurs d'espace.
- **Imaginer** un **scénario :** *La poupée est tombée et elle a très mal au bras.*

Phase de jeu

Le jeu se déroule en deux temps : 1 - Dans la salle d'attente. 2 - Dans le cabinet du médecin.

Phase réflexive

- Les spectateurs sont invités à intervenir ensuite pour donner leur avis sur la façon dont les acteurs ont joué l'une et l'autre scène. Ils sont guidés par des questions.
  Exemples : *Les parents ont-ils bien expliqué au docteur ce dont souffrait la poupée ? Le docteur a-t-il bien joué son rôle ? A-t-il bien examiné la malade ? A-t-il rédigé une ordonnance ? A-t-il jugé bon de faire faire une radio à la poupée ? Qu'aurait-il pu dire aux parents et à la poupée pour les rassurer ? Etc.*
- **Prendre en notes** les remarques des élèves.
- **Rejouer** la scène en confiant les rôles à d'autres élèves.

2 | Le vaccin du bébé

Phase de jeu

- **Imaginer** un autre **scénario :** ***Le docteur doit faire un vaccin au bébé de la classe.***
- **Faire jouer** simultanément la scène dans le cabinet médical et la scène dans la salle d'attente (autres patients).
- **Charger** un groupe d'élèves spectateurs d'**observer** le jeu qui se déroule dans la salle d'attente et un second groupe d'**observer** le jeu dans le cabinet du docteur.

Phase réflexive

Mise en commun des observations.

Fiche séquence 3 : Apprendre à utiliser un thermomètre

Cette fiche séquence permet aux élèves de comprendre progressivement l'utilité et le fonctionnement d'un thermomètre. Ces **activités associées** au coin poupées se déroulent en **trois temps** :

1- mesurer la température de l'eau (à mettre en relation avec le thermomètre de bain du coin poupées).

2- relever les températures ambiantes (en lien avec la présence d'un thermomètre dans la chambre des poupées et d'un thermomètre extérieur).

3- comparer des thermomètres médicaux (en lien avec le scénario de la poupée malade).

GS

Domaines d'apprentissages

- Mobiliser le langage dans toutes ses dimensions.
- Explorer le monde : utiliser, fabriquer et manipuler des objets.

Compétences travaillées

- Manipuler et découvrir les usages de différents thermomètres.
- Observer, décrire, représenter.
- Participer à des échanges : écouter les hypothèses de ses pairs ; en formuler à son tour.
- Débattre de leur bien-fondé.
- Dénombrer de 1 à 10 (au moins).

Lexique

- *thermomètre – température – graduation – mesure – degré.*
- *mesurer – relever – comparer.*
- *parce que – quand – alors.*

Matériel utilisé

- Thermomètre de bain.
- Thermomètre d'ambiance.
- Thermomètres médicaux (deux types).

Déroulement

1 | MESURER la température de l'eau

- **Introduire** un thermomètre de bain dans le coin toilette des poupées dès la période 1 conduit à en expérimenter l'usage.
- **Préparer** 3 bols contenant respectivement :
  - de l'eau froide (à température ambiante),
  - de l'eau chaude (40 °C maximum),
  - de l'eau avec des glaçons.
- **Faire manipuler** le thermomètre de bain et observer que la position du thermomètre n'influe pas sur la température qui s'affiche.
- **Faire plonger** un doigt dans l'eau de chaque bol et à exprimer les sensations : *Quelle eau est très froide, tiède, chaude ? Quelle est l'eau la plus froide ?*
- *Que va-t-il se passer si l'on trempe le thermomètre de bain dans chaque bol ?* **Faire l'expérience** (suffisamment longtemps).
- **Observer** le phénomène. **Relever** les températures et les noter à côté de chaque bol.
- **Placer** le thermomètre dans le bol d'eau tiède. **Prendre** un glaçon et le **mettre** dans ce même bol : *Que se passe-t-il ?*
- **Lire** et **noter** la nouvelle température de l'eau lorsqu'elle s'est stabilisée.

2 | RELEVER les températures ambiantes

- **Présenter** 2 thermomètres d'ambiance classiques (intérieur/extérieur). Les **faire décrire** précisément (tube, réservoir, traits, chiffres) et représenter (dessin d'observation).
- En **faire imaginer** les utilisations spécifiques. **Écrire** sur une affiche, en dictée à l'adulte, les remarques formulées. **Insister** sur le vocabulaire utilisé, le **préciser,** le **corriger.**
- **Recueillir** les représentations sur la présence et l'usage des graduations. **Mettre en relation** avec les doigts de la main.
- **Introduire** le terme de température et **faire exprimer** que les 2 thermomètres observés servent à mesurer les températures intérieure et extérieure de l'air qui nous entoure.
- **Poser** un thermomètre à l'extérieur et l'autre à l'intérieur de la classe. **Faire faire** plusieurs relevés de températures dans la journée et **observer** que si le thermomètre intérieur reste stable, le thermomètre extérieur, lui, « monte » ou « descend ».
- **Marquer** les différences de température intérieur/extérieur sur des dessins de thermomètres.

3 | COMPARER des thermomètres médicaux

- **Présenter** 2 thermomètres médicaux. **Faire compléter** ce qui a été appris par des questions et des réponses précises :
  À quoi sert le premier thermomètre ? > À mesurer la température du corps. ;
  Pourquoi mesure-t-on la température du corps ? > Parce que si le corps est trop chaud, cela signifie qu'on a de la fièvre et qu'on est malade. ;
  Comment sait-on si on a de la fièvre ? > Le liquide rouge monte dans le petit tube et s'arrête en face d'un nombre qui correspond à la température du corps. Au-dessus de 38°C, on a de la fièvre. (Montrer le repère)
- **Faire** un schéma au tableau pour montrer comment on lit la température sur les graduations du thermomètre.
- *À quoi sert le deuxième thermomètre ?* C'est souvent celui utilisé à l'école. Il a la même utilité que le précédent : il suffit de le poser le front et de lire le nombre qui apparait.
- **Faire des expériences** avec le thermomètre frontal.

Fiche séquence 4 : Mettre le couvert des poupées

Cette fiche propose des **jeux structurés**, construits autour de deux scénarios : *Mettre le couvert pour le petit déjeuner des poupées et Mettre le couvert pour le repas d'anniversaire des poupées.* Chaque scénario est envisagé pour un niveau **PS-MS** et **MS-GS**.

Ces jeux structurés sont propres à structurer la pensée et à développer les capacités langagières.

PS / MS / GS

Domaines d'apprentissages

- Construire les premiers outils pour structurer sa pensée : découvrir les nombres et leur utilisation.
- Mobiliser le langage dans toutes ses dimensions.

Compétences travaillées

- Disposer des éléments sur une table en suivant un modèle.
- Indiquer leur position sur la table.
- Comprendre et donner des consignes orales.
- Se concerter pour élaborer une stratégie.
- Reformuler le déroulement du scénario en retrouvant la chronologie des actions.
- Construire une collection dont le nombre est donné.
- Comparer des collections entre elles, puis les comparer à une collection-repère : constellation du dé (jusqu'à 3 **(PS)** ; jusqu'à 6 **(MS)**), et aux constellations de deux dés si nécessaire **(GS)**.
- Comprendre que la quantité est indépendante de la taille, de la forme et de la disposition.

Lexique

- nom des couverts et autres éléments nécessaires à la réalisation des activités.
  Exemples : nom des aliments entrant dans la composition du petit déjeuner et du repas d'anniversaire (pages suivantes).
- mot *repas* et noms des différents repas de la journée.
- *mettre le couvert – poser – disposer – placer – distribuer – recompter – découper.*
- *avant – d'abord – ensuite – puis – devant – à côté – à droite – à gauche – sur – sous – autant – etc.*

Adapter les propositions au niveau concerné.

Matériel utilisé

- Photos des poupées.
- Cartes pour aider à la mise du couvert.
- Matériel à déposer sur une table n°2 pour mettre le couvert et les aliments en plastique ou toute autre matière, voire des aliments fabriqués par des élèves de **(GS)** (pain, viennoiseries, etc.), autres. (Voir matériel indiqué par séance.)
- Menus illustrés (scénario).

Organisation de la classe

PS : De 4 à 5 élèves. **MS-GS :** De 6 à 8 élèves.

Déroulement

PS-MS

1 | Mettre le couvert pour le petit déjeuner des poupées

Préliminaires

- **Introduire** le scénario et présenter les photos des **3 poupées** auxquelles est destiné ce petit déjeuner.
- **Accrocher** les photos sur les chaises autour de la **table n°1** (autant de chaises que de photos).
- **Table n°2.** Matériel à disposition (présence d'intrus) :
  – Couverts : *fourchettes (2) petites cuillères (4), couteaux (3) ; vaisselle : assiettes à dessert (5), assiettes à potage (3), bols (4), verres (3).* **Intrus : fourchettes, assiettes à potage.**
  – Aliments : *brique de jus d'orange et bouteille de lait en plastique (vides l'une et l'autre), yaourts/emballages (5), tranches de pain (4), boite debeurre (vide également).*

Trois cartes-guides

Elles aident à la mise du couvert (table n° 1) par trois élèves (un élève par poupée).

- **Faire vérifier** par les autres élèves que chaque élément est bien à sa place.
- **Reformuler :** ***La petite cuillère est devant l'assiette. Le couteau est à côté de l'assiette.***

Menu

- **Indiquer** verbalement mais dessins à l'appui, que chaque poupée aura un *yaourt à manger*, qu'il faudra lui beurrer une *tartine de pain* et qu'elle boira un *verre de jus d'orange* et *un bol de lait.*
- **Énumérer** ce qu'il faut ajouter sur la **table n°1 :** a brique de jus d'orange, la bouteille de lait et la boite de beurre.
- D'autres élèves exécutent ces consignes. **Vérification** par les élèves observateurs. **Recenser** ce qu'il y a maintenant sur la table (énumération).

Aligner toutes les assiettes et en regard, par exemple, tous les verres

- **Constater** qu'il y a autant de verres que d'assiettes. Les **compter. Retrouver** sur un dé la constellation correspondante. **Introduire** le chiffre 3.
- **Procéder** de même avec les petites cuillères et les couteaux. Puis les **disposer** autrement, **recompter** et **constater** que le nombre d'éléments reste le même lorsqu'on les dispose autrement.

Mettre le couvert

- **Charger** les élèves d'aller chercher chacun une catégorie d'objets pour mettre le couvert pour trois poupées.
  Exemple : *un enfant distribue les assiettes, un autre les cuillères.* Une fois les objets disposés sur la table, les **recompter.** Puis charger trois élèves de **disposer** chaque élément comme indiqué sur les cartes.

Installation des poupées et service

Chaque poupée est installée sur la chaise où figure sa photo. Le service peut commencer. Sur la **table n°2** un élève va chercher les 3 tranches de pain et les distribue. 3 élèves sont chargés ensuite de beurrer chacun la tartine d'une poupée. Un autre élève va chercher les 3 yaourts et les distribue. Puis un élève va chercher le lait et sert chaque poupée. Pour finir, un élève va chercher le jus d'oranges et le sert.

- **Les élèves observateurs** vérifient que chaque poupée a bien été servie.
- **Les différentes actions** ont été commentées et prises en photos.

Prolongement

Séance ultérieure : exploitation des photos présentées dans l'ordre chronologique des actions. **Raconter. Afficher** dans le coin poupées.

PS-MS

2 | **Mettre le couvert** pour le repas d'anniversaire d'une poupée

Démarche

Même démarche que pour la situation 1.
Même nombre de poupées (3).

Menu illustré : un plat principal
Exemple : *un poulet à découper et un gâteau à découper.*
(Voir ci-contre carte guide)

Remarque : Ne pas oublier le pain (une tranche de pain par poupée).
Ni la boisson.

Découverte du menu et mise du couvert

Par poupée : une assiette, un verre, un couteau, une fourchette, une petite cuillère, une serviette, un morceau de pain.

Comme pour situations précédentes, matériel à disposition sur table n°2. Présence d'intrus.

Table n°2

- **Découper** à l'avance, le poulet sur une planche (en fonction du nombre de poupées). Comparaison terme à terme.
- **Découper** le gâteau en autant de parts que de poupées et **compter** le nombre de bougies nécessaires (la poupée aura 3 ans). Puis **préparer** les assiettes à dessert.

Phase réflexive

Reformulation hors du coin poupées en s'aidant du menu illustré.

Déroulement

MS-GS

1 | Mettre le couvert pour le petit déjeuner des poupées

Démarche

Même démarche que pour la PS-MS, mais en fonction la complexifiant :

- **Augmenter** le nombre de poupées, le nombre de couverts et de pièces de vaisselle (plus variés aussi) sur la table n°2.
- Aliments également plus diversifiés. Par exemple, il faudra **faire mine de verser** du fromage blanc avec une louche ou une grande cuillère dans des coupelles individuelles. Dans chaque bol, il faudra « **verser** » du chocolat (un élève) puis du lait (un autre élève).
- La présence de poupées plus nombreuses complexifiera le service. Des élèves devront **veiller** à ce qu'aucune ne soit oubliée.
- En amont, il faudra **décider d'une stratégie :** chronologie des actions et ordre à respecter (méthodologie).
- À la fin du jeu, **reformulation** en dehors du coin poupées.

2 | Mettre le couvert pour le repas d'anniversaire d'une poupée

Démarche

Même démarche, mais trois plats au lieu de deux et nombre de poupées plus important.

- **Changement** d'assiettes à chaque plat.
- **Mettre** le couvert et **disposer** l'entrée dans chaque assiette.
- Puis sur **table n°2 : découper** le poulet et le gâteau.

Fiche séquence 5 : Fabriquer des sabliers

Le coin cuisine est propice à l'introduction d'instruments pour mesurer le temps. La réalisation de recettes, par exemple, confronte les élèves à la notion de durée. C'est une bonne occasion de manipuler et de fabriquer des sabliers servant à mesurer l'écoulement du temps.
Les **activités associées** proposées ci-après se déroulent en **deux temps** :
1- Observation des instruments pour mesurer le temps ;
2- Fabrication d'un sablier.

MS / GS

Domaines d'apprentissages

- Mobiliser le langage dans toutes ses dimensions.
- Explorer le monde : utiliser, fabriquer et manipuler des objets.

Compétences travaillées

- Identifier divers instruments à mesurer le temps et appréhender leur fonction.
- Employer le marqueur de temps : ***pendant que…***
- Comparer des durées.
- Réaliser une construction en suivant une notice et en se référant à un modèle que l'on peut manipuler ou observer.
- Remettre en ordre et commenter des photographies prises au cours des différentes étapes du montage **(MS)**.
- Représenter par le dessin les étapes de réalisation et les commenter.

Lexique

- **Noms d'instruments utilisés pour mesurer le temps :** *horloge – minuteur – montre – radio – réveil – réveil – sablier – etc.*
- **Autres noms :** *aiguille – durée – heure – minute – sonnerie – trajet – écoulement – etc.*
- **Nom des objets utilisés pour fabriquer le sablier** (pages suivantes).
- *lire l'heure – mesurer – remonter – avancer – passer – couler – etc.*

Matériel utilisé

- **Instruments pour mesurer le temps :** *réveil – minuteur – sabliers de tailles différentes – radio réveil.*
- **Pour chaque sablier :**
  - 2 bouteilles en plastique lisses et sèches et identiques ;
  - du scotch ;
  - du sable doux, fin et sec.
- **Autres :**
  - Cuillères, louches, pelles, etc ;
  - Papier cartonné ;
  - Entonnoir en plastique ;
  - Verre doseur ;
  - Emporte-pièces ;
  - Ralentisseurs d'écoulement (voir ***Fabriquer un sablier,*** p.161).

Organisation de la classe

En petits groupes.

Déroulement

1 | OBSERVER des instruments pour mesurer le temps

Présenter un réveil, un minuteur et un sablier.

- **Observer** le réveil et indiquer d'abord sa 1ère fonction en s'attachant à son nom. **Introduire** l'expression : *lire l'heure.* **Demander** comment lire l'heure sur le réveil. **Observer** la petite et la grande aiguille. **Faire la démonstration** sur une horloge factice. **Observer** que la petite aiguille avance d'un chiffre lorsque la grande aiguille fait le tour. **Introduire** le vocabulaire : *heure, minute*. **Montrer** comment le réveil fonctionne (le remontoir et les piles).
- **Observer** et **décrire** le minuteur et rapprocher ce mot du mot *minute*. **Utiliser** le minuteur : d'abord sur une durée d'une minute, puis durant 3 minutes. **Indiquer** que c'est la durée de cuisson d'un œuf à la coque. Sur l'horloge factice montrer à chaque fois le trajet de la grande aiguille.
- **Observer** le sablier et s'intéresser à sa forme et à son contenu. **Utiliser** conjointement le minuteur ainsi que le sablier et **comparer.**

Prolongement : introduire d'autres instruments de mesure et notamment un radio-réveil. **Comparer.**

2 | OBSERVER d'autres sabliers et comparer

- **Observer** et **utiliser** des sabliers de différentes tailles. Prêt demandé aux familles (si possible).
- **Comparer** la durée d'écoulement du sable lorsque les sabliers sont retournés et que le sable s'écoule. **Constat :**
  Dans le grand sablier, le sable coule moins vite.
  Dans le petit sablier, le sable coule plus vite.
  Dans le grand sablier, il y a plus de sable que dans le petit sablier.
- **Dessiner** un sablier.
- **Proposer** aux élèves de fabriquer des sabliers. **Introduire** un modèle. **Repérer** les différentes opérations à effectuer. **Dresser** la liste du matériel nécessaire avec les élèves.

3 | FABRIQUER un sablier

La fabrication d'un sablier se déroule en deux temps.

1. Dans un premier temps, s'interroger : *Comment remplir une bouteille avec du sable ?*

- **Noter** les propositions sur une grande affiche : *avec une cuillère, avec une louche, avec une petite pelle, avec les mains, etc.*
- **Mettre à disposition** le matériel évoqué par les élèves. **Constater** qu'il y a beaucoup de sable qui ne rentre pas dans la bouteille : *Comment pourrait-on faire ?*
- **Introduction** de l'entonnoir (soit sur proposition des élèves soit sur celle de l'enseignant). **Fabrication** d'entonnoirs avec du papier cartonné roulé et scotché. Éventuellement, **observation** et dessin d'observation d'un entonnoir en plastique.

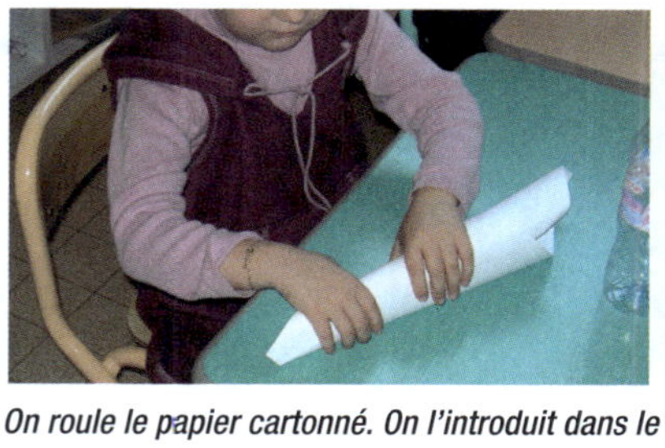

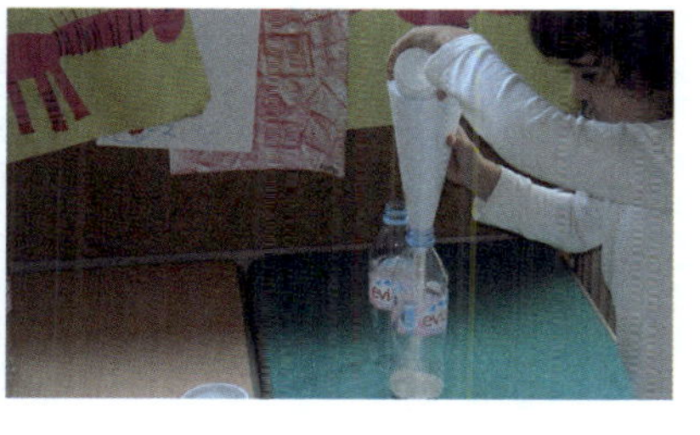

On roule le papier cartonné. On l'introduit dans le goulot de la bouteille. On verse le sable.

2. • Maintenant que la première bouteille est remplie, **s'interroger :** *Comment le sable peut-il passer d'une bouteille à l'autre ?*

- **Assembler** les deux bouteilles avec du scotch. **Expérimenter. Constat :** *le goulot étant large, le sable s'écoule très vite ou il est bloqué par le scotch s'il est mal mis.*
- **Introduction** d'un ralentisseur dans le goulot d'une des deux bouteilles (soit sur proposition des élèves soit sur celle de l'enseignant). Des minis entonnoirs sont fabriqués et introduits dans les goulots. D'autres obstacles peuvent alors être introduits : *bouts de gomme – briques de jeux – rondelle en carton – bouchons perforés.*
- **Expérimenter** en introduisant des quantités différentes (verre doseur) dans des sabliers similaires. **Mêmes constats qu'en séance 2 :** *Plus le sablier contient de sable plus l'écoulement est long. Moins il en contient, plus l'écoulement est rapide.* **Introduire** ensuite la même quantité de sable dans les différents sabliers.

Comment le sable peut-il passer d'une bouteille à l'autre, facilement ?

Autre solution

L'enseignant fait des trous dans les capsules des bouteilles avec des emporte-pièces de tailles et de formes différentes.
L'écoulement varie donc, à quantité de sable égale, d'un sablier à l'autre. **Réaliser** de nouveaux essais.

Prolongements

- **Nouveaux essais : remplacer** le sable par d'autres matériaux : *eau – sucre – farine – sel – riz – etc.* **Comparer.**
- **Réalisation** de sabliers individuels.
- **Utilisation** avec les élèves. **Exemples :**
  - **Calculer** la durée d'une construction, se lancer des défis. (Voir Chapitre 2 - Partie 1)
  - **Calculer** la durée d'une préparation culinaire.
  - Lors d'un défi en petits groupes : *Quel groupe va reconnaitre le plus d'éléments sur une image ?*
  - Lors d'une course dans la cour, **utiliser** le sablier et **calculer.**

  Qui parcourt la plus grande distance sur une même durée ? (celle indiquée par le sablier).

On associe les deux bouteilles.

Fiche séquence 6 : Comme au restaurant !

Cette fiche séquence propose un **jeu dramatique**, déclinable en 3 jeux structurés :
Jeu structuré 1 > Scénario : *Une seule table avec plusieurs convives* ;
Jeu structuré 2 > Scénario : *Un service pour deux tables* ;
Jeu structuré 3 > Scénario : *Un incident perturbateur à une table.*
En préalable à ces séances de jeu dramatique, des **activités associées** sont préconisées.

MS / GS

Domaines d'apprentissages

- Mobiliser le langage dans toutes ses dimensions.
- Construire les premiers outils pour structurer sa pensée.

Compétences travaillées

- Organiser et s'approprier un espace de jeu.
- Tenir un rôle, faire preuve d'autonomie, trouver des solutions.
- Acquérir de l'habileté motrice en tant que serveur.
- Savoir questionner et répondre en situation de jeu.
- Effectuer des actions en respectant leur chronologie.
- Observer avec attention des camarades au cours d'une saynète.
- Commenter et proposer des solutions dans une démarche constructive.

Lexique

- *cuisinier/cuisinière – serveur/serveuse – client/cliente – convive – incident.*
- *menu – plat – entrée – plat principal – dessert – boisson.*
- *consulter – questionner – répondre – conseiller – choisir – commander – prendre la commande – noter – servir – transmettre – attendre – réclamer – calculer – payer – régler la note.*

Matériel utilisé

Préliminaires :
- Photographies de restaurants (voir internet).

Jeux structurés :
- **Mobilier :** tables pour le service et pour les clients, chaises, etc.
- Assiettes, couverts, verres, serviettes en nombre suffisant.
- Plateau(x) pour les serveurs.
- Menus réalisés par les élèves.
- Liste des plats que le serveur pourra cocher au gré des commandes (en plusieurs exemplaires).
- Caisse enregistreuse. Porte-monnaie. Jetons.

Organisation de la classe

Ce jeu dramatique nécessite de la place et une grande visibilité de la part des spectateurs.
Pour ce faire, il se déroule dans un lieu disponible de l'école. Si ce lieu utilisé a d'autres vocations dans la journée, le matériel devra être rangé après chaque séance.

Déroulement

PRÉLIMINAIRES

1 | Phase initiale

Recueillir les représentations initiales des élèves

- **Questionner :** *Qui est déjà allé au restaurant ?* **Inviter** alors ceux qui connaissent l'un de ces lieux à faire part de l'expérience qu'ils en ont.
- **Recenser** des lieux où se restaurer en dehors de la maison et de la cantine (*self restauration rapide, restaurants plus traditionnels* ou *restaurants exotiques*).
- **Utilisation** avec les élèves.

Enrichir leurs connaissances du sujet

- Si possible, sortie dans le quartier. **Repérer** des lieux de restauration, s'il y en a, et **observer** notamment les terrasses.
- **Se documenter** en étudiant des documents (*photographies d'intérieur de restaurant sans et avec clientèle*). **Comparer** avec la cantine. **S'intéresser** au personnel de restauration.

Entrer dans le projet

Proposer aux élèves un jeu dramatique sur le thème du restaurant. **Répertorier** le matériel nécessaire.

2 | Activités associées (avant de jouer)

Composer un menu type

- **Composer** un repas en relation avec les activités associées précédentes, à savoir : composer des menus équilibrés p. 64.
- **Consulter** des livres de recettes avec photos de plats. **Établir** trois listes : liste des entrées, liste des plats principaux (en distinguant viandes et poissons), liste des desserts. Sur les listes, **faire figurer** les noms des différents plats relevés dans les livres de cuisine et les images correspondantes.

Passage à l'écrit

- **Écrire** le menu.
- Dans ces listes, **choisir** ensuite : ***par exemple, deux entrées, deux plats principaux (un de viande et un de poisson) et deux desserts.*** À partir de là, **établir** un menu ainsi composé. **Dicter** à l'enseignant. **Faire recopier** ce menu sur le clavier. **Dupliquer**.
- **Proposer de décorer** de frises les menus. **Découvrir** une règle donnée par l'enseignant et la suivre. **Inventer** soi-même une règle et la suivre. **Faire bouger** les variables : formes, tailles, couleurs des éléments entrant dans la composition des frises. **Complexifier. Construire** ainsi les premiers outils pour structurer sa pensée.
- **Fixer** un prix pour chaque plat du menu. Aucun plat ne doit dépasser la valeur de 3 jetons.
- **Réaliser** de faux aliments pour la composition de chaque plat.

Jeux d'adresse

Tous les élèves peuvent **s'entrainer** à transporter sur des plateaux verres et bouteilles (en plastique) pour **développer** des habilités utiles au cours du jeu dramatique.

3 | Se préparer à jouer

Installation de la salle de restaurant et plus succinctement du coin réservé à la préparation des plats.

Remarque : L'enseignant, qui a listé pour lui-même l'ordre possible des actions, n'aborde pas encore la question avec les élèves pour leur laisser des initiatives.

1 | JEU STRUCTURÉ : *Une seule table avec plusieurs convives*

Déroulement

- Arrivée des clients, installation, commande, transmission de la commande au cuisinier.
- Préparation des plats.
- Service et repas.
- Paiement et sortie du restaurant.

Phase réflexive

Les élèves spectateurs sont invités ensuite à **commenter** la façon dont le jeu s'est déroulé.

- **S'interroger :** *Les clients ont-ils su commander correctement leurs plats ? Avant, pendant et après le repas se sont-ils montrés polis avec le serveur ? Se sont-ils bien tenus à table ? Ont-ils parlé entre eux ? Les plats ont-ils été préparés et servis dans l'ordre du menu (entrées, plats principaux, desserts) ? Le serveur ou la caissière a t-il su calculer la note et les clients l'ont-ils réglée correctement ?*
- **Réinvestir** du vocabulaire (consulter les menus, passer commande, transmettre la commande au cuisinier, préparer les plats, apporter l'addition, régler la note, etc.).
- **Retour** sur les dialogues et essai de **reformulation** de questions-réponses syntaxiquement structurées.
- **Revenir** ensuite, si nécessaire sur la façon de calculer ce que doivent les clients et sur la façon de régler la note. **Prévoir** un jeu structuré visant à surmonter les difficultés rencontrées.

Remise en jeu

Des élèves spectateurs peuvent venir remplacer les acteurs et rejouer la scène en fonction des remarques émises.

2 | JEU STRUCTURÉ : *Un service pour deux tables*

Une démarche complexifiée

- Autres acteurs.
- Deux tables à servir au lieu d'une (présence de deux serveurs). Davantage d'attente des clients entre les plats. Les acteurs auront à prendre de nouvelles initiatives pour gérer la situation.
- Après le jeu, critique constructive. **Relever** les points positifs et chercher ce qui reste à améliorer. Même démarche que pour situation 1.
- **S'intéresser** aussi à la clientèle restée éventuellement passive.

Prolongement en classe

- **Imaginer** des scénarios propres à faire évoluer le comportement de la clientèle.
- **Envisager** la présence de personnages perturbateurs. **Lister** les propositions des élèves, l'adulte restant force de propositions de scénarios propres à stimuler l'imaginaire des enfants.
  Exemples : *un bébé qui pleure à l'une des tables, un jeune enfant ne sachant pas encore lire le menu à la deuxième table et qui retarde la commande ; la présence d'un chien qui aboie à la troisième table ; un client mécontent parce que son plat n'arrive pas ou parce que le serveur a renversé un plat.* **Imaginer** comment peuvent réagir les autres personnages. **Récapituler** et **reformuler.**

3 | JEU STRUCTURÉ : *Un incident perturbateur à une table*

De retour dans l'espace de jeu dramatique, **relire** la liste établie, **retenir** une des actions possibles et laisser les élèves **s'attribuer** les rôles. Incident se limitant à une table.

Même démarche

Les élèves acteurs s'organisent et jouent. Ils doivent se montrer inventifs dans leurs interprétations.

Phase réflexive

La critique constructive s'attachera à la manière dont le personnel et les clients (de la table concernée mais aussi de la seconde) ont géré l'incident à la table où il s'est produit.

Prolongement

Autres scénarios retenus parmi ceux proposés précédemment. Un incident différent à deux tables du restaurant. Partage des spectateurs en trois groupes, l'un observe l'incident à la première table, un autre l'incident à la seconde table et le troisième groupe observe le personnel.

Fiche séquence 7 : Comparer des masses / Peser

Cette fiche séquence autour de la pesée se déroule en **deux temps** :
1- estimer les masses (à vue et en soupesant) ;
2- décrire et utiliser des balances, mettre en évidence la notion d'équilibre avec des pesées, puis comparer des masses.
Ayant d'abord une appréhension perceptive de la masse des objets, les élèves comprendront progressivement la nécessité de recourir à des comparaisons précises en pesant.

MS / GS

Domaines d'apprentissages

- Mobiliser le langage dans toutes ses dimensions.
- Construire les premiers outils pour structurer sa pensée : explorer des formes, des grandeurs, des suites organisées.

Compétences travaillées

- Expérimenter des outils en fonction d'un contexte d'utilisation.
- Comparer des objets selon leur contenance et leur masse.
- Classer ou ranger des objets selon un critère de masse **(GS)**.
- Utiliser un vocabulaire adapté (cf. lexique ci-dessous).
- Décrire. Formuler des comparaisons. Justifier.

Lexique

- *balance – plateau – benne – masse – kilo.*
- *soupeser – peser – disposer – constater – comparer – ranger – équilibrer – repérer – verser – contenir.*
- *plein/vide – léger/lourd – haut/bas.*
- *plus que – moins que – autant – pareil.*

Matériel utilisé

- De vrais fruits et légumes, du sucre, du riz, de la semoule, des bouteilles en plastique remplies d'eaux colorées (colorants alimentaires, couleurs différentes).
- Des éléments issus du coin fruits et légumes (des fruits et légumes en plastique, des fruits et légumes en pâte à sel), etc.
- Un appareil photo numérique.
- Des feuilles avec deux colonnes, une feuille sans colonne.
- Balances :
  – balance à bennes, très utile notamment pour les liquides ;
  – balance *Roberval* (jouet).

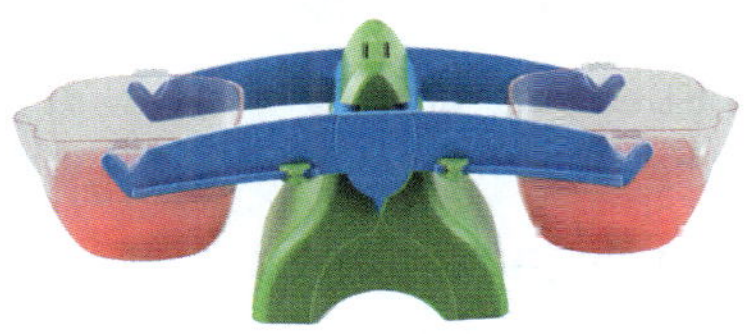

Organisation de la classe

De 5 à 8 élèves par groupe successivement.

Remarque : Les séances ont lieu avant l'introduction de la balance *Roberval* dans le coin *magasin*. La balance à benne pourra être utilisée ensuite dans le coin où les élèves pourront poursuivre leurs jeux d'exploration du monde.
Les comparaisons s'établissent toujours entre deux éléments. Veillez à ce que certains éléments soient de même masse ou de même contenance.

Déroulement

1 | ESTIMATION à vue

Remarque : cette séance est destinée à préparer celle où les élèves soupèseront. Proposer à la comparaison des éléments dont on peut estimer à vue que l'un est plus lourd que l'autre.

- **Demander** aux élèves : *Est-ce qu'on peut savoir quel est le plus lourd et plus léger en regardant ces fruits et légumes ?* Puis essayer de **déterminer** celui qui est le plus lourd et celui qui est le plus léger simplement en les regardant. **Exemple :** *un chou-fleur et une pomme* ; puis d'autres couples comme *pamplemousse/carotte*, *chou/mandarine*, etc.
- Au fur et à mesure, **répartir** les éléments comparés par couples sur deux tables distinctes.
  Sur la table 1 : Les éléments comparés ayant pu être estimés sont disposés en regard les uns des autres dans la colonne qui leur correspond.
  Sur la table 2 : Là sont posés les couples dont les élèves n'ont pas pu estimer les masses.
- **Garder** la trace des couples d'aliments qui auront été comparés et de ceux qui n'ont pas pu être estimés. Pour ce faire, **prendre une photo** de chaque table.
- À la fin de la séance, **conclure** qu'on ne peut pas vraiment savoir quel est le plus lourd (ou le plus léger) seulement en regardant les aliments.

2 | ESTIMATION en soupesant

- **Relire** les affiches photographiées et **reformuler** la conclusion de la séance. Proposer alors aux élèves de **soupeser** les fruits et légumes estimés à vue lors de la séance précédente. Puis les amener à **prendre** chaque objet dans une main pour les **comparer** par couples.
- **Proposer** les mêmes affiches sur deux tables distinctes (l'une avec colonnes et la seconde sans colonne). En haut de chaque affiche, les images de deux mains remplacent l'œil (une main au-dessus de chaque colonne de l'affiche 1).
- **Réduire** progressivement l'écart entre les masses des produits comparés de façon à susciter des désaccords parmi les élèves.
- **S'interroger :** *L'estimation en soupesant permet-elle de savoir de façon précise quel est le plus lourd et le plus léger des aliments ?*
- À la fin de la séance, **conclure :** ***on n'a pas forcément la même estimation en soupesant qu'en regardant.***

3 | VÉRIFICATION des estimations en pesant

- **Introduire** deux balances.
- **Décrire** chacune en employant le vocabulaire adéquat. Les **comparer**.

Utilisation de la balance 1

Un chou-fleur est placé dans le premier plateau et une pomme dans le second plateau.

- **Repérer** la position des plateaux. **Constater** que le plateau du chou-fleur reste en bas, celui de la pomme en haut.
- **Changer** le chou-fleur et la pomme de plateau, **constater** que le plateau du chou-fleur reste toujours en bas.

Utilisation de la balance 2

Procéder comme avec la balance 1.

Vérification des estimations faites en soupesant

Renouveler des comparaisons effectuées lors de séances précédentes. **Utiliser** simultanément les deux balances (en binômes).

4 | AUTRES pesées

Dans ces autres séances de pesées, on fera varier les éléments proposés :

- États (solides, liquides, poudre, etc.),
- Contenants pour liquides et autres éléments (remplis, partiellement remplis, voire vides),
- Formes des objets ou des contenants (cubiques, cylindriques, etc.),
- Tailles (grands, petits),
- Matériaux (en plastique, en carton),
- Volumes (boites ou bouteilles de contenances variables).

Demander aux élèves, avant de **placer** les éléments sur les plateaux de la balance, d'**anticiper** : *Quel est le plus lourd ? Quel est le plus léger ?*

Exemples de pesées

Exemple 1 : *Les contenants sont identiques* (bennes de la balance 1).

- La 1ère benne contient la valeur d'une demi-bouteille d'eau colorée. **Verser** le même volume d'eau colorée (autre couleur) dans la seconde benne et **constater** l'équilibre. **Constater** et **formuler**.
- **Verser** ensuite le contenu de l'une des bennes dans un verre large et le contenu de l'autre benne dans un verre étroit. **Constater** la différence de niveau dans les verres. **Reverser** à nouveau dans les bennes. **Constater** à nouveau l'égalité des niveaux et des masses.
- **Conclure :** *la forme du contenant modifie la hauteur du liquide sans en changer la masse ni le volume.*

Exemple 2 : *Les contenants sont identiques* *(par exemple : deux bols en plastique totalement similaires et pleins)*, ***les contenus sont différents*** (un bol contient du sucre et l'autre bol de la farine).

- **Peser** sur la balance *Roberval* et **constater** : le sucre est plus lourd que la farine.
- **Transvaser** le sucre et la farine dans les bennes de la balance 1 et **opérer** le même constat.

Exemple 3 : *Introduire un 3e objet*

- **Peser** en introduisant dans certaines expériences un troisième objet de référence et **comparer**, puis **ranger** ces objets par critère de masse. **Exemple :** *l'objet* **a** *est plus lourd que l'objet* **b**. **Introduire** un objet **c**.
- Puis **peser** : *par exemple,* **c** *avec* **b**. *Si* **c** *est plus léger que* **b**. **Ranger** ces objets dans ordre suivant : **a-b-c**. *Mais si* **c** *est plus lourd que* **b**, **demander** alors : **c** *est-il plus lourd que* **a** *?* **Peser** **c** et **a**. Puis **ranger** les objets.

Remarque : être particulièrement vigilant sur la formulation des comparaisons.

Utiliser les masses des balances

- **Équilibrer** les plateaux en utilisant avec chacun des masses lorsqu'elles sont fournies avec la balance.
- **Peser** des objets en utilisant ces masses dans l'un des plateaux.
- **Utiliser** la même masse (repère) à chaque pesée, mais les éléments pesés sont différents (au choix de l'enseignant).
- **Photographier :**
  1ère photo de la balance avec l'élément pesé. L'élément pesé est plus lourd que ce qu'indique la masse sur le plateau. **Écrire :** *Le .... est plus lourd.*
  2ème photo : L'autre élément pesé est moins lourd que la masse. **Écrire :** *Le.................. est moins lourd.*
  3ème photo : L'enseignant a fait l'expérience avant de proposer l'objet ayant la même masse. **Écrire** ensuite : *ils sont pareils* ou *ils sont aussi lourds l'un que l'autre*.

Remarque : le choix des éléments pesés dépend des masses dont on dispose. Voir p. 76 l'utilisation d'une masse étalon pour le coin *magasin*.

Fiche séquence 8 : Acheter / Payer

Dans les coins *magasins*, il est important d'aider à la construction du nombre. Pour ce faire, il convient de :
- varier, mais aussi de reprendre certains scénarios de manière récurrente et toutefois évolutive ;
- graduer les difficultés selon les niveaux concernés et au cours de l'année en fonction des installations proposées.

Cette fiche séquence propose donc **plusieurs scénarios** autour du jeu du vendeur (acheter/payer), à renouveler au cours du cycle.

PS / MS / GS

Domaines d'apprentissages

Construire les premiers outils pour structurer sa pensée.

Compétences travaillées

- Réaliser une collection équivalente à une autre. **(PS)**
- Reconnaitre de petites quantités jusqu'à 3. **(PS)**
- Exprimer de petites quantités. **(PS)**
- Prendre conscience de l'équivalence de deux collections dans une situation d'échange. **(MS-GS)**
- Comparer des quantités en utilisant des procédures numériques. **(MS-GS)**
- Écrire les nombres de 1 à 6 en **MS,** 1 à 9 en **GS.**
- Anticiper le résultat d'une somme. **(GS)**
- Ranger la monnaie par ordre de valeur. **(MS-GS)**

Lexique

- *caissier/caissière – vendeur/vendeuse – client/cliente – commande – billet – pièces – monnaie – porte-monnaie – prix – ticket (de caisse).*
  Remarquer homonymie : *pièce (monnaie)* et *pièces de la maison.*
- *servir – vendre – acheter – payer – compter – coûter – dépenser – commander – rendre la monnaie – etc.*

Adapter les propositions au niveau concerné.

Matériel utilisé

- Les produits des coins magasins.
- Images correspondant à ces différents produits.
- *Jetons ronds – jetons rectangulaires courts – jetons rectangulaires longs – pièces de fausse monnaie et faux billets en euros – porte-monnaie.*
- Listes de courses et bons de commande.
- Une caisse enregistreuse. **(MS-GS)**
- Des étiquettes-prix plastifiées (nombres écrits en chiffres en **GS**).
- Frise numérique affichée dans le coin magasin. (Voir installation p. 74 pour repère)

Organisation de la classe

En petits groupes.

Déroulement

1 | JEU STRUCTURÉ : niveau PS

Remarque : insister sur la compréhension des 3 premiers nombres en évitant le comptage mécanique.

Décompositions : ***trois, c'est un, un et encore un,*** etc.

- **Faire** ses courses en se référant à une liste. Les produits à acheter sont représentés par des images. L'élève se sert lui-même, puis s'adresse à un vendeur. **Exemple :** *2 tomates, 1 melon, 3 bananes, 2 pommes.* **Exprimer** les quantités achetées en énumérant ce que l'on a dans son panier.
- **Mémoriser** le contenu de son panier après achat (en quantités très limitées) et **énumérer**.
- **Comparer** deux collections : le contenu du panier d'un client avec le contenu du panier d'un autre client.
- Le client a oublié d'acheter un produit (signalé par l'enseignant). Il revient au magasin. Il achète le produit et l'ajoute à son panier. **Verbaliser** la quantité ajoutée et la quantité obtenue.
- L'acheteur sort les produits de son panier, les range par famille, puis par ordre croissant des quantités acquises (avant de les ranger dans sa cuisine).
- **Utiliser** « **un bon de commande** » (liste déposée par une cliente), **remplir** le panier de la cliente en se référant aux quantités indiquées pour chaque produit. **Vérification** avec le groupe d'élèves.
  Variante : Des paniers ont été préparés à l'avance par un autre groupe d'élèves. Trouver à quel panier correspond chaque « **bon de commande** ».
- **Jeu du téléphone : prendre une commande** au téléphone. La cliente énumère les produits dont elle a besoin en se référant à une liste. Le marchand prend la commande en regroupant les images des produits énoncés au téléphone (**Exemple :** *1 salade, 3 pommes, 2 melons*).
- **Payer** ses achats. Des jetons sont introduits dans les porte-monnaie des clients. Chaque fois que le client achète un produit, il donne un jeton au marchand. **Exemple :** *le client a acheté 1 melon, 1 salade et 1 chou-fleur, il va donner 3 jetons.* Le vendeur vérifie combien d'aliments il a vendus et combien de pièces il a reçues. Les deux quantités doivent correspondre. **Comparaison** de deux collections de petits nombres (produits/jetons).

2 | JEU STRUCTURÉ : niveau MS

Les scénarios sont les mêmes que pour la PS mais en augmentant les difficultés.

L'élève a une liste de courses. À chaque produit pris en photos est associée une quantité indiquée par une constellation de doigts ou un dé, ou encore par des nombres écrits en chiffres (de 1 à 5). Le client doit se rendre chez le marchand de fruits et légumes et remplir son panier en fonction de sa liste de courses. Il s'adresse à un vendeur (ou une vendeuse).

•••

•••

2 | JEU STRUCTURÉ : niveau MS (suite)

- La même démarche est reprise, mais le panier de l'élève est déjà partiellement rempli. Il faut le **compléter**.
- Le client a un porte-monnaie et 6 jetons ou 6 fausses pièces de monnaie de 1€ chacune. Pour chaque article acheté, il doit **donner** 1 jeton ou 1€ au vendeur. Un produit pesé vaut également 1 jeton (ou un 1€). Quand il a trop dépensé, le client doit lui **rendre** un ou plusieurs articles.
- Plus tard dans l'année, l'élève peut **cocher** plusieurs produits sur une liste et **indiquer** par un nombre leur quantité. Le client a maintenant de fausses pièces de 1 et 2€ dans son porte-monnaie. Chaque produit coûte 1€. Avant de **finaliser** sa commande, il doit **vérifier** qu'il pourra la régler (vérification collective).
- Le client porte ensuite son bon de commande au commerçant. Celui-ci vérifie s'il a tous les produits en magasin (la vérification peut être collective). **Exemple :** ***inventaire du rayon* boulangerie-pâtisserie *fait avant d'honorer la commande car il peut manquer des produits. Le vendeur colle ensuite des gommettes sur un ticket vierge pour établir la note du client (autant de gommettes que de produits commandés).***
  Le client paiera après avoir vérifié la note établie par le vendeur.
- Le client a toujours 10 fausses pièces de monnaie de 1€ chacune, mais, cette fois, le client peut **commander** plusieurs articles de chaque sorte (par exemple, 5 baguettes). Il vérifie ensuite s'il pourra régler sa commande.
  Au moment du paiement, si le client a donné trop de pièces, il faudra rendre les pièces de monnaie en trop.
- Le marchand fait sa caisse, une fois le magasin fermé. Il range les pièces par ordre de valeur.

2 | JEU STRUCTURÉ : niveau GS

Mêmes scénarios qu'en MS mais en augmentant les difficultés

Étiquettes-prix plastifiées devant les produits. Les prix peuvent aller jusqu'à 5 euros.
Le client a 10 jetons ronds d'une valeur de 1 et deux jetons rectangulaires d'une valeur de 5.
Ensuite, les jetons seront remplacés par des fausses pièces et des faux billets.

Préalable à l'introduction de faux billets de 5 et 10€

- Dans une boite, **déposer** 5 jetons ronds valant 1 et **fermer** la boite. **Demander :** *Combien y a-t-il de jetons dans la boite ?* **Coller** sur le couvercle de la boite un jeton rectangulaire court portant l'indication de sa valeur (5).
- **Expliciter** pour les élèves : *Un jeton rectangulaire **court** vaut **5** jetons ronds.*
  Disposer 1 jeton à côté de la boite et **demander :** *Combien a-t-on de jetons maintenant ?* (6).
  Puis **demander :** *Si on a1 jeton rectangulaire et 2 jetons ronds, combien ça fait ?*
- Procéder de même pour **faire comprendre** l'équivalence entre un jeton rectangulaire long et 10 jetons rond.
- **Introduire** des fausses pièces de 1€, des faux billets de 5€ et de 10€. Puis **compliquer** la situation en introduisant les fausses pièces de 2€. **Chercher** alors toutes les façons de **réaliser** une somme X avec les fausses pièces et les faux billets.
- Le client n'a pas fait de liste de courses. Il achète, mais il doit faire attention à **ne pas dépasser** la somme dont il dispose. Il doit donc **anticiper** le montant de ses achats. Pour ce faire, il peut **écrire** les prix des produits sur une feuille au fur et à mesure de ses achats et **calculer** les sommes intermédiaires en dessinant des jetons. Le vendeur doit faire de même. En cas de désaccord, vérification collective.
- Le client n'a qu'un billet de 10€ pour payer un achat de 7€. Le vendeur doit **dessiner** autant de pièces de1€ que ce que vaut le billet, puis **barrer** 7 pièces correspondant au prix de l'achat. Il doit **rendre** autant de pièces au client que de pièces non barrées sur sa feuille.

Fiche séquence 9 : Fabriquer de faux aliments

Dans cette fiche séquence, les **pistes d'activités** autour de la fabrication de faux pains et de faux gâteaux est un préalable aux jeux libres et structurés du coin *boulangerie-pâtisserie.* À l'occasion de ces activités, la dimension artistique est à prendre largement en compte.

MS / GS

Domaines d'apprentissages

- Mobiliser le langage dans toutes ses dimensions.
- Agir, s'exprimer, comprendre à travers les activités artistiques.
- Construire les premiers outils pour structurer sa pensée.

Compétences travaillées

- Anticiper, planifier des réalisations en identifiant les étapes nécessaires.
- Poursuivre la description d'images entreprise lors de l'entrée dans le projet.
- Copier à l'aide d'un clavier les noms des gâteaux.
- Appréhender des formes et des textures dans leur matérialité.
- Réaliser des compositions plastiques en résolvant des problèmes liés aux matériaux et aux formes.
- Évaluer et comparer globalement des grandeurs.
- Reconnaitre, classer et nommer les formes simples : *carré – triangle – cercle – rectangle.*
- Reconnaitre quelques solides : *cube – pyramide – boul – cylindre.*

Lexique

- **Lexique des formes, des couleurs, des volumes, des matières en fonction du matériel utilisé.**
- **Verbes d'action liés au déroulement des phases de fabrication.**

Matériel utilisé

- Voir le matériel indiqué dans la partie *Fabriquer des faux aliments*.

Déroulement

Remarque : le mur d'images précédemment amorcé va continuer à s'enrichir de nouveaux apports.

1 | ACTIVITÉS préalables

- **Préparer** des canapés en utilisant du pain de mie et des ingrédients pour tartiner et décorer d'œufs de poisson, gruyère, olives, etc.
- **Analyser** les formes (on peut utiliser des emporte pièces pour donner des formes différentes aux canapés). **Déguster.**
- **Nommer, coller** sur le mur d'images en respectant le classement établi.
- **Jouer au jeu des devinettes :** l'enseignant ou un élève décrit un gâteau qu'un enfant doit retrouver parmi les images qui lui sont présentées. Ce faisant, s'attacher aux couleurs, aux formes et aux volumes.
- **Constater** aussi que ces images constituent un plaisir pour les yeux et invitent à la dégustation (aspect esthétique à développer lors des fabrications de faux). Mais, en lien avec l'éducation à la santé, **préciser** qu'il ne faut pas abuser des gâteaux car trop de sucre nuit à la santé.

Constituer des répertoires de formes, couleurs, graphismes et matières

La réalisation des faux gâteaux par les élèves devra laisser libre cours à l'imagination et à la créativité pour leur donner une dimension plastique. Pour cela, il est nécessaire de tirer profit des images observées en constituant des répertoires auxquels il est possible de se rapporter lors des activités créatives.

Formes > **Associer** des formes en carton à certaines des images étudiées : *cercle – carré – rectangle – triangle – cœur – etc.* On peut aussi **faire dessiner** les formes repérées.

Couleurs > **Réaliser** un nuancier des couleurs repérées sur chaque gâteau.

Palettes graphiques > **Répertorier** des graphismes appréhendés sur les gâteaux observés ainsi que sur leurs tranches.

Palette de matières > **Collecter** des objets dont la matière se rapproche de l'aspect visuel de certains gâteaux : *éponge – moquettes variées – coton hydrophile – etc.*

Écrire > Conjointement aux réalisations proposées ci-dessous, **faire écrire** les noms et les prix de pains et des gâteaux à l'ordinateur par binômes (l'un des élèves dictant les lettres et les chiffres à l'autre).

2 | FABRIQUER de faux aliments

Côté boulangerie

On peut **demander** à un boulanger de réserver, à la classe, quelques invendus impropres à la consommation. **Insister** alors sur le fait que, comme toute autre denrée alimentaire, il ne faut **pas gaspiller** le pain. **Expliquer** pourquoi ceux-ci ne peuvent être mangés. Puis proposer de **réaliser** de « faux pains » :

Baguette en papier journal

Le papier journal permet de faire des objets plus grands, mais il est assez salissant. Il est donc nécessaire de bien protéger les vêtements des élèves.

- **Réaliser** de fausses baguettes en enroulant du papier journal jusqu'à une certaine épaisseur, puis en enroulant et en encollant des bandes de papier journal autour pour maintenir. **Laisser** bien **sécher**. Ensuite **peindre**, puis **vernir** pour rendre la réalisation plus ressemblante et également plus solide.
- Possibilité de réaliser d'autres pains en froissant du papier journal et en enroulant des bandes de papier journal autour de la forme obtenue. **Laisser** bien **sécher**, puis **peindre** et **vernir**.

•••

•••

Le pain en pâte à sel

La pâte fimo est bien adaptée mais revient assez cher. La terre casse.

On pourra se référer à deux sites de recettes pour fabriquer de la pâte à sel :
http://www.teteamodeler.com/boiteaoutils/creativite/fiche7.asp
http://www.aufeminin.com/enfant/recette-pate-a-sel-s747897.html

Ne pas oublier de dessiner les grignes des pains (fentes faites par le boulanger dans le pain). On peut **s'y entrainer** en réalisant des dessins préliminaires.

Réalisation de pains en pâte à sel cuits et peints

Côté pâtisserie

Gâteaux en pâte à sel

- **Réaliser** toutes sortes de gâteaux en jouant sur les formes, les couleurs et les matières de façon créative.
- **Peindre** et **vernir.**
- **Réinvestissement** des observations et descriptions précédemment menées (formes, couleurs, tailles).
- **Utiliser** à nouveau des emporte-pièces pour faire des biscuits de toutes les formes et des chocolats (un espace confiserie pouvant s'intégrer à l'ensemble).
- **Proposer**, si possible, un choix de moules à gâteaux pour **varier** les réalisations.
- **Disposer** ensuite les chocolats dans des boites (nombre égal de chocolats par rangée) en procédant à des dénombrements.

Exemples de préparations

Feuilles de gélatine pour divers gâteaux (selon les moules)

- **Diluer** huit feuilles dans un litre d'eau froide avec deux cuillères de farine complète.
- **Ajouter** de l'encre ou de la gouache pour coller.
- **Faire chauffer** jusqu'à ébullition et verser dans ces moules.
- **Laisser refroidir.**
- **Démouler.**

Crème « Chantilly » au plâtre

- **Mélanger** un verre de plâtre, un verre d'eau, un verre de gouache blanche, un verre de colle vinyle.
- **Mettre** dans une poche à douille. Cela permettra de décorer des gâteaux avec de la « **crème chantilly** ».
- **Donner** un nom à chacune de ces deux préparations.

Biscuit roulé aux plâtre

- Sur une plaque de mousse, **étaler** du plâtre frais et **parsemer** de boulettes de couleurs.
- **Rouler** la mousse sur elle-même et **piquer** avec de petits bâtonnets de bois le rouleau obtenu.
- Le **badigeonner** avec de la gouache mélangée à de la colle vinylique.
- **Décorer** avec de la pâte à modeler.

Charlotte en mousse

- **Tapisser** le fond et le tour d'un moule huilé de petits rectangles de mousse ou d'éponge.
- **Recouvrir** d'une couche de plâtre frais et **alterner** les couches.
- **Terminer** par une couche de plâtre.
- **Laisser prendre** et **démouler**.
- **Décorer** avec de la crème au plâtre.

Fiche séquence 10 : Comme au salon de thé !

La création et l'exploitation d'un **coin *salon de thé***, annexe au coin *boulangerie-pâtisserie*, se déroule en plusieurs étapes successives :
– des **activités préalables** à l'installation, suivie de l'**aménagement du coin de jeu** ;
– des **activités associées**, liées aux deux domaines d'apprentissages mentionnés ci-après ;
– des **jeux structurés** autour de scénarios de plus en plus complexes.

MS / GS

Domaines d'apprentissages

- Mobiliser le langage dans toutes ses dimensions.
- Construire les premiers outils pour structurer sa pensée.

Compétences travaillées

- Pratiquer divers usages du langage oral : décrire, évoquer, expliquer, questionner, discuter un point de vue.
- Découvrir et utiliser à bon escient différents types d'écrits : ***la carte – le bon de commande – la note à régler – le ticket de caisse – etc.***
- Construction du nombre :
  – constituer une collection en utilisant le comptage,
  – recourir à la décomposition des nombres.

Lexique

- *pâtissier/pâtissière – serveur/serveuse – client/cliente.*
- *menu – gâteaux (dont noms de quelques gâteaux déjà employés dans le coin pâtisserie) – boisson dont noms de jus de fruit, thé, café, chocolat,... – plateau – serviette – carte.*
- *consulter – questionner – répondre – conseiller – choisir – commander – prendre la commande – noter – servir – transmettre – attendre – payer – régler la note – réserver une table.*

Matériel utilisé

- Voir installation p. 173.
- Images de salon de thé (internet).

Déroulement

1 | ACTIVITÉ préalable

Recueillir les représentations initiales des élèves

Demander aux élèves s'ils savent ce qu'est un ***salon de thé***. Ils peuvent se demander pourquoi *salon de thé* plutôt que *salon de café*, par exemple. **Expliquer** que l'on peut y consommer d'autres boissons.

Enrichir leur connaissance sur le sujet

- Si possible, **visiter** un salon de thé et faire le lien avec la consommation de pâtisseries pour mieux **comprendre** ensuite l'introduction de ce coin annexe dans la classe en précisant, si ce n'est pas le cas, que souvent dans les boulangeries-pâtisseries, il y a un coin salon de thé (tables et chaises).
- **Observer** le lieu et **remarquer** s'il est occupé par de la clientèle, **écouter** les bruits de fond. **Noter :** le mobilier, les couleurs, les odeurs, l'ambiance. **Questionner** l'employé(e) et demander l'autorisation de **prendre** quelques photographies.
- De retour en classe, **exploiter** la visite en se référant aux notes prises par l'enseignant et les élèves (sous forme de dessins). **Énumérer** les personnes que l'on peut rencontrer dans un salon de thé : clients, serveurs ou serveuses, pâtissiers (le plus souvent occupé dans l'espace consacré à la fabrication des gâteaux).
- **Se documenter** sur internet (même lorsqu'on a visité un salon de thé).
  Des élèves décrivent à d'autres enfants les images qu'ils sont seuls à voir sur l'écran. Ils doivent les **décrire** précisément sans oublier de **situer** l'emplacement (à l'intérieur voire à l'extérieur en terrasse). Inviter les élèves auxquels on a décrit les images à les **retrouver** à l'écran. **Lister** les noms des enseignes pour, au moment de l'installation du salon de thé, lui **choisir** un nom en rapport avec cette liste.

Introduire le projet d'installer un coin salon de thé

Annoncer qu'il sera situé à proximité du coin boulangerie-pâtisserie.

Remarque : Il est possible, une fois exploités les jeux et activités programmés en lien avec la boulangerie, de limiter le magasin au seul rayon pâtisserie afin d'accorder à ce dernier et, au coin annexe, davantage de place. Évolution souhaitable au renouvellement de l'intérêt pour cet espace de jeu.

2 | INSTALLATION du coin salon de thé

Recenser le matériel avec les élèves :

Mobilier : 2 tables et des chaises ;

Accessoires :
- Vaisselle et couverts ;
- Serviettes, sets de table, plateaux, cartes avec listes des gâteaux et des boissons ;
- Blocs-notes, stylos pour prendre les commandes ;
- Un téléphone (pour les réservations) ;
- Une caisse enregistreuse, jetons, fausse monnaie, porte-monnaie ;
- Faux gâteaux et viennoiseries du magasin ;
- Tabliers et toques (coin déguisement) pour les pâtissiers qui préparent les consommations et les serveurs.

Installer le coin avec les élèves

- **Distinguer** l'accueil avec la caisse enregistreuse et le téléphone de l'espace repas.
- **Prévoir** une seule table au début, puis deux tables ensuite.

3 | ACTIVITÉS ASSOCIÉES : réalisation de cartes (menus)

Activités préparatoires à l'installation et aux premières mises en jeu et renouvelables au cours de la période :

- En fonction notamment des gâteaux proposés dans le rayon pâtisserie. La fabrication de fausses pâtisseries se poursuivant autant de temps que le coin pâtisserie et salon de thé restent installés.
- En fonction du niveau concerné et de la progression de la classe concernant les items « **Le langage dans toutes ses dimensions (langage écrit)** », mais aussi « **Construire les premiers outils pour structurer sa pensée : Découvrir les nombres/règlement des consommations** » ; « **Explorer les formes, les grandeurs et les suites organisées/fabrication de faux** ».

Côté écrit

- Selon la section, mots écrits en capitales d'imprimerie et/ou en cursive, voire au clavier. Mots assortis ou non de dessins. En **GS,** les élèves peuvent **se reporter** à une liste affichée dans ce coin annexe où les mots de la carte sont illustrés alors que, sur la carte, ils ne le sont pas.
- **Prise de commande :** le serveur coche sur une liste les éléments commandés et indique les quantités correspondantes.

Côté nombres

MS : Tout d'abord, **convenir** d'un prix identique pour chaque élément mentionné sur la carte (1 jeton). Calcul identique à celui des coins magasins dans un premier temps (un article / un jeton). Puis évolution de la carte ensuite avec l'introduction de fausse monnaie. Prix pouvant aller de 1 à 2 € (voire 3). Voir **fiche séquence 8**, p. 166.

GS : Voir propositions d'activités sur fiche mentionnée ci-avant, les jeux structurés dans ce coin annexe pouvant s'y rapporter. Le serveur utilise la caisse enregistreuse du magasin ou établit au crayon à papier ce que lui doit chaque client en fonction de ce qu'il a commandé.

3 | EXEMPLES de jeux structurés

Scénario 1 : *Réserver une table.*

Un élève (le client) « **téléphone** » à un autre élève (le serveur) pour réserver une table. ***Combien de personnes ? À quelle heure ? Une demande particulière (un anniversaire par exemple) ?*** Le serveur doit prendre note de la commande afin de respecter ce que veut le client et de tout préparer, ou faire préparer, avant sa venue avec les personnes qui l'accompagnent (voir ci-avant prise de commande).

Variantes :

- Un autre client vient déranger la serveuse pendant qu'elle est au téléphone ;
- Le serveur doit se renseigner auprès du cuisinier pour savoir si tel ou tel gâteau est réalisable.

Scénario 2 : *Un serveur/plusieurs clients.*

- **Induire** les formules de politesse : *Bonjour/Au revoir/S'il vous plait/Merci.*
- **Laisser** les élèves évoluer dans le coin salon de thé.

Le serveur installe les clients, leur donne les cartes, prend la commande, passe en cuisine donner les instructions au pâtissier, fait patienter les clients, sert et dessert (sur des plateaux sans tout faire tomber et sans se tromper dans la commande). Il apporte l'addition et encaisse le règlement. **GS :** Il rend éventuellement la monnaie.

- En **GS,** phase réflexive après le jeu structuré. Retour sur la séance. **Exemple :** ***Le serveur a-t-il conseillé les clients en présentant la carte ? Qu'aurait-il pu dire ? A-t-il bien répondu au client qui lui avait posé une question ?***

•••

•••

Autres scénarios

- Des clients sont déjà installés mais d'autres arrivent (seconde table). Le serveur doit s'occuper de tous les clients et ne pas mélanger les commandes. Il doit répondre aux questions des clients et parvenir à les faire patienter. Il peut y avoir plusieurs serveurs qui ne doivent pas interférer. Chaque serveur doit s'occuper d'une table.
- La carte n'est pas à jour : tous les gâteaux proposés ne sont pas en cuisine. Le serveur doit faire face au mécontentement d'un client.
- Des clients ne veulent pas s'en aller et pourtant, c'est l'heure de la fermeture (référence à l'heure de fermeture inscrite au mur sur une ardoise).

Prolongement

Travail sur les émotions et les sentiments : ***la satisfaction – le mécontentement – l'impatience – etc.***

Fiche séquence 11 : Construction avec du matériel éducatif

Cette fiche séquence, très dense, concerne **tous les niveaux**. Elle propose **7 jeux structurés** à partir de trois jeux de construction : *Poly-M©, Bambouchicolor* et *Technico Junior®* (Matériel éducatif Nathan). Ce matériel a été testé dans les classes dans le cadre du projet collaboratif ayant donné naissance à cet ouvrage.

PS / MS / GS

Domaines d'apprentissages

- Mobiliser le langage dans toutes ses dimensions.
- Construire les premiers outils pour structurer sa pensée.
- Explorer le monde : se repérer dans le temps et dans l'espace ; utiliser, fabriquer, manipuler des objets.

Compétences travaillées

- Réaliser une construction à plusieurs.
- Réaliser des photographies caractéristiques des différentes étapes du montage.
- Réaliser une construction à partir de photos/d'illustrations des étapes de la construction.
- Expliquer à un pair n'ayant aucun visuel comment fabriquer un objet.
- Fabriquer un objet en suivant les consignes orales d'un pair.

Matériel utilisé

Pièces et outils :

- **Poly-M ©**, Nathan.
- **Bambouchicolor**, Nathan.
- **Technico Junior ®**, Nathan.
- Un appareil photo numérique.
- Des barquettes.
- Les fichiers sont constitués chacun de **12 fiches**.
- **Établir** une progression pour **répartir** les fiches d'abord de la **PS** à la **GS** en fonction du nombre de pièces (dénombrement limité en **PS**) et ensuite entre des groupes d'élèves en fonction de la difficulté de réalisation.
- **Introduire** des variantes (matériel non précisé, suppression d'une ou de plusieurs étapes, etc.).
- L'exploration de chacun des différents jeux proposés ici peut être envisagée sur une période de l'année scolaire.

Poly-M ® Nathan

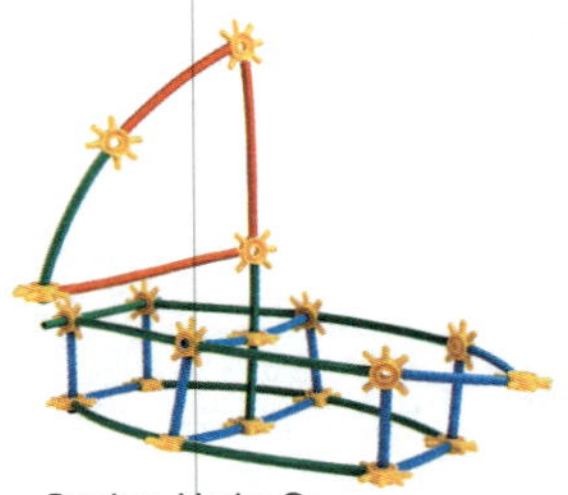

Bambouchicolor ®

Technico Junior ®

Organisation de la classe

- En petits groupes.

Déroulement

1 | JEU STRUCTURÉ : *Construire seul un animal* (Technico Junior®) (PS)

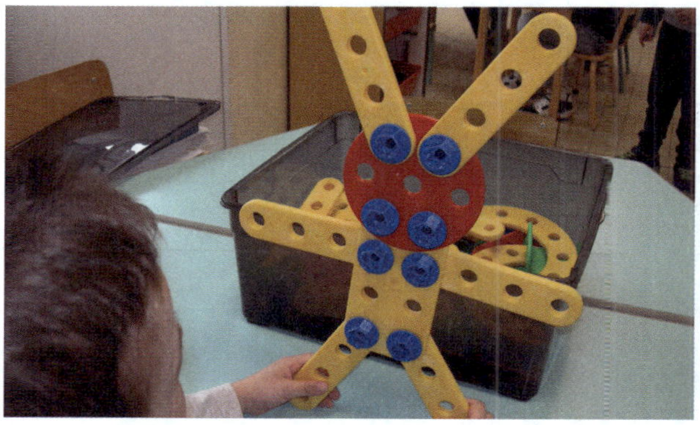

Construction d'un lapin.

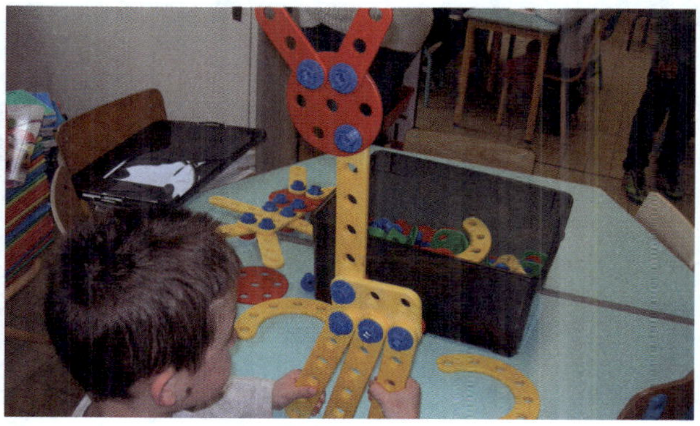

Construction d'une girafe à trois pattes !

Mettre à disposition le matériel et l'outil proposé (la clé à molettes).

Consigne : *Avec ce matériel, construire un animal.*

- **Observer** les attitudes de l'élève (comparaison des pièces entre elles ou par rapport à une pièce-étalon pour mesurer leur longueur). **Noter** les propositions de constructions formulées et les changements.
- À la fin de l'atelier, **questionner :** *Pourquoi as-tu fait un lapin au lieu de l'éléphant, comme tu l'avais prévu ?* **Amener** l'élève à **verbaliser** les difficultés rencontrées.
- **Montrer** ses constructions au groupe classe. **Recueillir** les remarques et suggestions : *La girafe n'a que 3 pattes. Elle n'a pas de queue.*
- **Laisser** l'enfant ayant construit les animaux **réagir** *(Sur ma plaque, il n'y avait que 3 trous)* et **refaire** sa construction (en utilisant la plaque à 4 trous).

2 | JEU STRUCTURÉ : *Construire à plusieurs un objet libre* (Poly-M®) (MS)

Groupes de 3 ou 4 enfants (niveaux hétérogènes et binômes fonctionnant en tutorats).

Consigne :
Avec ce matériel, construire ce que vous voulez tous les 3 ou 4 ensemble.

- **Mettre** les mêmes pièces à la disposition de chaque groupe (le contenu d'un sachet soit 71 pièces).
- **Faire préciser** les formes et les tailles et **appréhender** les possibilités.

En grand groupe :

- **Observer** et **commenter** les constructions de chaque groupe.
- **Permettre** aux élèves d'expliquer leur démarche et leurs éventuelles difficultés (notamment pour réaliser une construction commune).

Après plusieurs essais avec des Poly-M® : un avion.

3 | JEU STRUCTURÉ : *Fabriquer un robot en suivant la notice de fabrication* (Poly M®) (MS-GS)

Le robot POLY M® terminé.

Consigne :

Construire un robot en suivant les étapes de la notice de montage.

- **Observer** l'encart de la notice de montage relatif au matériel. **Sélectionner** les pièces. Les **placer** dans la barquette.
- **Commencer** la construction en suivant les étapes. Pour chacune d'elles, **s'assurer** que le résultat intermédiaire correspond bien à celui de la notice de montage.
- **Faire** de même à la fin de la fabrication.

Variante 1 :

- **Ne pas donner** aux élèves la partie de la notice de montage relative aux pièces à préparer.
- Leur **laisser choisir** celles dont ils auront besoin en fonction de ce qu'ils observent des différentes étapes de montage.

Variante 2 :

- **Chronométrer** le montage avec un sablier que l'on aura fabriqué au préalable ou avec une comptine connue des élèves.

4 | JEU STRUCTURÉ : *Fabriquer un objet en utilisant des photos (GS)*

Consigne (à un 1er groupe de 4 enfants) :
Avec ce matériel, construire un objet qu'un autre groupe devra réaliser à l'identique grâce à des photos prises au cours de la construction.

- En fonction des aptitudes des élèves, leur **laisser prendre les photos** avec l'appareil photo de la classe. **Prendre** également **des photos** des étapes de montage (par sécurité).
- **Observer** le matériel, en **faire** le recensement et **imaginer** ce que l'on peut **construire.**
- **Se fixer** un objectif, **se concerter** pour l'**atteindre** et **se partager** les tâches. **Faire** des points régulièrement lors de la construction pour **s'assurer** que l'objectif va être atteint.
- **Utiliser** un lexique adapté pour **identifier** les pièces (notamment celui des solides).
- **Compter** également le nombre de plots pour **différencier** les barres. Voir encadré **Vocabulaire**, p. 105.
- **Prendre des photos** au fur et à mesure de l'assemblage.
- **Conserver** caché l'objet qui aura été construit par les élèves.

Prolongement

Remettre dans l'ordre chronologique les photos prises au fur et à mesure de l'assemblage.

5 | JEU STRUCTURÉ : *Fabriquer un objet en utilisant des photos (GS)*

Consigne (à un 2ème groupe de 4 enfants) :
Avec ce matériel, construire le même objet que le groupe précédent en utilisant de façon chronologique les photos qui ont été prises.

- **Décrire** chaque photo au fur et à mesure des étapes. Pour chacune, **identifier** les pièces nécessaires. Les **assembler** et **comparer** le résultat intermédiaire obtenu avec la photo concernée. En cas de divergence, **s'interroger, se concerter, trouver** l'erreur (ou les erreurs) et **corriger.**
- Une fois la construction terminée, la **comparer** avec l'objet fabriqué par le 1er groupe et conservé par l'enseignant. **Expliciter** les éventuelles erreurs.

Le deuxième groupe d'élèves a construit la même maison que le premier.

6 | JEU STRUCTURÉ : *Construire un objet en binôme* (Bambouchicolor) (GS)

Un élève indique à un autre ce qu'il doit faire. Les 2 élèves sont séparés par un paravent. Celui qui agit ne voit pas l'objet à construire. Pour l'émetteur, il s'agit d'utiliser le lexique adapté pour guider pas à pas un récepteur dans la construction d'un objet qu'il ne voit pas ; pour le récepteur, de comprendre, appliquer des instructions et poser des questions pertinentes.

Consigne : *Construire un objet en binôme.*

L'élève émetteur qui dispose d'une notice de fabrication doit détailler à l'élève récepteur :

1) les pièces dont il aura besoin pour réaliser sa construction ;
2) les manipulations qu'il aura à faire pour parvenir à réaliser l'objet dont l'élève émetteur a la photo sous les yeux.

- **Comparer** le résultat obtenu à la photo. **Faire le point** sur les ressemblances et des différences. **Comprendre** les éventuelles erreurs.

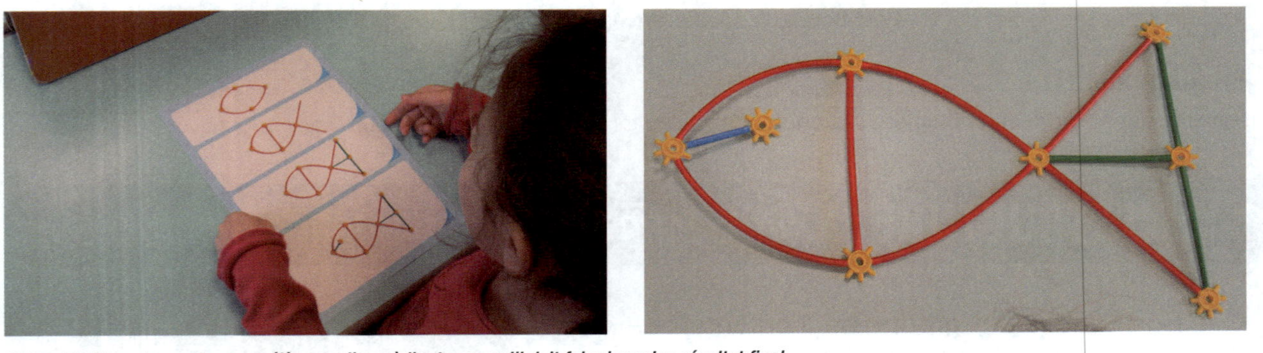

Suivant la fiche de montage, un élève explique à l'autre ce qu'il doit faire jusqu'au résultat final.

7 | JEU STRUCTURÉ : *Construire à plusieurs un objet imposé* (Poly M®) (MS-GS)

Groupes de 4 enfants (niveaux hétérogènes et binômes qui fonctionnent en tutorats).

Consigne :
Avec ce matériel, construire une maison avec deux fenêtres et une porte.

- **Se mettre** d'accord. **Recenser** les pièces éventuellement utilisables. Commencer à **construire** la maison. **Faire** le bilan de sa construction une fois celle-ci terminée. *A-t-on répondu à la consigne ? S'agit-il d'une maison ? A-t-elle deux fenêtres et une porte ?*

Variante :

Dessiner un plan de la maison que l'on va **construire** avant de commencer l'assemblage et **comparer** le résultat final avec ce dessin initial.

Fiche séquence 12 : « La maison des locataires »

L'œuvre de Robert Doisneau, intitulée *La maison des locataires*, montre l'intérieur et l'extérieur d'un immeuble sans toutefois tout en révéler. **L'exploitation** de l'œuvre, dans un premier temps, conduit ici à la **réalisation d'une maison en coupe** (maquette).

Remarque : Cette fiche peut constituer une bonne introduction aux jeux structurés de la fiche séquence 13. Mais tout autre maison de poupées fabriquée par des élèves (même acquises dans le commerce), peut aussi offrir un cadre favorable à la mise en place de jeux structurés.

MS / GS

Domaines d'apprentissages

- Mobiliser le langage dans toutes ses dimensions.
- Explorer le monde : se repérer dans le temps et dans l'espace.
- Agir, s'exprimer, comprendre à travers les activités artistiques.

La Maison des locataires - © Robert Doisneau

Compétences travaillées

- Nommer les différentes pièces d'une maison.
- Décrire cadre et personnages.
- Répondre à des questions en formulant des hypothèses.
- Utiliser des marqueurs spatiaux.
- Réaliser une construction en volumes.
- Réaliser des suites organisées.

Lexique

- La maison des locataires : *immeuble – rez de chaussée – étage (1er, 2ème, 3ème, 4ème étage) – fenêtre – toit – appartement – locataire – intérieur/extérieur* – nom des pièces figurant sur l'image – *appartement – concierge – gardien/ gardienne – personne – animaux de compagnie.*
- *en haut – en bas – à droite de – à gauche de – entre – au-dessous – au-dessus – à côté de – sous.*

Matériel utilisé

- **Album** (à titre indicatif) : *Quand il fait nuit* de Akiko Miyakoshi (Syros)
  Remarque : Suite à l'exploitation de l'œuvre de Robert Doisneau, on peut introduire l'album ***Quand il fait nuit***, où un petit lapin voit, à travers les fenêtres des immeubles, chacun vaquer à ses occupations.

- **Documentation :**
  – catalogues ;
  – prospectus ;
  – revues de décoration ;
  – images sur internet.

- **Pour construire la maquette :**
  – cartons et toutes sortes d'éléments de la « matériauthèque » ;
  – feuilles de papier grand format, tissus, colle, ciseaux, ruban adhésif.

Déroulement

1 | ACTIVITÉS préalables

Présentation de l'œuvre

- On sait que le photographe multipliait les prises de vue et qu'il gérait ainsi un fonds de clichés innombrables et inventoriés par thème. Cette œuvre est un **montage photographique**, une juxtaposition de clichés, sous une forme originale. Elle offre des fragments de réel dans une accumulation de scènes. Mais un réel qui n'existe plus.
- Quelques fenêtres, dont on ne voit que les rideaux, aident à la compréhension. Il ne reste plus qu'à **imaginer** ce qui se cache derrière.
- L'unité de la composition est le résultat d'un cadrage presque identique pour chaque photo, en plan plus ou moins rapproché.

Remarque : Les enseignants qui penseraient que la photo du haut au centre peut poser problème dans leur classe, eut égard à son thème, peuvent choisir de la masquer d'un post-it (ou d'un cache proposé par les logiciels de TNI). Afin de ne pas renoncer à exploiter cette image d'art, chef-d'œuvre incontesté de la photographie du XXe siècle.

Découverte de l'œuvre en classe

S'approprier l'image

- **Faire comprendre** le procédé utilisé par l'artiste : collage de photos ne dévoilant qu'une partie du décor de chaque pièce.
- **Faire appréhender** que R. Doisneau montre à la fois le dehors et le dedans de l'immeuble et qu'ainsi on découvre des appartements à chaque étage.
- **Souligner** que chaque photo correspond à un appartement différent.
- **Évoquer** le travail du photographe : choix du sujet, cadrage.

Décrire l'immeuble et les pièces visibles des appartements

- **Introduire** les mots : *rez-de-chaussée – étage*. **Compter** le nombre d'étages.
- **Observer** les intérieurs et essayer de **donner** le nom de la pièce où se trouvent les personnages en prélevant des indices sur l'image.
- **Constater** l'absence de téléviseur et d'ordinateur. **Expliquer** que ces photos ont été prises il y a très longtemps. En **GS**, on peut **préciser** qu'elles ont été prises avant la naissance des grands-parents.

Entrer dans l'intimité des pièces

- Ces photos donnent à **voir** des personnages dans leur cadre de vie, mais il reste presque tout à **imaginer**.
- **Repérer** les familles, le couple, la présence d'animaux.
- **Au 4e étage, décrire** l'image de gauche où la maman sourit à son bébé. **S'interroger :** *Le bébé vient-il de se réveiller ? Veut- il sortir du lit ? Que fait la maman ?* Photo de droite, **observer** le père assis avec ses enfants sur les genoux. *La scène se passe-t-elle avant ou après la toilette ?* **S'intéresser** au visage souriant de chacun des parents empreint de tendresse. **Noter** que l'un des enfants semble particulièrement joyeux. **S'interroger :** *Que vont faire ensuite la maman et le bébé ? Le papa et ses trois enfants ?*
- **Décrire** les deux personnages qui jouent de la musique et semblent bien s'accorder. *S'agit-il d'un grand-père et sa petite fille ? La dame sur la photo à gauche de cette image est-elle en train de les écouter ? Elle est seule et cela la distrait peut-être. Observer la dame dans sa cuisine avec le chien et le chat. Elle est seule aussi, mais elle a des animaux de compagnie. Elle caresse le chat, mais peut-être vient-elle de le gronder parce qu'il était monté sur la table ?*

Autres observations

- **En bas à droite, lire** le mot *concierge* qui n'est plus usité et le **remplacer** par le mot *gardienne*. **Observer** qu'elle regarde le photographe tenant bien son rôle de gardienne d'immeuble. **Remarquer** que l'enfant sur la photo de gauche, au 1er étage, le regarde aussi. *Surpris ?* De même que la dame au rez-de-chaussée qui le salue. *Amusée ?*
- **Premier étage, deuxième photo à partir de la gauche,** repérer que la dame porte un sac et que l'homme à ses côtés est en imperméable. *Ces gens-là sont-ils chez eux ?* **Remarquer** les revues sur la table. Cette pièce ressemble plutôt à une salle d'attente.

•••

•••

Imaginer

S'interroger : *Quelle pièce y-a-t-il derrière les fenêtres closes ?*
Qui peut bien habiter là ?

Prolongement éventuel

- **Exploiter** l'album ***Quand il fait nuit*** d'Akiko Miyakoshi (Syros).
- **Faire appréhender** que R. Doisneau montre à la fois le dehors et le dedans de l'immeuble et qu'ainsi on découvre des appartements à chaque étage.
- **Souligner** que chaque photo correspond à un appartement différent.
- **Évoquer** le travail du photographe : choix du sujet, cadrage.

2 | RÉALISATION d'une maquette

Construire une maquette

- Proposer de **réaliser** une maquette de maison dont on pourrait voir l'intérieur. **Étudier** différents documents. **Décider** du nombre d'étages et des pièces visibles.
- **Construire** la maison en assemblant des cartons d'assez grande dimension pour **figurer** chaque pièce.
- **Déterminer** l'emplacement de chaque pièce et où l'on doit **placer** les portes et les fenêtres. Portes à base de formes rectangulaires et fenêtres à base de formes carrées (à finaliser par les élèves), à **coller** ensuite aux endroits indiqués. **Ne pas oublier** la porte d'entrée de la maison.
- **Recouvrir** les côtés et le fond pour **maintenir** l'ensemble. **Plastifier** si possible. Travail de l'adulte.

Créer le papier peint

- **Faire** des recherches décoratives. **Décider** d'une couleur pour chaque locataire. **Découvrir** des suites organisées ou en **inventer** et **respecter** la régularité des alternances. Recherches individuelles.
- **Coller** les réalisations pour **consolider** l'ensemble, on peut **recouvrir** les parois d'un film transparent.

Fabriquer le mobilier

- **Établir** la liste des meubles de chaque pièce en découpant des éléments dans les catalogues. Éléments auxquels les élèves pourront **se référer** ensuite pour **fabriquer** le mobilier.
- **Utiliser** ensuite toutes sortes d'objets de récupération. **Exemple : une bouteille coupée en deux peut faire un lit. Laisser** les élèves **s'exprimer** librement. Par groupes, **réaliser** le mobilier de chaque pièce.

Installer

- Chaque groupe recherche successivement où **installer** les éléments fabriqués (qu'il peut être nécessaire de consolider auparavant). **Faire justifier** les propositions. **Veiller** à un bon emploi des marqueurs spatiaux.
- Dans chaque pièce, **disposer** une, deux ou trois figurines selon les pièces. *Qui sont les locataires ? Que font-ils ? Que s'apprêtent-ils à faire ?* Amorce d'un scénario.

Photographier

- **Photographier** la maison de face mais avec un léger décalage permettant d'**apercevoir**, par exemple, le côté droit de la maison.
- **Comparer** la réalisation à l'œuvre de R. Doisneau.

Fiche séquence 13 : Construction d'une maison de poupées

Cette fiche propose des **activités de construction** en lien avec le coin poupées. La construction d'une maison de poupées se déroule en étapes successives et s'adresse en priorité aux **GS**, mais aussi aux **MS**, lorsque les capacités de préhension des élèves leur permettent de manipuler des petites pièces.
Il s'agit d'une activité d'assez longue haleine. Prévoir environ 2 à 4 semaines.

MS / GS

Domaines d'apprentissages

- Mobiliser le langage dans toutes ses dimensions.
- Construire les premiers outils pour structurer sa pensée.
- Explorer le monde : se repérer dans le temps et dans l'espace ; utiliser, fabriquer, manipuler des objets.

Compétences travaillées

- Décrire des documents en employant un vocabulaire précis.
- Décrire et ordonner les étapes d'une construction à partir d'une notice de fabrication.
- Utiliser des marqueurs spatiaux et temporels adaptés (*sur/sous – à côté de/loin de* – etc.).
- Expliquer les procédures.
- Utiliser le nombre pour exprimer l'ordre dans lequel les pièces doivent êtres assemblées.
- Quantifier le nombre de pièces nécessaires à chaque étape de la construction.

Lexique

- **Structure de la maison :** *patio – rez-de-chaussée – premier étage – cloison – façade – etc.*
- **Pièces :** *entrée – cuisine – salon – chambre – salle de bains.*
- **Objets :** *lavabo – four – évier – etc.*
- *construction – notice de fabrication – fiche de montage.*
- *construire – fabriquer – disposer – classer – emboiter – assembler – etc.*

Matériel utilisé

- Documents montrant les différentes pièces de la maison.
- Une maison en Lego niveau junior 4-7 ans en pièces détachées.
- La notice de bricolage reproduite agrandie par l'enseignant à la photocopieuse.
- Des barquettes pour sélectionner les pièces.
- Un appareil photo numérique pour conserver trace des étapes de fabrication par les élèves.

Organisation

1 groupe-classe au départ et petits groupes pour chacune des 5 étapes de fabrication.

Déroulement

PRÉLIMINAIRES

- **Introduire** le projet de construire une maison de poupées et **préciser** dans quel but.
- **Observer** des documents représentant différentes pièces d'une maison. **Nommer** ces pièces. Les **décrire**.
- **Ranger** ces documents dans un classeur à disposition dans le coin *bibliothèque* de la classe (avec le nom de chaque pièce figurant sur chacun des documents).
- **Observer** et **décrire** la première page de la notice (illustration ci-avant) : *maison et ses dépendances* (cuisine d'été, piscine, niche du chien et vélo).s

1 | CONSTRUIRE la maison

1 | Étudier la notice de fabrication

En groupe-classe.

- **Étudier** les images agrandies de la notice et **formuler** des observations. **Remarquer** qu'il y a plusieurs étapes de fabrication correspondant aux sacs numérotés à l'intérieur de la boite.
- **Expliquer** que le contenu de chacun des 4 sacs est à assembler en respectant l'ordre chronologique de la fabrication : *J'ouvre un sac après l'autre. Une fois un sac ouvert, j'utilise toutes les pièces s'y trouvant pour réaliser ma construction. Une fois celle-ci terminée, je passe au sac suivant.*

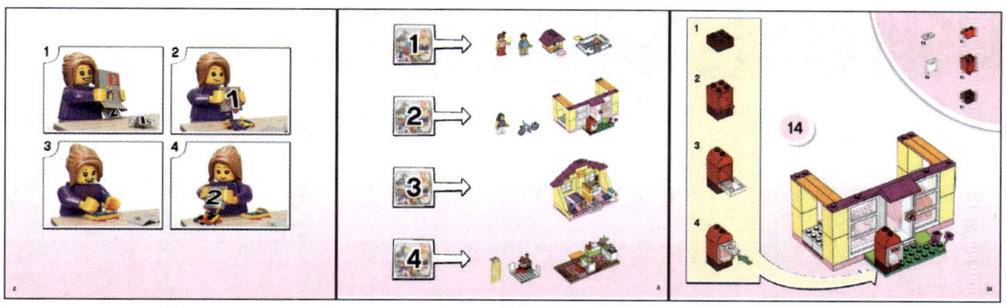

1 2 3

- **Le sac n°1** pour le papa, la fille, le chien, la niche et la piscine. **Le sac n°2** pour la maman, le vélo et le rez-de-chaussée. **Le sac n°3** pour le 1er étage. **Le sac n°4** pour la terrasse et le barbecue.
- Un exemple de fiche de montage : **la boite aux lettres.** *Comment la monter ? Où la placer ?*
- **Remarquer** que sur chacune des pages, il y a, sous forme d'images, la liste des pièces nécessaires à la construction, l'ordre dans lequel elles doivent être emboitées et l'endroit où la construction intermédiaire ainsi réalisée doit être placée (Voir **illustration 3** ci-dessus).

2 | Étapes de la construction

Suivre l'ordre chronologique proposé par la notice. Prendre une photo à chaque étape. Un groupe d'élèves par étape.

- **S'assurer** que les pièces sélectionnées correspondent bien à celles nécessaires à la construction (certaines pièces sont similaires). **Prêter une attention** particulière au nombre de pièces. Les **compter** et les **classer**.
- Après une phase de tâtonnement, **comprendre** qu'il faut privilégier cette stratégie à celle consistant à prendre les pièces nécessaires à la construction au fur et à mesure. [1]

•••

•••

- À la fin de chacune des étapes, **faire un bilan** avec le groupe : **observer** la réalisation, **décrire** et **expliquer** les erreurs de construction *(exemples : notice non utilisée ou non respectée ; confusion dans le choix des pièces ; problème de repérage dans le temps et dans l'espace : pièces mal placées, etc.)*. [2]
- **Rectifier** les erreurs de construction et **comprendre** l'importance du placement des pièces en fonction du comptage des « **plots** » (points de repère) et d'un emboitement impeccable (des pièces mal clipsées fragilisent l'ensemble).
- **Comparer** la réalisation obtenue avec le modèle. [3]

3 | Les autre étapes de la construction

Même démarche / Groupes d'élèves différents.

Pour finir cette construction

- **Assembler** les différentes parties de la maison.
- **Disposer** les 4 morceaux de la maison en fonction des indications données dans la notice de montage.
- **Comparer** le résultat obtenu avec l'illustration de la première page. **Évaluer** sa réussite/son échec.

Prolongement

Remettre dans l'ordre les photos prises lors des différentes étapes de montage.

2 | CONSTRUIRE les premiers personnages

Déroulement

- **Fabriquer** les premiers personnages : une famille (mère, père, un garçon, une fille, un chien). Plus trois à quatre personnages également à disposition des élèves pour les premiers jeux libres mais non identifiés.
- **Photographier** les membres de la famille.
- **Donner** un nom à cette famille (comme dans le jeu des sept familles). *Monsieur … ; Madame …* et pour les enfants et le chien les **doter** chacun d'un prénom.
- **Disposer** les personnages sur une frise ou sur un arbre généalogique.

La maison et ses dépendances, une fois construites.

Prolongement éventuel

Premiers jeux libres avec ce matériel construit par les élèves.

Fiche séquence 14 : Dans le bus

Cette fiche s'adresse à **tous les niveaux (PS à GS)** dans un esprit de progressivité. Elle propose des **jeux structurés** à partir de l'album *Dans mon bus* (voir présentation de l'ouvrage p. 111). Son exploitation contribue à susciter l'intérêt avant les jeux structurés et permet une meilleure anticipation de leur déroulement. Toutefois, les activités peuvent être menées sans se référer à l'album.

PS / MS / GS

Domaines d'apprentissages

- Mobiliser le langage dans toutes ses dimensions.
- Explorer le monde : se repérer dans le temps et dans l'espace.

Compétences travaillées

- Évoquer des actions à venir, présentes ou passées.
- Énumérer et dénombrer.
- Employer des marqueurs de temps et d'espaces et varier le temps des verbes.
- Décoder sur une frise les trajets du bus à l'aller, puis au retour **(MS-GS)**.
- Utiliser le nombre pour exprimer la position sur un rang.
- Ranger des photos en fonction du nombre de voyageurs présents dans le bus à un moment donné.
- Dénombrer et comparer des quantités **(MS-GS)**.

Lexique

- *conducteur – passager – voyageur – siège – voyage – trajet – parcours – direction – départ/arrivée – arrêt – station – panneau – signal sonore – ticket.*
- *conduire – s'arrêter – repartir – continuer – se diriger vers – repartir – revenir – etc.*

Adapter les propositions au niveau concerné.

Matériel utilisé

- Album : ***Dans mon bus,*** de Naokata mase (Seuil Jeunesse).
- Objets pouvant correspondre au règlement de la course en **PS** (au choix de l'enseignant).
- Tickets de bus **(MS-GS)**.
- Noms des stations indiqués par des images et des noms **(MS-GS)**.
- Panneaux indiquant les stations où s'arrête le bus **(MS-GS)**.

Déroulement

1 | JEU STRUCTURÉ (PS)

En salle de jeu. Activités à exercer en période 5 de l'année. Nombre de stations où montent les voyageurs : 3. Nombre de voyageurs arrivant au terminus : 3.

Phase de jeu

Scénario : ***On va faire comme si on voyageait dans le bus de Takumi.***

Rappel : Takumi, était le conducteur, les passagers réglaient leur voyage en glands ou pommes de pin. Le bus s'est arrêté trois fois.

Si l'album n'a pas été exploité :

scénario : ***On va faire comme si on voyageait dans le bus.***

- **Désignation** d'un conducteur et de 3 voyageurs.
- **Introduction** d'un signal sonore pour **indiquer** que le bus s'arrête et un autre signal sonore pour **marquer** l'arrêt au terminus (« **Tout le monde descend !** »). L'action est commentée au fur à mesure de son déroulement.
- **Dénombrement** jusqu'au nombre 3. À **retrouver** sur une constellation.
- **Récapituler :** *Maintenant il y a un voyageur dans le bus*. Étape suivante : *Maintenant ils sont deux voyageurs dans le bus.* Dernière étape : *Maintenant ils sont trois voyageurs dans le bus.*
- **Photographier.**
- **Rejouer** et, à chaque voyage, **photographier** les voyageurs et le conducteur dans le « **bus** ».
- En classe, ensuite, sur des frises (une frise par voyage), **remettre** en ordre les 3 photos et **commenter.**

2 | JEUX STRUCTURÉS (MS-GS)

Nombre de stations où montent les voyageurs : 5 stations en MS, 7 stations en GS.
Nombre de voyageurs arrivant au terminus : 5 voyageurs en MS, 7 voyageurs en GS.

1 | En classe (groupes)

- **Annoncer** le projet : en salle de jeux, avec des chaises, **représenter** l'intérieur d'un bus (ou d'un car) pour **jouer** ensuite au jeu du bus.
  MS : Montrer la photo d'une installation réalisée par l'enseignant avec des chaises. **Repérer** le siège du conducteur et la direction prise par ce bus en prenant des repères dans la salle de jeu où a été installé le bus ;
  GS : Se limiter à une description verbale.
- **Préciser** ensuite que le bus s'arrêtera à plusieurs stations et qu'à chaque station un passager montera dans le bus. **Attribuer,** par exemple, un nom de fleurs à chaque station.
- **Introduire** deux signaux sonores comme en PS ou en **faire rechercher** aux élèves, un pour **marquer** l'arrêt du bus, l'autre pour **marquer** l'arrivée au terminus où tout le monde descend.
- Selon la section, **déterminer** le nombre de stations et **prévoir** un panneau par station. Une fleur, par exemple, sur chaque panneau et nom correspondant.
- **Introduire** une frise où figurent les panneaux dans l'ordre chronologique du trajet. Sur chaque panneau, **écrire** le nombre indiquant la position de la station sur le trajet.
- **Fabrication** de tickets. Un chiffre sur chaque billet correspondant au nombre indiqué sur le panneau figurant sur la frise. **Préciser** que ce nombre indique à chaque voyageur à quelle station il doit monter.

2 | En salle de jeu

Préliminaires

- **Installation** des chaises par des élèves, en autonomie ou guidés par l'enseignant (selon le niveau). Les autres élèves commentent (voire conseillent). **Ne pas oublier** le siège du conducteur ;
- **Désignation** du conducteur du bus. **Distribution** des tickets (un ticket par élève), nombre d'élèves selon le niveau de la classe.

Phases de jeu

Matériel
Frise chronologique affichée ; un panneau par élève désigné par l'enseignant.

Deux scénarios :

Scénario 1 : *Le conducteur monte dans le bus et démarre. Signal sonore donné par un élève : le bus s'arrête. En se référant à la frise, l'élève, qui porte le panneau de la première station le montre et l'élève dont le ticket porte le chiffre 1 monte dans le bus.*

Commentaire : *Il y a un voyageur dans le bus maintenant.*
- Même démarche tout le long du parcours jusqu'au terminus.
- Un élève différent pour chaque signal sonore et un panneau pour chaque station.
- À chaque étape, récapitulation : ***Il y a... voyageurs dans le bus maintenant.***
- Photo prise à chaque étape dans le « **bus** ».
- De retour en classe : Groupe composé de chaque élève voyageur, du conducteur et des élèves chargés de la sonorisation et des panneaux. **Évocation** du voyage en bus.

Scénario 2 : *Le bus est toujours en place dans la salle, mais il doit revenir à son point de départ. Où placer le siège du conducteur ? Comment disposer les chaises des voyageurs ? Installation. Commentaire : Il y a un voyageur dans le bus maintenant.*
- Même démarche tout le long du parcours jusqu'au terminus.
- Un élève différent pour chaque signal sonore et un panneau pour chaque station.
- À chaque étape, récapitulation : ***Il y a... voyageurs dans le bus maintenant.***
- Photo prise à chaque étape dans le « **bus** ».
- De retour en classe : Même démarche, **réaliser** frise du voyage de retour au point de départ du bus (séance précédente).

Le bus assurera l'aller et le retour au cours de la même séance.
Deux groupes d'élèves : un pour l'aller et l'autre pour le retour. Chaque groupe constitué de la façon suivante :
 – un conducteur
 – passagers (en fonction du nombre de stations et élèves chargés de la sonorisation).
Différence : **les élèves portant les panneaux ont disparu. Les élèves voyageurs doivent retrouver à quel moment il leur faut monter dans le bus. Si problème : intervention des spectateurs.**

3 | En classe

- Dans chaque groupe, les élèves doivent **remettre** en ordre chronologique les photos en tenant compte du nombre de voyageurs à chaque étape du voyage (structure accumulative).
- **Mettre** à disposition de chaque groupe, ensuite, une frise correspondant au trajet (aller ou retour). Les élèves collent (gomme fixe) au-dessous des panneaux les photos dans l'ordre où elles ont été classées.
- **Affichage** les travaux et commentaires.

Fiche séquence 15 : Jouer dans la maison de poupées

Après avoir construit la maison de poupées (voir **Fiche séquence 13**), les élèves sont invités à jouer librement dans cet espace de jeu miniaturisé. Dans un second temps, ils participent à des **jeux structurés** dont trois exemples sont proposés dans cette fiche séquence.

Remarque : toute autre maison de poupées fabriquée par des élèves, dont celle réalisée fiche séquence 12 (voire une maison acquise dans le commerce), pourra convenir à la mise en oeuvre des jeux structurés proposés dans cette fiche. Il suffira d'adapter les propositions au matériel concerné.

MS / GS

Domaines d'apprentissages

- Mobiliser le langage dans toutes ses dimensions.
- Explorer le monde : se repérer dans le temps et dans l'espace.

Compétences travaillées

- Comprendre et s'approprier un scénario.
- En cours de jeu commenter les actions.
- Après le jeu, raconter ce qui s'est passé.
- S'exprimer dans une langue syntaxiquement structurée et en réinvestissant du vocabulaire.
- Utiliser des marqueurs temporels et spatiaux.
- Varier les temps des verbes.
- Dicter des dialogues à l'adulte. **(GS)**
- Dicter une lettre pour raconter un évènement. **(GS)**

Lexique

- Lexique de la poupée malade (voir p. 143).
- Lexique des bâtiments et véhicules (voir p. 192).

Matériel utilisé

- Une maison en Lego niveau junior 4-7 ans (**Fiche séquence 13**).
- À défaut, maquette de la maison réalisée **Fiche séquence 12** et galerie de personnages du commerce.
- Figurines représentant une famille (père, mère, fille, garçon, animal). (Voir **Fiche séquence 13**).
- Figurines Lego « **de la communauté** », le parc de loisirs et des véhicules ou autres figurines du commerce.
- Un tapis de jeu où disposer la maison et autres éléments au gré de la programmation des activités.
- Éléments de construction de type planchettes en bois, éléments de la « **matériauthèque** ».

Déroulement

1 | JEU STRUCTURÉ : *L'enfant malade*

Prise de connaissance du scénario

Deux possibilités :

1/ Le jeu de la poupée malade a donné lieu à la production d'un texte narratif au cours d'une séance antérieure (voir **Fiche séquence 3**). Dans ce cas, **relire** ce texte après avoir introduit le scénario. Ce texte ayant pu être dicté à l'enseignant par d'autres élèves que ceux qui participent à la présente séance.

2/ Aucun texte narratif de ce genre n'existe.
Dans les deux cas, **répertorier** les figurines nécessaires au déroulement du jeu. **Se demander** si tous les membres de la famille seront présents durant le jeu. **Choisir** parmi les deux enfants de la famille lequel sera l'enfant malade. Parmi d'autres figurines, choisir celle qui pourra faire office de docteur. **Photographier** les figurines utiles au jeu pour en garder trace.

Jeu structuré

- Des élèves manipulent les figurines et sont invités à les **faire parler**, d'autres élèves observent. La scène peut débuter après le départ des personnages invités à quitter les lieux ou avant leur départ.
- Si aucun texte n'a été relu au départ (seconde possibilité offerte), **évoquer** brièvement la scène à venir avant la mise en jeu. En **dégager** succinctement les différentes étapes.

Pauses possibles :
L'enseignant intervient pour **poser** une question, **solliciter** la réflexion après avoir relevé une incohérence, **donner** la parole à un élève spectateur.

Pause réflexive :
Le jeu s'est-il déroulé comme prévu ? Chaque personnage a-t-il bien tenu son rôle (manipulation) *? Les élèves ont-ils fait parler les personnages ? Qu'auraient-ils pu dire* (à chaque étape du jeu) *?*

Séance suivante (GS) :
Structuration. **Élaborer** des dialogues entre les personnages. Les **dicter** à l'adulte.

Mise en récit à l'oral

Raconter l'histoire depuis le début du jeu. **Reformuler** si nécessaire.

Remarque : on peut imaginer qu'une des figurines, présente lors de la visite du docteur, raconte la visite à un autre membre de la famille absent à ce moment-là. Figurines face à face. ***Que pourrait demander le personnage absent ?***

Prolongement possible (GS)

- Au cours d'une autre séance, si aucun texte narratif ne préexiste à ce jeu (voir ci-avant), le projet de **dicter** ce texte à l'adulte peut être établi. **Prendre** en notes alors les grandes étapes du jeu.
- Si un texte narratif préexiste, autre projet : **Illustrer** les différentes étapes du jeu (dessiner). **Élaborer** un dialogue possible entre le docteur et l'enfant ou le docteur et le parent présent. Le **dicter** à l'adulte qui l'inscrit dans une bulle et l'intègre dans le dessin correspondant.

2 | JEUX STRUCTURÉS : Autres scénarios

Nouvelles activités à l'atelier de construction

- **Construire** des bâtiments à proximité de la maison de poupée et les **positionner** : *caserne des pompiers, cabinet du médecin, parc de loisirs.* En Lego ou avec éléments de la « matériauthèque ». Planchettes pour représenter les routes.
- **Introduire** le vocabulaire correspondant :
  - **celui des bâtiments :** ***caserne de pompiers – hôpital – héliport – garagel – école – mairie – commerces (boulanger-pâtissier – coiffeur – etc.).***
  - **celui des véhicules :** ***dépanneuse – grue – ambulance – etc.***

Proposition d'autres scénarios

- **Complexifier** les scénarios en multipliant les échanges entre divers personnages.
- **Faire évoluer** les personnages de la famille de départ en interaction avec d'autres figurines ***(exemple : « La communauté » Lego).***

Exemple 1 :
La famille déménage et une autre famille la remplace.

- **Jouer** le départ de la 1ère famille.
- **Introduire** la nouvelle famille. Un chien peut remplacer le chat.
- **Procéder** comme pour la première (trouver un nom de famille aux parents et un prénom à chaque enfant et au chien). (Voir **Fiche séquence 13**)

Exemple 2 (péripéties) :
– La machine à laver est en panne, il faut appeler le réparateur.
– Au moment de démarrer la voiture garée devant la maison, une roue de la voiture a crevé. Que doit-on faire ?
Élargir le jeu en incluant d'autres éléments. Par exemple une dépanneuse, un garage, etc.

Exemple 3 (péripéties) :
Le feu prend dans la maison voisine (réalisée à l'atelier de construction avec éléments de la « matériauthèque »). Camion de pompiers. Appel et arrivée des pompiers, etc.

3 | JEUX STRUCTURÉS : *Chacun cherche son chien*

Lieu : Un parc de loisirs (en Lego ou réalisé avec éléments de la « matériauthèque »).

Préliminaires

- Recueil des représentations et des connaissances que les élèves peuvent avoir de ce lieu.
- Recherche documentaire sur les parcs de loisirs.

Jeux de construction

Réalisation de la maquette de ce parc à proximité de la maison de poupées pour **enrichir** l'environnement de celle-ci et **varier** les jeux possibles dans cet espace miniaturisé.

•••

•••

Activité langagière

- Le parc de loisirs une fois aménagé à l'atelier de construction et la dernière main mise à sa réalisation, **disposer** sur cet espace quelques figurines faisant office de figurants.
- **Énumérer** les éléments en présence (bancs, baraque où se restaurer, etc.).
- **Décrire** le lieu en s'attachant aux divers éléments représentés et en précisant bien les positions des figurines dans cet espace miniaturisé.
- **Aménager** des chemins avec des planchettes pour **relier** le parc à la maison poupées et les autres bâtiments à proximité.
- **Ajouter** un parking pour les voitures.

Jeux libres

Pour **permettre** aux élèves de bien **s'approprier** ce nouvel espace de jeu.

Jeu structuré

- **Introduire** le **scénario :**
  Au cours d'une sortie au parc de loisirs, le chien se sauve. Tout le monde part à sa recherche.
- **Décider** quels personnages de la famille iront au parc (3 suffiraient : un adulte, un enfant et le chien) ;
- **Sélectionner** les personnages qui participeront à la recherche du chien (2, 3 voire 4) parmi les figurants précités qui se verront attribuer un rôle.

Mise en récit à l'oral

Même démarche que dans la Situation 1.

Production de texte (GS)

Le scénario peut se révéler propice à une mise en récit à l'écrit.

- **Introduire** alors le projet suivant : *l'enfant présent sur les lieux ce jour-là écrit ensuite une lettre à un ami pour lui raconter l'évènement.*
  Préalable : avoir déjà exploité une lettre en classe.
- **Lister** les différentes étapes du jeu. Utile lors de la rédaction de la lettre.

•••

Fiche séquence 16 : **Un tapis de jeu anglais**

Le tapis de jeu anglais se révèle propice à des **jeux structurés**. Son intérêt tient en partie au fait que les mots sont écrits en anglais. Le premier jeu traite d'un touriste français se déplaçant dans une ville anglaise. Cette situation peut être mise en relation avec l'album *Chez moi*.
Après des activités structurées consistant, pour une part, à remplacer les mots anglais par des mots écrits en français, le jeu structuré suivant met en scène un touriste français visitant une ville française.

GS

Domaines d'apprentissages

- Mobiliser le langage dans toutes ses dimensions.
- Explorer le monde : se repérer dans le temps et dans l'espace.

Compétences travaillées

- Se repérer sur un espace de jeu miniaturisé et le décrire en utilisant des marqueurs spatiaux.
- Comprendre que la communication peut passer par une langue autre que le français.
- Utiliser les marques verbales de la temporalité : marqueurs temporels et temps des verbes.
- Utiliser le nombre pour suivre les étapes d'un déplacement.
- Raconter à la 1ère personne du singulier. Passer du plan vertical au plan horizontal.

Lexique

- Mots anglais figurant sur le tapis et mots français correspondant.
- façade – bâtiment – touriste – piéton – croisement – parcours – trajet – déplacement – rencontre – arrêt– etc.
- demander – questionner – répondre – indiquer – saluer – rencontrer – croiser – s'arrêter – continuer – etc.

Matériel utilisé

- Un tapis de rues (doc.1). Des images de bâtiments, certains désignés par un mot anglais (doc.2). Voir site.
- Des figurines.
- Une frise présentant dans l'ordre les personnages croisés par le touriste (Jeu structuré 1) au cours de sa visite d'une ville anglaise.
  - Photographier 4 figurines choisies parmi celles à disposition dans la classe.
  - Reproduire les bâtiments suivants : usine, école, marché et station service.
  - Sur la frise, disposer chaque figurine à côté du bâtiment correspondant en suivant les indications ci-après.
    Exemple :

Un ouvrier près de l'usine	**Une maman d'élève près de l'école**	**Un policier près du marché**	**Un pompiste près de la station service**

- Bulles contenant les mots anglais : ***good morning – good bye – hello – etc.***
- Deux affiches réalisées par l'enseignant pour introduire le scénario de la Situation 3 :
  - Celle indiquant un itinéraire modèle à suivre sur le tapis de jeu (celui reproduit ci-après),
  - Un second itinéraire que devra suivre le héros du scénario de la Situation 3 (également reproduit ci-après).

PRÉLIMINAIRES

- **Présenter** le tapis de rues : doc 1 (site). Puis le doc 2.
- **Décrire** les façades. **Remarquer** les mots anglais et expliquer leur présence aux élèves.
- **Inviter** ceux-ci à **réaliser** les bâtiments qui devront être placés sur le tapis de rues à l'emplacement indiqué par les nombres. Pour ce faire, **choisir** des boites dans la « matériauthèque » et sur chacune coller l'une des façades photocopiées au préalable par l'enseignant. **Disposer** sur le tapis aux bons emplacements en fonction du nombre indiqué les bâtiments ainsi fabriqués.
- Une fois ces bâtiments disposés sur le tapis, passer au jeu structuré 1.

1 | JEU STRUCTURÉ : *Un touriste français dans une ville anglaise*

- **Introduire** la situation de base du jeu structuré : ***Un touriste croise d'autres touristes au cours de sa visite.***
- **Introduire** la frise chronologique avec les personnages dans l'ordre des rencontres.

Remarque : Lien possible avec l'exploitation de l'album. *Chez moi* de David Cali et Sébastien Mourrain (Actes Sud Junior). Voir Partie 3 p. 117. Ce touriste pouvant être le personnage de cet album.

Mise en scène

- **Faire disposer** sur le tapis de jeu, les personnages figurant sur la frise en se référant à l'image du bâtiment auprès duquel chacun se trouve. (voir page 198)
- L'enseignant place le héros de l'histoire sur le tapis de jeu à un point stratégique d'où il pourra partir pour **effectuer** son trajet : près de l'une des deux maisons éclairées par un reverbère.
Rappel : le touriste devra passer devant chacun des autres personnages au cours de sa visite.
- **Citer** quelques mots anglais pouvant être prononcés par les personnages qu'il croise : *Good morning, good bye, hello, etc.*

Phase de jeu

Un élève manipule le personnage-héros, un autre se référant à la frise lui dicte son trajet, un troisième décrit le personnage rencontré. Un quatrième indique sa position sur le tapis et un cinquième peut dire les mots anglais précités et d'autres. Un sixième élève trace à la craie sur le tapis le trajet effectué.

Phase réflexive

- *Le touriste est-il passé auprès de chaque personnage ?* Pour le savoir, **comparer** le tracé de son trajet à la frise chronologique.
- **Évoquer** son parcours (passé composé). **Demander** si les personnages ont échangé quelques mots en anglais.
- **Mise en récit** à l'oral du périple dans la ville.

Prolongements

1/ **Dessiner** 3 rencontres. À chaque fois **représenter** le touriste avec un personnage différent.
Dans une bulle, **faire figurer** le mot anglais que celui-ci a adressé au passage au touriste.

2/ Si le touriste est bien le héros de ***Chez moi***, à l'issue de cette visite de la ville, **s'interroger** : va-t-il rentrer « chez lui » ? Autre hypothèse possible.

Mise en récit à l'écrit en dictée à l'adulte au cours d'une autre séance.

Acticvités associées

- **Remplacer** les mots anglais par des mots français écrits sur des étiquettes en fixant avec des pastilles adhésives pour **transformer** la ville anglaise en ville française.
- **Constater** que ***HOSPITAL*** et ***HÔPITAL*** sont 2 mots qui se ressemblent beaucoup de même que ***MARKET*** et ***MARCHÉ*** ou ***MUSEUM*** et ***MUSÉE.***

Prolongement

- **Exploiter** la chanson de Henri Dès « **Polyglott** ».

3 | JEU STRUCTURÉ : *Un touriste dans une ville française*

Autre groupe d'élèves.

Préliminaire

- **Observer** l'affiche suivante (au tableau) avec les bâtiments figurant sur le tapis de jeu.
- **Repérer** le numérotage et **expliquer** que devant chaque bâtiment le touriste croisera un piéton.
- **Repérer** sur le tapis chacun des bâtiments figurant sur l'affiche (passage du plan vertical au plan horizontal).

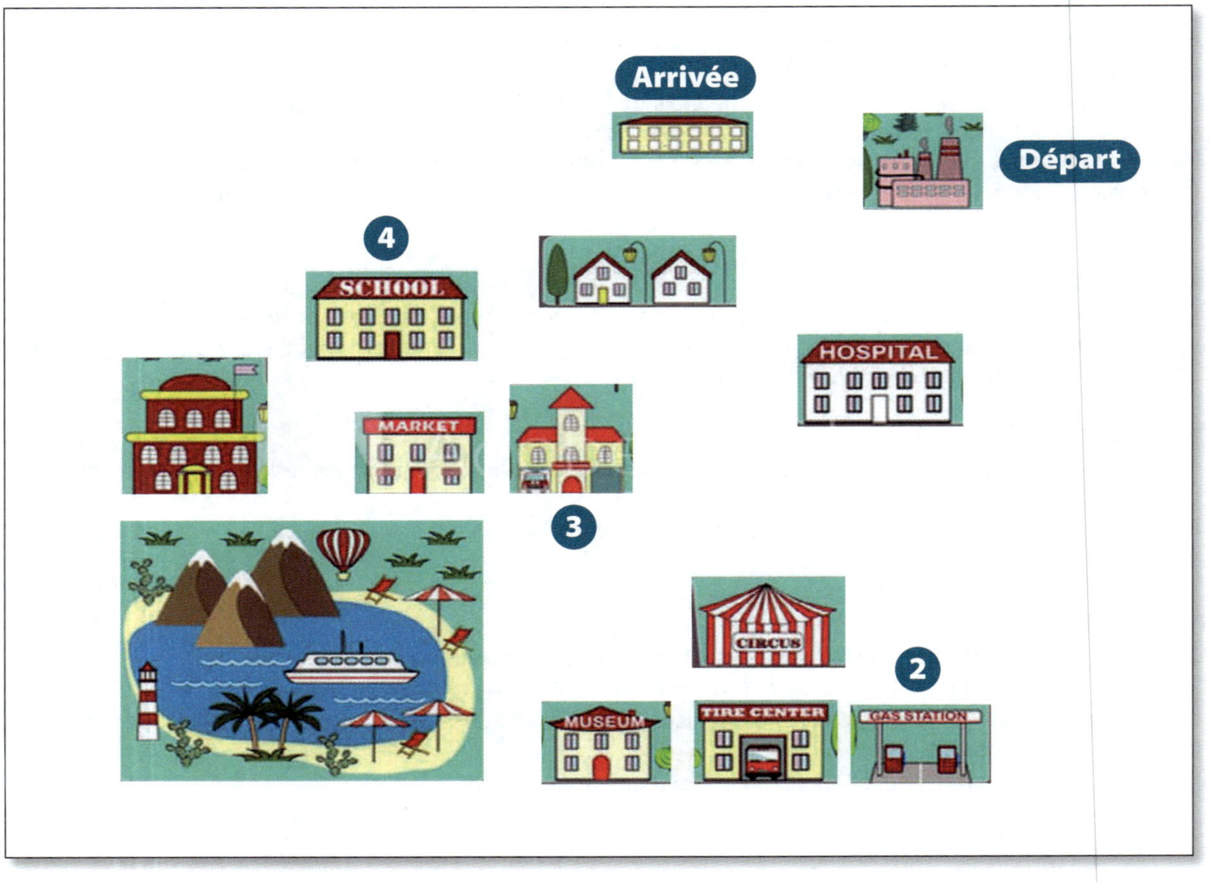

•••

Introduire le scénario

- **Indiquer** qu'il s'agit de l'itinéraire d'un touriste français à travers une ville de France qu'il a décidé de visiter. Au cours de sa visite, il discutera avec les piétons qu'il rencontrera.
- **Rappeler** la fonction des nombres : **identifier** l'ordre des arrêts que va faire le touriste pour parler avec les piétons qu'il croise quand il est perdu. **Les énumérer en suivant les flèches, le sens du parcours.**
- **Disposer des personnages** à côté de chaque emplacement numéroté.
- **Repérer,** sur le tapis de jeu, le trajet qu'il pourra emprunter en le suivant du doigt. **Commenter** (emploi des verbes au **futur**).
- **Distribuer** les rôles : le touriste et le personnage interrogé.

Remise en jeu

- **Introduire** un autre parcours (au choix de l'enseignant) pour réinvestissement de la démarche.
- Les autres élèves observent et ne disent rien. Sur le tapis de jeu, **faire tracer** le trajet du touriste par un élève observateur.

Phase réflexive

- **Validation** ou non du trajet effectué.
- **Questionnement :** *Le touriste et le personnage rencontré (désigné par l'enseignant) : Se sont-ils parlé ? Qu'ont-ils dit ? Qu'auraient-ils pu se dire ?*
- **Reformuler** au besoin, puis **écrire** un dialogue dans deux bulles.
- **Dessiner** les deux personnages et coller les bulles sur le dessin. Dialogue au **présent**.

Mise en récit à l'oral

- **Raconter** la visite (**passé composé**) en se reportant au tapis reproduit à la 1ère personne du singulier (le touriste racontant sa promenade).

Annexes

Exemple d'évolution possible du coin « garage » sur le cycle maternelle

2/3 ans	3/4 ans	5/6 ans
• Ils ont besoin d'espace, et de jouets faciles à saisir. • Ils sont engagés dans des jeux moteurs et fonctionnels. • Ils déplacent, font rouler, percutent, bruitent leur jeu et jouent plutôt seuls. • Le matériel mis à leur disposition évolue et s'enrichit sur l'année. • Les objets sont introduits et nommés par l'enseignant.	• Les élèves agissent sur leur cadre de jeu. • Ils mettent en relation des scénarios avec des éléments de l'environnement, par exemple respecter un sens de circulation. • Ils imitent et enrichissent leurs jeux en s'observant.	• Les élèves sont capables de jouer des rôles sociaux différents au sein d'un petit groupe. • Ils construisent des scénarios qu'ils peuvent représenter ensuite en les dessinant.
Les compétences langagières		
• **Répondre** aux sollicitations par une action, une phrase courte, accepter l'échange. • **Prendre** l'initiative d'un échange même non verbal pour se faire comprendre. • **Comprendre** une consigne simple, personnalisée, en situation. • **Répondre** à l'invitation de l'enseignant.	• **Comprendre** le vocabulaire spécifique lié à la situation. • **Dire** ce qu'il fait, a fait, va/veut faire : passer du prénom + verbe à : pronom *(je)* + verbe. • **Comprendre** et exécuter une consigne. • **Écouter** les autres et réagir à propos.	• **Entretenir** une conversation en restant dans le sujet de départ. • Comprendre une consigne complexe, personnalisée (2 tâches successives). • Utiliser un vocabulaire adapté en production. • Manier de manière adaptée « je » et « tu ». • **Expliquer** ce qu'il fait, comment et pourquoi avec des phrases construites. • **Participer** à un échange en tenant compte des propos des autres. • **Défendre** un point de vue et écouter celui des autres. • **Comprendre** une consigne simple adressée au groupe. • **Expliquer** ce qu'il fait, comment et pourquoi.
Le matériel		
• Grand choix de véhicules de toutes tailles, aisés à saisir à la main, à faire voler, naviguer, rouler… • Dessins de pistes, de circuits variés, d'un port, d'un aéroport. • Des bâtiments et des garages simples, des parkings de différentes couleurs… • Introduire progressivement les éléments pour enrichir le coin.	• Installer différents espaces pour les véhicules : circuit routier, garage, aéroport, port. • Apporter progressivement des éléments à agencer, à organiser, à relier (ponts, tunnels, croisements de routes, bâtiments...). • Un garage à étages introduit des manipulations plus fines. • Des places de parking de différentes longueurs et largeurs pour ranger des véhicules de différents formats…	• L'environnement des véhicules est enrichi par des maisons, des personnages. • Des circuits plus complexes feront références au code de la route (panneaux, tracés...). • Manipulation d'objets : Véhicules, personnages plus petits. Des places numérotées peuvent être codées (A1 - B10). • Aborder la notion de sécurité routière, d'accidents… • Introduire des rôles comme pompier, ambulancier, motard, chauffeur de taxi, chauffeur de car…

Exemple de l'installation d'un « coin de jeux » dans une démarche de projet

Le projet est présenté aux élèves : il s'agit d'installer un coin « garage » pour jouer avec des véhicules. En **GS**, le coin pourra évoluer vers un **coin « véhicules »** qui volent, qui naviguent…

Domaines d'apprentissage :
- **Le langage** dans toutes ses dimensions ;
- **Explorer le monde :** se repérer dans l'espace, représenter l'espace, découvrir des milieux ;
- **Les premiers outils pour structurer sa pensée :** formes, grandeurs, couleurs…

Les objectifs

- **Développer** les capacités motrices et sensori-motrices, la précision du geste, les repères pour se déplacer dans l'espace, sur un plan ;
- **Développer** les fonctions langagières : nommer, décrire, imaginer des histoires, raconter ;
- **Structurer** la représentation de l'espace, utiliser des marqueurs spatiaux : dessus, dessous, devant, derrière, entre ;
- **Réaliser** des constructions ;
- **Développer** l'imaginaire ;
- **Développer** la communication verbale, enrichir le vocabulaire et la syntaxe ;
- En **GS**, **initiation** au code de la route.

La démarche

De grandes images, des albums sur le thème sont autant d'occasions de découvrir en groupe l'univers des véhicules et des engins. Le langage est travaillé par l'observation de photographies, d'encyclopédies visuelles (description), mais aussi par la lecture d'albums jeunesse (narration). La réalisation d'un imagier permet de structurer le lexique. Les scénarios élaborés en jeu libre soutiennent les jeux d'imitation, de faire semblant, la création de scènes et la narration d'histoires. Le jeu structuré introduit par l'enseignant des thématiques comme les engins de chantiers, les véhicules de secours, les engins volants à travers le temps…

Le projet d'installation est engagé en utilisant les jouets de la classe (inventaire du matériel), ceux que les enfants peuvent apporter. Ils participent à la construction des décors : *ville, port, aéroport…*

Exemples d'engins :
- **Roulants :** *voiture, camion, moto, bicyclette, etc., mais aussi l'ambulance, le taxi, la voiture de pompier, les engins de chantier…*
- **Volants :** *avion, hélicoptère, drône… fusée, ballon, zeppelin…*
- **Navigants :** *péniche, bateau, paquebot, voilier… planche à voile, vedette rapide, aéroglisseur…*

Exemples de bâtiments :
- *Une gare, un garage, des ponts, des voies de circulation... des personnages* (policier, ambulancier, pilote…), *des supports écrits* (étiquettes, affiches, panneaux…).

Entrée dans le projet

1/ Observation et description d'images
Grandes images à parler (Nathan) photos d'environnements et de véhicules, ville, aéroport, gare, port…

2/ Sortie dans le quartier
Une sortie dans le quartier, préparée sur plan, pour observer et photographier les véhicules, les panneaux, pour visiter une caserne de pompier, un garage, etc.

L'enseignant amène les élèves à :
- **Observer** le milieu, l'environnement, les objets, les personnes, **décrire, nommer, localiser, etc.** ;
- **Compléter** avec des lectures d'images, des photos de garages, de trafics de véhicules, de chantier, etc. ;
- **Concevoir** l'organisation d'un espace dans la classe en fonction de critères repérés.

Le **coin « garage »** est utilisé en accès libre (au moment de l'accueil) en jeu autonome, et dans le cadre de jeux structurés par l'enseignant. En accès libre et autonome, les élèves s'inscrivent dans le tableau, en posant leur étiquette-prénom. L'enseignant laisse se constituer les groupes par affinités. Un signe distinctif est porté par ceux qui le fréquentent (badge ou accessoire). Le temps de séance est clairement ponctué par un signal de début et un signal de fin (sablier, timer…). Cette règle indique clairement le passage du monde réel au monde fictif, puis le retour à la réalité, ou le passage entre des moments où l'initiative de l'activité revient à l'enfant et ceux où il respecte des consignes énoncées par l'enseignant.

Exemple de grille d'observation avec indicateurs pour qualifier les acquis

L'oral	Niveau 1	Niveau 2	Niveau 3	Niveau 4
Oser entrer en communication	**S'exprime** par des moyens non verbaux.	**S'engage** dans des prises de paroles.	**S'engage** dans des prises de paroles plus longues.	**S'engage** dans des prises de paroles plus longues et de plus en plus adaptées aux situations.
Attendus : **Communique avec les autres enfants, et les adultes par le langage, en se faisant comprendre.**	**Reprend** des formulations ou des fragments de propos qui lui sont adressés.	**Produit** des énoncés simples.	**Produit** des énoncés plus complets.	**Produit** des énoncés plus complets, en articulant les enchaînements.
S'exprime dans un langage syntaxiquement correct et précis.		**Accroit** son vocabulaire.	**Accroit** son vocabulaire et **produit** des phrases de plus en plus complexes.	**Accroit** son vocabulaire et **produit** des phrases de plus en plus complexes et articulées entre elles (avec des connecteurs).
Reformule pour se faire mieux comprendre		**Exprime** un besoin de la vie courante.	• **Annonce** une nouvelle. • **Commence à poser** de vraies questions.	**Pose** des questions.
			• **Explique** et **réexplique** pour que son interlocuteur le comprenne. • **Prend** sa place dans un échange.	• **Explique** et **réexplique** pour que son interlocuteur le comprenne. • **Commence** à exprimer un avis.
				Saisit les plaisanteries.

Tableau récapitulatif : types de jeux/compétences exercées/ attendus du programme

	Jeux d'imitation	Jeux de faire semblant	Jeux scénarisés
Compétences exercées	• **Imiter** un modèle présent : reproduire des gestes et des comportements. • **Imiter** un modèle absent « imitation différée ». • **Manipuler** des objets et leur donner une fonction dans le jeu. • **Détourner** les objets de leur fonction réelle. • **Imaginer** des situations fictives. • **Respecter** les règles d'espace et de temps.	• **Conserver** son rôle en mémoire. • **S'ajuster** et **s'adapter** selon les autres rôles. • **Enrichir** son rôle en fonction de celui des autres • **Inhiber** son rôle selon l'évolution du jeu. • **Imaginer** des scénarios. • **Se déguiser**. • **Exploiter** des objets et leur **donner** une fonction dans le jeu. • **Utiliser** la marionnette, lui **prêter** sa voix. • **Respecter** les règles d'espace et de temps.	• **Manifester** la connaissance de rôles attribués à des objets et des personnages. • **Concevoir** et **mettre** en place des scénarios. • **Respecter** des étapes narratives. • **Mettre en scène** des personnages. • **Se mettre en scène** en respectant un personnage. • **Réagir** selon le jeu des autres et **imaginer** des suites, une fin. • **Pouvoir changer** de rôle. • **Intégrer** des règles et des codes dans le jeu. • **Faire jouer** une histoire à des marionnettes. • **Respecter** des règles d'espace et de temps.
Langage et compétences transversales	• **Monologuer** en jouant. • **Oser prendre** la parole. • **Reprendre** en écho des paroles entendues. • **Interagir** avec d'autres dans le jeu, en s'exprimant par gestes et paroles.	• **Entrer** dans le dialogue. • **Tenir** les échanges en les enrichissant. • **Se situer** dans le temps et dans l'espace du jeu. • **Formuler** un point de vue. • **Savoir exprimer** ses émotions.	• **S'exprimer** de manière claire et compréhensible. • **Utiliser** les marqueurs de spatialité, de temporalité. • **S'adapter** aux interactions imprévues du scénario. • **Formuler** et **défendre** un point de vue. • **Exprimer** diverses émotions. • **Coopérer**, **collaborer**.
Attendus du programme	• **Communiquer** avec d'autres. • **Construire** une séquence d'actions. • **Exercer** des rôles. • **Reproduire** des gestes et des actions. • **Adapter** sa gestualité aux objets. • **Inventer** une gestualité et un langage imaginaire. • **Situer** des objets par rapport à soi.	• **S'exprimer**, **communiquer** avec d'autres. • **Évoluer** avec aisance. • **Coordonner** ses gestes avec ceux des autres. • **Mettre en scène** une séquence d'actions. • **Se situer** par rapport aux objets, aux autres. • **Situer** des évènements les uns par rapport aux autres. • **Jouer** avec son corps, sa voix.	• **Communiquer** avec les autres en se faisant comprendre. • **Coordonner** ses actions avec les autres. • **Reformuler** pour se faire mieux comprendre. • **Dire** de mémoire un rôle appris. • **Situer** des évènements les uns par rapport aux autres. • **Imaginer** des histoires et les mettre en scène. • **Utiliser** des marqueurs de succession et de simultanéité.

Carnet de suivi des apprentissages

Domaine	Apprentissages	Critères de réussite	Activités	Trace dans le CSA Exemples
L'oral : oser entrer en communication	**Développer** le statut d'interlocuteur **Participer** à la communauté langagière	L'enfant **se distancie** en comprenant et commençant à faire de l'humour.	Conversation dans les coins de jeux ou dans les coins *magasins.*	**Phrase :** « Tu as vu : le bébé sourit… Non, je rigole ! » (Coin *poupées*)
L'oral : comprendre et apprendre	**Utiliser** le langage oral pour se construire les outils visant à expliquer	L'enfant **explique** comment il opère en situation de réalisation en décrivant chacune des actions.	Jeu structuré dans les coins de jeux ou dans les coins *magasins.*	**Phrase :** « Ici, je vais placer les gâteaux ; ici, les pains ; et là, les sandwichs. » (Coin *boulangerie-pâtisserie*)
		L'enfant **explique** comment il a réalisé quelque chose après l'avoir effectué en enchaînant le déroulement des actions.	Bilan de jeu (libre ou structuré) dans les coins de jeux ou dans les coins *magasins.*	**Texte :** « La cliente a acheté 3 pommes et 2 oranges. Je les ai pesées, puis je les ai mises dans un sac en papier. Elle a payé et elle est partie. » (Coin *fruits et légumes*)
		L'enfant **interprète** une réussite/un échec en expliquant leurs causes ou leurs conséquences.	Bilan de jeu (libre ou structuré) dans les coins de jeux ou dans les coins *magasins.*	**Phrase :** « J'ai réussi à faire prendre le bain au bébé mais je n'ai pas pu lui changer ses vêtements parce que je n'ai pas su boutonner la chemise. » (Coin *poupées*)
	Utiliser le langage oral pour se construire les outils visant à décrire ou relater	L'enfant **décrit** en faisant la liste du matériel dont il a besoin.	Jeu structuré dans les coins de jeux ou dans les coins *magasins.*	**Phrase :** « Pour mettre la table, j'ai besoin de 4 assiettes, 4 verres et des couverts : 4 de chaque. » (Coin *cuisine*)
		L'enfant **relate** une succession d'actions pour décrire un projet de jeu.	Jeu structuré dans les coins de jeux ou dans les coins *magasins.*	**Texte :** « Pour amener le bébé en promenade, je vais lui mettre de la crème solaire, un chapeau, des lunettes de soleil. Il ne faut pas que j'oublie l'ombrelle ! » (Coin *poupées*)

•••

Carnet de suivi des apprentissages (suite)

•••

Domaine	Apprentissages	Critères de réussite	Activités	Trace dans le CSA Exemples
L'oral : comprendre et apprendre	**Utiliser** un lexique précis à bon escient	L'enfant **nomme** les objets, le matériel, les personnes, les rôles, etc.	Jeu structuré dans les coins de jeux ou dans les coins *magasins*.	**Phrase : « Je vais mettre les albums sur cette étagère et les documentaires sur celle-là. »** (*Coin librairie*)
		L'enfant **catégorise**, **classe** en utilisant des termes génériques : *fruits, légumes, pains, gâteaux, livres, etc.*	Conversation dans les coins de jeux ou dans les coins *magasins*.	**Phrase : « Les gâteaux sont tous au chocolat et les tartes sont toutes aux fruits. »** (Coin *boulangerie-pâtisserie*)
L'écrit : découvrir la fonction de l'écrit	**Utiliser** divers supports en relation avec des situations ou des projets	L'enfant **se réfère** spontanément aux écrits présents dans la classe (cahier des recettes réalisées, classeur des livres lus, etc.) pour les utiliser pendant les phases de jeu.	Atelier dirigé dans les coins de jeux ou dans les coins *magasins*.	**Photo** d'une recette réalisée en classe, reconnue comme telle et reproduite **« pour de faux »** par l'enfant. (*Coin cuisine*)
		L'enfant **différencie** et **catégorise** différents types de livres selon des critères de fonctions (expliquer, raconter, etc.), d'auteurs.	Conversation dans les coins de jeux ou dans les coins *magasins*.	**Phrase : « J'ai rangé ici les livres de Byron Barton et là, ceux de Philippe Corentin. »** (Coin *librairie*)
L'écrit : commencer à produire des écrits.	**Comprendre** progressivement ce qu'est l'écrit	L'enfant **participe verbalement à l'écriture** de supports écrits.	Situation de production d'un écrit fonctionnel.	**Photo** des étiquettes de présentation des produits que l'enfant a contribué à écrire. (Coin *fruits* et *légumes*)
Les productions plastiques et visuelles.	**Réaliser** des compositions plastiques en volume	L'enfant **fait des choix** de médiums (craie, encre, peinture, etc.), de matériaux, d'outils et de supports en fonction de son intention.	Situation de réalisation d'un objet en rapport avec les coins de jeux ou les coins *magasins*.	**Photo** de pains variés fabriqués en pâte à sel, puis peints ou de gâteaux réalisés en pâte à modeler. (Coin *boulangerie-pâtisserie*)

•••

Carnet de suivi des apprentissages (suite)

•••

Domaine	Apprentissages	Critères de réussite	Activités	Trace dans le CSA Exemples
Stabiliser la connaissance des petits nombres	**Constituer** des collections	L'enfant **utilise le comptage et les groupements** pour répondre à une demande.	Situation-problème dans les coins de jeux ou dans les coins *magasins*.	**Phrase :** « Tu veux 3 courgettes et 4 poireaux donc 7 légumes verts. » (Coin *fruits* et *légumes*)
	Composer, décomposer une quantité	L'enfant **dit le mot-nombre** correspondant au cardinal d'une collection (précédemment dénombrée) à laquelle, en sa présence, l'enseignant ajoute ou retire un ou plusieurs éléments.	Situation-problème dans les coins de jeux ou dans les coins *magasins*.	**Phrase :** « J'ai acheté 5 baguettes. Finalement, j'en pose 1. Il m'en reste 4. 4 + 1 = 5. » (Coin *boulangerie-pâtisserie*)
Utiliser le nombre pour désigner un rang, une position	**Placer** un élément en connaissant sa position	L'enfant **désigne** le rang d'un objet dont il a besoin.	Situation-problème dans les coins de jeux ou dans les coins *magasins*..	**Phrase :** « Le troisième bol bleu est le cinquième bol sur l'étagère. » (Coin *cuisine*)
Construire des premiers savoirs et savoir-faire avec rigueur	**Écrire** les nombres avec les chiffres	L'enfant **écrit** les tickets de caisse.	Situation de production d'un écrit fonctionnel.	**Photo** d'un ticket de caisse fabriqué par l'enfant associant le nombre écrit correspondant à la quantité dénombrée. (Coin *fruits* et *légumes*)
Explorer des formes, des grandeurs, des suites organisées	**Explorer** des formes des grandeurs, des suites organisées	L'enfant **compare des objets** selon leur masse.	Situation-problème dans les coins de jeux ou dans les coins *magasins*.	**Photo** d'une pesée sur la balance. (Coin *fruits* et *légumes*)
		L'enfant **compare** deux objets selon leur masse en ayant recours à un troisième objet de référence pour pouvoir faire cette comparaison.	Situation-problème dans les coins de jeux ou dans les coins *magasins*.	**Photo** de l'enfant ayant trié des fruits ou des légumes en plaçant les plus lourds sous une étagère et les plus légers sur cette étagère. (Coin *fruits* et *légumes*)

•••

Carnet de suivi des apprentissages (suite)

•••

Domaine	Apprentissages	Critères de réussite	Activités	Trace dans le CSA Exemples
Se repérer dans le temps	**Consolider** la notion de chronologie	L'enfant **situe des évènements** vécus les uns par rapport aux autres en les repérant dans un mois ou une saison.	Atelier dirigé dans les coins de jeux ou dans les coins *magasins.*	**Phrase :** « On mange des bûches en décembre, pour Noël et des bugnes en février, pour Carnaval. » (Coin *boulangerie-pâtisserie*)
Découvrir le vivant	Mieux **connaître** son corps	L'enfant **situe et nomme** les parties du visage, du corps et quelques articulations sur lui-même ou sur une représentation.	Manipulation dans les coins de jeux ou dans les coins *magasins.*	**Phrase :** « Entre la tête et le corps, il y a le cou et la nuque. » (Coin *poupées*)
	S'approprier des règles d'hygiène corporelle et de vie saine	L'enfant **énonce** les règles d'hygiène corporelle et de vie saine.	Conversation dans les coins de jeux ou dans les coins *magasins..*	**Phrase :** « Le bébé doit se laver les mains parce qu'il vient d'aller aux toilettes. » (Coin *poupées*)

Dépôt légal : Juin 2017 - N° d'éditeur : 10230549
Achevé d’imprimer à l’Imprimerie de Champagne - Langres (52) - France